极速应对

FIRST RESPONDERS

INSIDE THE U.S. STRATEGY FOR FIGHTING THE 2007-2009 GLOBAL FINANCIAL CRISIS

[美] 本·伯南克　　[美] 蒂莫西·盖特纳　　[美] 亨利·保尔森
BEN S. BERNANKE　　TIMOTHY F. GEITHNER　　HENRY M. PAULSON, JR.

[美] 梁内利（J. NELLIE LIANG）　编

孙天琦　杨柳　赵冰喆　等 译

中信出版集团 | 北京

图书在版编目（CIP）数据

极速应对 /（美）本·伯南克等编；孙天琦等译
. -- 北京：中信出版社，2023.12
书名原文：FIRST RESPONDERS: INSIDE THE U.S.
STRATEGY FOR FIGHTING THE 2007–2009 GLOBAL
FINANCIAL CRISIS
　　ISBN 978-7-5217-5972-3

　　Ⅰ. ①极… Ⅱ. ①本… ②孙… Ⅲ. ①金融危机－研
究－世界 Ⅳ. ① F831.59

中国国家版本馆 CIP 数据核字（2023）第 168387 号

极速应对

主编：　　［美］本·伯南克　　［美］蒂莫西·盖特纳　　［美］亨利·保尔森　　［美］梁内利
译者：　　孙天琦　杨　柳　赵冰喆　等
出版发行：中信出版集团股份有限公司
　　　　　（北京市朝阳区东三环北路 27 号嘉铭中心　邮编　100020）
承印者：　北京盛通印刷股份有限公司

开本：787mm×1092mm　1/16　　　印张：35.25　　　　　字数：612 千字
版次：2023 年 12 月第 1 版　　　　印次：2023 年 12 月第 1 次印刷
京权图字：01-2023-4700　　　　　书号：ISBN 978-7-5217-5972-3
　　　　　　　　　　　　　　　　　定价：99.00 元

作者名单

本书的作者们在全球金融危机期间曾在乔治·沃克·布什总统和巴拉克·奥巴马总统任期内就职于美国联邦储备委员会、联邦存款保险公司、纽约联邦储备银行和美国财政部。本书每一章的观点都只反映该章作者（们）的看法，不一定代表美国联邦储备委员会、纽约联邦储备银行或明尼阿波利斯联邦储备银行，或任何其他与作者有关的组织或实体的观点。

斯科特·阿尔瓦雷斯（非银行业、法律）曾任美联储首席法律顾问。

迈克尔·巴尔（房地产）在蒂莫西·盖特纳任财政部长期间担任负责金融机构的助理部长。

小托马斯·巴克斯特（法律）曾任纽约联邦储备银行首席法律顾问和执行副行长。

本·伯南克（编辑，启示部分）2006—2014年担任美联储主席。

蒂姆·克拉克（银行Ⅱ）时任美联储银行监管部高级顾问。

布赖恩·迪斯（汽车）曾任奥巴马总统经济政策特别助理。

威廉·达德利（非银行业）2009—2018年担任纽约联邦储备银行行长。在此之前，担任联邦公开市场委员会的系统公开市场账户经理和纽约联邦储备银行的市场组负责人。

威廉·英格利希（传统最后贷款人）曾任美联储货币事务部副主任，后任主任。

贾森·弗曼（财政政策）2009—2010年担任白宫国家经济委员会副主任和奥巴马总统经济政策副助理，之后担任奥巴马政府经济顾问委员会主席。

蒂莫西·盖特纳（编辑，启示部分）2003—2009年担任纽约联邦储备银行行长，2009—2013年在奥巴马总统任职期间担任美国第75任财政部长。

罗伯特·霍伊特（法律）在保尔森和盖特纳两任财政部长任职期间担任财政部首席法律顾问。

丹·杰斯特（政府资助企业、银行Ⅰ、汽车）在保尔森任财政部长期间担任财政部外包顾问。

马修·卡巴克尔（政府资助企业、银行Ⅱ）曾任财政部长盖特纳的高级顾问和负责资本市场的副助理部长。

尼尔·卡什卡里（房地产、问题资产救助计划）在保尔森任财政部长期间担任负责国际经济发展的助理部长，后来在保尔森和盖特纳交接期间担任负责金融稳定的临时助理部长。

唐纳德·科恩（货币政策）2006—2010年担任美联储副主席。

迈克尔·库里明格（债务担保）曾任美国联邦存款保险公司主席希拉·贝尔的政策特别顾问、负责政策的副主席以及联邦存款保险公司首席法律顾问。

安德烈亚斯·莱纳特（房地产）曾任美联储家庭和房地产金融处处长，以及美联储研究和统计部助理主任。

梁内利（编辑，非银行业、成效部分）曾任美联储研究和统计部助理主任，后来担任金融稳定部主任。

洛里·罗根（新型最后贷款人）曾任纽约联邦储备银行副行长兼国债部主任。

克莱·劳瑞（国际）在保尔森任财政部长期间担任负责国际事务的助理部长。

蒂莫西·马萨德（问题资产救助计划）2009年5月—2014年6月在金融稳定办公室任职，先担任首席法律顾问，然后在盖特纳和雅各布·卢两任财政部长任职期间担任负责金融稳定的助理部长。

玛格丽特·麦康奈尔（成效部分）曾任纽约联邦储备银行负责政策的办公室副主任。

帕特里夏·莫瑟（传统最后贷款人）曾任纽约联邦储备银行市场组高级副行长，并在2009年担任联邦公开市场委员会的系统公开市场账户代理经理。

戴维·内森（银行Ⅰ）在保尔森任财政部长期间担任负责金融机构的助理部长。

威廉·尼尔森（新型最后贷款人）曾任美联储货币事务部副主任。

杰里迈亚·诺顿（政府资助企业、银行Ⅰ）在保尔森任财政部长期间担任负责金融机构的副助理部长。

帕特里克·帕金森（新型最后贷款人）曾任美联储研究和统计部副主任。

亨利·保尔森（编辑，启示部分）2006—2009年在乔治·沃克·布什总统任职期间担任美国第74任财政部长。

李·萨克斯（政府资助企业、银行Ⅱ）曾任财政部长盖特纳的顾问。

布赖恩·萨克（货币政策）2009—2012年担任联邦公开市场委员会的系统公开市场账户经理和纽约联邦储备银行的市场组负责人。

史蒂文·沙弗兰（货币市场基金担保、汽车）曾任财政部长保尔森的高级顾问。

内森·希茨（国际）曾任美联储国际金融部主任。

菲利普·斯瓦格尔（房地产、成效部分）在保尔森任财政部长期间担任负责经济政策的助理部长。

埃德温·杜鲁门（国际）曾任财政部长盖特纳的顾问。

詹姆斯·威根德（资源分配与处置）曾任联邦存款保险公司处置和接管部副主任，并在危机期间担任联邦存款保险公司的首席处置策略官。

目　录

译者序

《极速应对》是本·伯南克、蒂莫西·盖特纳、亨利·保尔森和梁内利等人于 2019 年联手组织力量编写的一本书。全书分为 18 章，各章的作者基本亲身参与了当时的危机应对。他们以一线作战时的一手信息为基础，全面复盘了危机演变历程、当时的应对措施以及这些政策措施背后的考量，总结了应对中的经验教训，提出了反思建议。由于本书技术细节较多，下面从译者的角度摘选了书中部分观点，以方便读者。

2007—2009 年全球金融危机的演变过程及应对措施

像传统危机一样，这场危机也始于房地产泡沫和信贷繁荣。出现抵押贷款泡沫的主要原因是对房地产市场过度乐观。评级机构给了抵押贷款证券化产品 AAA 评级，认为全国房价不可能同时下跌，因此只要底层抵押贷款分布地域足够分散，风险就足够分散，就不会出现严重损失。但这种假设最终被证明是错误的，很快美国全国范围内房价暴跌超过 30%，处于或接近违约状态的次级贷款占比从 6% 增至超过 30%。系统性风险不仅在于房贷损失超出预期，还在于相关证券化产品已成为现代金融的支撑，整个金融体系的健康取决于房贷市场的状况。证券化产品本应是降低风险的工具，现在却使整个体系更易遭受信心危机的影响。

金融机构的高杠杆导致金融体系在面对意外冲击时格外脆弱。不是所有泡沫的破灭都会威胁金融体系的稳定。20 世纪 90 年代末互联网泡沫破灭后，投资者也出现了损失，但并没有产生过多的连锁反应。只有当泡沫被借来的钱吹起来时，市场才会出现恐慌。抵押贷款泡沫时期，许多金融机构从短期和隔夜融资市场借入大量资金，押注房贷相关资产。这种杠杆的积累使金融体系在面对意外冲击时极为脆弱。而且许多高杠杆机构是非银行金融机构，即"影子银行"，它们不受存款保险保障，未受到有效的监管约束，在遇到融资困难时也无法向美联储求助。美国金融体系的快速扩张已把监管体系甩在了后面。

监管体系的漏洞和碎片化问题增加了金融体系的脆弱性。危机前，传统银行业在美国金融体系中占比很小，金融体系一半以上的杠杆都转移到了非银行金融机构，但监管体系对应的还是大萧条时期由商业银行主导的金融体系。即使对于商业银行，监管也是碎片化的：监管责任分散在美联储、货币监理署、联邦存款保险公司、储蓄机构监管局以及州一级的银行监管委员会等机构之间。对商业银行以外的领域，监管更是参差不齐：对房利美和房地美（简称"两房"）这类有政府背景的企业，监管机构形同虚设；证券交易委员会负责监管投资银行，但未采取任何措施限制投资银行的加杠杆行为。尽管联邦存款保险公司可以有序关闭商业银行，但监管机构没有权限救助大型非银行金融机构使其免于无序倒闭，也没有权限向非银行金融机构注资或担保其债务。

危机早期的症状看起来像是典型的流动性问题。为应对危机，美联储通过公开市场操作向市场注入资金，鼓励商业银行使用贴现窗口获得资金，随后又启用定期拍卖工具。当时这些措施被批评为反应过度，扰乱了金融机构的去杠杆进程。有人认为，政府在危机早期阶段就出手救助，会鼓励激进的投资行为，很多时候倒闭是正常现象，应为幸存者灌输市场纪律。但在真正的危急时刻，政府不作为或延迟作为会导致危机进一步恶化。决策者需要判断当前的危机是局部山火，还是系统性动荡。

贝尔斯登处置过程暴露出监管机构权限不足。2008年3月贝尔斯登出险后，政府找到摩根大通收购贝尔斯登，同时美联储动用紧急贷款权限向摩根大通提供资金支持。有人认为用纳税人的钱来救助一家冒进的机构存在道德风险。但在危急时刻，过度关注道德风险并不理性。贝尔斯登的债权人确实获得了全额偿付，因为只有这样才能确保他们停止挤兑，并防止那些和他们处于类似境遇的其他债权人进行挤兑。贝尔斯登本身没有获得救助，股东权益几乎清零。纳税人的钱也没有白花，对贝尔斯登的救助最终获利25亿美元。许多人认为这次救助凸显了美国政府的巨大权限，但这一事件其实暴露出危机处置机构的权限不足：成功是因为走运，如果不是摩根大通愿意收购贝尔斯登，金融体系可能早就崩溃了。

房利美和房地美出险，国会授权政府向它们直接注资。"两房"加起来持有或担保的抵押贷款超过5万亿美元，同时它们还发行了数万亿美元的证券，投资人遍布全球。不可否认的是，"两房"具有系统重要性。美国政府并没有救助"两房"的常备权限，财政部长保尔森向国会申请无上限的注资权限，理由是如果国会给予财政部广泛授权，市场恐慌会平息，政府可能就不需要动用这些授权，"如果你的口袋里装了一把水枪，那么你可能确实需要把它拿出来；但如果你装的是火箭筒，而且大家知道你有火箭筒，那么你可能就不需要拿出来了"。不幸的是，"两房"已经资不抵债，政府确实需要动用授权，财政部向"两房"各注资1 000亿美元，并实施强制托管。对"两房"的挤兑很快平息，但恐慌没有结束。

雷曼兄弟破产引爆危机，美联储出手救助美国国际集团。许多人认为美国政府是故意让雷曼兄弟倒闭的，但事实并非如此。美国政府希望像处置贝尔斯登一样由私人部门收购雷曼兄弟，但这次买家没有出现。除非国会给予授权，否则政府部门没有能力阻止雷曼兄弟倒闭，还会有更多的"雷曼兄弟"倒在路边。雷曼兄弟申请破产几个小时后，比它体量更大、危险性更高的美国国际集团出险。第二天，美联储给了美国国际集团一笔850亿美元的贷款。贷款条件较为严苛，包括很高的惩罚性利率以及获得美国国际集团所有权的79.9%，以确保美国国际集团活下来以后纳税人获利最多。在雷曼兄弟倒闭第二天就救助美国国际集团，美国政府看似摇摆不定，但其实两家机构的情况不一样：雷曼兄弟没有成熟的收购方，且有毒资产规模过大；而美国国际集团资本充足水平较高，有优质抵押品，政府救助更有可能收回成本。

危机持续升级，金融机构接连出险，国会最终通过问题资产救助计划。政府需要一种方法来阻止整个金融体系的灾难，而不是一家机构接一家机构地应对。为此，必须得到国会授权和相应的财政资源，首要任务是向国会营销问题资产救助计划，即由政府收购那些有毒的、失去流动性的资产，以此提振对出险机构的信心。在财政部与国会协商问题资产救助计划时，华盛顿互惠银行倒闭。联邦存款保险公司促成了摩根大通对该银行的收购，但处置过程中优先级债权人损失惨重，换句话说，处置使银行发生债务违约。债务"打折"在平常时期是有道理的，但在恐慌时期适得其反，因为它让债权人相信，最安全的选择就是去挤兑。

毫不意外，第二天美联银行又发生了挤兑。在华盛顿互惠银行和美联银行接连出险、股市暴跌后，2008年10月国会终于通过了问题资产救助计划。

问题资产救助计划是危机应对的转折点，政府开始动用财政资源去解决资不抵债的破产性问题（偿付能力问题）。刚开始筹划问题资产救助计划时，保尔森认为购买资产的效果优于注资，因为注资会让私人部门认为金融机构将被国有化，从而加速撤离。但危机以惊人的速度恶化，国会通过问题资产救助计划后，决策者一致认为向金融机构直接注资是更快速、更有效和成本更低的做法，但要大银行带头接受注资才行。经引导，美国银行、摩根大通、花旗等9家美国最具系统重要性的银行都接受了政府注资，随后近700家小银行也接受了政府注资。至此，危机应对从主要依靠美联储解决流动性问题，转向动用政府资金解决深层次的偿付能力问题。决策者仍担心仅注资不足以驱散恐慌，决定由联邦存款保险公司对银行新增债务进行全额担保。问题资产救助计划取得了成功，迈出了恢复稳定的重要一步，但问题资产救助计划成功的因素也恰恰导致它不受民众欢迎，民众将其视为对那些破坏经济的银行家毫无道理的馈赠，用公共资金为"华尔街坏蛋"买单。

通过开展银行压力测试并公布测试结果，进一步稳定市场信心。尽管接受注资后银行的情况有所好转，但危机仍未结束。市场怀疑问题资产救助计划是否足够堵上金融体系的窟窿，银行股票仍在被抛售。为恢复市场信心，时任财政部长盖特纳决定开展压力测试，确定单家银行在压力情景下的资本缺口，并给银行6个月的时间补充资本。2009年5月公布的压力测试结果好于市场预期：19家大型银行中有9家资本充足，其余10家共需补充约750亿美元资本。市场认为此结果可信，为金融机构违约提供担保的成本迅速下降，私人部门恢复了对银行投资的信心，银行很快就筹集到所需资本。市场对金融体系偿付能力的信心逐步恢复。

大规模货币宽松和财政刺激政策重启经济引擎。整个危机期间，美联储大幅放松货币政策，以支持经济复苏。由于经济持续低迷，2009年初美联储开启了量化宽松，刚开始时购买抵押证券，随后购买国债，以降低长期利率。量化宽松最终为纳税人带来了可观的收益，美联储将购买资产的利息上缴财政部。奥巴马政府也出台了美国有史以来最大规模的财政刺激法案。事后看，刺激计划规模越大，将越有助于经济恢复。

关于危机中的监管体系

监管最大的问题不是要求过松，而是覆盖范围太窄。危机发生前的几十年，美国非银行部门业务规模、业务范围和复杂程度迅速上升，证券化、衍生品和货币市场的发展使投资银行能够更有效地与存款性机构开展竞争。但监管机制却并未跟上金融体系变化的步伐，危机爆发前美国监管机构可用的政策工具针对的仍是由商业银行主导的金融体系。应考虑扩大央行最后贷款人的权限，使非银行金融机构也能及时使用这一工具，同时赋予监管机构对非银行金融机构进行有序清算的权限。

金融监管体系割裂，监管机构存在地盘之争。危机前，美国金融体系的监管权被分给了许多联邦层面和州层面的监管机构，金融机构甚至可以通过修改公司章程自行决定由谁监管。结果是，美国国际集团及其子公司名义上由储蓄机构监管局监管，因为美国国际集团有一个小型储蓄协会。但美国国际集团深度参与证券借贷和衍生品交易，其子公司——美国国际集团金融产品公司的主营业务就是出售信用违约互换产品，这就导致危机爆发前美国国际集团及其子公司的大部分业务都处于无人监管状态。华盛顿互惠银行是次贷危机中倒闭的规模最大的银行，储蓄机构监管局作为华盛顿互惠银行的主要监管机构也负有不可推卸的责任。风险总是沿着最脆弱的路径蔓延，应重整陈旧的、割裂的金融监管体系，裁撤冗余机构和重复的监管职责，减少地盘之争。危机后，《多德－弗兰克法案》重构了监管体系，撤销了储蓄机构监管局。储蓄机构监管局被裁撤后，相关职能移交至美联储和联邦存款保险公司。此外，在很多情况下，拥有政策工具的监管机构，例如美联储和联邦存款保险公司，并不是问题机构（如贝尔斯登）的主要监管者，无法获得这些机构的经营信息。因此，开展监管合作至关重要。

缺少评估和化解系统性风险的机制。危机前，美国监管体系内没有一个机构负责保障或监测金融体系的整体安全和稳健，监管机构更多关注的是单一机构的安全性和稳健性。没有哪个监管机构的目光能够覆盖整个银行和非银行金融体系。没有人评估衍生品、隔夜拆借等跨机构产品的安全性及其对金融稳定的潜在威胁。危机后，《多德－弗兰克法案》设立了由多个监管机构组成、财政部牵头的金融稳定监管委员会，尽管没有成立单独机构，但至少建立了一个机制来负责系统性风险的评估和化解。金融稳定监管委员会有权将非银行金融机构认定为系统重要性机构并要求其接受审慎监管，同时可以将一些行为认定为系统重要性行为。

关于危机应对的权衡与思考

危机应对要快速有力，干预措施出台过晚可能会适得其反。在危机早期，很难预判这是一场超级火灾，还是一场局部火灾。政府此时就赶来救助，确实可能会鼓励激进的投资行为，存在道德风险。但这是微妙的平衡。危急时刻，政府不作为或延迟作为可能会导致问题进一步恶化。在这场危机早期，许多人认为住房市场应该进行调整，此时出台干预政策只会延长调整时间。直到 2008 年春天，监管机构还在犹豫不决，尚不清楚问题是仅出现在次贷市场或部分地区，还是整个经济都面临灾难。鉴于危机演变的巨大不确定性，决策者应迅速采取行动，对冲不利的尾部风险。干预措施出台过晚可能会影响政策的效果，甚至会适得其反。金融危机的应对讲究时效性，一旦形势严重恶化，可选政策的范围就会大幅缩小，后续可能要采取更极端的干预政策，大幅偏离公众预期，而且会使公众产生更为强烈的不公平感。根据译者的总结，次贷危机期间，美国财政部、美联储和联邦存款保险公司等通过注资、流动性支持（含与外国央行的货币互换）提供贷款和担保等方式，投入约 5 万亿美元（粗略加总）用于危机应对，而 2009年前后美国国内生产总值规模约为 15 万亿美元。

政策广度很重要，不要过分看重救助时可能存在的浪费和道德风险。危机早期，决策者采取非系统性的、零散的应对措施可能会成功，但若要最终取得胜利，必须采取全面的应对方案。伯南克的话是，消防员扑灭一场凶猛的火灾时通常会浪费大量的水，这是可以接受的。审慎和减少浪费的想法可能导致结果不尽如人意，甚至使问题恶化。事后看，相比有人呼吁的大规模减记个人房贷本金，美国政府的住房政策确实更节约财政资金，但考虑到不同政策在帮助家庭部门纾困时各有所长，现在来看政府也可以采取更激进的措施，直接减记个人房贷本金，减轻家庭部门的偿债负担。考虑到危机演变和政策应对效果的不确定性，以及直接救助房主的政治可行性等因素，两届美国政府采取的措施都过于温和，现在来看没有达到危机应对所需的力度。有声音表示，大规模救助蕴含着很高的道德风险。事实上，被救助的金融机构和企业的股东与高管也付出了代价，贝尔斯登的股东权益几乎清零，美国国际集团、房利美和房地美、通用汽车的所有高管均被撤换。事后看[①]，在危机结束后近10年的时间里，美国政府因金融机构在发放次级贷款和出售抵押支持证券等活动中的违法违规行为，向金融机构收取了1 500亿美元罚金，同时，超过300名来自抵押贷款发放机构、贷款中介机构和房产中介机构的相关人员已经被认定有罪。

政府的危机应对可能被指责是"为坏人买单"，但剥夺救助权限不会使风险自动消失，不会使损失自动消失，不会阻止救助的发生，只会延误救助，使救助成本更高。现在看来，美国政府对于这场危机的应对还是有效的，但却不被民众认同。问题资产救助计划出台时，很多人认为这是对华尔街的救助，是在纵容华尔街银行家的冒险行为。有人认为，问题资产救助计划下授权的7 000亿美元已经花光而且再也没有收回，政府不应该浪费纳税人的钱去救助那些导致危机的罪魁祸首。事实上，包括问题资产救助计划在内的一系列干预措施在稳定金融体系的同时，也维护了普通民众的利益，因为金融体系的稳定对美国经济的健康至关重要，这种价值不可估量。问题资产救助计划的总支出大约为4 450亿美元，已收回4 330亿美元，纳税人的净成本仅为120亿美元，只看政府对金融机构的注资部分，纳税人甚至还获利了。总体看，问题资产救助计划以及其他所有政府干预措施共为纳税人带来了约2 000亿美元的收益。

政府的危机应对权限不足，很多救助工具都是临时创设的，而且危机后不少权限被国会收回。危机无法避免，但这场危机的后果如此严重，主要是因为各部门缺乏灭火工具，应对危机的政策措施太无力、太落后。危机发生时，美联储只有一个主要应对工具，即通过贴现窗口以优质抵押品为条件向银行提供资金，而财政部则基本没有什么权限应对危机。如果政府一开始就有充分授权，恐慌就不会这么严重，损失也不会这么大。危机后，美国国内对政府的危机救助存在强烈的政治抵触情绪，《多德－弗兰克法案》限制而非扩大了政府权限，财政部的注资权限和联邦存款保险公司对银行债务进行大范围担保的权限均被撤销，美联储向非银行金融机构提供贷款的灵活性也受到很大限制，国会还拿走了财政部动用外汇稳定基金提供担保的权限。

[①] 相关数据来自英国《金融时报》2017年8月9日的报道，"Who was convicted because of the global financial crisis"。

根据联邦存款保险公司的数据，次贷危机期间，美国倒闭银行呈现较强的区域集中特点。2008—2013 年，美国共有 489 家银行倒闭，资产总计约 6 860 亿美元。倒闭银行数量最多的 10 个州占全美倒闭银行总数的比重超过 70%，资产占比近 80%。倒闭银行数量最多的州是佐治亚州，危机期间该州有 87 家银行破产，占 2007 年末该州银行数量的 24.6%。资产规模最大的倒闭银行所在的州是内华达州，资产合计 3 157 亿美元，占全美倒闭银行总资产的 45.4%，其中仅华盛顿互惠银行一家的资产规模就为 3 070 亿美元，占倒闭银行总资产的 44%。类似的是，20 世纪八九十年代美国银行业危机中的倒闭银行也呈现区域集中特点，1980—1994 年共有 1 617 家银行关闭或接受过联邦存款保险公司的救助，资产规模约为 3 170 亿美元，得克萨斯州、俄克拉何马州和加利福尼亚州的倒闭银行数量占全美倒闭银行总数的比重达 50%。当时吸收会员存款、向会员发放住房贷款的储贷机构也接连倒闭，区域集中特点明显，得克萨斯州、加利福尼亚州、路易斯安那州、佛罗里达州和新泽西州的倒闭机构数量占重组信托公司处置机构总数的 46%。储贷危机的处置成本为 1 600 多亿美元，其中行业保障基金承担约 300 亿美元，纳税人承担剩余的 1 300 多亿美元，按照 1990 年底 1 美元兑 5.24 元人民币的汇率估算，纳税人承担的成本合 6 800 多亿元人民币。

关于危机应对的具体政策

政府应展现出承担尾部风险的意愿，为不利局面提供保险。随着危机的加剧，没有被存款保险覆盖的存款从被认为陷入困境的银行加速流失。为提高存款融资的稳定性，联邦存款保险公司通过临时流动性担保计划对银行发放的债务和超出存款保险上限的无息存款账户进行担保。这一举措获得了公众的支持。原因可能是担保计划被视为存款保险制度的延伸，对无息存款账户的全额担保可以使存款人直接受益。而且联邦存款保险公司担保计划的赔付资金来自参与银行的缴费，因此一般不被视为政府救助。担保计划的结构也更加简单，类似于存款保险，使这一工具更易被公众接受。实践证明，担保计划的社会成本相对较低，受到的批评和指责相对较少，对市场和整个经济的好处很大。可以考虑将这种类似事前收费、额外处置成本由行业买单的联邦存款保险公司模式推广至整个金融体系，这样危机管理者就能放心地动用公共基金（行业保障基金），因为损失将由金融机构承担。

联邦存款保险公司在危机中主要采用"损失分担收购与承接"的方式处置倒闭银行。20 世纪八九十年代储贷危机期间，联邦存款保险公司和重组信托公司采取的主要处置方式是"轻资产收购与承接"，即收购方只承接倒闭银行的存款和部分流动性较好的资产，例如现金等价物和证券，而贷款等其他资产则由联邦存款保险公司和重组信托公司持有，后续慢慢出售。危机期间，私人部门投资者购买意愿不高，资产处置速度不及资产积累速度，导致联邦存款保险公司和重组信托公司积压的资产越来越多，被迫花费大量人力和财力管理这些留存资产，最终带来很高的处置成本。次贷危机时期，联邦存款保险公司吸取教训，转变处置策略，在处置初期就快速向私人部门出售资产，既降低了管理留存资产的成本，又节约了处置所需的现金。为了促成资产快速出售，联邦存款保险公司在收购协议中加入损失分担机制，承诺分担特定资产未来可能出现的部分损失，这种处置方式被称为"损失分担收购与承接"。2008 年次贷危机期间，剔除处置规模最大的华盛顿互惠银行（通过"整体收购与承接"处置）后，通过"损失分担收购与承接"方式处置的银行数量占倒闭银行总数的 62%，处置的资产占倒闭银行总资产的 82%。[①] 此外，为促成收购，联邦存款保险公司还向收购方提供融资，并允许私募股权机构参与收购竞标。

政府托管在危机时期能成为有效的政策工具。虽然政府托管并不是所有情况下的最优选择，但美国财政部对房利美和房地美的托管却成为此次危机中最有效的工具。托管给予了"两房"喘息的时间，使它们能够继续经营，支持住房金融市场。托管本身并不是永久性的解决方案，但它可以降低"两房"这类政府资助企业破产所带来的系统性风险。从选择托管对象的角度看，与银行控股集团相比，"两房"是更好的托管对象，因为其运作模式相对简单、负债结构不太复杂，而且在政府长期控制的情况下，其负债结构也不易出现大幅恶化。

央行是唯一有能力且有责任提供无限紧急流动性支持的主体，应提前做好规划，危机时尽早出台流动性支持工具。央行在危机应对中具有独特地位，应提前制订计划，做好准备随时提供紧急流动性支持。设计政策工具、评估工具效果均

---

① 关于"损失分担收购与承接"，相关情况和数据来自 FDIC，"Crisis and Response: An FDIC History, 2008–2013"。

需要时间，因此应在平时就设计好系统性的流动性支持工具，并定期进行测试。危机中，越早推出流动性工具，效果越好，当然也要权衡潜在收益和道德风险。全球金融危机中，在资产支持商业票据市场出现第一次挤兑的四个多月后，美联储才启动了定期拍卖工具，那时已经出现了金融机构快速去杠杆、短期融资枯竭、资产紧急抛售的恶性循环。如果美联储能够更早向市场提供流动性支持，可能会减缓融资市场的恶化速度，为有序去杠杆留出更多时间。

危机期间贴现窗口利率应具有吸引力，但为避免道德风险，危机缓解后贴现率应恢复至惩罚性水平。一直以来，美联储的贴现窗口都存在污名效应，银行即便流动性承压也不愿向美联储借钱，担心被市场解读为经营困难。但在危机时期，应鼓励银行使用贴现窗口，降低惩罚性利率可缓解污名化问题。2007年8月，美联储在延长贴现窗口贷款期限（从隔夜延长为至多30天）的同时，调降贴现窗口贷款利率至5.75%，比危机前的惩罚性水平（6.25%）低50个基点，但比联邦基金目标利率（5.25%）高50个基点。美联储认为这一利率水平既对银行具有吸引力，又不至于过于优惠导致逆向选择问题。随着市场紧张情况缓解，为防范道德风险，即部分银行在市场功能改善的情况下仍认为从贴现窗口借钱具有吸引力而产生依赖，美联储于2010年2月19日将贴现率提高至高于超额准备金利率50个基点的水平，并将贷款期限缩短至隔夜。此后贴现窗口存量贷款逐步降至零。

经济复苏和金融体系互相作用，政府应对危机的能力也取决于其宏观经济操作的空间。次贷危机发生前，美国凯恩斯武器库储备相当丰富。美联储有足够的空间降低利率[1]，政府预算也非常充足[2]。次贷危机发生后，美联储通过加息逐步补充次贷危机期间消耗的货币弹药，但美国政府却在本应广积粮的时候大肆挥霍，可能面临不可持续的长期赤字，削弱了未来的支出能力。译者总结了美国应对2020年新冠疫情引发的经济危机的情况，疫情暴发前，联邦基金有效利率从次贷危机后的0.15%左右回升至2019年7月的2.4%。但在财政政策方面，2017年特朗普政府上台后美国实施宽松的财政政策，财政赤字率逐年扩大，从2015

---

[1] 根据圣路易斯联邦储备银行的数据，危机爆发前（2007年7月）联邦基金有效利率约为5.26%。

[2] 根据圣路易斯联邦储备银行的数据，危机爆发前（2007年），美国财政赤字率约为1.1%。

年次贷危机后 2.4% 的低点，一路上涨至 2019 年的 4.6%[①]。新冠疫情发生后，美国出台了总规模约为 6 万亿美元的财政刺激措施，规模大于次贷危机期间的财政刺激措施。在财政空间有限的情况下，出台如此大规模的刺激措施的代价是财政赤字迅速扩大，2020 年美国的赤字率达 14.7%，是 1945 年以来的最高水平，远高于次贷危机期间的赤字峰值（2009 年赤字率为 9.8%）。

孙天琦

2023 年 10 月

---

① 联邦基金有效利率和财政赤字率的数据来自圣路易斯联邦储备银行经济数据库。

第一章

金融危机及其对未来的启示

本章作者：本·伯南克、蒂莫西·盖特纳和亨利·保尔森。

2008 年金融危机是自大萧条以来美国经历的最具破坏性的金融事件。一些规模较大、历史悠久的金融机构在危机中轰然倒下，还有一些机构被推向倒闭的边缘，直至政府介入提供救助。这场危机使全球信贷市场瘫痪，全球金融遭到严重破坏，美国经济陷入自 20 世纪 30 年代以来最痛苦的衰退。但危机并没有导致第二次大萧条，尽管从许多角度衡量，这次的金融动荡比导致第一次大萧条的金融乱象更为严重。相反，2009 年金融体系稳定之后，美国经济开始了缓慢但持续的扩张。截至撰稿时[①]，美国失业率已经降至半个世纪以来的最低水平。

当然，我们避免了一场新的大萧条，这并不能给那些因危机和经济衰退而失去房子、工作和收入的人带来多少安慰，也不能带来多少政绩——正如在危机期间与我们密切合作的马萨诸塞州民主党议员巴尼·弗兰克常说的那样，你不能将我们避免了一件没有发生的事情当作一项政绩到处宣传。不过，政府对于美国这场危机的应对还是有力且有效的，有助于结束危机，降低（仍很严重的）经济损失。当然，政府的危机应对也是非常不受大众欢迎的，因为所采取的干预措施看似在帮助那些导致危机的罪魁祸首。政府的应对措施尽管是有效的，但却不受欢迎，我们认为很大一部分原因是政府在危机发生时的授权不够，而且当时的监管架构较为陈旧，这就导致应对危机的政策工具多为临时创设的，受限颇多。我们将在本章对这一点进行说明。政策制定者们现在应思考如何使下次危机应对更加有效，而且政治上更易被接受。

政府对危机的应对是分阶段进行的。刚开始是常规做法，即传统的央行再贷款，以恢复商业银行体系的流动性。但当常规的最后贷款人措施也无法平息恐慌时，应对措施就逐渐升级。先是升级到非常规央行再贷款向非银行部门提供流动性，以稳固短期融资市场。然后升级到政府直接救助濒临倒闭的金融巨头，为几个重要的信贷市场提供支持。最后是政府为整个金融体系大量注资和提供担保。应对措施还包括努力阻止经济大幅衰退，通过财政和货币政策刺激，快速促使经

---

① 本书撰稿时间为 2019 年。——译者注

济复苏。

这一过程不是完全顺利或完美无瑕的。正如之前提到的，美国政府刚开始没有抑制恐慌所需的权限，也没有现成的操作手册来应对类似的危机。后来形势变得非常严峻，亟须美国国会批准一些关键的新增授权，最终国会同意授权。最后，在来自不同党派的两任总统、政见分裂的国会、美联储、财政部、联邦存款保险公司（FDIC）和上千名不同领域的政府工作人员的共同努力下，我们成功地结束了这场恐慌，阻止了新的萧条，并开启了缓慢但稳健的复苏。

我们三个人参与制定了危机应对的国内和全球政策。其中，伯南克是美联储主席，保尔森是小布什总统任下的财政部长，盖特纳是小布什总统执政期间的纽约联邦储备银行行长和奥巴马总统任下的财政部长。我们均出版了关于这段经历的回忆录，但危机爆发10年后，我们认为全面回顾美国的应对政策，包括我们的决策依据、对政策有效性的评估以及对未来的教训等，是有必要的，能为这项工作做出一部分贡献是非常有价值的。美国政府应对大流行病、恐怖袭击等灾难的应急预案是健全的，但却没有一套减少金融灾难损失的基础操作手册。

正因如此，我们很高兴布鲁金斯学会哈钦斯财政与货币政策中心和耶鲁商学院金融稳定项目联合赞助了本书。本书对政府的危机应对及其产生的经济和金融效果进行了全面回顾。书中章节涉及美联储的常规和非常规再贷款，政府对房利美和房地美（简称"两房"）的接管，对银行的资本补充和担保计划，以及危机期间美国的财政、货币和住房政策等，包含了各个危机应对环节的大量重要细节和相关政策评估。最后一章总结了危机应对的成效。

重要的是，本书后续章节的作者们是危机的亲历者，拥有关于危机的第一手信息，他们负责撰写自己亲身参与策划和执行的那部分政策。我们三个人在危机中近距离观察了他们的工作。我们看到这些工作人员展现出了惊人的创造力和职业操守，他们努力在一堆糟糕选项中寻找最优解，夜以继日地工作以降低发生经济灾难的风险，修复危机造成的破坏。本书的后续章节中，作者们详述了他们面对的具体挑战，考虑过、放弃的并最终选择的政策选项，应对政策的法律、政治和经济约束，执行方案时的具体关键细节，做出决策后的结果以及得到的教训。我们希望，他们的共同努力能够使人们牢记从2007—2009年危机中吸取的教训，帮助我们的继任者、继任者的继任者更好地度过未来的危机。

金融危机：恐慌阶段

2008 年的危机是一场典型的金融恐慌。至少从 1637 年荷兰 "郁金香泡沫" 开始，恐慌就成为经济史的常客。不同的是，这次危机的根源是对可疑的抵押贷款而非鲜花的狂热追捧。随着房价泡沫的破灭，投资者和债权人疯狂减持涉及抵押贷款的一切资产和以抵押贷款为底层资产的金融工具，引发资产抛售和追加保证金。金融恐慌使信贷市场瘫痪，导致对整个经济体系的信心发生动摇，由此引发的失业和丧失抵押品赎回权进一步加剧了金融市场的恐慌，形成恶性循环，可能将金融体系连带整个经济拖向深渊。

语言难以充分描述危机变得多么混乱和令人恐惧。从 2008 年 9 月开始的一个月时间里，相继发生：抵押贷款巨头房利美和房地美突然国有化，这是大萧条以来美国政府采取的最激进的金融干预措施；久负盛名的投资银行雷曼兄弟倒闭，成为美国历史上最大的破产案；美林证券倒闭并被美国银行收购；对美国国际集团（AIG）实施 850 亿美元的救助，以避免出现比雷曼兄弟更严重的破产案；华盛顿互惠银行（WaMu）和美联银行覆灭，是美国历史上两个规模最大的参加存款保险的商业银行的倒闭案；美国政府首次对价值超过 3 万亿美元的货币市场基金（MMF）进行担保，还破天荒地对价值 1 万亿美元的商业票据（CP）市场提供支持；国会在最初否决了 7 000 亿美元的政府对金融体系的支持计划，导致市场遭受重挫后，转而批准了上述计划。这些都发生在总统竞选的最后冲刺阶段。历史的车轮在全速前进，人们被迫在不确定的迷雾中做出重大决定。

重要的是，2007—2009 年的事件不仅是心理上的恐慌（当时恐慌情绪确实高涨），它还是一种更狭义的、技术意义上的恐慌。经济史学家一般把对短期债务的大范围挤兑称为恐慌。金融业是规模庞大、充满活力的行业，是经济增长的重要驱动，发生恐慌是因为金融业具有内在脆弱性。脆弱性源于银行等金融中介机构的两个关键功能，这两个功能有时候相互冲突：第一，其为人们提供便捷的存钱场所，总比藏在床垫底下安全，而且还有利息；第二，银行用这些钱向居民和企业放贷，换句话说，银行借短贷长，这一过程被称为 "期限转换"。

期限转换是一项十分重要的社会职能，但本身存在一定的风险：如果储户或其他短期债权人不知出于什么原因对这些借短贷长的机构失去了信心，那么这些机构就易遭受"银行挤兑"。即便是有偿付能力的银行，即资产价值大于负债价值的银行，如果资产不能快速变现以应对短期现金需求，也会倒闭。恐慌就是放大版的银行挤兑：它是债权人对整个体系失去信心后，对各类短期债务进行挤兑。从历史上看，恐慌通常会造成信贷收缩和资产价格暴跌，给经济运行带来灾难性后果。

同大多数国家一样，美国也尝试采取监管措施降低挤兑和恐慌带来的危害，包括限制银行过度承担风险，还有为存款提供政府保险，以降低存款人因担心银行出险而挤兑的冲动。但现代金融机构除了存款，还依赖许多类型的融资方式，这些融资方式没有保险保障，存在挤兑风险。而且在现代社会，银行挤兑不再是人们在一家银行的实体网点亲自兑换现钞，而是鼠标点击一下快速转账。

更广义地说，与那些经营成败主要取决于产品和服务的成本与质量的企业不同，金融机构的经营主要取决于信心。金融机构的运作离不开信心，但信心随时可能出于理性或非理性的原因消失。一旦信心消失，那将是非常迅速的，很难追回。恐惧深深植根于人类的内心，从众心态是强大的，这使挤兑既难以预测，也很难停止。结果就是，恐慌永远不可能完全消除，因为没有办法完全消除过度自信和迷茫。

换句话说，只要风险和期限转换仍是金融业的核心，只要人类仍是人类，那么世界将一直面临金融危机的威胁。灾难总有可能发生，这是不幸的事实。

那么，这场灾难是如何发生的呢？

房地产繁荣和抵押贷款狂热

正如其他重大危机一样，这场危机也始于信贷繁荣。尽管所有危机都始于信贷繁荣，但不是所有信贷繁荣都会导致危机，现在回头看，金融体系中的脆弱性是非常明显的，然而当时却似乎不那么明显。事实上，在危机发生前的几年时间里，金融体系看起来比任何时候都稳定。银行盈利水平纷纷创下历史新高，2005年是大萧条以来第一个没有银行破产的年份。美国经济看似十分强劲，人们普遍相信，即使经济增长放缓，金融体系也能保持韧性。过去的几十年中，美国经济经历了数次温和的衰退，银行似乎积累了足够的资本，能够应对经济下行期的信贷损失。

然而，21世纪初信贷繁荣的势头异常强劲，导致普通家庭和许多金融机构过度扩张而变得十分危险。美国抵押贷款市场是繁荣的主阵地。美国家庭户均抵押贷款从2001年到2007年上升了63%，远超家庭收入的增速。而行业的放贷标准，尤其是向低收入家庭发放的高风险次级按揭贷款的标准大大降低。许多银行乐于审批通过几乎任何贷款申请，哪怕贷款金额等于一套新房的全部价值，而不管客户的信用记录如何——是否有工作，是否提供了收入证明，或者是否表现出了偿还月供的可能。

一般情况下，银行有很强的动机去仔细甄别客户、审慎确定贷款金额，因为只有将贷款收回来银行才能赚钱。但在危机发生前的几年里，华尔街机构为满足全球对看似安全的资产的强烈需求，将抵押贷款打包成复杂的抵押支持证券（MBS），并卖给寻求高收益的投资者。投资者需求旺盛，使华尔街对可作为证券化产品原材料的抵押贷款趋之若鹜。发放贷款的银行可以通过转卖这些贷款而将违约风险完全剥离，因此几乎没有动力去寻找优质借款人。这些贷款就像是日进斗金的磨坊的面粉，磨坊按照不同的风险等级将抵押贷款偿付现金流分类，再打包成证券，这一过程即证券化。

这一"发放—分销"的抵押贷款模式产生了错误激励，一些分析师将整个危机归咎于它。按照这种观点，如果监管规定贷款发放机构自持更高比例的贷款，就能避免灾难发生，理由是如果这些机构也要共担风险，它们就不会过于冒进。但事实不是这样的。许多贷款发放机构及其母公司也持有大量它们自己发放的贷款，以及以这些贷款为底层资产的证券化产品，在短期拆借市场上也接受证券化产品作为可靠抵押品。全国最大的抵押贷款发放机构美国国家金融服务公司，以及其他类似的公司早已深陷其中，它们出问题是因为高风险贷款分销还不够多。

事实上，出现抵押贷款泡沫的主因是房地产市场过度乐观。房价飞涨促使房贷标准放松，标准放松又刺激房价进一步上涨。人们普遍认为，借款人超出其还款能力购置房屋不会有太大的风险，因为如果还款遇到困难，还可以再融资或者以更高的价格卖掉房子——数年来这种乐观的假设基本没有遇到任何问题。甚至抵押贷款经纪公司和华尔街银行家都将自己的钱投资于房地产，他们和购买由他们打造的抵押支持证券的投资者一样，被卷入这场抵押贷款热潮。

劣质的抵押贷款最终危害了整个金融体系——不单单是因为这些贷款本身的

直接损失，毕竟损失虽然大，但基本还是可控的，还因为证券化热潮。证券化将劣质的抵押贷款包装成证券产品，这些产品成了金融体系内流通的货币和抵押品。收取证券发行方佣金的评级机构经常给这些证券化产品 AAA 评级，市场也将这些证券看作和国债一样安全。评级模型是有缺陷的，它们之所以给出 AAA 评级，是因为乐观地相信即使部分地区房价下跌，全国房价也不可能一同下跌。第二次世界大战以来的确是这样的，但这种只要底层资产的地理分布足够分散就不会遭受严重损失的假设最终被证明是错误的。很快，全国范围内房价暴跌超过 30%，处于或接近违约状态的次级按揭贷款比例从 6% 增至超过 30%。

还是那句话，系统性风险不仅在于抵押贷款比想象中更不安全，而且在于以抵押贷款为底层资产的证券化产品已经成为现代金融的支撑，使整个体系的健康取决于抵押贷款市场的健康。即便证券产品简单透明并且在公开交易所交易，这种依存关系也是危险的。更不用说这些金融产品总是设计得很复杂、不透明，并嵌套了隐藏杠杆。这些产品本应通过将风险分散化以及根据投资者的需求定制产品来帮助降低风险，但现在证券化却使整个系统更易遭受信心危机，使危机一旦开始就难以稳定。一旦抵押贷款质量恶化且相关衍生品风险上升，那么全部卖出肯定比尝试弄明白具体每一种证券化产品的风险要更安全、更容易。同时，衍生品交易中上千个私人部门交易对手之间有着千丝万缕的合同关联，因此几乎不可能区分谁持有哪些资产、谁对谁有偿还义务。这意味着，危机中投资者和债权人都不确定他们的准确敞口，或者对手方的真实情况，而不确定性会滋生恐慌。

但无论如何，危机前次贷市场看起来并不像是能够摧毁整个体系的巨大威胁。美国存量房贷中，只有不到 1/7 是次级按揭贷款。作为危机导火索的贷款违约和逾期，主要集中于可变利率次级按揭贷款，占全部房贷的比例不到 1/12。粗略统计表明，即便全部次级按揭贷款违约，贷款损失相对于整个经济也不大，能够被主要银行和其他贷款发放机构的资本缓冲吸收。这个统计忽略的——也是几乎所有人忽略的——就是抵押贷款将如何在整个金融体系内传播恐慌。

一个脆弱的金融体系

不是所有泡沫的破灭都威胁金融体系的稳定。20 世纪 90 年代末，互联网泡沫破灭后，投资者持有的互联网股票出现损失，但并没有产生过多的连锁反应。只有当人们用借来的、不稳定的钱吹出泡沫时才会出现恐慌。抵押贷款泡沫时期，金融机构从短期和隔夜信贷市场——包括回购和资产支持商业票据（ABCP）市场——大量融资以押注房贷相关资产。借款人和监管者都低估了这些短期债务的挤兑风险，因为大部分债务是用特定资产作为抵押的，在出现违约时这些资产可以归债权人所有。从危机实践看，这一判断是错的，因为许多债权人认为，与其接手不易估值且难以变现的抵押品，不如停止续贷。许多金融机构在危机前就大量加杠杆（包括长期债务），一些机构每1美元股本就对应30美元借款，风险缓冲极为有限。许多高杠杆的机构，规模越来越大，关联度越来越高，与整个金融行业紧密交织在一起，它们可能对金融体系构成严重威胁。

这种杠杆的累积，尤其是有挤兑风险的债务，使金融体系在面对意外冲击时极为脆弱。导致情况更具破坏力（并且使危机更难以预测或预防）的是，许多高杠杆机构并不是严格意义上的"银行"，因为它们没有银行牌照。它们的行为像银行，借短贷长，但游离在商业银行体系之外，既没有监管约束，也没有其他持牌商业银行的安全网保障。危机出现之前，美国金融体系中一半以上的杠杆都迁移到了这些"影子银行"或"非银行"，包括贝尔斯登和雷曼兄弟这样的投资银行，"两房"这样的抵押贷款巨头，美国国际集团等保险公司，货币市场基金，通用电气金融服务公司（GECC）和通用汽车金融服务公司（GMAC）等财务公司，甚至还有传统商业银行的非银行子公司。这些机构都或多或少地参与了期限转换的"炼金术"，但却不受存款保险保障（永远不会挤兑），没有对杠杆的有效监管约束，没有在遇到融资困难时向美联储求助的能力。简单地说，我们旨在化解风险的监管体系已经不能匹配这样一个体量的金融体系。在第四章中，斯科特·阿尔瓦雷斯、威廉·达德利和梁内利将就非银行金融机构、对这些机构的监管，以及这些机构在信贷中介中发挥的作用提供更多的背景信息。

对影子银行监管覆盖不足只是危机前夕美国金融监管体系的一个（虽然是很大一个）漏洞。监管体系存在漏洞和碎片化，很大程度上对应的还是大萧条或更早前金融体系的样貌，即商业银行主导信贷供给，是监管的重点。即便如此，对银行的监管也是不统一的，监管责任由美联储、货币监理署（OCC）、联邦存款保险公司、储蓄机构监管局（OTS）、监管海外银行美国分支机构的外国监管者以及各类州一级的银行监管委员会共同承担。一些情况下，银行可以自己选择被谁监管（美国国家金融服务公司重组为储贷机构以享受储蓄机构监管局的宽松监管），而且各监管机构之间的监管边界并不清晰。

在商业银行以外的领域，对风险行为的监管更加参差不齐。对于被称为政府资助企业（GSE）的房利美和房地美，监管部门形同虚设。美国证券交易委员会（SEC）负责监管投资银行，但它并未采取任何措施约束投资银行加杠杆的行为以及它们对短期融资的依赖。美国证券交易委员会主要关注投资者保护，这与美国商品期货交易委员会类似，后者还监管许多衍生品市场。联邦贸易委员会、美联储和其他一些联邦和州的监管部门也有金融消费者保护职能，但消费者保护不是上述任何部门的首要任务。

与此同时，没有任何一个机构负责分析或应对系统性风险。没有一个监管机构负责保障金融体系的整体安全和稳健，甚至连监测也做不到，监管机构关注更多的是单家机构的安全性和稳健性，没有哪个监管机构的视野能够覆盖整个银行和非银行体系。没有人评估衍生品、隔夜拆借等跨机构产品的整体安全性及其对金融稳定是否构成潜在威胁。尽管联邦存款保险公司有权快速、有序地关闭商业银行，但没人有权介入大型非银行金融机构以避免其无序倒闭、向其注资或提供债务担保。

监管体系的漏洞和缺陷显然增加了危机前夕金融体系的脆弱性。例如，现在看很明显的是，政府放任一些大型金融机构用较少的资本承担了过多的风险。资本是缓冲器，可以帮助一家机构在危机中承担损失、维持信心和偿付能力——回头看，美国金融机构需要补充更多资本。但这是"事后诸葛"了。危机前夕，银行持有的资本高于法定资本要求，以市场化的风险衡量指标来看，这些机构是相对稳健的。纽约联邦储备银行的确要求其监管的银行进行压力测试，模拟潜在的衰退和其他冲击所带来的影响，但由于经济和金融体系长期以来都处于相对稳定的状态，因此没有机构设计那种资本缓冲会被严重消耗的情景。

事后我们明白，对银行的这种后顾式[①]资本管理方法，只够抵御那种相对温和的衰退带来的损失，完全不够保守。监管部门还允许银行在计算监管资本比例时使用过多的劣质资本，没有坚持要求银行持有可以吸收损失的普通股。监管部门没有识别到，银行在复杂的衍生品和表外产品中隐藏了多少杠杆，使它们的资本水平看起来比实际资本水平充足。对于银行依赖不受存款保险保障的短期融资

---

① 后顾式与前瞻式相反。——译者注

这一行为，监管部门也很少施加限制。

尽管现有的商业银行资本框架过于宽松，但也足够产生约束力，所以规模达万亿美元的杠杆资金流入那些不受监管约束的非银行部门。对银行的监管规定更严格可以使银行更安全，但如果其他金融机构不受这些监管的约束，就会把风险引向金融体系的其他领域，超出银行安全网的覆盖范围，反而可能使整个金融体系更加脆弱。这是为银行和非银行设置不同的监管标准、碎片化的监管体系的矛盾和危险之处。美国资本监管框架最大的问题不是要求过松，而是覆盖太窄。抵押贷款资产质量最差、融资来源最不稳定的机构也是资本缓冲最少的机构，它们基本游离在监管体系之外。2005年，只有20%的次级按揭贷款是由受联邦监管的银行和储贷机构发放的。

监管规则应当更严格、更全面，监管部门应当更警觉、更主动。而且在经济繁荣时期就应当做出政治努力，以建立更有力的防线。但在繁荣时期，主流政治情绪不热衷于更加严格地落实现有银行监管规则，而且对监管体系的现代化改革和将监管延伸至非银行金融机构充满敌意。因为整个金融体系看起来有较强的风险抵御能力，所以危机前的争论重点在于是否应当进一步放松监管，而不是监管更严、覆盖更广。

不幸的是，如果没有一场危机来证明改革的必要性，改革是极难实现的。最生动的例子就是房利美和房地美，这两个大型政府资助企业持有或担保了美国一半的住宅抵押贷款。市场认为政府既然给"两房"发放了牌照，那么一旦它们陷入困境，就一定能得到政府救助，所以"两房"不断加杠杆是安全的。我们在危机前都表达过担忧，"两房"严重资本不足，严重缺乏监管。尽管亨利·保尔森做了大量努力，想推动"两房"改革立法，但美国国会一直没有做好准备采取行动，直到"两房"走到了倒闭边缘。

我们三个人对于危机前监管体系的这些缺陷感到非常不安。在当时盛行的"过度自信"之风下，我们都尝试逆风而行，驳斥危机只存在于过去的想法，呼吁建立更强有力的风险管理体系，对尾部风险保持敬畏之心，并且在各自的机构内部建立风险委员会和专门的小组关注系统性风险。但是，我们的行动还不够有力，不足以遏制威胁，我们也没有意识到这些威胁很快就要失去控制。尽管我们对危机和危机管理有来自学术界、市场和政府的理论与实践经验，但我们却没能预测到这场我们有生以来发生的最严重的危机。我们当时担心，有些可怕的事情即将发生，但即便在危机发生前的数个月内，我们也未能预见这场危机是如何发生的。这是想象力的失败，不仅仅是机构设置的失败。

当然，不是只有我们失败了。危机让每个人都措手不及。关于危机识别的一个教训就是，预测金融崩溃是极其困难的。一些人可能对某些事有先见之明，但不可能将先见之明作为现实中避免危机的战略。我们的分析没有足够重视全国范围内房价同时下跌的可能性，也没有足够重视市场对金融机构稳定性普遍失去信心的风险。我们没有预见到"抵押贷款"会变成一个令人害怕的词，以及抵押支持证券的复杂性和不透明性会导致投资者和债权人发生"踩踏"。我们也没有预见到关于房地产市场部分板块的坏消息可能引发所谓的"疯牛病效应"，即一旦出现个别牲畜染病的传言，消费者会直接放弃购买所有牛肉，而不是去分辨是否真的存在风险。

次级按揭贷款和复杂的抵押贷款证券化市场是一个问题，但如果没有引发金融恐慌，这些损失也主要集中于一小撮次贷借款人和放款机构。美国房市超过一半的损失发生在2008年秋天恐慌到达顶点之后。如果没有恐慌，住房危机可能远不会那么严重。

但恐慌还是发生了。这意味着金融体系和经济的命运将由此取决于政策应对。

危机早期：最后贷款人的局限

如果必须选一天作为危机的起点，那就是2007年8月9日，当天法国巴黎银行宣布冻结旗下三只基金的赎回，这三只基金持有以美国次级按揭贷款为底层资产的证券。这则新闻令人不安的原因不是以次级按揭贷款为底层资产的证券化产品估值下降，而是法国巴黎银行完全不知道如何对其估值，因为"不管质量如何"，市场上都没有人买这些证券了。这种处于萌芽阶段的恐惧和不确定性就是恐慌的根源。银行开始囤积现金，同业拆借的成本开始飙升，紧张的投资者从其他基金中撤回资金，以确保自己的现金不会被冻结。

任何危机的早期阶段，决策者都要在尚未完全了解危机形势的情况下斟酌应对力度（见图1.1）。如果每次问题一出现苗头，政府就赶来救助，会鼓励激进的投机行为，扶持失去生存能力的企业，促使金融体系未来从更高的悬崖跌落。很多时候，倒闭是一种健康的现象，能够为幸存者灌输市场纪律。危机早期，默认的想法应该是尽管私人部门机构高声呼救，也应让其承担经营失败的后果。

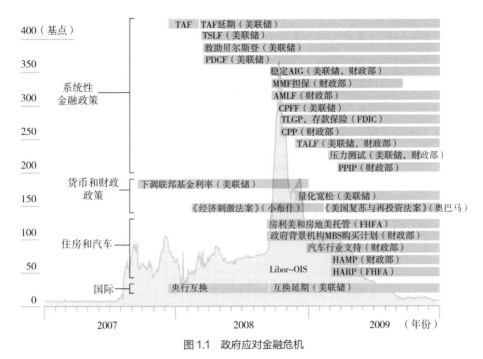

图 1.1　政府应对金融危机

注：（1）各措施的起始日期是其对外宣布的日期。（2）压力测试包括监管资本评估计划（SCAP），该计划下美联储和其他银行监管部门开展压力测试；以及资本援助计划（CAP），该计划是为资本不足的机构提供资本支持。（3）本书中所有图表使用的缩写的定义参见本书最后所附的缩写词列表。（4）Libor–OIS 是伦敦同业拆出利息率与隔夜指数掉期之间的利差。

资料来源：3 个月期 Libor–OIS 利差来自彭博财经。

　　但这是一个微妙的平衡，因为在重大危机中，政府不作为或退缩会导致问题恶化。如果金融救火队行动太晚，累积的恐慌就会疯狂失控，给每个人都带来严重后果，而不仅仅影响到高杠杆的投机者。不幸的是，危机不会提前预告它是可以自生自灭的森林山火，还是会威胁整个经济的系统性动荡。决策者需要在危机演进中自行判断。

　　2007 年危机的早期症状看起来像是典型的流动性问题。当时，唯一可用的工具就是美联储的贷款和货币政策工具。因此，最初的许多措施都来自美联储。当信心快速消失、信贷市场冻结时，央行可以作为"最后贷款人"，向有偿付能力但无法从市场化渠道获得融资的机构提供流动性。美联储的最后贷款人职能，即贴现窗口，可以向任何出现现金紧缺的商业银行提供紧急贷款；流动性危机早期，贴现窗口自然成为第一道应对措施。威廉·英格利希和帕特里夏·莫瑟在第二章对美联储的传统最后贷款人工具和策略进行了详细论述。

关于金融危机中最后贷款人的作用这一方面的经典论述是《伦巴第街》，这本由英国记者白芝浩于 1873 年撰写的书仍被视为中央银行界的圣经。白芝浩认为，停止挤兑的唯一办法就是向全世界证明没有必要挤兑，向有偿付能力的机构无限提供信贷直至恐慌平息。他写道："进行无限制大胆的放贷，好让公众感觉到会继续发放贷款。"这种贷款应当足够贵，使其只有在出现危机时才具有吸引力——这是白芝浩建议的"惩罚性利率"。央行还应要求借款人提供可靠的抵押品，这样在其违约时才可以保护央行资金的安全。但目标应当是，当私人部门融资渠道受阻时，提供大量公共资金以对抗恐慌、稳定信贷。

法国巴黎银行事件后，欧洲中央银行（ECB）和美联储立即通过公开市场购买国债，向停摆的信贷市场注入大量现金。美联储还发表声明，鼓励商业银行使用贴现窗口。上述提供流动性的措施暂时稳定了市场，但银行并没有求助于贴现窗口；它们担心如果市场收到"风声"，发现它们以惩罚性利率从央行借钱，市场会认为它们已经陷入绝望境地。美联储为减轻贴现窗口的污名效应，降低了惩罚性利率的水平，但银行仍担心从贴现窗口借钱将被视为其资本水平较弱的信号。

到 12 月，多家华尔街巨头迫于存在巨大的抵押贷款敞口，出人意料地宣布了史无前例的贷款减记。之前导致抵押贷款繁荣的狂热早已消退，情绪开始接近恐慌，投资者和债权人对一切与"抵押贷款"有关的东西都敬而远之。出问题的抵押贷款证券说到底也存在一定的价值，因为不是所有的底层抵押贷款都会违约，而且对于发生违约的部分，也可以通过收回并出售房屋挽回部分损失。但越多人抛售这些证券，这些证券的价格就跌得越惨，抛售就越合理。显然，美联储的常规工具不足以疏通阻塞的信贷市场。这种金融混乱开始对整个经济造成影响，忧虑重重的企业主和消费者削减了雇员数量和消费规模。美国国家经济研究局（NBER）后来认定，大衰退就是从这个月开始的。

在这一节点，美联储采取了两项超出"白芝浩原则"的措施。第一项措施是设立定期拍卖工具（TAF），通过延长贷款期限和引入拍卖机制来解决贴现窗口的污名效应。银行的借款利率将由拍卖机制决定，不再是惩罚性利率，这样即便它们向美联储申请贷款的事情泄露出去，市场也不会认为它们已陷入绝境。之后一年内，美联储通过定期拍卖工具借出的资金是通过贴现窗口借出资金的 5 倍。

第二项措施是与欧洲央行和其他外国央行建立互换，这样这些央行可以将换到的美元转借给其国内的银行。美元实际上是全球货币，因此向外国央行提供美元流动性是稳定全球市场的一项重要措施。一年后，美联储的互换还有超过5 000亿美元的未偿余额，使其成为全球的最后贷款人。第十七章介绍了互换协议及其逻辑，以及互换协议的运作方式。

这些干预措施当时被批评为反应过度，会奖励冒进行为，干扰金融机构早就应该实施的去杠杆进程。从危机一开始，就有一股强大的政治压力要求美联储往后站，让市场自我调节。同时，也有一股强大的市场压力要求美联储采取更多措施。伯南克和他的美联储同僚努力在避免危机发生和维持市场纪律之间保持平衡，美联储拒绝了多个不属于贴现窗口借款对象的非银行金融机构的紧急贷款请求。例如，美国国家金融服务公司在危机一开始就向美联储求助，因为它的短期债权人撤回了资金，该公司出现了现金短缺。但从初步诊断情况看，对这样一个不负责任的房地产贷款机构提供救助似乎还为时过早，因为当时除了违约，该公司还有其他选择；最终美国银行兼并了国家金融服务公司，承接了它出问题的抵押贷款资产。

进入2008年后，随着金融状况的进一步恶化，我们也越来越焦虑，因为我们没有足够的授权来应对充斥着过度加杠杆和危险融资的影子银行体系。正如之前提到的，传统银行领域的政府安全网是非常牢固的——有存款保险防止挤兑；对经营失败的资不抵债的存款机构，联邦存款保险公司有工具可以有序处置；美联储可以在有良好抵押品的情况下向银行提供紧急贷款。但传统银行不再主导美国金融，也不是危机早期的震中。美国1913年《联邦储备法》（FRA）第13条（3）款的确授权美联储在"非同寻常且紧急"的情况下向非银行金融机构提供贷款，但自大萧条以来，这一权限从未被动用过。

2008年3月，这一惯例被打破。美联储动用《联邦储备法》第13条（3）款的权限设立了定期证券借贷工具（TSLF），向包括五大投资银行在内的一些非银行金融机构提供流动性。（这一工具不是直接提供贷款，而是临时允许非银行金融机构以其他高评级但流动性略差的资产向美联储换取流动性高的国债。）这样一来，央行就突破了以商业银行为核心的传统最后贷款人职能，将其提供紧急贷款的对象范围扩大了。斯科特·阿尔瓦雷斯、小托马斯·巴克斯特和罗伯特·霍伊特在本书第五章讨论了美联储的法定职能，洛里·罗根、威廉·尼尔森和帕特里克·帕金森在第三章讨论了美联储的新型最后贷款人政策。

但定期证券借贷工具正式启动前，美国政府不得不针对境况最差的投资银行贝尔斯登策划一场史无前例的救助行动。贝尔斯登已有85年的历史，规模是国家金融服务公司的两倍，与整个金融体系的关联程度更高。

贝尔斯登：恐慌升级

与国家金融服务公司一样，贝尔斯登也面临严重的信心危机：债权人不再对贝尔斯登的商业票据展期，回购对手方要求更多的抵押品，对冲基金关闭了其在贝尔斯登开设的经纪账户。一个失去客户或市场信心的投资银行也不剩什么了。交易业务依靠的是信任，一旦人们开始质疑贝尔斯登能否履行其偿付义务，那么人们就会竞相选择其他公司。贝尔斯登有5 000家交易对手和75万份衍生品合约，所以可以想象如果它违约，将产生多么大的震动——市场将紧急抛售其抵押品，疯狂关闭其衍生品交易，回购市场将崩盘，状况也很差的雷曼兄弟可能遭到挤兑，房利美和房地美也可能倒下，而"两房"是支撑美国抵押贷款市场的主要力量。数个月来的压力已经使整个金融体系不堪一击，像贝尔斯登这样与之有千丝万缕联系的公司一旦倒闭，可能会使整个体系分崩离析。阿尔瓦雷斯、达德利和梁内利在第四章详细论述了救助贝尔斯登的理由。

起初，我们不认为能够阻止贝尔斯登的倒闭及其对金融体系的冲击。与有权关闭资不抵债的商业银行的联邦存款保险公司不同，联邦政府没有对非银行金融机构的处置权，因此它不能为贝尔斯登的债务做担保以避免其违约产生混乱局面。我们的紧急授权不像许多人认为的那样宽泛。没有美国国会的授权，财政部能做的非常有限，美联储的权限则局限于以良好抵押品为条件提供贷款。正如前文所提到的，美联储和财政部都没有权力为债务提供担保、使用政府资金注资或购买流动性较差的资产来停止挤兑。美联储的确在《联邦储备法》第13条（3）款下有提供紧急贷款的权力，但也不能用于救助资不抵债的机构，或为失去生存能力的企业续命。

在恐慌时期，很难判断一个面临倒闭的机构是真的资不抵债，还是出现了流动性问题。市场并非总是正确的或理性的。一旦信心回归，很多恐慌时期没人愿意购买的证券很可能又值得投资了。最后贷款人职能的最初目的就是应对临时的流动性问题。但贝尔斯登的倒闭速度之快、事态急转直下的状况远超同类机构，这表明它的问题确实很严重。贝尔斯登的损失规模很大，核心业务疲软，这意味着美联储不可能通过提供足够的资金来救活它。如果美联储贸然出手、没有后续支持措施，那很可能就是为一小撮剩余债权人的退场买单，损害美联储自身的信誉，也不会起到拯救贝尔斯登或稳定市场的作用。因此，我们最开始认为，美联储的应对措施就应该仅限于向市场注入更多的流动性，以降低一场无法避免的倒闭所带来的次生灾害，用盖特纳的话说，就是"（飞机迫降前）在跑道上喷阻燃泡沫"。

我们还考虑过另一个可能管用的选项，那就是找一个实力雄厚的金融机构收购贝尔斯登，承接贝尔斯登的债务。摩根大通同意了，但条件是美联储需要承担贝尔斯登价值 300 亿美元最差的抵押贷款资产的风险。美联储可以依据《联邦储备法》第 13 条（3）款进行干预，但前提是贷款"足够安全"。根据投资公司贝莱德的分析，美联储很有可能在这些资产上不会赔钱，于是伯南克和盖特纳决定推进这件事。保尔森还写了一封信支持美联储提供贷款，在这件事情上，美国财政部与美联储站在了一起。于是救助启动了，但救助行动要求摩根大通在股东投票结果出来之前就对贝尔斯登的大部分债务进行担保，以避免债权人挤兑。

与此同时，美联储再次动用《联邦储备法》第 13 条（3）款权限，设立了一项更为激进的针对投资银行的借贷工具，即一级交易商信贷工具（PDCF），该工具所接受的抵押品范围比定期证券借贷工具更广泛，对抵押资产质量的要求也更宽松。我们希望对贝尔斯登的干预措施能够稳定市场，但我们也知道贝尔斯登不是唯一一个杠杆率过高、过度依赖短期融资的投资银行，雷曼兄弟也有类似的问题，而且其体量是贝尔斯登的 1.75 倍，房地产敞口和衍生品交易规模更大。市场对投资银行的经营模式失去了信心，这意味着美林、摩根士丹利，甚至高盛都可能需要紧急贷款。

对贝尔斯登的干预的确在一段时间内稳定了市场，但也引发了对危机应对的政治抵触。许多政客和专家批评我们反应过度，称一个投资银行倒闭所产生的经济冲击不会太大——这种说法将在 6 个月后被雷曼兄弟的倒闭所驳斥。批评声中政治影响较大的一种观点是，我们的救助行动相当于浪费纳税人的钱救助了一家冒进的机构，这一行动不仅有失公平，而且将鼓励金融机构未来承担更大的风险——也就是道德风险问题。

我们的行动的确使贝尔斯登的债权人和对手方获得了全额偿付，只有这样他们才会停止挤兑，并且与贝尔斯登的状况相似的其他公司的债权人和对手方才不会开始挤兑。但贝尔斯登本身并没有被"救活"，该公司已不复存在。公司高管下课，而且他们的财富大幅缩水，股东权益仅为该公司2007年初估值巅峰的94%。所有的干预措施都有道德风险，但很难说贝尔斯登的命运会鼓励其他机构模仿。那年夏天，市场对雷曼兄弟的信心持续下降，这意味着市场不相信政府愿意或有能力再次伸出援手。而且，纳税人的钱也没有损失；对贝尔斯登高风险资产的融资贷款得到全额偿付，而且为纳税人赚了25亿美元。

当然，贷款的意义不在于赚钱，而在于避免系统重要性金融机构的倒闭及其连带经济损失。现在回想，贝尔斯登倒闭可能产生的连锁反应仍令人心惊胆战，因为彼时抵押贷款巨头"两房"的情况还没有稳定下来。当国家金融服务公司出现问题时，袖手旁观还是可以接受的选项，但贝尔斯登与金融体系的关联度实在是太高了，市场积攒了数月的恐慌情绪，我们认为金融体系已经变得十分脆弱，无法很好地承受贝尔斯登的倒闭。

贝尔斯登事件过后，许多评论都强调了美国政府的巨大权限，但这一事件恰恰暴露了这些权限的不足。这次我们成功设计了一个解决方案，但这是因为我们走运。如果不是摩根大通愿意收购贝尔斯登，并且愿意在股东投票结果未出时对其大部分债务进行担保，到2008年3月金融体系可能就崩溃了。美国政府依然没有权力向问题机构注资、购买资产或对其债务进行担保，这意味着政府没有办法阻止对一个行将倒闭的机构的全面挤兑；如果这个机构是一个非银行金融机构，那我们甚至无法安全地关闭这个机构以避免违约。对贝尔斯登的干预和美联储新设的一级交易商信贷工具使人们建立了这样一个预期，即政府有意愿、有办法阻止主要机构的倒闭，但事实上政府的救助能力受到诸多限制。

贝尔斯登救助事件之后，伯南克和保尔森向众议院金融服务委员会主席弗兰克表示，如果没有买家，政府就无法阻止对雷曼兄弟的挤兑，除非美国国会授予他们关闭即将倒闭的非银行金融机构的紧急权限。弗兰克的回复印证了他们的猜测——国会是不可能行动的，除非他们能够说服国会，让国会相信雷曼兄弟倒闭可能会损害美国经济。而这样只会让我们努力避免的事情加速发生。

房利美和房地美：发射火箭筒

下一个对金融体系的威胁就是"两房"，即房利美和房地美，二者加起来持有或担保的抵押贷款超过 5 万亿美元。还有一点也很重要，它们是美国抵押贷款融资最后的主要来源，每 4 个新发放的房贷中就有 3 个是由"两房"支持的。这意味着它们的崩塌将重创已经支离破碎的住房市场，可能导致更多普通民众的住房被没收，华尔街对抵押贷款证券更加恐慌。与此同时，"两房"自身发行了价值数万亿美元的证券，这些证券长期以来被视为安全资产，投资者遍布全球，包括各国政府和金融机构。换句话说，"两房"不可否认地具有系统重要性。如一些评论家所说，它们不是导致这场危机的根源，因为直到繁荣晚期，它们购买和支持的抵押贷款的发放标准在业界都是相对保守的。但到了 2008 年 7 月，连它们也在遭受巨大损失。

美国政府没有常设权限救助"两房"，因此保尔森需要说服国会提供必要的授权。我们那时担心，向国会请求授权支持抵押贷款巨头反而会被人们视为危机严重的信号，导致恐慌加剧，但保尔森还是直接向国会申请无限授权——用他的话委婉地说是"未明确"（具体金额）的授权——向"两房"注资。理由是，如果国会给予他宽泛的授权，那么市场关于"两房"能否活下去的焦虑就会减少，他就不需要动用这项授权。他解释称："如果你的口袋里装了一把水枪，那么你可能确实需要把它拿出来；但如果你装的是火箭筒，而且大家知道你有火箭筒，那么你可能就不需要拿出来了。"到 7 月底，由民主党控制的国会通过了立法，向共和党政府授予了保尔森要求的"火箭筒"，这证明在危机的紧要关头，美国政府能够通过一些比较艰难的、需要两党达成一致的措施，尽管在危机不够严重的时候可能做不到这一点。

不幸的是，等到美联储和货币监理署的现场检查人员揭开"两房"的盖子查看情况时，他们发现这两家机构已经资不抵债，资本缓冲薄如蝉翼，而且基本是通过会计手段做出来的。保尔森和他的财政部团队很快达成一致，唯一的解决方法就是让"两房"进入托管（基本就是国有化，但政府不控制日常运作），虽然保尔森刚跟国会说，他认为并不需要动用"火箭筒"。他的首要任务是避免一场系统性崩盘，而不是维护他前后言行一致的声誉。伯南克也表明美联储将全力支持财政部，包括必要时向"两房"贷款，就像之前财政部全力支持美联储的行动一样。

9月5日，保尔森和伯南克告知"两房"的首席执行官，政府已经控制了"两房"。首席执行官被解雇了，"两房"的股东几乎丧失了所有权益，财政部将向每个机构注资1 000亿美元以避免迫在眉睫的债务和担保违约。对"两房"的挤兑很快平息了，因为两家机构及其担保的抵押贷款获得了政府的官方背书。政府将采取比其他任何公共或私人部门行动力度都更大的措施来稳定房市，减少房屋止赎数量。这些非常干预措施再次为纳税人赚到了可观的收益。丹·杰斯特、马修·卡巴克尔、杰里迈亚·诺顿和李·萨克斯将在本书第六章对"两房"和相关政府的干预措施进行更详尽的描述。

然而，这些干预措施没能平息恐慌。我们曾希望我们展示出的力量能够稳定市场，甚至可能暂时解救雷曼兄弟。但市场参与者并没有长舒一口气，相反，他们得出结论，如果政府已经非常担心并采取了如此极限的措施，那么情况肯定比表面上看到的更糟糕——尤其是像雷曼兄弟这样存在巨大房地产投资敞口的机构。我们刚避免了一场灾难，但数日后，我们又将面对另一场挑战，那就是雷曼兄弟的轰然倒下。

雷曼兄弟和美国国际集团：危机爆发

在雷曼兄弟倒下之前，恐慌已经持续了一年多，但许多美国人仍将雷曼兄弟的倒闭视为危机的正式开端。这一事件使所有发生在它之前的事情都黯然失色，又似乎是后续所有问题的原因。但雷曼兄弟的倒闭更像是症状，而非整个系统的病因。房利美、房地美、美国国际集团和美林的规模都比雷曼兄弟大，而且差不多在同一时点濒临倒闭。事实上，雷曼兄弟事件展现了危机的各种根源：监管宽松、过度加杠杆、关联度极高的非银行金融机构、房地产敞口大且过于依赖易受挤兑的短期融资。雷曼兄弟有别于其他机构的地方在于，它的最终结局是灾难性的。（关于政府对非银行部门的干预措施，包括对雷曼兄弟和美国国际集团的措施，详见阿尔瓦雷斯、达德利和梁内利撰写的第四章。）

雷曼兄弟是一场我们试图阻止了一年但仍失败了的噩梦，是一个系统重要性金融机构的无序倒闭。鉴于我们6个月前阻止了贝尔斯登的无序倒闭，一周前救助了"两房",过两天还会救助美国国际集团,许多人认为我们是故意让雷曼兄弟倒掉的——还有一些人表扬了我们的这种做法。但情况不是这样的。我们在权力范围内采取了一切措施避免雷曼兄弟的倒闭,只是我们的权限还不够大。

当时我们很快认识到,贝尔斯登的结局正在雷曼兄弟身上重演:贷款人要求追加抵押品,对冲基金关闭交易账户,评级机构威胁下调评级。市场感受到雷曼兄弟即将倒下,但政府却仍没有办法对这样一个非银行金融机构注资或者对其债务进行担保,以避免违约。我们对雷曼兄弟的策略和对贝尔斯登是一样的:找到买家。

随着雷曼兄弟的倒闭迫在眉睫,保尔森和他的团队放出话来,不会用纳税人的钱来补贴对雷曼兄弟的交易。这句话一半是谈判技巧,一半是事实,美联储和政府的确都没有能力阻止投资银行的倒闭。为了避免倒闭,我们需要动员私人部门尽可能多地承接雷曼兄弟的坏资产,增加"贝尔斯登式"救助的可能性。但我们都知道,如果只有政府承担部分风险才能促成对雷曼兄弟的收购,我们会这样做的。我们已下定决心要避免大型机构的破坏性倒闭。

尽管我们对雷曼兄弟的策略跟贝尔斯登是一样的(找到买家承接雷曼兄弟的债务、安抚交易对手和客户),但这次买家没有出现。美国银行表现出时而有兴趣时而没兴趣的样子,但最后决定收购美林这一比雷曼兄弟稍强的投资银行。美国银行的收购也算是解决了对金融体系的重大威胁,毕竟美林看起来就是下一个要倒闭的投资银行。但这导致雷曼兄弟的潜在救星只剩一个了,即英国巴克莱银行。巴克莱银行对雷曼兄弟的收购似乎是认真的,尤其是在它还能不承接某些坏资产的情况下。但在后来被称为"雷曼兄弟周末"的那个周日早上,英国监管部门的人叫停了这场交易。他们说不希望英国纳税人被雷曼兄弟套牢。

尽管很难想象,但我们确实无路可走了。那时唯一可动用的权限就是美联储根据《联邦储备法》第 13 条(3)款,以良好抵押品为条件提供贷款。美联储对于什么算是合格抵押品有一定的自由裁量权,伯南克和盖特纳愿意在极限情况下承担一些风险。但一些政府官员和金融专家在周末查看了雷曼兄弟的资产情况,得出的结论和市场观点一样残酷:雷曼兄弟房地产投资的价值似乎只有它自己所宣称的一半。美联储可以提供资金促成对雷曼兄弟的收购,就像对贝尔斯登那样,但没有买家的话,无论如何也无法通过提供贷款救活一个深陷挤兑的资不抵债的机构。那时,数个月来的证据已经表明,雷曼兄弟没有能力从私人部门获得融资，后来 2013 年的一项研究也证实，雷曼兄弟的资本缺口可能高达 2 000 亿美元。美联储贷款可能会使这样一个已经分崩离析的非银行金融机构的债权人上岸，但代价是需要纳税人承担损失，而且也不可能使这样一个机构起死回生或平息市场对系统性崩盘的恐慌。

雷曼兄弟提交了破产申请，这是美国历史上规模最大的破产案。一些颇有影响力的报刊，如《纽约时报》和《华尔街日报》刊发社论称赞我们抵制住了诱惑，没有使用公共资金救助经营失败的机构。一时间，评论家为我们欢呼，认为我们致力于维护自由市场纪律，称我们给华尔街上了一课，让不负责任的投机者付出了应有的代价。的确，保尔森在雷曼兄弟倒闭前曾表示政府不会帮忙，但这是一个谈判策略，目的是向私人部门施压，使其参与美联储和财政部缺乏必要授权、自己无法完成的救助中。雷曼兄弟倒闭后，保尔森和伯南克在随后的国会证词中表示，市场有时间为雷曼兄弟的倒闭做准备，这让一些评论家认为我们并不在意雷曼兄弟的倒闭。但这是因为我们之前约定，要淡化我们无力救助雷曼兄弟这件事，我们担心如果承认自己能力有限，就会加速挤兑。危机期间的公共沟通非常关键和重要，难度也很大，我们尽量在坦率直白和安抚公众之间寻找平衡。现实是无法逃避的：我们没有能力阻止雷曼兄弟的倒闭，除非获得国会授权，否则还会有更多的"雷曼兄弟"倒在路边。

雷曼兄弟的倒闭戏剧性地加速了危机，令全球市场深感震惊。但整个金融体系内不太疯狂、不太明显的挤兑已经持续了一年多，雷曼兄弟也不是唯一的由于倒闭而给整个金融体系造成威胁的机构。雷曼兄弟宣布破产数个小时后，多米诺骨牌中下一个要倒下的是保险公司美国国际集团。

美国国际集团比雷曼兄弟体量更大，对金融体系的危险性更高。美国国际集团有上百万名个人保险客户，18 万家企业客户，这些企业提供了美国 2/3 的劳动岗位。重要的是，美国国际集团的金融产品部门，就像一个嫁接到传统保险公司的对冲基金，持有价值 2.7 万亿美元的衍生品合约，主要是为其他大型机构的金融工具承保的信用违约互换（CDS）。如果美国国际集团倒闭，其他系统性机构就会在最需要保险保障的时候失去"灾难保险"。由于其他系统性机构的敞口难以衡量，因此美国国际集团的违约可能引发全系统挤兑，而且违约已经近在眼前。美国国际集团需要 850 亿美元才能继续履约，而此时金融机构正疯狂囤积流动性。

我们再次面临除了倒闭和违约，没有其他办法关闭一家保险公司的境地：我们没有权限注资、提供债务担保或购买资产。尽管这次我们认为美联储有能力给美国国际集团足够的贷款避免其倒下。美国国际集团与投资银行不一样，后者失去了市场参与者的信心就什么都不剩了，而美国国际集团有相对稳定的收入来源，主要是有独立的、投资级的保险业务。美联储可以以良好抵押品为条件提供贷款，而美国国际集团旗下受到监管的保险子公司尚能正常收取保费，而且有强制留存的准备金，似乎是合格的抵押品。同样重要的是，由于保险子公司还存在价值，大多数市场参与者还是将美国国际集团看作具有生存能力的机构，尽管在控股公司层面美国国际集团面临巨大的流动性缺口。

但贷款给一个面临挤兑且经营失败的非银行金融机构仍是风险极高的，我们知道贷款可能只能为金融体系赢得一点时间，为违约做好准备。但是，为了避免美国国际集团在周二破产，2008 年 9 月 16 日，也就是雷曼兄弟申请破产的第二天，美联储授予美国国际集团 850 亿美元的信贷额度。贷款条件非常严苛，包括很高的惩罚性利率，以及美国国际集团 79.9% 的所有权——只比政府需要将美国国际集团并入自己的资产负债表的水平略低一点，但这些足以确保如果美国国际集团能够活下来，纳税人将获得绝大部分股票价格上行所带来的收益。

我们知道，在雷曼兄弟倒闭的第二天就救助美国国际集团看起来有些决策上的急转弯，但两家机构的情况是不一样的。与雷曼兄弟不同，美国国际集团有合格的抵押品，它可以凭借这些抵押品获得经营所需的融资，并让市场参与者相信它仍具有生存能力。但我们谈判的过程还是很激烈的，因为我们想让纳税人的利益最大化，还想最小化我们留给未来的道德风险。美国国际集团的股东后来向法院提起诉讼，认为我们对他们过于严苛，虽然起诉令我们感到恼火，但这个方案的确反映出我们践行了自己的承诺，即致力于救助整个体系而不是其中的某个人。

批评者仍然抱怨我们是在为失败者提供奖励。的确，为了停止恐慌、避免无序违约，有时我们需要保护债权人和对手方的利益。但大多数时候，经营失败并未得到任何奖励。作为救助条件，美国国际集团的首席执行官像"两房"的高管一样被解职。危机期间，国家金融服务公司、贝尔斯登、美林、雷曼兄弟、花旗集团和美联银行的首席执行官都丢了工作。几乎每家金融机构的股东都经历了股价暴跌。许多机构随后还面临巨额罚金。这很难成为未来金融家们想要效仿的路径。尤其是，如果美国国际集团的倒闭只对公司高管和股东有影响，那么我们一定会放任它倒闭，但我们知道在那个时点，一家系统性公司的倒闭对金融体系和整个经济来说将是灾难性的。

事实上，美国国际集团的境地比我们想象的更加糟糕。在获得了第一笔贷款后，美国国际集团的情况继续恶化，后来救助规模扩大到了难以想象的1 850亿美元，既包括贷款，也包括注资。尽管最终美国国际集团连本带利全额还了钱，政府获利230亿美元，但真正的收益是避免了美国国际集团违约可能造成的更大破坏。

余波未平

尽管我们进行了强有力的干预，但情况仍持续恶化。美联储试图在跑道上喷更多的泡沫，通过扩大借贷工具的范围，接受以任何资产为抵押向银行和投资银行提供短期信贷，但仍然难以挽回市场颓势。公司债利差飙升，是1929年危机爆发后涨幅的两倍。短期国债收益率实际上为负值，反映出大家疯狂地寻找安全资产；投资者不敢投资私人部门资产，甚至愿意倒贴政府一部分钱，让政府来持有他们的现金。周二又发生了一场灾难，一只大量投资于雷曼兄弟商业票据的货币市场基金——储备主基金宣布无力足额支付投资者，将暂停赎回。投资者担心其他货币市场基金也会"跌破净值"并冻结现金提取，所以一周之内从货币基金市场挤提了2 300亿美元的现金。这种挤兑令人恐惧，被挤兑的机构是事实上的银行，但没有政府的存款保险保障。

随着货币市场基金开始出现问题，其对商业票据的购买量和在回购市场上的资金拆出量也在下降，银行和非银行部门的流动性紧张问题愈加严重。这种影响还溢出到实体经济：一些高评级非金融企业——如通用电气、福特甚至可口可乐——的首席执行官警告保尔森，称他们的商业票据发行困难，短期融资遇阻，企业运营和供应商款项及员工工资都受到影响。这样一来，他们可能得被迫削减库存，延期支付一些中小供应商的款项，导致供应商裁员。危机正在从华尔街扩散到普通大众，其影响更具体、更明显。

我们决心平息对货币市场基金的挤兑，该行业为3 000万美国人管理着3.5万亿美元的资产。我们还要扭转商业票据市场的收缩态势，该市场为许多企业提供重要的、日常运营所需的流动性。保尔森团队提出动用财政部的 500 亿美元外汇稳定基金（ESF）来为货币基金提供担保，相当于联邦存款保险公司为银行存款提供的保险。美联储通过设立另一项新的借贷工具来支持这一担保，就是名字很复杂的"资产支持商业票据货币市场共同基金流动性工具"（AMLF），这是一项很迂回但有效的措施，通过鼓励银行从货币市场基金那里购买商业票据，使市场回暖。两周内，这一工具为价值 1 500 亿美元的票据提供了融资。史蒂文·沙弗兰在第七章对货币基金挤兑和政府应对有深入讨论。

这些干预措施见效了。投资者看到政府提供担保后，停止了对货币市场基金的挤兑；由于财政部向货币市场基金收取保费，而且没有做出任何赔付，纳税人最终又获利一笔。美联储提供的额外流动性也有助益，但真正学到的经验是政府担保才是作用最大的。当危机管理者能够做出令人信服的承诺，对灾难性后果提供保障时，市场参与者就不会以这些灾难性后果为预期采取应对行动，众人担心的后果也就不会出现。

走上国会

一直以来，我们都走在恐慌后面，这是非常危险的。我们之所以无法尽早出手，是因为我们现有的武器库过于薄弱，不足以遏制挤兑。我们需要一种办法来抵挡整个金融部门的灾难，而不是逐个应对出问题的机构。然而，如果没有国会授予足够的财政资源，我们是无法平息恐慌。几个月来，我们知道国会不可能买账，因为立法者和他们选区的选民看不到迫切性。我们陷入了"第二十二条军规"的困境：我们需要国会给予新的授权来阻断危机，但如果金融状况没有明显恶化，我们是拿不到这些授权的。雷曼兄弟倒闭后的几周里，恰恰展示了情况可以变得有多糟糕。

现在还剩下的问题是向国会索要什么工具。保尔森希望的是，由政府收购部分有毒的、失去流动性的资产，以此提振对濒临倒闭的机构的信心。他还希望通过收购这部分资产，能够促使其他类似的、政府没有收购的抵押贷款资产市场回暖，这样就等于向整个金融体系注资。他提交给国会的提案就是问题资产救助计划（TARP），该计划提出收购高达 7 000 亿美元失去流动性的抵押贷款资产。这不是一次简单的游说——在一系列听证会上，保尔森和伯南克被抨击纵容华尔街。这件事还卷入了正在进行的总统竞选，导致两党要达成共识更加艰难。

就在保尔森就问题资产救助计划的内容与国会协商的两周内，另一个大型机构——华盛顿互惠银行——在恐慌中倒下，这是规模最大的受联邦存款保险公司保障的倒闭银行（关于联邦存款保险公司的处置过程见第十一章）。联邦存款保险公司主席希拉·贝尔促成摩根大通收购了华盛顿互惠银行，没有使用任何政府救助。但联邦存款保险公司的处置不仅使原股东权益清零（这是恰当的），也使华盛顿互惠银行的优先级债权人损失惨重。换句话说，这一处置允许华盛顿互惠银行债务违约，而这是我们在其他机构的处置过程中所极力避免的情况。这种"打折"在一般情况下是有道理的，要让债权人为其不明智的借款决定承担后果，但在恐慌时期这是适得其反的，因为这种行为向其他金融机构的债权人释放出一个信息，即他们最安全的选择就是挤兑。

希拉·贝尔认为我们的救助行动产生了太多的道德风险，她将华盛顿互惠银行的倒闭看作一个教育市场的机会。她也是为了保护联邦存款保险公司的存款保险基金（DIF），她常说她的法定职责是寻求成本最小化的处置方案。但成本最小化原则在金融稳定面临风险时也存在"系统性风险例外"，对华盛顿互惠银行的"打折"可能会导致重大风险，即更多银行倒闭。毫不意外，第二天，美联银行——全美第四大银行——发生了挤兑。对美联银行的优先级债务进行担保的成本翻了一倍，美联银行10年期债券的价格下跌了近2/3。但幸运的是，经过一系列曲折的谈判，富国银行同意收购美联银行，既没有"打折"，也没有依赖政府救助，避免了一场难堪的倒闭。

我们希望让市场放心，不会再有下一个雷曼兄弟或华盛顿互惠银行，但想要让这些承诺可信，我们需要问题资产救助计划。保尔森和他的团队在12天内与国会领导人敲定了协议，这对国会来说已经是闪电般的速度了，但对我们来说时间还是太长了。不幸的是，事态的严重性还是没有完全显现出来，2008年9月26日，众议院以微弱的票数优势否决了问题资产救助计划。即便是雷曼兄弟事件后国会都不愿意行动，这一点更加印证了我们不可能更早地获得新授权或财政支持。

众议院投票当天，股票市场暴跌9%，一些顽固的议员受到震动，开始恢复理智。到那一周的周末，民主党控制的国会和共和党政府共同通过了问题资产救助计划，通过的版本与众议院否决的版本相比略有修改，使这项在政治上不受欢迎的华尔街救助计划成为两党共同的决议。该计划给了财政部相当广泛的授权，明确财政部可以通过问题资产救助计划采取更多措施，不仅限于购买问题资产。事实上，在计划通过时，财政部和美联储已经开始研究替代方案了。

部署问题资产救助计划

刚开始提出问题资产救助计划时，保尔森认为购买资产对于维护金融稳定的作用优于注资。他的目标是向银行体系注资；但从过往危机看，只要政府向银行直接注资，那么条件肯定是惩罚性的，只有倒闭或濒临倒闭的银行才会接受注资。结果就是，对情况最差的银行进行了代价高昂的国有化，而整个银行体系并没有获得多少注资。保尔森认为，购买问题资产将提振银行体系剩余资产的价格，有助于修复银行资产负债表、改善资本状况、巩固投资者信心。相比之下，保尔森担心政府注资将导致国有化，这可能会使资本加速从大银行撤离。过去几周里，"两房"和美国国际集团的股东权益在政府入股后几乎清零。保尔森担心，如果其他银行的股东认为他们的股权也有被稀释的风险，他们将加速撤离。

但情况正以惊人的速度恶化。即便国会通过了问题资产救助计划，股票市场仍经历了 1933 年以来最差的一周，反映同业拆借市场压力指数的利差达到了历史最高点。我们需要立刻行动稳定市场。设计一个既公平又有效的资产购买计划是一项复杂而艰巨的任务。底线就是金融体系需要更多资金，而购买资产是一种间接的、不太有效的提升资本水平的方法，也没有一个简单的方法能够确定财政部该买哪些资产、该为这些资产付多少钱。保尔森的团队考虑了多种方法，包括拍卖和与私人部门投资者合作，但很明显，制订一个可行的计划将耗费太多时间。我们需要的是一个更简单、快速、有效的方式，在这个系统还活着的时候提供救助。当国会通过问题资产救助计划后，我们一致同意，通过政府认购新发行股份的方式向金融机构直接注资，将是更快速、有效和低成本的做法。第八章对银行注资问题进行了深入讨论，第十四章解释了问题资产救助计划的运作机制。

我们的挑战在于，设计的条款要足够严苛以保护纳税人，但又不能过于严苛以至于吓退那些较为稳健的机构，或让它们不敢参与计划而给问题资产救助计划带来污名效应。我们不认为可以强迫资本水平高于监管最低要求的机构参与问题资产救助计划，也担心如果只有差机构接受政府注资，市场将远离这些机构，而体系内的其他机构还是缺乏资金。因此，保尔森的团队决定认购无投票权的优先股，而不是普通股，这样能平息市场对于政府接管的恐惧，而且购买的条件要更有吸引力一些，这样一来，好机构和差机构都会接受注资。尽管按照国会的要求，我们对问题资产救助计划参与机构的首席执行官的薪酬施加了一些限制，但我们没有限制其他银行高管的薪酬和奖金。我们的目的是让尽可能多的机构参与问题资产救助计划。

危机发生的 14 个月以来，我们的权力都仅限于由美联储解决流动性问题。现在，终于能够动用政府资金解决深层次的偿付能力问题了。但债权人和投资者还在从好机构和差机构撤资，我们担心仅靠注资不足以驱散恐慌。

想要确保银行能够吸引融资，最简单和最有效的方法就是对其债务进行担保，即效仿储备主基金跌破净值后财政部对货币市场基金的干预措施。一些欧洲国家已经开始对银行债务提供全面担保，我们希望效仿，这样债权人就不会再试图挤兑。我们想到，既然联邦存款保险公司有权一对一地为某家银行提供担保，那么它应该也可以引用系统性风险例外条款为所有银行同时提供担保。希拉·贝尔不愿意将联邦存款保险公司的存款保险基金置于更大的危机之中，她还批评了我们为避免违约而"不惜一切代价"的做法。但她也看到了雷曼兄弟和华盛顿互惠银行违约后市场的剧烈反应，因此她同意对银行的部分债务进行担保。迈克尔·库里明格在第九章对联邦存款保险公司的这一计划有详细介绍。

最开始，贝尔要求对担保收取惩罚性费用，以保护联邦存款保险公司的存款保险基金，甚至将担保上限设置为银行债务的 90%，这暗示剩余 10% 的债务可能会出现损失。但我们据理力争，表示提前承担一些风险来保护银行免遭挤兑，会降低银行大批倒闭的风险，而银行大批倒闭可能会耗尽存款保险基金。而且，等危机结束后，联邦存款保险公司总是可以通过提高保费的方式补充存款保险基金。最终，贝尔同意收取较低的担保费用，以避免污名效应，并且同意对债务进行全额担保，没有打折——毕竟，打折的话就无法达成担保的目的了。

我们想把所有应对危机的手段都用上，因此美联储还设立了一项新的贷款工具，用于防止商业票据市场崩盘，确保主要企业获得足够的融资，以维持一段时间的运作。商业票据融资工具（CPFF）是对美联储应急权限的又一次全新解释，运作第一周就买入了价值 2 420 亿美元的商业票据，打通了对企业融资非常关键的短期信贷渠道。该工具共为纳税人赚到了 8.49 亿美元，未发生一笔损失。罗根、尼尔森和帕金森会在第三章对这一工具和美联储其他创新的最后贷款人工具进行阐述。

我们需要快速、有力地启动问题资产救助计划。因此，在哥伦布日①这天，保尔森召集了全国9家最具系统重要性银行的首席执行官来财政部开会。我们解释说，我们希望9家机构接受总计1 250亿美元的财政部注资，同时接受联邦存款保险公司对它们任何新增债务的担保。这是一个一揽子交易：如果不接受政府注资，就没有政府担保。一些自认为资本水平较强的银行担心，参与这一计划会显得它们好像和处于困境中的竞争对手一样状况不佳。此外，没有银行愿意接受政府成为投资者。但我们提醒这些首席执行官，没人能确保他们的银行有足够的资本度过眼前这场严峻的衰退危机，更别说金融体系崩溃时还会发生连带挤兑。那9家银行都依赖金融体系才能生存，而保全系统最好的方法就是9家银行全部参与问题资产救助计划。我们将另外向规模较小的银行提供1 250亿美元，如果大银行也参与问题资产救助计划，小银行就不用担心污名效应了。当天下午，9家银行的首席执行官都同意接受问题资产救助计划的注资，股票市场创下了有史以来最大的单日涨幅纪录。接下来的几个月里，我们将迅速对近700家小银行注资。

问题资产救助计划是一个转折点，是美国政府拿出全部资源来结束危机的第一次努力，也是恢复稳定的重要一步。欧洲的应对措施则更为传统，对濒临倒闭的银行进行了国有化，对其他银行则提供注资，但由于惩罚性利率过高，很少有银行接受。结果就是，欧洲银行体系资本不足的状况维持了数年，阻碍了经济复苏。但使问题资产救助计划非常成功的因素也恰恰使它不受美国民众欢迎，民众将其视为给那些破坏经济的银行家的礼物。而且，尽管取得了重要进展，但危机仍未结束。

虽然现在有了应对金融恐慌更有效的策略，但危机带来的经济后果正日益显现。2008年第四季度，美国经济年化收缩8.2%，就业岗位减少了200万个，9月华尔街所经历的冲击逐步传导至普通民众。银行资产负债表上的问题资产越来越多，抵押贷款违约率和逾期率高企，市场对抵押支持证券的担忧挥之不去。大萧条以来最严重的衰退愈演愈烈，经济下滑也破坏了我们为稳定金融体系所做的工作的效果。

---

① 哥伦布日的时间是10月12日或10月的第二个星期一。——译者注

市场很快产生了疑问：我们的这笔巨款是否足够堵上金融体系的窟窿？我们已经承诺将2 500亿美元给银行部门，问题资产救助计划池子里还有4 500亿美元。纽约联邦储备银行分析发现，单就银行部门而言，在"压力情景下"还额外需要2 900亿美元，在"极端压力情景下"则需要6 840亿美元。这是一个危险时刻，总统换届的不确定性使它更加危险。当选总统奥巴马公开表示了对我们"不惜一切代价"策略的支持，他提名盖特纳接替保尔森担任财政部长，但这中间10周的空档期让我们感觉特别漫长，问题资产救助计划的账很快就要算不下去了。

我们承诺避免下一个系统性机构倒闭，但践行这一承诺的成本正在上升。美国国际集团遭遇了史上最大损失，财政部不得不从问题资产救助计划中拿出400亿美元为这家公司注资。作为对花旗集团援助计划的一部分，保尔森同意额外购买花旗集团价值200亿美元的股票，援助计划还包括为该银行最差的一部分资产提供政府担保。他和伯南克设计了一个类似的计划救助美国银行，又耗费200亿美元问题资产救助计划资金。财政部还为美联储的一项新工具提供了200亿美元担保，这项工具就是定期资产支持证券贷款工具（TALF）。有了定期资产支持证券贷款工具，美联储接受以信用卡贷款、学生贷款、车贷和小企业贷款为底层资产的证券产品作为抵押品，向这些证券产品的投资者提供贷款，目的就是恢复消费者信贷市场的流动性。

除金融部门外，通用汽车和克莱斯勒也处于命悬一线的地步。施行问题资产救助计划的本意不是支持实业企业，因为这些企业一般可以宣布破产，而后进行有序的重组或清算。但银行体系现在太脆弱了，平时破产企业常用的"债务人自行管理"融资[①]方法不可行了。汽车制造商的无序破产可能导致全国上百万工人失业，因此小布什总统批准了一笔235亿美元的过桥贷款给两家濒临倒闭的汽车制造商，还批准了对其财务公司的注资和重组计划。第十三章对通用汽车和克莱斯勒的救助和重组计划进行了讨论。

这些干预措施取得了预期效果。给通用汽车和克莱斯勒的贷款使两家公司在总统换届的不确定性下安然存活。定期资产支持证券贷款工具部分抵消了银行信

---

① "债务人自行管理"指的是，在申请破产期间，债务人仍可持有并管理现已属于债权人的资产。"债务人自行管理"融资指的是，在这一过程中，债务人（企业）仍可向金融机构申请融资，用于持续经营。——译者注

贷收缩对普通民众的影响，这时候信贷是大家最需要的东西，美联储不用承担任何由该工具促成的贷款的损失。联邦政府对花旗集团和美国银行的支持使这两家机构的挤兑危机解除，两家机构没有动用任何政府担保，也没有触发政府对其担保资产的赔付。

但新任总统并不会因此而充满感激。奥巴马就职后，问题资产救助计划的资金已经使用过半，经济处于自由落体状态，金融体系在接受巨额救助后仍颤颤巍巍、处境艰难。人们在怀疑，我们需要再出台一个问题资产救助计划才能践行承诺，即避免下一个系统性机构倒闭。事实上，奥巴马的第一个预算提案就包括了 7 500 亿美元的额外金融救助。不同流派的金融专家都愈加相信，银行体系已不可救药，奥巴马需要对部分或全部银行进行国有化。新一届政府中，盖特纳的许多同事认同这一观点，而且经常有媒体爆料称国有化不可避免，这也加速了恐慌。第一季度银行盈利实际上已经有所好转，但持有银行股票的投资者还是竞相抛售，避免政府介入后他们的股权被稀释或直接清零。

金融体系和整个经济在相互拖累。稳定措施要想成功，必须同时支撑金融和经济。

金融方面，盖特纳和伯南克希望，除非万不得已，要避免对银行体系进行大规模国有化。即便只是国有化一两个主要机构，也有可能引发对剩余机构的挤兑，导致政府接管更多机构。2009 年 2 月，盖特纳提议了一项比国有化更温和一点的方案，计划通过提高银行透明度和补充资本，恢复投资者对银行健康状况的信心。核心就是监管资本评估计划，或"压力测试"。美联储和其他银行监管部门将开展严格的评估，确定每家大银行在类似大萧条的经济下滑情景下面临的损失规模，公开披露这些预估损失，并给当前资本水平不足以吸收预估损失的银行6 个月时间来补充资本。不能通过市场渠道获得额外资本的机构将强制接受问题资产救助计划的注资——还有可能要接受政府接管。蒂姆·克拉克、马修·卡巴克尔和李·萨克斯在第十章对奥巴马政府的这一银行注资计划有详细说明。

这是一个冒险的计划。如果悲观者的看法是正确的，那么将银行资本水平公开在阳光下只会让人们更加确定银行已经资不抵债了，问题资产救助计划的资金也会因填补这些银行的资本窟窿而消耗殆尽，大规模国有化将不可避免。但市场的观点已经是最坏的结果了，盖特纳和他的同事认为，银行体系的实际健康状况可能没有想象的那么糟。压力测试可以更加准确地反映一家银行的健康状况，并确保"生病"的银行获得注资，不管是投资者主动注资还是问题资产救助计划强制注资。

市场最开始对这项计划的反应完全是负面的。压力测试的坏处显而易见：结果出来之前的不确定性十分难熬，没人能保证最终结果有利于平息恐慌。一些对压力测试持怀疑态度的人警告称，压力测试是一个陷阱，政府会设计一个温和的情景，给银行开一个健康证明。但我们知道，除非测试情景足够严峻，否则无论测试结果如何，市场都会继续设想最坏的方面。美联储将评估银行健康状况的情景设置得非常严苛，假设失业率激增，房价大幅下滑，而且下滑幅度比 2009 年的实际情况还糟，这些假设下，贷款损失率比大萧条时期还要高。

然而，美联储于 2009 年 5 月发布的测试结果比市场上许多人预想的要好。美联储确定，19 家大型金融机构中有 9 家资本充足，有能力应对极端不利的测试情景，其余 10 家加起来只需补充约 750 亿美元资本。美联储还发布了按机构和按贷款类型划分的预估损失，以此证明得出结论的过程，市场也认为结果是可信的。为金融机构违约提供担保的成本迅速下降，私人部门恢复了对银行投资的信心。资本不足的机构很快就筹集了满足压力测试要求所需的几乎所有资本，很多机构的资金在测试后数周内就筹集到位。唯一无法筹集到市场资金的是通用汽车金融服务公司，因此财政部使用问题资产救助计划的资金填补了其资本缺口。对通用汽车金融服务公司——现在的联合汽车金融公司——提供的救助，后来为财政部带来 24 亿美元的收益。直到 2009 年 4 月，国际货币基金组织（IMF）仍预测美国政府救助银行体系需要花费 2 万亿美元，但问题资产救助计划对银行和保险公司的注资，最终为财政部带来 500 亿美元的收益。总体来看，政府的金融干预措施共为纳税人带来了约 2 000 亿美元的收益。

对这场长达 20 个月的煎熬来说，压力测试实现了结局大反转，最终使市场相信，金融体系是有偿付能力的。不会再有下一个雷曼兄弟。当然，压力测试不是化解危机的神药，而是过去一系列旨在稳定金融体系的干预措施的结晶。美联储的贷款和流动性支持计划，对贝尔斯登、"两房"和美国国际集团的救助，财政部对货币市场基金的担保计划，联邦存款保险公司对银行和其他金融中介债务的担保，以及注入银行体系的问题资产救助计划资金（连同我们督促银行在危机期间筹集的市场化资金），都是必要元素。如果不是前期这些稳定措施发挥了作用，压力测试的结果是不会使市场那么信服的，纳税人付出的成本就会更高。

重要的是，这些修复金融体系的行动与重振经济的措施互为补充，没有后者，仅靠前者是不够的。更加强健的金融体系反过来促进了始于 2009 年 6 月的经济复苏。正是因为政策的协同一致，美国政府部署的强有力的金融和经济措施才能取得更显著的效果。

重启经济引擎

整个危机期间，美联储放松货币政策，以支撑迅速恶化的经济形势。（唐纳德·科恩和布赖恩·萨克在第十五章讨论了危机期间的货币政策。）2008 年 10 月，美联储与其他主要央行一同下调了利率；2008 年 12 月，美联储成为首个将短期目标利率降至接近零的主要央行，并在这一水平上维持了 7 年。但经济依然难掩颓势，伯南克及同事开始采取一系列非常规政策，在零利率下限（ZLB）的约束下对抗通货紧缩和衰退压力。美联储的行动始于 2008 年末，它当时购买了房利美和房地美发行的 1 000 亿美元债务，以及房利美和房地美提供担保的价值 5 000 亿美元的抵押支持证券。这一行动不仅旨在激活市场对相关证券的需求、刺激萧条的住房市场，还向市场发出了一个信号——即便不能再下调短期利率，美联储也将创设工具以支持经济增长。

2009 年初，由于经济持续低迷，美联储开启了一项名为"量化宽松"（QE）的货币刺激政策实验，刚开始购买抵押贷款证券，随后购买国债，以降低长期利率，对抗经济衰退。美联储在第一轮量化宽松中共购买了 1.75 万亿美元的金融资产，向市场发出信号，即美联储不会袖手旁观，不会任由经济停摆。美联储又分别于 2010 年和 2012 年开启了第二轮量化宽松和第三轮量化宽松，将资产负债表规模扩大至超过 4.5 万亿美元，是危机前最大规模的 5 倍。有研究显示，量化宽松压低了长期国债和抵押贷款利率，帮助经济实现复苏，也鼓励了其他央行采取类似措施支持全球经济增长。量化宽松和许多危机救助计划一样，最终为纳税人带来了可观收益，美联储将购买资产获得的利息上缴了财政部。

在美联储推出新的货币政策工具的同时，奥巴马政府也推出了一系列财政政策，以重启经济引擎。第一步就是美国历史上最大的财政刺激法案。（贾森·弗曼在第十六章讨论了危机期间的财政政策。）2008 年早些时候，保尔森与美国国会协商出一项获得两党支持的 1 500 亿美元一揽子刺激方案，但那时危机的全面影响尚未完全显现。2009 年初出台的《美国复苏与再投资法案》（ARRA）在刺激个人消费方面则更激进。《美国复苏与再投资法案》包含 3 000 亿美元的临时减税措施，以及 5 000 亿美元的新增政府支出——包括向受衰退影响严重的人群提供补助、支持旨在升级基础设施并提供公共就业岗位的公共工程，以及对各州的直接补助。国会的共和党议员几乎一致反对该法案，但大多数独立经济学家认为，《美国复苏与再投资法案》有助于保护工作岗位、促进经济增长。一些州和地方政府所采取的措施，例如提高税率、裁员和削减政府支出，削弱了法案的效果，但该法案还是帮助美国经济成功重启，那时其他一些发达经济体仍处于衰退之中。

回过头看，考虑到经济下滑的严重程度，如果出台更大规模的刺激计划可能更有利于经济复苏。但参议院仅有 60 票支持 8 000 亿美元的计划规模，如果提出更大规模的计划，不能保证没有议员阻挠计划通过。国会的民主党议员后续又通过了一些规模稍小的刺激政策，包括减少所得税、扩大失业救助和加大对各州的支持力度等，在数年内共向经济注入 6 570 亿美元资金。奥巴马政府还借助问题资产救助计划的资金救助汽车生产商，这一救助是有争议的，它迫使通用汽车和克莱斯勒进入接管状态并最终重组。总体来看，汽车行业从问题资产救助计划中获得了超过 800 亿美元的资金，但最终纳税人所承担的净成本仅为 93 亿美元（布赖恩·迪斯、史蒂文·沙弗兰和丹·杰斯特在第十三章讨论了支持汽车行业的计划）。2008—2012 年，联邦政府每年的财政扩张规模（包括自动稳定器）达到了 GDP（国内生产总值）的 3.4%。这些措施的效果也是累进的；收入最低的40% 的家庭获得的保护力度最大，其收入下降幅度最小。

在对房利美和房地美注资以及美联储降低抵押贷款利率等措施的基础上，盖特纳和其他奥巴马政府的同事还推出了一系列新措施支持住房市场。迈克尔·巴尔、尼尔·卡什卡里、安德烈亚斯·莱纳特和菲利普·斯瓦格尔在第十二章对这些措施以及小布什总统任期内的住房政策进行了阐述。奥巴马住房计划包括住房贷款可负担再融资计划（HARP），帮助无力偿还房贷的贷款人对其抵押贷款进行再融资，以及住房贷款可负担调整计划（HAMP），帮助逾期的贷款人调整月供。

住房措施和金融干预措施一样，遭受了广泛的批评。右派说，这些政策是对不负责任的住房贷款人进行不负责任的馈赠；有些人认为，正是这一观念促成了后期茶党运动的兴起。左派同样情绪激动，认为政府在面对房屋止赎危机时的反应是迟滞的、软弱的，的确，这些计划进展缓慢，参与人数也有限。尤其是住房贷款可负担调整计划，在组织管理上就是一场噩梦，主要依靠运转失灵的贷款服务行业，这些贷款服务商经常弄丢贷款文件，打电话无回应，或者相互踢皮球。住房贷款可负担调整计划的合规要求也相当烦琐，为了防止欺诈，申请门槛也相当严苛，使本就运转不灵的办理过程更加不顺畅，迫使银行宁愿私下进行数百万美元的贷款重组，也不愿与政府的繁文缛节打交道。奥巴马政府为住房贷款可负担调整计划设立的目标是帮助 300 万～400 万人调整贷款合同，但该计划仅直接帮助了很少一部分人。不过将政府和私人部门的自发行动合并之后，最终超过800 万贷款人的贷款合同得以调整。住房贷款可负担再融资计划同样开局不利，但最终帮助 300 多万人实现了抵押贷款再融资，而将近 2 500 万人则在没有政府支持的情况下利用低利率条件自发进行了再融资。

回头看，对住房市场影响最大的联邦政府措施还是对房利美和房地美提供的4 000 亿美元的救助，以及美联储购买抵押支持证券的行动，前者在市场化资金撤离的情况下维持了抵押贷款信贷市场的流动性，后者降低了贷款利率，有助于贷款人进行再融资。尽管住房贷款可负担再融资计划和住房贷款可负担调整计划这两项旨在帮助个人贷款者再融资或调整还款计划的政策存在瑕疵，但也帮助数百万人改善了境遇。然而，美国国会一向对实施更强有力的住房政策不感兴趣，盖特纳和他的大部分同事也认为，多花点钱用于失业救济、基础设施建设、所得税减免和州政府直接救助，会比那些仅针对房主的政策产生更大的效果，同时还能避免牵扯公平问题。解决经济危机是解决住房危机的必要条件，但这句话反过来就不一定对了。最后，经济复苏被证明是解决住房问题的上上策。随着经济衰退的结束，房价企稳，数百万处于还款困境中的房主发现，他们的房屋价值开始回升。

随着金融市场恢复运转、货币和财政政策效果显现，经济颓势开始扭转，到2009 年中期开始增长。2009 年，美国的汽车年销量跌至 1 000 万辆，直到 2015年才恢复到危机前 1 700 万辆的水平。消费者和金融机构不再面临信贷紧缩，但银行借贷行为仍然谨慎，尤其是贷款给潜在房主。与其他国家从此次危机中的复苏或者历史上从过往危机中的复苏相比，这次美国经济复苏异常迅速，虽然不像我们希望的那么强劲，但也异常稳健。美国经济曾经一个季度就失去了 200 多万个就业岗位，但现在实现了连续 100 多个月就业正增长，共增加约 1 900 万个岗位，创造了持续增加就业岗位的纪录。股市自 2009 年 3 月见底后上涨了 3 倍，危机期间遭受重创的退休金账户已全然恢复。收入中位数开始上升，贫困率开始下降。梁内利、玛格丽特·麦康奈尔和菲利普·斯瓦格尔在第十八章回顾了经济复苏的效果。

不过，这场危机仍是自 1929 年大萧条以来最具破坏力的经济事件。危机不是造成不平等加剧、工资增长停滞、劳动参与率下降等不利经济趋势的原因，这些趋势此前几十年一直存在，虽然危机确实加剧了部分问题。然而，危机的确造成了数万人失业、失去房子，使数百万家庭生活困难。这段经历带来的一个重要教训就是，即便政府采取了积极的应对政策，即便美国金融体系的力量强大，即便政治领袖们放下不同的政见，一场重大的金融危机仍是毁灭性的。金融危机的最佳对策就是不发生金融危机。如果发生了，那么降低损失的最佳对策就是确保危机失控前，危机管理者有工具控制危机。

我们是否准备好了应对下次危机？

金融危机是不可能完全避免的，因为危机是人类情绪和认知的产物，人类监管者和决策者难免犯错，危机也是这些失误的结果。但这不是消极应对危机或行动不力的理由。即便没有消除危机的万全之策，在努力降低危机频率和失控概率方面，政府官员能做的还有很多。

美国政府对 2007—2009 年危机事件的准备不足。如果准备更加充分，可能会产生更好的结果。如果美国的监管体系没有那么割裂、对商业银行体系之外的风险化解更加有力，如果美国的危机管理者全程都获得了足够授权、能够利用强大的授权避免金融体系崩塌，如果一开始就建立机制，确保金融体系为救助买单，那么恐慌就不会那么严重，不会造成那么大的损失了。另外，我们认为，政治环境本可以更好。

10 多年后的今天，一个关键的问题就是，美国是否准备得更好了。我们认为答案是也不是。因为现在的金融体系抗风险能力更强了，保障措施更多了，发生严重恐慌的风险降低了。但政府官员拥有的应对金融危机的权限却比 10 多年前更弱了。政府动用货币和财政刺激手段应对经济需求崩溃的能力——所谓的凯恩斯主义武器库——也已耗尽。

危机预防方面，进展基本良好。美国国内和全球范围内都建立了更严格、更智能和更全面的监管体系，有助于抑制过度承担风险和加杠杆、提高透明度，并增强金融体系的抗冲击能力，无论冲击来自哪个领域。尤其是 2010 年颁布的《多德－弗兰克华尔街改革和消费者保护法案》（简称《多德－弗兰克法案》），以及国际层面的《巴塞尔协议Ⅲ》监管改革，都对机构加杠杆的行为设置了更高的资本缓冲，施加了更严格的限制。克莱·劳瑞、内森·希茨和埃德温·杜鲁门在第十七章详述了金融监管改革领域的国际合作。

防范恐慌最有力的措施就是强制金融机构持有更多能用于吸收损失的资本，降低对债务尤其是短期债务的依赖。《巴塞尔协议Ⅲ》将对银行的最低资本要求提高至原来的 3 倍，并对规模最大的几家银行的要求提高至原来的 4 倍。协议还要求提高资本质量，确保全球金融体系应对严重冲击时拥有切实的吸损能力。美联储针对美国的银行制定的规则更加严苛。在此背景下，银行自危机后普遍筹集了新的资本，并维持较高的资本水平。

危机后的改革中，美国国内和全球层面还建立了更保守的流动性要求，要求放贷机构持有更多现金和其他流动资产，并降低对短期融资的依赖，因为短期融资在出现危机苗头时就会迅速撤离。危机发生前，不受存款保险保护的短期债务占金融体系资产的约 1/3，现在仅占约 1/6。回购市场规模显著下降，用作回购抵押物的资产更加安全，日内融资——这种风险最高的回购——规模相比危机前的峰值下降了 90%。

这些新规如果只适用于传统银行体系，那么它们的价值将是有限的。正如这次危机展现的，风险总是沿着防御力最弱的路径蔓延，扩散到监管政策不是那么严格或政策执行不是那么到位的金融机构和金融市场的边边角角。但这次，约束金融机构风险承担行为的新规不仅更严格，覆盖范围也更广，不仅适用于商业银行，也适用于证券公司和其他影子银行。危机发生前，接受严格杠杆率监管的机构的资产仅占整个金融体系资产的 42%，现在这一比例上升至 88%。另外，改革措施还针对金融工具、融资市场以及单家机构。例如，《多德－弗兰克法案》要求衍生品交易主要通过交易所公开进行，而不是私下协商，以降低交易对手和敞口的不确定风险，进而降低不确定性所带来的恐慌。该法案还对衍生品交易施加了更保守的保证金要求，这也是限制金融机构过度承担风险的一种方式。

危机后的改革还对那些倒闭后对系统威胁最大的金融机构设置了更严苛的规定。对规模最大银行的"系统性附加资本"要求意味着，在同等风险情况下，这些银行须比小银行持有更多资本，以降低其加杠杆的冲动并增加对损失的缓冲。《多德–弗兰克法案》还禁止了可能造成一家银行负债占整个系统负债比例超过10%的兼并行为，授权美联储拆分可能对金融体系造成严重威胁的银行，并要求美联储对大银行开展年度压力测试，以确保银行为最坏的情况做好准备。

一些人批评改革，认为改革保留了大部分现状，而不是拆分大银行、恢复大萧条时期的《格拉斯–斯蒂格尔法案》，即要求商业银行和投资银行业务分离。但对于《格拉斯–斯蒂格尔法案》能否避免此次危机或降低未来危机的风险，目前尚无定论。毕竟，贝尔斯登、雷曼兄弟、"两房"和美国国际集团都是不受《格拉斯–斯蒂格尔法案》约束的非银行金融机构，而美联银行和华盛顿互惠银行又是因为坏账过多而以传统方式倒闭的银行。规模未必是负面因素，如果不是摩根大通、美国银行和富国银行规模够大，能够吞下规模没那么大的贝尔斯登、华盛顿互惠银行、美国国家金融服务公司、美林和美联银行，情况可能会更糟。规模小也不总是正面因素，一连串小规模银行的倒闭引发了1929年的大萧条。无论如何，在《多德–弗兰克法案》的规定下，美国最大的几家银行在它们前8年的压力测试中都表现良好；2018年，美联储认为，即便全球经历严重衰退、失业率上升6个百分点，这些银行的资本水平仍将高于危机前。美国政府问责办公室（GAO）2014年的一份报告指出，大银行的融资利率已经不再比小银行低，标志着市场不再笃信"大而不能倒"。

我们希望对陈旧的监管体系进行更多改革，但政治地盘斗争是不可逾越的一道障碍。《多德–弗兰克法案》设立了由多个监管部门组成、财政部牵头的金融稳定监管委员会（FSOC），至少有这样一个政府机制（虽然不是一个单独的机构）来负责系统性风险的评估和化解。金融稳定监管委员会有权采取行动压降其所发现的系统性风险，权限包括认定系统重要性金融机构，使其受到美联储更严格的监管。《多德–弗兰克法案》还尝试重构监管体系，即撤销储蓄机构监管局，这一屡次被"俘获"的监管机构此前负责监管美国国家金融服务公司、华盛顿互惠银行和美国国际集团。但除此之外的其他联邦监管机构都保留了。《多德–弗兰克法案》甚至在已经非常混乱的监管机构名单上又增加了一个机构——消费者金融保护局，该机构整合了所有其他机构的消费者保护职能，打造了一个强有力的金融警察形象。设立这样一个一站式的消费者保护机构还是有道理的，因为如果将消费者保护职能放在其他监管机构里，就会经常被这些机构的其他重要职能所掩盖。重拳打击消费者信贷市场的欺诈行为，有助于保住普通美国人的钱袋子，也会通过打击不规范的贷款行为和其他引发抵押贷款市场乱象的行为促进金融稳定。

整体来看，这些改革措施可以降低危机出现的频率。改革措施已经要求金融机构，尤其是大型机构持有更多高质量资本、降低杠杆水平、采取更安全的融资方式——年度压力测试也确保这些机构为不利情况做好准备。衍生品市场的透明度有所提高，消费者保护有所加强，而且终于建立起一个专门的政府机制负责监测整个金融体系的潜在风险。

可以想象，全世界在预测和防范金融冲击方面都已做好更充足的准备。央行和国际机构都加大了对金融稳定部门的投入，试图更好地识别潜在的危险信号和脆弱性。美联储近期也开始发布《金融稳定报告》，与金融稳定监管委员会发布的报告形成互补。我们支持这些努力，但我们也怀疑这些努力能否保护金融体系的周全，毕竟"好了伤疤忘了痛"是刻在人性中的。有一天我们还会经历另外一场危机。那时，政府的危机应对者将需要一张金融安全网，而我们担心美国金融安全网的漏洞甚至比危机前还要多。

‖‖‖‖‖

关于危机是如何发生的，原因很复杂，涉及一系列相互交织的因素，如过度加杠杆、贷款发放标准不合规、融资来源不稳定、证券化不透明、监管落伍等。但关于危机为何演变到如此严重的地步，主要原因只有一个，就是我们和其他监管部门拿来应对恐慌的武器太弱且太落后了。

危机发生时，美联储只有一个主要的危机应对工具，即通过贴现窗口以良好抵押品为条件向商业银行提供贷款。美联储可以在有抵押品的情况下向非银行金融机构贷款，但必须首先触发《联邦储备法》第 13 条（3）款的紧急权限，还必须是借款对象已经接近或处于非常紧急的境地。其他方面，美联储的权力非常受限，例如，购买金融资产的权限仅限于国债和政府资助企业（如房利美和房地美）发行的证券，而其他央行可以购买风险更高的证券，一些央行还可以购买股权。财政部则基本没有什么常备权限来干预危机。

危机期间，美联储创设了一连串贷款工具，采取了激进的干预措施，向受困机构和市场提供了至关重要的流动性。但即便有央行的传统甚至非传统贷款工具，市场对问题机构和问题资产的信心也不会神奇地迅速恢复；的确，整个危机证明了白芝浩原则的局限性。美联储灵活诠释了紧急贷款权限，避免了贝尔斯登和美国国际集团倒闭可能造成的灾难性后果，但这些作为最后防线的救助措施并不能恢复市场对金融体系的信心，因为政府不能向投资者和债权人保证，其他主要机构不会面临类似的倒闭境地。我们不得不向国会要求授权，这样才能对濒临倒闭的机构注资并为其债务提供担保。即便这样，我们仍花了一段时间才让市场确信没有必要挤兑了。如果危机之初我们就有足够的授权，能够在出现系统性风险时及时干预，那么我们的行动会更有力、更迅速、更全面，对临时性救助措施的依赖会减少。

但危机催生了强烈的政治抵触情绪，即反对任何可能被解读为提供救助的行动，《多德－弗兰克法案》削弱而非扩大了政府的危机应对工具库。财政部的注资权限到期后未再延期。联邦存款保险公司对银行债务进行大范围担保的权限被取消，美联储向美国国际集团和贝尔斯登等非银行金融机构提供贷款的权限也被撤销。美联储保留了《联邦储备法》第 13 条（3）款权限，向某一大类机构提供紧急贷款，例如其在危机中向一级交易商提供贷款，支持了关键融资市场，又如向商业票据市场提供贷款。但美联储使用该权限的灵活性有所下降。例如，国会限制了美联储对抵押品是否合格的自由裁量权，这将使美联储在下次危机中很难接受高风险抵押品。

国会还拿走了财政部动用外汇稳定基金提供担保的权限，尽管正是这一权限在储备主基金跌破净值后保护了普通美国人的存款。国会还限制了政府部门和美联储一道承担风险的权限，在危机中财政部曾通过定期资产支持证券贷款工具为消费信贷市场提供担保。《多德－弗兰克法案》甚至削弱了美联储传统的最后贷款人职能，增加了信息披露规则，无论提高透明度的好处如何，这都将增加申请美联储贷款的污名效应，使美联储在未来的危机中更难向金融体系提供流动性。

《多德－弗兰克法案》也增设了一项重要的危机应对权力，即"有序清算权"，这是一个针对濒临倒闭的复杂机构的、类似破产程序的机制，使危机管理者能够像联邦存款保险公司关闭小型银行一样，有序关闭复杂机构。危机期间，正是因为我们无法做到这一点，我们的危机应对措施频频受挫——在雷曼兄弟倒闭的那一周甚至造成灾难性后果。危机管理的目标不是不发生任何倒闭，而是防止可能引发更大金融稳定问题的无序倒闭。设计合理的处置权限可以从容地避免这种混乱，同时有助于确保没有机构是"大而不能倒"的。在美联储的帮助下，联邦存款保险公司也投入了大量资源，设计不同情形下这一处置权限的触发标准。

在真正被使用前，我们也不知道这一新的处置权限的有效性，我们三个人对这一权限的看法也不完全一致。我们并没有觉得新的处置机制——或者说"生前遗嘱"——不重要，"生前遗嘱"是系统重要性金融机构制订的计划，以便政府在危机时期能将其有序关闭。但可以这么说，相比整个系统都处于恐慌边缘的情况，这一新的权限可能只有在相对稳定的环境下才能更有效地处置雷曼兄弟式倒闭。

当然，当危机到来时，国会有权撤回之前对金融危机应对者施加的预先限制。但说起来容易做起来难，尤其是对我们这样一个非议会制的民主体制，修改法案需要总统、众议院和参议院多数同意才能通过。至少目前看，未来的危机应对者还是需要延续我们以前那种次优做法，花费大量时间、精力和政治资本才能获得应对工具，而与此同时危机还在不断恶化。这种次优路径可能导致危机更加严峻、持续时间更长，最终增加经济和纳税人成本。看一下目前美国面临的两党分裂局面，我们很难相信在危机发生的情况下两党能够就不受欢迎但却必要的应对行动达成一致。

‖‖‖

尽管危机及其引发的衰退相当严重，但如果没有美联储、国会和政府部门通过创设大量货币和财政刺激工具来阻止经济下滑和刺激经济复苏，情况还会更加严重。2008年的另一个重要教训是：如果经济内爆，稳定金融体系的措施就不会成功；如果金融体系崩溃，经济复苏的措施也不会成功。两者需要共同起作用，政府降低金融危机影响的能力取决于其宏观经济操作空间。

危机发生前，美国的凯恩斯主义武器库储备相当丰富。美联储有足够的能力降低短期利率以支持经济，政府部门有预算空间采取扩张性的财政政策，包括减税和增加支出。今天，凯恩斯主义的空间看起来大为受限，可能会是未来发生危机或严重衰退时的重大不利因素。美联储已经在缓慢加息，以补充危机期间消耗的货币弹药，但美国政府却在本应广积粮的时候挥霍财政弹药。

货币政策方面，美联储主席伯南克的继任者珍妮特·耶伦和杰罗姆·鲍威尔已经开始逐步缩减量化宽松期间积累的 4.5 万亿美元资产负债表，同时缓慢将利率抬升至 2% 以上（截至本书成稿时）。但显然，即使货币政策回归中性，利率也将低于过去水平。这样的话，如果经济衰退，美联储并没有太多的降息空间，尽管美联储仍可以选择开启新一轮量化宽松。

财政政策方面，危机期间赤字规模一度膨胀至 1 万亿美元以上，之后随着危机缓解、救助资金逐步收回以及经济回稳，赤字有所下降，同时国会提高了税率，降低了支出增速。但现在年度赤字又冲上了 1 万亿美元，这是因为在减税的同时没有收紧开支，而且由于人口老龄化也给未来各类津贴支出带来压力，美国可能面临不可持续的长期赤字。当下次危机或者仅仅是一次普通的经济下滑到来时，税收将下滑，赤字问题将更加严重，但无论是从政治能力还是从经济能力来看，决策者都很难拿出与 10 多年前同样激进的危机应对手段。

只有财政节俭和较好的经济环境持续很长一段时间，才能使美国的宏观经济弹药库恢复到能够抵御另一场危机。当前，即便一场温和的衰退都能使美国政府应对危机的财政空间所剩无几，更不用说升级基础设施、解决成瘾药物问题、应对气候变化、稳定社会保障，或者向工薪家庭提供永久税收减免了。危机前美国就疲于应对收入不平等、中产阶级收入不稳定等经济挑战，危机导致这些问题更为严重，而飙升的财政赤字可能限制我们解决这些问题的能力。

下一步怎么做？

过去 10 多年里，美国和其他主要经济体在金融和经济方面取得了长足进展。但历史已经证明，长时间的自信和稳定将催生过度自信和不稳定。随着人们开始忘记过去的伤疤，危机发生后被认为很有必要的规则在繁荣时期开始显得多余。

敌人正在遗忘。当前的监管负担并没有阻碍银行利润创纪录或贷款规模扩大，但金融业还在努力游说监管松绑。我们认为，实施额外监管改革的第一条原则应该像希波克拉底誓言一样：首先，不要造成损害。我们应该当心，不要让最有效的危机防御手段弱化。到目前为止，基本上《多德－弗兰克法案》改革的所有内容都还在。但当形势变好时，开倒车的危险似乎不值一提。随着时间和记忆的流逝，肯定会有要求放松监管的压力，重要的是，应避免这种压力再次创造出危机前的那种脆弱性。

事实上，金融危机的成本太高了，反而应该采取更有力的措施防范化解危机。没有危机的步步紧逼，政治体系很难行动起来，尤其是在两党之争陷入僵局的情况下；但是，由于代价太高，美国政府应该在出现风险之前就将金融稳定视为紧急事项。

危机预防方面，改革面临的主要挑战是，顶住压力，不能削弱新的、更严格的关于资本、杠杆、流动性和保证金的监管规则。另一个相关挑战是，随着市场参与者适应了新规则，他们开始将风险转移到监管稍显薄弱的领域，因此要确保监管者有自由裁量权和意愿去适应这种变化。商业银行在美国金融体系的占比小于其他主要经济体，我们应保持警惕，确保高风险的杠杆不会转移到新的影子领域。可以回想一下，在危机发生前对银行的资本要求比现在低得多的情况下，有多少风险行为转移出了银行体系；如今，寻找新的监管套利机会的动力肯定更强。割裂的金融监管体系也可以进行一些架构改革，裁撤冗余的机构设置和重复的监管职责，减少地盘之争。

但从其他方面来看，危机预防框架运作良好。我们更加担心下次危机到来时会发生什么。我们明白，公众不会支持我们的继任者更加轻松地救助银行家。但剥夺危机救助者的权限不会阻止金融救助的发生，它只会延误救助，使救助成本更高。无论采取什么手段，美国政府都需要鼓足勇气，重新装备紧急武器库，使其恢复到 2008 年危机的应对水平——向银行注资、购买银行资产，尤其是对银行债务提供担保的权限，这些权限是平息恐慌最有力的武器。

这些建议可能听起来很激进，但联邦存款保险公司在化解商业银行的风险时就已经用到了其中的绝大多数权限，而且联邦存款保险公司定期、有效地行使这些权限，没有遭到什么政治抵制。我们应当研究如何将这些权限拓展至覆盖所有从事期限转换的金融机构。《多德–弗兰克法案》中规定的处置权限也应进一步完善，确保大型复杂银行倒闭时，联邦存款保险公司能够对其负债进行全额担保，并使其有序关闭。这可能会给纳税人带来一些短期成本，但联邦存款保险公司能够在危机发生后通过行业收费的方式弥补损失。一个关键的考虑是，要避免在恐慌阶段对债权人的债权打折，这样只会加速恐慌。要求债权人为其风险行为承担后果的想法是可以理解的，但要求危机管理者在危机之中就让债权人付出代价，只会使危机更难结束。

联邦存款保险公司模式成功的一个特点就是，金融机构在危机发生前就先付出了代价——同时明确，如果代价比预想的更高，多出的部分还将由行业买单。我们希望美国国会能够采纳类似的保障模式，使其覆盖整个金融体系，这样危机管理者就能放心地使用公共基金（行业保障基金），因为他们知道任何亏空最终都会由金融机构买单。我们不会那么天真，认为这样就可以解决金融危机管理的政治障碍；政府平息恐慌的行动总是容易被抨击为对不负责任的投机者的不合理救助。但是，如果通过立法要求金融行业承担危机应对的全部成本，将有助于改善这一情况。10 多年前，我们的危机应对就达到了这一效果，金融部门为我们所提供的保障全额买单。但如果这能自动实现，且大家在事前就能达成共识，就更好了。

最后，我们希望美国政府能够利用当前经济上行的良好环境为应对下次挑战做准备。这需要政府就财政纪律做出新的承诺，因为目前这种在繁荣时期减税和增加支出的模式会增加在危机时期出台财政刺激政策的难度。更重要的是，我们应当采取措施解决长久以来存在的结构性问题，包括收入不平等，这些问题会损害经济和民主制度的健康。我们需要想办法让更多美国人共享经济发展的成果，这不仅是一件正确的事。如果能让更多人从经济的强劲增长中分享机会和繁荣，我们的国家就能更好地应对内在冲击，包括金融冲击。

10 多年前，我们见证了民主党和共和党放下政治与意识形态分歧，拯救国家于危难之中，使民众相信美国在面对危机时（或许只有在面对危机时）能够采取必要行动。但在上次危机中，这也是一个艰难的过程，下次危机时可能会更加困难。我们当然不会乐观地认为这件事在危机发生前就能解决，尤其是现在我们的政治体系是如此分裂和瘫痪，似乎没有能力对未来做出深思熟虑的选择。

对紧急政策武器库施加的一系列限制对美国来说是危险的——而且考虑到美国金融体系和美元的全球重要性，这对全球来说也是危险的。过去一个世纪以来，全世界在降低战争、饥饿和疾病给政府和个人带来的灾难性后果方面取得了巨大进展，但在降低金融危机的灾难性后果方面则几乎毫无进展。我们可以做得更好，而且因为危机的影响如此之大，即便我们的应对措施只完善了一点点，也能够节省万亿美元资金，改善数百万人的生活。现在就是开始行动的最好时机。

第二章

传统流动性支持工具在金融危机初期的使用情况及效果

本章作者：威廉·英格利希和帕特里夏·莫瑟。本章作者感谢耶鲁大学金融稳定项目的陈安舒、本杰明·亨肯、艾丹·劳森和戴维·塔姆等人在研究方面给予的大力支持。同时，还要感谢约翰·麦高恩和莱尔·熊坂提供的数据支持，以及黛比·佩尔穆特和苏珊·麦克劳克林对本章所述政策工具的实施情况提供的访谈素材。我们对美联储和纽约联邦储备银行在设计和实施上述工具时扮演了重要角色的同事表示高度赞赏。我们从本·伯南克、蒂莫西·盖特纳、戴维·韦塞尔、梁内利、鲍勃·戈茨等 2018 年 3 月耶鲁大学研讨会与会人员的发言中获益良多。本章有任何疏漏都由作者承担。

引　言

　　2007 年上半年，金融市场的压力开始显现，这些压力主要源自此前住房和抵押贷款部门的过度繁荣。压力之下，居民房地产市场显著恶化，股市波动性上升，对冲基金崩盘，次级按揭贷款损失增加。尽管如此，银行的短期融资成本仍较为稳定。2007 年 8 月 9 日，欧元区第二大银行法国巴黎银行宣布停止赎回三只投资基金（法国巴黎银行，2007），这些基金均持有大量底层资产为美国次级按揭贷款的资产支持证券（ABS）。该行表示，这些证券已基本丧失流动性，无法进行估值。

　　法国巴黎银行的公告只是 2007 年夏天金融市场遭遇的诸多负面冲击中的一个，但却是压倒骆驼的最后一根稻草，迅速影响了融资市场（见图 2.1）。抵押贷款相关资产的估值和银行对这些资产的敞口均存在不确定性，导致银行融资成本大幅上升。由于对抵押贷款相关资产敞口的巨大不确定性，资产支持商业票据市场面临着更大的货币市场投资者的撤资压力。为此，欧洲央行向欧元区货币市场注入大量流动性，约合 1 300 亿美元（欧洲央行，2007）。随后，美国开市，货币市场同样承压，欧洲银行在美国的分支机构的报价拉升了货币市场利率。美联储立即采取行动，开展公开市场操作（OMOs），当日即向银行体系投放 240 亿美元（纽约联邦储备银行，2019）。

　　从理论上来说，金融危机的大幕已拉开，需要由美联储和其他央行履行最后贷款人职责，提供流动性支持。最后贷款人是央行在危机中扮演的传统角色，由白芝浩于 1873 年在《伦巴第街》中提出。

　　本章主要介绍危机第一阶段美联储传统流动性支持工具的设计、使用及不足之处。这些工具——贴现窗口、定期拍卖工具和单一档回购[①]——是美联储应对

[①]　在常规的公开市场操作中，回购是按不同的抵押品类型进行的，即对不同品种的合格抵押品，如国债、机构债和机构抵押支持证券分开回购，而单一档回购则允许在一次回购操作中接受多种合格抵押品。——译者注

近 80 年来最大的流动性危机的第一道防线。这些传统的贷款工具不仅在 8 月危机初期就发挥了作用，在恐慌情绪最严重的 2008 年末也扮演了重要角色：这些工具的规模很大，使用对象包括美国本土银行及海外银行在美国的分支机构或附属机构。

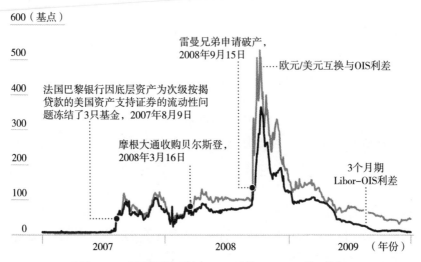

图 2.1　3 个月期融资利率与 OIS 利差：Libor 和外汇掉期

资料来源：彭博财经，作者计算。

　　这些传统流动性工具是美联储对常备借贷工具的创新性运用。虽然创新的形式多样，但设立目的均是解决金融体系的流动性问题。换言之，这些工具都是用来缓解系统性恐慌的，而不是为解决个别机构的流动性问题或用于管理政策利率的。美联储在设计这些工具的时候往往面临时间紧急、信息有限等约束，因此需要根据危机演变不断调整这些工具。虽然大家普遍认为这些传统工具的确起到了缓解主要资金市场流动性紧张和融资压力的作用，但它们的影响是有限的，也不足以遏制大范围的金融恐慌。因此，美联储同时启动了紧急贷款权限。

背景情况、法律授权与历史沿革

　　从广义上来说，美联储传统流动性支持工具可以分为两类。一类是贴现窗口，根据《联邦储备法》第 10 条规定，美联储可以向一些特定的交易对手（商业银行和其他吸储机构）发放贷款，可以接受的抵押品范围较广。[①]另一类是公开市场操作工具，根据《联邦储备法》第 14 条规定，美联储可以通过回购提供流动性。[②]该工具对抵押品的要求较高，合格抵押品范围较窄，仅接受政府和具有政府背景的机构发行的有价证券及外汇，对交易对手的限制不多。然而，在实践中，美联储开展公开市场操作的交易对手其实较为有限（危机期间约 20 家），多为大型全球证券公司，即所谓的一级交易商[③]。

从历史上看，贴现窗口被认为是美联储履行最后贷款人职责所使用的主要工具，虽然使用该工具后实际发生的大额借款数量很少。[④]在之前的金融动荡时期，如 1970 年的宾州中央铁路公司破产、1984 年的伊利诺伊大陆银行倒闭、1987 年的股市崩盘以及 2001 年的"9·11"恐怖袭击事件，美联储均公开发表声明，强调愿意通过贴现窗口向银行提供流动性支持。这样提供贷款的部分意图是，美联储可以利用银行，由银行向其客户发放贷款，从而弱化美联储在信贷资源配置中的作用。但是，在金融危机期间，银行由于自身流动性承压，难以有效完成向实体经济传输流动性的工作。而且，2007 年银行仅占美国金融中介活动的约 1/3，因此金融体系的大部分主体均无法直接通过贴现窗口获取流动性。[⑤]

与贴现窗口相反，公开市场操作几乎每天进行，由纽约联邦储备银行公开市场交易部门（以下简称交易部门）代表联邦公开市场委员会（FOMC）实施货币政策。[⑥]然而，公开市场操作工具只在少数情况下才会被用于紧急流动性支持。

---

① 我们将这些交易对手统称为"银行"。贴现窗口的合格抵押品名录及其折扣率由美联储决定并公布。通常而言，银行持有的多数稳健资产都可以用来抵押。

② 美联储的回购与逆回购与中国人民银行的操作方向是相反的，美联储的回购是向市场投放流动性，即美联储从交易对手处购买有价证券并约定在未来将有价证券卖回给交易对手的交易行为，而中国人民银行的回购则是回收流动性。——译者注

③ 一级交易商通常是指参与美国国债拍卖和美联储操作的大型证券公司，参见纽约联邦储备银行官网的有关定义，2019 年 5 月 28 日获取，https://www.newyorkfed.org/markets/primarydealers。

④ 贴现窗口贷款可进一步划分为一级信贷、二级信贷和季节性信贷。其中，一级信贷是指面向稳健银行的短期贷款，二级信贷是指面向其他银行的短期贷款，季节性信贷是指面向存贷款面临较大季节性波动的小型机构。参见美联储（2018）。

⑤ 参见 Kohn（2009）的相关讨论。

⑥ 常规操作中，交易部门通过与一级交易商开展回购和逆回购调节货币供应，并让联邦基金利率接近联邦公开市场委员会设定的目标利率。从 1999 年开始，公开市场操作接受的抵押品通常为美国国债、机构债和机构资产支持证券。参见纽约联邦储备银行（2000）。

例如，为缓解 2000 年 1 月 1 日前世纪日期变更可能导致的流动性紧张，交易部门出售了回购操作期权。在面临压力时，交易部门也会开展单一档回购，一级交易商可以在一次交易中提供公开市场操作所接受的任何抵押品——国债、具有政府背景的机构发行的债务工具和以此类机构的债务工具为底层资产的资产支持证券（机构抵押支持证券）——以获取（通常为固定期限的）融资。这种操作在世纪日期变更之前、"9·11"恐怖袭击事件发生之后和 2007 年 8 月均使用过（纽约联邦储备银行，2008）。

但此次金融危机的情况有所不同，美联储创新性地同时使用贴现窗口和公开市场工具。2007 年 8 月起，美联储调低了贴现窗口利率与市场利率之间的差价，延长了贷款期限。2007 年 12 月，美联储又创新性地增设了定期拍卖工具，向合格借款人拍卖总量固定、期限固定的贴现窗口额度。定期拍卖工具与央行流动性互换协议配合使用，这样外国央行得以向其国内银行提供美元流动性支持。[1]2008 年 3 月开始，交易部门开展了大量 7 天单一档回购，向一级交易商提供流动性，抵押品主要为机构抵押支持证券。

初步应对

2007 年下半年和 2008 年上半年，面对持续上升的金融市场压力，美联储选择以传统方式应对为主。交易部门通过增加临时公开市场操作，向市场投放流动性，并将联邦基金利率保持在目标水平。此外，美联储再次强调，当银行遇到超常的资金需求时，可通过贴现窗口获取资金。随后，为进一步鼓励银行通过贴现窗口借款，政策制定者放松了贴现窗口的借款政策。

2007 年 8 月 9 日，法国巴黎银行宣布暂停赎回基金后，尽管美联储和欧洲央行当天就向市场投放了大量资金，但仍未能阻止货币市场在翌日恶化。因此，欧洲央行启动了对银行体系的第二轮资金投放，美联储交易部门也开展了三次单一档回购，为市场注入流动性。[2]8 月 10 日早上，联邦公开市场委员会举行电话会议并发表声明，表示注意到市场承压并有意通过释放流动性将联邦基金利率维

---

① 参见本书第十七章关于互换协议的讨论。
② 参见威廉·达利在联邦公开市场委员会的报告（2007a）。

持在目标水平（联邦公开市场委员会，2007a）。此外，与之前数次市场承压时一样，声明指出，"当前环境下，储蓄机构可能会因货币市场和信贷市场的混乱局面而面临超常的资金需求。与以往一样，贴现窗口依旧是一种融资选择"（联邦公开市场委员会，2007b）。

尽管联邦公开市场委员会发布了声明，但贴现窗口在 8 月 15 日那一周几乎没有放出任何一笔一级信贷（美联储，2007a），货币市场因投资者撤资（尤其是固定期限融资）不断承压，资产支持商业票据和其他资产支持证券市场尤为明显（联邦公开市场委员会，2007c）。交易部门持续向市场投放资金，帮助联邦基金利率维持在目标水平。

2007 年 8 月 16 日晚，联邦公开市场委员会再次召开电话会议，决定次日早晨再次发布简短声明，表示虽然货币政策立场不会改变，但经济下行风险确实增加了。同时，美联储宣布临时性放松贴现窗口贷款政策，包括将贴现率降低 50 个基点、贷款期限最长可达 30 天且可展期（联邦公开市场委员会，2007d；美联储，2007b）。

综合来看，这些声明表示当局意识到了市场在恶化，并且美联储也在采取行动缓解市场压力。这些措施旨在给金融机构一定的时间来对问题资产进行合理估值，避免紧急抛售。此外，通过给融资市场提供低成本资金支持，决策者希望这些贷款政策的调整有助于遏制投资者缩短融资期限的趋势，降低银行的展期风险，并以此提高银行的放贷意愿。

美联储和联邦公开市场委员会所做的决定是对一系列因素平衡的结果。[①] 一是决策者想要体现货币政策和流动性政策的差异。联邦公开市场委员会曾考虑进一步降低联邦基金利率。正如里士满联邦储备银行行长杰弗里·拉克担忧的，放松贴现窗口贷款条件可能会延缓金融市场的必要调整。他说："如果要在降息与贴现窗口政策调整中进行选择，我宁可选择前者。"然而，由于经济前景几乎没有变化，因此联邦公开市场委员会不愿意仅出于支持金融机构和金融市场目的放松货币政策，认为此举会引发道德风险。美联储主席伯南克对联邦公开市场委员会的成员表示："我希望能够尽量避免给外界留下救助或是看跌的印象。"最后，大家决定通过贴现窗口这一流动性支持工具，直接缓解融资市场的压力。

---

① 相关讨论参见联邦公开市场委员会（2007c）。

二是决策者想要在提供流动性的同时，避免反应过度而引发道德风险。正常时期，贴现窗口贷款遵守白芝浩原则以降低道德风险，即仅向有偿付能力且有合格抵押品的银行提供高息资金。[1] 具体来看，美联储提供的短期抵押贷款通常是隔夜贷款，并使用较联邦基金目标利率高出 100 个基点的惩罚性利率。而这一类型的贷款仅针对符合贴现窗口一级信贷的银行，这些银行的财务状况相对稳健。而对于其他银行，只能通过成本更高、监管更多的二级信贷获取资金。

三是决策者意识到通过贴现窗口借款具有很大的污名效应，这使银行即便流动性承压也不愿向美联储借钱。[2] 一方面，贴现窗口之所以有污名效应，很大程度上是因为在较长的历史时期内，它都是作为一种行政手段来使用的。当然，2002 年美联储曾宣布改变贴现窗口职能，试图将其打造成"无须解释"的工具（Madigan and Nelson，2002）。另一方面，污名效应也反映了借款方担心一旦客户和交易对手知道其向央行借款，将进一步加剧流动性问题。虽然美联储并未公开借款方名单，但由于每家大区联储每周都会公布资产负债表，有心之人可以从中分析出哪个地区有大额借款。[3] 通过公开数据和市场参与者的报告，可以推测出借款机构。

决策者认为，可以通过降低惩罚性利率缓解污名化问题。此外，决策者还在声明中强调，对贴现窗口政策的调整是应对市场显著承压而采取的临时性措施，以此鼓励银行将贴现窗口视为非常情况下的恰当选择。

我们曾考虑将一级信贷的利率下调 75 个基点而不是 50 个基点，以进一步缓解污名效应。然而，这又牵扯出第四个需要平衡的因素。由于尚不知晓污名效应的影响程度，部分决策者担心，如果贴现窗口一级信贷利率仅较联邦基金目标利率高出 25 个基点，会造成贴现窗口大规模提取，进而增加联邦基金市场的管理

---

[1] 参见 Bagehot（1873）。同时参见 Madigan（2009）和 Tucker（2014）关于白芝浩原则的现代适用情况。

[2] 参见 Carlson 和 Rose（2017）关于贴现窗口污名化问题的讨论。

[3] 根据《多德－弗兰克法案》相关条款的规定，美联储现在需要公布贴现窗口借款方名单，但无须马上披露，有两年的滞后期。正如后文将要讨论的，出于对披露借款名单的顾虑，未来在市场承压时，可能会加剧污名效应。

难度，削弱交易部门对联邦基金利率的掌控能力。[①] 此外，现在贴现窗口一级信贷的借款期限可长达 30 天，而联邦基金市场上期限利差[②] 大幅上升，贴现窗口利率与联邦基金市场上相同期限利率的利差过窄将引发道德风险。一些银行，特别是那些融资成本较高、规模较小、稳健性较差的银行，将把贴现窗口作为有吸引力的融资来源。综合考虑，决策者认为调整贴现窗口借贷政策的效果暂不明确，普遍赞同择机重新考虑贴现窗口一级信贷定价问题（联邦公开市场委员会，2007c）。

遗憾的是，决策者还是低估了贴现窗口的污名效应，即便调整了政策，银行仍不愿意从贴现窗口借款。为提高贴现窗口的利用率，决策者鼓励几家大型银行通过贴现窗口借款，以期缓解污名效应（Bernanke，2015）。最后，4 家大型银行各借了 5 亿美元，但均在声明中表示它们仅仅是为了响应号召，并很快归还了大部分借款（JPMorgan Chase，2007）。

银行之所以不愿意从贴现窗口借款，是因为它们能够从美国联邦住房贷款银行（FHLB）获取资金。[③] 在 2007 年的夏秋两季，从联邦住房贷款银行借款更具吸引力，不仅成本低于贴现窗口，而且期限更长。在 2007 年的最后几个月，因为市场环境恶化，联邦住房贷款银行的贷款规模陡增。

但后续市场状况的变化，导致联邦住房贷款银行提供流动性支持的意愿和能力下降。贝尔斯登倒闭后，联邦住房贷款银行提高了抵押品折价率，这也反映出私人部门对高风险抵押贷款资产的融资大幅收缩。（与联邦住房贷款银行相反，美联储并未调整贴现窗口的抵押品折价率。）2008 年夏秋两季，危机进一步加剧，政府资助企业房利美和房地美相继陷入危机并被托管，联邦住房贷款银行融资承压。为此，在 2008 年 9 月，美联储购买了包括联邦住房贷款银行在内的政府资

---

① 需要注意的是，美联储彼时无权给准备金付息，如果资金紧张情况不是由总投放不足造成的，而是由资金错配造成的，交易部门就只能采取其他措施对冲贴现窗口贷款以及其他贷款计划造成的资金过剩的情况，这些措施包括赎回、出售国债和逆回购等操作。从实践来看，2008 年 10 月前交易部门为对冲全部贷款计划所产生的影响采取了上述措施。

② 期限利差指的是到期期限不同的金融工具的利率之差，此处期限利差应该指的是 1 个月期联邦基金利率大幅高于隔夜等超短期联邦基金利率。——译者注

③ 本段及下一段来源于 Ashcraft、Bech 和 Frame（2010）关于美国联邦住房贷款银行在危机中提供流动性支持的讨论。

助企业发行的贴现票据。联邦住房贷款银行的放贷规模也在当月达到约 1 万亿美元的顶峰，随后不断回落，而美联储的放贷规模则随着危机的加剧而大大增加。

其他应对手段：定期拍卖工具和互换机制

为解决污名化问题，早在 2007 年 8 月，美联储的工作人员就开始通过其他方式提供类似贴现窗口的流动性支持。2001—2002 年，为探索如何在国债供给不足的情况下实施货币政策，美联储测试了"信用拍卖工具"，即定期拍卖贴现窗口借款额度。[1]2007 年，这些计划作为最后贷款人工具被再次提出，并将其命名为定期拍卖工具。

贴现窗口通过拍卖的形式提供流动性支持有三大优势。[2]一是规模可控。在充分认购的情况下，通过定期拍卖的形式，市场参与者可以提前知晓贴现窗口的规模。交易部门可以据此规划其他操作，对冲定期拍卖工具对整体资金和联邦基金利率管理的影响。二是去污名化。拍卖参与者众多且公开竞价，借款者可以"隐藏在人群中间"。也就是说，银行不用等别人去贴现窗口借钱之后自己再去，而是大家都可以同时借款，从而降低了借款者身份暴露的风险。此外，通过拍卖借款仅会被视为以市场利率借款，不是以惩罚性利率借款。或许更重要的是，拍卖过程本身需要一定时间，通常三天后才会放款——意味着通过拍卖形式借款的银行并不着急用钱，债权人和交易对手也不会对银行的财务健康情况产生过度担忧。事实上，银行也无法确定自己是否一定能够在拍卖中胜出——一旦它们没能中标，就需要通过其他途径融资。三是美联储可以通过定期拍卖工具的投标情况判断银行的融资压力。

除定期拍卖工具之外，美联储还准备了其他一系列政策。这些选择包括下调联邦基金目标利率，进一步压缩贴现窗口一级信贷利率与联邦基金目标利率的利差，以及引入一个独立于一级信贷之外的新的定期贷款工具，该工具可能有不同的期限和使用条件。然而，上述措施均存在明显短板。联邦公开市场委员会认为，货币政策和信贷政策是政策目标不同的两种工具。下调联邦基金利率是用于

---

[1] 参见美联储研究团队关于履职所需的备选（政策）工具的研究（2002）。

[2] 本段和下一段讨论的内容来自联邦公开市场委员会（2007e，2007f）。

管理市场压力对实体经济产生的影响，但不是直接解决市场流动性问题的合适手段。[①] 进一步压缩贴现窗口利差，还是存在贴现窗口资金支取量和波动性过大的问题，会增加货币政策的执行难度。这还可能导致小型银行因贴现窗口借款成本较低而大量涌入，增加贴现窗口的管理负担。设计一个以需求为导向的定期借贷工具，银行可以自主选择在什么时候借多少金额，这可能会提高执行货币政策的复杂程度，而且如果利率没有大幅下调，很难像拍卖那样能够有效克服污名效应。

　　另一个政策选项是，与外国央行建立流动性互换机制，该选项于 2007 年 8 月被首次讨论。[②] 很多情况下，美元融资市场上的流动性压力反映为外国银行——尤其是欧洲银行——难以为其持有的大量以美元计价的资产获得美元融资，其中包括流动性变差的资产支持证券。虽然贴现窗口也对外国银行在美国的分支机构开放，但美联储如何评估其母公司的偿付能力是个问题。互换机制可以解决这个问题，由美联储先向外国央行提供美元，再由该央行转借给其国内银行。[③]

　　鉴于市场紧张程度有所缓解，在 9 月的联邦公开市场委员会会议上，有观点表示暂时不需要实施额外的流动性政策。但在接下来的秋季，投资者仍继续从各个融资市场上回收资金，特别是资产支持商业票据通道市场和结构化投资工具市场。[④] 融资期限进一步缩短至隔夜。银行的融资成本虽然在秋初有所回落，但在 11 月末又升至新高，这在一定程度上反映出对年末融资环境的担忧，以及对银行业金融机构流动性和财务状况的担忧。

　　在此背景下，在 2007 年 12 月召开的会议上，联邦公开市场委员会再次讨论了实施定期拍卖工具以及与外国央行（欧洲央行和瑞士国家银行）建立互换机制的可能性。[⑤] 联邦公开市场委员会考虑将与一级交易商的定期回购作为一个备选

① 参见本书第十五章，关于美联储在危机演化过程中逐渐改变经济预期的讨论。

② "9·11" 恐怖袭击事件后，美联储与欧洲央行、英格兰银行建立了流动性互换机制（与加拿大银行的互换机制已经存在，只是规模有所扩大）。互换协议的有效期为 30 天，仅欧洲央行使用了该协议，使用时间仅 3 天。参见 Kos（2001）。

③ 更多关于国际政策协调的讨论参见本书第十七章。

④ 参见 Covitz、Liang 和 Suarez（2013）关于资产支持商业票据市场崩盘的讨论。

⑤ 本段和下一段讨论的内容来自联邦公开市场委员会（2007f, 2007g）。理论上来说，建立互换机制是联邦公开市场委员会做出的决定，实施定期拍卖工具则是美联储委员会做出的决定。

方案，至少在年末可以支持其获得融资和额外资金。这一方案更加常规，并且可以降低因美联储采取非常规手段而增加投资者对前景产生焦虑情绪的风险。然而，正如美联储主席伯南克指出的，如果"在欧洲出现美元融资问题……会导致其他市场也出现问题"。但同时他也强调，虽然理想的情况是欧洲央行通过货币互换向欧洲的银行提供美元流动性支持，但欧洲央行"不愿意这么做，除非是与其他措施一道，作为一揽子应对措施一起实施"。因此，如果美联储的决策者倾向于引入互换机制，他们很可能也需要同时实施定期拍卖工具。

总的来说，多数政策制定者倾向于使用这两种新工具，并且大部分讨论集中于具体的操作细节。关于定期拍卖工具，讨论主要围绕规模与最低利率展开。一方面，污名效应的大小存在不确定性，对定期拍卖工具的竞标可能会比较少。另一方面，较大的拍卖规模可能导致最终中标的利率偏低，这样可以减少污名效应并鼓励银行参与。考虑到美国货币市场规模较大，如果定期拍卖工具规模较小，对定价的影响就相对有限。圣路易斯联邦储备银行行长威廉·普尔表示担忧，他认为"从边际效果看，（定期拍卖工具的计划规模）对改变银行融资成本的作用微乎其微"。但美联储主席伯南克回应称："也许定期拍卖工具的计划规模不够大……但它的一个好处在于，我们可以在后期扩大规模。"最终，决策者们选择保持规模的灵活性，由交易部门负责人对定期拍卖工具的规模提出建议，并由美联储主席做出最终决定。

对于最低出价利率的问题，决策者们认为，将其设置在一个较低水平可以鼓励银行参与拍卖，但一些决策者也担心，如果需求较少，最终中标利率过低恐引发道德风险。综合考虑上述因素，决策者们将最低投标利率设定为同期的隔夜指数掉期利率，这意味着中标银行的融资利率不会低于每日从联邦基金市场上融资的利率。此外，对最大竞标规模也进行了广泛讨论。为保证每次拍卖时中标银行的数量不会过少，以便减少潜在的污名效应，决策者们将每个银行的竞标规模上限设定为不超过单次拍卖总规模的10%。另外，最大可竞标规模不得超过竞标银行提供给贴现窗口抵押品规模的一半，以确保其剩余的抵押品能够满足日间透支和正常的贴现窗口借款需求。同时，也有人担忧这项计划适用于规模较小的银行，因此美联储将最低出价金额设定为1 000万美元（随后减少至500万美元）。[①]

---

① 虽然考虑过使用非竞争性投标，但未被采纳。

决策者们还讨论了参与定期拍卖工具拍卖的银行的标准是否应较贴现窗口一级信贷要求，即"总体稳健的财务状况"更加严格。如果标准更严，则有利于美联储控制风险，但会进一步加重传统一级信贷的污名效应。此外，目前的情形下，对金融机构状况的判断具有挑战性，一些机构可能需要定期拍卖工具的资金救助，但却不一定有资格。讨论中各方还强调，美联储总是有权拒绝贷款给那些被它认定为不稳健的银行，这允许美联储规避高风险机构，保护自身安全。定期拍卖工具最终设置了与一级信贷一样的准入标准。[1]

2007年12月17日，定期拍卖工具首次启动，标的为200亿美元的贴现窗口额度，贷款期限为28天（美联储，2007c）。次日，欧洲央行将通过新的互换机制提取的200亿美元分配给欧洲银行，利率就是定期拍卖工具的中标利率；瑞士国家银行通过互换机制获得40亿美元并拍卖给瑞士国内的银行。在美国，定期拍卖工具的首次拍卖表明，该项目成功解决了污名效应。首次拍卖共有93家银行参与竞标，累计投标规模超过600亿美元，其中31家银行中标，中标利率为4.65%，较同期联邦基金目标利率和最低投标利率分别高40个基点和48个基点（见图2.2）。[2]

或许更重要的是，多个央行的联合行动向市场发出了明确信号，即融资压力是全球性的，将通过合作一同解决。这一合作机制也在危机中持续发挥作用。[3] 2008年1月末，定期拍卖工具融资余额为600亿美元，说明近两次的拍卖规模均为300亿美元。[4]

---

[1] 为简化交易部门对冲定期拍卖工具融资对资金市场影响的工作，拍卖在每隔一周的周一进行，资金将在当周周四到位，这一天是央行"储备维持周期"的第一天。资金期限为28天，也就是跨两个为期14天的储备维持周期。

[2] 关于定期拍卖工具的相关统计数据，参见 "Term Auction Facility (TAF)," Board of Governors of the Federal Reserve System, accessed May 28, 2019, https://www.federalreserve.gov/regreform/reform-taf.htm. 当时，期限为1个月的隔夜指数掉期利率和联邦基金目标利率相比较低，是因为市场参与者认为联邦公开市场委员会将在12月的会议上下调利率。

[3] 关于央行合作的更多信息，参见本书第十七章。

[4] 为使提供给银行的贷款更好地发挥作用，美联储还临时豁免了大量大型机构，即机构可以突破《联邦储备法》第23A条的限制，向附属机构提供资金支持。2007年上半年，美联储只授权了两项豁免。然而，在2007年下半年，美联储授权了7项豁免并修改了1项；在2008年，美联储又授权了12项豁免。更多信息参见本书第四章。

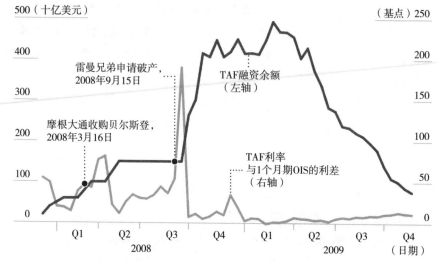

图2.2 定期拍卖工具：与1个月期OIS的利差以及贷款余额

注：Q表示季度。

资料来源：彭博财经，美联储，作者计算。

2008年初采取的下一步行动

尽管央行采取了行动，但抵押贷款证券，特别是底层资产为高风险抵押贷款的证券，仍在持续给银行、抵押贷款发放机构、投资者、交易商和抵押贷款承保机构带来巨大损失。几家抵押贷款承保机构亏损并最终倒闭后，高风险抵押贷款证券的信用评级被大幅下调，给未来估值带来巨大的不确定性。因此，高风险抵押贷款证券就无法在回购和其他担保融资市场融资。[1]头部证券公司面临着重要资产价值缩水和失去这些资产重要融资来源的双重问题。投资者对主要证券公司财务稳健性的担忧与日俱增，尤其是高风险抵押贷款市场上的重要机构贝尔斯登。

2008年3月初，回购市场，特别是三方回购市场上的撤资演变为挤兑。[2]尽

---

[1] 即无法作为合格抵押品。——译者注

[2] 三方回购市场是指有一个清算行参与的回购市场，回购交易的双方均作为该清算行的客户。经纪商通过三方回购市场为自己和客户融资。危机期间，三方回购总量约为2.8万亿美元，多为短期融资。参见Brickler、Copeland和Martin（2011）。

管所有证券公司都发现用抵押支持证券作为抵押品在回购市场融资越来越难，但在随后的两周内，针对贝尔斯登的挤兑是最为猛烈的。即使使用具有政府背景的机构发行的抵押支持证券（拥有显性或隐性的美国政府担保，简称机构抵押支持证券），在回购市场上获得融资的难度也在增加。从以机构抵押支持证券和以国债作为抵押品的回购利差看，1 个月期的利差已经从 20 个基点升至 2008 年 3 月初的 75 个基点，并持续扩大，如图 2.3 所示。

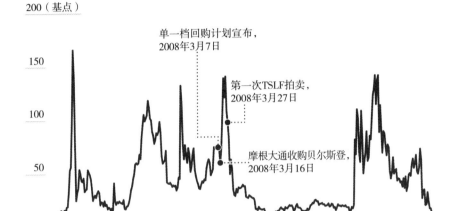

图 2.3　回购利差：1 个月期机构抵押支持证券与美国国债

资料来源：纽约联邦储备银行。

　　为解决抵押贷款融资市场的流动性紧张问题，美联储扩大了定期拍卖工具的拍卖规模，并引入单一档回购工具。[1] 正如前文所述，单一档回购是市场承压时经常使用的一种标准公开市场操作的变体。[2] 在标准公开市场操作中，对不同种类

----

① 该计划在联邦公开市场委员会 2008 年 3 月 6 日晚的备忘录中提出，并于次日实施。参见 Bernanke（2015）和美联储委员会（2008a）。

② 在标准操作中，纽约联邦储备银行的交易部门在进行回购拍卖（通常为隔夜贷款）时可接受三种抵押品，分别为国债、机构债和机构抵押支持证券。一级交易商在投标时需要基于不同抵押品类型分别进行：第一个标的的抵押品为国债，第二个标的的抵押品为机构债，第三个标的的抵押品为国债、机构债和机构抵押支持证券。

的合格抵押品（国债、机构债和机构发行的抵押支持证券，即机构抵押支持证券）的回购是单独进行的。而在单一档回购中，由于可以使用各种类型的合格抵押品，所以实际使用的抵押品绝大部分是流动性最差、风险最高的机构抵押支持证券。

虽然单一档回购操作是一种传统货币政策实施工具，但 2008 年 3 月的单一档回购却对使用方式进行了创新。这次回购操作的目的并非调控联邦基金利率，而是作为最后贷款人工具，向一级交易商，包括部分全球头部金融中介机构提供流动性支持。3 月，交易部门每周开展 150 亿美元的单一档回购，并在 4 月将规模进一步扩大至每周 200 亿美元，使该工具的总规模达到 800 亿美元（见图 2.4）。[1]

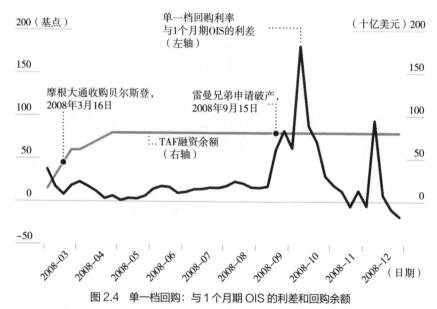

图 2.4　单一档回购：与 1 个月期 OIS 的利差和回购余额

资料来源：彭博财经，美联储，作者计算。

就像定期拍卖工具一样，美联储通过单一档回购大规模投放贷款的行为，可能会造成超额准备金大幅增加，使联邦基金利率难以维持在联邦公开市场委员会设立的目标水平上。为避免这一结果，该工具采取逐步扩张的方式，交易部门通

---

[1]　最初交易部门向联邦公开市场委员会提交拍卖计划备忘录时，提议每周规模仅 100 亿美元。应伯南克主席的要求，项目规模增加到每周 250 亿美元，或总规模 1 000 亿美元，但最大规模未超出过 800 亿美元。参见 Bernanke（2015）。

过购买和出售长期投资组合中的国债、开展逆回购等操作，控制美联储资产负债规模和联邦基金利率。①

后续发展

在美联储已大规模使用传统货币政策工具的情况下，市场环境仍在持续恶化，因此美联储转而使用《联邦储备法》第 13 条（3）款的紧急贷款授权。为进一步向经纪交易商提供流动性支持，美联储在 2008 年 3 月创设了新的工具，例如定期证券借贷工具和一级交易商信贷工具，并在雷曼兄弟倒闭后增设了一系列新的贷款工具。②

但传统工具的使用也在继续扩大。如前所述，美联储在 3 月将贴现窗口一级信贷利率与联邦基金目标利率的利差下调至 25 个基点，并将信贷期限延长至 90 天（美联储，2008b）。定期拍卖工具的拍卖规模大幅增加，除了此前推出的 28 天定期拍卖工具之外，美联储在 8 月又引入了贷款期限为 84 天的定期拍卖工具。到 2008 年秋天，定期拍卖工具的拍卖规模已经扩大至供大于求的地步，定期拍卖工具贷款的利率也降至最低竞标利率。③

与定期拍卖工具相反，到 2008 年底，单一档回购工具的规模一直保持在 800 亿美元。由于该工具的目标群体与定期证券借贷工具和一级交易商信贷工具一样，加之后者接受抵押品的范围更广，单一档回购的规模并没有增加的必要。该工具在 2008 年 12 月开始逐步退出，此前美联储宣布将直接购买机构抵押支持证券并放入其长期投资组合。④

总体来看，美联储的贷款操作［包括贴现窗口、定期拍卖工具、单一档回购、《联邦储备法》第 13 条（3）款授权下的工具和互换］在 2008 年底时达到 2 万亿美元的峰值。其中，超过 6 000 亿美元是通过贴现窗口、定期拍卖工具和单一档回购投放的（见表 2.1）。尽管这些是传统工具，但流动性投放量与央行互换机制或《联邦储备法》第 13 条（3）款的贷款工具一样多。

---

① 参见联邦公开市场委员会（2008），讨论了单一档回购对准备金市场和货币政策操作的影响。

② 参见本书第三章关于这些计划的讨论。

③ 2009 年初以前的最低竞标利率为隔夜指数掉期利率，后调整为准备金利率。

④ 参见本书第十五章关于大规模资产购买的讨论。

表 2.1　美联储 2007 年 12 月 12 日和 2008 年 12 月 10 日的资产

	2007 年 12 月 12 日（十亿美元）	2008 年 12 月 10 日（十亿美元）	2008 年 12 月 10 日非美国[A]（%）
传统流动性支持工具			
回购（含单一档回购）	48	80	58
贴现窗口	5	90	89
定期拍卖工具	—	448	46
小计：直接流动性支持	52	618	54
流动性互换机制[B]	—	583	100
传统工具合计	52	1 201	76
紧急流动性支持工具			
第 13 条（3）款流动性计划[C]	—	584	
使用第 13 条（3）款向美国国际集团和贝尔斯登提供的贷款		104	
紧急工具合计	—	687	
证券			
美国国债（未抵押）	773	286	
机构债（仅贴现票据）	0	16	
其他资产	60	72	
资产总计	885	2 262	

注：由于四舍五入，各项加总额可能与总额不符。"—"表示计划尚未实施。

A. 截至 2008 年 12 月 10 日，母公司在美国以外地区的机构的贷款所占比重。

B. 由联邦公开市场委员会依据《联邦储备法》第 14 条授权开展的互换。

C. 包括资产支持商业票据货币市场共同基金流动性工具、商业票据融资工具、定期证券借贷工具和一级交易商信贷工具。

资料来源：美联储，影响储备余额的因素；互换数据来自美联储经济数据；非美国数据由作者基于美联储数据计算得出。

　　许多美联储贷款工具给出定价，是希望一旦市场条件恢复正常，这一定价水平将使这些工具不具备吸引力。随着市场紧张情况的缓解，对美联储贷款的需求开始回落。但由于贴现窗口一级信贷利率与联邦基金目标利率仅有 25 个基点的利差，这可能导致逆向选择问题，也就是规模较小或较为脆弱的银行在市场功能改善的情况下，仍认为从贴现窗口借钱具有吸引力。2009 年 11 月，美联储宣布一级信贷的贷款期限将在 2010 年初缩短至 28 天，并将于 2010 年 2 月 19 日将贴现率提高至较超额准备金利率高出 50 个基点的水平，将贷款期限进一步缩短至隔夜（美联储，2010）。在这两项政策变动后，一级信贷存量逐步归零。与贴现窗口的情况类似，定期拍卖工具拍卖的最低竞标利率对一些银行而言已是低成本资金，所以即便市场状况转好，这些银行仍继续从美联储借款。美联储逐步压降定期拍卖工具的拍卖规模，并于 2010 年 2 月 18 日将最低竞标利率上调 25 个基点至 50 个基点。最后一次定期拍卖工具拍卖在 2010 年 3 月 8 日进行，原计划拍卖规模为 250 亿美元的 28 天期贷款，最终只成交了 34 亿美元。

国际使用情况

从危机伊始，非美国金融机构的融资压力就格外明显。美元既是全球金融资产定价的基准货币，也是主要国际储备货币，还是国际贸易融资的主要货币。因此，在危机发生时，最大的几家非美国跨国银行持有大量以美元计价的贷款和投资。这些银行长期通过商业票据、回购、欧洲美元和外汇互换市场融资，与美国的银行不同，它们一般没有美元零售存款客户，因此无法获得这部分稳定的资金来源，而是依赖于美国银行和投资者，特别是货币市场共同基金，来获取美元融资。[①]

随着危机期间融资压力的上升，非美国银行所受冲击尤其大，这也使它们成为美联储传统流动性支持工具的最大借款人。从危机开始至 2009 年末，外国银行组织（包括分支机构、代表处和附属机构）累计从贴现窗口获得的借款占总贴现窗口借款量的 85%（见图 2.5）。类似地，外国银行组织占定期拍卖工具借款总量的比重也超过 60%，外国银行的附属证券公司通过单一档回购获得的融资约占该工具全部使用量的 75%（见图 2.6 和图 2.7）。当然，外国银行同样也从其母国央行处借款，而其母国央行通过与美联储的互换协议获得美元。截至 2008 年 12 月，非美国银行通过贴现窗口、定期拍卖工具和单一档回购等方式从美联储直接借款以及通过互换机制间接借款共计约 9 000 亿美元，占美联储通过这些工具提供的资金总量的 75% 还要多（见表 2.1 最后一列）。

---

① 相关讨论参见 Baba、Ash 和 Ramaswamy（2009）。

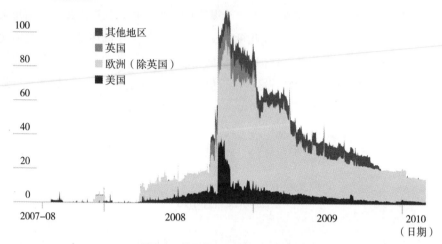

图 2.5　贴现窗口：分地区贷款余额

注：（1）危机期间贴现窗口交易层面的数据在依据《信息自由法案》进行的法庭诉讼后公开（"FOIA Ser vice Center," Board of Governors of the Federal Reserve System, accessed May 28, 2019, https://www. federalreserve.gov/foia/servicecenter.htm）。（2）"地区"指的是借款机构母公司所在经济体。

资料来源：美联储，作者计算。

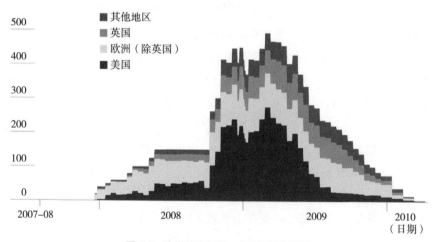

图 2.6　定期拍卖工具：分地区贷款余额

注："地区"指的是借款机构母公司所在经济体。

资料来源：美联储，作者计算。

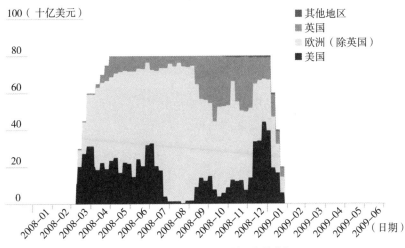

图 2.7　单一档回购：分地区贷款余额

注："地区"指的是借款机构母公司所在经济体。

资料来源：美联储，作者计算。

工具效果评述

评价美联储流动性支持工具在危机早期发挥的作用有一定困难。显然，相关措施并不足以阻止危机蔓延。考虑到金融体系对住房相关资产的敞口规模、这些敞口的不确定性以及最终的损失规模，在未动用《联邦储备法》第 13 条（3）款权限的情况下，很难说美联储一定能够达到更好的结果。尽管如此，早期的措施确实在一定程度上缓解了融资市场的紧张情况。

关于定期拍卖工具的实施效果，经济学家的评价褒贬不一。如前所述，定期拍卖工具确实降低了贴现窗口的污名效应。[1]但想要通过实证来判断定期拍卖工具对利差的影响，则存在困难。引入定期拍卖工具是为了缓解不断积聚的市场压力，因此很难从持续恶化的市场中分离出定期拍卖工具带来的任何积极影响。例如，泰勒和威廉斯（2009）使用简单回归对定期拍卖工具是否有助于缩窄利差进行了论证。他们发现，从开始实施定期拍卖工具至 2008 年 8 月，这一工具在统

---

[1]　参见 Armentier、Krieger 和 McAndrews（2008），以及 Armentier 等人（2015）关于定期拍卖工具及其对污名化问题影响的讨论。

计上并无显著影响。但是结果可能并不可靠，回归细节上的差异会对结果产生影响。麦安德鲁斯、萨卡尔和王（2017）通过一种更加灵活的方法进行检验，结果显示，关于定期拍卖工具规模和期限的公开声明确实有助于缩窄伦敦同业拆出利息率与隔夜指数掉期的利差。

从更宽泛的角度来看，贴现窗口和定期拍卖工具的使用均旨在缓解金融市场的紧张状况，以促进资金流向家庭部门和企业。伯杰等人（2016）的研究显示，贴现窗口和定期拍卖工具确实有助于实现上述目标。通过使用单家银行的数据进行分析，他们发现，当美联储提供贷款时，银行从其他渠道获得的融资规模是下降的，而银行发放的贷款规模有所增加。虽然很难说清定期拍卖工具对银行整体放贷行为的影响，但结果显示，这项工具达到了预期效果。

简言之，定期拍卖工具在应对污名效应、鼓励银行在面对融资压力时向美联储借款等方面取得了成功。也有证据显示，美联储提供的流动性支持，在较大范围内缓解了融资市场的资金紧张问题，可能也支持了经济活动。

单一档回购的宣布和执行比较简单，一级交易商对此理解到位，并未出现污名效应。更重要的是，考虑到 2008 年 3 月初市场环境的恶化速度，相较于定期拍卖工具和《联邦储备法》第 13 条（3）款的贷款工具，单一档回购在迅速落地方面有优势，省去了设计和实施新工具的时间。

虽然目前尚无对单一档回购的相关公开研究，但对于因抵押贷款市场出现问题而受到牵连的机构抵押支持证券融资市场来说，该工具成功为其提供了融资，并向市场投放了出于同样原因而供不应求的国债。具体而言，从回购的利差和运作信息来看，该工具对提供流动性支持和缓解部分回购市场的融资紧张有立竿见影的积极效果。例如，期限为 1 个月的以机构抵押支持证券为抵押品的回购利差，在经历了 2 月末至 3 月初的上升后，几乎马上回落，虽然该利差在贝尔斯登陷入崩溃后再度急剧上升（纽约联邦储备银行，2009）。如图 2.3 所示，抵押支持证券回购利差直到 3 月末才基本稳定，此时单一档回购、定期证券借贷工具和一级交易商信贷工具均已实施。在单一档回购实施初期，需求十分旺盛（最高到拍卖规模的 5 倍），但随着工具规模的扩大和《联邦储备法》第 13 条（3）款贷款工具的使用，融资市场的紧张局面到 2009 年春夏有所缓解，需求逐步减少。综合来看，由于公开市场操作所能接受的抵押品范围较窄，无法给回购市场提供强有力的支持，该工具最终的影响较为有限。

综上所述，贴现窗口、定期拍卖工具和单一档回购对于主要的金融中介，特别是对于作为全球金融体系核心的大型金融机构提供了重要的融资支持。但是决策者们判断，在美联储提供的流动性支持中，最终传递到这些机构客户手里的部分十分有限。[1]这一问题在一定程度上反映出金融机构对其资本充足水平的担忧，因为它们无法确定抵押贷款相关资产未来可能会产生多少损失，这降低了这些金融中介机构的放贷意愿。出于同样的原因，单家机构的交易对手风险也迅速上升，放大了金融机构在未来获得融资和贷款的不确定性，因此这些机构更愿意持有现金而不愿意放贷。

结论与经验教训

对于美国这种金融体系由市场主导的国家，在应对2007—2009年这种大规模系统性事件时，仅使用美联储传统的最后贷款人工具是不够的。美国金融市场千变万化，组成金融体系的机构类型繁多，但最后贷款人机制只允许储蓄机构使用种类较多的合格抵押品获得贷款，其他机构则只能通过参与回购获取资金，而且回购可接受的抵押品种类很少。因此，后来美联储需要动用《联邦储备法》第13条（3）款贷款工具向其他机构和市场提供资金支持，最终政府也需要注资来遏制危机。尽管如此，美联储使用传统贷款工具的经验给各央行未来提供流动性支持带来了一些启示。

经验1：央行作用独特

美国的危机经验表明，当金融体系面临极端压力时，央行是唯一有能力且有责任提供无限紧急流动性支持的主体。联邦住房贷款银行、房利美和房地美的经历很具有启发性。这些住房领域的政府资助企业在危机中面临巨大压力，甚至濒临破产，而美联储最终于2008年9月通过购买贴现票据的方式向其提供了支持。

---

[1]　参见 Bernanke（2009）。Berger 等人（2016）对定期拍卖工具和贴现窗口贷款效果的研究结果虽然在统计上具有显著意义，但影响不是很大。

经验 2：提前规划

央行必须做好随时提供紧急流动性支持的准备，因此应制订好计划。审慎的风险管理、良好的政策设计以及政策工具的效果评估等，均需要时间。美联储应提前设计好系统流动性支持工具，并定期进行测试。以前也有类似的测试先例，联邦公开市场委员会授权交易部门定期对现在未使用但未来可能使用的政策工具进行测试，该测试被称为"小规模演练"。[1] 对于发挥最后贷款人功能的系统流动性支持工具，也应像这些工具一样提前设计好并定期接受测试。[2]

规划和测试应考虑一系列因素。第一，应对工具的可拓展性进行评估，以便在必要时扩大使用范围，允许更多交易对手参与。例如，应确保工具的准入设计不会偏向某一类金融机构（如大型金融机构或更具综合性的金融机构）。第二，应考虑流动性支持与货币政策之间的关联性，确保即使进行大规模贷款操作，美联储仍能有效地实施货币政策。如前文所述，美联储需要调控联邦基金利率，而这会影响其提供流动性支持的决策，有时会对危机应对形成限制。[3] 但如果能提前充分规划，在资产负债表扩张的情况下也是能够管理好政策利率的。[4]

更广泛地看，美联储应设计和测试一些可调整的紧急流动性支持工具，这样即使未来金融体系发生变化，这些工具仍然有效。例如，美联储在发生系统性风险时会通过公开市场操作向一些金融机构提供资金。未来美联储可以考虑扩大这一操作的覆盖范围，从而降低资金沉淀在某些特定交易对手那里的风险，提高危机中美联储向整个金融体系提供流动性的能力。[5] 通过提前规划，美联储可以更好地管理交易对手风险，减少危机出现时的反应时间。但在大型系统性风险事件中，还是需要使用《联邦储备法》第 13 条（3）款的贷款工具。

---

[1] 例如，纽约联邦储备银行（2018）。

[2] 例如，英格兰银行在"英镑货币政策框架"中就其如何提供流动性应对未来的危机给出了相关信息。"The Sterling Monetary Framework," Bank of England, accessed May 28, 2019, https://www.bankofengland.co.uk/markets/the-sterling-monetary-framework.

[3] 本书第三章对新型最后贷款人政策进行了详细介绍。

[4] 正如联邦公开市场委员会的"正常化原则和计划"所表明的那样。参见联邦公开市场委员会（2014）。

[5] 选择大量交易对手开展传统公开市场操作在正常时期是没必要且不方便的，但如果具备扩大这种操作的覆盖范围、向更多的交易对手提供资金的能力（例如，向商业银行、经纪公司、资产管理公司、保险公司和财务公司提供贷款），将提高美联储在必要时在更大范围内提高流动性的能力。

经验 3：制定国际规划

如前所述，危机时期美联储的贷款对象以外国金融机构为主。而且，近年来美元在全球金融体系中的地位也变得更加重要（McCauley et al.，2015）。因此，未来危机发生时，美联储可能还需要考虑如何向其他国家的银行提供流动性支持。在现有的央行流动性互换协议基础上，应提前与外国央行探讨此问题，进一步明确危机发生时是母国央行还是东道国央行向这些国际银行提供直接流动性支持。母国央行和东道国央行如何分工可能取决于是单一金融机构面临风险，还是出现了系统性风险，但双方最好能就出现不同问题时如何应对达成一个粗略的共识。

经验 4：早实施

尽早使用贷款工具会更有效。当然，也要综合权衡快速响应带来的潜在收益与可能存在的道德风险，因为政府较早介入会削弱金融机构管理风险的动机。在资产支持商业票据市场出现第一次挤兑的 4 个多月后，美联储才启动了定期拍卖工具和互换机制，但那时已经出现了金融机构快速去杠杆、短期融资枯竭、资产紧急抛售的恶性循环，这些问题在 2008 年剩余的时间里加速衍化。如果美联储能早点启动定期拍卖工具，就能更早地向市场提供流动性支持，可能会减缓融资市场的恶化速度，为有序去杠杆留出更多时间。

虽然部分延误原因来自定期拍卖工具的操作层面，但这也反映了一些政策制定者不愿意启用这一未经测试的贷款工具。此外，美联储要动用《联邦储备法》第 13 条（3）款所规定的权限，会面临较高的法律门槛，这也会导致政策出台较慢，所以应尽早使用在传统授权范围内的贷款工具，从而有助于减缓资金撤出步伐，降低危机加速衍化的风险。这一点也进一步支持了经验 2。

经验 5：管理污名效应

在危机中提供流动性有时是比较困难的，因为金融机构向美联储借钱会有污名效应。而且，《多德 - 弗兰克法案》可能会加剧这一问题。美联储需要在两年后对外公布借款人名单，并且要在一周内向美国国会提供接受紧急资金援助的受援人信息。考虑到危机后向美联储借款会招致公众批评，而且美联储向国会提供的信息可能外泄，因此在危机发生时，金融机构可能并不愿意向美联储寻求帮助。根据美国实施定期拍卖工具的经验以及对比其他央行贷款工具可以发现，一些设计上的改变可以使污名效应最小化。第一，拍卖或投标。常备工具的申请与否是由某个金融机构独立决策的，更容易产生污名化问题，而让所有金融机构同时出价，会为所有借款人"披上相同的外衣"。第二，对工具设计和结构的熟悉程度会弱化污名效应。在市场参与者眼中，单一档回购实施起来"就像公开市场操作一样"，与之相关的污名效应较小（同样适用于定期证券借贷工具）。这也是支持经验 2 的另一个原因。

经验 6：管理道德风险

政府提供的后备工具，包括最后贷款人工具，总是会有道德风险成本。在危机时提供广泛的流动性支持也不例外，尤其在允许那些未接受全面审慎监管的新交易对手使用央行流动性工具的情况下，道德风险更为突出。为使用央行工具设置准入标准可以解决这一问题。此外，贷款工具定价以及抵押品政策，例如为抵押品设置折价率，也是防范道德风险的重要手段。

防范道德风险的一条经典原则就是，央行的贷款利率和抵押品的折价率均应设置得保守一些。利率和折价率都应高于正常市场标准，但应低于危机时私人部门贷款人所要求的水平。这样的政策设计会使非危机时期向央行借款不具有吸引力，从而降低道德风险。较高的折价幅度还会帮助央行防范信用风险，因为央行融出资金的时点往往是金融市场动荡时期，资产价值波动剧烈，抵押品的内在价值很难衡量。

实践中，美联储在危机中推出的不同工具的贷款利率、抵押品条件、折价政策差异较大，使交易对手可以从这些差异中选择于己有利的。[①] 尽管如此，给所有贷款工具设置相同的抵押品规则和贷款利率也是不合适的，因为这些工具的法

---

① 例如，互换提供的美元利率一般是惩罚性利率，而定期拍卖工具在危机时期的利率大多更低。因此，财务状况较差的银行会利用定期拍卖工具借入大量资金，而随着市场环境的改善，对互换的使用频率会自然减少。同样地，贴现窗口的抵押品政策与公开市场操作和紧急贷款工具的抵押品政策也不一样。

定职责、结构、交易对手和风险都不一样。但是，在设计中应考虑到这些规则的前后一致性。

简言之，紧急流动性支持需要提前谋划。危机发生后，有关部门实施的监管改革帮助降低了下一次危机发生的可能性（而一旦发生下一次危机，美联储还需要提供紧急流动性支持）。但这些改革措施不是完全有效的。因此，美联储和其他央行仍应未雨绸缪，在市场稳定时期就提前做好规划，考虑好如何在未来市场出现动荡和系统性危机时保护本国经济。

第三章

美联储的新型最后贷款人政策

◇◇◇

本章作者：洛里·罗根、威廉·尼尔森和帕特里克·帕金森。本章作者要感谢纽约联邦储备银行前助理副行长詹姆斯·埃格尔霍夫和高级职员托尼·贝尔为本章写作提供的帮助。本章描述的创新型贷款工具反映了美联储和财政部工作人员的专业与奉献，他们中的很多人夜以继日地工作，为开发和实施这些政策工具做出了个人牺牲。我们无法列出做出贡献的所有人，但我们要向所有提供支持的人表达最诚挚的感谢。

搭起舞台

2008 年 3 月，金融市场变得越发紧张。抵押支持证券市场的压力正在向其他市场蔓延。投资者开始抛售市政债券、资产支持证券（包括资产支持商业票据）等一系列证券品种。企业短期融资出现困难。即使美联储加大了贴现窗口和公开市场操作的流动性投放，金融市场的压力仍不断显现。

尽管美联储采用了新方法来运用传统流动性工具，但这些工具的作用已然接近极限。危机发生前的几十年间，非银行金融机构已经成了美国经济越发重要的信贷来源。非银行金融机构不仅包括那些知名机构，也包括更加隐蔽但同样重要的"影子银行体系"的组成部分。这些机构很大一部分融资依赖于资产支持商业票据、回购协议（repo）等短期债务工具。① 随着投资者开始担心这些工具的底层资产的质量，并在到期后不再展期，信贷市场开始冻结。这是一场恐慌的开端。

3 月 9 日，一个周日的夜晚，事情到了紧要关头。美联储主席伯南克向联邦公开市场委员会成员发送了关于一个新计划的电子邮件。该计划被称为定期证券借贷工具，由纽约联邦储备银行的工作人员历时数月设计形成，主要设想是把国债借给一级交易商，替换其手中风险更高、难以用于市场上融资的抵押品。这一计划的实施需要一个重要前提：美联储必须迈出非同寻常的一步，即启用《联邦储备法》中一条鲜为人知的条款——第 13 条（3）款。这一条款赋予美联储在异常紧迫的情况下，经委员会批准后向非银行金融机构提供贷款的权力。该条款在大萧条之后从未被动用过，即使在大萧条中，也仅被非常节制地动用。"这不同寻常，但市场情况同样如此，"伯南克在电子邮件中写道，"我强烈建议实施这个计划。"② 伯南克需要广泛的支持，既需要美联储委员会全部 5 名委员的支持，也需要联邦公开市场委员会多数成员的支持。

---

① 关于更多应对影子银行问题的信息，参见本书第四章。

② Ben S. Bernanke, *The Courage to Act: A Memoir of a Crisis and Its Aftermath* (New York: W. W. Norton, 2015), 208.

第二天夜晚，伯南克与联邦公开市场委员会召开了一次临时电话会议，阐述了情况的紧急性。他承认，"我们是在做以前从未做过的事"。简单地说，经济正在螺旋式下行，恐惧会自我强化。最终，联邦公开市场委员会以 9 : 0 的票数通过了新设的定期证券借贷工具，并于次日公布。

这是美联储为稳定市场和恢复信贷流动而推出的第一个新型最后贷款人计划。本章中，我们将按照出台顺序介绍最重要的几个政策：

- 定期证券借贷工具——为担保借贷市场提供支撑；
- 一级交易商信贷工具——与定期证券借贷工具配合缓解担保借贷市场的压力；
- 资产支持商业票据货币市场共同基金流动性工具——遏制货币市场共同基金的挤兑；
- 商业票据融资工具——为商业票据市场提供流动性支撑；
- 定期资产支持证券贷款工具——帮助恢复针对消费者和小企业的信贷流动。[1]

这些政策工具没有剧本，也没有详细说明其设计和实施的手册。与之前的传统流动性工具一样，这些新颖的工具在短时间内以零敲碎打的方式引入，所能参考的信息非常有限，而且受到操作和法律层面要求的限制。因此，它们后来被多次完善。但最终研究表明，[2] 这些计划缓解了非银行金融机构的流动性压力，从而避免了企业和居民部门经历更严重的信贷紧缩。

为担保融资市场提供支撑：定期证券借贷工具和一级交易商信贷工具

三方回购市场处于压力日增的金融市场的中心。这个重要市场以证券交易商的证券为抵押，为其提供短期贷款。但许多提供此类贷款的机构，例如货币市场共同基金，变得越发厌恶风险，因为它们更关心维持自身的流动性。与此同时，为此类交易提供服务并实质性承担日内风险敞口的清算银行越发担心自身陷入对

---

① 本章附录中的表 3.1 给出了各政策的部分高级别信息，包括运行时间以及借出金额峰值。

② 本章附录中的表 3.2 总结了关于这些政策有效性的研究。

破产交易商的巨额风险敞口。

三方回购市场需要后盾—— 一种为交易商提供流动性的方式，因为回购融资的提供者正在迅速疏远较弱的投资银行。毕竟，回购融资支撑了固定收益市场的流动性和持续运转，包括至关重要的美国国债和抵押支持证券市场，并且在定期证券借贷工具和一级交易商信贷工具创设前的许多年内快捷增长。

但是，创造一个这样的流动性工具说起来容易做起来难。交易商们没有获得美联储传统最后贷款人工具（贴现窗口）的渠道，没有现成的法律协议或技术基础设施支持美联储以高风险抵押品向交易商发放贷款、为贷款定价、支付清算并记账。

而且，谁将承接这些贷款？美联储与一级交易商维持着小型关系网，用于承销拍卖国债，并在公开市场操作中充当交易对手。但这并不是重要的非银行金融机构的名单。实际上，纽约联邦储备银行多年来一直强调，一级交易商的地位并不是一家公司"良好内部管理的印章"。然而，一级交易商与美联储有着现成的协议和操作安排。

同时，这一工具存在基本的公平问题。对银行的监管可以理解为银行受到资本、流动性、储备等方面的监管，以此换取其他金融机构得不到的流动性保障渠道，即联邦存款保险公司的存款保险和美联储的贴现窗口。与此相反，交易商未接受这种模式。现在让它们获得美联储的保障是否公平？这会不会加剧道德风险？

最终，美联储在 2008 年 3 月几乎同一时间推出了两项支持一级交易商的计划：定期证券借贷工具于 3 月 11 日（周二）宣布；在工作人员启动并实施定期证券借贷工具之前，一级交易商信贷工具也于 3 月 16 日（周日）宣布，并于次日实施。它们与另一项单一档回购的公开市场操作密切相关。单一档回购是美联储根据《联邦储备法》第 14 条在 3 月推出的另一项一级交易商能够使用的工具。[①]

---

① 通过这项政策，美联储实施 28 天回购，交易商提供公开市场操作中的合格抵押品，获取现金。这是标准公开市场操作的变种，在美联储控制联邦基金目标利率时并不需要这么做。相反，这一操作的期限更长，旨在解决短期融资市场的流动性压力。定期证券借贷工具与单一档回购的最大区别是，定期证券借贷工具是债券与债券的交换，对银行的准备金没有影响。此外，定期证券借贷工具和一级交易商信贷工具允许交易商提供更大范围的抵押品，这就是定期证券借贷工具接受第二类抵押品和一级交易商信贷工具需要《联邦储备法》第 13 条（3）款授权的原因。

定期证券借贷工具和一级交易商信贷工具的相似之处多于不同之处。首先，二者都脱胎于美联储原有的业务工具：定期证券借贷工具的基础是证券借贷工具，一级交易商信贷工具则结合了贴现窗口贷款和管理准备金的公开市场业务。

二者都涉及包含追索权的"抵押借贷"：我给你一些东西，你也给我一些东西，然后我们各自物归原主，并收取一定的费用；如果你无法偿还，我可以追索你的全部资产。把这个计划建立在美联储原有的工具之上是一个笨拙的过程，但这能让美联储的工作人员在短期内调整这个计划。

其次，二者都建立在原有的以清算银行为中心的三方担保融资基础设施之上。美联储熟悉这种安排，因为它被用于一些公开市场操作。这种安排也具有一些重要的优点，能让美联储快速推动新工具落地，因为交易商可以在原有平台上用它们的证券进行融资。清算银行会通过估值、折价率等方法来管理抵押品，如果由美联储单独执行政策，设计这些工具会耗费美联储大量的时间。而且，由于清算银行的平台嵌入了最后贷款人的保障，清算银行可以确信其客户能够偿付其日内敞口，因此无须切断与任何交易商的业务。

两项工具的一个重要不同点体现在对银行准备金的影响上。定期证券借贷工具是以债券换债券的政策，即美联储用国债去交换交易商手中流动性较差的证券。当然，交易商可以轻松将国债换成现金（因为国债回购市场仍在运作），但这种转换已经是下一步了。这样做的优点是，美联储不用向金融体系投放更多的现金，所以不用为了维持联邦基金目标利率而采取冲销操作。这是定期证券借贷工具与单一档回购和一级交易商信贷工具的关键区别，这意味着定期证券借贷工具的规模可以快速地扩大或缩小。

两项工具在定价和信贷分配上也有差异。一级交易商信贷工具是一项"常备工具"，这意味着以事先确定的利率提供一定金额的贷款，一级交易商可以在该工具下不断申请新的贷款。该工具的利率为相对较高的一级信贷利率加上持续使用该工具的附加费率。定期证券借贷工具是一项"拍卖工具"，这意味着定期拍卖特定数量。尽管一级交易商信贷工具作为资金来源更加可靠，但其较高的利率和持续使用费用也导致了一定的污名效应。

人们普遍认为，这些工具为一级交易商提供了重要支撑。当私人部门投资者抛售住房相关资产时，一级交易商能够利用从美联储获得的融资支持这些资产，维持固定收益市场的流动性，并避免证券业崩溃。清算银行继续开展业务，当市场状况恢复正常时，交易商可以回归私人市场。

一些决策者认为，这些工具的存在本身就足以提振信心，它们的可靠性意味着无须真正动用这些工具，但这种希望落空了。实际上，随着这些工具在2008年3月和4月的实施，回购市场利差下降，但美联储通过这些工具发放了大量贷款（见图3.1）。随着危机的加剧，这些工具提供的流动性起到了桥梁作用，为其他恢复交易商和金融市场信心的政策争取了时间。

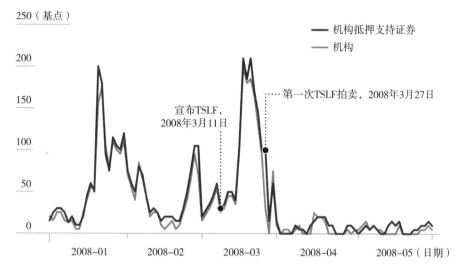

图3.1　融资利差与定期证券借贷工具

注：本图展示了隔夜机构抵押支持证券和其他机构证券回购利率与隔夜国债通用担保回购利率之间的利差。

资料来源：纽约联邦储备银行，基于彭博财经的数据。

值得注意的是，定期证券借贷工具和一级交易商信贷工具能够成功发挥桥梁作用，部分归功于决策者愿意随机应变。2008年9月，美联储扩大了交易对手方名单，增补了交易商的附属机构。合格抵押品列表及其他工具参数也多次扩充，以囊括更低质量的资产。例如，2008年9月，一级交易商信贷工具的合格抵押品扩展到回购市场接受的几乎所有证券，定期证券借贷工具的合格抵押品也从高质量资产扩展到所有投资级债务证券。

此外，这些工具一开始的定价方式是，让工具的价格在正常市场条件下不具有吸引力。随着压力在2009年有所缓解，交易商的信用违约互换利差从2008年末的峰值下降（见图3.2），两项工具下的贷款余额逐步下降。这些工具于2010年低调退出，且在退出前使用量已接近零（见图3.3）。

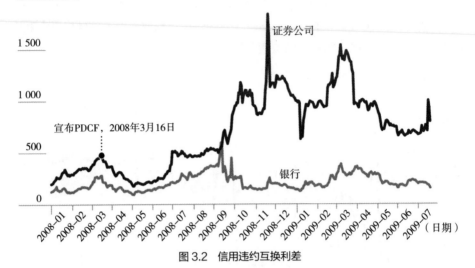

图3.2　信用违约互换利差

资料来源：纽约联邦储备银行，基于汤森路透的数据。

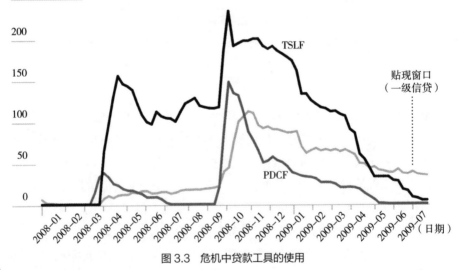

图3.3　危机中贷款工具的使用

资料来源：纽约联邦储备银行，基于美联储的数据。

极速应对

向货币市场基金提供流动性：资产支持商业票据货币市场共同基金流动性工具

尽管定期证券借贷工具和一级交易商信贷工具为融资市场提供了稳定性，但它们的作用也仅限于此，尤其是在雷曼兄弟于 2008 年 9 月 15 日宣布破产之后。

重要的是，雷曼兄弟的破产暴露了货币市场基金行业的显著脆弱性。尽管雷曼兄弟的脆弱性对许多人来说是显而易见的，但有一只基金，即储备主基金，持有大量雷曼兄弟商业票据，这些票据的价值减记迫使该基金在 2008 年 9 月 16 日"跌破净值"，即跌破每份 1 美元的法定资产净值（NAV）。市场的反应是迅速且严重的：之后的两周内，"优先型"货币市场基金（这些基金的投资范围包括高评级公司债券）的投资者撤走了 3 000 亿美元，这意味着资产管理规模下降了20%（见图 3.4）。

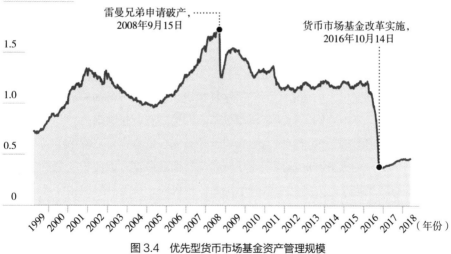

图 3.4　优先型货币市场基金资产管理规模

资料来源：纽约联邦储备银行，基于 iMoneyNet（市场研究公司）的数据。

一种现代形式的挤兑正在发生，并可能破坏金融稳定。美联储和美国财政部知道它们必须避免市场进一步承压。正如本书第七章所讨论的那样，财政部设计了一种为货币市场基金资产损失提供担保并遏制挤兑的方法，同时美联储也在探索如何向正在经历挤兑的货币市场基金提供流动性。

美联储副主席唐纳德·科恩要求工作人员研究可能的最后贷款人政策。一个似乎不可逾越的问题凸显出来：即便美联储愿意借款给货币市场基金，一些基金也无权借款，即便是那些有权借款的基金，也会非常不情愿借款，因为它们担心相关信息的披露会惊吓到投资者。当工作人员向科恩报告了这些后，科恩告诉他们，没有失败这个选项，必须想出有效的政策。

回到办公室后，工作人员断定，他们需要一个允许货币市场基金以摊余成本出售资产（这样就不会导致损失）来应对赎回的计划。美联储无权购买私人部门货币市场工具，但它可以借款给其他主体来购买这些金融工具。一个计划被制订出来，该计划通过贴现窗口贷款给银行，由银行以摊余成本从货币市场基金购买资产支持商业票据。这项工具也授权在相同条款下向经纪交易商和银行控股公司（BHC）发放贷款，这就是该工具需获得《联邦储备法》第13条（3）款（紧急贷款）和第10B条（常规贷款）授权的原因。

为了鼓励银行参与，美联储以优惠的条件提供贷款（无追索权），以购买的资产足额抵押（无折价率），以购买资产的剩余期限作为贷款期限。这种方法有效地把所有风险转移到了美联储，使作为中介的银行不承担风险。并且，贷款以一级信贷利率发放，明显低于银行购买资产的收益率，这为银行无风险的中介行为提供了利润。但即便在这些优惠条件下，银行依然担心购买资产会降低其资本充足率，损害其债权人的信心。为解决这种担忧，作为新工具的一部分，美联储暂时修改了银行资本规则，把从货币市场基金购买的资产排除出去。

由于美联储给银行的贷款没有追索权，还款完全依赖银行从货币市场基金购买资产的价值。购买资产的范围限定于资产支持商业票据，因此贷款主要由这种抵押品支持。[①] 此外，为降低美联储承担的信用风险，该工具只购买评级机构赋

---

① 资产支持商业票据一般被认为比其他类型的商业票据风险更高，因为它由特殊目的载体（SPV）发行，特殊目的载体唯一的还款来源就是它被分配的资产带来的收入。设立特殊目的载体或提供底层资产的银行或其他金融机构不会为资产支持商业票据提供还款担保。美联储选择将该工具的资产购买范围限制在资产支持商业票据，可以表明美联储的贷款是由特定资产提供担保的，而非向企业提供无担保贷款。这一方法被视为在美联储的法定授权内行事，更符合央行的常规做法。

予最高短期评级的资产支持商业票据。重要的是，优先型货币市场基金持有的资产支持商业票据占其总资产的12%，所以即使有这个限制，该工具也能为货币市场基金提供可观的流动性。

尽管有这些措施，投资者还是认为资产支持商业票据风险高且流动性差，并要求更高的利差（见图3.5）。

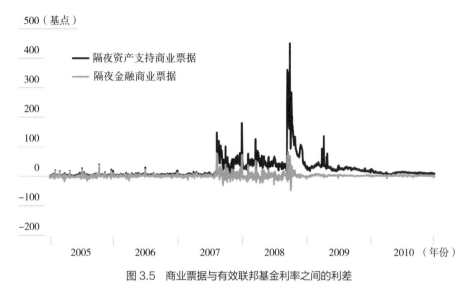

图 3.5　商业票据与有效联邦基金利率之间的利差

资料来源：纽约联邦储备银行，基于彭博财经的数据。

该工具在储备主基金跌破净值3天后出台，并在1个工作日后实际投入使用。尽管其他新型最后贷款人工具由纽约联邦储备银行运营，但资产支持商业票据货币市场共同基金流动性工具由波士顿联邦储备银行运营，因为波士顿联邦储备银行在货币市场基金领域非常专业，能够快速实施这项工具。

这项创新性工具在关键时期向货币市场基金提供了可观的流动性。虽然美国财政部的担保计划与资产支持商业票据货币市场共同基金流动性工具同日宣布，并最终有效遏制了赎回，但在宣布后的最初几周内（当时政策细节尚不明确），一些基金依然遭遇了持续的大量赎回。因此，资产支持商业票据货币市场共同基金流动性工具几乎立刻就被大量使用。资产支持商业票据货币市场共同基金流动性工具下的贷款金额，在10天内达到了1 500亿美元的峰值。在2008年的剩余时间里，随着货币市场基金的流动性压力缓解，贷款余额在年末降至200亿美元，这无疑要部分归功于财政部的担保计划稳定了资金外流。2009 年中期，资产支持商业票据货币市场共同基金流动性工具的使用量有所上升，但这是由于货币市场基金对资产支持商业票据发行人信用的担忧，而非由于流动性压力。为确保该工具仅服务于流动性目的，美联储于 2009 年 6 月将资产支持商业票据货币市场共同基金流动性工具的购买来源限制于正在经历严重赎回的货币市场基金。此后，资产支持商业票据货币市场共同基金流动性工具贷款余额重新回到下降轨道，且 2009 年 7 月后无新增贷款。

向商业票据市场提供流动性：商业票据融资工具

虽然资产支持商业票据货币市场共同基金流动性工具和财政部的担保计划为货币市场基金的挤兑止了血，并防止了资产集中抛售，但这并不是万能灵药。雷曼兄弟破产后的几周内，投资者依然不愿购买商业票据和资产支持商业票据，他们实际购买的都是非常短期的票据（见图 3.6）。这种行为所带来的影响令人不安：未偿付票据量持续收缩，利差维持高位，而且每天都有更高比例的未偿付票据需要再融资。[①]

9 月末，美联储和美国财政部断定商业票据市场需要流动性支持。但工具设计很有挑战性，与使用贴现窗口的资产支持商业票据货币市场共同基金流动性工具不同，这项工具需要新的基础设施。

这项支持工具称为商业票据融资工具，该工具于 10 月 7 日出台，到 10 月 27 日开始实际运行。商业票据融资工具需要设立一个特殊目的载体，在《联邦储备法》第 13 条（3）款的授权下，纽约联邦储备银行向特殊目的载体提供贷款，用来从发行人手中直接购买商业票据和资产支持商业票据。这是一项广泛的市场保障措施，美国所有的商业票据和资产支持商业票据发行人，包括具有外国母公司的美国发行人，都有资格向特殊目的载体发行票据，只要这些票据具有信用评级公司评定的最高短期评级。此外，发行人向特殊目的载体发行票

① 大型外国银行和本土银行发行了大部分未偿付商业票据，是许多未偿付资产支持商业票据的发行人，同时也对许多票据的发行人提供流动性支持，尽管这些票据不是银行自身发行或发起的。如果投资者停止为到期票据提供滚动融资，这些银行将面临极大的融资和资产负债表压力，这会迫使银行急剧收紧对企业和居民的贷款。

据的金额不能超过其 2008 年早期的最高未偿付票据金额，从而防止发行人滥用这一政策。

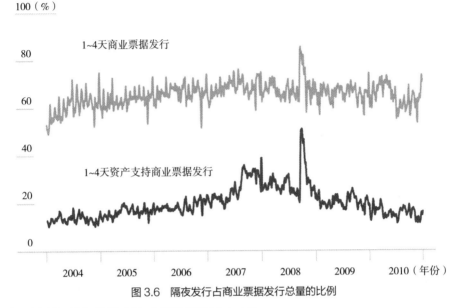

图 3.6　隔夜发行占商业票据发行总量的比例

注：本图以 5 日移动平均绘制。隔夜发行期限为 1~4 天。

资料来源：纽约联邦储备银行，基于美联储"商业票据贴现率和未偿付总体情况"的数据，该数据来源于美国存管信托和清算公司。

商业票据融资工具以远低于市场现行水平的利差购买 3 个月期票据，满足定期融资需要。3 个月期限本身就是一个重要创新，它有效降低了被迫进行隔夜融资的发行人的展期风险。当然，商业票据融资工具提供的利差高于危机前的利差，这使发行人有动机在利差正常化之后退出商业票据融资工具。

目前为止，最困难也最具争议的机制设计难点是，使纽约联邦储备银行对特殊目的载体的贷款按照《联邦储备法》第 13 条（3）款要求的那样"有背书或其他满足储备银行要求的担保方式"。很明显，这一贷款需要对特殊目的载体具有完全的追索权，并以特殊目的载体的全部资产作为担保。但很快，大家一致认为，仅靠特殊目的载体持有的商业票据和资产支持商业票据无法提供令人满意的担保，并希望问题资产救助计划资金能在特殊目的载体违约时进行注资，但这种希望落空了。作为替代，发行人需要按照其最大发行金额的 10 个基点预付注册费。此外，商业票据（而非资产支持商业票据）发行人需要就其出售给特殊目的载体的票据每年支付100个基点的额外费用，除非发行人能够提供可接受的抵押品，或由可接受的背书人为其票据背书。最终，由于商业票据以一定的贴现率出售，并在到期时支付本金，特殊目的载体形成并积累了一定收益，为吸收后续其他发行人违约可能造成的损失提供了保障。

从第一天运行开始，商业票据融资工具就被大量使用，购买了绝大多数新发行的定期票据。2009年1月，商业票据融资工具的规模达到顶峰，持有约3 500亿美元的商业票据和资产支持商业票据，占未偿付票据总量的20%。该工具为市场正常化做出了巨大贡献，随着环境的稳定，发行人有强烈的动机在市场上出售票据。2009年，商业票据融资工具的使用量稳步降低，在12月降至100亿美元。该工具于2010年2月1日关闭。尽管参与设计新型最后贷款人工具的工作人员普遍认为，与本章其他政策相比，商业票据融资工具（以及资产支持商业票据货币市场共同基金流动性工具）在一定程度上给美联储带来了更高的风险，但其在整个存续期间购买的票据均未违约。此外，特殊目的载体还通过费用和利息收入积累了50亿美元。这部分资金最终计入了纽约联邦储备银行的收入，并移交给了财政部，以造福纳税人。

复苏资产支持证券市场：定期资产支持证券贷款工具

在金融危机前的几十年间，证券化已经成为一种日益普遍的技术，广泛用于为消费者和商业贷款进行融资。[1] 例如，危机发生前的许多年里，约一半的信用卡贷款和1/3的汽车贷款都通过证券化进行融资。[2]2006年，资产支持证券和私人抵押支持证券的总发行量接近2.4万亿美元。

但随着2008年秋天金融危机的加剧，投资者对高评级资产支持证券的需求大幅缩水。如图3.7和图3.8所示，利差剧烈扩大，新资产支持证券的发行量接

---

[1] 其中包括次级贷款和非机构抵押贷款、房屋净值信用额度、小企业贷款、汽车贷款、学生贷款、商业设备贷款和信用卡贷款。

[2] 证券化是指汇集贷款和其他应收账款作为资产池，并用资产支持证券为池子融资。这些证券一般会分为不同等级，优先级首先得到收益，并最后承担损失。此外，贷款发放人一般会保留资产池中的一部分风险。

近于零。那些依赖证券化融资的贷款人收紧了贷款条件和标准。例如，财务公司高度依赖证券化，其发放的汽车贷款平均利率从 2008 年 7 月的 3.25% 上升至 2008 年 12 月的超过 8%。信贷的急剧收缩导致了经济的严重紧缩。

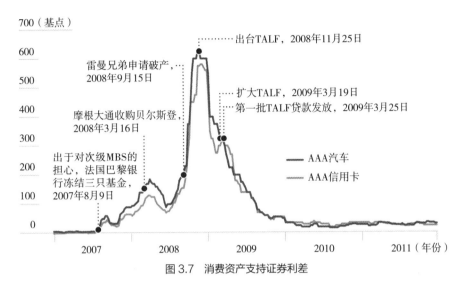

图 3.7　消费资产支持证券利差

资料来源：纽约联邦储备银行，基于摩根大通和彭博财经的数据。

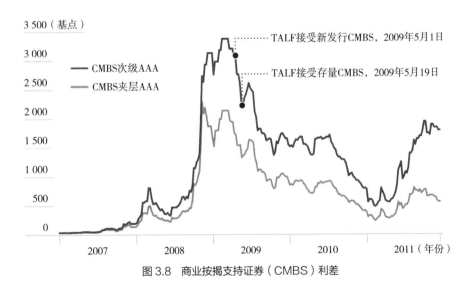

图 3.8　商业按揭支持证券（CMBS）利差

资料来源：纽约联邦储备银行，基于摩根大通和彭博财经的数据。

2008 年 10 月，美联储、纽约联邦储备银行和财政部的工作人员开始讨论如何利用美联储贷款和问题资产救助计划资金的组合来鼓励恢复资产支持证券的发行。恢复资产支持证券市场本身并不是目的，而是恢复企业和居民信贷渠道从而促进经济复苏的一种手段。

工作人员很快锁定了两种可能的模式。美联储的工作人员偏爱的模式是由市场参与者成立基金投资资产支持证券，美联储为其提供杠杆融资，财政部提供夹层融资，私人投资者提供股权资金。[①] 纽约联邦储备银行的工作人员偏爱的模式是，美联储向资产支持证券的投资者提供贷款，财政部向美联储提供信用担保。最终，第二种模式被采纳，设计出了定期资产支持证券贷款工具。定期资产支持证券贷款工具的一个重要优势在于，当信用利差恢复正常后，其他融资渠道将比定期资产支持证券贷款工具更有吸引力，因此可以自然地完成工具的退出。

在工具最初宣布时，定期资产支持证券贷款工具贷款的期限是 1 年。与潜在参与者进一步沟通后，贷款期限先是延长到 3 年，后来又延长到 5 年，以更好地匹配底层抵押品的期限。定期资产支持证券贷款工具下贷款的利差比危机期间市场上高评级资产支持证券的利差低，但比正常市场条件下的利差高，这使投资者有动机在市场条件正常后偿还贷款。定期资产支持证券贷款工具以购买的资产支持证券为抵押品发放贷款，但不附带更进一步的追索权（特定条件下除外）。

定期资产支持证券贷款工具的无追索权特征，在经济动荡和风险偏好下降时期为投资者提供了下行保护。若抵押品价值跌至贷款价值以下，借款人可以选择放弃还贷，将抵押品留给美联储和财政部，所以借款人的损失不会超过一开始为弥补抵押折价率所投入的金额。

这项工具于 2008 年 11 月宣布，于 2009 年 3 月开始实施，中间的 4 个月间隔反映了该工具在设计上具有挑战性，因为需要兼顾安全性和有效性。最初，定期资产支持证券贷款工具只接受以新增或近期发放的汽车贷款、信用卡贷款、学生贷款、小企业贷款为底层资产的新发行高评级资产支持证券。这是因为这些资产支持证券的证券化结构都在危机中表现良好，或其底层贷款受到政府的全额或部分担保，所以可以被快速估值且风险较低。

---

① 这种模式最终被美国财政部在公私合营投资计划（PPIP）中采用，不过公私合营投资计划中没有美联储提供杠杆融资。

这项工具一开始被授权的规模是 2 000 亿美元，财政部向美联储提供 200 亿美元的信用保护。尽管定期资产支持证券贷款工具贷款的期限较长，且不具有追索权，但由于有问题资产救助计划资金提供的信用保护，美联储在定期资产支持证券贷款工具中仍可扮演流动性提供者的传统角色，而且无须承担超出最低限度的风险。

如图 3.9 所示，这项工具的规模扩张迅速。2009 年 2 月 10 日，美联储和财政部宣布，它们有意以额外的问题资产救助计划资金为支撑，将工具上限提高到 1 万亿美元。它们还宣布，考虑将抵押品范围扩展至商业按揭支持证券和居民住房抵押贷款支持证券（RMBS），以及其他资产支持证券。

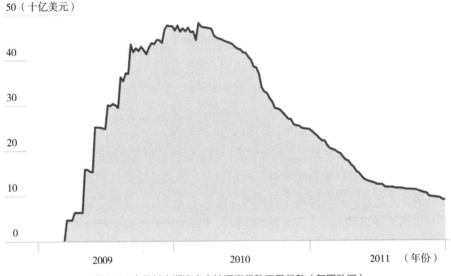

图 3.9　未偿付定期资产支持证券贷款工具贷款（每周数据）

资料来源：纽约联邦储备银行，基于美联储的数据。

截至 5 月，定期资产支持证券贷款工具已经扩展至以商业设备贷款、零售商库存融资、抵押贷款服务商预付款、工作用车应收款、保险保费贷款、商业按揭支持证券为底层资产的新发行证券，以及存量高评级商业按揭支持证券。美联储也考虑过接受新发行或存量住房抵押贷款支持证券或抵押贷款凭证，但最终没有这样做，因为定期资产支持证券贷款工具似乎不太可能把这些证券的市场条件提升到政府能够接受的风险水平。例如，评估以存量私人住房抵押贷款支持证券为担保发放贷款的可能性的团队认为，保护政府免受损失所需要的折价率达到了100%。

尽管定期资产支持证券贷款工具的授权上限是发放1万亿美元贷款，但由于2009年下半年金融市场环境改善，实际仅发放了700亿美元。超过2 000笔贷款被发放给近200个借款人，包括传统的资产管理机构、养老基金、对冲基金、银行，以及许多小型金融机构。定期资产支持证券贷款工具在2010年3月停止对资产支持证券和存量商业按揭支持证券发放贷款，在2010年6月停止对新发行的商业按揭支持证券发放贷款。定期资产支持证券贷款工具合计为近300万笔汽车贷款、超过100万笔学生贷款、近90万笔小企业贷款、15万笔其他企业贷款和数百万笔信用卡贷款提供了支持。

为保护美联储和财政部，定期资产支持证券贷款工具中加入了数层风险控制措施。首先，定期资产支持证券贷款工具下购买证券的交易必须是公平的——用定期资产支持证券贷款工具借款的投资者必须独立于作为抵押品的资产支持证券的发起人或卖方，而且投资者和卖方之间不能有补偿支付。其次，所购买的证券必须从两个或两个以上的评级机构获得AAA级，并接受美联储的额外风险评估。最后，每笔定期资产支持证券贷款工具贷款的金额必须小于所购买资产支持证券的市价减去折价，折价率取决于抵押品的风险情况。

由于底层抵押品的复杂性和多样性，信用保护措施是必要的，但由于启动运作需要的时间太长，工具的有效性被削弱了。尤其是从提出初始构想到初次运作间隔了4个月，到后续的工具扩容又间隔了2个月，再到定期资产支持证券贷款工具扩展至最后一个贷款品种（以新发行的商业按揭支持证券为担保）又间隔了5个月。[1]这项贷款工具的无追索权性质决定了其设计必须审慎，而抵押

---

[1] 几个例子可以说明定期资产支持证券贷款工具的落地需要克服的障碍。为了让一级交易商成为定期资产支持证券贷款工具的代理机构，必须由美国证券交易委员会针对禁止经纪交易商"安排信贷发放和维持"的法令进行豁免。为了使封闭式基金作为投资者参与定期资产支持证券贷款工具，美国证券交易委员会必须针对1940年《投资公司法》托管条款进行豁免。对冲基金不愿意作为投资者参与，直到美联储豁免了对获得《联邦储备法》第13条（3）款贷款的公司的高管薪酬限制。由于定期资产支持证券贷款工具初次运作时，美联储尚未建立自身的信用审查能力，所以它依赖信用机构的评级。在接受这些评级之前，美联储的工作人员必须熟悉评级方法，因为这些方法在结构化融资的其他部分上是十分不可信的。类似地，在存量商业按揭支持证券项目中，美联储工作人员认为优先级的商业按揭支持证券（AAA级）是可接受的，但中间层的商业按揭支持证券（尽管也是AAA级，但优先级较低）风险过高。

品的不同性质也使政策设计具有挑战性且十分耗时。为加快工具设计，工作人员考虑只设定广泛的抵押品判定标准和较高的折价率，让借款人自行决定具体的资产支持证券抵押品类型。然而，这种一揽子方案可能导致严重的逆向选择问题。

该工具并非没有批评者。例如，最初宣布只接受少数品种的资产支持证券——这个决定是为了尽快推出工具——加深了对美联储和财政部正在参与"信贷分配"的印象，即通过产业政策把某些经济部门置于其他经济部门之上。对资产支持证券采用统一的估值标准旨在解决这种忧虑，但这在实践中很有挑战性，因为为了适应发行人各自的商业状况，资产支持证券的结构通常是定制化的。

定期资产支持证券贷款工具面临的另一个挑战是，人们认为这个计划是针对富人的福利，因为交易的对手方大多是大型对冲基金，或是资管公司设立的专门定期资产支持证券贷款工具基金。《滚石》杂志发表了一篇关于定期资产支持证券贷款工具的文章，用化妆的猪作为插图，指出一些华尔街高管的妻子（插图上称之为"华尔街真正的家庭主妇"）借由该工具赚钱（Taibbi，2011）。然而，与这种印象正相反，美联储与作为潜在借款人的少数族裔企业主和女性企业主进行了广泛接触，纽约联邦储备银行批准了一些额外的"定期资产支持证券贷款工具代理机构"，用来加强投资者的多样性。工作人员和决策者也强调鼓励借款给普通民众的政策目标，并尽可能举例说明因该工具而实际发生的贷款。

最后，尽管启动过程漫长，定期资产支持证券贷款工具依然为资产支持证券市场的复苏以及家庭和企业信贷投放做出了重要贡献。2008 年末，非抵押资产支持证券的发行速度已减缓到低于每月 10 亿美元，而 2009 年定期资产支持证券贷款工具启动后的 3 个月内，发行量已提升至 350 亿美元。在定期资产支持证券贷款工具运行的最初几个月内，约一半的资产支持证券发行是由定期资产支持证券贷款工具支持的。随着市场恢复运行，该工具提供的支持力度逐渐降低。图 3.10 展示了定期资产支持证券贷款工具合格资产的发行情况在政策实施过程中的演变。

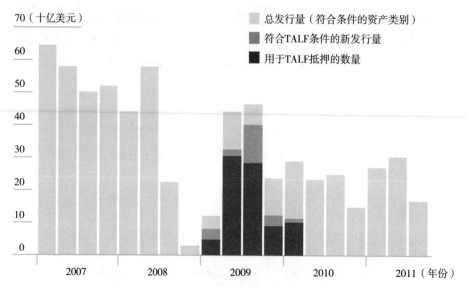

图 3.10　定期资产支持证券贷款工具合格资产的总体发行情况及细分发行情况

资料来源：纽约联邦储备银行，基于摩根大通、彭博财经、美联储的数据。

政策评价

这些新型最后贷款人工具的首要目标，是缓解美国企业和居民信贷成本的上升和信贷可得性的下降。一系列研究论文和我们自身的经历表明，这些工具有助于收窄利差、缓解流动性挤兑、避免更加严重的信贷紧缩。

随着这些工具的出台实施，决策者和市场参与者都认识到工具是有效的。正如前文所讨论的，定期证券借贷工具和一级交易商信贷工具启动后，对交易商担保融资的挤兑普遍缓解了。在财政部的担保计划让货币市场基金投资者的信心恢复之前，资产支持商业票据货币市场共同基金流动性工具帮助避免了优先型货币市场基金的集中抛售。商业票据融资工具帮助发行人恢复定期商业票据和资产支持商业票据的发行，促使利差收窄，最终使发行人能够在商业票据融资工具之外向投资者出售定期票据。定期资产支持证券贷款工具帮助重振了资产支持证券市场，该市场在雷曼兄弟破产后便奄奄一息。如果没有这些工具，肯定会爆发更加严重的信贷紧缩。

当然，回顾过去，我们认为更早推出覆盖范围更大的工具，并在某些情况下扩大工具的初始规模会更加有效。直到现实情况已经非常清晰地表明，挤兑严重损害了受影响金融机构向实体经济提供信贷的能力时，这些工具才被批准。而且，定期证券借贷工具和一级交易商信贷工具一开始都只对较小范围内的抵押品进行融资，直到这种狭窄范围明显制约了工具的有效性，抵押品范围才被扩大。虽然我们无法证明更早引入更广泛的工具能够阻止后来出现的金融压力和信贷收缩，但我们相信这是相当合理的观点。而且，如果能走在恐慌的前面，通过提振信心、鼓励金融机构继续从事信贷中介等措施，美联储也许只需要发放比实际情况更少的紧急贷款。

可以肯定的是，早些时候推出更广泛的政策工具会给美联储带来更大的风险，但与借贷成本上升和信贷供应减少导致的经济萧条相比，美联储的潜在损失似乎并不那么重要。

但是，这些观点不仅属于"事后诸葛"，同时也忽略了当时决策者要考虑的法律问题。如前文所述，2007—2008 年的经济前景并没有那么可怕，还不足以让决策者抛开对美联储资产负债表剧烈扩张会妨碍实现货币政策目标的担忧。而且，在设计政策工具时，决策者不得不在限制道德风险和信用风险与支持实体经济信贷需求之间寻找平衡。

经验教训

经验 1：做好准备

在金融危机之前，美联储已经制订了一些计划，以应对设想的"银行业危机"。其中一个计划是根据 1984 年伊利诺伊大陆银行破产事件制订的，但该计划关注的是单一机构，并非针对系统性危机。美联储还有一份"危机活页夹"，其中列举了一系列可能出现的危机情景以及最后贷款人的应对措施，也包含对危机应对工具的总结。但这些计划和措施在应对 2008 年金融危机时发挥的作用非常有限，美联储被迫在短时间内以及各种操作限制下临场发挥。

《联邦储备法》第 13 条（3）款所赋予的紧急权限使美联储可以采取激进的应对措施，但仍需时间来设计稳健的、具有可操作性的贷款工具，尤其是对于那些涉及日常用不到的基础设施或惯例的贷款工具。即使在危机时期，美联储也需要履行内控、治理和合规等程序以维护其可信性。如果能提前做好此类工作，未来的危机应对将更加迅速和稳健。确实，美联储已经对一系列公开市场操作进行了操作性测试，以确保将来在各种可能发生的情景下可以顺利实施货币政策。这些测试工作也应扩展至未来可能出现的新工具，应确保这些工具能够随着经济金融环境的变化不断改进。

经验 2：在实施货币政策时保持灵活

在此次危机中，美联储有效发挥最后贷款人功能与货币政策实施框架发生了冲突。为了控制利率，美联储需要相对严格地控制准备金规模。

最初，政策制定者试图设计一种会限制准备金创建、使准备金规模更加可预测的流动性工具。例如，带有规模上限的贷款工具，偶尔提供且具有滞后性，只作为定期流动性工具使用；或者是类似定期证券借贷工具的具有复杂非现金结构的工具。[①] 但事实证明，紧急贷款工具的规模超出了美联储利用现有工具进行对冲的能力。

2008 年 10 月，这种内在冲突有所缓解，因为美国国会当即授权美联储向准备金付息，而这一授权原本计划在 2011 年才会生效。这一调整缓解了美联储未来可能面临的控制利率和维护金融稳定的两难困境。

经验 3：计划协调和明确分工

随着危机加剧以及越来越依赖新贷款工具，人们开始担心美联储的行动会突

---

① 为了改善对冲能力，以及能够更加灵活地向金融体系提供流动性，美联储和美国财政部合作设计了一种新的解决方案：美国财政部发行一系列特别国债，并把出售国债的收入存放在美联储的一个独立账户中。该计划被称为"补充融资计划"（SFP），是在雷曼兄弟倒闭两天后推出的。事实证明这一工具的可使用性要比美联储的对冲工具更好。因为财政部的存款为美联储的救市流动性提供了部分资金来源，因此降低了美联储为提供流动性支持而需新增的准备金的规模。但补充融资计划存在两个问题：第一，该计划下发行的债务规模要受法定债务上限的限制；第二，该计划完全由美国财政部控制。如果美联储能够有权发行类似国债，那么这两个问题就迎刃而解了。

破其职能边界，从而影响其独立性，包括影响货币政策和贷款决策的独立性。①

2009 年 3 月发表的一份联合声明中，美联储和美国财政部对各自的角色进行了清晰描述，回应了此前各方的担忧。这一声明发表之时，市场上的风险厌恶情绪达到顶峰，当时美联储大幅扩大了定期资产支持证券贷款工具的规模。该声明对四项内容做出承诺。第一，美联储和美国财政部将就紧急贷款开展合作，表明财政部同意这一做法。第二，美联储将只关注信贷总量，避免信贷分配。第三，美联储将维持货币政策的独立性，财政部和美联储将寻求立法支持，以明确"美联储可以使用额外的工具对冲其贷款或证券购买操作对银行准备金供应的影响"。第四，美联储和财政部将合作解决导致危机发生的监管漏洞。该声明发布之后，2009 年 4 月美联储主席伯南克发表了一场题为"美联储的资产负债表"的演讲，详细解释了这些观点。

危机发生后，联合声明的许多原则都以各种形式转化为实际行动。② 但是，深层次问题，也就是危机中央行应承担多少风险以及承担何种风险，远未得到解决。我们建议美联储与财政部一起就危机应对提前规划，这对于厘清尚存争议的问题至关重要，也有助于防止未来因为操作、程序和沟通复杂性问题而不能及时出台稳健、灵活的救助工具。

经验 4：避免给借款人带来污名效应

金融机构往往不愿利用最后贷款人工具，因为不想被污名化，不想被认为在

---

① 担忧主要存在于四个方面。第一，由于美联储已经积累了大量信用风险，可能出现损失，有人认为美联储的行为类似财政支出，比如通过定期资产支持证券贷款工具开展的相关操作。第二，美联储向非传统对手方提供资金，抵押品也突破了传统的资产类别，有人认为美联储的这种行为是进行了信贷分配。第三，美联储通过创造准备金为市场注资，在此情况下其对于控制利率没有足够的信心，一度依赖财政部的补充融资计划来吸收银行体系的准备金，维持对利率的控制。第四，因为美联储长期与财政部合作应对危机，有人担心这种关系会根深蒂固，财政部会就货币政策决策向美联储施加不当影响。

② 在《多德 – 弗兰克法案》中，美联储实施紧急贷款的权限仅在于大范围使用工具，并且需获得财政部长的同意。这一规定是为了解决人们担心美联储实施信贷分配的顾虑，同时明确财政当局需要对这些救助工具的结果负责。同时也实施了监管改革。货币当局被允许向准备金付息，再加上开展逆回购的能力，这些被证明足以在银行体系积累了大量准备金的情况下控制利率。

财务上遇到了问题。金融机构对于贷款工具的两个设计因素特别敏感：贷款条件，以及借款人的身份是否（何时）会被披露。

先看贷款条件，历代央行行长都在接受这样一种教育，那就是央行信贷必须按照惩罚性利率发放，才能防止借款人过度依赖央行信贷。但危机表明，高于借款人能获得的市场利率的惩罚性利率会导致最后贷款人这一工具失效，因为通过这一工具借钱，会向外界释放出借款人陷入困境的信号。

为解决这一问题，新型最后贷款人工具的利率一般会低于危机期间的市场利率，但会高于正常时期的市场利率。这会鼓励借款人在危机时期使用新型最后贷款人工具，但在市场回归正常后，会立即退出这些工具。

直到危机结束后很久，才会披露新型最后贷款人工具的借款人的身份信息。有人认为，信息披露是有必要的，因为要保护公众利益，也要让美联储对其行为负责。但为满足上述目标而当即披露借款人的信息是没有必要的。即使推迟披露，也会促使金融机构选择通过缩减信贷或出售资产来渡过难关，因为它们不想外界认为其正在接受救助，而这其实与最后贷款人工具的初衷相反。

经验5：考虑扩大贴现窗口的覆盖范围

一直以来，只有存款性机构才能使用贴现窗口，因为这些机构接受严格的监管，使用贴现窗口的道德风险可控。危机发生后，许多大型证券经纪公司并入了银行控股公司或中介控股公司，也接受类似银行的监管。因此，政策制定者应考虑将贴现窗口的使用范围扩大至这些经纪公司，但仅限于银行控股公司内的经纪公司。这样一来，美国就是在效仿英国的做法。危机发生后，英国的经纪公司已获准使用英格兰银行的流动性工具。

结　论

美联储新型最后贷款人工具通过向关键非银行金融部门发放贷款、支持回购和证券化市场、帮助缓解企业和居民部门的信贷紧缩等方式，在减轻危机的影响中扮演了重要角色。这些政策工具还在财政部门采取必要行动之前充当了临时替代措施。

这些政策工具的范围——它们所针对的市场、工具参与者类型、接受的抵押品种类——强调了广泛的紧急贷款的价值。这些工具是创新的、富有想象力的，但它们同时也只是基本的应对措施，因为决策者要努力取得平衡：一方面在不确定的环境中为经济提供必要的支持，另一方面试图控制道德风险与信用风险。

这些工具也凸显了在下一次危机中将会十分重要的一些经验教训。广泛的授权、随机应变、有操作性的计划是关键。流动性供给不应与货币政策目标相冲突。贷款工具的设计应最小化污名效应。美联储必须能够在危机时期扩大流动性供给和对金融市场的覆盖范围。财政和货币当局应明确各自要承担的风险类型，并预先沟通协调。这些问题将是有效应对下一次危机的核心。

附 录

表 3.1 新型最后贷款人工具总体情况

政策工具	TSLF	PDCF	AMLF	CPFF	TALF
全称	定期证券借贷工具	一级交易商信贷工具	资产支持商业票据货币市场共同基金流动性工具	商业票据融资工具	定期资产支持证券贷款工具
使用规模峰值	2 355 亿美元（2008 年 10 月 1 日）	1 466 亿美元（2008 年 10 月 1 日）	1 521 亿美元（2008 年 10 月 1 日）	3 482 亿美元（2009 年 1 月 21 日）	482 亿美元（2010 年 3 月 17 日）
宣布日期	2008 年 3 月 11 日	2008 年 3 月 16 日	2008 年 9 月 19 日	2008 年 10 月 7 日	2008 年 11 月 25 日
首次运作	2008 年 3 月 27 日	2008 年 3 月 17 日	2008 年 9 月 22 日	2008 年 10 月 27 日	2009 年 3 月 25 日
关闭日期	2010 年 2 月 1 日	2010 年 2 月 1 日	2010 年 2 月 1 日	2010 年 2 月 1 日	2010 年 6 月 30 日
描述	周度借贷工具，针对合格抵押品，提供系统公平市场账户持有的国债，期限一般为 28 天	隔夜借贷工具，三方回购中的合格商业抵押品为一级交易商提供融资	美联储为美国存款类机构、美国银行控股公司的美国经纪交易商子公司、外国银行代理机构和代理机构的美国分支机构提供无追索权贷款。这些机构用这笔资金从货币市场共同基金购买合格资产支持商业票据	纽约联邦储备银行为 CPFF LLC 提供 3 个月期贷款。CPFF LLC 是专门设立的有限责任公司，运用资金向合格发行人购买商业票据	通过向各种规模的消费者和企业提供各类贷款，支持资产支持证券的发行

合格借款人/对手方	一级交易商	美国存款类机构、美国银行控股公司以及这些控股商子公司的美国经纪交易商子公司，外国银行发行的美国分支机构和代理机构	只有美国的商业票据发行人（包括拥有外国母公司的美国发行人）能够向特殊目的载体出售商业票据	所有持有合格抵押品并在定期资产支持证券贷款工具代理机构拥有账户的美国公司
法律授权	仅第2类抵押品（投资级证券）要求《联邦储备法》第13条（3）款授权。第1类抵押品是指适用于公开市场操作的抵押品，不需要该条款授权	《联邦储备法》第13条（3）款	《联邦储备法》第13条（3）款	《联邦储备法》第13条（3）款

注：使用规模峰值指未偿付贷款的最大值。

资料来源：纽约联邦储备银行，基于美联储的数据。

表 3.2　新型最后贷款人政策工具有效性的后续分析

政策工具	内容
定期证券借贷工具	美国联邦储备委员会监察长办公室的一份报告（2010）指出，虽然不可能评估定期证券借贷工具的特定直接影响，但仍有金融市场功能改善的迹象。弗莱明、赫隆利基（2010，594）发现，银行并不情愿使用美联储的贴现窗口，因为如果相关信息被外界知晓，会引起对银行信誉的污名效应。而"定期证券借贷工具由于采用了竞争性拍卖的形式，克服了这种污名效应"。威金斯和梅特里克（2016）认为，定期证券借贷工具每提供10亿美元的国债交易商面临的流动性问题。赫隆利和塞利格曼（2011）的一篇报告发现，定期证券借贷工具一级的国债抵押品，联邦基金与回购交易之间的利差会缩小约1.2个基点。相反，吴（2008，18）则认为，"虽然定期证券借贷工具通过缓解金融机构流动性拆出利息率市场上缓解金融压力的作用则不太明显"，"但定期证券借贷工具和一级交易商信贷工具在他数同业拆出利率下提供给一级交易商的
一级交易商借贷工具	阿德里安、伯克和麦克鲁斯（2009，7）指出，其他一级交易商随即在资本市场经历了严重的融资困难，因为贷款工具被广泛使用。一级交易商借贷工具实现了它的一个目的，即当一家一级交易商破产时，其他一级交易商可以使用一级交易商借贷工具。在使用方面，美国政府对一级交易商的融资造成严重干扰时，一级交易商可以偏向化的证据。虽然博纳特森、赫尔维格和因德拉（2014）发现危机期间美联储流动性工具的借款集中度较高，最大的贷款是在一级交易商信贷工具下提供给一级交易商的
资产支持商业票据货币市场共同基金流动性工具	美国联邦储备委员会监察长办公室的报告（2010）发现，资产支持商业票据货币市场共同基金流动性工具有效地向货币基金提供了流动性，以帮助其缓解赎回问题，并改善货币市场的总体流动性。杜伊甘-邦普等人参与（2013）得出了相似的结论。他们发现面临较大赎回压力和资产支持商业票据货币市场共同基金流动性工具。他们运用双重差分方法发现，持有较多资产支持商业票据的基金更可能参与资产支持商业票据货币市场共同基金流动性工具，且合格资产抵押品的基金面临的资金流出压力较小，货币市场共同基金流动性工具合格抵押品的资金流出压力较小证券的类似证券更大
商业票据融资工具	阿德里安、金布罗和马尔基奥尼（2011）发现，商业票据融资工具在危机期间支持了商业票据市场的有序运转。他们称商业票据融资工具实质性支持商业票据市场的利率。他们称AA级无担保商业票据融资工具降低了商业票据融资工具的利差，并降低了合格商业票据融资工具实施后几个月内大幅收窄，而非合格商业票据隔夜商业票据利差则略有上升

定期资产支持证券贷款工具	·许多研究表明，定期资产支持证券贷款工具对资产支持证券市场起到了积极作用，然而这种作用难以度量，因为定期资产支持证券贷款工具实施时，金融市场状况已经有了普遍好转。阿加瓦尔等人（2010）分析了资产支持证券市场在信贷市场创设之前，定期资产支持证券贷款工具是如何被影响的。定期资产支持证券贷款工具在2008年11月28日设立后，AAA级的2年期和3年期汽车贷款资产支持证券的利差已经"飙升到600个基点，相应的信用卡贷款资产支持证券的利差上升到550个基点"（109）。作者发现上述利差很快下降了200个基点，而且定期资产支持证券的峰值回落，利差已恢复到接近危机前的水平；"定期资产支持证券贷款工具使引入定期资产支持证券贷款工具的每次扩展都使利率降低；"定期资产支持证券贷款工具从2008年第四季度的峰值回落，利差已恢复到接近危机前的水平"
	·阿什克拉夫特、马尔茨和波扎尔（2012）发现，定期资产支持证券贷款工具通过改善流动性状况促进了资产支持证券市场利差的急剧下降，并且通过鼓励改善商业按揭支持证券的设计产生了长远影响。阿什克拉夫特、加里亚努和佩德森（2010）还发现，有证据表明定期资产支持证券贷款工具降低了纳入该项目的历史资产的利差。通过检验定期资产支持证券贷款工具对资产支持证券市场有着超出单只证券层面的更广泛的正面影响，坎贝尔等人（2011）发现，定期资产支持证券贷款工具通过改善投资者的情绪，而不是通过补贴或认定能通过政策融资的特定证券种类来发挥作用

第四章

非银行金融机构：新的脆弱性和旧的工具

◆◆◆

本章作者：斯科特·阿尔瓦雷斯、威廉·达德利和梁内利。本章作者感谢小托马斯·巴克斯特、萨拉·达尔格伦、丹·杰斯特和吉姆·米尔斯坦提供的批判性见解与评论。作者也认可蒂莫西·盖特纳于 2018 年 5 月 15 日在国际清算银行（BIS）研讨会"危机应对：10 年回顾"上发表的演讲"金融危机的早期阶段：对最后贷款人的反思"的重要性，该演讲稿最近发表在《金融危机期刊》第 1 卷第 1 期上，有助于构建本章讨论的一些重要问题的框架。

引言：衡量经济风险

在 2005 年前后，非银行金融机构已经成为美国金融体系内重要且不可或缺的一部分。部分非银行金融机构在重要性、关联度、中介与融资市场上的重要性方面甚至接近大型银行。结果是，一家大型非银行金融机构的倒闭对金融体系的稳定造成的威胁可能不亚于大型银行的倒闭。

然而，美国财政部、联邦存款保险公司和美联储——应对金融危机的首要部门——在处置具有系统性影响的大型非银行金融机构时，可用工具比处置系统重要性银行的工具更少，且更具限制性。因此，政府在处置不断演进的金融危机时所面临的挑战，比处置只涉及存款机构的金融危机更严峻。

本章解释了为什么非银行金融机构是金融危机期间最大的压力来源之一，并描述了需要极速应对危机的监管者在工具有限的情况下如何处理非银行金融机构倒闭所带来的系统性威胁。我们并不会流水账式地罗列对部分非银行金融机构提供贷款的全部过程，而会聚焦于美联储决定使用其紧急授权提供贷款时所必须解决的几个关键经济问题。

具体而言，非银行金融机构的倒闭是否可能对经济造成重大损害？央行流动性支持能否缓冲冲击的影响？央行贷款能否阻止破坏性的机构倒闭？

我们认为，为减轻系统性后果而防止主要非银行金融机构倒闭所做的努力，是应对规模庞大的非银行金融体系内融资和中介活动崩溃的更广泛工作的一部分。这个更广泛的工作包括美联储的定期证券借贷工具和一级交易商信贷工具，对房利美和房地美这两个政府资助企业的托管，以及财政部对货币市场共同基金的担保。它还包括通过资产支持商业票据货币市场共同基金流动性工具和商业票据融资工具支持资产支持商业票据和商业票据市场的努力，以及通过定期资产支持证券贷款工具和公私合营投资计划支持证券化。

搭起舞台

非银行金融机构的脆弱性在很大程度上导致了金融危机的严重性及其广泛传播。在危机发生前的几十年里，银行信贷的相对份额下降，而一系列不同类型的非银行金融机构信贷份额显著上升。投资银行和各类财务公司的规模与重要性显著增长，这些机构主要通过短期批发融资市场获得资金。

随着这类公司越来越重要，证券化业务大幅增长，衍生品市场也急剧扩大，使这类金融机构可以用新的方式管理风险。金融机构和金融工具的多样性，以及家庭和企业的新型融资来源带来了巨大的经济效益，但也导致了新的风险。

在危机发生前的几十年里，美国金融体系的相对稳定有助于掩盖这些风险，并使人们认为这些变化使金融体系更加稳定。然而，一旦房地产泡沫破灭，这一体系的脆弱性便会显现出来。

非银行金融机构的发展

非银行金融机构在危机初期的重要性可以通过它们向家庭、企业和政府提供信贷的急剧增长来说明。非金融部门的未偿信贷余额占 GDP 的比例在危机高峰期超过 250%，且大多数增长来自非存款类机构（见图 4.1）。2008 年，来自经纪交易商、财务公司和资产支持证券的信贷占 GDP 的 72%，高于 20 世纪 80 年代中期的 15%，与传统存款类金融机构提供的信贷数额相同。房利美和房地美通过利用政府的隐性信用担保开展抵押贷款证券化，并在自身投资组合中购买其他证券化产品实现了快速扩张。

其间，有两个关键性的发展使非银行金融机构能够与银行开展有效竞争。

第一个发展是证券化创新，使非银行金融机构能够提供更多种类的信贷产品。商业和住宅抵押贷款以及汽车和信用卡贷款可以作为证券化产品进行打包销售。最初，这些证券化产品结构相对简单，并能够重新分配风险。例如，将银行和非银行金融机构发放的抵押贷款打包成抵押支持证券，证券持有人获得相关抵押贷款的现金流。后来，这演变为一个更为复杂的结构性金融体系。打包在一起的相对风险较高资产（如次级按揭贷款）的现金流被优先分配给担保债务凭证（CDOs）中评级较高（如 AAA 级）的档次，之后再流向低评级的档次。这些担保债务凭证反过来又可以作为底层资产发行更加复杂的担保债务凭证，这些新的担保债务凭证的还款来源仍是次级按揭贷款和其他质量较低的金融资产的现金流。

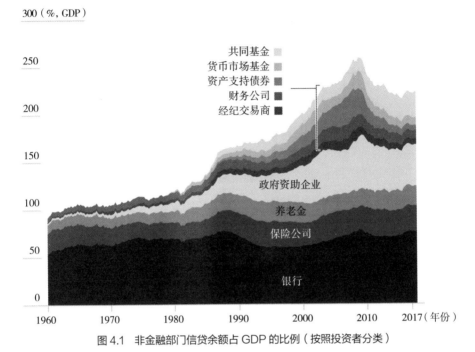

图 4.1　非金融部门信贷余额占 GDP 的比例（按照投资者分类）

注：不包括货币当局持有的信贷。
资料来源：美联储，美国金融账户。

　　第二个发展是美国货币市场的深化支持了非银行信贷的快速增长。此前，监管部门设置了银行向储户支付利率的上限，促进了 20 世纪 70 年代末至 80 年代初货币市场共同基金的兴起。庞大的回购市场快速发展，使证券公司能够通过货币市场基金和其他短期投资者为自身投资组合提供短期（主要是隔夜）资金支持，并且商业票据市场的发展允许非银行金融机构为贷款发放提供资金。回购和商业票据——"可挤兑负债"——在金融危机前的增长速度快于传统存款机构的存款，并在 2007—2008 年达到巅峰，此后投资者主要出于对抵押品质量和交易对手信用的担心而大幅撤回资金（见图 4.2）。

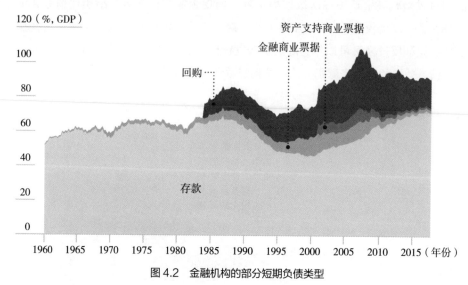

图 4.2　金融机构的部分短期负债类型

注：2001 年以前没有资产支持商业票据的数据。

资料来源：美联储，美国金融账户。

　　然而，与存款保险担保的银行存款不同，非银行金融机构对短期批发型融资的过度依赖给金融体系带来了巨大的脆弱性。虽然这些证券公司的贷款人一般都有证券公司高质量的回购抵押品作为担保，但在压力时期贷款人并不会对此感到放心，原因在于此时他们既没有能力也没有兴趣在交易对手倒闭时占有抵押品并将其变现。当证券公司面临倒闭危机时，贷款人会从回购市场上撤资。商业票据的投资者也预期按期偿付本息，一般而言，一旦发行人出现疲软迹象，他们就会迅速撤资。

　　这些商业模式相对脆弱的证券公司规模迅速扩张。随着证券化业务的规模、广度和复杂性增加，固定收益交易业务也显著增长。很快，证券公司开始在全球范围内为主权债、公司债、抵押贷款以及以上述资产为底层资产的证券化产品做市（并持有证券库存），并为客户提供一系列衍生产品以管理利率、货币和信贷风险。

　　美国和全球范围的去监管化也极大促进了证券公司的发展，英国的"金融大爆炸"是促进伦敦证券业整合和迅速扩张的重要基石。为支持全球扩张，美国的主要投资银行需要更多资本，因此它们从私人合伙制转变为公开上市公司。转型为上市公司后，这些机构拥有永久性资本，并且可以用留存收益来支持其全球扩张。

随着投资银行的迅速扩张，美国最大的商业银行介入了证券业务。最初，商业银行利用《格拉斯 – 斯蒂格尔法案》第 20 条涉足该业务，该法案允许商业银行设立附属机构，只要该附属机构不"主要从事"证券承销和发行业务。该条款实际上模糊了商业银行和投资银行业务的隔离边界，这远远早于 1999 年《格雷姆 – 里奇 – 比利雷法案》对《格拉斯 – 斯蒂格尔法案》的废除。商业银行控股公司向证券业务的扩张既存在进攻性成分，即向快速增长的业务领域扩张，也存在防御性成分，即越来越多的客户直接从资本市场融资而非从银行借款。

这一变化非常重要。早期，对商业银行来说，证券公司是它的客户群体。现在商业银行视其为竞争对手，证券公司正在抢走商业银行的公司业务。

随着金融中介活动从银行向证券公司转移，金融部门的杠杆率（资产对账面权益的比率）增加。证券公司不同于银行，没有杠杆率的监管要求，因此在危机发生前相对稳定的经济金融环境中，它们能够使用比银行更高的杠杆率运作。高杠杆在这些公司看来是合理的，部分原因是公司倾向于持有流动性优于银行贷款且按市值计价的证券类资产。危机发生前经纪交易商的平均杠杆率迅速增长，从 2001 年的 20% 一路上升至 2008 年的近 45%。[1]

同时，金融中介过程也变得更加复杂。不同于银行简单向公司和家庭吸收存款和发放贷款，金融中介的链条变得更长、更复杂。例如，传统情况下存款机构是以受保存款来发放抵押贷款的，但现在存款机构或抵押贷款经纪人可能发放抵押贷款后将其出售给房利美、房地美或私人证券化金融机构，由这些机构将抵押贷款打包为证券化产品。这些证券化产品可能会被一个结构性投资工具（SIV）购买，并由货币市场共同基金持有的资产支持商业票据提供资金。同样，底层抵押贷款所蕴含的早偿风险并不由存款机构承担，而是由抵押支持证券的投资者承担，并通过利率掉期或期权对冲风险。[2]

关联性和复杂性增强的一个迹象是，尽管非金融部门的信贷总量增长很快，

---

[1] Tobias Adrian and Hyun Shin, "The Changing Nature of Financial Intermediation and the Financial Crisis of 2007–09," Federal Reserve Bank of New York staff report No. 439, April 2010. 2004 年的净资本规则要求变化也对杠杆率的上升做出了重要贡献。

[2] 商业银行与很多新业务保持了紧密联系。证券公司、房利美和房地美、对冲基金等都是主要的交易对手方。此外，许多新的金融结构被发明出来用于持有证券化工具，例如由商业银行提供信贷额度支持的结构性投资工具。

但金融部门的债务增长更快。在 20 世纪 80 年代初，非金融部门的债务总额大约是金融部门的 6 倍。到 2008 年，这个比例降低到 2 倍。[①] 此外，未偿金融衍生品合约的数量和名义价值都在飙升。例如，在距离 1981 年的第一笔利率掉期交易仅仅过了 27 年的 2008 年，场外利率掉期的总名义价值已经上升到 300 多万亿美元，信用衍生品业务规模从 2000 年初的接近 0 飙升到约 60 万亿美元。[②]

监管框架

在金融体系转型过程中，审慎监管未能跟上其快速的结构性变化。

针对传统商业银行，有一套完整的审慎监管制度，包括最低资本要求和其他限制，重点是防止银行倒闭、维护商业银行体系的稳健安全。从本质上讲，这是政府为零售存款提供保险并允许商业银行使用美联储贴现窗口借贷所附加的交换条件。

与此相反，对证券公司的监管重点是防止欺诈销售和内幕交易损害消费者合法权益。因此，非银行金融机构的监管在很大程度上通过充分披露财务和投资信息来保护投资者，制定防止欺诈行为的规则，并制定经纪商等机构与客户打交道的最低标准。当证券公司出现问题时，重点在于确保公司自营投资可以和客户投资分离，并在公司倒闭清算时顺利归还客户资产，而公司倒闭对其他公司的传染效应并非主要关注因素。过去，当大型证券公司倒闭时（如 1990 年德崇证券倒闭），通常没有产生较大的系统性风险。

此外，美国金融体系的监管权被分给了许多不同的联邦和州监管部门，金融机构的章程决定了其适用的监管部门。这种安排为金融机构通过选择经营业务章程以适用不严格的监管创造了条件。结果是，储蓄机构监管局负责监管美国国际集团金融产品公司，而后者的业务主要是为利率掉期、外汇掉期和担保债务凭证提供信用违约互换。

同样，并没有一个支持非存款类金融机构的完善的最后贷款人机制。虽然商

---

① 通过美联储资金流量统计表计算得到。

② "OTC Derivatives Outstanding," Bank of International Settlements, https://www.bis.org/statistics/derstats.htm?m=6|32|71.

业银行可以通过贴现窗口向美联储借款，或者在日常业务中向联邦住房贷款银行借款，但证券公司和其他非银行金融机构并没有这样的支持机制。

中央银行向这些公司提供贷款或向特定金融市场和产品提供广泛支持的权力，通常仅限于《联邦储备法》第 13 条（3）款所授予的紧急权力。一个明显的例外是，这些公司用国债、有政府背景的机构发行的债券以及这些机构发行的抵押支持证券为担保，那么美联储可以提供贷款。根据《联邦储备法》第 13 条（3）款，当金融机构无法从其他地方获得信贷时（更多关于法律授权的细节见本书第五章），中央银行可以在非同寻常且紧急的情况下提供信贷支持。动用《联邦储备法》第 13 条（3）款授权的法律门槛很高。金融危机前，美联储上一次动用这一权力是在大萧条时期。证券公司或其他非银行金融机构不能指望这种类型的帮助。

因此，在危机发生前夕，监管部门和市场参与者对金融体系的许多脆弱性了解有限。此外，与出险存款机构的情况所不同的是，当时缺少防止大型非银行金融机构倒闭或迅速处置该类公司以避免风险传染的有效手段。

官方对陷入困境的非银行金融机构的应对措施

非银行金融机构面临的压力越来越大，以及最初的应对措施

随着 2006 年房价开始下跌，专业抵押贷款机构首先受到冲击。这些贷款机构大多数独立，不隶属于银行，它们需要借入短期资金进行经营。但随着房价下跌、抵押贷款逾期率攀升，许多贷款机构失去了融资渠道，进而破产。在 2007 年前三个季度，由于资产支持商业票据市场混乱，包括新世纪和美国之家这样的知名公司在内的数十家抵押贷款机构倒闭了——比后来房利美和房地美出现困境、雷曼兄弟倒闭的时间早了一年多。由于私人抵押支持证券价值下降和融资成本上升，证券公司也面临房价下跌带来的财务损失。

美联储担心房地产市场调整以及金融机构脆弱性对经济的负面影响，鼓励存款机构更多地利用贴现窗口。首先是降低一级信贷利率，延长贷款期限，并在 2007 年 12 月建立了定期拍卖工具以减少污名效应（关于法定授权见本书第五章）。然而，定期拍卖工具只能直接向存款机构提供流动性，这意味着这种最后

贷款人工具不能触及非银行抵押贷款人、证券经纪交易商、保险公司和其他非银行金融机构。此外，对存款机构向其非银行母公司和附属公司提供资金的法律限制（《联邦储备法》第23A条），意味着贴现窗口不能用于支持银行组织的非银行部分，包括花旗集团和美国银行等大型银行组织。[①]

政府还鼓励实力较弱的公司筹集私人资本，以便在经济衰退时不仅能保证金融机构的财务健康，还要避免出现弱势金融机构因财务恶化而被迫减少放贷，这通常会加速经济衰退。在2008年1月的联邦公开市场委员会会议上，尽管当时经济数据显示GDP仍然正增长，纽约联邦储备银行行长、联邦公开市场委员会副主席盖特纳仍对房价再下降20%的情形下金融机构吸收预期信贷损失的能力表示担忧。2007年下半年，大型金融机构公布的资产减记额度已达1 000亿美元，其中约一半来自非银行金融机构。美联储主席伯南克在他的总结发言中表示："和其他人一样，我最担心的是所谓的负反馈循环，即经济衰退和信贷市场收缩之间形成负反馈。"

为了筹集资金，部分金融机构寻找战略投资者或同意被收购。美林出现大幅亏损后，在2007年底和2008年初的两次增发中筹集了128亿美元，摩根士丹利在2007年第四季度筹集了56亿美元。包括花旗集团、美联银行和华盛顿互惠银行在内的部分银行因为出现了大量减记，也通过这种方式筹集资金。剩余机构则不太成功。当时最大的抵押贷款机构美国国家金融服务公司在2008年初被美国银行收购才避免了倒闭，收购价格较其峰值市价有很大的折扣。贝尔斯登在2007年冬和2008年春无法筹集足够的资本维持独立经营。在2008年初，金融体系显得非常脆弱，资本水平薄弱的大型金融机构遭遇流动性挤兑而倒闭，从而对金融体系形成冲击的概率大大增加。

[①] 《联邦储备法》第23A条规定，除其他事项外，通常禁止银行向非银行母公司或附属公司提供的金额超过银行资本及盈余10%的资金（通过扩大信贷或购买资产等形式）。这一规定保护了银行，通过限制银行向其非投保附属公司提供资金来减少银行所承担的风险——其存款受联邦存款保险公司担保并最终由纳税人保护。在金融危机发生时，美联储适当放宽这一限制并允许例外，但每次都会与联邦存款保险公司协商，一般不会在联邦存款保险公司反对的情况下批准例外。尽管美联储在危机期间批准了几个第23A条的例外情形，但这些例外情形通常涉及允许非银行金融机构向其存款附属机构转移存款机构本身就可以产生的资产；批准例外情况的一个条件是，母公司将对转移资产产生的损失向存款机构提供资金担保。

关于最后贷款人的考虑

在难以获取私人资本时，监管部门必须确定是否以及如何根据紧急授权进行干预。最后贷款人措施有助于缓解因市场把流动性问题误认为偿付能力危机所可能引发的风险。然而，最后贷款人不能解决资本稀缺导致的无法吸收潜在损失的根本性问题。

虽然在危机发生之前没有建立严格的正式程序来决定如何、何时使用各类工具，但对以下若干问题的思考，有助于理解美联储是否行使其最后贷款人职能，向非银行金融机构提供流动性。

第一，该机构倒闭是否可能对金融体系核心以及经济整体造成重大损害？除了该机构在资金和信贷市场中的重要性及其与其他机构的关联性外，机构倒闭的危害性与当时的经济状况也有关系。在相对稳定的经济状态下，一家大型非银行金融机构倒闭的冲击，可能低于在脆弱经济状态下一家中等规模机构倒闭的冲击。

第二，当一家机构倒闭引发了更广泛的挤兑时，向市场提供更广泛的流动性是否足以阻断这种广泛的挤兑风险？若足以阻断，那么直觉上不应当针对某个特定机构的倒闭而进行干预。

第三，央行贷款可以防止机构倒闭吗？《联邦储备法》中的紧急贷款权并不要求对偿付能力进行认定，且流动性不足本身也不意味着不符合贷款条件。但是，美联储的贷款权限并不是为了拯救无法生存的机构而设置的。紧急条款要求美联储有满意的抵押品，这限制了美联储的风险承担规模以及美联储救助濒临倒闭的金融机构的能力。如果该机构的资产和业务有足够的价值来支持足以防止倒闭的贷款规模，美联储就可以使用其紧急贷款权限来阻止倒闭。相反，如果该机构持有的资产价值不足以支持保证其持续运营的贷款规模，那么美联储没有能力独自采取行动阻止机构倒闭。在这种情况下，美联储或许可以使用其贷款权限来支持一个有意向的收购者收购濒临倒闭的机构。紧急贷款的核心意义不是简单提供资金支持以帮助债权人退出，而是稳定整个金融体系。

这些框架性问题是决策的指南。然而，没有任何计划能够一次性顺利经过危机的检验，将计划转化为具体行动取决于实际情况、可用信息和评估信息的时间，以及可采用的工具。最终，行动是由当下的可行约束决定的。

对这些问题的思考是推动美联储在 2008 年和 2009 年使用其紧急权限向一些

非银行金融机构贷款的原因。

证券公司和市场流动性工具

2008 年 3 月 10 日，当贝尔斯登面临资金挤兑问题时，它距离破产已经不远了。贝尔斯登无法筹集到私人部门资金。3 月 10 日（周一）当天，贝尔斯登的现金储备为 180 亿美元，到 3 月 13 日（周四）晚上，其现金储备已降至约 20 亿美元，贝尔斯登的管理层认为这显然不足以满足次日（周五）的交易资金需求。

如果贝尔斯登能够快速找到并购伙伴，就可以避免其突然破产而对金融体系造成潜在影响。美国财政部、美联储和美国证券交易委员会立即着手寻找有能力的收购者。摩根大通表示对收购贝尔斯登感兴趣，可能还会寻找其他潜在收购方，但前提是贝尔斯登能够熬过周五并撑到周末，这样才能给意向收购者留出时间来评估该公司。3 月 14 日（周五）上午，美联储决定使用《联邦储备法》第 13 条（3）款中的紧急贷款权限，为贝尔斯登提供资金，帮助其撑到周末。

但截至 3 月 16 日（周日），只有在三方回购市场与贝尔斯登有广泛交易并且非常熟悉贝尔斯登业务的摩根大通有兴趣收购。但摩根大通收购贝尔斯登的前提是，纽约联邦储备银行愿意承担贝尔斯登持有的近 4 000 亿美元资产中约 300 亿美元贷款的风险。当时，美联储做出了第二个决定：为贝尔斯登的资产组合提供资金，以提供流动性协助收购。

美联储做出这两个决定并不容易，不可避免地需要进行多次深入的研讨。在做出这两个决定之前，美联储和财政部内部就美联储是否应该向贝尔斯登提供紧急贷款展开了深度讨论，这些讨论耗时长且较为复杂。在 3 月 13 日晚上至 3 月 14 日早上，多个部门参与了电话讨论，并在第二次贷款发放前进行了大量的电话和会议协商，才促成收购意向达成。

一方面，贝尔斯登是主要投资银行中规模最小的，也明显小于大型银行机构的规模，如果采取措施，贝尔斯登的破产对其他机构和市场的影响可能是可控的。事实上，在贝尔斯登倒闭之前，美联储已经决定设立定期证券借贷工具，该机制可能会降低贝尔斯登倒闭对其他机构的影响，因为它允许一级交易商通过用各种非流动性资产置换美国国债来提高它们获得流动性的能力。在为贝尔斯登寻找买家的同时，美联储正在开发第二个流动性支持工具，即一级交易商信贷工具，旨在为一级交易商提供额外的流动性，该工具于2008年3月16日宣布实施。

此外，仅靠美联储的贷款支持是否足以拯救贝尔斯登尚未可知。市场已经对贝尔斯登的履约能力失去了信心，其核心业务正在流失，其金融资产价值正在迅速贬值。显然，美联储对贝尔斯登的贷款作为当时政府唯一可用的紧急支持工具，在一定程度上能够使该公司的情况趋于稳定。但反过来讲，它可能会帮助债权人和交易对手快速退出。

另一方面，贝尔斯登管理层担心公司会在3月14日（周五）倒闭或到3月17日（周一）仍未能避免倒闭，这可能会给市场造成极大的破坏，即使有美联储的支持，仍可能引发其他大型经纪商的恐慌，进而造成灾难性后果，因为这些经纪商在金融体系中发挥了关键作用。当时，经济疲软且仍有恶化趋势，而贝尔斯登规模庞大，与其他机构存在盘根错节的联系。与其他投资银行一样，贝尔斯登的杠杆率很高，并且严重依赖三方回购市场的短期资金，而贝尔斯登的这些弱点也是其他主要投资银行的共同特征。在三方回购市场上，资金融出方有动机在出现风险苗头时及时变现或清算持有的贷款抵押品来规避风险。如果贝尔斯登的破产造成其他投资银行的融资流失，那么会引发更多类似的抵押贷款被抛售。当金融市场已经因房地产政策的持续调整而焦头烂额时，抛售可能会加速资产价格的螺旋式下跌，给这些投资银行带来进一步损失，对金融体系和经济运行造成严重损害。

美联储对贝尔斯登的救助措施表明，美联储和财政部愿意动用紧急权力来安抚市场，以减轻对经济的进一步损害。虽然使用紧急权力可能向公众传达一种信号，即政府认为经济和金融体系比公众预期的更为脆弱，但政府有能力防止灾难性的崩溃。如果延期使用或者根本不使用紧急贷款权力，则表明美联储和财政部要么无动于衷、玩忽职守，要么袖手旁观。也有一种可能，贝尔斯登能被顺利收购并获得大量注资，但这是政府无法做到的。

市场恐慌的历史经验表明，保持稳定必须依靠行动。不作为将会延长和加剧对消费者、企业及未来经济增长的实际影响，这些影响来源于对金融体系脆弱性的冲击。[1]

---

[1]　例如，卡门·莱因哈特和肯尼思·罗格夫记录了金融危机后的严重衰退和微弱复苏。基于发达经济体的 63 个时段，从高峰到低谷，人均 GDP 平均损失近 10%，衰退持续 3 年，产出恢复到危机前水平需要 8 年。Carmen M. Reinhart and Kenneth S. Rogoff, "Recovery from Financial Crises: Evidence from 100 Episodes," *American Economic Review* 104, no. 5 (2014): 50–55.

要求美联储提供紧急贷款支持摩根大通收购贝尔斯登还涉及另外一个问题：如果美联储利用紧急贷款建立一个特定资金池，以此来促成摩根大通对贝尔斯登的收购，是否可行或合适？

白芝浩原则赋予了美联储最后贷款人的权限，即在出现流动性困难时，美联储可以根据白芝浩原则向拥有优质抵押品的机构自由放贷，但要收取惩罚性利率。[1] 在大萧条时期，这主要用于向通常有在营业务的借款人提供有担保贷款。促进摩根大通收购贝尔斯登的信贷（符合向非银行金融机构提供紧急贷款的法定要求）是以资产为抵押的贷款，这种贷款取决于抵押品的价值，由摩根大通提供次级债务作为抵押品，如果因抵押品出售发生损失，摩根大通将首先承担 11.5 亿美元的损失。

尽管这种类型的贷款在银行业很常见，但对美联储而言是全新的尝试，这会使美联储在金融危机期间面临抵押品价值波动的风险，而且没有对摩根大通的追索权。[2] 尽管如此，美联储作为中央银行可以保持耐心，等待贷款抵押资产的价值随着金融危机的缓解而恢复，既增加了贷款被偿还的机会，又避免了危机期间低价抛售抵押品对经济的不利影响。虽然美联储面临资产价值无法收回或贷款无法被偿还的风险，但这种风险很小，而如果贝尔斯登当时破产，脆弱的经济将面临更为严重的破坏。

由于美联储对出现严重损失怀有担忧，在决定发放紧急贷款以支持摩根大通收购贝尔斯登之前，美联储主席和纽约联邦储备银行行长在没有明确法律规定的情况下，请求财政部对潜在损失提供保护。财政部认为，它没有权力支持美联储规避损失和提供资金促进收购贝尔斯登。但财政部长向美联储写了一封信，表示支持使用紧急贷款权力的决定，但也要认识到贷款损失的潜在风险。美联储和财

---

[1]　Brian F. Madigan, "Bagehot's Dictum in Practice: Formulating and Implementing Policies to Combat the Financial Crisis" (speech, Federal Reserve Bank of Kansas City's Annual Economic Symposium, Jackson Hole, Wyoming, Aug. 21, 2009), www.federalreserve.gov/newsevents/speech/madigan20090821a.htm.

[2]　为了促进这种贷款，美联储首次使用特殊目的载体来持有和核算抵押品组合。它为美联储提供了更多对资产出售的控制权，并提高了对公众的透明度。特殊目的载体对摩根大通很有价值，因为与持有这些资产相关的资本费用将吸收其风险加权比率和总资本比率剩余的部分缓冲。在美联储认为风险相对较低的投资组合中，有相当一部分是由房利美和房地美支持的具有潜在风险的证券，这些证券将计入摩根大通的总（非风险 - 加权）资本比率。

政部相信，在经历了 9 个月的危机之后，贝尔斯登的破产将给美国和欧洲金融机构带来流动性问题和损失，将对整个体系带来严重破坏，并可能加速其他脆弱证券公司的破产。

在贝尔斯登倒闭和被收购之后，市场对所有大型投资银行的信心进一步下降。随着经济衰退的可能性不断增加，投资者越来越难以评估这些机构的实际损失和预期损失规模，以及一家机构倒闭会不会增加其他机构倒闭的可能性。因此，投资者相继从雷曼兄弟、高盛、美林和摩根士丹利等公司撤出资金。

贝尔斯登遭遇挤兑时，一个令人惊讶的现象是，即使以美国国债为抵押，短期债权人也拒绝向贝尔斯登提供资金。这种拒绝源于人们担忧如果贝尔斯登破产，回购交易对手方将不得不拿走贷款抵押品所有权并对其进行清算。美联储设立一级交易商信贷工具，是为了在投资银行遇到类似于贝尔斯登的情况时，为它们提供流动性支持。一级交易商信贷工具允许一级交易商使用三方回购市场中的大多数抵押品从美联储借款。一级交易商信贷工具主要通过向投资者保证一级交易商将有可用的流动性支持源来帮助三方回购市场。

即使美联储的一级交易商信贷工具和定期证券借贷工具已经出台，但金融体系仍然愈加脆弱，这证实了政策制定者的判断，即防止贝尔斯登突然破产的干预措施是合理的。人们普遍认为，雷曼兄弟是下一个最容易受到房地产市场低迷和经济衰退影响的证券公司。美国财政部、美联储和美国证券交易委员会强烈敦促雷曼兄弟筹集大量资本和流动资金。使用一级交易商信贷工具的条件是，借款公司要定期向美联储报告其财务状况，并提供了解信息渠道的窗口，而这在以前是不存在的。

雷曼兄弟面临的挑战与贝尔斯登相似，但在某些方面雷曼兄弟更加突出。雷曼兄弟的规模更大，大家普遍认为其潜在的损失远大于贝尔斯登，这表明其破产带来的负面影响将更大。2008 年 5—6 月，美联储和美国证券交易委员会联合开展了一项压力测试，显示雷曼兄弟没有足够的流动性或资本来承受贝尔斯登所经历的压力，即使是更为温和的压力。发生深度衰退和更严重的危机的风险还在继续增加，市场也印证了这一评估：雷曼兄弟的 5 年期信用违约互换溢价在 2008 年的整个夏天都有所上升，高于美林、摩根士丹利、高盛和所有大型商业银行。

雷曼兄弟的处境尤其危险的部分原因是，在其试图筹集资金的过程中，它已经向潜在投资者和合作伙伴公开了账目，但这并没有增加市场信心。与竞争对手相比，雷曼兄弟的一些业务没有吸引力。2008 年 6—9 月，雷曼兄弟只筹集了 60

亿美元的额外资本，而它在 6 月初宣布亏损 28 亿美元，在 9 月初宣布亏损 39 亿美元。雷曼兄弟还筹集了约 200 亿美元的额外流动资金，但其中大部分资金被立即用作现有债务的抵押品。这些杯水车薪的努力使雷曼兄弟岌岌可危。雷曼兄弟计划将 300 亿美元风险最高的资产剥离给一家独立公司，留下一个"干净的雷曼兄弟"。但这一计划失败了，因为市场不愿以雷曼兄弟的自估价值收购这些资产。[①]

有人认为，将政府资助企业纳入监管范围（即由美国政府为政府资助企业的抵押贷款损失进行担保），有助于缓解雷曼兄弟的一些融资压力，因为其持有的抵押品价值可能有所回升。然而，在政府宣布接管房利美和房地美的第二天，雷曼兄弟从韩国产业银行获得资金的计划就失败了，针对雷曼兄弟的挤兑开始出现。

2008 年 9 月 13—14 日，雷曼兄弟、美林和美国国际集团都处于破产的边缘。美国财政部、美联储和美国证券交易委员会召集全球主要金融机构组成一个财团，希望为雷曼兄弟危机找到私人部门的解决方案。监管部门为潜在收购者审查评估雷曼兄弟的账目和资产提供了便利，并向财团成员表明，最符合其利益的做法是出资设立一个特殊目的载体，由特殊目的载体接管雷曼兄弟不想要的资产，以促进对雷曼兄弟的收购或防止雷曼兄弟无序破产。监管部门还密切关注并鼓励各投资者支持美国国际集团的解决方案，并敦促美林的管理层尽快寻求合作伙伴。

9 月 13—14 日那个周末，雷曼兄弟显然高估了自己的资产价值，而且雷曼兄弟的资产池中存在巨大的经济风险。此外，最有可能发现雷曼兄弟业务价值的金融机构认为，与雷曼兄弟巨大的风险相比，这些业务并没有足够的投资价值，一些投资者也公开表达了自己的担忧。初步评估之后，只有美国银行和巴克莱银行对收购雷曼兄弟感兴趣。美国银行粗略估计，有 600 亿 ~700 亿美元的资产被雷曼兄弟高估[②]；巴克莱银行还估计，雷曼兄弟至少有 500 亿美元的房地产和私募股权资产被严重高估。尽管这些数据肯定是谈判筹码，但也表明了雷曼兄弟亏

---

① Randall Smith, "Leh man's Revamp Plan Draws Doubters," *Wall Street Journal*, Sept. 11, 2008, https://www.wsj.com/articles/SB122103219388318869?mod=searchresults&page=1&pos=6.

② Henry M. Paulson, Jr., *On the Brink: Inside the Race to Stop the Collapse of the Global Financial System* (New York: Business Plus, Hachette Book Group, 2010), 199, 206; Andrew Ross Sorkin, *Too Big to Fail: The Inside Story of How Wall Street and Washington Fought to Save the Financial System—and Themselves* (New York: Viking, 2009), 300, 319, 336, 340; David Wessel, *In Fed We Trust: Ben Bernanke's War on the Great Panic* (New York: Random House, 2009), 13, 17–19.

损的程度和业务的疲软状况。

9月13日（周六）下午，美国银行认为雷曼兄弟的资本缺口太大，雷曼兄弟比美林更脆弱，价值也更低。巴克莱银行随后成了唯一的潜在买家，但条件是它可以不收购大量风险最高的资产，而私人财团初步同意收购这些资产。

这似乎已经是解决方案的雏形，但事实并非如此。从宣布方案到完成方案之间有一段时间延迟，每一笔交易都伴随着不确定性，意想不到的后续事件可能阻止交易的完成。在贝尔斯登的案例中，摩根大通在谈判期间为贝尔斯登的债务提供了担保，从而消除了这种不确定性。如果巴克莱银行要收购雷曼兄弟，也需要类似的担保。

伦敦证券交易所要求巴克莱银行要在收购交易完成前为雷曼兄弟的交易账簿提供无限额担保，且必须获得股东的同意，而英国监管机构拒绝豁免伦敦证券交易所的这一要求。这一行为导致产生了30~60天的延期和不确定性。巴克莱银行询问美联储是否会在此期间为雷曼兄弟的交易账簿提供全面担保。

美联储称考虑过该情形，但明确表示它没有提供无限担保的法律依据，即在没有足够的抵押品或并购合伙人能够确保偿还的情况下，它无法提供期限不确定的无限额担保。[1] 虽然英国当局当时没有明确表态，但在危机发生后写的意见书中表示，雷曼兄弟太接近破产了，不能冒险给已经很脆弱的巴克莱银行增加负担，并把美联储不能提供担保解读为雷曼兄弟太疲弱的例证。[2]

显然，市场并不相信雷曼兄弟是可以存活的。如果没有意向买家，没有像联邦存款保险制度那样的银行危机解决机制，也没有资本注入该公司，那就没有其他措施来防止雷曼兄弟破产了。雷曼兄弟的破产是否会严重冲击经济并非难以回答的问题，因为答案是显而易见的。

美联储的难题是它能否提供足够的贷款，以防止雷曼兄弟的无序破产以及随之而来的经济崩溃。美联储认为，基于雷曼兄弟业务的脆弱性及其资产损失的规模，美联储无法为其提供足够多的贷款来拯救它。美联储认为，向雷曼兄弟持续提供贷款只是在为其他债权人的退出提供资金，而无法阻止市场对雷曼兄弟信心

---

① Thomas C. Baxter, Jr., statement before the Financial Crisis Inquiry Commission, Sept. 1, 2010, http://fcic-static.law.stanford.edu/cdn_media/fcic-testimony/2010-0901-Baxter.pdf.

② Paulson, *On the Brink*, 209.

的崩溃，并侵蚀剩余债权人的最终价值，这无法提高雷曼兄弟存活下来或出现可行买家的概率。

通过贷款争取的时间是否有助于减少损失，即使最终只是推迟破产时间，而不能阻止破产？在当时，这些问题的答案无法明确。在没有能够兼顾稳定公司情况并预防破产的有效措施之前，无效的贷款投放并不能安抚恐慌的市场情绪。[①]美联储确实向雷曼兄弟旗下的经纪交易商提供了贷款，以减少快速清算带来的损失，并为巴克莱银行收购该经纪交易商提供便利。这笔贷款有该交易商提供的抵押品（只占该公司的一小部分）作为担保。如果该经纪交易商破产，就要走证券投资者保护协会（SIPC）的程序，不包括在雷曼兄弟控股公司的破产申请中。[②]然而，美联储不相信雷曼兄弟的资产或业务足以为巨额贷款提供担保，以此向市场表明雷曼兄弟是可以存活的。

在雷曼兄弟宣布破产和美林宣布将被美国银行收购后，压力转向了剩下的两家大型投资银行——高盛和摩根士丹利。9月14日（周日）晚上，美联储扩大了一级交易商信贷工具抵押品范围，接受任何可用于三方回购市场的抵押品，包括位于海外的抵押品，为剩余的投资银行提供更全面的资金支持。即使在一级交易商信贷工具抵押品范围扩大后，人们对高盛和摩根士丹利的信心仍然受到了影响。这两家投资银行开始紧急寻找资产负债状况良好的战略投资者，小布什政府

---

① 在回复金融危机调查委员会（FCIC）时，美联储主席伯南克阐述了这一理由："继续经营雷曼兄弟需要的信贷是以数千亿美元计的，而信心不足也会导致对手方不愿意向雷曼兄弟提供资金，这意味着要阻止对手方竞相撤资，需要为雷曼兄弟的全部债务提供担保。此外，雷曼兄弟持有的很大一部分资产的价值，特别是其在住房抵押贷款支持证券、贷款和房地产方面的投资正在大幅下降。衍生品头寸收到持续的抵押品催缴要求，这些要求需要雷曼兄弟筹备的资金规模不容易事先量化。清算方要求提供抵押品，作为在与雷曼兄弟的交易中提供中介服务的条件。我们没有看到有任何证据表明雷曼兄弟有足够的抵押品来支持美联储提供的这些类型和金额的支持……此外，在雷曼兄弟没有潜在买家的情况下，美联储无法确定它需要为雷曼兄弟提供多长时间的资金，或者最终的还款来源（如果有的话）是什么。" Ben Bernanke, testimony before the Financial Crisis Inquiry Commission 2010, 11–12, http://fcic-static.law.stanford.edu/cdn_media/fcic-testimony/TBTF/Chairman%20Bernanke%20Follow%20Up.pdf.

② 美联储与美国证券交易委员会协调，让雷曼兄弟经纪商在慢慢关停其业务时继续利用美联储提供的资金运营，因为在规模较小的情况下，如果没有最终完成收购，证券投资者保护协会的破产程序将更加有序。

还向国会请求紧急授权，以稳定金融体系，防止未来出现破坏性的倒闭事件。

按照摩根大通和贝尔斯登合并的模式，监管机构敦促高盛和摩根士丹利考虑与商业银行合并，但这两家公司均不认为这具有吸引力，也没有资本充足的商业银行对此感兴趣。即使将其中一家投资银行与美联银行等较弱的银行机构合并，也无法阻止合并后的公司破产。

相反，纽约联邦储备银行重新考虑了在早些时候被拒绝的想法，即鼓励这两家投资银行成为银行控股公司。为了使它们成为银行控股公司，美联储必须确保它们拥有足够的财务和管理资源来满足监管要求，并能够安全、稳健地继续运营。这一战略的关键要素是从外部投资者那里获得资本，因为大笔资本注入是来自私人部门领域的对公司的财务健康状况和新商业计划的背书。如果这一战略向市场证明这两家公司更多依赖其受存款保险保护的银行业务，适用于与大型商业银行一样的审慎监管要求，能够继续经营下去，那么这一策略会很有帮助。为了促进这两家公司向类似商业银行的经营策略转型，美联储免除了《联邦储备法》第 23A 条对它们的限制，允许它们将银行资产转移到各自的投保银行。

两家公司成功筹集股本后，被批准成为联邦政府监管的银行控股公司。高盛从巴菲特那里获得了 50 亿美元的股权投资承诺，并通过公开募股又筹集了 50 亿美元。摩根士丹利从日本大型银行集团三菱日联金融集团那里获得了约 90 亿美元的新股本承诺。

新的股权注入和成为银行控股公司在一定程度上缓解了风险。然而，成为银行控股公司并没有给这两家公司提供额外的紧急融资渠道。尽管在成为银行控股公司之前，它们旗下已经拥有存款类金融机构，美联储贴现窗口直接对这些机构开放，但这些机构向非银行母公司和附属公司（特别是证券交易商，在成为银行控股公司前后的规模均非常大）转移资金的规模受到了法律限制。最终，它们从问题资产救助计划中获得了资金，该计划赋予财政部从金融机构购买资产和股权的能力，同时联邦存款保险公司为两家控股公司新增负债进行担保，这些措施增强了两家公司的稳定性。

美国国际集团

截至 2007 年末，美国国际集团是美国最大的保险集团，总资产超过 1 万亿美元。其业务包括：经营范围遍布 130 多个国家的大型人寿保险公司和大型财产保险公司、全球最大的飞机租赁公司之一、大型证券借贷机构（2007 年第三季度证券出借余额为 884 亿美元），以及为全球各地银行提供大规模信用违约互换的衍生品业务（2007 年末信用违约互换的名义价值为 5 270 亿美元）。[1] 虽然美国国际集团的部分业务受到各州保险监管机构和外国监管机构的监管，但其大部分业务并未受到监管，对这种规模庞大且复杂的大型集团进行统筹管理的监管框架是不完善的。[2]

美国国际集团控制着几家有盈利且有存活能力的保险公司，并拥有较高的信用评级。但在雷曼兄弟破产前夕，它也面临着日益严重的流动性压力。美国国际集团积极寻求新的资本和资金来源，却被市场认为濒临破产。美国国际集团规模庞大的证券借贷业务，在州保险监管机构的许可下，是将保险公司持有的资产出借，并将收到的现金抵押品投资于风险很高的、流动性较差的抵押支持证券。而现在交易对手拒绝展期头寸，纷纷要求返还现金和证券抵押品。与此同时，同样不受监管的美国国际集团金融产品部门，对现金和抵押品的需求也日益增长，为其出售产品提供信用保障。受监管的美国国际集团保险公司，在没有州保险监管当局的允许下，无法为上述活动提供资金。而州保险监管当局的职责是保护保险公司及其投保人的权益。在纽约州保险监管机构的允许下，美国国际集团旗下的保险子公司提供了约 200 亿美元来帮助美国国际集团满足追加保证金的要求，但这一数额远远不够。

9 月 13—14 日，美联储已经开始担心美国国际集团的无序破产会给其他金融机构和美国经济带来重大风险，因为这会导致更多抵押贷款证券被迫出售，金融机构从美国国际集团购买的信用保护也会大幅损失，这将使因房利美、房地美和雷曼兄弟暴露出脆弱性的金融体系产生更大压力。与救助投资银行类似，当局也正寻求私人部门解决方案。事实上，许多银行和投资者正在评估美国国际集团的财务报表，并考虑在收购雷曼兄弟的同时是否投资美国国际集团。但没有人能

---

[1] Robert L. McDonald and Anna Paulson, "AIG in Hindsight" (NBER Working Paper, no. 21108, 2015).

[2] 虽然储蓄机构监管局名义上负责监督美国国际集团，因为美国国际集团拥有一个小型储蓄协会，但《储蓄和贷款控股公司法案》建立的监管框架将储蓄机构监管局的重点放在确保该公司拥有足够的资源来运营储蓄协会上，而储蓄协会是该集团的一小部分，不是确保该集团自身的运营符合足以确保整个集团生存能力的审慎标准。

够接受美国国际集团巨大的风险和公司管理，尤其是在雷曼兄弟破产后，美国国际集团被下调了评级，没有买家愿意收购美国国际集团。

如果缺少私人部门的解决方案，要减少美国国际集团众多交易对手和投保人的损失，可供选择的方案就比较少。虽然每个州都有处置该州持牌保险公司的制度安排，但除了破产，没有解决美国国际集团非保险公司的制度安排。因此，当美国国际集团的衍生品业务和证券借贷业务出现重大亏损和流动性紧张时，美国国际集团就面临着破产预期。市场和公众都没有预料到美国国际集团会破产，而它的破产将是美国历史上规模最大的破产。此外，旨在保护公司债权人和交易对手的破产程序，在处理复杂衍生品和证券借贷协议的清算过程中，不会考虑到系统性风险。因此，这还会对已经陷入危机，并正在努力适应雷曼兄弟破产的经济和金融体系造成巨大破坏。

在雷曼兄弟破产后的几天内，《联邦储备法》第 13 条（3）款的美联储紧急贷款权力是用来防止美国国际集团意外破产的唯一手段。当时的经济正处于危险的疲弱状态，并在雷曼兄弟意外破产的压力下挣扎，因此美国国际集团倒闭肯定会造成重大影响。目前尚不清楚哪些市场受益于美联储的紧急贷款工具，美联储和财政部都没有权力为金融体系提供恢复信心所需的足额资本。

美联储认为美国国际集团旗下的保险子公司具有巨大的价值，将为美国国际集团的长期经营提供支撑，并为贷款提供足够的抵押价值。同时，市场参与者认为，美国国际集团的问题仅限于控股公司的流动性不足，而其保险公司的价值足以使该公司具有偿付能力和生存能力。

2008 年 9 月 16 日，在美国财政部的支持下，在与州保险监管机构讨论了美国国际集团保险公司的经营状况后，美联储宣布为美国国际集团提供 850 亿美元的循环信贷额度，并以美国国际集团的所有资产（包括其保险子公司的股份）作为担保，这笔贷款的规模足以满足美国国际集团预计的流动性需求[①]。但事实证明，即使这样也是不够的。总而言之，美联储和财政部需要在一段时间内提供超过 1 800 亿美元的资本和流动资金。

---

① 不包括某些外国子公司的股份和以前的担保资产。Federal Reserve Bank of New York, Credit Agreement between AIG and the Federal Reserve Bank of New York, Sept. 22, 2008, https://www. newyorkfed.org/medialibrary/media/aboutthefed/aig/pdf/original_credit_agreement.pdf.

作为贷款条件，美联储要求制定一套严格的条款，这些条款足以保护和补偿纳税人向濒临破产的公司提供贷款所带来的风险。这些条款包括惩罚性利率、向具有美国政府背景的信托公司提供大量可转换优先股、有限的贷款期限、限制美国国际集团的收购和经营活动，以及更换首席执行官并最终更换整个董事会。这些条款类似于私人贷款机构向陷入困境的公司提供贷款的条件。事实上，美联储贷款条款是参照一家私营贷款机构的条款制定的，该机构在雷曼兄弟破产后决定不向美国国际集团贷款。

在接下来的几个月里，美国国际集团的财务状况明显比美联储或市场预期的情况更糟。此外，信用评级机构表示紧急信贷的初始条款是考虑进一步下调美国国际集团信用评级的关键因素，尤其是高利率、信贷规模、信贷期限较短、美联储的优先受偿地位以及美国国际集团衍生品和证券贷款组合中超预期的巨大损失等因素。较低的信用评级将增加美国国际集团的财务压力，因为它将面临更高的抵押品要求和交易对手方的流动性需求。幸运的是，2008 年 10 月初，美国国会颁布了《紧急经济稳定法案》（EESA），授权财政部使用问题资产救助计划的资金进行注资。《紧急经济稳定法案》允许美联储和财政部重新确定政府对美国国际集团的援助计划，这是回应信用评级机构和市场参与者对美国国际集团偿付能力的质疑的必要方式。

更重要的是，财政部利用问题资产救助计划资金为美国国际集团提供了急需的资金，并减少了美国国际集团对美联储循环贷款的依赖。美联储在紧急情况下提供贷款，是为了帮助稳定金融体系和限制破产对经济的破坏，而不是像私人投资者或贷款人那样以利润最大化为目的，因此，美联储愿意通过降低贷款利率来重新调整对美国国际集团的贷款（但仍要收取惩罚性利率）。美联储还决定通过两个新的特殊目的载体提供额外的紧急信贷，缓解美国国际集团证券借贷和信用违约互换业务产生的迫切流动性需求。在这些交易中，美国国际集团向特殊目的载体提供资金，这些资金要劣后于美联储的优先级债权，而美联储有权分享抵押品的任何剩余价值，这最终为纳税人赚取了数十亿美元利润。

2009 年，美联储和财政部多次调整与美国国际集团的协议，以应对信用评级机构可能下调美国国际集团的评级。不断调整支持协议以满足信用评级机构的标准，对政府来说是一个持续的挑战，如果没有财政部向美国国际集团注资，这是不可能实现的。但最终，政府注入的资金获得了 220 亿美元的利润。

治理问题

在没有可行的破产替代方案的情况下，美联储和财政部向美国国际集团提供了大量贷款和股权，这使它们在美国国际集团的公司治理方面处于不同寻常的地位。当政府提供紧急援助时，一个重要的问题是，政府应该在多大程度上以及以何种方式参与公司的运营。

在美国国际集团的案例中，美联储和财政部要求该公司对其管理层和董事会进行改革，授权制订一项通过出售该公司的资产以偿还政府债务的计划，限制新的经营活动和扩张计划，同时要求公司进行定期报告并允许政府获取其信息。美联储和财政部还密切监测该公司的管理、经营活动和财务状况。这些都是私人贷款机构和优先股投资者（财政部利用问题资产救助计划资金获得的地位）对陷入困境的公司可能采取的行动。

与此同时，政府因美联储贷款获得了美国国际集团相当数量有投票权的证券，美联储采取措施限制政府因这些投票权而能发挥的作用，要求美国国际集团将这些证券放入独立于政府并由受托人监督的信托基金中。该信托基金的成立是为了确保这些股份的决策权（包括可能产生的任何投票权）由独立受托人，而不是政府决策者行使，这意味着独立受托人将在美国国际集团的管理中发挥重要作用。[1]

这些不同条件的设置旨在确保纳税人的资金得以偿还，并且政府不会涉足美国国际集团的日常运营。然而，2008年秋末至2009年，美国国会和公众开始要求政府更多地参与美国国际集团的运营和管理。国会还通过法律对美国国际集团的高管和某些员工的薪酬进行了限制。其中一些规定旨在激励美国国际集团的管理层更快地偿还政府援助资金，减少美国国际集团相对于在金融危机期间未获得政府援助的其他保险公司和竞争对手的优势。这也反映出，人们对政府参与金融体系运作的公正性和公平性越来越感到不安。

政府在一定程度上参与了美国国际集团的运营和管理，这是政府向美国国际集团提供如此规模援助不可避免的后果。政府参与公司治理的程度和形式可能会

---

[1] 美国财政部作为问题资产救助计划优先股的直接持有人，与受托人进行协调，但在高管薪酬、信息和观察权方面拥有独立的权利。

影响企业在未来接受此类援助的意愿。这种效果也许是我们想要的，但也存在潜在成本，那就是可能带来更多的破坏性影响。因此，建立可靠的监管框架以防止具有系统重要性的大型机构倒闭，并在其倒闭不可避免的情况下建立可行的处置框架变得更加重要。

问题资产救助计划可用于支持其他非银行金融机构

随着《紧急经济稳定法案》在 2008 年 10 月初通过和问题资产救助计划资金的到位，监管部门可以实施更加有力的应对措施，以降低金融机构困境对经济的影响。财政部利用问题资产救助计划支持美国国际集团等非银行金融机构，并为花旗集团和美国银行的部分资产提供担保。问题资产救助计划还使制订更为广泛的计划变得可能，比如资本购买计划（CPP），该计划向银行体系广泛注入资本。问题资产救助计划支持的其他项目，如定期资产支持证券贷款工具和公私合营投资计划，旨在提高重要资金市场和证券市场的流动性，帮助陷入困境的银行和非银行金融机构缓解特定的流动性压力。这些计划能够广泛地向特定市场的所有参与者（而不仅仅是政府援助的特定公司），以相同的条款和条件提供流动性。这些由问题资产救助计划支持的计划补充了其他机构出台的计划，如联邦存款保险公司的临时流动性担保计划（TLGP）和美联储的商业票据融资工具，这些计划允许大型非银行金融机构获得紧急资金支持，如最大的商业票据发行商之一通用电气金融服务公司。

危机发生后的非银行金融机构

非银行金融机构与金融危机发生前大不相同，由于许多公司倒闭，市场参与者改变了对这些公司风险的态度，而这些公司也调整了自身的商业模式。2007年美国最大的 5 家投资银行中只有两家仍然是独立公司，但现在作为受监管的银行控股公司运营。在美国运营的最大的几家外国投资银行一直是外国银行组织的一部分，但现在美联储要求它们为其美国业务设立一家中间控股公司。许多专门为消费者或企业提供信贷支持的非银行金融机构倒闭或做出大幅缩减业务的战略决策。支持非银行业务增长的活动（如证券化和短期批发融资）大幅萎缩，仍低于危机发生前的水平。

在危机发生之前，许多大型证券公司都受到美国证券交易委员会的监管，监管重点是保护投资者，而不是安全、稳健和金融稳定。现在，作为银行控股公司的一部分，这些公司受到的监管旨在确保其安全和稳健运营，减轻这些公司未来经营失败的风险，并降低这些公司破产对金融体系和经济的影响。

然而，正如 2008 年金融危机所表明的那样，金融市场和金融机构总是在不断发生变化，对金融体系和经济构成威胁的因素可能来自现在被忽视的某些领域。《多德－弗兰克法案》通过建立金融稳定监管委员会，为解决除银行业以外可能出现的系统性风险迈出了重要一步。金融稳定监管委员会有责任监督并采取行动以降低系统性风险，包括有权指定非银行金融机构为系统重要性金融机构，并接受美联储的监管和监督。

《多德－弗兰克法案》还建立了有序清算机制，允许联邦存款保险公司（如果是证券经纪交易商则是证券投资者保护协会）在破产不可行的情况下对非银行金融机构进行处置。与破产案件不同，《多德－弗兰克法案》规定，处置当局可以采取行动，避免或减轻对美国金融稳定或经济状况的严重不利影响。与此同时，《多德－弗兰克法案》通过禁止出台旨在支持单家公司的贷款工具和禁止向被认为资不抵债的公司贷款，削弱了美联储在《联邦储备法》第 13 条（3）款中的最后贷款人权限。

经验教训

经验 1：依赖批发性短期融资的非银行金融机构能对经济构成实质性威胁

为降低资产抛售和恐慌带来的危害，可能需要采取激进措施。危机发生前的几十年，金融体系发生了重大变化，越来越多的信贷供给和风险通过金融市场和非银行金融机构进行传导。但许多非银行金融机构依赖批发性短期融资，而非稳定的受保存款。因此，它们更易受投资者信心的影响，投资者信心下降会导致资产抛售并传播市场恐慌情绪。虽然不是所有非银行金融机构出问题都会对经济构成实质性风险，但当金融体系的其他部分和整体经济环境较为脆弱时，这些非银行金融机构引发系统性风险的可能性更大。金融恐慌的历史表明，需要采取激进措施减少家庭部门、企业部门和整体经济所遭受的损失。

经验2：有些市场行为是高度顺周期的

政策制定者在制定危机应对政策时，应考虑到一些市场行为的顺周期性。例如评级机构下调评级、交易对手方要求追加保证金等，这些行为对单家金融机构流动性的影响可能会引发连锁反应，导致其他市场参与者的流动性需求相应增加。例如，雷曼兄弟破产后，美国国际集团的评级被下调，导致其流动性需求大幅上升。美联储提供流动性后，美国国际集团的评级再次被下调，部分原因是评级机构认为美联储的贷款条件过于苛刻。

经验3：采取措施降低陷入困境的非银行金融机构对金融体系和经济的威胁，需要各监管部门通力合作

危机期间，为应对非银行金融机构风险而采取特殊措施，需要政府各部门整合各自的信息、工具、经验和判断。如果拥有政策工具的监管部门，例如美联储和联邦存款保险公司，不是问题企业的主要监管者，或者并无日常渠道获得该公司的信息，那么开展监管合作就更加重要。危机时期，用于支持短期融资市场和证券化的计划是有效的，因为这些计划综合了美国财政部问题资产救助计划资金、联邦存款保险公司的担保和美联储的贷款，而且每家机构都在法律授权范围内行事。监管机构之间的协调增强了其行动的合法性，确保各项因素都被考虑在内。

经验4：危机时期向私人企业提供政府资金可以降低对经济的影响，但接受救助的企业必须与其他企业遵守同样的标准和商业行为准则，而且纳税人应得到补偿

在美国国际集团的案例中，为了避免危机时期政府控制企业，成立了一个独立的信托来管理政府带有投票权的股份。但是在公众的认知中，政府持有美国国际集团的股份就意味着政府能够指导美国国际集团的行为。未来，监管机构应明

确就其策略和行为向立法者与公众进行沟通解释，避免出现类似反应。尤其是，监管机构需要解释清楚，采取干预措施防止一家企业破产，并不是要拯救这家企业本身，而是想要避免金融体系崩盘，因为后者会给就业和其他经济活动带来严重后果。

经验 5：确保监管机制以及危机管理工具跟得上金融体系结构的变化

在危机发生之前的几十年内，非银行金融机构的业务规模、业务范围和复杂程度快速上升，证券化、衍生品和货币市场的发展使投资银行能够更有效地与存款性机构开展竞争。但监管机制却并未跟上变化的步伐，审慎监管范围之外的风险不断涌现。此外，处置非银行金融机构可用的政策工具仍是针对商业银行主导的金融体系。我们应看到，未来金融业还将随着新的监管政策和技术进步持续变化。因此，监管体制也必须相应改变，宏观审慎政策工具应定期更新。

金融稳定监管委员会负有监测和应对系统性风险的职责，包括将非银行金融机构认定为系统重要性金融机构并要求其接受审慎监管的权力，同时还可以将一些行为认定为系统重要性行为。压降系统性风险意味着在金融机构破产、无可用资本且《多德－弗兰克法案》提出的处置方法已不再可行时，需要一个可信的处置流程。《多德－弗兰克法案》第二条赋予了联邦存款保险公司有序清算的权限，为处置系统重要性非银行金融机构铺平了道路，以避免风险传染至类似金融机构以及整体经济。

调整危机管理工具也非常重要，因为即使监管机制与时俱进，也无法阻止金融危机再次发生。政策制定者应考虑扩大美联储最后贷款人的权限，使非银行金融机构也能及时使用这一工具，而不是等到情况十分紧急时才能使用。为降低道德风险，可将最后贷款人工具的抵押品要求设置在惩罚性水平，并且只允许建立良好审慎标准的机构使用。扩大最后贷款人工具的覆盖范围将提高所有金融机构获得资金的稳定性，降低单家金融机构的流动性压力升级为偿付问题并传染至其他金融机构的可能性。

第五章

政府应对措施的法律授权框架

◇◇◇

本章作者：斯科特·阿尔瓦雷斯、小托马斯·巴克斯特和罗伯特·霍伊特。本章作者向在美联储、财政部和联邦存款保险公司工作的律师表示感谢，他们辛勤的工作确保政府能够出台一系列创新的、负责任的危机应对措施，减轻了金融危机的影响，而且这些措施还符合最高法律标准。

引言：对紧急工具的需求不断演进

美联储、财政部和联邦存款保险公司各自都采取了强有力的创新性行动来应对金融危机造成的影响。这些行动有充分的法律依据，也符合决策者"尽一切可能"应对危机的决心。

在一些情况下，援引的法律授权比较陈旧，或是多年来都没有动用或释义过的。在另一些情况下，相关法律是第一次适用。多数情况下，这些法律授权是基于以往处置恐慌事件和存款机构倒闭的经验，但这些"零星"的危机与2007年危机大不相同。

自这些法律授权颁布以来，金融市场发生了翻天覆地的变化。到2007年，回购市场和商业票据市场日趋重要，货币市场共同基金和资产支持证券化工具成为新的金融中介，共同组成企业和消费者融资的重要来源。非银行金融机构与存款机构开展竞争，发挥中介职能，成为企业、消费者和投资者获取信贷的重要渠道。

事实上，2007年危机首先在影子金融体系中显现，而联邦政府机构的紧急法律授权建立及最后一次修订分别是在大萧条时期和20世纪80年代至90年代初，当时影子体系还不存在。之后，非银行金融机构和存款机构之间建立了紧密的相互关联性，大大增加了非银行金融机构自身的脆弱性对银行与整个金融体系影响的广度和深度。

为应对这一系列新的挑战，政府各机构动用了一切可用的法律授权，有些符合立法者本意，有些虽然在明确允许的范围内，但属于创新应用。同时，美国国会也如同应对历次危机一样，出台了新的法律授权来解决这些新问题。

一个重要的教训是，紧急授权必须不断更新演进，以反映金融体系的变化。因为金融体系是动态的和不断演变的，每一次危机都是不同的。

紧急授权必须不断发展，或广泛吸取意见，以适应金融体系不可避免的变化。适用范围过窄，或设计一个束缚性的、标准的应对措施，将大大降低政府有效应对危机的能力，最终由纳税人和经济体系承受更大的成本和痛苦。政府可以选择不干预某次危机，但应有一个随时可用的、有效的武器库，一旦选择干预就能够干预。

虽然危机期间可以增设新的紧急工具，也的确这么做了，但常常为时太晚。如果危机发生前这些工具就准备到位，那么应对危机的效率将会更高，成本也会更低。在出现问题苗头时尽早采取有力措施，在一些情况下将帮助决策者减小甚至避免对金融稳定的影响。

这次危机后，美国政府强化了针对提高金融机构和金融体系的风险抵御能力的工具设计，以预防和限制下次危机造成的破坏，并增设一项权力，授权政府使用银行业内部资金 [①]，"处置"（关闭或清算）而非救助陷入困境的大型金融机构，且避免动用纳税人的资金。

但与此同时，国会拿走了政府机构的一些法律工具，或者说是缩小了适用范围，这些工具在上次危机中对恢复稳定起到了关键作用，这样国会在应对未来的紧急情况时将承担更大的责任。

例如，《多德–弗兰克法案》取消了美联储向濒临倒闭的机构贷款或从这些机构的资产负债表上剥离资产的权力。未来，美联储只能以面向整个金融体系的广义救助工具的形式发放紧急贷款。国会还取消了财政部使用外汇稳定基金向货币市场基金提供担保的权力。此外，未经国会同意，联邦存款保险公司也不得向金融体系提供救助，即便该救助有助于防范金融机构倒闭造成的系统性风险。

危机愈演愈烈：手头可用工具

公众一般假设，政府办事原则与私营公司的办事原则一样，那就是法无禁止即可为。但这一假设是不对的：对政府而言，只有法律允许才可为。

2007 年下半年到 2008 年 9 月，随着金融危机愈演愈烈，监管部门仔细盘点了手头可用的应对工具。有些工具过时了或使用烦琐，盘点下来只剩下一个较短的、受到各种局限的工具清单。

总统有权宣布"银行假日"，即所有银行关门歇业，但除此之外没有其他紧

---

① 此处指存款保险基金。——译者注

急权力。美国财政部与其他一些国家的财政部不同，除了约500亿美元的外汇稳定基金外，没有特别的紧急权力应对金融危机。美国证券交易委员会可以暂停股票交易，但不能向濒临破产的经纪交易商提供紧急信贷。没有任何一个联邦政府机构有权处置陷入困境的影子银行机构，或有权收购传统金融机构的问题资产或向其注资，这与其他一些同样受到危机冲击的国家，如英国和瑞士，形成了鲜明对比。

美联储的货币政策工具当时是很强大的（现在依然很强大），但这些工具无法根据危机的具体情况量体裁衣。相反，这些工具旨在解决整体经济运行中的不足与缺陷。

涉及存款机构的几项工具算是用于解决具体问题的、最健全的工具，或许是因为存款机构的倒闭在大萧条中扮演了重要的角色。

美联储有权随时向存款机构提供担保贷款。联邦存款保险公司的存款保险（一种保护储户利益、增强公众对存款机构信心的工具）也是一项有力的后备支持。

联邦存款保险公司还有权处置即将倒闭的存款机构，包括按顺序将资产处置收益用于偿付储户和其他债权人，以及对机构进行处置以最大化降低对金融体系的风险。一个重要条件是，联邦存款保险公司的处置必须遵循存款保险基金成本最小化原则。美国国会在这一限制之上增加了"系统性风险"例外条款，允许联邦存款保险公司在非常情况下采取其他必要行动，降低存款机构倒闭对金融体系的潜在影响，这一点是非常明智的。然而，即便有紧急例外条款，其适用范围也不包括陷入困境的非银行金融机构，如美国国际集团、贝尔斯登和雷曼兄弟。

事实上，缺少解决非银行金融机构问题的工具，对政府的金融和经济危机应对产生了严重影响，因为非银行金融机构是对金融体系造成威胁的关键部分。

的确，直至2008年10月美国深陷危机前，解决非银行金融机构问题的唯一工具只有美联储的紧急担保贷款。

危机期间，美国国会新增了两项关键权力。

第一项是授权政府对两家政府资助企业——房利美和房地美进行托管，以避免其无序倒闭和破产清算（更多细节见本书第六章）。

第二项是《紧急经济稳定法案》[①]颁布后设立的问题资产救助计划，该计划授权财政部收购问题金融资产并向金融机构注资（见本书第十四章）。根据《紧急经济稳定法案》授权开展的工作，既符合政策支持者的预期，又具有创新性和法律解释灵活性。问题资产救助计划设置了"日落日期"，现在已经失效了。虽然存款保险制度不是一项新的工具，而是20世纪30年代创建的旨在降低存款机构挤兑风险的工具，但作为问题资产救助计划的一部分，美国国会还将存款保险偿付金额从10万美元提高到25万美元。

美联储贷款权限：向存款机构和部分非银行金融机构提供借贷

向存款机构提供贷款

自1913年成立以来，美联储一直根据各项法规授权向存款机构提供借贷。其中最常用的法律依据是《联邦储备法》第10B条，授权美联储在正常和危机时期提供贷款。[②]

第10B条的一个重要前提是，借方必须有"满足储备银行要求的担保方式"。[③]此类借贷中，美联储一般要求存款机构提供抵押品，通常是对抵押物第一优先的、完全的担保权益，其价值应等于或大于贷款金额。[④]

2007年夏末，美联储采取的第一轮行动就包括鼓励存款机构利用贴现窗口

[①] Public Law 110-343, 122 Stat. 3765 (Oct. 3, 2008).

[②] 第10B条于1932年被写入《联邦储备法》。1932年之前，美联储通过贴现银行持有的某些类型的票据向银行放贷。例如，《联邦储备法》第4条（8）款、第13条（2）款和第13条（6）款。

[③] 12 USC 347b. 美联储一直将第10B条的措辞和目的视为授权其提供借贷，而不是拨款或注资。第10B条提到了"预付款"，通常被定义为提供信贷；对"预付款"的期限做出限制，这是提供信贷的特点，而不是拨款或注资的特点；而且强调"安全性"，这是美联储贷款的共同特征，而不是拨款或注资的特征。美联储委员会可以为各联邦储备银行的贷款设定要求，包括对抵押品类型和抵押品最低金额的要求。12 USC 347b(a). 然而，美联储委员会一般不规定上述限制，除非储备银行建议设定，委员会通常让提供贷款的储备银行自行决定何时、是否以及如何获得抵押。

[④] 在向存款机构发放贷款之前，美联储通常会通过占有抵押品或其他方式（例如，登记抵押声明书）来建立其对抵押品的第一优先权。

应对流动性压力，以及延长贷款期限——从隔夜延至最长 30 天。[①]

然而，美联储借贷工具带有一定的污名效应，使银行即使在符合其利益的情况下也不愿向美联储申请贷款。特别是在压力或危机期间，存款机构靠维持稳健的形象来稳定储户信心和存款。存款机构对向美联储申请贷款高度敏感，因为申请贷款将被投资者、交易对手和储户视为无路可走，无法从其他渠道获得资金。

为消除这一污名效应，美联储于 2007 年 12 月设立了定期拍卖工具，为存款机构提供贷款。定期拍卖工具的一大特点是，通过拍卖确定贷款利率。

美联储依据《联邦储备法》第 14 条（d）款设定贷款利率。该条款授权各储备银行根据委员会的审议和决定定期设置利率水平。[②] 此外，该条款还规定了利率水平的确定应"考虑工商业的资金通融需求"[③]。

从过往经验看，美联储确定信贷利率的方式有两种：直接设定一个具体数值，或通过公式计算。[④] 定期拍卖工具带来的一个法律问题是，利率能否通过拍卖来确定？

拍卖是一种满足工商业资金融通需求的体面的方式。定期拍卖工具向存款机构提供一定数额的信贷，以满足其业务流动性需求，包括向企业提供信贷以促进商业发展。而拍卖提供了一种精确地确定利率水平的机制，在这一利率水平下，信贷将提供给最需要的机构。

[①] "FOMC Statement: The Federal Reserve Is Providing Liquidity to Facilitate the Orderly Functioning of Financial Markets," Board of Governors of the Federal Reserve System, Aug. 10, 2007, www.federalreserve. gov/newsevents/pressreleases/monetary20070810a.htm; "Federal Reserve Board Discount Rate Action," Board of Governors of the Federal Reserve System, Aug.17, 2007, www.federalreserve.gov/newsevents/ pressreleases/monetary20070817a.htm. 第 10B 条下提供的贷款的期限不得超过 4 个月，除非该信贷由 1~4 个家庭住宅做抵押担保。12 USC 347b. 在第 10B 条下，贷款通常是隔夜的，如判定存款机构有能力偿还信贷，则可以在储备银行同意后延长期限或按日滚续。

[②] 1919 年，美国司法部长规定，美联储设定的利率应取决于"委员会的审议和决定"，这意味着委员会拥有根据第 14 条（d）款授予的决定利率的最终权力。参见美国司法部长的 32 条意见，第 81 页（1919）。这使委员会能够确保美联储贷款工具利率是全国统一的。

[③] 12 USC 357.

[④] 例如，参见《美国联邦法规》第 12 篇 201.51 条（以具体数值设定的一级和二级信贷利率；使用公式计算的季节性信贷利率，公式为联邦公开市场委员会目标利率和 3 个月定期存单利率的平均值）。

为满足美联储设定利率的程序要求，即由各储备银行设定利率，委员会有审议和最终决定权，美联储参照了其长期以来通过公式确定季节性信贷利率的做法。[1]美联储的季节性信贷旨在帮助银行（通常是社区银行）满足农户或旅游度假区的资金波动需求。由于季节性信贷是间歇性的，通常是几个星期，因此利率由信贷发放时的一系列数值输入一套固定公式确定，这套公式是由储备银行建议的，并获得了委员会的批准。这样，申请每笔贷款时，就不需要再走储备银行建议、委员会批准利率的程序了。

定期拍卖工具的拍卖机制在功能和实质上是一样的——储备银行建议在一个最低利率水平的基础上，通过具有特定特征和输入值的拍卖程序来确定更高利率。因此，储备银行建议采用一个预设程序来确定信贷发放利率。委员会批准了这种方法，从而满足了第 14 条（d）款的程序要求。[2]

向非存款机构提供紧急信贷

第 10B 条的一个重要限制是，授权储备银行只能向特定类型的借款人（即存款机构）提供信贷。《联邦储备法》中的其他条款（主要是第 23A 条）又极大地限制了存款机构将拆借资金转移至其附属机构。[3]因此，不能指望根据第 10B 条，通过向有非银行金融类附属机构的存款机构提供贷款，来期望该存款机构将大量资金"转贷"给附属机构。这样一来，如果储备银行想向非银行金融机构（如贝尔斯登、美国国际集团）或存款机构的非银行附属机构（如花旗银行的附属证券机构，或美国银行的非银控股公司）贷款，只能动用《联邦储备法》第 13 条（3）款的紧急贷款授权了。

第 13 条（3）款授权美联储在危机期间，在特定条件下，向个人、合伙企业

---

① 12 CFR 201.51.

② "Federal Reserve and Other Central Banks Announce Measures Designed to Address Elevated Pressures in Short-Term Funding Markets," Board of Governors of the Federal Reserve System, Dec. 12, 2007, www.federalreserve.gov/newsevents/pressreleases/monetary20071212a.htm. 另外参见美联储会议记录，2008 年 1 月 21 日，www.federalreserve.gov/newsevents/pressreleases/files/monetary20080226a1.pdf。

③ 12 USC 371c.

138　　　　　　　　　　极速应对

或公司提供信贷。^① 这些特定条件包括，委员会的 7 名成员中至少有 5 名成员认定属于"非同寻常且紧急"情形并授权发放信贷，信贷必须"有背书或其他满足储备银行要求的担保方式"^②。

2008 年之前，美联储仅在大萧条期间使用过紧急授权发放信贷。^③ 彼时，美联储在获得各类资产作为抵押的情况下，向个人、合伙企业和公司发放了约 150 万美元的贷款。借款者中有一位菜农和一位打字机制造商。^④

2008 年，美联储开始向一群截然不同的借款对象提供紧急贷款，贷款总额最终高达数千亿美元。

贝尔斯登的倒闭与美联储委员会一名委员的缺席

危机期间第一次动用《联邦储备法》第 13 条（3）款发放紧急贷款是在 2008 年 3 月，当时华尔街五大投资银行中规模最小的贝尔斯登正快速走向倒闭。^⑤ 大家对于当月美国经济承受的压力达到了动用《联邦储备法》第 13 条（3）款的门槛要求，即情况"非同寻常且紧急"没有任何异议，而且贝尔斯登也未能找到愿

---

① 12 USC 343. 根据《联邦储备法》第 13 条（3）款，美联储有权向非存款机构放贷，该条款允许向任何个人、合伙企业或公司（IPC）提供贷款，只要贷款有美国国债或机构债作为抵押。12 USC 347c.

② 12 USC 343. 2008 年，《联邦储备法》第 13 条（3）款要求信贷利率按照《联邦储备法》第 14 条（d）款设定，要求储备银行"获取证据"，证明借款人"无法从其他银行机构获得足够的信贷融通"，并规定根据该条款发放的任何信贷都遵守委员会规定的限制、约束和规制。12 USC 343 (2008).

③ 美联储在 20 世纪 60 年代宣布愿意根据《联邦储备法》第 13 条（3）款的授权使用紧急贷款工具，当时储蓄协会面临着利率上行的压力，法律又禁止它们支付高利率来吸引存款。然而，危机过去了，美联储实际上没有发放任何贷款。

④ Howard H. Hackley, Lending Function of the Federal Reserve Banks: A History (Washington, D.C.: Board of Governors of the Federal Reserve System, May 1973), 130. Parinitha Sastry, "The Political Origins of Section 13(3) of the Federal Reserve Act," FRBNY Economic Policy Review, 27, citing Banking and Monetary Statistics, Board of Governors (1943), Table 88, Bills Discounted by Class of Paper, 340.

⑤ 美联储在向贝尔斯登提供贷款的几天前宣布，将推出一个广泛的贷款工具——定期证券借贷工具。尽管定期证券借贷工具也依赖于《联邦储备法》第 13 条（3）款的授权，但它直到几周后才开始运行。

意提供"救命钱"的银行。[1]

由于向贝尔斯登提供信贷，首批是在 3 月 14 日（周五），涉及以往从未有过的法律问题，因此需要获得美联储委员会 7 名成员中至少 5 名成员的批准。当时，委员会席位有两个空缺，剩余 5 名现任成员中还有一人正在出差联系不上。

周五上午在委员会开会确保贝尔斯登有足够的流动性支撑到周末时，只有 4 名成员在华盛顿或通过电话连线出席会议并投票。（最初对贝尔斯登的资金支持被设想为美联储通过贴现窗口向摩根大通银行贷款，摩根大通银行是贝尔斯登的重要交易对手，也同意将这笔贷款转贷给贝尔斯登，但美联储对摩根大通银行无任何追索权。摩根大通银行的母公司——摩根大通最终收购了贝尔斯登。）[2]

为了仅以 4 票批准贷款，美联储依据 2001 年"9·11"恐怖袭击事件后增加的一项法律条款，允许委员会在少于 5 名成员在岗或可联系的情况下，动用《联邦储备法》第 13 条（3）款授权，前提是委员会一致投票通过，且认为立即采取行动是必要的。[3] 委员会随后以 4 票赞成、0 票反对的结果，自 20 世纪 30 年代以来首次向一家非存款机构提供资金。

第二个法律问题：向个人、合伙企业或公司提供贴现贷款

根据《联邦储备法》第 13 条（3）款向非银行金融机构提供信贷涉及的第二个法律问题是，借款人是提供自己的期票，还是只能提供第三方票据来获取信

---

[1] "非同寻常且紧急"情形的要求是为了确保这种特别贷款权限仅在紧急情况下使用。然而，当 1932 年颁布第 13 条（3）款时，并不期望美联储做出具体的裁决，即判定每个借款人的处境是否"非同寻常且紧急"，只是判定大体经济情况符合这些要求。Hackley, *Lending Function*, 128. 事实上，在 1932 年颁布此条款时，国会立法者和总统向美联储表示，当时的经济形势是非同寻常且紧急的，总统敦促美联储立即调用其新的授权，开始广泛地扩大信贷投放。参见赫伯特·胡佛总统致美联储主席尤金·迈耶的信，引用于 1932 年 7 月 26 日的美国联邦储备委员会会议纪要。Sastry, "Political Origins of Section 13(3)," footnote 199.

[2] 这种类型的转贷安排通常不需要援引第 13 条（3）款，因为被发放信贷的对象是银行，而不是非银行金融机构。然而，在这种情况下，作为担保的所有抵押物都由贝尔斯登提供，贷款不向摩根大通银行或其任何资产追索。出于这个原因，委员会认定贷款原则上属于贝尔斯登，并决定必须援引第 13 条（3）款。

[3] 12 USC 248(r).

贷？这两种方式的区别很关键：如果使用期票，借贷流程会顺畅很多。

当时，《联邦储备法》第 13 条（3）款授权储备银行在一些情况下"对个人、合伙企业或公司的票据和汇票进行贴现"。此外，第 10B 条授权美联储向存款机构"预付款"。

美联储早就认识到，"预付款"和《联邦储备法》第 13 条（3）款的贴现在法律上没有区别。两者都是在提供信贷。

最初立法时，《联邦储备法》第 13 条（3）款授权储备银行只能"贴现"某些特定类型的票据——具体地，"根据《联邦储备法》的其他规定，符合储备银行贴现窗口的……票据"。国会批准该授权后仅 5 天，首次批准动用第 13 条（3）款允许储备银行发放贷款时，委员会就认识到，从票据发行主体看，"符合贴现窗口"的票据在实践和法律上存在差异。

第 13 条（3）款颁布时，根据《联邦储备法》的其他规定，唯一可以贴现的票据是那些用于农业、工业或商业活动的票据。[1] 银行不能出示自己的期票进行贴现，因为银行活动不算是农业、工业或商业活动。因此，银行只能出示从事农业、工业或商业活动的第三方票据进行贴现。但是，委员会认为，由于银行可以用第三方票据进行贴现，那么根据《联邦储备法》第 13 条（3）款，第三方发行主体就可以用自己的票据进行贴现，因为这些票据是银行用于贴现的那些第三方票据的"同类"票据。[2]

这一认识是第 13 条（3）成为紧急情况应对工具的关键，具有重要的实践和法律意义。它使第 13 条（3）款下的贷款管理规定直白地等同于接受非银行个人、合伙企业或公司的期票。这一解读于 1991 年得到巩固，当时废除了票据必须是符合银行贴现窗口要求的"同类"票据的规定。[3]

---

[1] 这通常被称为"真实票据原则"。有关该原则的历史和用途的详细讨论，参见 Hackley, *Lending Function*, 191。

[2] Federal Reserve Board circular dated July 26, 1932, Paragraph III, printed in 1932 Federal Reserve Bulletin 518, 519 (Aug. 1932). Hackley, *Lending Function*, 129; and Sastry, "Political Origins of Section 13(3)," 24.

[3] 1991 年，第 13 条（3）款关于票据必须用于农业、工业或商业活动的要求被废除。这一变化是为了应对 1987 年股市崩盘，旨在允许美联储根据第 13 条（3）款向证券经纪交易商和其他不被认为从事农业、工业或商业交易的个人、合伙企业或公司提供贷款。Pub. L. 102-242, Section 473 (Dec. 19, 1991). Remarks of Senator Chris Dodd, Congressional Record, 102nd Congress, 1st Session, p. S36131 (Nov. 27, 1991). 这一条款"赋予美联储操作的灵活性，以应对整个金融体系可能崩溃的情况"。

第三个法律问题：有背书或其他满足储备银行要求的担保方式

另一个法律问题是，根据《联邦储备法》第 13 条（3）款，发放的每笔贷款必须有背书担保或其他满足储备银行要求的担保方式。[①]

这一条款对美联储的紧急贷款施加了限制，但也保留了一定的自由裁量权。法律准许有背书和担保的信贷，也就是说，对借款人或第三方背书人有法律追索权，并有抵押品支持的信贷。还准许有背书但没有其他担保抵押的信贷，例如仅由第三方背书的信贷。而且，重要的是，还准许"有其他担保抵押"但没有背书的信贷，也就是说，如果借款人不还款，则贷款人享有对担保抵押物的追索权。[②] 这一类的担保抵押贷款成为美联储紧急贷款武器库中最重要的工具之一。

但这就衍生出一个问题：什么水平的担保才算足够？

法律没有进行具体规定，而是将决定权留给了提供贷款的储备银行。[③] 事实上，《联邦储备法》第 13 条（3）款的前身将这一紧急贷款权限授予当时的重建金融公司，并要求贷款得到"全额充分"担保，但上述要求没有出现在第 13 条（3）款中。

那么，储备银行该如何行使自由裁量权呢？美联储是否可以在其认为抵押物不足以全额偿付贷款的情况下发放贷款？换句话说，美联储在预期出现贷款损失的情况下，是否还可以援引第 13 条（3）款放贷？

对法规的解读要与其出台目的相符，第 13 条（3）款的目的（从措辞和立法渊源看）是授权美联储，在预期获得全额偿付的情况下放贷，不是去拨款或注

[①] 最初，第 13 条（3）款要求信贷既要有背书，又要有其他满足储备银行要求的担保方式。Pub. L. 72-302, Section 210 (July 21, 1932).1935 年，国会修改了这一要求，要求满足背书或担保二者之一即可。Pub. L. 74-305, Section 322 (Aug. 23, 1935); 12 USC 343. 背书是签名者提供的一种保证，如果主要债务人未进行偿付，背书人将履行偿付责任。因此，它类似于抵押品——在债务人无法偿付的情况下，两者都提供了一种追索权。

[②] 长期以来，基于资产发放贷款一直被视为银行被授权开展的一项活动。例如，参见货币监理署副首席法律顾问约翰·肖基的信，货币监理署（1976 年 3 月 29 日）；货币监理署银行通告第 215 号；货币监理署检查通告第 223 号；货币监理署解释性信函第 1117 号（2009 年 6 月）。

[③] 第 10B 条还要求，美联储根据该条款向存款机构发放的所有信贷都必须有"满足储备银行要求的担保方式"。

资。[1] 不期望获得全额偿付的资金可能属于贷款，但对还款不抱有合理预期的就肯定是拨款或注资，后者也不符合本款条文的措辞或目的。

此外，国会授予美联储第 13 条（3）款贷款权限时，美联储被赋予行使一家银行的职能，即央行和最后贷款人[2]的职能。自此以后，美联储成为银行监管部门。作为一个监管部门，美联储长期以来批评银行在不抱有本息全额偿付的预期和合理信念的前提下放贷，称这是不安全、不稳健的放贷行为。而在经济危机时期向受困机构放贷，还款能力将主要取决于抵押物的数量和质量。

为了与法规目的一致，抵押物要使储备银行满意，就必须让储备银行相信该贷款将获得全额偿付。

两项关键的互补创新举措：特殊目的载体和资产支持贷款

美联储多次使用特殊目的载体提供第 13 条（3）款权限下的贷款。特殊目的载体是一个公司实体，通过发债获得资金、购买资产。如果特殊目的载体破产，特殊目的载体所有者不承担该债务的偿付义务。特殊目的载体成为危机期间最具创造性的工具之一。[3]

美联储创建了一个名为"少女巷"（Maiden Lane）的特殊目的载体，向贝尔斯登提供贷款，另外还有两个特殊目的载体，名为"少女巷Ⅱ"（Maiden Lane Ⅱ）和"少女巷Ⅲ"（Maiden Lane Ⅲ），向陷入困境的金融和保险巨头美国国际集团提供信贷。

在这两个案例中，摩根大通和美国国际集团都以购买次级债的形式向各自的特殊目的载体提供独立资本，相当于特殊目的载体的股本，美联储则提供优先级

---

[1] Hackley, *Lending Function*, 129.

[2] 事实上，储备银行被特许为银行，有权从事"银行业务"。12 USC 341(7).《联邦储备法》第 13 条（3）款规定，美联储只有在"其他银行机构"无法提供信贷的情况下，才可以根据该条提供信贷（重点补充）。

[3] 储备银行承担了建立和管理特殊目的载体的附带角色。履行这些职责显然对实现第 13 条（3）款授权的贷款交易非常有帮助，并反映了《联邦储备法》第 4 条赋予储备银行的附带权力。12 USC 341(7).

融资。[①]次级债务持有人作为股权投资者，只有在美联储获得全额偿付后才受偿。

总的来说，由特殊目的载体来持有这些资产，使美联储作为特殊目的载体管理者能够更好地管理贷款抵押品，从而更好地确保全额偿付。使用特殊目的载体的设计，也避免了资产估值和出售时机的潜在冲突——如果抵押品仍在摩根大通或美国国际集团的资产负债表上，这种冲突就可能出现。

重要的是，特殊目的载体还提高了透明度。美联储可以以每周就抵押品的价值和前一周的处置金额编制报告，并在不受干扰的情况下对抵押品进行审计。事实上，凡是用于美联储第13条（3）款贷款目的的特殊目的载体，其财务报表都由一家独立的外部会计师事务所开展全面审计，审计结果与美联储的年度审计财务报表一起对外公布。[②]

特殊目的载体还使美联储能够最大限度地发挥资产支持贷款的优势，这是该机构的一种新型贷款形式。尽管美联储在向特殊目的载体发放贷款时认为抵押品的价值均足以偿还贷款，但预期价值仍低于危机前该抵押品的价值。作为央行，美联储可以耐心等待抵押品恢复到危机前价值。因此，作为发行优先级债务的条件，美联储与借方商定，如果抵押品出售的价值超过了偿还美联储贷款和投资者次级债务所需的金额，那么多出来的收入要分一部分给美联储。这一潜在价值将有助于补偿美联储和纳税人面临的信用风险，使纳税人获得美联储贷款可能带来的部分利润。事实上，这一潜在价值已得到兑现，这三个特殊目的载体为纳税人带来了数十亿美元的额外价值。

尽管这是一个有价值的创新，但并非所有的美联储紧急贷款交易都采取了特殊目的载体和资产支持贷款形式。例如，如前所述，美联储还通过贴现窗口向存款机构发放贷款，并向美国国际集团和贝尔斯登提供了其他形式的直接贷款，这些贷款由借款人提供足额的担保抵押，抵押品留在借款人的资产负债表内。

这些不同的贷款形式增加了灵活性，使美联储在不同情况下"得到担保"，

---

① 摩根大通向 Maiden Lane 提供了10亿美元的次级债务资金。类似地，美国国际集团向 Maiden Lane Ⅱ 提供了10亿美元的次级资金，向 Maiden Lane Ⅲ 提供了50亿美元的次级资金；美联储向 Maiden Lane 提供了约288亿美元的优先信贷，向 Maiden Lane Ⅱ 提供了195亿美元，向 Maiden Lane Ⅲ 提供了243亿美元。

② 例如，参见2009年6月美联储关于信贷、流动性计划和资产负债表的月报，http://www.federalreserve.gov/monetarypolicy/files/monthlyclbsreport200906.pdf。

从而在紧急救助下保护纳税人的利益。

例外中的例外：雷曼兄弟

《联邦储备法》第 13 条（3）款中的担保要求是美联储是否决定贷款的关键，其重要性在雷曼兄弟案例中显露无遗。

2008 年 9 月 13—14 日这个周末，英国巴克莱银行表示有兴趣收购美国第四大投资银行雷曼兄弟。如果巴克莱银行决定在周日收购雷曼兄弟，就需要时间来完成收购文件的准备，并获得监管机构和股东的批准。为确保债权人在此期间不再继续挤兑雷曼兄弟，需要像摩根大通收购贝尔斯登时一样，为雷曼兄弟的债务提供无限担保。但就在那个周日，巴克莱银行表示，必须通过股东投票才能提供这种担保，但这将严重拖延进度，并使巴克莱银行能否完成收购蒙上一层不确定性。

问题变成了美联储是否可以使用《联邦储备法》第 13 条（3）款授权，在此期间为雷曼兄弟的交易敞口提供无限担保，或者作为替代方案，向雷曼兄弟提供足够多的贷款，使其能够继续运营。

答案是否定的。雷曼兄弟找不到愿意为美联储贷款进行背书的机构。此外，在巴克莱银行获得所需批准前，担保必须是无限的，而且根据一些公司在那个周末对雷曼兄弟的财务报表的评估，雷曼兄弟的资产中存在巨大亏空（表明其价值远低于财务报表声明的价值），引发对雷曼兄弟是否有足额抵押品来确保全额偿还如此规模和类型的贷款的怀疑。这样一来，从美联储的立场看，这属于无法提供符合条件的担保的情况。

从法律层面，这排除了使用《联邦储备法》第 13 条（3）款救助雷曼兄弟的可能性，并且在巴克莱银行出于自身原因放弃收购雷曼兄弟后，雷曼兄弟于 9 月 15 日（周一）申请破产保护。如前所述，第 13 条（3）款授权美联储提供贷款，不是拨款或注资。

雷曼兄弟的证券经纪公司则呈现不同性质。尽管这是雷曼兄弟的一项主要业务，但证券经纪公司只占雷曼兄弟资产的一小半，持有的问题资产也很少。重要的是，雷曼兄弟的证券经纪公司需要的融资金额是有限的，并拥有足够多的有价值资产作为从美联储贷款的抵押。最终，在雷曼兄弟宣布申请破产后的那一周，以及在巴克莱银行收购雷曼兄弟证券经纪公司之前，美联储动用《联邦储备法》

第 13 条（3）款授权，向雷曼兄弟的证券经纪公司提供贷款。[1]

美国国际集团：一项法律上的挑战

与其他非银行金融机构相比，美国国际集团需要美联储和财政部更多的关注和支持，与美国国际集团的交易是唯一造成法律挑战的交易。当时的情况显然是"非同寻常且紧急"的，而且其他金融机构和投资者并不理会美联储和财政部的鼓励，仍决定不向美国国际集团提供其所需资金，美国国际集团面临倒闭——这是动用《联邦储备法》第 13 条（3）款的关键条件。重要的是，与雷曼兄弟不同，美国国际集团拥有大量资产，包括几家大型且有生存能力的保险子公司的股份，可以用来抵押以从美联储获得信贷。

一开始，美联储依据《联邦储备法》第 13 条（3）款向美国国际集团提供循环信贷额度，并使用两个特殊目的载体提供了额外信贷，这两个特殊目的载体仿照了救助贝尔斯登时使用的特殊目的载体。问题资产救助计划实施后，美国财政部通过购买美国国际集团发行的证券向该公司提供资金。这些措施共同阻止了该公司的倒闭和可能产生的系统性影响。

此次救助行动中出现的一个新的法律问题是《联邦储备法》是否允许美联储制定一些具体的贷款条款。美联储对美国国际集团的循环信贷额度收取了惩罚性利率和贷款承诺费。关键的一点是，美联储效仿私人部门机构在雷曼兄弟破产的那个周末向美国国际集团谈判贷款条款的做法，要求美国国际集团以股权形式提供对价，即所谓的股权激励，以从美联储获得紧急信贷。一些美国国际集团的股东对美联储是否有权提出这类要求，尤其是要求美国国际集团提供股权作为获得紧急信贷的对价有所质疑。但是这些质疑并没有成功。

对信贷收取惩罚性利率和非利息补偿是银行业长期以来的普遍做法，也是美联储根据《联邦储备法》行使紧急贷款权力的一种适当方式。[2] 在以往的案例中，美联储曾根据《联邦储备法》第 13 条（3）款和第 10B 条，要求借款人以费用

---

[1]　然而，这笔贷款并不足以阻止雷曼兄弟（这家证券经纪公司的母公司）破产。

[2]　例如，《美国联邦法规》第 12 篇 7.4002（a）条（授权国家银行征收与其业务活动相关的非利息费用和其他费用）；另见货币监理署解释性信函第 932 号（2001 年 8 月 17 日），脚注 2（收取非利息费用和其他费用是银行业固有的）。

和溢价的形式支付非利息补偿。要求这些对价是为了支付发放信贷的费用，包括贷款协商和文件证明费用、抵押品估值费用，以及潜在的诉讼费用。

作为提供信贷的条件之一，美联储要求美国国际集团提供约占其已发行普通股 79% 的可转股，这是为了使美国人民可以从美国国际集团被成功救助后可能产生的升值潜力中受益——事实上，这一潜力已经实现。[①] 股权激励是向陷入困境的债务人提供信贷的一种常见形式。它既补偿了贷款人向陷入困境的借款人提供信贷的额外风险，又将贷款人收到补偿的时间推迟至借款人情况好转时。这是在适当行使《联邦储备法》授予美联储的权力，该法案没有限制美联储可能收取的贷款利息或其他对价的类型或金额。

此外，《联邦储备法》第 13 条（3）款明确规定，储备银行在该条款下的贷款必须符合"委员会……可能要求的任何限制、规定和条例"。《联邦储备法》不限制委员会在制定这些限制、规定和条例方面的自由裁量权。储备银行报告了委员会并请求委员会授权，从提供给美国国际集团的信贷中获得公平和适当补偿，委员会也给予了储备银行首批信贷的授权，条件就是储备银行获得某种形式的股权补偿。[②]

《联邦储备法》第 4 条还授予储备银行与《联邦储备法》所授权力相关的"行使……开展银行业务所需的附带权力"[③]。长期以来，全国性银行（以及许多州设银行）一直被允许获得股权激励，作为信贷风险的补偿。[④] 收取非利息费用

---

① 美联储将这些股份转让给了为财政部利益而创建的美国国际集团信贷便利信托基金。财政部利用问题资产救助计划的资金向美国国际集团提供资本，最终通过转换和出售这些股票，偿还了问题资产救助计划的资金。

② "Federal Reserve Board, with Full Support of the Treasury Department, Authorizes the Federal Reserve Bank of New York to Lend up to $85 Billion to American International Group (AIG)," Board of Governors of the Federal Reserve System, Sept. 16, 2008, www.federalreserve.gov/newsevents/pressreleases/other20080916a.htm.

③ 12 USC 341(7).

④ 例如，参见《美国联邦法规》第 12 篇 7.1006 条（根据规则，国家银行有权接受与贷款相关的企业利润、收入或收益份额的认股权证和其他证明）；货币监理署解释性信函第 620 号（1992年 7 月 15 日）；货币监理署解释性信函第 421 号（1988 年 3 月 14 日）；"Index of Activities and Investments Permissible for Illinois Banks and Their Subsidiaries," Illinois Department of Financial and Professional Regulation, Oct. 1998, www.idfpr.com/Banks/CBT/COMCL/POSB/BTSTBKPW.asp（关于伊利诺伊州的银行）。

和其他形式的补偿，是银行发放类似信贷时的典型做法，这显然是银行业务的一部分，属于《联邦储备法》第 4 条授予美联储的附带权力。

将《联邦储备法》解释为允许美联储在提供信贷时只获得利息补偿，就等于限制央行（进而限制纳税人）在承担紧急贷款的额外风险与费用时获得公平和恰当补偿的权力。[①] 这种做法也会产生奖励被救助机构股东的负面影响，实际上这些股东没有采取任何措施抑制借款机构的风险偏好。

展望未来

美联储在美国国际集团案例中使用《联邦储备法》第 13 条（3）款授权提供的信贷，与贝尔斯登案例中提供的信贷一样，都连本带利被全额偿还了。此外，《联邦储备法》第 13 条（3）款不适用于向雷曼兄弟提供信贷，因为该机构无法满足法定要求，即提供足够的担保或背书，以使美联储确信其贷款将得到全额偿还。

贝尔斯登和美国国际集团获救，雷曼兄弟申请破产，这一事实引发了争论，即美联储是否本应采取更多的措施挽救雷曼兄弟，尤其是考虑到其倒闭对金融体系造成的损害。

尽管与贝尔斯登和美国国际集团的结局不同，雷曼兄弟的后果是残酷的个例，但美联储没有试图纾困的说法是不正确的。救助必须遵循法律规定的范围，且雷曼兄弟是在 9 月中旬破产的，这发生在问题资产救助计划出台之前，因此必须评估法定的授权范围。对美联储来说，这意味着只能援引《联邦储备法》第 13 条（3）款救助，而该条款仅授权在有还款预期保障的情况下发放紧急贷款。

美国国会在制定《多德－弗兰克法案》的过程中讨论了这一问题，并确认美联储不应承担救助濒临倒闭的机构的信贷损失风险。为此，国会修改了《联邦储备法》第 13 条（3）款，其中要求抵押给美联储的抵押品具有足以保护纳税人免受损失的可贷价值，并禁止美联储向濒临破产的机构提供贷款以避免其破产，或从濒临破产的机构的资产负债表中剥离资产。在未来的危机中，根据《联邦储备法》第 13 条（3）款，美联储只能通过旨在为整个系统提供流动性的广义贷款工

---

① *Starr International Co., Inc. v United States*, No. 2015-5103, 2015-5133 (Federal Cir. 2017).

具的形式发放紧急贷款。①

根据这些新增限制，美联储将不能像对待贝尔斯登和美国国际集团那样发放信贷（也不能为花旗集团和美国银行的部分资产提供损失担保）。作为替代，《多德－弗兰克法案》创设了紧急清算权力，允许政府对陷入困境的金融机构进行处置。

美国财政部的紧急授权：货币市场基金担保计划 和问题资产救助计划

在雷曼兄弟倒闭和美国国际集团几近倒闭后的几天里，决策者越来越清楚，在美联储有限的紧急贷款权限外，还需要更多的工具来应对不断加深的危机。

利用外汇稳定基金支持货币市场共同基金

2008 年 9 月中旬，美国财政部还不具备应对金融危机的广泛权力。但财政部可以控制外汇稳定基金，并以一种非同寻常的创造性方式借助这一权力，遏制雷曼兄弟破产后对货币市场共同基金的挤兑，避免对金融体系的威胁。

9 月 19 日，美国财政部公布了货币市场基金临时担保计划。根据这一计划，财政部同意对任何符合条件的、同意参与该计划的公募货币市场共同基金的份额价格进行担保，方法是买入符合条件的货币市场共同基金，价格为基金资产的摊余成本加上应计但未付的利息。每只基金必须向财政部支付保费才能参与计划。

如果没有可靠的资金支持，这个计划是不可能成功的。财政部唯一可以调用的资金就是外汇稳定基金。使用这一基金为货币市场共同基金提供担保，无疑是一项新颖的创举。重要的是，根据《黄金储备法案》第 10 条，这也完全在财政部长的自由裁量权范围内。

财政部长认为，利用外汇稳定基金帮助遏制货币市场的挤兑，符合美国国会设立该基金的初衷。挤兑有可能导致金融体系的不稳定压力蔓延至国外。货币市场

---

① 美国国会还修订了《联邦储备法》第 13 条（3）款，要求财政部批准此类贷款。事实上，这些变化将美联储在危机期间发放信贷的许多方法编成了法典。

基金为了满足投资者的要求而被迫抛售资产，将导致美国经济进一步恶化和美元贬值。

该计划成功地阻止了该行业的风险向金融体系扩散。10月，当该计划已经实施并准备由财政部长延期时①，国会通过立法，允许外汇稳定基金继续为货币基金提供担保。

与此同时，国会立法禁止财政部长未来使用外汇稳定基金提供担保。随着这一工具被取消及问题资产救助计划到期，财政部手中已没有紧急工具来应对未来的危机。②

《紧急经济稳定法案》和问题资产救助计划

随着住宅抵押贷款逾期率上升、金融资产价值持续下降，金融企业（包括银行和非银行金融机构）越来越难筹集资本来填补资产价格下跌的损失，可以很明显地发现，美国不像有些国家那样，拥有有效的紧急工具。

特别是，美国财政部和美联储都没有紧急授权采取行动来稳定资产价格，或向陷入困境但仍有生存能力的金融机构注资。此外，适用于大多数非存款机构的处置机制是破产，即法院主导的、满足债权人诉求的处置程序，而不考虑机构倒闭或处置方式可能带来的系统性影响。

为了解决这些问题，在总统、财政部和美联储的敦促下，美国国会于2008年10月3日颁布了《紧急经济稳定法案》。③《紧急经济稳定法案》设立了问题资产救助计划，提供约7 000亿美元的资金用于购买问题金融资产。④

在问题资产救助计划实施的过程中，财政部推出了旨在稳定金融体系、缓解住房危机的多个项目。问题资产救助计划最成功的运用是通过购买金融机构股权进行注资。

尽管这种做法受到了一些国会议员的批评，但其法律基础从未受到质疑。

符合条件的金融机构发行的证券是金融工具。《紧急经济稳定法案》通过后，

---

① 该计划最初定于3个月后到期，但被延长至2009年9月18日。

② 12 USC 5236; Pub. L. 110-343, section 131 (Oct. 3, 2008); 122 Stat. 3797.

③ Public Law 110-343, 122 Stat. 3765 (Oct. 3, 2008).

④ 12 USC 5211(a)(1). 有关问题资产救助计划条款和条件的完整讨论，参见本书第十四章。

美国财政部长和美联储主席认为，购买这类证券将是迅速维护稳定的最有效方式，可以为有生存能力的机构注资，以对冲资产贬值的影响。[①]

授予财政部购买问题资产（包括向金融机构注资）以防止无序倒闭和系统性冲击的权力，是危机期间最有效的工具之一。但它也引起了部分争议，包括政府干预陷入困境的公司的适当程度等众多政策议题。但许多外国财政部门和央行仍然掌握着这一权力。在美国，该授权于 2010 年 10 月 3 日失效。

美联储设立的广义贷款工具

2008 年前，美联储按照《联邦储备法》第 13 条（3）款的规定，严格在单家机构的基础上发放紧急信贷，且只向非存款机构提供少量贷款。随着 20 世纪 30 年代以来经济结构日益复杂、相互关联性更高，危机期间向某一特定机构发放贷款的方式显然不足以满足整体经济的流动性需求。

对此，美联储创设了新的广义贷款工具，以缓解整个市场（而不仅仅是某一特定机构）的流动性压力。[②]

这些贷款工具的基本目的与传统的针对特定借款者的紧急贷款一样，即提供流动性，以在金融动荡引发资产价值不确定的情况下，持有优质资产的借款人仍能够开展稳健交易。其创新之处在于，只要资金是用于支持该特定市场的，就允许借款人以相同的条件获得央行流动性。换句话说，该工具的设计目的不是简单地为某一特定借款人提供流动性，以满足其个体需求。共计数百名借款人使用了美联储的广义贷款工具。

由于这些贷款涉及向非银行金融机构放贷，因此它们是基于《联邦储备法》第 13 条（3）款的授权。

乍一看，这些贷款工具引发了一些法律问题。其中两个问题涉及"非同寻常

---

① 根据《紧急经济稳定法案》第 3 节，"问题资产"包括"财政部长在与美联储主席协商后决定购买的促进金融市场稳定所需的任何金融工具"。12 USC 5202(9)(B). 购买金融机构发行的证券完全符合财政部长在收购"问题资产"时应考虑的因素。12 USC 5213(1)–(9).

② 其中包括一级交易商信贷工具、定期证券借贷工具、资产支持商业票据货币市场共同基金流动性工具、单次定期回购协议、商业票据融资工具、货币市场投资者融资工具（MMIFF）和定期资产支持证券贷款工具。

且紧急"情形的裁决[①]，以及借款人无法从其他银行机构获得稳定资金来源的证据收集。[②] 此外，与前文讨论的向特定机构提供紧急贷款一样，同样需要关注如何确保借款人提供的担保使作为贷方的储备银行满意。

美联储裁决"非同寻常且紧急"情形的方法与美国国会颁布的第 13 条（3）款中的方法一致。要求关注经济状况以及特定市场在整体经济中所扮演的角色，而非关注借款人自身。美国经济正经历着自大萧条（1929—1933 年）以来从未有过且不同寻常的压力和困境。我们收集的统计结果和市场状况观察等信息显示，广义贷款工具对应的每个市场都在收缩或面临巨大压力。[③]

这些统计数据和材料有助于满足《联邦储备法》第 13 条（3）款的要求，即储备银行"获得证据证明（借款）个人、合伙企业或公司无法从其他银行机构获得足够资金来源"。这一要求旨在确保美联储不会取代私人贷款人成为第一贷款人。[④]

从广义贷款工具的角度看，来自每个目标市场参与者的证据都表明，信贷越来越难获得。市场数据显示，市场活动和流动性正在减少，利率和息差正在上升，消费者和企业要么无法获得信贷，要么可获得的信贷减少了。在每项工具实

---

① 每一个情形的裁定都由委员会绝对多数投票批准。

② 每一项广义贷款工具的信贷利率都是根据《联邦储备法》第 14 条（d）款确定的，如前文所述，该条要求利率的设定"有助于工业和商业资金融通需求"。12 USC 357. 这种方法导致了不同贷款工具的不同费率。例如，对于一项旨在为货币市场基金提供流动性的工具（如资产支持商业票据货币市场共同基金流动性工具）来说，最有助于"促进工业和商业"的利率，是鼓励向处于压力中的基金放贷的利率，而不是对定期资产支持证券贷款工具等旨在为资产支持证券市场提供资金便利收取的利率。重要的是，在紧急情况下为商业和企业提供便利，允许美联储设定利率，以补偿在这样一个紧张的经济时期放贷的风险。高于正常时期的利率，可以阻止借款人在市场转向正常化时仍使用这些工具。

③ 例如，创建资产支持商业票据货币市场共同基金流动性工具和货币市场投资者融资工具，是为了帮助遏制货币市场基金的挤兑。市场证据显示，这些挤兑有可能威胁基金所持资产价值的稳定性，降低对金融市场的普遍信心，并减少依赖这些基金的消费者和企业可获得的流动性。定期资产支持证券贷款工具的创建是为了向资产支持证券市场提供流动性，而资产支持证券市场实际上已经停止运作，导致汽车贷款、学生贷款、小企业贷款和类似的证券化信贷的规模大幅下降。商业票据融资工具的创设是因为商业票据市场无法支持企业获得资金，而一级交易商信贷工具的设立是对三方回购市场可用资金急剧减少的回应。参见本书第三章。

④ Hackley, *Lending Function*, 129.

施的整个生命周期中，储备银行都持续监测市场。如果越来越多的证据表明该市场重新活跃，并且可以在没有美联储流动性支持的情况下维持运转，那么该工具就可以终止了。

如前文所述，《联邦储备法》第 13 条（3）款的一个核心要素是，信贷必须有背书或其他满足储备银行要求的担保方式。

对于广义贷款工具，通常通过让借款人提供抵押品来满足这一要求。抵押品的类型因市场而异。例如，定期资产支持证券贷款工具的抵押品包括基于信用卡应收款、汽车贷款、学生贷款或小企业贷款的资产支持证券。

针对商业票据市场的商业票据融资工具的抵押品形式则较为新颖。

该市场使用金融和非金融企业发行的高评级短期债券，即商业票据，对其贷款活动或商业运营提供担保。

商业票据融资工具最初被设想为一个由私人投资者提供资金或由财政部使用问题资产救助计划资金设立的工具。财政部和（或）投资者将持有股权或次级头寸，该工具以其持有的商业票据为抵押，从美联储获得信贷。然而，人们很快就发现，即使有美联储提供的流动性，导致商业票据市场流动性下降的压力同样使投资者不愿为这一商业票据工具提供资金。财政部转而关注其他优先事项。

对商业票据融资工具来说，具有挑战性的问题是如何达成"有背书或其他满足储备银行要求的担保方式"。商业票据可以是有担保的，也可以是无担保的。有担保的商业票据受发行公司资产的支持。这为收购商业票据提供了支持理由，因为《联邦储备法》第 13 条（3）款授权贴现有担保的票据，票据由发行人提供的抵押品担保。在考虑无担保商业票据时，美联储的法务人员将重点放在保险也是一种背书形式这一事实上。信用保险规定，在借款人死亡、残疾或其他特定事件发生时，保险公司将偿还债务，这是一种担保或背书。这一概念促使美联储法务人员和经济学家探索了一个新的想法，即商业票据融资工具可以包括一个保险池（包括各类资产和基金）——用来覆盖可能违约的商业票据的损失。

商业票据融资工具要求所有商业票据融资的参与者支付费用。为了建立一个资金池以防范无担保票据违约造成的损失，无担保票据的发行者须向商业票据融资工具支付一笔特别保费。保费的大小与弥补损失所需的预期金额挂钩。商业票据融资工具的所有参与者支付的费用和无担保票据发行人支付的特殊费用的总和，可以用来吸收无担保票据的损失，就像保险基金一样，共同承担这些损失。

这样，商业票据融资工具收购的无资产支持商业票据由商业公司的偿还义务提供支持，而商业票据融资工具收取的保费池中的资金对借款人起到了增信效果。这使提供贷款的储备银行得出结论，商业票据融资工具的信贷担保是令人满意的。

商业票据融资工具和其他广义贷款工具成功使其对应的市场恢复了运作。后来美国国会废除了《联邦储备法》第 13 条（3）款下美联储向特定个人、合伙企业或公司提供贷款的权力，但特别保留了该条赋予美联储创建这种广义贷款工具的权力。

其他操作

美联储、财政部和联邦存款保险公司还采取了一些其他措施来应对危机。

其中包括联邦存款保险公司实施的临时流动性担保计划、与外国央行的货币互换，以及美联储制定的单一档定期回购协议、财政部实施的一系列问题资产救助计划下的投资计划，还有财政部、联邦存款保险公司和美联储联合宣布的对花旗集团和美国银行的部分资产损失担保计划。

尽管这些项目都代表了政府机构的努力，但所有这些项目（临时流动性担保计划除外）都是直接基于对基础法律授权的解释。

临时流动性担保计划的实施则是依赖于对联邦存款保险公司法案的全新解读，将在本书第九章中单独讨论。

《多德－弗兰克法案》严格限制了联邦存款保险公司在未来的危机中重新启动临时流动性担保计划的权力，该法案禁止联邦存款保险公司在未经美国国会同意的情况下建立类似临时流动性担保计划的债务担保计划（DGP）。这一变化本质上需要制定一项新的授权法律。[1]

---

[1] Sections 1104, 1105, 1106 of the Dodd-Frank Wall Street Reform and Consumer Protection Act of 2010, Pub. L 111-203 (July 21, 2010); 124 Stat. 1376.

结　论

金融危机期间，对美联储、财政部和联邦存款保险公司的法律授权决定并制约了它们的应对方式。这些授权允许政府采取一些过去行之有效的措施，还使政府机构能够以法律起草者没有想象到的、创造性的方式应对危机。

决策者一致认为，应该在法律允许的范围内采取一切"可能"的措施来化解危机（法律专家穷尽了每一种路径）。然而，在某些情况下，比如雷曼兄弟倒闭，法律不允许政府采取它想采取的行动。[①]

对危机的最初应对是增加监管工具——如压力测试要求、更严格的审慎标准、掉期交易保证金要求和其他旨在提高金融体系抗风险能力的规定——以避免下次危机。

政府现在也有权使用银行业（而非纳税人）资金[②]处置具有系统重要性的金融机构，同时维护金融稳定、减少对经济的损害。这一权限，虽然未经检验，也毫无疑问是不完善的，但还是为危机管理工具箱增设了一种新的工具，是政府贷款或注资的替代方案。

但与此同时，美国国会对政府机构在上次危机中使用的紧急权限施加了很大的限制，这使国会在制定下次危机应对策略时将承担更大的责任。下次发生危机时，需由美国国会在危机造成的混乱状况中拍板决定是否授权政府使用在上次危机应对中行之有效的紧急工具，如向在传统信贷工具覆盖范围外的非存款机构提供紧急信贷（美联储的做法）、支持货币市场基金（财政部的做法），以及建立一个由行业支持的债务担保计划（联邦存款保险公司的做法）。国会还需在危机中决定是否在紧急情况下向整个金融体系提供资金支持，就像它在《紧急经济稳定法案》中所做的那样。

如果美国国会能够确保在下次危机中，企业无论大小都同样会因倒闭而承担

---

① 例如，政府无权以非破产的方式关闭或清算某家非存款机构，未被允许考虑该决议对金融稳定的影响。

② 从银行业收取的存款保险等。——译者注

损失，那么这种对权力的限制可能会降低道德风险，并整顿市场纪律。尽管如此，收回或限制紧急授权将导致决策者无法采取迅速、有效的行动支持整体经济，并可能给消费者和企业带来更多损失。

另一种方法是，提供一个范围很广且强大的紧急武器库，但这一武器库要受制于严格和可行的治理要求，以确保这些工具仅在紧急情况下及必要范围内使用。

限制政府在金融危机中的应对权限并不能阻止下一场危机的发生，但这将会影响政府的危机应对行动，并从根本上决定危机给国家带来多少成本。

第六章

拯救抵押贷款巨头

◇◇◇

本章作者：丹·杰斯特、马修·卡巴克尔、杰里迈亚·诺顿和李·萨克斯。本章是由来自两届政府的多位作者联合撰写的，丹·杰斯特和杰里迈亚·诺顿来自小布什政府，马修·卡巴克尔和李·萨克斯来自奥巴马政府；并不是所有作者都同意本章的全部观点。本章所涵盖的时间线仅到2009年12月，那时针对金融危机所制定的政府资助企业相关政策已经基本出台。两届政府时期作者的同事们做了非常多的努力，没有这些辛勤努力，就不可能制定出这些政策，作者们希望对此予以认可。尤其是，作者希望感谢保尔森团队的两位成员——凯文·弗罗默和戴维·内森，他们在政府资助企业改革立法上提供了很多帮助。

引　言

自亨利·保尔森宣誓就任美国财政部长之日起，房利美和房地美就是我们政策关注的重点。我们也与保尔森有同样的担忧，这两家公司存在重大风险，有一天可能会威胁到美国金融体系和整个经济的平稳运行。

房利美和房地美被称作政府资助企业，因为它们是在美国国会的授权下支持抵押贷款市场的，而且被要求落实一些政府住房政策。与此同时，它们也是公开上市企业，为了股东（这些股东曾获得可观收益）和高管（这些高管享受到华尔街水平的待遇）的利益在经营。"两房"的业务本身存在固有风险，它们也承担了隐性义务，但政府和纳税人在这些风险面前未受到任何保护，也并未因其承担的义务而获得补偿。

房利美和房地美的主要业务是购买符合一定标准的抵押贷款，之后将这些贷款打包成抵押支持证券并提供担保，最终卖给投资者。抵押贷款公司也会购买并持有它们自己的抵押支持证券投资组合，有些受政府资助企业担保，有些不受担保。

上述因素导致政府资助企业成为抵押贷款二级市场的主导力量。2008 年，政府资助企业持有或担保的住宅抵押贷款和抵押支持证券超过 5 万亿美元，规模几乎达到全国住房贷款总量的一半。它们购买了全部新增住宅抵押贷款中的约 80%。[1] 政府资助企业是全球资本市场最大的债权人和对手方之一。为获取经营所需资金，它们发行了超过 1.7 万亿美元的债务 [2]——其中很大一部分不仅卖给

---

[1] Henry M. Paulson, Jr., *On the Brink: Inside the Race to Stop the Collapse of the Global Financial System* (New York: Business Plus, Hachette Book Group, 2010), 3. 随着房地产市场出现问题，房利美和房地美所发挥的作用开始扩大，每新增四笔抵押贷款，"两房"就需要为其中三笔提供融资。U.S. Financial Crisis Inquiry Commission (FCIC), *The Financial Crisis Inquiry Report: Final Report of the National Commission on the Causes of the Financial and Economic Crisis in the United States* (2011), 312.

[2] Timothy F. Geithner, *Stress Test: Reflections on Financial Crises* (New York: Crown Publishers, 2014), 169.

了美国投资者，还卖给了中国、日本、俄罗斯和沙特阿拉伯等国家的政府。2008年夏天，外国投资者持有的政府资助企业债务规模超过 1 万亿美元。[①]

由于政府资助企业的国会授权和政府资助背景，许多投资者，尤其是外国政府，认为政府资助企业债券获得了美国政府的完全信用支持。因此，政府资助企业在融资方面享有巨大优势。相比同等评级的其他公司，它们能够以更低的成本融资，无须拨备大量资本用以防范损失，而且可以使用经营收入构造抵押支持证券投资组合。"两房"投资组合加总金额高达 1.5 万亿美元，这蕴含着巨大的利率和信用风险。

"两房"在华盛顿的影响力很大，它们的游说和政治献金运作历史悠久、无人能及，其影响已渗透美国各地。因此，尽管"两房"的风险众所周知，但没有任何政府资助企业改革法案能够获得国会的支持。

但随着房价下跌、经济增速放缓，政府资助企业的危险性变得更加明显。2007 年，"两房"报告的总损失超过 50 亿美元。2008 年第一季度，"两房"报告的总损失就超过 20 亿美元。

随着损失的扩大，投资者开始对这两家政府资助企业失去信心。到 2008 年6 月末，相比 2007 年同期，这两家公司的股价下跌超过 70%（见图 6.1）。在2008 年 7 月的头两周内，它们的股价又下跌了 50%，部分原因是一份华尔街研究报告指出，这两家公司可能需要筹集 750 亿美元的额外资本，市场对此做出抛售反应。

随着抵押贷款经纪公司像多米诺骨牌一样一家接一家地倒下，美国财政部长保尔森坚定地认为不应放任住房金融体系崩溃，尤其是考虑到潜在的经济和市场脆弱性。他决定就出台一系列新的工具向美国国会寻求支持，以避免一场破坏稳定的破产，因为破产不仅会对住房市场和整体经济运行构成威胁，而且会影响美国在全球舞台上的位置和美元作为全球储备货币的地位。

---

① Paulson, *On the Brink*, 159.

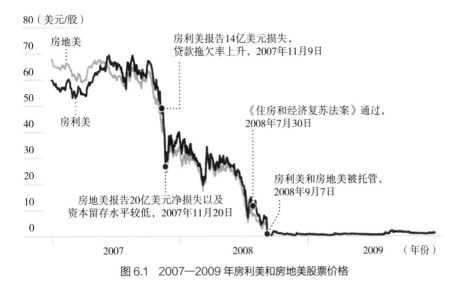

图 6.1　2007—2009 年房利美和房地美股票价格

资料来源：芝加哥商学院证券价格研究中心通过沃顿研究数据服务编制。

保障生命线

　　救助房利美和房地美就像是做一台精细的手术。政府资助企业拒绝承认自己出了问题。尽管"两房"享有两党的支持，而且与国会山上的许多民主党议员关系密切，但保守的共和党议员普遍反对任何类似救助的行动。即使我们得出结论，认为确实需要新的授权，但向国会要授权本身就存在风险。财政部长保尔森曾把这种情况描述为危机下决策者所面临的"第二十二条军规"。"我们向国会要救助授权的行为恰好确认了政府资助企业是多么脆弱，进而惊动投资者，这种可能性一直存在，"他写道，"那么，如果国会未能批准新的授权，市场将会内爆。"[1]

　　为降低失败风险，保尔森与国会领导人、美联储、政府资助企业监管部门、联邦住房企业监督办公室（OFHEO）和政府资助企业进行磋商。在基本工作都完成后，保尔森于 2008 年 7 月 13 日向国会提交了一份计划，该计划旨在允许政府资助企业持续经营以支持住房和抵押贷款市场，确保政府资助企业有足够的资

---

① Paulson, *On the Brink*, 147.

本来继续其业务，同时通过加强对政府资助企业的监管来压降系统性风险。[1]

计划有三项关键要素：

1. 赋予财政部购买政府资助企业证券的权限，包括注资权限；
2. 创设一个新的政府资助企业监管部门，该机构有权宣布"两房"进入破产接管状态，并允许美联储在制定新资本要求和其他审慎标准的过程中以咨询顾问的身份发表意见；
3. 通过扩大政府资助企业在财政部的借款额度，为政府资助企业提供流动性支持。

我们知道这是冒险之举，因为这个计划不仅限制了政府资助企业的独立性，还要求国会在"两房"的监管上让渡很多权力。我们要求政府获得"备用授权"，以便解决流动性问题，例如在"两房"债券拍卖失败的时候。我们还坚持要求获得股权投资的权限。我们并没有提出具体的美元金额，相反，我们把权限描述为"未明确"的，这样动用的资金规模就只会受制于政府的债务上限。[2] 人们会认为政府资助企业事实上获得了无限的政府支持，因此即使政府资助企业持续发生大规模损失，这种想法也会防止投资者对政府资助企业失去信心。

使情况更加复杂的是，联邦住房企业监督办公室当时表示"两房"的资本金都是充足的——这导致有人开始质疑我们要求动用大量资源是否必要。但当时财政部的顾虑是，政府资助企业正处于水深火热之中。它们的财务表现每况愈下，股权投资者用脚投票，整个住房市场前景暗淡，政府资助企业所剩无几的资本无法为吸收可能出现的许多损失提供足够的缓冲。考虑到这一情况，为申请的授权设置金额上限会适得其反，反而会衍生出更多问题。例如，一个包含具体金额的授权申请，可能会暗示我们已经探明了资本缺口的大小，而事实上我们并没有。

我们明白，向国会既要求无限资源又要求无时间限制的授权在政治上是行不通的。因此，我们对申请的授权设定了一个退出时点，那就是 2009 年 12 月

---

① "Paulson Announces GSE Initiatives," U.S. Department of the Treasury, July 13, 2008, https://www.treasury.gov/press-center/press-releases/Pages/hp1079.aspx.

② Paulson, *On the Brink*, 148.

底——这个日期将会给下届政府留出一些喘息的时间，以评估接下来所需采取的行动。

但即使是临时申请这种授权，也是很勉强的。许多立法者不相信我们确实需要这些新的授权，其他人则是惊讶于我们要求动用的资源规模。即便处于困境之中，"两房"在国会山仍有很大的影响力，足以施加影响，比如在法案中加上一些有利于它们利益的条款，要求政府在进行任何投资前必须获得政府资助企业的同意。这一条款最终被证明具有很强的限制力。

尽管如此，财政部长保尔森还是坚持认为，政府能够动用的"火力"越大、覆盖范围越广，动用这些工具的可能性就越小——最终纳税人的损失也就越小。他在面对参议院银行委员会时曾说出这样一段名言："如果你的口袋里装了一把水枪，那么你可能确实需要把它拿出来；但如果你装的是火箭筒，而且大家知道你有火箭筒，那么你可能就不需要拿出来了……我想说的是，如果政府获得的授权没有具体金额，就会增加人们的信心。而信心的增加会大幅降低这些授权被真正动用的可能性。"[1]

我们还要求国会创设一个更强有力的新监管部门，负责监管政府资助企业。联邦住房企业监督办公室的权力有限，而且以监管过松著称。新创设的机构是联邦住房金融局（FHFA），联邦住房金融局合并了原联邦住房企业监督办公室的全部员工，但同时在判断政府资助企业的财务状况方面拥有更大的灵活度，就像银行的审慎监管部门那样。我们还要求国会赋予联邦住房金融局让政府资助企业进入破产接管的权力，从而使联邦住房金融局可以促成经营失败的政府资助企业的有序处置，类似于联邦存款保险公司面对问题银行时的做法。此外，我们认为，允许美联储在制定政府资助企业的资本标准时发表意见有助于更好地评估政府资助企业的资本状况，假以时日，这会提高监管水平，资本标准也会更趋完善。

在这个计划中，我们试图平衡各方互相冲突的利益。我们需要填补损失的窟窿，但我们希望向市场传达这样一种信息，即政府完全承诺对政府资助企业负责，愿意承接政府资助企业的所有权，同时我们并不想令公众感到恐慌，不想让

---

[1] Henry M. Paulson, Jr., "Recent Developments in U.S. Financial Markets and Responses to Them," Senate Committee on Banking, Housing, and Urban Affairs: July 15, 2008, transcript, 19, https://www.govinfo.gov/content/pkg/CHRG-110shrg50410/pdf/CHRG-110shrg50410.pdf.

公众认为我们的投资最终会给纳税人带来巨大损失。

经过一系列密集讨论，在我们提出计划两周多以后，国会于 2008 年 7 月 30 日批准了《住房和经济复苏法案》（HERA）。正如保尔森所说，这一法案"在使用资金方面赋予了美国财政部长有史以来最大的权力"[①]。

评估政府资助企业的财务状况

《住房和经济复苏法案》通过之后，我们马上组建了一支跨部门的"尽职调查"团队，领队的是来自美联储的几位负责银行检查的专家，他们与来自货币监理署和联邦存款保险公司的同事密切合作。这些监管部门此前从未负责过政府资助企业监管，也没有渠道获得政府资助企业的内部记录。美联储现在被赋予了"咨询顾问"的角色，因此有史以来第一次能够与"两房"的主要监管部门（现在是联邦住房金融局）同样获得"两房"所提供的信息。我们要求摩根士丹利提供一份独立的调查报告，摩根士丹利还与我们的外部法律顾问沃奇尔·立普顿律师事务所一道就"两房"所需的资本水平提供建议。我们团队的第一项任务是，估算相对于其资本水平，政府资助企业的潜在损失规模。

按照法律要求，联邦住房金融局应根据政府资助企业是否满足了监管法规所要求的最低资本水平来判断其资本充足性。国会要求政府资助企业资本与其资产负债表的资产之比不低于 2.5%，与表外担保之比不低于 0.45%，这远低于银行监管部门对商业银行资本充足率的要求。美联储的检查人员可以自行评估一家机构是否以不安全或不稳健的方式经营。在做出判断时，美联储可以综合考虑政府资助企业当前或未来可能的财务状况，而不是参考根据时效性较差的财务和监管报告所做出的分析。

整个 8 月，银行监管部门和它们的抵押贷款专家对政府资助企业的抵押贷款头寸及担保进行了分析，以预估未来的潜在损失规模。结论显示情况不妙。美联储发现政府资助企业的留存资本严重不足，"两房"加起来的损失可能在 600 亿～700 亿美元之间[②]，这意味着两家公司已经资不抵债了。货币监理署也得出结论，

---

① Paulson, *On the Brink*, 155.

② 蒂姆·克拉克（美联储银行监管部前高级顾问）与埃里克·达什的访谈，2018 年 4 月。

认为其"用于覆盖未来损失的留存资本不足，并且发现信用和风险管理方面存在严重问题"[1]。此外，两家公司的监管资本中，很大一部分是递延所得税资产，传统银行监管部门在计算资本充足率时往往要扣减这些资产。[2]上述分析引发了大家对政府资助企业独立生存能力的担忧，我们对于拿纳税人的钱去冒险救助两家前景如此暗淡的股东控股公司也感到担心。

然而，"两房"的高管仍在不停地向财政部表示，他们的公司有充足的资本，能够在不突破监管资本下限的情况下度过房地产市场的低迷时期。他们预测的损失比我们跨部门团队的分析结果更乐观，部分原因是他们没有将全国范围内房价突然下跌的情景考虑在内。最能说明情况的是，每次政府资助企业的高管来参会，他们在前次会议所展示的最坏预测情景都会变成这次会议所展示的最好情景（一次比一次情况更坏）。直到被托管，这两家政府资助企业都一直声称自己的资本是充足的。[3]

尽管声称资本仍然充足，但房利美的管理层还是请求政府对其进行大规模注资，以提振市场信心，同时鼓励投资者也参与进来，提供更多新鲜资本。基于对其资本状况的评估，我们认为他们的想法不可行。

考虑到政府资助企业的预估损失相对其资本水平而言非常巨大，我们得出的结论是，我们无法直接向现在的"两房"注资，因为这样做无法为纳税人提供足够的保护。确实，由于政府资助企业的董事会有保护其股东利益的受托义务，我们怀疑他们无法接受任何可能严重影响其股东利益的方案。与此同时，我们担心，如果谈判一拖再拖，相关信息一定会泄露，这只会导致市场更加动荡。因此，保尔森决定，他唯一能同意的注资方案是，政府资助企业需要先进入破产接管或托管状态。

---

①　FCIC, *Financial Crisis Inquiry Report*, 317.

②　W. Scott Frame, Andreas Fuster, Joseph Tracy, and James Vickery, "The Rescue of Fannie Mae and Freddie Mac," Federal Reserve Bank of New York staff reports, March 2015, 11, http://som.yale.edu/sites/default/files/Frame_W_Scott_et_al_The_Rescue_of_Fannie_Mae_and_Freddie_Mac.pdf.

③　截至 2018 年第二季度，两家政府资助企业共使用政府投资 1 910 亿美元。Federal Housing Finance Agency, "Quarterly Draws on Treasury Commitments to Fannie Mae and Freddie Mac per the Senior Preferred Stock Purchase Agreements," accessed April 30, 2019, https://www.fhfa.gov/datatools/downloads/documents/market-data/table_1.pdf.

托管还是破产接管？

《住房和经济复苏法案》规定，处置资不抵债的政府资助企业的决策权属于联邦住房金融局局长，而非财政部长。除非联邦住房金融局认定政府资助企业资本严重不足或者政府资助企业以不安全、不稳健的方式经营，否则联邦住房金融局无法令房利美或房地美进入托管或破产接管状态。我们要求国会赋予联邦住房金融局一些新的法律工具，以确保其有权处置政府资助企业，国会已将我们的诉求写入《住房和经济复苏法案》。这一处置过程被称为破产接管，要求联邦住房金融局接过政府资助企业的管理权，并且清算其资产。

但破产接管本身也存在很多问题。通过这种方式处置金融机构需要政府确认或拒绝各类合同（从办公室租赁合同到复杂的金融衍生品合约），而且要在短短几日之内完成。这可能导致我们之前极力避免的那种混乱局面出现，而且我们也怀疑自己能否在如此短的时间内、在政府资助企业不能完全配合的情况下执行这一计划。由于政府资助企业的管理层坚称两家公司资本充足，而且他们在国会享有广泛支持，我们不认为他们会在公开宣布破产接管前自愿地、悄悄地制订一个可靠的破产接管计划。我们也担心破产接管可能会导致我们深陷诉讼的泥沼。我们的目标是稳定市场和恢复信心，我们担心破产接管所带来的不确定性会产生相反的效果。

而且，联邦住房金融局的人员配置有限，在破产接管方面也没有经验。"两房"将成为有史以来最大的破产接管案例。联邦住房金融局真的能胜任这一工作吗？

与之相对，托管——实际上就是政府接管——将能让事情暂停下来，是一个更有秩序的过程。财政部的注资承诺将让政府资助企业稳定下来，避免其债务违约，允许其持续经营，继续为抵押贷款市场提供支持。

考虑到拖下去可能导致市场更加动荡，我们的团队快速地与政府资助企业达成了处置方案。我们知道市场非常脆弱，市场参与者怀疑雷曼兄弟、华盛顿互惠银行和美联银行还会爆出更多坏消息。我们害怕关于政府资助企业的不确定性会持续发酵，进而导致其他金融机构出现问题。我们希望通过宣布关于政府资助企业的处置方案能让我们尽可能处于有利的位置，以更好地应对未来可能出现的各种问题。

政府资助企业可自愿进入托管，或由联邦住房金融局下令强制进入托管。我们更倾向于让政府资助企业认清现实，自愿提出托管。但我们知道，我们需要准备好一个实施强制托管的完美解释，这样政府资助企业就没有别的选择，只能被迫接受现实。

我们在制订计划的过程中发现了一个问题。2018 年 8 月 25 日，我们得知联邦住房金融局的检查人员最近向"两房"发函，调阅了它们第二季度的财务报表。检查人员发现，两家公司都有充足的资本，而且事实上高于监管规则所要求的资本水平。尽管如此，联邦住房金融局还是有办法的：监管部门可以使用其自由裁量权下调评估结果。

我们如果要走托管程序，就必须帮助联邦住房金融局找到更强有力的论据。联邦住房金融局的检查人员建议，可以主张政府资助企业的经营行为是不安全和不稳健的。但是我们知道，任何说法都要有分析支撑，美联储和货币监理署对此也表示认同。

我们的跨部门团队和摩根士丹利都使用了比联邦住房金融局更加复杂的模型进行分析，结果显示，政府资助企业的资本状况存在严重问题。联邦住房金融局的分析是基于某一时点，而我们团队所使用的是类似压力测试的方法，这种模型发现了一系列潜在损失，这些损失一旦暴露，可能导致资本状况进一步恶化。[①]结果是明确的，负责这些分析工作的美联储和货币监理署的检查人员也都很权威。基于他们的分析，联邦住房金融局的工作人员修改了评估结果，认定政府资助企业的资本确实存在严重不足。

设计投资结构

我们的团队并不相信"两房"管理层的乐观判断，因此在得知监管部门预估的损失结果之前，就已经开始考虑向政府资助企业注资的不同方法了。

一旦我们决定在"两房"被托管后才开始注资，我们就要考虑投资的形式

---

① 我们的方法其实是第一次将基于宏观情景的压力测试作为一种重要的监管工具来使用。6 个月后，压力测试成为盖特纳领导的美国财政部的危机应对方案的重要组成部分，美联储对全国最大的银行业金融机构的健康状况进行了全面评估。

了。虽然美国政府从未公开为政府资助企业的债务提供担保，但投资者——包括大批外国政府——购买政府资助企业债券时的预期就是美国政府会是这些债务的后盾。因此，我们不得不保护优先级债权人的利益，这样才能降低系统性风险。

下一个问题是如何处置次级债务。当初引入次级债务的目的是强化政府资助企业的市场约束。如果可能的话，我们想让政府注资的优先级高于次级债务。但这样做可能引发优先级债务违约。既然我们已经承诺了不会让优先级债务违约，我们别无选择，只能也保护次级债务。

这意味着政府注资的优先级会低于所有债务，但高于现存的优先股和普通股。出于对任何可能出现的系统性风险的担忧，我们要求银行监管部门评估银行对政府资助企业优先股的大致风险敞口。监管部门得出的结论是，相对于其资本水平，只有少数小银行的敞口较大。要求政府注资的优先级高于现存优先股和普通股这一方案非常不受投资者的欢迎，但我们认为保护纳税人的利益也很重要。

制定优先股购买协议

我们面临的下一个问题更加棘手：我们到底需要多少钱才能让政府资助企业稳定下来？最终的损失金额是未知的，所以我们希望能够根据需要灵活增加注资规模。但《住房和经济复苏法案》限制了我们的行动，它只允许我们在 2009 年 12 月 31 日前注资。

我们解决方案的思路来源于"维好"协议。在传统的公司融资领域中，维好是母公司和子公司之间签署的一种协议，约定母公司将为子公司提供满足监管要求所需的资本。[①] 我们将这套逻辑用在政府资助企业身上。

维好协议，后来被称为优先股购买协议（PSPA），允许我们将政府资助企业的净值一直维持为正，无论政府资助企业未来出现多大损失。财政部收到每家政府资助企业的初始付款 10 亿美元（以优先股形式支付），作为交换，财政部承诺维持政府资助企业的正净值。随着损失的扩大，政府资助企业可以向政府要求更多资金，财政部所持有的优先股也会随之增加。这种结构的好处是，它可以满足

---

① 关于财政部设计政府资助企业维好协议和最终的优先股购买协议的相关讨论来自 Paulson, *On the Brink*, 167–68。

《住房和经济复苏法案》的法律要求，使我们可以在 2009 年底权限到期前完成注资，同时也保留未来增加注资的灵活性。

根据我们的设计，优先股是永久的，这意味着没有明确的到期日。这也再次保证了政府资助企业能够持续经营，无须担心优先股某天会到期。

如果政府资助企业获得了政府的支持，且政府承诺将确保其具备偿付能力，那么就没有人会关心政府资助企业的资本水平了。优先股购买协议相当于挑明了之前政府对政府资助企业的隐性担保，让长期投资者吃了定心丸。

虽然优先股购买协议是一个不错的解决方案，但我们还是担心国会中有些人可能会抱怨这一方案看起来绕开了立法者。从实际过程来看，批评的声音还是相对较少的。

在设置优先股购买协议承诺的规模上限时，我们希望设置一个高一点的上限，以打消顾虑。最终约束是政府的债务上限，这一上限被调高了 8 000 亿美元。最初，我们希望继续使用"未明确"权限这一概念，不为优先股购买协议设置具体规模上限。但司法部法律咨询办公室建议，如果我们设置具体上限，我们方案的说服力会更强。我们最终决定为每家政府资助企业设置 1 000 亿美元的上限，或者 2 000 亿美元的总额——这一数字远大于当时预估的损失。重要的是，我们知道这样做是为下届政府预留灵活性，如果我们估算的损失和所需的资本规模后来被证明是低估了，他们还可以追加投资。后来奥巴马政府利用了这一灵活性，将承诺金额扩大了一倍。

获得政府资助企业的所有权

我们根据市场对类似证券的评价设置了优先股的股息率。优先股会支付 10% 的现金分红。如果政府资助企业无法支付现金分红，那么股息会以 12% 的水平累计。

我们认为财政部应获得政府资助企业普通股的认股权证，这样如果政府资助企业能够恢复盈利水平，财政部就能享受到上行红利。如果我们能让纳税人的股份兑换成 100% 的普通股，我们当然应该这么做。但这样会产生会计问题。如果政府要持有政府资助企业 80% 或更多的股份，按规定政府需要将政府资助企业的财务表现并入自己的资产负债表。因此，我们决定只要能够购买 79.9% 这一略低于阈值的普通股认股权证就可以了，这样我们避免了把数万亿美元的政府资助企业债务和担保并入联邦资产负债表。与此同时，财政部还与美国国税局（IRS）合作，获得了监管便利，帮助政府资助企业保住了未来数百亿美元的税收优惠。

改革政府资助企业

除了注资的金融条款外，我们还采取了一系列措施着手改革政府资助企业。财政部长保尔森坚定地认为，如果我们要使用大量纳税人的钱，就必须释放出一个重新开始的强烈信号，那就是换掉这些机构的主要高管。我们很幸运，马上找到了两位完全可以胜任首席执行官职位的人选。

为减少系统性风险，我们对政府资助企业的举债上限设置了约束，政府资助企业的新增债务不得超过其 2008 年 6 月 30 日资产负债表的 10%。过去它们曾大规模举债来支持其投资组合的扩张。

为维护当时抵押贷款市场的稳定，我们允许政府资助企业在 2009 年底前适度扩张其投资组合，每家政府资助企业投资组合的规模上限是 8 500 亿美元。但为压降系统性风险，我们要求政府资助企业从 2009 年底起，按照每年 10% 的速度逐步压降其投资组合规模，直到降至每家 2 500 亿美元，缩表主要通过到期后不再继续投资的方式实现。

另一项重要的措施就是叫停政府资助企业的游说活动。自 20 世纪 90 年代起，"两房"就依靠激进的游说策略为公司谋取利益。它们会在有影响力的国会议员所在的选区举办活动，讨好合作伙伴，还设立了一个政治行动委员会来提供政治献金。现在政府资助企业已被托管，政府成为其控股股东，因此没必要也不适合继续进行政治游说。叫停游说行为还平息了对这一交易[①]的部分批评声音。

改革还包括一些其他措施，虽然对政府资助企业当下的财务影响较小，但产生了深远的政策影响。一个措施就是对高管限薪，包括对高管在"金色降落伞"[②]的安排下可能获得的补偿施加限制。我们还设立了一个单独的计划，以帮助陷入困境的房主，这个计划叫"希望联盟"（HOPE NOW）。鉴于政府已经介

---

① 此处的交易指的应是政府注资政府资助企业的交易。——译者注

② 一种补偿协议，规定在公司被收购的情况下，高管无论是主动还是被迫离开公司，都可以得到一笔丰厚的补偿。——译者注

入干预，我们相信"两房"首先需要关注的是它们自身的主业。

稳定抵押贷款市场

为进一步支持抵押贷款市场，我们设立了一个新的计划，由财政部购买新发行的、由政府资助企业担保的抵押支持证券（见图6.2）。2008年9月初，财政部启动了抵押支持证券购买计划，当下就产生了积极效果，推动抵押贷款利率下行。财政部共计购买约2 250亿美元的抵押支持证券。启动抵押支持证券购买计划后不久，美联储开始实施量化宽松，其中包括在2009年1月至2010年3月购买了超过1.25万亿美元的政府资助企业担保的抵押支持证券，这也为住房市场提供了额外支持。

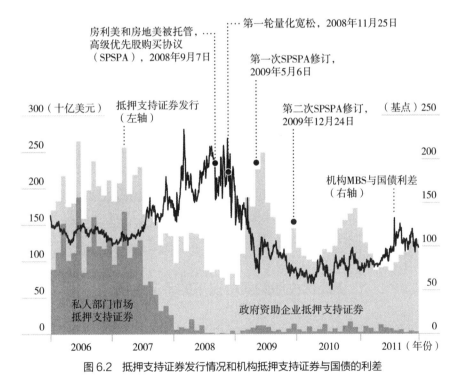

图6.2　抵押支持证券发行情况和机构抵押支持证券与国债的利差

注：这里的利差是30年期房利美当期票息抵押支持证券与10年期国债的利差。

资料来源：抵押支持证券发行，来自证券业和金融市场协会；机构抵押支持证券利差，来自彭博财经；作者计算。

2008 年 9 月 7 日，联邦住房金融局令政府资助企业进入托管状态，财政部也宣布承诺购买优先股。

政府资助企业和下一阶段的危机应对

我们当中有些人是在奥巴马时期才加入政府内阁的，从他们的角度来看，保尔森的托管计划给我们留下了喘息的空间，能够专注解决金融体系其他部分存在的问题。优先股购买协议帮助我们至少暂时稳定了投资者信心，让投资者相信"两房"能持续获得其经营所需的资本。购债行为表明美国政府相信政府资助企业提供的担保，而出台的贷款工具也提供了额外保证，确保"两房"获得其所需的融资。

我们很快也得出了与前人相同的结论。尽管我们发现政府接管并不受欢迎，而且政府资助企业亟须改革，但此时实施全面改革可能言之过早。原因之一是，政府资助企业证券已深嵌整个全球金融体系。与此同时，维持抵押贷款融资市场正常运转是我们为修复整个美国经济所做的努力中必不可少的一部分。

市场上缺少为抵押贷款融资的其他渠道，这也凸显了政府资助企业的重要性。当奥巴马总统就职时，私人部门抵押贷款证券化市场已经事实上停摆了 6 个月。投资者担心问题抵押贷款债券可能引发大批诉讼，短期内私人部门抵押贷款融资市场恢复活力的希望十分渺茫。我们也不能指望联邦住房管理局（FHA）在已经接下很多包袱的情况下再承受更多负担。因此，有政府支持的"两房"已成为市场上的"唯一玩家"。[1] 如果我们采取的任何措施影响了它们的稳定性，我们可能需要面对房价进一步暴跌的风险，而这将导致经济在下行螺旋中越陷越深。

提高优先股购买协议下的承诺金额

出于这些考虑以及其他一些原因，我们得出的结论是，抛开政府资助企业另起炉灶是不明智的，虽然有批评人士呼吁应关闭政府资助企业。

到 2008 年底，已有许多华尔街分析师针对主要银行的潜在损失进行了自己

---

[1]　FCIC, *Financial Crisis Inquiry Report*, 311, citing interview with Henry M. Paulson, Jr.

的压力测试。奥巴马政府的过渡团队中有人担心"两房"会成为这些分析师的下一个目标。根据我们自己的测算,结果是相当惊人的。我们担心政府资助企业所需的资金可能超过前任政府所承诺的金额。我们问自己,要维持抵押贷款市场正常运作,到底还需要再补充多少资金?

尽管保尔森所领导的财政部设计了一种创新的方法来支持政府资助企业,但他们还是设置了每家政府资助企业 1 000 亿美元的注资上限,认为这些钱应足以覆盖损失。但随着住房市场状况的进一步恶化,显然政府资助企业还需要更多支持。

我们面临着前辈同样遇到过的两难局面,那就是到底要承诺多少资金。资金规模应足以支持政府资助企业维持稳定经营,且我们不会一次又一次面临这种问题。但如果金额过大,也许会让市场参与者认为"两房"的情况比他们此前所预期的更差。

结果是怎样的呢? 2009 年 5 月,我们将优先股购买协议承诺的金额增加了一倍,增加至每家政府资助企业 2 000 亿美元。

提高投资组合上限

我们必须解决的另一个问题就是如何处置"两房"持有的巨额抵押贷款债券投资组合。由于享有隐性担保,政府资助企业利用其"类政府"地位,长期借入低成本资金购买抵押支持证券——从而为它们的私人部门股东锁定利差收入。政府资助企业的批评者认为,这已不是在支持"居者有其屋"的美国梦,而是在利用纳税人的钱和信任去经营一家投资基金。他们认为,如果盖特纳所领导的财政部真的想要推动政府资助企业改革,那就要强迫政府资助企业压降这些投资组合。

问题是我们又一次被迫面对"奥古斯丁困境"——从未来的角度看是正确的选择在当前看来却是错误的。投资组合确实需要压降,但不是现在。强迫"两房"削减投资组合规模很可能会带来两个方面的负面影响。

一方面,这可能会引发市场大规模抛售抵押贷款资产,导致价格螺旋式下跌,而这正是我们通过出台一项又一项计划来竭力避免的情形。(这也是为什么保尔森所领导的财政部选择压降政府资助企业抵押贷款投资组合的方式是到期自然退出。）

另一方面，这可能加剧不良贷款市场已经出现的被迫抛售现象。根据一般的业务流程，为了兑现其对抵押贷款资产池的担保承诺，"两房"会将不良贷款从它们提供担保的资产池中回购，并将这些不良贷款放入自己的抵押贷款投资组合中。因此，当它们担保项下的损失增多时，"两房"被迫回购数千亿美元的贷款，到2008年秋天，这些贷款全都逾期了。"两房"的投资组合规模——本应逐步压降——反而开始急剧上升。投资组合扩张的部分原因是，它们履行了自己的核心使命，而不是出于盈利目的投资其他证券。

正是出于上述考虑，虽然我们同意政府资助企业在中期内需要压降投资组合，但我们还是认为在危机尚未结束时就拉开改革序幕过于草率。因此，2009年5月，我们取消了每家政府资助企业投资组合不得超过1 000亿美元的限制——这一举动不仅避免了大规模抛售，还给"两房"留下了一些额外空间，允许它们继续从自己的抵押贷款证券信托中回购不良资产。

再次提高优先股购买协议下的承诺金额

2009年春夏，我们观察到住房市场开始出现企稳迹象，有人把这称作经济复苏的"绿芽"。针对银行开展的压力测试，以及我们所采取的其他行动，都为金融体系注入了弥足珍贵的信心。当时利率很低，而且我们也在鼓励调整抵押贷款条款，很多信用较好的借款人开始陆续为其房贷进行再融资。

当时所有的注意力都集中在针对银行的压力测试上，但市场参与者和其他人早晚会要求对政府资助企业也进行同样严格的测试。我们希望提前有所行动，所以要求联邦住房金融局和美联储的同事对政府资助企业进行了非正式、非公开的压力测试，评估"两房"账面损失的情况。正如我们数月前对银行进行的压力测试那样，我们希望更好地了解政府资助企业应对严重衰退的能力。没有一家政府资助企业表现过关。

与此同时，华尔街开始抛出他们自己的测算，有些测算认为资金缺口可能超过财政部向每家政府资助企业承诺的2 000亿美元。

考虑到数十万份房贷违约，房价仍在下跌，我们认为住房市场的前景仍是负面的。而且我们非常担心，如果美国经济在2010年未能复苏，导致出现更多损失，那么"两房"的财务状况将更加恶化。

　　一种非常现实的可能性就是政府资助企业需要更多资本。我们面临一个困难又有些熟悉的决策。我们可以寻求无上限注资的权限（我们的前辈在2008年就曾考虑这一选项，但因政治环境比较差而放弃了，我们在2009年5月也考虑过这个选项并出于同样的原因放弃了，现在我们所面临的政治环境还是一样差）；或者我们可以尝试在注资权限到期前，将上限扩大至某个具体金额（但风险是我们选择的上限金额最终可能仍不足以覆盖损失）。因此，我们选择了被自己称为"看似有限的无限"的做法。

　　这一做法就是提高优先股购买协议上限至恰好能覆盖政府资助企业所发生的任何损失的水平。从定义来看，这一上限所包含的缓冲（资本）将是一个固定的数字，而且上限会随着需要自动上升。由于没有设置硬性上限，这种方式也避免了出现耸人听闻的封面标题，例如"奥巴马政府扩大上限至4 000亿美元"。相反，"奥巴马政府改变策略"是一个更加低调的标题。

　　我们设想的公式是非常直接的。我们的基准是2 000亿美元，未来发生的净损失就是增加额。举例来说，如果政府资助企业在我们所承诺提供的2 000亿美元资本之外又产生了100亿美元的损失，那么上限就会增加到2 100亿美元，提款金额也会提高100亿美元。这样就永远不会缺钱了。

　　财政部长盖特纳不愿意采取这么激进的策略，他担心美国国会不会同意这个方案。因此，他建议我们为这种自动调整机制设置一个期限，到期后调整机制即失效，届时上限是多少就被永远固定在多少。

　　这种做法看起来有道理。而且如果"两房"可能出现更大的损失，这些损失一般会发生在早期阶段。因为如果政府资助企业认为它们会持续遭受损失，就要提前计提储备。

　　因此，资本需求最有可能出现在早期阶段，而非晚期。这就给了我们信心，让我们将"公式增资"的退出日期定在2012年12月31日。从那之后，优先股购买协议的上限就不能再扩大了。

　　我们于2009年平安夜宣布了修订方案（见图6.3），基本没有引起公众的注意。这一行动与那一年我们所采取的所有其他措施的方向恰好相反，其他措施都是减少政府对金融部门的直接干预。我们允许健康状况相对较好的银行开始偿还问题资产救助计划的资金。我们开始退出那些用于稳定各个关键金融市场的流动性支持工具。但我们却扩大了对政府资助企业的干预，即使我们曾扬言要关停它们。

我们认为在危机期间用纳税人的钱去救助"两房"是十分关键的。我们想国会最终会找到一种合适的方法，在未来3年内对住房金融领域进行全面改革。（事实上，2011年我们发布了一份白皮书，列出了几个选项。）[①] 截至本书写作之时，房利美和房地美仍处于托管状态。

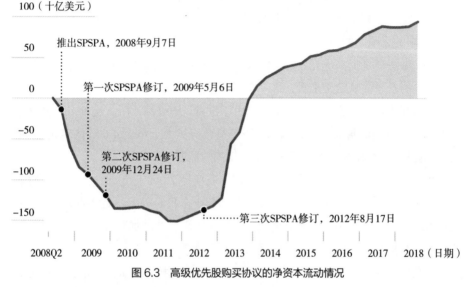

图6.3　高级优先股购买协议的净资本流动情况

注：净资本流动等于支付的分红减去"两房"在高级优先股购买协议下的资本提取。

资料来源：联邦住房金融局，作者计算。

经验与评估

经验1：政府资助企业的结构存在重大问题

政府资助企业是公共使命、私人所有权和隐性政府支持的集合体，事实证明

---

① U.S. Department of the Treasury and U.S. Department of Housing and Urban Development, "Reforming America's Housing Finance Market: A Report toCongress," Feb. 2011, https://www.treasury.gov/initiatives/Documents/Reforming%20America%27s%20Housing%20Finance%20Market.pdf.

这种结构本身就存在问题。政府资助企业所享受的担保不是用明确的、有定价的、接受监管的或其他任何有意义的形式设置的。将政府资助企业的隐性担保与银行体系的类似担保——存款保险——相比较，存款保险这种担保具有良好的结构，是明确的、有定价的，并且接受独立机构的监管。因为政府资助企业的担保设计存在问题，在危机爆发初期，政府部门就不得不把这种隐性担保转换成公开担保。

对政府资助企业的监管和资本要求也不够完善，对金融中介机构的资本要求应与政治经济脱钩，并由一个强有力的、独立的监管部门监督落实。

经验2：维持政府资助企业的运作是危机应对的重要组成部分

在接管政府资助企业后，美国财政部对政府资助企业的投资和承诺在应对、降低危机影响方面发挥了重要作用。两届政府所采取的一系列行动实现了最主要的目标：避免政府资助企业破产带来的不稳定影响，以及支持摇摇欲坠的住房金融市场。

但这些行动其实收获了更多成果：与此前的危机应对措施相比，这些行动还为经济复苏铺平了道路。许多房主没有意识到这一点，但保存房利美和房地美运营能力的做法，促进了信贷持续流向住宅抵押贷款市场，帮助阻断了房价的下行周期，为缓慢但稳定的经济复苏做出了贡献。

尽管财政部投资不是为了获利，获利也不应该成为评价财政部行动的唯一或主要因素，但政府确实通过投资获得了本金之外的分红。在过去的十几年里，房利美和房地美累计分红超过 2 850 亿美元，超过了财政部在优先股购买协议下的投资总额 1 910 亿美元。[①] 这笔收入给财政预算带来了积极影响，这也许是国会

---

① 使用优先股购买协议标准计算分红减去优先股购买协议下的提款。FHFA, "Dividends on Enterprise Draws from Treasury," https://www.fhfa.gov/DataTools/Downloads/Documents/Market-Data/Table_2.pdf；FHFA, "Quarterly Draws on Treasury Commitments to Fannie Mae and Freddie Mac per the Senior Preferred Stock Purchase Agreements," https://www.fhfa.gov/DataTools/Downloads/Documents/Market-Data/Table_1.pdf；注意：这一数字不包括出售政府资助企业抵押支持证券投资组合所获得的收益（250 亿美元）。"Treasury Completes Wind Down of Mortgage-Backed Securities Investment, Generates $25 Billion Positive Return for Taxpayers," press release, U.S. Department of the Treasury, March 19, 2012, https://www.treasury.gov/press-center/press-releases/Pages/tg1453.aspx.

允许政府资助企业以当前形态继续存在的重要原因。

经验 3：托管在危机时期能成为一项有效的工具

虽然托管并不是所有情况下的最优选择，但在此次危机中却是最有效的工具。一方面，在 2008 年 9 月的情况下，进行破产接管已经无法实现压降系统性风险、继续提供抵押贷款和保护纳税人的目的。

另一方面，托管给予了政府资助企业一段喘息时间，使政府资助企业能够继续提供抵押贷款、支持住房金融市场，同时也能有时间厘清董事会成员以及管理团队的责任。托管本身并不是永久性的解决方案，但它可以降低当下政府资助企业破产所带来的系统性风险。实施托管的能力取决于能从国会获得多少融资授权。

从机构的角度看，与危机发生前的银行控股公司相比，政府资助企业是更好的托管对象。政府资助企业的运作模式相对简单，负债结构不太复杂，而且在政府长期控制的情况下其负债结构也不易出现大幅恶化。

经验 4：托管不是改革政府资助企业

我们的主要目的是避免政府资助企业破产，以及由此引发的住房市场和金融体系的崩溃。我们的做法是在试图避免灾难——而不是设计改革方案。当然，在国会确定更长期的改革方案的同时，我们的计划会让政府资助企业继续运作。

十几年后的今天，政府资助企业仍处于本应是临时行为的托管之下，有人认为我们应该考虑设计一个强制结束托管状态的机制。无论是过去还是现在，我们都认为，这可能会对市场产生不稳定影响，因为这种机制会让市场对在既定截止日期前如何处置政府资助企业产生担忧。因此，尽管政府资助企业的全面改革对于住房市场和经济的健康运行至关重要，但我们仍然认为在危机发生后我们采取的措施是正确的。

第七章

货币市场基金：崩盘、挤兑和担保

本章作者：史蒂文·沙弗兰。戴维·内森对本章的内容亦有贡献，他曾任美国财政部负责金融机构事务的助理部长，在货币市场基金担保机制的设计和执行方面发挥了重要作用。

搭起舞台

2008 年 9 月 14 日是一个周日，当晚救助雷曼兄弟失败的消息泄露，雷曼兄弟申请破产已无法避免。事后来看，这一事件的影响是巨大的，给整个金融体系带来了系统性风险。金融体系部分领域深陷危机旋涡，甚至此前被认为是健康的货币市场基金也陷入危机。储备主基金[①]是历史最悠久的货币市场基金，总资产规模接近 630 亿美元。该基金持有约 7.85 亿美元的雷曼兄弟商业票据，约占其净资产的 1.2%。[②] 商业票据是借款人发行的短期无担保债务工具，雷曼兄弟商业票据的价值在其破产的情况下大概率会远低于其面值。雷曼兄弟的相关消息在周日爆出后，周一早晨，储备主基金的管理层就开始接到大量赎回申请。尽管储备主基金对雷曼兄弟的投资几乎确定会遭受损失，但基金管理层还是允许那些要求赎回的投资者以每份 1 美元的面值退出了。他们不愿意承认他们的基金马上就要"跌破净值"，"跌破净值"是一种行业说法，指的是基金跌至每份 1 美元的面值以下，投资者预期货币市场基金的价值应至少维持在面值水平。

周一清晨，商业票据发行市场也开始失灵。在缺少更多信息的情况下，投资者（主要是货币市场基金）不愿购入新发行的商业票据。当天下午，通用电气的首席执行官告诉财政部长亨利·保尔森，通用电气已经无法为自己募得足够的资金。[③]

第二天清晨，针对储备主基金的挤兑开始加速。恐慌开始蔓延至其他货币市场基金，这些基金也收到大量的赎回申请。周二下午，储备主基金宣布，已无法按每份 1 美元的价格为投资者办理赎回。该基金已经跌破净值。周一和周二两天，储备主基金共收到超过 400 亿美元的赎回申请，其中超过 100 亿美元的申请已于周一完成赎回。因为允许部分投资者周一按照面值退出，该基金与雷曼兄弟

---

① 储备主基金是美国储备资产管理公司旗下的货币市场基金。——译者注

② 蒂莫西·盖特纳在其回忆录《压力测试：对金融危机的反思》中写道，那年夏天，在其他基金卖出雷曼兄弟商业票据的时候，储备主基金还在加仓。

③ Henry M. Paulson, Jr., *On the Brink: Inside the Race to Stop the Collapse of the Global Financial System* (New York: Business Plus, Hachette Book Group, 2010), 172.

相关的损失都需要由赎回不够快的剩余投资者承担。

这就是投资者恐慌的根源。在隔夜现金市场，耐心等待是不会有奖励的。一旦存在不确定性，许多投资者都是先卖出，再做功课。投资者争相避险。到周三，恐慌情绪已经蔓延。保尔森得知，财政部高级顾问肯·威尔逊接到了贝莱德、纽约梅隆银行和北方信托等机构的货币市场基金经理的电话。这些电话所传达的信息都是一样的：虽然他们没有买入任何雷曼兄弟票据，但他们全都面临巨大的赎回压力。在 9 月 10 日和 10 月 1 日之间，优先型货币基金共流出资金 4 390 亿美元（见图 7.1），这些基金投资于高评级商业票据和其他有信用风险的短期债务工具。流出资金中有 3 620 亿美元流向了政府性基金，这些基金主要投资于美国国债和其他政府证券。[1]

由于货币市场基金经理担心大规模赎回，他们开始囤积现金，不再买入新发行的票据。商业票据市场逐渐停摆。与此同时，金融机构和企业出现了"现金荒"，不确定如何为其日常经营筹集资金。

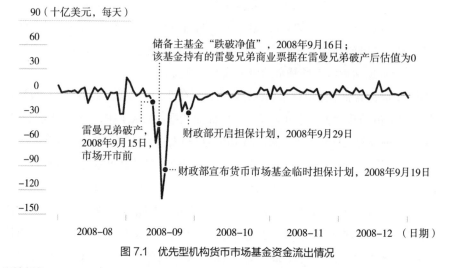

图 7.1　优先型机构货币市场基金资金流出情况

资料来源：iMoneyNet；Lawrence Schmidt, Allan Timmermann, and Russ Wermers, "Runs on Money Market Mutual Funds," *American Economic Review*, 106 (9) (2016): 2625–57.

---

[1]　Ben S. Bernanke, *The Courage to Act: A Memoir of a Crisis and Its Aftermath* (New York: W.W. Norton, 2015), 293.

公众和政客们眼睁睁地看着金融危机发展了至少一年。贝尔斯登管理的两只次级信贷基金于 2007 年 7 月破产。2007 年 8 月，法国巴黎银行宣布其管理的三只流动基金暂停赎回，资产规模共计 22 亿美元，这一消息震惊了市场。随着市场担忧的加剧，货币市场基金大规模撤出资产支持商业票据市场，几周内撤出的资金就高达 4 000 亿美元。2008 年 3 月，贝尔斯登濒临破产，当月即被摩根大通收购。9 月初，房利美和房地美被国有化，紧接着隔了一个周末，雷曼兄弟和美国国际集团就出了问题。

货币市场基金的崩盘有所不同。它影响到普通民众，让每个家庭都感受到金融危机的存在，而不再只是影响金融家和政策制定者。普通民众的储蓄受到了威胁，没有什么比这种事更敏感的了。利用货币市场基金管理隔夜现金以赚取微薄利差的小公司面临损失，它们原本认为投资货币市场基金就等同于在银行存款，这些钱本来是用于支付供应商货款和员工工资的。

无法在商业票据市场上融资的大企业也面临同样的问题。它们以前可以通过货币市场基金销售商业票据筹集现金，但现在这条路走不通，它们就没钱支付供应商货款和员工工资了。

除了通用电气打来电话外，一些高评级的工业企业和消费品公司（例如可口可乐和高露洁）的高管，也向保尔森抱怨商业票据卖不出去了。一家 AAA 级的消费品公司的首席执行官警告保尔森，自己公司的商业票据卖不出去，公司已经出现了严重的流动性问题。

此外，银行和其他金融机构也失去了一个资金来源，而且如果企业提出要求，金融机构在授信额度之内还要向企业提供流动性。此时企业的提款行为会导致银行资产负债表承受极大压力，银行可能要被迫处置资产来满足最低监管资本要求。在紧急抛售的情况下，即使是高质量资产也只能低价卖出，而且可能很快会演变成整个银行体系的偿付危机。对货币市场基金的挤兑，可能会演变为对银行的挤兑。潜在的溢出危害非常大。

这部分内容是由内部人陈述的，解释了为什么联邦政府决定支持整个货币市场基金行业以及介绍我们采取了何种措施。我们很清楚，魔鬼总是隐藏在细节中，我们针对这个市场的政策设计和选择会影响到其他市场。我们需要在短期内平息恐慌，实施一个能够在中期内保护金融体系和纳税人的计划，并为长期内退出这一计划制定规划。

留给我们的时间并不多。我们要在几天之内宣布计划，只有一个周末的时间设计这个计划，还有额外的一周来证明这个计划靠得住。数万亿美元处于危险之中，正如美联储主席本·伯南克所说，我们正在悬崖边凝望深渊。

货币市场基金

在美国金融体系中，货币市场基金并非总是扮演着如此重要的角色。直到20世纪70年代，这个行业才刚开始崭露头角。那时候，消费者在管理现金方面并没有多少选择。银行不对活期账户存款付息。只有储蓄账户和贷款才被允许付息，而且利率由监管者设定。现金管理账户那时候还不存在。

当金融领域开始放松管制时，一切都变了。散户投资者所享受的首批红利之一就是现金账户开始以市场利率付息。而且不仅银行监管者取消了限制，就连证券监管者也开始放松管制，他们批准了一种新的发明：货币市场基金。美国证券交易委员会要求货币市场基金将每天收盘后的价值维持在每份1美元的固定水平，只要基金净值高于每份0.995美元就算达标了。还有什么能比这更安全的呢？到2008年秋天，超过3 000万美国人拥有了货币市场基金账户。整个货币市场基金行业管理的个人和企业的现金规模超过3.5万亿美元。这些基金是连接投资者与银行和企业的桥梁，投资者被基金的低风险和高流动性所吸引，而银行和企业则靠向这些基金卖出短期债务工具来筹集资金。这些基金也成为欧洲银行重要的美元融资渠道。

货币市场基金的影响力在金融危机爆发前的几年里不断扩大。到2008年，已发展出三种主要货币市场基金：政府性基金，这类基金只投资于政府债券，包括美国国债和具有政府背景的机构发行的债券，例如房利美和房地美发行的债券；优先型基金，例如储备主基金，这类基金主要投资于高评级企业发行的证券；市政型基金，这类基金投资于免税的市政债券。这三类基金的共同点是，美国证券交易委员会规定它们只能持有短期证券，只能承担有限的信用风险，而且要保持较高的流动性。

优先型基金的问世是为了满足投资者对高收益的追求。这些基金买入商业票据，而非仅投资于美国政府债券，储备主基金就是这样一只基金。它买入企业（例如可口可乐）和非银行金融机构（例如通用电气金融服务公司）发行的高评级商业票据、银行（国内和国外）发行的存单以及抵押贷款公司和财务公司发行的资产支持商业票据，包括结构性投资工具发行的资产支持商业票据。上述每个发行者都高度依赖短期融资市场获得资金，以维持日常经营，因此反过来也依赖货币市场基金购买其短期票据。虽然优先型基金不能投资于评级较低的证券，但高评级证券的信用风险肯定比美国国债和其他有公开或隐性政府担保的证券要高，流动性也相对差一些。只能投资高评级证券以及维持固定净值的监管要求，导致优先型基金的风险对投资者尤其是散户投资者来说，似乎与政府性基金一样低。为追求更高收益，投资者纷纷涌向储备主基金等优先型基金。到危机发生时，整个优先型货币市场基金行业的资产规模已达 2 万亿美元，而政府性基金产品的规模大约为 1.5 万亿美元。正如保尔森所说："这个行业所描绘的图景好得令人难以相信。你获得的收益比联邦政府为隔夜流动性支付的利息更高，但同时你又享有隔夜流动性，这种好事是绝对不可能的。"①

普通民众、他们的储蓄、政府和货币市场基金行业自 20 世纪 70 年代起已经产生了深刻联系，正是因为这种紧密的联系，2008 年我们才选择保护整个货币市场基金行业及其客户，并采取了一系列措施。对于公众和许多国会议员来说，贝尔斯登和雷曼兄弟的失败都可以被认为是华尔街的问题。但当货币市场基金出现恐慌和挤兑时，危机就已经成为社会的主要问题。危机的政治生态发生了变化。

美国财政部的内部讨论

随着货币市场基金行业的问题逐步显现，2008 年 9 月 16 日，我们在财政部碰头，开始着手处理这些问题。官方任务是解决现金市场流动性问题。实际任务是平息恐慌。

干预市场从来都不是一件容易的事，很可能会产生意料之外的后果。但此时我们所需要的恰好就是干预——尽管我们没有干涉私人部门的资本配置和投资。一方面，我们需要保护金融体系和纳税人；另一方面，需要在危机发生时采取权宜之计，及时进行干预。这种权衡是很有必要的，但又十分困难。解决方案拿出来得越匆忙，政府遭受资金损失、失去政治支持的风险就越大。我们出台的支持

---

① Paulson, *On the Brink*, 234.

措施的结构越复杂，我们就越有可能失去市场影响力。

在周二和周三（9月16日和17日），我们考虑了很多工具和方案。在所有的选项中，有几个方案看起来可行性更高一些。这些方案包括：建议美联储向货币市场基金开放贴现窗口，建议美联储允许商业票据发行人直接向美联储出售票据，为货币市场基金行业创设一个类似联邦存款保险公司的机构。但这些方案都过于复杂，或过于烦琐，很难迅速落实以平息恐慌。有些潜在的解决方案要求美联储发挥作用，但此时美联储正通过它自己的工具应对货币市场基金问题。[①]

其他方案则要求我们通过国会立法去获得更多手中并没有的权限，而且也没时间去申请了。剩下的就是最直接、影响最大的选项：使用财政部控制的外汇稳定基金来支持政府为货币市场基金提供担保。

周四（9月18日），在与财政部、美联储和纽约联邦储备银行的高级官员等所有相关人员通话时，保尔森告诉我们，他倾向于出台一个担保计划。他对团队成员说："我想要抢在恐慌前面。"我们的计划必须大胆，在设计上要简洁，对于整个体系和纳税人的代价是可以承受的，还得是有效的，而且要在我们现有的权限之内。这个计划需要让普通人信服，我们把它叫作《今日美国》测试；此计划也要让华尔街信服，这样机构投资者才不会继续赎回；并要让整个货币市场基金行业都信服，这样基金经理才会与我们合作，而非对抗。

设计担保计划的结构

从保尔森决定美国财政部将向货币市场基金提供担保之时起，我们的注意力就转向了担保计划的细节。从最基础的层面来看，我们知道该计划的效力在于其简洁程度。如果我们说联邦政府正在提供担保，而且担保计划是简单的、可信的，那么恐慌会消退，挤兑会停止，担保被实际动用的可能性就会很小。

---

① 美联储宣布了名为"资产支持商业票据货币市场共同基金流动性工具"的流动性计划，以支持短期融资市场。"Treasury Announces Guaranty Program for Money Market Funds," U.S. Department of the Treasury, Sept. 19, 2008, https://www.treasury.gov/press-center/press-releases/Pages/hp1147. aspx. 此计划由波士顿联邦储备银行负责操作，通过向银行提供贷款，旨在为货币市场基金被迫抛售的资产支持商业票据做市。（关于计划更详细的讨论，以及美联储的另一个流动性计划"商业票据融资工具"，在本书第三章有详细介绍。）

我们必须快速采取行动，顾不上理顺所有细节了，但在此之前，我们必须拿到法律授权。我们的计划在 24 小时之内就通过了白宫审批。一拿到审批结果，我们马上就对外公布这一计划。9 月 19 日周五，我们发布了声明。

尽管我们想要让计划尽可能简洁，但在几个艰难的现实问题上，我们必须做出权衡。那时整个货币市场基金的资产规模大约为 3.5 万亿美元，而我们只能使用来自财政部外汇稳定基金的 500 亿美元（之后国会收回了使用该基金的授权）。我们怎样才能用区区 500 亿美元来覆盖整个货币市场基金行业，并且让市场信服呢？

还有一个问题就是对纳税人的公平问题。为了解决这一顾虑，我们决定向参与这个担保计划的基金经理收取费用。这就需要确定收费标准。我们想要设计一些细节使收益流向投资者，而非这些基金的所有者。我们想要设计一个能够广泛吸引货币市场基金参与的项目，因为提高参与率可以避免污名效应和逆向选择（指的是只有出问题的基金才会参与）。当然，我们一直没有忘记，如果我们在计划中加入太多复杂的因素，我们将失去简洁性所带来的力量。这就是在设计计划时必须权衡的。

我们在接下来的 10 天里所创造的实际"产品"叫作"货币市场基金临时担保计划"。[1]

下面就是对我们反复权衡的七条设计理念的探讨，我们希望在简洁性与可使用的资源和保护纳税人之间取得平衡。成功的标准就是个人投资者、企业的财务部门和基金管理公司都认为我们的担保计划是可靠的。

第一，覆盖损失，而非资产。我们的第一个担忧就是如何用我们从外汇稳定基金获得的 500 亿美元去覆盖一个 3.5 万亿美元的行业。我们需要想办法利用手中的 1 美元去保障 70 美元的资金。如果能对 3.5 万亿美元做出全额保障固然很好，但只有国会给予授权，我们才能做出那种承诺。鉴于我们手中的资源有限，我们做出的第一个决定就是担保只覆盖投资者已发生的损失，而非投资者账户的全部余额。当时市场参与者的判断是大部分货币市场基金的资产是安全的。雷曼兄弟商业票据的市值已经跌至零，但金融体系内类似的票据并不多。与我们沟通

---

[1] 最终的政策文件参见 http://som.yale.edu/sites/default/files/files/Guarantee%20Agreement%2024Aug15%20v1.pdf。

的市场参与者并不相信货币市场基金面临严重的信用问题。我们正在应对的是流动性挤兑，不是失去偿付能力的问题。因此，通过设计一个可以覆盖损失的计划，我们缓解了市场的担忧，让他们知道背后有人坐镇，他们的安全资产不会出现损失。从我们的角度来看，财政部承担的风险仅限于投资者最终损失的那部分差额，而不是投资的全部价值。

第二，索赔应是最终手段。我们把计划的这一部分叫作"死亡保险"，与寿险的概念相对。只有在基金所有者愿意关闭基金、退出市场的时候，该基金方可在我们的计划下申请索赔。我们想要避免任何可能引发道德风险的情况。自货币市场基金问世几十年来，无数母公司对其出现损失、面临"跌破净值"污名的子基金出手救助。例如，1994 年，母公司救助了大约 50 只货币市场基金[①]，使这些基金免于因债市动荡而跌破净值。[②] 实施这些救助是为了防止基金管理公司遭受声誉风险。绝大多数货币市场基金设在大型基金管理公司内，而这些大公司会竭力避免声誉受损。历史上，如果一只货币市场基金持有的资产出了问题，可能会导致该基金跌破净值，母公司一般会以面值收购问题资产。这就解决了这只货币市场基金所面临的信用问题，然后母公司再处置问题资产，母公司的处置过程就无须遵守每天净值均需保持每份 1 美元的监管要求了。鉴于货币市场基金行业已形成这种惯例，我们不希望新出台的担保计划变成对基金管理公司的政府救助。我们希望母公司能够在其力所能及的范围内继续救助自己的货币市场基金。我们相信死亡保险策略能够减少担保的实际动用，而且会让那些持有问题资产的基金管理公司真正承担负面后果。并不是所有人都同意这种方法。这种方法确实"减弱"了担保计划的效力和简洁性，但我们认为这是市场能够接受的。

第三，覆盖投资，而非货币市场基金。为了降低政府所承担的风险，我们决定，虽然我们会与基金管理公司就其管理的每只基金签署担保合约，但受益人将会是投资者，而不是基金本身。这让我们的计划有机会直接惠及受益人（俗话说的"大街上的人"），而且让计划看起来不是在救助这些基金本身。

第四，覆盖具体基金的具体投资者在具体时间点的具体投资金额。我们需要

---

① Eric Dash, "Rethinking Money Market Funds," *New York Times*, July 11, 2008, https://www.nytimes.com/2008/07/11/business/11fund.html.

② 2012 年，波士顿联邦储备银行的一份研究发现，在 2007—2011 年，一家出资企业救助其附属货币市场基金的次数至少为 21 次。

了解政府承担风险的敞口规模。我们要求参与担保计划的每只基金都向我们提供一份基金投资者的名单，以及担保政策生效当日投资者持有的基金份额。我们决定只为名单上的这些投资者的这部分投资提供保障。举例来说，如果投资者持有 1 000 美元 A 基金的份额，而且 A 基金参加了担保计划，那么我们会承担该投资者持有的这部分份额的任何损失。如果该投资者后来又买了 1 000 美元 A 基金的份额，我们将不会为这些额外投资发生的任何损失提供担保。如果投资者卖出了原来 1 000 美元的投资，又买了 1 000 美元 B 基金的份额，那么即使 B 基金参加了担保计划，这些新的投资也不会受到保障。我们为什么要这样做呢？除了控制风险外，我们还想要防止担保计划产生一些意料之外的后果。我们担心人们会在恐慌之下把钱从一只基金转移到另一只基金，也担心人们会把钱从未参保的基金中取出来放到参保的基金里。此外，我们的担保覆盖了优先型基金和政府性基金，虽然政府性基金的风险很小，但货币市场基金行业支持我们的这一行动。在我们设计这些细节的时候，我们并不知道到底有多少基金会选择参与担保计划。我们相信，这些方法会鼓励更多基金参与，因为那些不参与的基金是在用投资者的资金冒险。而且，我们相信通过鼓励更多基金参与，最终会让整个体系更加安全。在联邦存款保险公司主席希拉·贝尔的提醒下，我们还注意到另外一个问题。贝尔指出，如果我们担保的覆盖范围过于广泛，将会鼓投资者把他们享受联邦存款保险公司保障的银行存款（保障有上限，那时是每个账户 10 万美元）提取出来，放入现在也有担保的货币市场基金。那将会引发对银行大额存款的挤兑。我们永远需要对计划做出权衡，考虑到在必要时我们总是可以修改计划的范围和保障水平，我们在计划的设计过程中还是偏向于保持克制，避免过于大胆。

第五，在最后阶段赔付，而且只在所有其他选项都穷尽的情况下才赔付。死亡保险的概念意味着一只基金只有在关闭、退出市场的情况下才能申请担保计划的赔付。处理索赔申请的实际程序也是符合这一理念的，这样可以确保财政部资金承担最小风险，经得起审查。在担保计划下，如果一只基金的净值低于面值的 99.5%，那就意味着这只基金在技术上已经跌破净值了，出现了担保计划"触发事件"。第一道防线是母公司收购问题资产，帮助该基金净值至少回到 99.5% 的水平，以满足监管要求。在母公司不愿或没有能力这样做的情况下，基金管理公司可以在担保计划下申请保障。我们设计的流程包括以下步骤：（1）基金管理公司须在"触发事件"发生24小时内告知政府，并立即停止为任何投资者办理赎回；（2）5日内，基金管理公司要对基金进行清盘，并将收益返还给所有投资者；（3）在不超过30日内，基金管理公司可以向政府申请赔付，以覆盖投资者的任何损失。举例来说，假设一只10亿美元的基金出现了"触发事件"，在担保计划开始之时该基金的投资者持有9亿美元的份额。如果该基金清盘后回收的资产价值为面值的97%，那么所有投资者每1美元的投资将拿回97美分。资金受到保障的投资者还能通过担保计划从政府那里再拿到额外3美分。在这个案例下，政府共计需向受保障的投资者支付2 700万美元。

第六，担保需收费，定价应反映风险。为担保收费是我们做出的最艰难、最复杂的判断之一。我们当时有三个方案：不收费，根据预估损失收费，根据我们判断的市场承受能力收费。不收费的理由很简单：通过提供免费保险，我们可以鼓励货币市场基金最大限度地参与担保计划，好比用最大的水量来灭火。如果选择这种方案，我们认为可以平息恐慌、结束挤兑，最小化发生系统性损失的概率。这听起来很不错，但就是感觉不对，或者说不公平。我们动用外汇稳定基金来提供担保，意味着美国全体纳税人在承担风险，但直接受益人却相对较少：那些投资货币市场基金的人和管理这些基金的基金经理。因此，尽管我们行动的间接受益人是整个国家，但完全不收费无法说服他人。

我们认为要在另外两个选项中做出选择，也就是要收费。下一步就是为保费定价。我们采取了自上而下和自下而上的分析方法。在纽约联邦储备银行的帮助下，我们做了一个预估损失的模型，以评估财政部在提供担保时可能出现的损失。我们只有24小时来完成分析，因此这个分析过程很快，而且级别较高。我们考虑的另外一个方法是看一看整个货币市场基金行业的利润水平，然后根据大多数基金管理公司的利润率收取一定百分比的保费。我们担心如果收费太高，基金经理可能会承担损失，那么就没有人会参加担保计划。定价将是一门艺术，我们无法通过科学的方式得到"正确"数字。关键是定价应能覆盖我们的潜在损失，但又不能高到让基金经理抵触。纽约联邦储备银行的工作人员预估了一个我们需承担的损失范围，保费应落在这个范围内。最后，我们知道这是一个短期计划，因此我们认为如果要犯错，定价偏高会好一些，因为这会激励货币市场基金行业在情况好转后尽快退出这个计划。我们最终决定将保费定为1个基点保障3个月，也就是每年4个基点。我们认为那时货币市场基金行业每年的利润在 5~10 个基点之间，所以我们的保费水平会对这个行业的盈利产生影响，但完全是可负担的。这一标准也与美联储的分析保持一致。此外，对于净值已处于 99.50%~99.75% 的基金，我们将保费增加至每季度 1.5 个基点，也就是每年 6 个基点。

第七，对参与者进行审查。最后，我们决定要尽量确保"坏人"不能参与担保计划，要把那些"已经生病"和已经跌破净值但仍想参保的基金排除在外。这点其实是区分担保计划和救助计划的关键。我们决定要将净值低于面值 99.5% 的基金排除在外。我们想要做的是保护投资者（和金融体系）免受恐慌和挤兑，因为恐慌和挤兑可能导致巨额损失。我们不想承担个别已经出现问题的货币市场基金已经产生的损失（因为信用风险而产生的损失）。

让担保计划发挥作用

在保尔森公开宣布我们想为货币市场基金提供担保后，我们就要开始推销这个担保计划。

我们的工作是确保最大的参与率，并且避免给参与者带来污名效应。我们需要所有主要的货币市场基金都参与担保计划。就像我们在问题资产救助计划中所做的一样，我们要竭力避免只有出问题的基金才参与担保计划的情况。那种情况将会是"死亡之吻"[①]。我们做了大量工作，给货币市场基金行业的首席执行官打了无数通电话，主要基于以下三个设计细节来推销这个计划。首先，我们收取的保费反映了行业的盈利水平，对参与者来说是可以接受的。其次，我们的计划有明确的退出时限，短期保障是 3 个月，还设置了 12 个月后退出的"日落条款"[②]。我们要让每个人都明白，我们不想永久性地改变这个行业，这是极其重要的一点。为了实现这一承诺，担保计划的条款需要规定退出时限。最后，我们有明确的法律文件，对参与担保计划的报名期限做出了规定。我们没有给那些试图通过游说和讨价还价改变计划条款的说客留时间。

担保计划于 9 月 29 日正式问世。开始阶段，报名的参与者很多。高峰时期，

---

① "死亡之吻"表示有毁灭性的行为或事件。——译者注
② "日落条款"指的是法律或合约中约定部分或全部条文终止生效日期的条款。——译者注

有 366 家公司和 1 486 只基金参与了计划。货币市场基金行业持有 3.46 万亿美元资产，其中超过 3.2 万亿美元资产（约占总资产的 93%）参与了担保计划。随着金融体系流动性逐步恢复，参与率开始下降，货币市场基金持有的高风险票据数量下降，认为需要为自己的投资组合投保的基金数量也越来越少。

从大多数的经济衡量指标来看，这个计划是成功的。自我们宣布计划之日起，对货币市场基金的挤兑就慢慢停止了，恐慌逐步平息。在 9 月 29 日计划正式出台之后的两周内，货币市场基金（包含需纳税的和免税的基金）的总资产规模稳定下来，并开始逐步增长。2008 年 10 月 1 日的总资产大约为 3.4 万亿美元，到 2009 年 1 月 14 日，总资产达到 3.9 万亿美元。

最终该计划没有做出任何赔付，反而给政府带来了收益。正是由于担保计划和其他计划（包括商业票据融资工具和资产支持商业票据货币市场共同基金流动性工具）发挥了作用，商业票据发行市场恢复了活力，货币市场基金持有的票据的违约率大幅下降，所有资产的价格开始上涨。

担保计划延期了两次，12 个月之后退出。财政部收取的保费总计达 12 亿美元。

经验教训

经验 1：政策细节很重要

每项应对措施都是战略（政策制定者释放了多大、具有多少冲击性的信号）和战术（干预手段将如何具体发挥作用）的结合。细节很重要，因为一项无法落地的重大政策注定失败。

经验 2：了解你的目标群体

每一项应对政策都有目标群体。这些目标群体包括市场专家、普通民众和政治领导人，应确保以目标群体能够理解的方式传达信息。让公众了解你的政策将在长期内保护政策制定者和整个金融体系。

经验3：保持简洁

担保计划已经通过了"《今日美国》测试"，普通民众和政客都明白了我们的意图。市场参与者，包括发行人、机构买家和货币市场基金经理在内，也都理解并接受了干预措施。

经验4：对计划外的后果有预期

政策设计的一些关键细节能够最小化意外后果。公平的费用、对合格资产的定义、参与担保计划的最后截止期限、日落条款以及申请赔付的市场退出要求——所有这些都有助于确保最大的参与率和最小的长期影响。

经验5：保护纳税人

永远不要忘记市场参与者会操纵金融体系实现其利益最大化。对市场的运作了解得越多，就越能更好地制定保护纳税人利益的解决方案。

经验6：行业结构很重要

最后一条，可能也是最重要的一条经验是关于行业结构的。影子银行在全球范围内都存在。当下次遇到影子银行挤兑时，我们在2008年曾直面的那种恐惧以及在应对危机时所面临的那些问题都会再次出现。那些不像银行一样受到严格约束的机构——它们无权使用存款保险这一银行安全网，也不能使用美联储的流动性工具——不应被允许发行像存款一样可每日赎回的资产，因为这会给公众带来这些产品不存在损失风险的错误印象。

第八章

银行体系资本重组计划

◇◇◇

本章作者：丹·杰斯特、戴维·内森和杰里迈亚·诺顿。本章作者非常感谢许多前同事做出的贡献，没有他们就不会有本章所介绍的这些政策。

引　言

2008 年 9 月，金融体系开始瓦解。房利美和房地美进入政府托管状态，雷曼兄弟申请破产，美联储在财政部的支持下救助美国国际集团，一只大型货币市场基金跌破净值，信贷市场濒临冻结。情况恶化已经非常明显，如果没有额外的授权和资源，美国财政部和美联储会无力应对此局面。毫无疑问，危机已经显现，我们认为可以敦促国会采取行动。

对于大多数美国人，尤其是那些坚信应由私人部门主导投资和资本配置的人而言，政府注资银行体系是一项大变革。这同样也不符合我们一贯的政策主张。我们没有轻率地采取行动，但是 2008 年 9 月和 10 月的一连串事件，让政府注资成为维护银行体系和国家稳定的最佳选项。

财政部在没有将主要金融机构国有化的前提下拯救了这些机构，救助的速度和规模前所未有。该方案广泛应用于受监管的银行业机构，包括大型全球机构、地区性银行和社区银行，以帮助它们抵御严重的金融冲击，并在危机深化过程中持续投放信贷。方案落地是在极短时间内紧张工作、分析和规划的结果，时间要以天计，而不是以周为单位。

在我们看来，资本重组计划基本实现了其政策目标，政府投入的资金几乎没有损失，总体上给纳税人所承担的风险带来了利润。但这项政策很快变得不受欢迎且饱受争议，直至今日，它仍然是激烈讨论的主题。

本章旨在阐释政府向银行体系注资数十亿美元的决策过程，包括以下内容：

- 通过动用问题资产救助计划资金，危机应对从私人部门主导逐步转向由政府牵头；
- 从为资产购买提供资金突然转为直接投资金融机构股权；
- 政府资本投资的结构设计；
- 大规模政府担保与注资相结合，以稳定银行体系。

搭起舞台

自亨利·保尔森 2006 年 7 月宣誓就任美国财政部长以来，他就将工作重点放在了应对金融危机上。担任高盛首席执行官时，他注意到了市场泡沫化，担心近十年前席卷全球市场的金融冲击会重演。他已经意识到房地产市场在恶化。但是根据保尔森的自述，他并不知道抵押贷款证券化市场问题的影响会有多深远。[①]

2007 年夏天，房地产市场风险开始对更广泛的金融体系构成威胁。那年秋天，各种规模的金融机构——从华尔街的大型银行到规模很小的无名实体，即结构性投资工具——均认为短期融资市场的流动性开始干涸。保尔森深感担忧的是，如果情况恶化，借贷成本将迅速上升，那些脆弱的公司将不得不大幅打折出售资产以筹集现金。一旦金融机构陷入这样的负向螺旋，就很难脱身了（见图 8.1）。

保尔森在私下和公开场合都敦促金融机构筹集资金以加强流动性，许多机构都取得了进展。2007 年下半年，金融机构筹集了 830 多亿美元的股权，比 2006 年同期增长 20% 以上。[②]贝尔斯登、花旗集团、美林和摩根士丹利分别从亚洲与中东的投资者那里筹集了数十亿美元。[③]

然而，这些资本筹集是有较大代价的，无法让市场安心。在许多方面，"输血"产生了负面效果。由于担心华尔街仍落后于形势变化，保尔森私下敦促其他大型金融机构补充融资。对此，大多数机构均表示反对，认为自身资本充足，不

[①] Henry M. Paulson, Jr., *On the Brink: Inside the Race to Stop the Collapse of the Global Financial System* (New York: Business Plus, Hachette Book Group, 2010), 64.

[②] 财政部长亨利·保尔森在纽约证券分析师协会谈及住房和资本市场，美国财政部，2008 年 1 月 7 日。

[③] 贝尔斯登计划从中国的中信证券筹集 10 亿美元，在 2008 年 3 月贝尔斯登被摩根大通收购后，中信证券退出谈判。花旗集团于 2007 年 11 月 27 日从阿布扎比投资局筹集了 75 亿美元，2008 年 1 月 15 日从新加坡政府投资公司筹集了 68.8 亿美元；2008 年 1 月 15 日，科威特投资局追加了 30 亿美元。2008 年 1 月 15 日，美林从科威特投资局筹集了 20 亿美元，从韩国投资公司筹集了 20 亿美元；美林于 2007 年 12 月 24 日从淡马锡筹集了 44 亿美元，淡马锡于 2008 年 2 月 1 日行使 6 亿美元股票期权后，投资额增至 50 亿美元。2007 年 12 月 19 日，摩根士丹利从中国投资有限责任公司筹集了 56 亿美元。

希望稀释现有股份。它们还担心，补充资本会使银行有声誉风险，让银行看起来很脆弱。毕竟，它们可以看到那些已补充资本的银行的高管层发生了剧变。

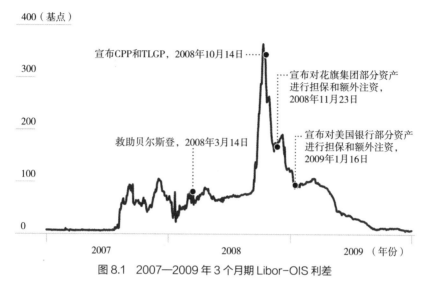

图 8.1　2007—2009 年 3 个月期 Libor-OIS 利差

资料来源：彭博财经。

保尔森还动用财政部的召集权，敦促银行以其他方式强化资产负债结构。其中一项举措旨在解决银行表外结构性投资工具中隐藏的杠杆风险。根据这项提议，花旗集团、美国银行和摩根大通将联合提供超过 750 亿美元的资金，作为超级流动性增强渠道（MLEC）[①]，该渠道又被称为超级结构性投资工具。超级结构性投资工具向传统结构性投资工具购买资产，并持有至市场状况好转。但这个计划从未付诸实施，原因是参与银行在定价上存在分歧，实力较强的银行将该计划视为对实力较弱机构的救助，此外市场对执行计划的复杂性也有广泛担忧。但在危机期间，我们曾多次审视这一方案的可行性。

最终，保尔森认识到了上述策略的局限性，尤其是在没有授权和政府资金的情况下难以应对系统性危机。他敦促工作人员继续研发政策工具以应对日益恶化的金融环境。2008 年 2 月，他要求工作人员开始与美联储的同事合作，探讨各种政策选择。他们在一份备忘录中总结了想法，这份备忘录被称为"打破玻璃"的银行

①　Paulson, *On the Brink*, 79.

资本重组计划。[①] 其中包括：让政府购买非流动性资产，让政府为抵押贷款相关资产提供担保，让联邦住房管理局为个人抵押贷款提供再贷款，以及购买银行股权。

所有选项都将政策重点从美联储提供流动性转移到了财政部支持改善银行资本状况。在保尔森看来，最合意的方案是从银行购买 5 000 亿美元缺乏流动性的抵押贷款相关资产。这样银行能剥离不良资产，继而释放信贷空间。政府将依靠私人部门的资产管理公司来管理购买的证券，纳税人将承担风险并获取回报。尽管备忘录提议设立紧急基金，但当时分裂的国会授予财政部长这样的权力是不可想象的。还有人担心，如果我们向国会申请紧急授权和资金被拒绝，会加剧市场崩溃。

不管从政策逻辑还是从实践角度来看，保尔森都有理由支持这一方案。首先，他反对任何可以被定性为国有化的想法。当政府获得私有资产的所有权时，政府就要被迫影响或控制私人部门企业。他还担心，政府控股银行会使银行很难获得盈利，也难再恢复私营状态。

因此，当 2008 年 9 月危机加剧时，保尔森又重拾资产购买计划。他认为仅是宣布政府有大量资金用于资产购买，资产价格就会上涨，然后政府购买会进一步推高资产价格。这样就会创造一个良性循环，银行可以重新对资产定价，这将释放资本并增强市场信心，从而使价格继续上涨。

保尔森还认为，有关政府接手银行的讨论会使投资者感到恐慌，而不是安心。两周前，房利美和房地美被政府接管，美国国际集团也得到了救助。在这两个案例中，政府都获得了企业约 80% 的股份，大大稀释了原有股东的股权。9 月 18 日，雷曼兄弟破产 3 天后，财政部向国会提交了 7 000 亿美元的问题资产救助计划，希望获得从美国金融机构购买"抵押贷款相关资产"的授权。

为促使国会采取行动，保尔森和美联储主席伯南克必须阐释危机的性质和系统性失败的风险。他们还必须解释，这场危机的核心因素是银行资产负债表上存在大量缺乏流动性的抵押贷款相关资产，其中许多资产濒于不良，这导致银行资本充足性出现问题。在公开场合，保尔森和伯南克都建议对这些资产重新定价并创造流动性，以减轻银行资产负债表的压力。伯南克是从学术角度严肃论证的，而保尔森则强烈呼吁，这是对银行体系进行资本重组的最有效方式。尽管认识到了资产购买的重要性，我们也对该计划心存疑虑，尤其对将救助措施仅限于资产

---

① Paulson, *On the Brink*, 131.

购买感到不安。因此，立法赋予财政部更广泛的授权至关重要。

9 月 27 日周六晚间，财政部谈判代表与两党领导人就 7 000 亿美元的问题资产救助计划达成一致。但之后的周一，众议院以 228 票比 205 票的优势否决了该计划。随后，标准普尔 500 指数下跌 8.8%，市值蒸发超过 1 万亿美元，是 1987 年 10 月股市崩盘以来最糟糕的一天。

在财政部与国会恢复谈判的同时，市场情况继续恶化。美国历史上两个最大的银行倒闭案（华盛顿互惠银行和美联银行倒闭）发生后，存款人开始处于极度紧张状态。与此同时，市场融资压力越来越大，高盛和摩根士丹利——这两家华尔街仅剩的大型投资银行，又额外筹集了数十亿美元资本，并改为控股公司以获得美联储的贴现窗口资金。[①] 在此期间，伯南克和本章作者告诉保尔森，解决危机很可能需要给银行注资。保尔森表示同意，并告知小布什总统，他认为注资可能是必要的。

10 月 3 日周五，众议院跟随参议院的意见，以 263 票比 171 票通过了 2008 年《紧急经济稳定法案》，赋予财政部应对危机的权限和资源。

该法案允许财政部长购买被定义为"商业或住宅抵押贷款以及与此类贷款相关的证券、债务或其他工具"的问题资产。该法案还包括对问题资产的第二种定义，即"为稳定金融市场，财政部长在与美联储主席协商后决定购买的其他金融工具"。这一规定为联邦政府提供了广泛的灵活性，可以直接投资银行，甚至像财政部当年晚些时候所做的那样，直接投资汽车行业。

鉴于危机仍在演变，保尔森希望危机应对方案继续保持开放性。在周末之前，他敦促团队弄清楚需要多长时间才能开始购买银行的有毒资产。他还指示我们："找到向银行注资的办法。"

|||||

在国会通过问题资产救助计划后的几天里，又有 7 个欧洲国家采取行动拯救银行，但美国和欧洲的股市非但没有反弹，反而继续以惊人的速度下跌。在与时

---

① 为成为银行控股公司，两家投资银行需要向美联储证明它们有足够的财务和管理资源来满足监管要求，并能安全稳健地持续经营。高盛获得了沃伦·巴菲特 50 亿美元的股权投资承诺，并通过公开发行另外筹集了 50 亿美元。摩根士丹利从日本大型银行集团——三菱日联金融集团那里获得了约 90 亿美元的股权投资承诺。

间赛跑的过程中，美国财政部和美联储制订了一项稳定市场的计划。我们认识到必须采取强有力的行动，而且要快。

我们很快发现，资产购买计划不可能快速实施，也无法最大限度地利用问题资产救助计划的资金。为此，我们决定推行一项大规模计划，让政府直接投资银行。

我们得出的结论是，即使资产拍卖成功，拍卖规模可能也不够大，或者价格不够高，难以带来显著作用。鉴于银行资产负债表上有约2万亿美元的不良资产，市场担心即使是数千亿美元的资产购买也无济于事。只有购买人愿意在银行的账面价值之上支付较高溢价，资产购买才能对资本产生重大直接影响。虽然不确定，但有限的资产购买可能会提升不良资产的价值，带来超额收益，进而提升银行资本水平。但问题是，如果拍卖成功，且成交价表明损失超出投资者和债权人的预估，接下来会发生什么？

拍卖流程的设计也存在诸多挑战。现存大量可拍卖资产，包括超过2万种抵押支持证券，每种证券都有自己的基础抵押贷款池，有不同期限、借款人、信用评级和违约率。我们担心可能要等到12月才能对数亿美元的资产进行试拍卖。

通过购买股权对银行开展资本重组要简单得多，以前也曾使用这一方式，尽管并不总是有效。当然，历史上从未开展过这么大的规模，或按照这种模式进行注资。从政策角度看，政府投资银行的局面让我们不快，而且具有政治毒性，但是我们需要解决银行体系的资本不足问题。

股权投资方案的一个主要优点是它可以被标准化，适用于所有类型的金融机构。而且我们知道它会很有效。通过注资，银行将有更多的资本来吸收经济恶化带来的损失。它们也会有更强的放贷能力，而不是束手束脚地囤积资本。我们希望这可以重塑市场信心，随着时间的推移，私人资本将回归银行体系。

该方案的另一个优点是，它的影响远大于单纯购买资产。单纯购买资产时，每花费1美元只能换取1美元资产。但如果向一家银行注资1美元，取决于银行的资本充足率，这1美元可以创造8~12美元的贷款。因此，如果要投资数千亿美元，你可以大幅强化这些银行的资本实力，增强其放贷能力。

设计和落实资本购买计划

2008年10月3日问题资产救助计划获准后，我们开始与美联储和联邦存款保险公司的同事合作设计资本购买计划。我们希望尽快制订一项计划，因为金融市场正处于系统性崩溃的边缘。10 月 13 日，在获得国会批准 10 天后，我们向银行披露了该计划，并于第二天公开宣布。

在设计资本购买计划时，我们制定了一个与此前所有资本重组都不同的策略。我们将欢迎所有合格的、健康的机构，而不是仅仅"国有化"濒临倒闭或疲软的银行。这一计划被多次修订。例如，最初的版本是政府对银行筹集到的私人资本进行匹配投资。这一方案很快被推翻，因为当时即使实力最强的银行也难以通过公开市场融资。

我们试图设计一个易于理解、实施且能被广泛接受的银行资本重组计划，以使其效果最大化。我们必须解决一系列问题。首先，最重要的一点是，即使在问题资产救助计划通过后，我们也没有法律授权能够迫使银行接受投资。为鼓励银行广泛参与，注资条款必须提供激励而不是惩罚。使投资计划具有吸引力能最大限度地加速其落地。其次，我们希望该计划能被广泛采用。整个银行体系资本不足；除非我们解决这一问题，否则危机可能会从相对薄弱的机构蔓延到相对强大的机构。再次，有吸引力的计划能避免特定机构污名化，因为更健康的银行参与其中可以表明加入计划是获得相对廉价资本的一种方式。最后，我们相信，无论是接受投资的银行还是希望与稳健银行进行交易的对手方，政府投资优先股都是更容易被接纳的投资方式。

关键决策是部署多少资金。尽管国会批准了 7 000 亿美元，但最初只释放了 3 500 亿美元，而且可以拒绝财政部第二笔 3 500 亿美元的拨款请求。我们希望在遇到意外事件时仍有资金可用，因此决定将 2 500 亿美元用于资本购买计划。在这一规模限制下，我们同意美联储的意见，即每个符合条件的参与机构都可以发行不低于其风险加权资产 1% 但不超过 3% 的优先股，最高限额为 250 亿美元。

我们选择投资优先股有以下三个理由。第一，对政府成为控股股东或重要股东存在顾虑。优先股是没有表决权的，它能让我们避免许多与大额股权伴生的公司治理责任，例如对股东提案投票或在董事会中占有席位。第二，优先股投资对健康的银行更有吸引力，因为它们不情愿将政府作为商业伙伴。第三，从政府的角度看，优先股在资本结构中的排序更靠前，意味着纳税人更有可能得到回报。

政府优先股的不足之处在于，鉴于它在资本结构中的位置，投资者会认为相比普通股，这种优先股属于质量较低的资本。许多投资者对优先股能否像普通股一样有效吸收损失持有疑虑。不过在我们看来，优先股是或有普通股。如果需要，优先股可以在政府允许的前提下转换为普通股。这在后来对花旗集团和美国国际集团的救助中得到了应用。

同样，我们也想出了其他方法来吸引银行机构，包括健康的机构。其中之一是允许接受政府注资的银行继续向现有股东支付股息（尽管不允许增加股息）。尽管因为允许银行支付股息，政府受到广泛批评，但我们相信，股息禁令将严重阻碍银行机构接受政府注资，不利于实现银行体系资本重组的核心目标。

使注资具有吸引力的另一种方式是，将股息率设定在市场现有水平以下。我们最初设想的是 5% 的现金股息率，根据持有优先股的时间，股息率每年增加约1%。保尔森不断征求其他人的意见，包括沃伦·巴菲特，后者也支持以优惠条款投资优先股。基于各种考虑，我们修订了方案，规定优先股在前 5 年支付 5%的股息，之后提高到 9%。5% 的股息率很有吸引力，因为它比银行市场发行优先股的股息率要低。在 9% 的股息率触发前的 5 年时间里，银行有强烈的意愿偿还政府注资，同时这也给银行从危机中复苏提供了比较合理的时间。

为更好地回馈纳税人，并遵守问题资产救助计划的规定，我们在投资中要求附带认股权证。财政部将收到 10 年期、可随时行权的认股权证，市值为优先股价值的 15%；认股权证的执行价为各机构在批准投资日前 20 天的平均股价。这使纳税人有机会分享金融体系复苏带来的好处。

最后，我们谨慎地处理了薪酬问题。当国会批准问题资产救助计划时，要求获得政府资金的机构满足"高管薪酬和公司治理的适当标准"。这些标准对高管薪酬进行了限制，包括禁止过高的遣散费、全新的"金色降落伞"条款以及有利于限制风险行为的合同。左派和右派的批评人士都敦促我们在高管薪酬方面更加严格。但我们认为，额外的规定可能会让人误以为是政府在控制银行薪酬，那么会影响资本购买计划的执行。这在银行国有化时发生过，它会阻碍和限制市场主体广泛参与金融体系的资本重组。

还有一个关键问题：监管当局对优先股的处理。正如最初设想的那样，我们的优先股实际上不满足一级资本要求，这是监管当局确定机构资本是否充足的主要指标。因为我们优先股的股息支付是累积的（除了有限情况），允许政府未来收取银行尚未支付的任何股息。要成为一级资本，优先股股息必须是非累积的、不可赎回的，这意味着银行不会欠任何未付股息。这是纳税人无法接受的风险。

为了实现改善银行财务状况的目标，美联储修改了资本规则，让这些新投资符合一级资本的要求。妥协的方案是当金融机构偿还政府投资时，它必须用合格的一级资本替代。

优先股是一种无特定到期日的永久性工具。连同累积股息，优先股被视为一级资本。尽管 5 年后股息累进以激励银行还款，但我们不希望在市场对银行资本充足水平恢复信心之前，银行就匆忙偿还优先股投资。为提供额外的激励，我们为银行提供了一个机会，即在 2009 年底前筹集合格的私人资本，将未偿还权证减少 50%。

在我们设计资本购买计划时，市场的急速衰退让人担心光是注资可能不够。纽约联邦储备银行行长蒂莫西·盖特纳尤其忧虑。"你真正需要的是担保银行债务的授权。"他在问题资产救助计划最初被否决后不久向保尔森提出建议。两人需要携手合作。

在雷曼兄弟倒闭后的几天里，投资者陷入恐慌。财政部为超过 3.4 万亿美元的货币市场共同基金提供了临时担保。此后不久，一些欧洲同行为银行债务提供了担保，以防止挤兑在整个欧洲金融体系蔓延。一旦政府选择为某些资产或机构提供担保，就会引发对那些没有受到保护的资产或机构的挤兑，因为投资者会逃到安全的地方。

财政部没有债务担保权限，这些权限（在某些情况下）属于联邦存款保险公司，联邦存款保险公司曾经动用这些权限处置破产金融机构。为担保所有美国银行债务，我们需要联邦存款保险公司将其担保范围扩展到尚未破产的银行，甚至是联邦存款保险公司没有正式监管的银行控股公司和消费信贷公司。

财政部和美联储的领导层都强烈主张联邦存款保险公司建立被称为临时流动性担保计划的债务担保方案。保尔森强调，财政部和联邦存款保险公司今天承担的风险越大，未来的损失就越少。联邦存款保险公司主席希拉·贝尔不愿意承担如此大的额外风险，是可以理解的。但在内部协商后，她回复说联邦存款保险公司可以援引系统性风险例外条款来设立担保计划，但希望银行能付出合理成本。

当临时流动性担保计划与资本购买计划协调推进时，资本重组方案更加有效。资本购买计划强化了银行的资本水平，而临时流动性担保计划则使银行不易被挤兑。二者的共同作用显著强化了银行资本实力，大幅降低了挤兑风险，从而确保了银行在私人市场的融资能力。联邦存款保险公司最终同意为截至 2008 年 10 月 14 日的银行新增债务提供担保。

资本购买计划实施的关键在于有多少银行会参与。尽管我们希望向所有健康的机构敞开大门，但并没有足够的基础设施来实现这一设想。鉴于此，我们决定从最大、最具系统重要性的银行开始。原因是这些复杂的机构有资源聘请法律团队，以帮助识别项目中可能存在的意外问题。之后资本购买计划可以以同样的方式适用于其他机构。我们将资本购买计划近一半的资金（1 250亿美元）平均分配给这些机构。为降低政治影响，我们授权纽约联邦储备银行指定并注资第一批机构。纽约联邦储备银行选择了9家系统重要性机构，包括四大银行（花旗集团、美国银行、摩根大通和富国银行）、传统华尔街银行（高盛、美林和摩根士丹利）以及托管银行（纽约梅隆银行和道富银行）。当时，这些银行的资产在银行业的占比约为55%。[1] 这些机构的财务状况各不相同。但这正好表明我们将向所有银行提供资本，帮助它们吸收损失并在经济下行期继续投放信贷，注资并不区分实力强的银行和实力弱的银行（见图8.2）。

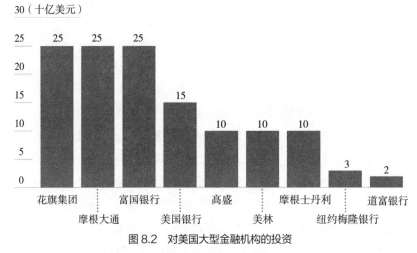

图8.2 对美国大型金融机构的投资

注：（1）美国财政部于2008年10月14日宣布了资本购买计划，并向9家银行发放了1 250亿美元，如图所示。该计划最终向48个州、波多黎各和哥伦比亚特区的707家银行支付了共计2 050亿美元。
（2）美国银行在收购美林后获得了对该公司的初始投资。
资料来源：美国财政部。

---

[1] Government Accountability Office, Report, *Capital Purchase Program: Revenues Have Exceeded Investments, but Concerns about Outstanding Investments Remain*, March 2012, 7, https://www.gao.gov/assets/590/589127.pdf.

我们希望即刻行动。在哥伦布日，我们邀请 9 家银行的首席执行官及其金融监管机构到财政部举行了一次秘密会议，通报资本购买计划和临时流动性担保计划。实用主义助推了这次颇具戏剧性的会议。我们向所有银行阐释行动计划，要求它们立即做出决定。事实上，我们征用了 9 名财政部高级官员的办公室，这样每家银行的首席执行官都有自己的会议室，可以与他们的顾问和董事会私下讨论。已经有不少文章谈论过这次会议的戏剧性，最终计划奏效了，所有银行都答应入局。

这标志着资本购买计划的启动。在 9 家银行的领头下，我们很快将注资扩展到 707 家大型或小型、上市或私人控股的金融机构，遍及 48 个州。我们设立了由"首席投资官"领导的专门办公室，该办公室与独立的银行监管机构密切合作，向具有生存能力的机构注资。（有关资本购买计划的更多详细信息见本书第十四章。）在向 9 家大型银行注资 1 250 亿美元后，截至 2009 年 1 月 16 日，我们又投资了 690 亿美元，约占小布什政府任期结束前投资总额的 78%。迅速投入资金对该计划取得成功至关重要。

除资本购买计划外，一些公司还需要额外注资。例如，花旗集团需要进行第二轮注资（此后又通过将优先股转换为普通股进行第三轮注资）。2008 年 11 月，随着花旗集团的亏损加剧，市场对该公司的信心进一步下降，花旗集团面临着几天内流动性枯竭的局面。为防止一家全球系统重要性银行倒闭，甚至在危机中无序破产的可能，我们同意在前期 250 亿美元的基础上，再提供 200 亿美元的资本。我们还制订了一项计划，为花旗集团最缺乏流动性的 3 060 亿美元资产的损失提供保险，这是一种创新的危机应对工具，被称为"围栏担保"，或者更正式地称为资产担保计划（AGP）。[①]

根据资产担保计划，花旗集团将承担第一轮损失。在花旗集团之后，财政部会拿出一部分问题资产救助计划资金承担第二轮损失，联邦存款保险公司则是第三轮损失承担人，最后由纽约联邦储备银行承担所有剩余损失。

尽管担保计划受到市场的欢迎，但还是未能稳定住花旗集团的境况。原因之

---

① 我们在 2009 年 1 月对美国银行采取类似的救助措施。在本轮政府结束任期前不久，我们同意在前期 250 亿美元的基础上再提供 200 亿美元的资本。我们也同意为美国银行的一批问题资产提供担保，但美国银行在计划实施前退出了该计划。

一是，相较于花旗集团 2 万亿美元的资产负债表，3 060 亿美元的受保资产规模显得非常有限。此外，要决定为哪些资产提供担保是复杂又耗时的。

政策评估与经验教训

经验 1：银行资本标准和监管不够

危机发生前，监管资本要求和监管本身都存在不足。尽管大多数银行符合监管资本的要求，但市场对其资本实力或监管者的监管水平并无信心。因为这种信心不足，危机期间一些资本状况良好的银行陷入破产或几乎破产的状态。强有力的资本约束和更具前瞻性的监管（例如资本和流动性缓冲／压力监管）必须是第一道防线。

经验 2：资本购买计划是危机应对的重要组成部分

从政策角度看，该计划在规模、速度和覆盖面上都是独一无二的。这是美国第一次推出支持健康金融机构的再注资计划，而不是对破产银行进行国有化。这次注资是迅速、高效且有效的，帮助一些公司免于破产。

经验 3：政府在投资本金以外收到额外回报

尽管获利不是资本购买计划的实施动机，也不应成为评价该计划的唯一或主要的标准，但政府在其投资本金之外确实获得了收益。许多人当时预言政府投资会产生巨额损失，但这些预言并未变成现实。通过资本购买计划和其他直接的银行救助计划，政府承诺出资 2 500 亿美元，并最终通过优先股被赎回、分红和权证收入等收回 2 750 亿美元。[①] 此外，银行还钱的速度要快于预期。截至 2009 年 12 月，9 家最初参与问题资产救助计划的银行中，8 家已经完成了优先股赎

---

① U.S. Department of the Treasury, Monthly TARP Update for 09/01/2018, Sept. 1, 2018, https://www. treasury.gov/initiatives/financial-stability/reports/Documents/Monthly_TARP_Update-09.01.2018.pdf.

回。到 2018 年 12 月，在 700 余家参与银行中，除了 3 家，其他所有银行都完成了优先股赎回。我们在计划设计中也加入了很强的约束和监督机制，以确保每一美元都可追溯，不允许弄虚作假。资本购买计划每年的审计结果均为无保留意见。这对于塑造政府的公信力至关重要，公众会相信政府具备守护纳税人资金的能力。

经验 4：资本购买计划为未来的行动打下了基础

仅靠资本购买计划无法完成稳定金融体系或再注资的任务。一些银行资本短缺非常严重，它们需要向私人投资者额外筹集数十亿美元。在两个案例中，银行回过头来通过定向投资计划（TIP）和资产担保计划继续申请额外的问题资产救助计划资金。资本购买计划与联邦存款保险公司的担保一道，在总统换届期间稳定了市场，争取了喘息时间，为后续出台包括财政刺激在内的大规模复苏计划打下了基础。此外，资本购买计划为银行体系和整个经济的复苏奠定了关键且必要的基础。如果没有资本购买计划提供的资本金，美联储 2009 年开展的压力测试以及后续的私人部门再注资都不会取得成功。

经验 5：政治当局和公众支持水平较低

在美国，把政府资金投向私人机构是非常不受欢迎的做法。尽管政府注资稳定了金融体系，但这些资金确实帮助了那些被认为是此次危机罪魁祸首的银行。可以理解的是，这种行为违反了许多人对于公平的基本认知。未来的政策制定者在制定政策时必须将这一意料之外的后果考虑在内。

经验 6：政策制定者应仔细考量动用紧急权限的前提

金融机构的业务模式有别于其他企业，它们的生死取决于客户的信心。没有任何其他企业的存活与信心如此高度相关，因此金融机构易受挤兑的影响。反过来，挤兑会演变成整个经济所面临的系统性威胁。正是出于这种顾虑，我们有了联邦存款保险公司的存款保险制度和美联储的最后贷款人权限。

美国国会在制定稳定银行的相关政策时必须考虑这一因素。正如本章所讨论的，注资和担保是稳定摇摇欲坠的银行体系的有效手段。但是，政府投资私人部门企业确实会产生一些政策问题，因此，任何决策过程都必须是透明的，并且要接受监督。

经验 7：透明度和沟通至关重要

为防范恐慌，政府干预必须以一种便于市场参与者理解的方式进行，而且必须能够快速得到落实。你可以有很好的想法，但要能够落实这些想法。获得政治当局和公众支持的最好方法就是坦诚沟通。

经验 8：为危机做好准备

为危机做准备、评估应对方案的最佳时机是在危机发生之前。一旦危机开始，政策选择就会受限于政治或市场顾虑。考虑到银行和金融危机贯穿于美国和其他国家的历史进程，应在下次危机开始前做好应对计划。

第九章

临时流动性担保计划

本章作者：迈克尔·库里明格。本章作者感谢在佳利律师事务所的同事卢卡·阿莫雷洛，感谢他在本章写作过程中提供的宝贵协助。此外，作者希望感谢来自联邦存款保险公司的阿特·莫顿、戴安娜·埃利斯和马修·格林提供的帮助。然而，本章所有事实性错误和分析错误都由作者负责。本章中关于联邦存款保险公司的分析和决策的内容由阿特、戴安娜、马修和许多其他同事提供，作者从他们的工作中获益良多。此外，作者还要特别感谢联邦存款保险公司的主席希拉·贝尔，感谢她为公众利益做出的不懈努力和贡献，以及在发明新工具的过程中展现的领导力和创造性。

搭起舞台

联邦存款保险公司成立于大萧条时期，旨在通过保证储户资金安全并迅速处置倒闭银行来恢复公众对银行体系的信心，防止银行挤兑危害金融稳定。在2008年金融危机的大部分时间里，联邦存款保险公司继续专注于发挥其广为人知的作用：保护投保存款人和处置倒闭银行。

然而，2008年金融危机太过严重，需要联邦存款保险公司发挥更多作用。为应对投保银行和储蓄机构面临的风险，联邦存款保险公司寻求新的解决方案，包括抵押贷款危机的解决方案，向银行注资的额外灵活性，以及引入或扩展一些处置倒闭银行的技术。

本章探讨了在政府层面，联邦存款保险公司为恢复公众信心而运用的一项最重要，也是前所未有的权力：临时流动性担保计划。临时流动性担保计划由两项担保措施组成，一项是对银行和特定其他金融机构发行的部分新债务提供有限期担保，另一项是对银行无息交易存款账户中的所有资金提供全额担保。这些担保措施是政府在2008年10月这一危机关键时刻采取的一系列行动中的一部分。当时，投资者和债权人已经对银行体系的偿付能力失去了信心，这些措施帮助避免了一场代价更高的金融危机的爆发。我们回顾了关键的政策问题和联邦存款保险公司做出的选择，并为未来提供了一些经验教训。

继雷曼兄弟于2008年9月15日违约后，美国最大的货币市场基金之一——储备主基金几乎震惊了所有人，它宣布因持有雷曼兄弟至少7.85亿美元的商业票据，无法再让投资者以每份1美元的价格赎回基金份额，即"跌破净值"。这引发了基金挤兑，迅速波及了整个货币市场行业。尽管财政部宣布为货币市场基金的所有损失提供担保，从而遏制了传染效应，但投资者认为商业票据已不再安全。因此，所有依靠市场融资的金融机构都显而易见地将面临越来越大的困难。

截至2008年9月下旬，银行间市场许多金融资产的流动性水平很低，金融机构实际上无法发行新的债务或为存量债务展期。[①] 金融体系濒临流动性枯竭，一旦市场冻结，将引发大规模破产。[②] 抵押贷款相关资产的受损程度及其对银行、经纪交易商和其他金融机构资产负债表的影响存在不确定性，这是市场流动性持续恶化的主要原因。雷曼兄弟破产、华盛顿互惠银行 9 月 25 日倒闭以及其他更大型金融机构的稳定性面临威胁，加剧了这种不确定性。业界广泛怀疑，抵押贷款相关资产（包括抵押支持证券和合成衍生品）的受损范围与严重程度被显著低估。这导致市场参与者对抵押贷款相关资产和金融机构资产负债表进行了大幅折价。

危机中的抵押贷款融资较危机发生前出现了重大变化，在一定程度上由于这种变化，抵押贷款相关问题对金融体系冲击的严重程度存在不确定性。在危机发生前，银行通常盲从市场定价和风险容忍度趋势，而非做出自己的判断。由于许多融资业务发生在银行和其他金融机构的资产负债表之外，银行监管部门也发现它们难以监测这些市场发展并评估其中的真实风险。对于联邦存款保险公司来说，这意味着仅依靠一些关于银行的标准信息来源，不足以准确评估挑战来临的时间和严重程度。银行遭遇广泛的市场问题，包括融资工具的不透明性以及广大投资者对房地产相关资产的厌恶程度持续上升等各种冲击。尽管联邦存款保险公司习惯于评估银行业面临的挑战，但对更广泛市场因素的影响，必然只能做到大方向上的评估，而很难做到前瞻性评估。

随着危机的深化，市场化融资规模萎缩已经不是首要问题，这一时期非受保存款从被认为陷入困境的银行加速流失。即使是一般被认为健康的银行也遭遇了大量提款现象。[③] 银行家尤其关注存款融资的稳定性以及能否保住超过存款保险限额的小企业账户。虽然存款保险限额提高到 25 万美元在一定程度上解决了这个问题，但消费者和企业的不确定性还是引发了存款波动可能给银行带来额外压力的担忧。

---

① Federal Deposit Insurance Corporation (FDIC), *Crisis and Response* (Washington, D.C.: FDIC, 2017), chapter 2, 40. 我要特别感谢联邦存款保险公司为本节提供的描述和分析。

② 关于类似的判断，参见 Sheila Bair, *Bull by the Horns: Fighting to Save Main Street from Wall Street and Wall Street from Itself* (New York: Free Press, 2012), 107; Ben S. Bernanke, *The Courage to Act: A Memoir of a Crisis and Its Aftermath* (New York: W. W. Norton, 2015), 153–66, 336–37。

③ FDIC, *Crisis and Response*, 40.

临时流动性担保计划

　　2008 年 10 月 14 日，联邦存款保险公司主席希拉·贝尔、财政部长亨利·保尔森以及美联储主席本·伯南克宣布了临时流动性担保计划、资本购买计划以及商业票据融资工具的详细信息，表明政府正在合作应对危机，以遏制金融体系恶化，并为未来采取进一步措施奠定基础。作为这套政策组合的一部分，联邦存款保险公司的临时流动性担保计划在恢复银行及其附属机构的流动性方面发挥了关键作用。通过对债务和交易账户提供担保，临时流动性担保计划对银行在债务市场和存款融资方面面临的挑战提供了有针对性的支持（见图 9.1 ）。

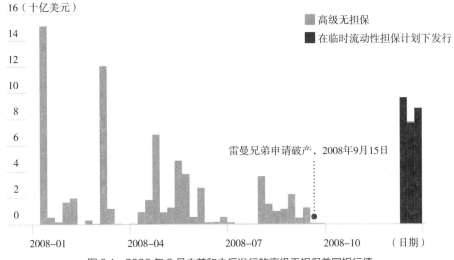

图 9.1　2008 年 9 月之前和之后发行的高级无担保美国银行债

注：发行数据为周度数据。

资料来源：彭博财经，基于 FDIC，*Crisis and Response*（2017），Figure 2.2。

　　宣布的政策包括应对当前的流动性挑战以及解决已经动摇市场的潜在资本短缺问题。两者对决策者都很重要。流动性担保对于遏制金融体系流动性枯竭和破产问题的蔓延十分重要，将其和问题资产救助计划结合起来，更加表明了政府解决潜在的系统性偿付能力问题的决心。虽然十分需要出台一整套关于担保和资本的政策，但出台一揽子政策十分复杂，因为没有一个部门具有所有的权力来制定需要的任何政策，每个参与部门都必须在各自的职责和法律授权范围内开展工作。

临时流动性担保计划和资本购买计划也以其他方式相互联系。一般而言，可以自愿参加临时流动性担保计划，联邦存款保险公司面临的最大损失风险来自最大的几家银行，它们也最依赖融资市场。因此，联邦存款保险公司的债务担保与问题资产救助计划相互配合就变得非常重要，这可以为损失提供缓冲。这些措施于10月13日面向美国最大的9家银行启动，这些银行被告知它们必须同时接受问题资产救助计划的资本和临时流动性担保计划的担保。对于这些银行，问题资产救助计划和联邦存款保险公司的债务担保有着千丝万缕的联系——参加问题资产救助计划是参加债务担保的前置条件。[①] 这些银行一旦违约，可能会危害联邦存款保险公司的存款保险基金，并损害公众对存款保险的信心，而问题资产救助计划提供的资本和其他救助大型金融机构的计划一起，精准地为这些银行的损失提供了缓冲。

临时流动性担保计划由两个不同但相关的部分组成。债务担保计划为银行、储蓄机构、金融控股公司和合格子公司发行的某些新债务提供一定期限内的担保。交易账户担保计划（TAGP）为投保机构持有的特定无息交易存款账户提供完全担保。

在临时流动性担保计划公布时，所有符合条件的机构将自动免费加入计划30天（第一阶段）。在这一初始阶段后，符合条件的机构可以选择退出债务担保计划或交易账户担保计划，或同时退出两者（第二阶段）。当临时流动性担保计划转入第二阶段（自愿参与阶段）后，超过一半的合格机构选择在2009年计划延期前留在债务担保计划中，超过86%的联邦存款保险公司投保银行和储蓄机构选择留在交易账户担保计划中。首只联邦存款保险公司担保债券由合格机构于10月14日发行。[②] 最终，债务担保计划担保的未偿债务余额超过3 400亿美元，而交易账户担保计划担保的存款超过8 000亿美元。[③]

---

① Henry M. Paulson, Jr., *On the Brink: Inside the Race to Stop the Collapse of the Global Financial System* (New York: Business Plus, Hachette Book Group, 2010), 364.

② FDIC, "TLGP Debt Guarantee Program: Issuer Reported Debt Details," accessed June 2, 2019, https://www.fdic.gov/regulations/resources/tlgp/totaldebt.pdf.

③ FDIC, *Crisis and Response*, 33, 43.

债务担保计划

债务担保计划为联邦存款保险公司投保存款机构及其控股公司，以及其他合格金融机构新发行的高级无担保债券提供担保。[①] 按照要求，银行、储蓄和贷款控股公司必须拥有至少一家正常经营中的投保存款机构，但是联邦存款保险公司可以在相应的联邦银行监管部门同意的前提下，经过书面程序，根据一事一议的原则将其他附属机构纳入合格机构范围。

债务担保计划将担保上限设定为发行人高级无担保债务面值的 125%，以允许参与者展期现有债务，并为债务发行量的适度增长留出余地。2008 年 10 月 14 日的临时最终规则（简称临时规则）规定，银行被破产接管和银行控股公司破产将触发索赔支付。[②] 根据临时规则，担保定价统一为年化 75 个基点。2008 年 11 月 21 日的最终规则将索赔支付的触发因素修改为发行人还款违约。联邦存款保险公司还将原先一刀切的单一担保费率修改为 50~100 个基点的浮动费率。[③]

交易账户担保计划

交易账户担保计划将存款保险范围扩大到所有无息交易账户以及支付最低利息账户的存款。交易账户担保计划的目标是通过降低大额存款流失进而降低银行破产的风险。

与债务担保计划的情况一样，交易账户担保计划向直接用户收取费用。对无息交易账户中超过现有存款保险限额（25 万美元）部分的存款，收取 10 个基点

[①] 债务担保计划适用于：（1）联邦存款保险公司投保存款机构；（2）美国银行控股公司；（3）美国储贷控股公司，其仅从事《银行控股公司法》第 4 条（k）款规定的允许金融控股公司开展的业务，或拥有一家投保存款机构子公司，该子公司是根据《银行控股公司法》第 4 条（c）款（8）节规定申请设立的，从事与《美国联邦法规》第 12 篇 370.2(a) 条的规定密切相关的业务（注意，临时流动性担保计划到期后，第 370 部分被重新调整用途）。参见 Temporary Liquidity Guarantee Program: Final Rule, 73 Fed. Reg. 72244 (Nov. 26, 2008) (Federal Register publication of Final Rule adopted by FDIC board on Nov. 21, 2008)。

[②] FDIC, *Crisis and Response*, 15：“因此，联邦存款保险公司提出的最初索赔支付临时规则，依赖于银行破产管理程序和银行控股公司破产的触发因素。”

[③] FDIC, *Crisis and Response*, 45.

的附加费用。这笔费用计入参保银行基于风险的保费中。由联邦存款保险公司决定保持合格资质的要求和使用条件。该计划延期时，提高了附加费率。

建立框架：解决政策性问题

2008 年 10 月 14 日，联邦存款保险公司董事会批准了临时规则，并于 11 月 21 日通过了建立临时流动性担保计划的最终规则。[①]

在 10 月 14 日宣布临时规则的前两周，关于金融体系状况的负面消息不绝于耳，各部门对政府如何应对危机产生了激烈争论。即便金融机构在 10 月 14 日之后已经开始发行受联邦存款保险公司担保的债务，许多关于操作层面的细节也仍有争论并不断完善。回顾这一段经历，临时流动性担保计划得以快速出台，各种政策选项在 2008 年 10 月下旬和 11 月初的这段时间内被迅速地检验和修正，具有重大意义。

联邦存款保险公司在征求其他部门以及银行家、市场人士、信用评级机构、咨询公司和律所意见的基础上，确定了该计划的最终形式。在联邦存款保险公司内部，临时流动性担保计划的建立工作主要由一支跨学科的团队负责，团队成员来自监管、处置、研究、存款保险、消费者保护以及法律等领域。计划设计过程中也持续咨询联邦存款保险公司董事会成员的意见。

在联邦存款保险公司之外，主席希拉·贝尔也向其他监管部门征求意见，以便收集更多的信息和借助其专家的力量。联邦存款保险公司的职责与货币监理署、美联储和财政部不同。联邦存款保险公司拥有法定权力来应对系统性风险，这种权力主要集中于保护受保存款，以及维护作为存款保险后盾的存款保险基金。[②] 货币监理署以及原储蓄机构监管办公室有权设立新的联邦存款机构和信托机构，并承担主要监管职责。美联储负责对银行控股公司行使广泛的监管权，同时负责维护金融稳定、执行货币政策。[③] 财政部同样具有广泛的职责，但不是监

[①] 《联邦公报》第 73 章 72244 条（2008 年 11 月 26 日）。在发布最终规则之前，联邦存款保险公司于 2008 年 10 月 29 日发布了临时规则（《联邦公报》第 73 章 64179 条）并征求意见，2008 年 11 月 7 日发布了临时规则修正案（《联邦公报》第 73 章 66160 条）。

[②] Bair, *Bull by the Horns*, 12–13; 12 USC § § 1821–23.

[③] Bernanke, *Memoir of a Crisis*, 48–49; 12 USC § 248.

管部门，也没有新设机构的权力，而且正如危机期间所展现的，财政部的金融资源非常有限，也未规定其特定用途。[1]

各部门和美联储之间经验不同、职责不同、权力不同，意味着其面对危机和临时流动性担保计划的问题时，会产生不同的观点乃至成见。虽然各部门观点的不同会导致激烈的争论并难以达成共识，但也有助于避免从众思维，可以确保观点的多样性以及结论得到充分审查。[2]虽然这种行为主体的多样性有时可能效率低下，但我的经验是，这种思想层面的竞争通常比单一权威机构做出的决定更好、更深思熟虑。重要的是，不要忽视从不同法定管理部门和监管部门的独特视角进行分析与宣传所带来的附加价值。在危机中，我们成功地将磋商与快速决策和果断行动结合了起来。

在制定政策时，同样重要的是记住美国的行动不是在真空中发生的。欧洲、英国和其他国家已经出台了一些担保计划，并继续探索其他选择。[3]美国监管部门意识到，如果这些种类繁多的他国政府支持行动为外国银行提供了更明确、更可靠的支持，美国的银行可能会处于竞争劣势。

债务担保计划和交易账户担保计划带来了不同的政策问题。从根本上讲，围绕交易账户担保计划的政策问题要简单得多，其仅是联邦存款保险公司的存款保险这一历史使命的扩展。然而，制订交易账户担保计划需要仔细考虑如何以最有效的方式实现该扩展。虽然截至 2008 年，联邦存款保险公司已经提供了 75 年的存款保险，但仔细研究担保扩大至何种范围以避免产生意外后果至关重要。交易账户担保计划对较小的银行尤其重要，它们有时认为债务担保计划主要是为了支持大型银行而制订的，因为其更依赖市场化融资。[4]如果政府的支持看似集中在大型银行，小型银行则担心其存款流失到"大而不能倒"的银行。事实上，截

---

[1] Paulson, *On the Brink*, 49–50.

[2] 贝尔提供了某种间接的证实。Bair, *Bull by the Horns*, 111–15; Timothy F. Geithner, *Stress Test: Reflections on Financial Crises* (New York: Crown Publishers, 2014), 230–34.

[3] FDIC, *Crisis and Response*, 34.

[4] 参见《关于修订临时流动性担保计划以扩展交易账户担保计划的最终规则》(Federal Register, vol. 75, no. 123, 36506, June 28, 2010)，该文件指出，"由于当时普遍存在的经济不确定性，大量账户持有人可能会从投保机构中提取未受保存款，临时流动性担保计划有一部分主要是为了应对关于上述情况的担忧。这种取款可能会进一步破坏金融市场的稳定，并损害依赖存款作为主要资金来源的小型银行的融资结构"。

至 2008 年 10 月，联邦存款保险公司掌握了一些证据，表明存款已经向大型银行转移。[①]

制订债务担保计划所涉及的政策问题要复杂得多，联邦存款保险公司在这方面的经验相对较少。然而，联邦存款保险公司长期以来一直认为，与股权投资这种措施相比，担保计划更易于实施和退出，原因之一是从损失分担的偏好上讲，简单地对尾部风险提供担保要优于以股权或其他支持方式对银行注资。担保计划被视为更容易实施，因为不涉及购买或出售证券，而且担保与注资不同，只有在违约时才需要实际支付，因此可以为承诺的资金提供更大的杠杆。尽管如此，债务担保计划的担保与针对个别银行的担保有很大不同，例如，20 世纪 80 年代银行"在线修复"相关交易或针对歇业银行处置的过桥银行等措施中涉及的担保。[②] 在债务担保计划之前，没有任何救助交易涉及该计划构想的如此大规模的担保。鉴于 2008 年 10 月初与银行相关的债务市场已经事实上崩溃，各部门一致认为，仅仅注入资本是不够的，必须马上拯救奄奄一息的债务市场。事实上，能够达成这一目的的唯一可能是启用系统性风险例外条款，允许联邦存款保险公司大幅扩展"在线修复"的使用范围。

制订债务担保计划期间主要考虑和解决的问题如下：

1. 联邦存款保险公司是否有必要的法律授权来创设这一计划？
2. 谁有资格参与？
3. 哪类债务应该得到担保？
4. 关于赔付、信息报送和文书方面的条款应该怎么规定？
5. 参与者为担保支付的价格应该是多少？

[①] 例如，2008 年 10 月 14 日希拉·贝尔在美国财政部、美联储、联邦存款保险公司联合新闻发布会上发表声明，表示"由于金融体系的不确定性，许多规模较小、健康的银行的这些账户已经流失给了规模较大的竞争对手"。

[②] FDIC, *Managing the Crisis: The FDIC and RTC Experience* 1980–1994 (Washington, D.C.: FDIC, 1998), vol. 1, chaps. 5 and 6.

细节：系统性风险例外条款及其资格

临时流动性担保计划涉及的关键政策问题

法律问题——系统性风险例外条款的适用性

自从美国国会在储贷危机后通过了 1991 年《联邦存款保险公司改进法案》（FDICIA），在处置破产的投保银行或储蓄机构时，联邦存款保险公司一直被要求使用对存保基金而言"成本最小化"的处置策略。这个要求有一个例外情形，如果"成本最小化"的处置方案"会产生对经济状况或金融稳定的严重不利影响"，且采取其他"行动或援助""可以避免或减轻这种不利影响"，则联邦存款保险公司可以选择不这样做。这通常被称为系统性风险例外条款。这一决定不能由联邦存款保险公司单独做出。财政部长必须在与总统协商后，根据联邦存款保险公司董事会和美联储委员会 2/3 以上成员的投票建议，才能决定启用该例外条款。[1] 在 2008 年之前，该例外条款从未被启用过。

首要的法律问题是，例外条款明文规定"针对一家投保存款机构"，是否可将其适用于一个同时援助多个金融机构的计划？[2] 联邦存款保险公司最终得出的结论是，法律术语及其上下文语境充分证明了系统性风险例外条款可以适用于同时针对多个金融机构的情形，因为应对措施必须足够广泛，以减轻该条款旨在解决的"对经济状况或金融稳定的严重不利影响"。特别是，该法规没有明确要求按机构逐个地确定系统性风险。此外，系统性风险例外的适用必然会牵涉系统性相关的情况，即涉及多个机构的情况。联邦存款保险公司总结认为，从语境上看，美国国会本质上是要求对多家金融机构的影响进行评估。

因此，联邦存款保险公司得出结论，法律的语言表述允许联邦存款保险公司

---

[1] 12 USC § 1823(c)(4)(G).

[2] 关于系统性风险条款的立法历史很少，也没有涉及这一措辞的确切范围。

制定与"严重不利影响"相称的补救措施。[①] 虽然这是一种合理的法条解读,为设计问题解决方案提供了灵活性,但它并非无懈可击。在随后的分析中,政府问责办公室得出结论,"这一解读存在问题",因此"法律条款可能需要澄清"。美国国会后来在 2010 年的《多德 – 弗兰克法案》中,限制了联邦存款保险公司此后创立类似临时流动性担保计划的权力。[②]

2008 年秋季的情况是否达到了法律规定的标准?当然,市场状况非常糟糕。短期借贷市场和信贷市场基本冻结,几乎没有银行间借贷或联邦基金借贷。雷曼兄弟和华盛顿互惠银行破产带来的冲击,以及其他大型金融机构面临与日俱增的压力,导致资金面收紧和银行存款流失的情况加剧。这些情况充分证明了存在"对经济状况或金融稳定的严重不利影响"。[③] 在这种情况下,很难质疑基于"成本最小化"的处置流程依次处置单家银行"会产生对经济状况或金融稳定的严重不利影响",也难以缓解危机的结论。尽管无法知道临时流动性担保计划能否"避免或减轻这种严重不利影响",但显然临时流动性担保计划更可能解决潜在的市场流动性枯竭问题。通过将债务担保计划与财政部的资本干预和美联储的额外流动性干预相结合,成功的希望大大提高。

资 格

有关资格的政策辩论也对联邦存款保险公司的权力和政策适当性提出了重大法律质疑。提供更广泛的存款担保相对简单,也显然在联邦存款保险公司的权限范围内。此外,这样做将缓解小型银行的担忧,即迄今为止只有位于货币体系中心的大型银行获得了援助。为了在一定程度上解决存款余额超过 10 万美元的储户的存款风险,关于问题资产救助计划的法规将存款保险额度提高至 25 万美元。

---

① 《美国法典》第 12 卷 1823(C)(4)(G)条的措辞清楚地将对投保存款机构使用"成本最小化处置方案"与"对经济状况或金融稳定的严重不利影响"的风险联系起来,并在选择措施来解决这些"严重不利影响"的过程中提供了广泛的灵活性,只要这些措施有助于减轻这些影响。法规中的任何规定都没有特别地将补救措施限制为救助单家投保存款机构。

② FDIC, *Crisis and Response*, 41; Government Accountability Office (GAO), *Regulators' Use of Systemic Risk Exception Raises Moral Hazard Concerns and Opportunities Exist to Clarify the Provision* (Washington, D.C.: GAO, 2010), appendix Ⅱ.

③ FDIC, *Crisis and Response*, 38–40; John F. Bovenzi, *Inside the FDIC: Thirty Years of Bank Failures, Bailouts, and Regulatory Battles* (Hoboken, NJ: John Wiley & Sons, 2015), 173–78.

然而，考虑到银行的流动性压力越来越大，出台一个针对商业交易账户的更广泛的担保似乎是合适的，这就是交易账户担保计划。

广泛的债务担保有所不同。最初，美国财政部和美联储要求联邦存款保险公司担保银行、银行控股公司和储蓄控股公司的所有债务。相反，联邦存款保险公司建议仅将债务担保计划适用于投保存款机构新发行的高级无担保债务。但考虑到问题资产救助计划和刚刚宣布的美联储计划的局限性，财政部和美联储担心这是不够的。[①]

对联邦存款保险公司而言，鉴于其权力集中在保护投保银行和储蓄机构的存款人，将拟议担保扩展到银行以外会带来法律和政策方面的问题。联邦存款保险公司过去的经验是解决投保存款机构的问题，而不是解决其控股公司的问题。提出系统性风险例外条款的法条的措辞可能暗含比纠正投保存款机构问题更广泛的权力。根据该措辞的授权，只要可以减轻"对经济状况或金融稳定的严重不利影响"，联邦存款保险公司就可以启用例外条款提供"援助"。虽然这一表述可以合理地被视为与解决投保存款机构有关，但如果确有解决对经济和金融稳定的潜在"严重不利影响"的必要，也可能涵盖美国银行控股公司、美国储贷控股公司以及某些类型的储蓄控股公司。但它能扩展到此范围之外吗？

联邦存款保险公司担心，向投保存款机构及其控股公司以外的金融机构提供债务担保，也可能会削弱对受保存款的担保以及临时流动性担保计划项下新担保的可信度。鉴于当前可用资源的情况，市场是否会质疑更广泛担保的可信度？存款保险基金是存在一个有限额度的，这在 2008 年早些时候就已经被质疑过了。从财务角度来说，依靠"美国的授权和信用"以及能够从财政部借款的背书可能就足够了。然而，财务分析忽视了危机期间公众信心的脆弱性，以及可用于满足储户索赔的"基金"的重要性。

美国财政部和美联储担忧，限制临时流动性担保计划可能会使非银行金融机构处于严重不利的地位，特别是考虑到问题资产救助计划已有限制的情况。[②] 对

---

① Bair, *Bull by the Horns*, 113; Geithner, *Stress Test*, 230–34; Paulson, *On the Brink*, 340–41.

② 通用电气金融服务公司是一家储蓄和贷款控股公司，但它并不仅仅从事《银行控股公司法》第 4 条（k）款允许的金融控股公司的业务。更多详细信息，参见 Mark Barber, "Written Submission of GE Capital to the Financial Crisis Inquiry Commission," May 6, 2010, https://fcic-static.law.stanford.edu/cdn_media/fcic-testimony/2010-0506-Barber.pdf。

联邦存款保险公司而言，为投保存款机构及其控股公司以外的金融机构提供担保带来了很大挑战，因为其没有信息来评估这些更广泛的担保带来的风险。[1] 为解决这一担忧，联邦存款保险公司、财政部和美联储最终同意扩大合格实体的范围，纳入非银行控股的金融机构和银行控股公司的非银行附属公司。为了赋予联邦存款保险公司管理潜在风险的权力，对这些公司的担保将由联邦存款保险公司依据书面申请和相关联邦银行监管部门的建议，按照一事一议的原则自行决定是否批准。联邦存款保险公司也可使用其他信息来评估风险。在做决策时，联邦存款保险公司将考虑以下因素：（1）控股公司结构内法人实体从事金融业务的程度；（2）从评级角度来看，即将被担保的债务发行人的实力；（3）组织活动的规模和范围。

通用电气金融服务公司就是使用这一自由裁量权的一个例子。通用电气金融服务公司的母公司——通用电气的首席执行官杰弗里·伊梅尔特与几位决策者接洽，寻求参与债务担保计划下的担保，以使通用电气金融服务公司更容易获得市场融资。在联邦存款保险公司的贝尔和伊梅尔特讨论并对通用电气金融服务公司的资本、风险管理和信息控制情况进行了审查后，联邦存款保险公司批准了该公司的参与。联邦存款保险公司认为通用电气金融服务公司的资本和风险管理是可靠的，而且由于通用电气当时被评为 AAA 级，并同意为联邦存款保险公司提供损失担保，因此直接风险似乎是有限的。

如上所述，鉴于美国 9 家最大的银行一旦违约将给联邦存款保险公司带来的风险，将债务担保计划扩展到这些银行的一个条件是，每家银行都必须接受问题资产救助计划资本。[2] 问题资产救助计划资本和商业票据融资工具旨在为商业票据发行方提供流动性支持，并为这些机构违约产生的潜在损失提供缓冲。要求 9 家最大的银行参与的另一个考虑因素是，人们非常担心，在危机阶段，如果一家或多家实力较强的机构选择不参与，那么这一决定可能会被视为"信号"，表明参与计划的机构实力较弱，这反过来可能给参与的机构带来负面的市场压力。

类似地，如果只有最弱的机构选择接受债务担保计划的担保，则存在逆向选择风险。鉴于不同的金融机构在使用债务担保计划方面存在巨大差异，以及花旗

---

[1] Bair, *Bull by the Horns*, 118.

[2] Paulson, *On the Brink*, 364.

集团、通用电气金融服务公司和美国银行是迄今为止最大的担保债务发行人，因此对信号效应的担忧可能有些夸张。[①] 尽管如此，在 2008 年 10 月，绝对不能冒这种风险。有趣的是，许多大型银行在延长期内继续使用债务担保计划，因为它为债务发行提供了有力的支持。小型银行无须参与问题资产救助计划即可获得债务担保计划（见图 9.2）。

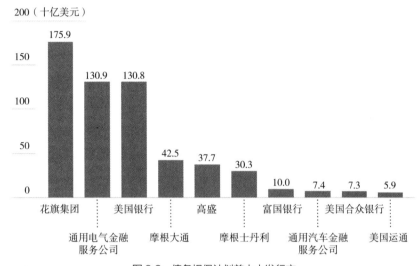

图 9.2　债务担保计划前十大发行方

资料来源：FDIC, *Crisis and Response*（2017）。

到了第二阶段，只有那些仍参与该计划的机构需要接受费用评估。尽管继续参与是自愿的，但参与率仍然很高。例如，截至 2009 年 3 月底，资产超过 100 亿美元的投保存款机构中，有超过 90% 仍留在债务担保计划中。出现这种高参与率的原因很简单：银行对其获得市场融资的能力表示担忧。

管理风险：为担保定价并优化

除了有关权限和资格的问题外，债务担保计划的实施还需要权衡几个关键问题。首先，联邦存款保险公司必须确定要担保债务的类型。其次，联邦存款保险

---

① FDIC, *Crisis and Response*, 50–51.

公司必须确定担保合同的条款和条件。最后，联邦存款保险公司必须为担保定价。每一个问题都需要在迅速采取强力措施遏制日益加剧的银行体系流动性紧张与管理联邦存款保险公司承担的风险之间取得平衡。鉴于可用信息十分有限，所提出的解决方案也没有先例可借鉴，这件事变得更具挑战性。

联邦存款保险公司内部强烈认识到，设定过于严格的条款可能会损害降低融资成本和增加对经济信贷投放的基本目标。此外，如果条款过于严格，逆向选择的风险会更大，可能产生明显的信号效应，从而事实上也会增加联邦存款保险公司的风险。相反，过于宽松的条款可能会刺激过度使用担保计划，并阻碍参与机构尽快转向无担保私人债务市场，从而增加联邦存款保险公司的风险。

债务类型

一个需要首先明确的问题是担保何种类型的债务以及担保期限。虽然关于资格的讨论解决了谁的债务可以被纳入债务担保计划的问题，但是否应担保存量债务的问题仍然存在。美国财政部和美联储认为，应同时担保存量债务和新发债务。联邦存款保险公司回应称，尽管确保符合条件的机构在必要时可以展期存量债务很重要，但存量债务持有者已经达成了协议。相反，发行新债务将可以对先前的债务进行再融资，并持续从市场获得融资。①

联邦存款保险公司明确表示，其关注的重点是提高流动性，而不是为更多奇异的债务创造套利机会。对 10 月 14 日提案的许多评论都支持联邦存款保险公司对信用证、结构性票据和衍生品的担保。这些论点很快被驳回，因为它们超出了改善债务流动性的目标。其他评论者则寻求更长期限的担保，以支持长期债务发行。尽管联邦存款保险公司意识到，到 11 月最终规则获得批准，短期（30 天或以下）融资市场已开始企稳，但提供更长期限担保的风险将使其担保敞口远超预期，并损害向无担保债务融资的过渡进程。

这是一个重要的教训——必须在政府的直接支持和避免长期依赖政府担保市场之间取得平衡。私人市场扭曲的可能性是一个经常考虑的问题。因此，联邦存款保险公司同意按照最终规则，为参与机构发行的所有高级无担保债务提供担

---

① Bair, *Bull by the Horns*, 112–13; Geithner, *Stress Test*, 234.

保，直至债务到期日或 2012 年 6 月 30 日，以先到日期为准。[①]

一般性条款和条件

另一个重要的操作层面的要素是，与联邦存款保险公司敲定合格实体参与临时流动性担保计划所需的主协议条款。

一个重要的初始"条款"是，确认联邦存款保险公司的担保得到了美国政府信用的背书。作为一个法律问题，这是相对直接的，因为担保显然符合法定标准，但明确这一事项对维护该计划的信心至关重要。明确这些担保由美国政府背书，对确保临时流动性担保计划担保的债务在资本监管方面享受优惠的风险权重也至关重要。最终规则根据《联邦存款保险法案》第 15 条（d）款和《美国法典》第 12 卷 1825（d）条的规定，确认联邦存款保险公司对债务担保计划下合格债务的担保受到美国政府信用的背书，从而解决了相关问题。

与维护市场信心同样重要的是，要确保担保的赔付符合市场对赔付及时性的预期，且赔付的履约义务要让市场完全满意。在临时规则中，联邦存款保险公司计划按照其在存款保险领域的经验进行赔付，即在发行方破产时赔付。然而，通过征求银行家、顾问和信用评级机构的意见，显而易见的是，如果不能在发行方违约时进行全额赔付，那么将会严重影响对受担保债务的需求，并破坏债务担保计划的整体目标。英国也推出了类似的担保计划，在发行人违约时触发赔付，这进一步代表了市场预期。

临时规则中最初的还款条款导致标准普尔公司质疑联邦存款保险公司担保债务是否应与美国政府债务评级一致。[②] 如果担保赔付不是"无条件、不可撤销且及时的"，而且担保赔付有明显延误的风险，那么联邦存款保险公司担保的债务

[①] "高级无担保债务"被定义为包括无嵌入衍生工具的固定本金金额的非或有、非次级债务。因此，合格债务可以包括购买的联邦基金；本票；商业票据；非次级无担保票据，包括零息债券；以美元计价的存款凭证，该存款凭证属于投保存款机构、《联邦信用合作社法案》规定的投保信用合作社或外国银行；投保存款机构在国际银行业设施中的美元计价存款，该存款属于投保存款机构或外国银行；以及美国投保存款机构的外国分支机构的账簿和记录上的美元存款，这些存款属于投保存款机构或外国银行。12 C.F.R. 370.2(e).

[②] FDIC, *Crisis and Response*, 48.

就不会得到 AAA 评级。这令联邦存款保险公司十分担忧，低于 AAA 的评级可能被视为对其履职能力（包括保护受保存款的能力）的不信任投票。一旦市场和信用评级机构的反应明确了，争论的空间就很有限了。债务担保的赔付将由债务偿付违约而非发行方破产或被接管而触发。[①] 最终规则据此进行了修订，标准普尔也认同在债务偿付违约时可以可靠地触发担保赔付，并提供了 AAA 评级。[②]

主协议还包括督促还款的条款。例如，主协议中的一项条款，允许联邦存款保险公司通过代位求偿或权益转让的方式向债权人收回赔付的担保款项。此外，违约银行被要求偿还联邦存款保险公司已赔付的担保款项，如未全额偿还，则按照未偿还部分涉及的担保债务工具总额 1% 的利率支付利息。

联邦存款保险公司也使用了最终规则中的其他工具来管控在债务担保计划中的风险。最终规则允许联邦存款保险公司会同机构的主要联邦监管部门，增加、减少或限制该机构的发债能力。联邦存款保险公司大量使用了这一工具。例如，在某些情况下，联邦存款保险公司在与其他部门协商后，将机构可发行的担保债务规模降至零。[③]

定 价

实现大范围担保与管理风险和激励，这二者之间的紧张关系在定价问题上最为突出。临时流动性担保计划的两个组成部分都必须收费，补偿联邦存款保险公司提供保护的成本和风险。同样重要的是，危机期间要在提供流动性支持的必要性与确保定价能够激励未来转向无须支持的债务市场之间取得平衡。换言之，如果价格过高，可能会阻碍机构在需要时使用流动性担保；但如果价格太低，长期来看可能会鼓励过度依赖政府支持，并取代私人市场。

交易账户担保计划的定价较为简单，因为该部分是现有存款人保护机制的扩展。截至 2008 年 11 月 13 日，联邦存款保险公司对符合条件的投保机构进行了评估，对超过现有存款保险限额 25 万美元的无息交易账户余额的定价为年化 10

---

① Final Rule, 73 Fed. Reg. 72248; Bovenzi, *Inside the FDIC*, 192.

② Bovenzi, *Inside the FDIC*, 192.

③ FDIC, *Crisis and Response*, 46–47; 73 Fed. Reg. 72268 (Nov. 26, 2008).

个基点。

债务担保计划的定价更为复杂。如果价格太高，只有风险最高的机构才会参与。这可能会产生两个负面后果：表明哪些机构是最脆弱的（尽管这在当时是众所周知的），并让联邦存款保险公司只为那些更令人绝望的机构发行的债务提供担保。如果担保定价过低，也存在风险。定价过低会增加联邦存款保险公司遭受重大损失的风险，也可能导致银行和关联公司（鉴于资格的扩大）过度依赖担保债务，从而扭曲融资市场，降低恢复到依靠正常、无担保债务市场的动机。联邦存款保险公司考虑了固定费率、基于风险因子调整的费率等各种收费结构。

最终，联邦存款保险公司试图通过参考银行在正常市场中融资成本的定价，来平衡这些考虑因素。关于定价的初步结论包含在临时规则中，该规则建议对担保债务金额收取年化 75 个基点的费用。得出这个结果是因为，分析表明这一固定费用大大高于正常融资成本，但远低于 2008 年 10 月的融资成本。[1] 债务担保计划参与方发行担保债务的上限受到限制，并规定在担保债务最大的发行额度用完之前不得发行无担保债务。

许多对临时规则进行评论的人批评了这种收费结构。一些参与者批评这种定价结构向短期工具收取了过高费用。[2] 尽管最初提出的固定费用方案会使许多发行人受益，但联邦存款保险公司被要求考虑各种因素来确定适当的费用结构，包括合格机构的风险、借款期限、金融机构的规模和担保债务的期限等。

联邦存款保险公司研究了业界建议的一致性和影响。联邦存款保险公司经过考虑，拒绝为债务担保计划采用基于风险的定价模型，该模型根据银行的 CAMELS（资本充足率、资产质量、管理、盈利、流动性和对市场风险的敏感度）评级和贷款期限收取担保费。[3] 相反的是，联邦存款保险公司认为 75 个基点的固定费率会让担保对短期债务来说并不划算，对长期债务来说价值显著降低。因此，最终规则采用了基于债务期限的浮动费率结构，费率如表 9.1 所示。

---

①　FDIC, *Crisis and Response*, 45.

②　Final Rule, 73 Fed. Reg. 72251.

③　监管部门对银行的评级由最强到最弱分为 1 到 5 级。评级标准包括六个组成部分：资本充足率、资产质量、管理、盈利、流动性和对市场风险的敏感度，又称为 CAMELS 评级。每一家银行都被赋予 1 到 5 的评级，以及相同等级的综合评级。FDIC, *Crisis and Response*, 70, footnote 3.

表 9.1 临时流动性担保计划担保费

表 9.1　临时流动性担保计划担保费

债务期限	评估得出的年化利率（基点）
180 天及以下（不包括隔夜债务）	50
181~364 天	75
365 天及以上	100

资料来源：Final Rule Regarding the Temporary Liquidity Guarantee Program, *Federal Register*（Nov. 26, 2008），Vol. 73, No. 229。

　　然而，从长期来看，延长采用这种定价结构的债务担保计划可能会产生负面影响。事实上，联邦存款保险公司意识到突然退出债务担保计划可能使符合条件的机构产生潜在的悬崖效应。因此，当联邦存款保险公司于 2009 年 3 月将该计划延长至 2009 年 10 月 31 日时，对那些愿意继续参与该计划的机构征收了一定的附加费（从 2009 年 4 月 1 日开始）。[①] 附加费用包括附加评估费：对于 2009 年 4 月 1 日或之后发行的、到期日在 2012 年 6 月 30 日之后的，或 2009 年 6 月 31 日之后发行的联邦存款保险公司担保债务，投保存款机构需缴纳 25 个基点的费用，其他参与实体需缴纳 50 个基点的费用。

　　根据《联邦存款保险法案》，任何使用系统性风险例外条款产生的净成本，都必须通过对行业征收特别保费来收回。[②] 因此，联邦存款保险公司创建了一个单独的账户，通过该账户记录收取的费用和担保赔付支出。最终，临时流动性担保计划的支出由参与机构支付的费用全额覆盖。

10 年后：对临时流动性担保计划的关键评估

为什么临时流动性担保计划取得了成功？

　　2008 年秋季美国金融体系面临着偿付能力和流动性挑战，而临时流动性担保计划是政府众多应对政策的关键部分。[③] 大约 14 000 个合格实体中，有一半以

---

① 74 Fed. Reg. 26521 (June 3, 2009).

② 12 USC § 1823(c)(4)(G).

③ FDIC, *Crisis and Response*. 联邦存款保险公司在该书第 2 章中提供了对临时流动性担保计划数据的概述。以下数据提取自其分析。

上参加了债务担保计划。尽管无担保债务发行仍在继续，但在 2008 年 10 月—2009 年 10 月——债务市场最混乱的时期，合格机构发行的债务中有几乎 2/3 受债务担保计划担保。此外，联邦存款保险公司的分析表明，随着时间的推移，债务担保计划担保债务的期限由短变长。[①]

债务担保计划的担保债务高度集中于少数美国机构。债务担保计划的担保债务的前 29 大发行人，占该计划存续期内累计发行担保债务总额的 99.7%，超过 6 165.6 亿美元。其中，超过 5 786 亿美元由前 10 大发行人发行。花旗集团、通用电气金融服务公司和美国银行是最大的发行人。尽管许多外国银行的美国银行子公司发行了担保债务，但其中只有 4 家跻身前 29 大发行人，担保债务总额仅为 86.3 亿美元。[②]

相比之下，交易账户担保计划更广泛地分布于所有投保存款机构中。事实上，直至 2010 年的交易账户担保计划延长期内，总资产超过 100 亿美元的银行的参与比例下降幅度远远超过规模较小的银行。由于包括债务担保计划在内的其他支持计划被视为主要帮助大型机构，交易账户担保计划被视为避免小型银行存款流失到大型银行的关键。

临时流动性担保计划创建至今已经过了 10 年，有必要回顾一下其成功之处和对它的批评。

公众接受度：基于已有计划

与其他政府干预措施相比，临时流动性担保计划受到的批评通常较少。[③]联邦存款保险公司作为一家联邦机构，直接通过存款保险保护广大民众和消费者，享誉数十年。这不是一种复杂的交易：银行倒闭，储户受到保护。临时流动性担保计划的组成部分直接托生于这种关系。实际上，交易账户担保计划只是扩大了对存款人的保护，而债务担保计划虽然大幅扩展了联邦存款保险公司的作用，但其功能与债务保险非常相似。公众和市场都理解担保，交易账户担保计划和债务担保计划让广大民众和华尔街都受益。这种政策组合惠及广大群体，并平息了抗议。任何联邦计划要想被接受，其关键一直以来都是要惠及每个国会选区的选民。

联邦存款保险公司普遍被视为独立于政府的政治部门序列，无论这种看法是

---

① FDIC, *Crisis and Response*, 54–56, figure 2.8.

② FDIC, *Crisis and Response*, 61–62, appendix table 2-A.

③ Bair, *Bull by the Horns*, 118.

对还是错。此外，到 2008 年秋天，贝尔主席被视为房主和储户的代言人。因此，临时流动性担保计划被视为不受政治压力的影响，从而提高了其公众可信度。最后，联邦存款保险公司还积极宣布临时流动性担保计划由行业出资，就如存款保险那样。因此，虽然机构也为其他计划支付了费用，但临时流动性担保计划似乎更凸显了像存款保险一样由行业出资的特点。

贝尔对临时流动性担保计划获得公众接受的关键原因的总结最为精妙：它依赖于行业预先出资，担保金额虽然很大，但比其他危机计划的规模小。[①]

担保实现了资源有效利用

从只服务于有需要的对象和利用可用资源两个方面看，担保在财务层面是较为高效的。任何担保计划的成本估算通常应基于预期损失，而不是担保总额。在我看来，这种分析更准确地反映了这样一个事实，即在担保债务总额中，只有一部分需要担保人实际赔付。因此，在预期损失有限的情况下，担保可以实现可用资源的有效利用；而且，与注入股权或购买资产相比，在相同的资源下，担保可能会产生大得多的经济效应。这是联邦存款保险公司长期以来在损失分担方面坚持的原则，这一原则被用于解决银行和储蓄机构问题的相关计划，以及为花旗集团和美国银行创建的围栏计划。[②] 虽然在像 2008 年这么严重的危机中，注入股权和购买资产是广大计划的必要组成部分，但它们不提供相同的利益目标或资源杠杆。

临时流动性担保计划通过担保对两个方面——存款和债务融资——都产生了好处。这确保了该计划能够而且很可能被大量银行使用，且随着资格范围扩展到附属实体，也会被大量实体使用。这种潜在的广泛针对性应用是联邦存款保险公司专注于控制风险、定义条款和条件以及调整定价的原因之一。如上所述，临时流动性担保计划的主要目的是允许符合条件的机构在融资严重困难时期满足其流动性需求，帮助信贷市场在经济衰退和金融衰退时期恢复其传输渠道。根据设计，临时流动性担保计划最直接的关注点是，通过提供关键的担保背书，允许符合条件的金融机构展期和发行债务。这种关注之所以成为可能，是因为临时流动性担保计划只是美国政府多管齐下稳定金融市场努力的一部分。随着融资变得更加稳定，选择参与临时流动性担保计划的银行的流动性状况大幅改善。

---

① Bair, *Bull by the Horns*, 118.

② FDIC, *Crisis and Response*, 83.

临时流动性担保计划改善了流动性

虽然没有准确的方法来评估 10 月 14 日一揽子措施中各个要素的相对贡献，但人们普遍认为，如果没有债务担保计划，银行的流动性头寸将无法恢复。这并不奇怪。债务担保计划关注的是一个具体问题——金融机构无力发行债务——计划启动后融资成本大幅改善。

联邦存款保险公司在《危机与应对》（*Crisis and Response*）中指出：研究表明债务担保计划开始后不久，流动性显著改善，资金成本明显降低，收益率利差减小。例如，在 10 月 14 日美国政府的一揽子措施公布后，金融机构能够以较市场融资成本低很多的成本获得流动性。2008 年 10 月 13 日—2009 年 9 月 30 日，Libor 信贷成本下降 446 个基点，TED 利差（3 个月美国 Libor 和 3 个月短期国债利率之差）下降 443 个基点。[1] 短期和中期资金市场的流动性情况也得到改善。[2] 这使金融机构能够再次获得市场融资，而交易账户担保计划也帮助投保存款机构防止了存款流失（见图 9.3）。

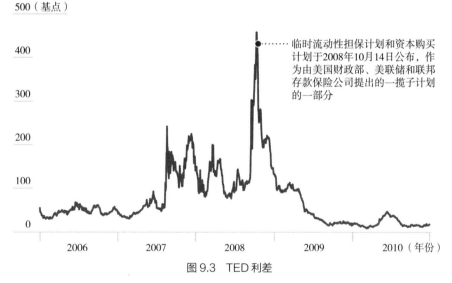

图 9.3　TED 利差

资料来源：圣路易斯联邦储备银行。

---

[1]　FDIC, *Crisis and Response*, 56, figure 2.7.

[2]　FDIC, *Crisis and Response*, 56.

临时流动性担保计划没有对存款保险基金造成净损失

一个常见的衡量成功的标准是该计划是否遭受了净损失。对于债务担保计划，联邦存款保险公司收取了超过 100 亿美元的费用和附加费，同时仅为损失支付了 1.53 亿美元。对于交易账户担保计划，联邦存款保险公司收取了 12 亿美元的费用，而截至 2016 年底累计损失 15 亿美元。[①] 因此，临时流动性担保计划带来的收益大大超过了联邦存款保险公司的支出，净收益约为 93 亿美元。这笔费用存入了存款保险基金。

临时流动性担保计划的定价结构是基于风险的。自该计划结束以来，联邦存款保险公司对债务担保计划和交易账户担保计划的定价是否正确一直存在相当大的争议。有人批评联邦存款保险公司的定价机制对高风险机构的针对性不足或未纳入基于市场的度量，例如机构的信用违约互换与政府债券之间的利差。[②] 虽然这些考虑是合理的，但这些批评必须放在该计划目标的整体背景下以及联邦存款保险公司使用的其他风险控制措施中加以考量。如上所述，2008 年秋季出现了流动性和偿付能力方面的异常损失，而临时流动性担保计划仅仅是政府应对措施的一部分。问题资产救助计划、商业票据融资工具和临时流动性担保计划构成了一整套应对措施，旨在维护金融稳定。联邦存款保险公司意识到，需要在基于风险定价与迅速扭转市场流动性不足日益严重的情况之间取得平衡。而且，联邦存款保险公司还有其他工具来控制其风险。虽然联邦存款保险公司将债务担保的价格定得略高于正常市场状况的水平，但它有意识地将债务担保计划担保定价为远低于当时的信用违约利差成本，这有助于让债务市场向合格实体重新开放。联邦存款保险公司还试图通过许多其他机制来控制其风险。如上所述，联邦存款保险公司使用最终规则提供的自由裁量权，对较弱机构的协议条款及其哪些债务能够得到担保施加了限制。

批　评

虽然美国国会并未关注临时流动性担保计划的具体落实，但《多德－弗兰克

---

① FDIC, *Crisis and Response*, 58. 交易账户担保计划造成的损失有一半以上是由五家银行倒闭造成的：锡尔弗顿银行、欧文联合银行和信托、殖民地银行、格鲁吉亚银行、海岸银行。

② FDIC, *Crisis and Response*, 46.

法案》最终限制了联邦存款保险公司未来在未经国会批准的情况下提供担保的权力。可以合理地推测，这一立法改革的支持者是在借此回应对金融危机"纾困"措施的反对声音，也是回应对联邦存款保险公司将其在系统性风险例外条款中规定的权力做出扩展性解读的质疑。

《多德－弗兰克法案》显著限制了联邦存款保险公司今后再次创建临时流动性担保计划的能力。新规允许财政部长要求联邦存款保险公司和美联储确定是否存在"流动性事件"。这一决定需要 2/3 的联邦存款保险公司董事会成员和美联储委员会成员的赞成票。在财政部长的书面同意下，联邦存款保险公司可以创建一个"广泛可用"的担保计划。该计划的实施需要国会联合决议的批准。担保计划将由该计划所有参与者支付的担保费用和特别保费负担。此外，任何盈余的资金将存入财政部一般基金。自此，国会控制了联邦存款保险公司是否可以在未来创建临时流动性担保计划式的担保计划。[①]

《多德－弗兰克法案》修正案限制了联邦存款保险公司在未来发生金融危机时应对流动性冲击的灵活性。鉴于这些限制，联邦存款保险公司未来更难以及时实施类似的计划。

经验教训

经验 1：担保可提供定向支持

临时流动性担保计划是 2008 年秋天政府采取的应对资本和流动性威胁的诸多措施之一。单靠流动性是无法应对危机的。但作为政策组合拳的一部分，临时流动性担保计划确实有效利用担保支持了债市重启，遏制了存款挤兑风险。担保与其他工具一道提供了一种有效机制，支持现有市场行为，而非取代这些行为，因此尤为适合帮助金融机构重返一个未受支持的市场。联邦存款保险公司需要应对明确退出节点所带来的潜在"断崖效应"，但通过逐步提高附加费的方式，联邦存款保险公司似乎帮助市场逐步"戒掉"了担保。

---

① 12 USC §§ 5511–12.

经验 2：市场和公众的支持至关重要

2008 年政府的干预政策在过去 10 年内一直影响着美国的公共政策。临时流动性担保计划似乎获得了公众的支持，可能是因为该工具是存款保险制度的延伸，而且通过交易账户担保计划使存款人可以直接获益。此外，临时流动性担保计划的资金来自行业用户缴费，不需要在一段时间内逐步偿还，因此一般不被视为救助。其他救助工具，像问题资产救助计划和美联储的流动性工具，均需在一定时间内慢慢偿还，因此受到的批评也更多。担保结构更加简单，更类似于存款保险和其他受欢迎的工具（例如小企业担保贷款），也使这一工具更易被公众接受。事实上，临时流动性担保计划的社会成本相对较低，但它对市场和整个经济的好处却很大，效果与联邦存款保险公司的现存工具类似。

经验 3：在设计工具时尽量理解市场需求

在设计临时流动性担保计划的过程中，政府与私人部门利益相关者进行了充分探讨，以确保该工具能够精准地实现预设目标。例如，在设计临时流动性担保计划时，联邦存款保险公司回应并采纳市场意见，增加了一些具体的细节，例如及时偿还债务担保的流程。未来政策制定者应确保他们能够听取外界意见和分析，并在设计类似临时流动性担保计划的工具时采纳这些反馈意见。

经验 4：监管机构之间的合作很重要

仅靠临时流动性担保计划是无法成功的。政府自 2008 年秋天开始综合运用临时流动性担保计划、问题资产救助计划和商业票据融资工具等多种工具，才取得了成功。危机的严重程度明确要求采取统一的应对方法。对于任何危机，评估各部门如何出台不同的措施以形成合力至关重要。有关部门在设计这些措施时开展合作也同样重要。其实，2008 年秋天各部门如果能加强合作，应该还能出台更好的应对措施，当时机构间的讨论已经有助于更快地实现政策创新，避免了破坏性的开端。这一做法对于提振消费者、市场和机构的信心十分重要，而信心本身对于任何干预政策的成功都是关键因素。

经验 5：保持灵活

保持灵活至关重要。所有政府机构都受制于其法定权限和使命。但在危机中，问题的解决可能在于创造性地使用此前已存在的工具，以及明确为应对危机还需要怎样的额外权限。临时流动性担保计划的出台就是对联邦存款保险公司法定权限更为灵活的解读，是在思考联邦存款保险公司使命和权限允许范围后得出的新政策选项。为应对危机，财政部和美联储的其他权力部门，在设计工具、利用资源时也展现了灵活性和创造性。如果不能解放思想、灵活运用这些工具，美国的危机应对从一开始就会受阻。

第十章

银行资本：重振银行体系

本章作者：蒂姆·克拉克、马修·卡巴克尔和李·萨克斯。本章作者感谢美联储、美国财政部和银行机构的许多工作人员，他们为本章和全书所讨论的成果做出了贡献。他们在巨大的压力和极其紧迫的时间限制下，代表美国人民的利益所做出的奉献、创新和杰出工作，是美国政府诸多危机应对措施取得成功的关键。

总统交接期间的经济和金融体系现状

事实证明，到巴拉克·奥巴马总统宣誓就职时，这场危机所造成的经济后果远比人们担心的更严重。实体经济在恶化，金融部门仍承受着巨大的压力。2008年秋，美国财政部、美联储和联邦存款保险公司积极应对，实施了一系列创新计划。尽管在一开始遭遇了挫折，但财政部长亨利·保尔森最终成功游说国会尽早出台财政刺激计划，并为问题资产救助计划提供7 000亿美元的资金支持[①]，得以向近700家贷款机构注入资本。为避免雷曼兄弟破产和美国国际集团倒闭带来的负面效应，美联储大幅降息并向美国和全球市场注入数万亿美元流动性。联邦存款保险公司采取了前所未有的措施，为银行所有的新债务提供担保，100多家银行参与了这一计划。美国财政部策划并实施了为货币市场共同基金投资提供担保的新计划，并与美联储共同策划了几项旨在重启几近冻结的抵押贷款和消费贷款市场的计划。

这些行动对于消除恐慌、防止金融体系崩溃至关重要，阻止了另一场大萧条的发生，并为新政府采取下一步措施赢得了宝贵的时间。

在整个过渡期，金融监管部门及美国财政部的官员、工作人员勤勉工作，确保即将上任的政府完全理解他们的选择以及在选择背后所做的必要权衡。他们的努力为我们应对危机提供了必要的基础，最终仅需额外使用少量纳税人的资金。

但已有的行动还不足以遏制危机。即使采取了所有强有力的金融干预措施，市场和经济还是不可避免地陷入了螺旋式下行之中，2008年第四季度GDP实际下降8%（年化口径），2009年1月就业岗位减少70余万个。持续加剧的经济增长放缓引发了人们对房价进一步下跌和消费者违约加剧的顾虑，有可能导致抵押贷款和其他贷款，以及与之挂钩的资产支持证券产生额外损失。与此同时，资产价值下跌也引发了人们对此类资产的最大持有者（银行和其他金融机构）偿付能

---

① 虽然立法规定的总额为7 000亿美元，但仅允许政府首批提取3 500亿美元。即将上任的新一届政府必须在1月就职前确保获得第二笔3 500亿美元。

力的担忧。对再一次出现偿付能力危机和贷款需求下降的担忧又加剧了人们对经济持续下滑的顾虑，恐慌循环再次开始。

美国政府未来措施的不确定性加剧了这一困境。在某种程度上，由于政府在众多领域采取了大量行动，致使投资者认为华盛顿一直在改变游戏规则，因而对新政府可能采取的行动感到担忧。奥巴马团队中的一些人在过渡期间表露了将一些银行国有化并让债权人承担更大损失的想法，引发了谣言和毫无根据的猜测以及一系列的连锁反应，进一步加大了金融机构的下行压力（见图 10.1）。

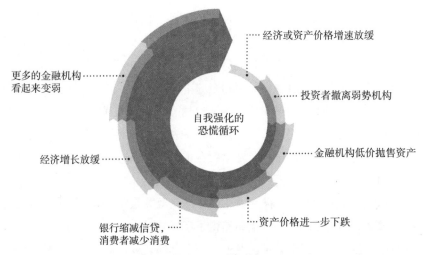

图 10.1　恐慌循环

如前文所述，我们清晰地认识到可供使用的金融资源十分有限甚至不足。国际货币基金组织和私人分析师测算，美国金融机构的损失可能高达 2 万亿美元。然而，向其他项目提供资金后，问题资产救助计划仅剩余 2 500 亿~3 000 亿美元，我们担心没有足够的资金来应对越来越多的挑战，更重要的是，担心市场会认为我们已经弹尽粮绝。

损失估计并不是一成不变的，总损失最终将部分取决于我们所采取的行动。财政措施力度不够，金融体系只能自行解决问题以及信心持续不足，都可能导致损失增加，以至于金融体系需要更多资金。反之，能够降低经济衰退风险的可靠财政计划，补充金融体系资本的合理政策，以及对信用市场低价抛售行为的遏制，可以创造一种更好的环境，降低损失估计数额，使最终的资本需求没有那么大。虽然本章侧重于直接针对金融机构和市场的战略，但积极的财政和货币政策也非常重要，不仅降低了发生重大经济萧条的风险，也有助于我们以低于最初预测的公共和私人部门支出金额成功实施计划。

我们需要提出一个令人信服的战略，既能减少不确定性，又能赢得市场的信任。该战略还要明确我们不会做什么，例如不会允许另一波破坏性的金融机构倒闭潮发生。我们知道，需要在政府资助企业托管、问题资产救助计划资金的初步部署、联邦存款保险公司的担保承诺、美联储推出的创新流动性工具、美国财政部的货币市场基金担保计划以及其他措施的基础上，制订一个让金融体系重新运转、经济重新增长的明确计划。

我们有两个主要目标。一是补充金融体系资本以减轻公众对偿付能力危机的担忧。二是集中精力保障信用市场正常运作，确保市场价格能够更好地反映基本面，而不是继续加剧恶性循环。

最重要的是，我们决定吸引私人资本重返金融体系，这是此项战略的关键。我们希望私人投资者承担大部分工作，如补充银行资本、投资信用资产、关注机会而不是风险。制定使金融机构和金融资产重新具有投资价值的政策是必要的，部分是由于资源有限，更多是因为政府长期直接管理金融体系可能存在风险和成本。在制定的过程中，每一项政策都需经过两个问题的检验：是否有助于恢复信心？有撬动私人部门资金的可能性吗？

在接下来的 6 个月里，我们推出了一项雄心勃勃的应对计划以最终实现这些目标。不可否认，该计划并非完美无缺，似乎也不总是公平公正。然而，我们努力传达我们在做什么以及为什么这么做，我们的核心目标主要是集中精力稳定金融体系，帮助其支持实体经济复苏。为了实现经济复苏，就必须修复为家庭和企业提供信贷的机制。这意味着要重振把我们带入金融危机的市场和机构，即信贷市场和银行。对于普通民众来说这很难理解，但我们深知没有其他更好的选择。

应对金融危机的下一步

在过渡期间，最初我们的政策辩论与上届政府以及金融危机早期时的政府如出一辙。政策应该针对金融体系及其主要机构，还是依赖于该体系的家庭和企业？要修复破碎的金融体系，是购买资产、免除债务并向受影响的借款人提供援

助更好，还是向该体系本身注入资金更好？ [①]

奥巴马的经济政策团队重新审视了上述问题。一开始，每种选择似乎都好于政治上存在阻碍的金融机构资本补充计划。尽管我们试图将每个想法进行优化，但还是遇到了和小布什政府一样的挑战与困惑：

· 我们应该如何对转移到政府的资产进行估值？如果资产定价过高（以至于政府多付），一笔隐性补贴将流向资产拥有者或金融机构。如果资产定价过低，没有机构自愿出售，那么这些遗留资产继续存在于银行的资产负债表上，我们试图解决的问题也将进一步扩散。

· 政府应该如何处置这些资产？我们担心问题资产会积压；但同时，我们也担心以低价将资产转售给新买方，可能会损害纳税人的利益，进而引发政治反弹风险。

· 我们应该如何对待借款人？我们是否愿意做出让步，包括减记本金？由谁来决定？对那些没有被政府收购的抵押贷款的借款人来说公平吗？对那些继续偿还抵押贷款（"好"资产）的人来说公平吗？

我们还重新审视了金融危机中的另一个核心争论：到底是流动性危机还是偿付能力危机？尽管早些时候政府向房利美、房地美和银行体系注入了资本，但私人部门和政府经济学家仍然对更广泛的金融体系偿付能力表现出了担忧。华尔街分析人士预测，随着经济衰退的加剧，一旦银行开始确认其投资组合的损失，整个金融体系的资本将严重不足。美联储分析人士也警告称，银行剩余资本严重不足。2008 年底，纽约联邦储备银行曾私下预测，如果经济在"压力情景"下继续恶化，银行将面临高达 2 900 亿美元的资本缺口，极端情况下资本缺口将高达 6 840 亿美元，其中大约 80% 的损失集中在 15 家最大的银行身上。[②]

---

① 这既是一个经济问题，也是一个政治问题。这是因为最需要援助的机构通常是那些由于无能、无知或狡诈而持有最多数量"根源"性贷款或证券的机构，正是这些贷款或证券导致了金融危机。最应受谴责的却成为最脆弱的群体。评论人士可以相对简单地辩称：把精力集中在恢复金融体系的基本功能上，会让危机的始作俑者获利。

② Timothy F. Geithner, *Stress Test: Reflections on Financial Crises* (New York: Crown Publishers, 2014), 283. 这些预测是粗略的估计并且在不断变化。它们也不复杂，因为不是对税收、收入等全面核算的资本需求模型，而是总损失估计。正如本章附录中提到的那样，压力测试的发展将使美联储的经济学家能够在不同的总损失情景下，对每家银行的资本缺口做出更准确的预测。

市场也发出了明确的信号。许多衡量银行体系偿付能力的关键指标，包括银行的股权价值、短期借贷成本、存款保险费率等都传达出严重的危机信号。小布什政府时期，购买银行优先股以及房利美和房地美实际国有化的影响力似乎正在减弱，有推论认为早期的注资规模过小，特别是在经济不断恶化的情况下，但我们认为这可能只是部分原因。

综合市场信号、美联储对潜在资本缺口的初步评估以及私人部门的测算，我们得出结论：除了流动性危机之外，整个金融体系很可能还存在资本不足。单家机构是否资不抵债尚未有定论，但可以明确的是，有很多市场参与者和交易对手认为它们已经资不抵债。原因之一是，投资者不仅开始密切关注银行持有的资本数量，还开始密切关注银行持有的资本类型。

在努力补充银行资本的同时，为避免政府控制或国有化，保尔森领导下的财政部选择购买银行无投票权的优先股。通过不设置累进的股息率（5年后提高）并提出额外的薪酬限制（问题资产救助计划的法律要求），让市场相信政府的资金不是永久性的。为了避免进一步惩罚，这些资金需要连本带利地偿还，换句话说，最初作为政府股权资本的钱看起来更像是政府贷款。

当在经济恶化的背景下接手财政部时，我们确信，需要更明确地解决对偿付能力的担忧这一问题。我们不仅需要向金融体系增加资本或为其吸引更多资本，还需要注入更容易吸收损失的高质量资本，即有形普通股权益。如前所述，这种方法可能会创造一个良性循环：如果金融体系更健康，贷款将会回升，实体经济也会更健康。尽管我们知道将面临严重的低迷和漫长的复苏，但最不利的结果将得以避免。于是，问题便变成了：如何注资？

金融体系资本补充：评估可选方案

资本不足的金融机构加剧了危机。为了去杠杆，这些机构开始收缩信贷投放。债务积压可能会加剧其股票价格波动，从而吸引做空者。同时，这些机构的债务可以折价或以较大利差交易，增加了借贷成本，使它们可能在不当时机冒险赎回或进行高风险投资。

资本重组，或者说改变债权和股权结构的过程，减轻了上述顾虑，并使金融体系建立在更加稳定的基础上。我们有四个主要选择：

1. 监管容忍。政策制定者试图争取时间，让金融机构有机会利用经营利润补充资本。政策制定者豁免资本要求，提供流动性，并承诺避免金融机构出现灾难性倒闭。这通常需要相当长的时间，在此期间，银行可能会表现出许多与前述相反的行为。

2. 银行处置。政策制定者迫使金融机构的债权人放弃债权，并用股权代替。在美国，这是联邦存款保险公司对资不抵债的金融机构进行资本重组的传统方式，也是公司法人根据美国破产法进行资本重组的一种方式。

3. 损失吸收。政策制定者选择承担原本由银行体系承担的损失。通过豁免银行承担的必要损失并形成权益资本来实现资本重组，一般通过资产购买或担保实现。

4. 股权注入。政策制定者试图创造激励机制，鼓励私人投资者向银行注资，或利用纳税人的资源自己注资。这是我们的前任同事，即保尔森领导下的财政部所采取的主要做法。

监管容忍

我们决定不采用监管容忍的方式。这是奥巴马总统做的决定。他会援引那些积极应对金融危机的别国案例。"学瑞典，别学日本。"这是他经常说的话。换句话说，我们要采取果断的行动，与那些采取渐进式、妥协性战略的国家区别开来。奥巴马总统采纳了与国家经济委员会主任拉里·萨默斯所做的外交政策相似的政策。萨默斯建议运用所谓的鲍威尔主义，即参战的国家应该利用其掌握的所有资源和工具采取行动，以迅速取得胜利。我们需要全力以赴。

银行处置

对于规模较小、不太复杂的机构，处置是我们的首选方案。联邦存款保险公司拥有以高效的方式重组中小银行的法定权力、专业知识和经验。不幸的是，我们没有类似的工具处置更大、更复杂、更具关联性的机构[①]，且不对其他金融机构和经济造成潜在严重后果。从经验来看，股权注资似乎更为简单。

---

① 最终大致定义为——资产超过 1 000 亿美元的银行，即在监管资本评估计划中最初的 19 家银行。

支持银行处置的人认为，这种方式更公正，因为对机构的不当行为做出了惩罚。但正如我们所看到的，这种惩罚并没有传递到机构本身及其高管那里，而是传递到被迫将债权转换为股权的债权人身上。

更重要的是，银行处置中将不确定的损失强加给广大债权人，在危机中可能产生巨大的传染性风险。如果债权人看到损失被强加到银行的优先级债权人身上，那么在同等条件下（同等清偿等级）向其他银行提供信贷但期限较短的债权人可能会撤回资金。在金融控股公司的组织架构中，与控股公司有交易关系或衍生合同的交易对手，或提供批发融资的机构，通常被视为与长期债权人处于相同的法律地位，其债权在处置中被减记。因此，这些债权人将资金从被处置机构或其他机构中抽离的潜在风险可能会非常大。[①]

银行处置还可能吓到私人投资者，而我们曾试图吸引他们向银行注资。私人投资者需要的是清晰的规则和确定性，强制减记将会使规则变得模糊，敏感的投资者可能就不会投资。

最后，以银行处置为中心的政策存在严重的治理问题，特别是政府要在一段时间内控制银行。从历史上看，政府是糟糕的企业经营者，并且从危机中退出也更为复杂。

尽管如此，我们还是同意这一观点：银行处置是可行的，理想情况下，如果有足够的时间和稳定的法律程序，确保那些当初明确知晓、自愿承担额外风险的债权人和股东最终承担其投资行为的后果，从而实现机构资本重组，那么银行处置就是一个强大而有效的工具。但我们很少使用这一方式，实践中，政府资助企业通过正式重组解决问题，联邦存款保险公司在危机期间使用经过时间检验的处置工具，妥善应对了近 500 家小银行的倒闭。主要区别在于，上述两种情况下都已有处置的法律框架，而这对于银行控股公司或其他非银行金融机构（如美国国际集团、通用电气金融服务公司，以及主要的投资银行）来说都不存在。

[①] 当时的金融体系在很大程度上是由短期债权人提供资金的。如果这些债权人认为政府将迫使优先债权人减记，他们就会从其他机构撤资，迫使这些机构迅速出售它们无力再融资的资产。在我们看来，这将给这些资产带来进一步的下行压力，导致更多的贱卖及借款利率的进一步上升，加剧房地产和其他市场的负面影响。这有可能使我们为稳定金融体系所做的所有工作付诸东流。

损失吸收（资产购买和担保）

从理论上讲，资产购买或担保这一方式具有极大的吸引力。作为一种政策选择，它在设计上似乎是完美的：政府可以购买资产或为一篮子受影响的资产提供担保，并同意在这些资产达到商定的"价外"水平时承担损失。对于银行来说，这是一种综合性的资本形式。简而言之，如果愿意高价购买（或担保）资产，就可以利用这一点来创造资本；调整担保和一篮子资产的水平，就可以调整所提供的资本支持水平。历史上就使用过更加激进的损失吸收措施，例如，1994年墨西哥比索危机期间，政府在没有获得补偿或股权的情况下承担了相应的损失。

我们花了大量时间研究资产购买计划。资产担保方面，在过渡期间宣布通过资产担保计划分别吸收花旗集团和美国银行约3 000亿美元和1 200亿美元的资产所产生的损失。但事实证明，该计划实施起来异常困难。例如，很难找到一种为数千种证券设定公允价格的方法。其他困难包括如何确定适当的损失机制——是按市值、已实现损失还是其他方式计算损失，同时还需要确定谁来判定是否发生损失以及谁负责对损失的处置。[①] 最后，损失吸收不具备其他政策所具有的可扩展性。为使这一方法适用于花旗集团和美国银行以及更多机构，我们做出了非常大的努力，但最终损失吸收并未在危机应对中发挥多大的作用。损失吸收最终成为应急计划的组成部分之一，这一点将在后面的遗留贷款计划（LLP）中讨论。

折中方法："在线修复"和股权注入

最终，我们试图在政策制定中结合银行处置和股权注入这两种方式的优点。在内部，将这一系列政策称为"在线修复"。我们的想法是，希望能够享受到处置模式下的好处（主要是一些新的资本需求可以由现有次级债权人和优先股股东来满足），同时避免将损失强加给优先债权人或让金融机构经历并不适宜的破产程序，这可能会带来传染性风险。

最简单的方法是让美国财政部向银行注入普通股，其他国家（比如英国）走

---

① 资产担保计划是为数不多的虽然已经宣布——在这一案例中，是为美国银行的资产设定保障范围——但从未真正实施的行动之一。

的就是这条路。但与美国财政部一样，我们担心美国政府一旦拥有一家企业，就很难退出。这种担心来源于其他国家对银行实行国有化以及房利美、房地美的经验，截至目前，美国政府已控制这两家公司 10 余年。另一种极端情形是，可以通过银行处置使现有债权人承担损失，从而迫使私人部门参与，但出于前述原因，这也只是次优选择。

相反，我们勇于挑战，尝试了一些更新的做法：推行一系列政策去创造一种环境，让私人部门基本上依靠自身完成资本补充（见图 10.2）。此外，我们希望对不同的金融机构进行区分，允许实力雄厚的机构因其偿付能力相对充足免于筹集额外资本，并确保实力较弱的机构不仅能够维持适当的资本，还能在基于亏损的悲观假设下，获得维持生存所需的全部资本。

从政策和政治经济的角度来看，使用私人资本而不是公共资本是有益的。从政策的角度来看，潜在的私人资本规模远大于我们可以利用的问题资产救助计划规模，也将最小化联邦资产负债表的扩张。

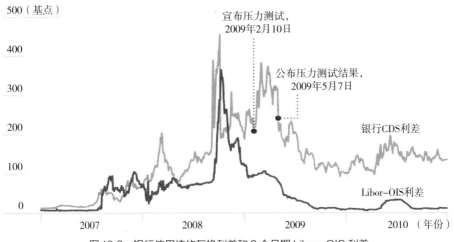

图 10.2　银行信用违约互换利差和 3 个月期 Libor-OIS 利差

注：银行 CDS 利差为美国银行、花旗集团、高盛、摩根大通和富国银行 CDS 利差的算术平均值。
资料来源：彭博财经，埃信华迈。

然而，这仍存在重大风险。我们必须设想私人资本能够投入大量资金的一系列前提条件，也必须为可能出现的失败做好计划。事实上，我们部分同事认为，指望私人投资者提供大量资本不现实。但分析表明，若有正确的公共政策的支持，由私人部门提供大量所需的新资本在理论上是可行的。我们相信，如果能够创造条件，大量被压抑的对银行股权的需求[①]将被释放，我们的任务是找出调动这些资源的方法。

压力测试和支持方案

监管资本评估计划

要使银行体系恢复健康，需要确定在更大的经济压力下哪些地方可能需要资本；以及若私人投资者资金不足，政府需要提供多少资金。为了实现这一目标，我们要对潜在的亏损预估一个上限，明确银行需要多少资本，再要求银行补充这些资本。监管资本评估计划，即广为人知的银行压力测试，将是关键工具（见图 10.3）。

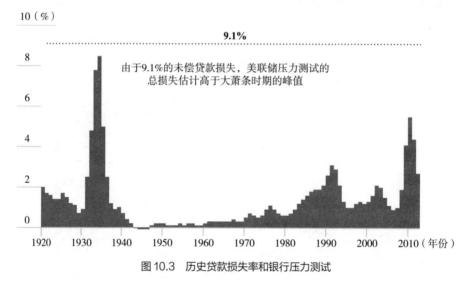

图 10.3　历史贷款损失率和银行压力测试

注：百分比反映的是两年的银行贷款损失率。
资料来源：联邦存款保险公司，美联储，国际货币基金组织。

---

① 我们通过观察银行的空头头寸（相当高），以及头部共同基金经理在金融领域的投资与重要指数权重的关系，得出了这一结论。我们粗略计算空头回补（回到较 2009 年初的峰值略高的水平）以及机构投资者从"仓位很低"恢复到"同等权重"的需求，结果表明市场对银行普通股的需求可能相当大。

压力测试标志着监管机构首次对整个银行体系的潜在损失进行同类比较分析。这是一项庞杂的工作，由美联储领导，来自银行业三大监管机构的150多名银行监管人员、经济学家和金融分析师参与，并得到律师、会计师和资本监管专家组成的咨询团队的支持。这项工作是对严重的经济衰退将消耗多少资本进行前瞻性预测，其中包括比目前私人部门经济学家所做的预测还要不利的情景。最终压力测试设置的潜在贷款损失程度要比大萧条期间的银行所遭受的损失更为严重，以检验银行应对这一不利情景的能力。任何一家现有资本缓冲不足以承受严重压力情景的银行，将被要求筹集额外资金。与其他大多数银行测试不同的是，压力测试的结果是公开的。

通过明确19家最大的银行（资产超过1 000亿美元）的潜在损失和资本短缺（或资本不足）金额，压力测试把最弱的银行与处于较强地位的银行区分开来。这一测试将减轻公众对银行普遍存在的偿付能力不确定性问题的担忧。

一旦完成测试，就可以要求那些资本短缺的银行增加缓冲资本来应对比预期损失更糟的情况，提振信心并降低发生最坏情况的可能性。重要的是，还可以使私人投资者能够更精确地估算特定银行的价值。只要银行筹集到所需的资本，那么就可以确信政府不会干预，这打消了投资界最大的顾虑之一，即向银行体系投入资本后发现政府已经改变方向，其投资将付诸东流。

但要想压力测试发挥作用，市场必须相信其结果是可靠的。事实上，至关重要的是，不能将压力测试视为提供虚假信心的一种手段，许多观察人士声称事实很可能就是如此。我们的经济情景、亏损预测和净收入估计需透明并足够严格。为了消除政治干预的迹象，压力测试必须由美联储和独立于美国财政部的其他银行监管机构执行。测试时，必须对结果不抱任何先入之见，所有人都必须准备好接受并且应对测试结果。

这些都不乏顾虑和争议。如今压力测试被广泛应用，但人们很容易忘记，当时美国监管机构要求银行基于测试结果补充资本是多么不寻常。美国银行监管机构从未使用基于情景的压力测试来评估银行的资本充足情况，并基于测试结果要求补充资本。许多人认为，在当时的法律体系下，可能难以要求一家目前已满足所有监管资本要求的银行基于假设情景补充额外资本。也有人担心，如果我们通过测试认定一家银行"资不抵债"且需要额外补充资本，但是却没有立即处置该银行，可能会使问题恶化。但此前银行承受的极端市场压力向监管机构表明，它们存在明显的安全性和稳健性问题。基于这些理由，美联储认定自己有权要求银行增加资本金。

我们还必须努力解决一些细节问题和单家银行测试结果的透明度问题。一方面，如果要降低普遍存在的不确定性，并提供有关银行体系状况的有用信息，投资者和其他人就需要能够更精确地开展分析工作，将这些数据用于自己的分析以确保可信度，否则，公众将继续怀疑我们对结果进行了处理，使银行看起来比实际状况更好。另一方面，这种程度的透明度与数十年来以保密著称的银行监管理念背道而驰。是否对外披露引发了内部的激烈讨论。一些人认为，披露或许会提高公众对未来所有工作在透明度方面的期望，为监管设定了不好的先例。更糟糕的是，披露可能会让公众注意到实力较弱的银行，或者注意到某些银行比他们想象的更弱，从而引发银行挤兑。银行和监管机构担心，过高的透明度不利于稳定。

最终，大多数持怀疑态度的人转而认为有必要提高透明度。伯南克主席和美联储委员会决定，要让公众看到详细的结果，并自行决定压力测试结果是否足够严谨和可信。

压力测试有很大的实用价值。

第一，测试结果提供了美国财政部确定政府注资支持规模所需的信息。

第二，测试结果区分了实力较强和较弱的银行，正如金融体系也会按资产质量区分一样，而且根据每家银行自身的情况进行了特定的评估。

第三，根据设计，压力测试否定了银行应按照公允价值计量的说法。通过衡量压力情景下的减值（但不必假设危机时期市场的贴现率），并在计算中涵盖银行拨备前的净收入，我们强化了一些财政部工作人员所谓的狭义银行相对性理论：银行是长期存在的，不应简单地根据其在某个时间点的状况来估值。银行以活期存款和短期负债支持非流动性资产和长期资产，其设计天然就是"不稳定"的。如果强迫银行在周期性的低点使用公允价值对其资产进行估值，那么就削弱了其在支持经济活动方面的重要性。

第四，压力测试使监管机构能够在不确定性很高的时期掌握资本充足情况，并迫使银行筹集所需的额外资本以降低资不抵债的风险。监管资本评估计划基本上创建了一个新的资本基准，即"压力后资本"，要求银行在压力影响下，以新创造的、更稳固的资本形式持有风险加权资产至少4%的资本，即"一级普通股资本"。通过这一机制，能够大幅提升银行持有资本的数量和质量，以支持信贷投放。

这样做的目的是让银行积累资本，确保即使情况恶化，至少也能以目前的水平继续放贷。通常情况下，在经济低迷时期维持资本充足率最简单的方法是减少放贷或剥离资产，而这些行为只会加剧经济低迷。为了解决这一顾虑，我们假设在情景冲击后银行的资产负债表规模和构成与初始时基本一致，然后使用压力后资本比率——我们称为"柏忌"（bogey）[①]——来衡量资本需求，再将其转化为机构所需筹集资本的绝对数额要求，而不允许缩减资产负债表来满足资本充足率要求。

资本援助计划

我们担心，压力测试不仅不能吸引资本回流银行体系，反而可能使情况变得更糟，特别是在压力测试中被认为是资本不足或资不抵债的银行，如果无法筹集私人资本就只能自生自灭。我们也知道，任何可靠的压力测试都需要几个月的时间才能完成，投资者可能会在这段时间里做最坏的打算。压力测试甚至可能引发我们正竭力避免的银行挤兑，因此某种形式的支持方案是必要的。在银行接受压力测试前不久，我们明确表示，任何无法筹集必要资本以满足监管资本评估计划压力后要求的银行，都可以获得额外的政府资本支持。

对于资本援助计划，美国财政部同意在必要时认购无限数量不确定的或有股权证券。[②] 此外，我们明确该证券可以在必要时转换为银行的普通股，并根据计划宣布前一天银行普通股的收盘价确定转换价格。银行可以将上一届政府因资本购买计划持有的优先股（实际上被市场参与者更多视为债权）置换成这种可转换为普通股的新证券。这在一定程度上帮助我们解决了问题资产救助计划中仅剩约1 000亿美元未承诺拨款的数学问题：通过允许转换先前发行的优先股，为该计划增加了约2 000亿美元的资金规模。

在2009年2月10日的联合声明中，美国财政部长盖特纳、美联储主席伯南克、联邦存款保险公司主席希拉·贝尔、货币监理署署长约翰·杜根和储蓄机构

---

① "柏忌"为高尔夫术语，指打完一洞所用的杆数比标准杆多一杆。——译者注

② 与监管资本评估计划不同，美国财政部向所有银行和符合条件的机构提供了资本援助计划，而监管资本评估计划仅限于19家最大的银行。在监管资本评估计划结果公布后，19家银行有6个月的时间筹集监管额外要求的资本。一家银行可以在监管资本评估计划结果发布后立即申请使用资本援助计划，但实际资金使用可以推迟6个月，并在此期间尽可能多地筹集私人资本。

监管局主管约翰·赖克指出，"我们的预期是，（资本援助计划）以可转换为普通股的优先证券的形式提供资本，股息率将根据具体情况确定，**转换价格将较该机构 2009 年 2 月 9 日前的股价略有折让**"（强调为本章作者所加）。最后一句话直到声明发布前都一直放在括号里。声明是清晰的，承诺政府将以确定的价格购买不确定数量的银行体系普通股。监管机构将决定银行体系需要多少资本，而银行将决定它们能否以更优惠的条件筹集到这些资本。政府是银行体系和压力测试的后盾，这一事实本身就提供了一定的确定性，并减轻了政府可能会对银行采取何种措施的广泛顾虑。

积极的一面是，该计划允许市场参与者投资任何一家银行，因为他们知道其他任何主要机构都不会出现可能引发连环下跌的灾难性倒闭。消极的一面是，现有的银行股东知道，如果他们不能以优于资本援助计划的条件筹集资金，他们将不得不接受政府资本和股权大幅稀释这一结果。

5 月 7 日，压力测试结果公布前不久，银行监管机构发布了一份联合声明，明确指出银行控股公司应"制订资本计划，在可能的情况下积极寻求从私人部门筹集新资本"，具体包括"重组现有的资本工具"。[①]

事实上，我们曾将这一计划称为"在线修复"，因为除了从市场参与者或美国财政部筹集"新"股本外，还有几种来源可以满足银行基于监管资本评估计划的资本需求。我们希望银行通过将次级债权转换为股权来实现"自我救助"，并希望银行知道，如果无法找到新的私人资本，在寻求政府注资之前，将次级债权转化为股权是更好的选择。尽管我们一直清楚地表示，从政策角度来看，不寻求对优先债权人进行减记，但也一再坚定地表示，次级债权人（次级债务或其他优先证券的持有者）应当有承担损失的预期。[②]

我们还想给市场展示机构如何执行"在线修复"的路线图。花旗集团在 2009 年初与我们接洽，几乎在金融稳定计划（FSP）提出的同时，我们找到机会

---

① 美联储新闻稿，2009 年 5 月 6 日。美联储、财政部、联邦存款保险公司和货币监理署关于财政部资本援助计划和监管资本评估计划的联合声明。

② 当时最大的 19 家银行有大约 3 000 亿美元的未结清证券，这再次帮助我们管理预算约束。在问题资产救助计划剩余的 1 000 亿美元可用资金、2 000 亿美元的资本购买计划优先股以及现有的次级债务和优先股中，有 6 000 亿美元的资金可以让我们在不需要筹集任何新股本的情况下满足压力测试的要求。

宣布了一项与我们的原则一致的重组提议。在 2 月 27 日宣布的这笔交易中，我们同意将财政部持有的一部分优先股（250 亿美元）以每股 3.25 美元的价格转换为普通股，前提是花旗集团能够以相同的价格转换等量的次级债务和私人部门持有的优先股。我们将这一行动视为计划的重要组成部分，因为它向市场参与者展示了更加全面的计划将如何实施。

直到花旗集团交易完成之后，我们才看到市场开始明白我们正在试图做些什么。3 月 2 日，奥本海默集团发布了一份题为《盖特纳的邪恶天赋》（*Geithner's Evil Genius*）的报告，给出了以下评价："美国财政部正在通过行动而不是语言告诉市场，它希望确保该公司（此处应指花旗）能够（以资本援助计划的价格）获得普通股融资。财政部要么自己提供资本，要么从母公司资本结构中更优先的层级去寻找资金解决这一问题。当然，财政部不仅对花旗集团透露出这样的信息，还清晰地表明这个工具箱可以用于所有其他银行控股公司。"

监管资本评估计划的结果于 2009 年 5 月公布。监管资本评估计划使用截至 2008 年 12 月 31 日的数据，结果显示，19 家银行中的 10 家银行共有 1 850 亿美元的资本缺口，其中约 750 亿美元的缺口在 2008 年 5 月结果公布时仍未筹集到（见图 10.4）。增量资本需求约为风险加权资产的 2.3%，而这建立在它们在哥伦布日已获得资产规模 3.0% 的注资的基础上。一个主要的区别是，监管资本评估计划要求银行筹集普通股，而问题资产救助计划 / 资本购买计划是优先股。通过重组现有资本工具，有 9 家银行能够在不向资本援助计划寻求政府资本的前提下，满足压力测试的全部增量资本要求，如花旗集团使用了第一季度拨备前利润（未被纳入压力测试）以及从私人投资者那里筹集的新普通股。第十家银行（通用汽车金融服务公司）的资本需求被纳入汽车救援计划另行解决。

在监管资本评估计划之后，一些银行希望迅速偿还通过问题资产救助计划获得的政府投资。在针对资本充足情况的额外监管计划实行之前，为进一步巩固资本质量，美联储要求希望偿还投资的公司每赎回[①] 2 美元问题资产救助计划资金，就额外增发约 1 美元的普通股。到 2010 年 1 月底，这些公司已经筹集了足够的额外资本来偿还政府的投资。

与此同时，从未进行过任何投资的资本援助计划被终止了。我们认为这在一

---

① 此处赎回应指回购优先股。——译者注

定程度上表明该计划是成功的，因为我们的首要目标是用私人资金向银行体系补充资本。

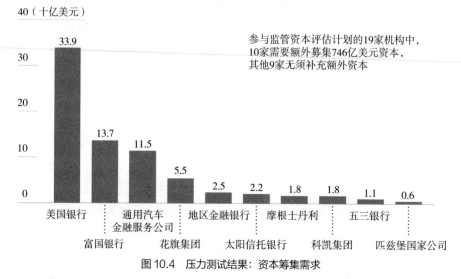

图 10.4　压力测试结果：资本筹集需求

注：746 亿美元的资本需求是 2009 年第一季度扣除收益和资本措施后的数据。例如，考虑到花旗集团 2009 年第一季度的资本补充措施和盈利，以及大约 580 亿美元的优先股转换为普通股，其资本要求从 926 亿美元下调至 55 亿美元。

资料来源：美联储。

遗留贷款计划应急措施

最终，私人部门将所有机构——不管是实力强的，还是实力弱的，都动员起来了，这让我们松了一口气。但这绝不是理所当然的。事实上，当主要的银行监管机构在进行压力测试时，我们在 2009 年 3 月、4 月和 5 月初的大部分时间里都在为最坏的情况做准备：如果这些机构无法从私人市场筹集到所需的额外资本怎么办？如果银行在压力测试后筹集的额外资本仍然不够怎么办？我们将如何采取进一步措施以应对不断加剧的危机？①

———————————

① 同样的授权限制仍然适用：我们如何才能在不适用破产程序、不进一步增加不确定性以及对国有化和政府反复无常的行动有顾虑的情况下，完成如此密集的银行"在线修复"？

为此，我们需要与联邦存款保险公司合作。毕竟，联邦存款保险公司不仅有必要的资金和授权（几乎是无限的），而且是处置方面的专家。我们与联邦存款保险公司的处置部门密切合作，设计了一种可以实现银行"在线修复"的机制。如果政府必须使用资本援助计划向金融机构注入股本，导致实际所有权（在股本工具转换后）超过50%，我们便准备实施这些更激进的方法。

政策工具之一是遗留贷款计划，这一计划提供了将问题资产从受监管银行剥离的途径。联邦存款保险公司同意为私人部门投资者和财政部从银行"购买"这些资产提供资金。与问题资产救助计划不同，该计划没有规模限制。例如，2009年初，拥有约2万亿美元资产的银行控股公司花旗集团宣布将8 500亿美元的问题资产转移到花旗控股。

可以想象，在联邦存款保险公司资金的支持下，遗留贷款计划可能被用来将问题资产剥离至新实体。"旧"银行拥有1.15万亿美元的健康资产和所有的经营业务，且可以在不经历破坏性破产程序的前提下继续作为上市公司（尽管在这种情况下，很可能几乎完全由美国财政部拥有）而存在。

当然，现实远没有这个例子所展现的那么简单。在实践中，还存在授权、法律结构、债权及股权损失分担以及资金筹集等方面的问题。但我们认为，遗留贷款计划是备选方案中的一个重要工具。为了不引起警觉，我们没有过多地谈论这项计划，也没有考虑如何使用它。动用这项计划需要进行系统性风险认定，我们悄悄地做了这项工作——美联储委员会和联邦存款保险公司董事会已批准了这项计划，只需要财政部长签署就可以启动。

相关文件一直没有签署。2009年6月，联邦存款保险公司主席贝尔发布了一份正式声明，称该计划将推迟实施。声明中指出："银行已经能够在不依靠遗留贷款计划资金剥离不良资产的情况下筹集资本，反映出投资者已恢复对银行体系的信心。"

重振资产支持证券市场

仅仅对银行进行资本重组是不够的，我们还需要重振资产支持证券市场，该市场为消费者和企业提供了重要的来源。在过去的30年里，该市场快速增长，规模已超过2万亿美元，但2009年初显现出了承压的迹象。证券价格的急剧下跌带来了严重的问题，其影响超出了证券持有人本身的实际损失，市场据此来推断整个金融体系的最终损失可能是多少。然后，市场将这一信息传递给证券所有者，并确定其所有者可能面临的损失。对损失增加的担忧往往首先在这些市场蔓延，最终引发对拥有这些资产或面临类似信用风险的机构资不抵债的担忧。

此外，资产支持证券市场的状况也拖累了信贷投放。证券的价格反映了投资者期望持有资产的收益率，收益率提高了新发放贷款的价格基准。如果投资者可以购买一种以汽车贷款为担保的流动证券，并获得 15%~20% 的回报，那么为什么还要以 4% 的利率购买一种以类似的汽车贷款为担保的新证券或者以 4% 的利率贷款给希望购买一辆新 SUV（运动型多用途汽车）的消费者呢？

要恢复市场信心，就需要对这些市场进行干预。我们需要证券价格更准确地反映人们对违约风险的潜在认知，而不是信用市场上每天出现的抛售价格。我们需要降低这些存量证券的收益率以促进新证券的发行，从而支持信贷投放。我们面临的政策挑战是，如何在有限的资源下撬动如此庞大的市场？就像财政部的前辈们一样，我们拒绝了使用问题资产救助计划资金购买这些资产的计划。与此同时，美联储的同事们明确表示，法律限制通过量化宽松计划大规模购买资产，仅能购买国债和政府资助企业证券。

我们的评估结果是，导致证券实际价格与资产支持证券底层证券价格背离的最大因素之一是所谓的"飞刀"问题①。如果不知道情况会变得多么糟糕，任何谨慎的投资者都不会去投资。但是，还有一个问题。在危机爆发之前，这些 AAA 级和超优先级的抵押支持证券大多数是以大量杠杆和少量股本购买的。一个投资者可能仅用 100 万美元就可以购买 1 亿美元的证券，而到 2009 年初，同一名投资者必须支付 5 000 万美元或 6 000 万美元来进行同样的交易。

正如我们受到问题资产救助计划有限资金的限制一样，私人部门也受到了潜在的资本限制。但如果我们能够提供融资来支持购买这些证券，就可以降低这些证券有效贴现率，并降低（通过杠杆）购买这些证券所需的资金量，这类似于美联储为扩大贴现窗口的使用而采取的最后贷款人政策。但这些政策是以机构为中心的：美联储向一级交易商和受监管的金融机构放贷。我们的观点是，如果只关注抵押品本身而不考虑拥有抵押品的机构可能会更有效，而这种做法与以机构为

---

① "飞刀"问题指证券价格快速下跌。——译者注

中心的做法同样审慎，不会更加冒进。我们正试图创建一种直接向非银行市场提供杠杆的贴现窗口贷款形式。

一些人认为，我们用更多的杠杆去解决过度杠杆危机有些自相矛盾。但我们认为，市场在另一个方向上进行了过度修正。因此，这种对策很像疫苗，必须果断多运用一点杠杆去打破甩卖潮。

定期资产支持证券贷款工具

定期资产支持证券贷款工具于 2008 年 11 月 25 日推出，但直到总统就职日仍未实施，因为美联储还在努力使该计划符合其自身的法律约束。定期资产支持证券贷款工具最初是由美联储和财政部共同设计的，即使与一些极具创新性的计划进行对比，我们也认为该计划最有前途，它为我们实现上述政策目标提供了坚实的基础。该计划的初始资金为 2 000 亿美元，旨在为某些 AAA 级资产支持证券的购买者提供无追索权杠杆，无论该购买者是否符合贴现窗口资格。贷款的条款将由美联储决定，包括美联储愿意为抵押品提供多少贷款，并设定一个水平以确保除最差情况外中央银行的资金均能得到保障。重要的是，该项计划直接针对资本形成：美联储只向某些新发行的证券（汽车、学生、信用卡和小企业管理局）提供定期资产支持证券贷款工具，所有这些都是为了恢复基于合理利率的消费者和小企业借贷活动，以促进经济复苏。

该计划的架构还将美联储和财政部联系在一起。为了支持这 2 000 亿美元的贷款，美联储要求财政部通过问题资产救助计划提供 200 亿美元的第一道损失保障机制。这使有限的问题资产救助计划资金产生了扩大化的影响，是将资金直接用于贷款或购买证券的 10 倍。

我们计划扩大这一想法，向市场证明这是一个有效的机制，从而恢复适用于各类抵押品的资产支持贷款市场功能。美联储同意将该计划扩大到新证券的其他类型抵押品，并扩大其规模，我们认为这将释放重要的信息。作为 2 月初一系列公告的一部分，美联储宣布定期资产支持证券贷款工具大规模扩张至 1 万亿美元，延长符合条件的贷款期限，并增加了其他资产类别，包括商业和住宅抵押贷款证券，市场也很快注意到了该计划的适用范围。定期资产支持证券贷款工具于 2009 年 3 月初正式落地。

我们继续与美联储讨论最后一个问题——扩大定期资产支持证券贷款工具，为所谓的存量证券提供资金，而不仅仅是新的证券。存量证券的高收益率仍具有吸引力，并迫使发放新信贷的定价过高，导致资金从新贷款中抽离。

事实证明，这对美联储来说是一项真正的挑战。它关心的是如何定义符合条件的证券类别，如何明确抵押率的确定方法，以及向投资基金放贷的政治经济问题，这些投资基金与新信贷形成之间存在难以解释的联系。我们理解美联储的顾虑，但相信收益大于潜在成本。随着讨论的深入，我们担心无法达成一致，并开始考虑其他可能实现我们目标的方式。

在设计另一个重启信贷投放的计划时，我们面临同样的挑战。这一计划的产生起源于沃伦·巴菲特，他向财政部长盖特纳提出了一个概念，即政府和私人投资者共同投资存量资产。政府作为一个沉默的合作伙伴——将资产购买及其价格的决策外包给私人部门。重组信托公司（RTC）在处置储贷危机时，也采用了类似的模式，依靠所谓的合伙交易，将所购资产的部分权益出售给私人投资者，后者负责收回潜在贷款，政府通过保留的股份分享了最终的回收收益。

公私合营投资计划

公私合营投资计划于 2009 年 3 月底推出，同时，美联储最终同意考虑扩大定期资产支持证券贷款工具，将存量住房抵押贷款支持证券和商业按揭支持证券包括在内。在宣布这两个计划的间隙，我们将存量资产市场购买潜力提升至 1 万亿美元。对我们来说，最终购买多少并不一定重要。事后来看，宣布计划本身标志着住房抵押贷款支持证券和商业按揭支持证券市场开始好转。事实上，正如奥巴马总统在不久之后的一次会议上所说的，我们为什么不早点宣布这个计划呢？

公私合营投资计划公开向私人部门基金经理招标，明确要求其就购买计划内符合条件的存量证券筹集资金。基金经理筹集的任何私人部门资金都将与问题资产救助计划资金相匹配，美国财政部同意以 1∶1 的比例为筹集的总资金提供信贷，进一步吸引了散户和机构投资者将资金投入这些新基金。

通过这种方式，筹集到的 1 美元私人资本可以与 3 美元政府资金相匹配（1美元的股权和 2 美元的信贷）。我们还设想，这些公私合营投资基金将大量使用定期资产支持证券贷款工具。因此，当公私合营投资计划中的资本与美联储通过定期资产支持证券贷款工具计划的融资结合在一起时，理论上可以支持高达 1 万亿美元的购买力，这是我们在公开声明中援引的数据来源。

资产管理者将做出所有的购买决定。由于他们对投资者负有受托义务，因此必须严格对待这些基金的每笔投资。为了实现基金价值的最大化，他们还必须控制资产的处置和重组决策。最初，我们的想法是，由美国财政部通过全面招投标选择 5 名基金经理。

我们收到了 100 多份申请，由于申请人实力都很强，我们最终批准了 9 名管理公私合营投资基金的基金经理，随后他们共筹集了 60 亿美元的资金。在美国财政部和信贷工具的配合下，这些基金最终撬动了 250 亿美元的资源。

定期资产支持证券贷款工具扩张和公私合营投资计划的影响

针对存量资产的定期资产支持证券贷款工具仍然难以实施。该计划于 2009 年 5 月正式扩大至商业按揭支持证券，但始终未扩大到住房抵押贷款支持证券。定期资产支持证券贷款工具计划的总使用量在 2010 年达到峰值，约为 500 亿美元，比我们声明的 1 万亿美元要少很多。与资本援助计划一样，这些计划成功的标志也许正是使用量不大。事实上，我们成功地降低了目标资产类别的利差。以这个标准来衡量，我们完成了目标。仅仅是宣布这个计划就产生了有意义的影响——通过证明我们有机制、有能力、有意愿在必要时支持市场，市场也开始为实现我们的目标而工作。

美国财政部在 2013 年发布了关于公私合营投资计划的最后一次季度报告，当时最后一只基金已经清偿了剩余资产。所有基金经理的表现都非常出色：表现最差的基金经理的收益率为 18.7%，表现最好的基金经理的收益率为 26.3%。最终，美国财政部投资了 186 亿美元，从中获利 38 亿美元。

结果与经验教训

尽管在 2009 年 2 月公布金融稳定计划时，我们就对该计划持乐观态度，但后来仍对私人部门扭转负面趋势的速度与能力感到惊讶。在 2008 年 10 月出台的至关重要的注资和资产担保方案的基础上，新一届政府和美联储的一系列政策向市场展示了我们有意愿，也有能力使国家避免第二次大萧条。因此，市场对度过经济衰退所需资本规模的预期随着时间的推移日趋改善，而非恶化。一个全方位的整体战略，包括对优先债权人的可靠支持、促进其他信贷市场恢复运转并抑制抛售压力的补充性政策（如公私合营投资计划和定期资产支持证券贷款工具等），以及配套的宏观经济政策，是金融部门资本补充战略取得成功的关键。

事实证明，在这一资本补充战略中，可靠的压力测试机制、结构良好的资本支持以及重组次级债务和资本证券的结合是有效的。资本补充战略的可信度是基于严重情景下的损失估算结果，估算过程独立，不受财政当局影响，在单家银行层面完全透明。资本金要求被设定为一个分子（即弥补净亏损后普通股的最低水平），避免加剧去杠杆化的压力。在确定合理规模的同时，也事前明确了公共资金注入的价格底限，这也限制了极端情况下可能出现的股权稀释，从而支撑股票价格，保障私人部门能够代替政府采取行动。

著名的现代主义家具设计师查尔斯·埃姆斯断言，"设计在很大程度上取决于约束条件"，一个人在固有条件下的工作"意愿和热情"会决定成败。应对金融危机显然遵循这一原则。我们的政策目标相对简单：为金融体系补充资本，支撑信贷需求。政策制定需要应对挑战和不断创新。我们的成功得益于听取了具有不同背景的专家的意见和建议，包括监管政策制定者、银行清算机构、监督机构、货币政策专家、经济学家和金融市场专家等，同时逼迫我们自己突破传统观念，提出创新性的解决方案。

经验1：合作是关键

进行跨部门、跨机构合作，并在战略和实施路径上保持连续性，这一点十分重要。危机管理的政治经济学中有一部分内容就是关于如何设计一套能够创造政治空间的政策工具，使承担危机应对职责的各有关部门能以最有效的方式运用这些政策工具。各种联合声明、联合发文和董事会决议，以及美国财政部和美联储之间的一系列双边信函，都属于这个架构。相关部门无须独自为稳定金融体系所采取的措施进行政治辩护。

经验 2 : 资本框架的脆弱性往往难以及时识别

在经济周期的任何阶段执行较高的资本要求都有明显好处。在危机早期阶段，很难要求资本不足的银行筹集或预留足够的资本，直至融资很难或融资成本过高。危机发生前的资本框架设计并不理想，它认可低质量的资本工具，风险计量基于相对良性的时间点，存在滞后性，也没有覆盖或有的资本或流动性需求。目前的资本框架已有所改进。为减少银行体系加剧经济衰退或市场动荡的可能性，现行资本框架要求具有系统重要性的银行在经济上行期积累资本，以抵御未来可能出现的严重危机，银行要为应对潜在危机提前做好准备。

我们将非优先股转换为高质量普通股的成功经验也表明，鼓励金融机构在控股公司层面持有稳定且规模可观的总损失吸收能力（TLAC），对未来的危机将会是有益的尝试，如果机构在危机出现时尽早转股，就能避免匆忙筹集资本或去杠杆。

经验 3 : 不确定性是最难调整的变量

对经济严重衰退和金融体系崩溃的担忧给损失估计带来压力，严重影响维稳效果。注资是必要手段，但不足以改变预期曲线。需要出台一套更全面的政策来应对危机，包括为银行和其他金融体系负债提供担保，以及强有力的凯恩斯主义应对措施。公众和市场参与者要相信政府了解问题的严重性，即使付出政治代价也有意愿解决危机，并且有足够的资金和相应的机制来实现这一目标。重要的是，最终要有一个明确预期，即保证金融体系有资本（或被注资）承受一般负面情景下的损失，并避免最不利的情景（经济萧条）。

经验 4 : 优先考虑私人资本补充方案

我们的首要宗旨是让私人部门重回谈判桌，即让金融体系具有投资性，这是一个十分有效的策略。但研究制定相关政策要比依靠简单注资或资产购买等政府干预手段困难得多，这需要一大批独立投资者基于自身利益采取一致行动。此外，就公众利益而言，私人资本补充方案可以自我强化，政府干预政策退出更容易，且金融体系自我恢复能力更强、速度更快。

经验5：政策广度很重要

金融危机中，应将金融体系看作一个整体，而不能仅关注最脆弱的机构。我们的策略优势在于资本补充的速度、规模和广度（覆盖政府资助企业、投资银行、美国国际集团、汽车金融公司、大型银行控股公司、数百家小型银行）。在危机早期，政策制定者在评估是否存在偿付能力危机，或受各种事件干预而缺乏应对时间时，采用非系统性的、零散的应对措施可能会成功，也有可能是必要的，但若要最终取得胜利，必须采取全面的应对方案。

经验6：为不利局面提供保险

有时候最好的措施就是那些搁置不用的措施。理想情况下，在危机应对中，政府表现出承担尾部风险，即灾难性风险的意愿，由私人部门更多地应对消耗性风险。除尾部风险外，大量应用救助措施可能表明措施本身设计不当。当情况恶化时，事先制定好应对方案并做好保险安排，有助于提振信心，避免更严重的后果。

最后的思考：我们犯了错误

我们战略的最初纲要，没有必要的细节，导致市场不确定我们的意图并感到担忧。这些计划的执行时间比我们希望的要长。我们在管理危机应对的政治经济问题、解释我们正在做什么，以及为什么修复金融部门对恢复就业和收入增长如此重要等方面并不成功。

尽管如此，如果你将我们的反应与其他处于类似情况的发达国家的反应进行比较，我们还是能够在相对短的时间内实现资本重组，并最终不需要政府的支持。因此，美国实体经济能够比其他地方更快地复苏。

附录：压力测试设计

尽管压力测试的想法在概念上相当简单，但其分析和实际操作在实践上是复杂的。我们（美联储和银行业监管机构）必须在政府内外的巨大压力下，立即制定一套方案来实施一项监管机构从未采取过的行动。为使其发挥作用，市场必须相信结果是可靠的，我们所采取的每一步都要非常谨慎，以确保压力测试的设计是严谨有效的。以下是我们做的一些政策选择。

界定金融机构的范围

我们就应该有多少机构接受压力测试进行了多次讨论。一方面，美联储的一些人担心，我们是否有能力同时对大量机构进行压力测试。另一方面，我们希望能够涵盖银行体系的大部分资产和有问题的抵押贷款资产。在研究了只关注前十大机构的优点后，我们把合并资产超过 1 000 亿美元的银行划为底线。这一标准包括国内 19 家最大的银行控股公司[1]，合计持有美国银行体系 2/3 以上的资产和近一半的贷款[2]，既包括摩根大通和高盛等业务复杂的银行，也包括资产负债表上主要是贷款和证券的传统大型区域性银行。

设计经济情景

2009 年初不断传来的坏消息和不断恶化的经济状况，使设计更不利的经济情景变得更加复杂。为了使我们的测试可靠，我们需要比当前持续恶化的经济前景更领先一步，并制定一个比实际预期更严重的测试。[3]

美联储制定了两种情景。"基准"情景作为疲弱经济的原始基准。美联储担忧，市场可能会认为其为压力测试发布的基准情景与联邦公开市场委员会制定货币政策时使用的是同一种情景。因此，美联储使用了截至 2009 年 2 月的三个主

---

[1] 根据 2008 年第四季度美联储发布的银行控股公司综合财务报表（FR Y–9C）中的资产数据。

[2] Federal Reserve Board, "The Supervisory Capital Assessment Program: Design and Implementation," April 2009, https://www.federalreserve.gov /bankinforeg/ bcreg20090424a1.pdf.

[3] 更不利的假设情况是出现严重的经济衰退，房价急剧下跌。具体来说，假设 2009 年 GDP 下降 3.3%，2010 年增长 0.5%；2009 年失业率为 8.9%，2010 年将上升至 10.3%；根据凯斯－席勒指数（Case-Shiller Index），2009 年房价下跌 22%，2010 年下跌 7%。

要公开宏观预测的平均值。[①] "更不利"的情景要比预期严重得多，也是大多数压力测试观察人士的主要关注点。我们谨慎地指出，这既不是"最坏情况"的设想，也不是美联储对未来的预测。相反，它代表的是一种情景，尽管非常严重，但在当前的环境下是可能出现的。该情景基于对美国经济衰退和全国房价下跌（追溯到二战前）历史记录的分析，并根据目前正在发生的前所未有的全国房价下跌进行了调整。事实证明，迅速恶化的经济导致2009年初失业率上升，最终与更不利情景下的上升趋势非常接近。房价继续大幅下跌，导致那个春天晚些时候公布的任何压力测试结果可能都不可信。

衡量"压力后"的资本充足率

要确定一家银行是否有足够的资本来承受假定的严重经济衰退，需要考虑三个因素：预测一家机构可能面临的潜在损失，评估这家机构将获得多少收入，以及决定将"压力后"资本充足率标准设为多少。

预估潜在损失

我们很早就做出了一个关键的决定，即基本按照传统的银行会计准则进行压力测试，但在假定情景下评估银行的潜在表现。对投资组合中的贷款和证券的损失估计，不像许多分析师粗略地采取按市值计价的方式，而是评估它们在假定情景下的潜在价值，这与公认的会计惯例一致。由此得出的损失和收入估计将通过银行的损益表体现。

预估压力损失的首选方案是，要求所有银行提供数据，以便监管机构进行独立分析。但美联储当时还没有建立起如今强大的压力测试基础设施，也来不及建立。我们决定向银行提供情景，让银行自己进行压力测试，然后对其提供的结果进行分析和调整。但考虑到许多银行在风险计量方面存在不足，我们并没有很强的自信心。此外，我们清楚地意识到这些银行有过于乐观的强烈动机。但是，没有其他可行的方法来开展这项工作。我们的重点是评估银行提交的结果，并基于所有可用信息进行必要的调整，包括基于多年监管经验对银行行为的深刻理解。

[①] Federal Reserve Board, "The Supervisory Capital Assessment Program."

为了支持这些工作，美联储、联邦存款保险公司和货币监理署的经济学家根据全行业的资产特征，为每一类主要贷款制定了一套损失估计方法，称为"损失范围指引"。一家机构的分析结果如果大大超出了这个范围，就必须做出解释，银行便更难钻空子。同时，如果银行的投资组合的表现优于平均水平，还必须提供数据进行证明。我们没有考虑的是，许多银行在多大程度上不具备评估压力冲击下损失所需的风险计量信息。如果信息不完整，我们的工作将变得更为复杂。

监管机构和银行进行了长达数月的反复沟通，获得了有关每家银行所持贷款风险特征的补充信息。此外，从同一角度同时审视所有机构让我们获益匪浅。从"横向"的角度，我们了解到银行体系中贷款的大量细节，以及每家机构具体的投资组合。因此，我们能够调整损失估计，既做到对同类贷款的一致处理（例如，如果两家银行有完全相同的贷款，则结果相同），又能精确衡量每家银行特定投资组合的风险。换句话说，损失估计是基于全体系主要贷款类别（住宅抵押贷款、商业贷款等）而确定的，持有高风险贷款的银行在压力测试中自然会产生更大的损失。

有大量交易类业务的机构面临着挑战，其中有 5 家（包括高盛和摩根士丹利）最近才成为受监管的银行控股公司，其持有的资产主要在交易账簿上。交易类业务已经产生了巨大损失，并且主要是在结构性信贷头寸上，而这些头寸正是当前不确定性的来源。

交易头寸由银行定期按市值计价，其变化速度可能快于贷款和投资组合中的资产。我们如何估计 9 个季度内交易相关风险敞口的潜在损失？唯一可行的办法是让银行运用它们长期使用的技术手段来测试交易头寸，它们要假设全球市场价值突然变化（以及驱动它们的风险因素）。在 2008 年下半年，极端的市场波动导致估值大幅波动。我们没有理由认为这种情况不会持续下去。交易类业务为主的公司需要持有足够的资本，以同时承受严重的宏观经济下滑和极端的市场崩溃。19 家参加压力测试的机构所产生的 6 000 亿美元总损失估计中，有 1 000 亿美元来自这 5 家银行的交易类相关风险敞口，包括对交易对手的信用风险敞口。

预估潜在收入

即使在资产价值恶化和贷款违约导致巨大损失的情况下，银行也能从贷款和证券的利息、交易活动以及其他服务中获得收入。这种"拨备前净收入"（PPNR），是一个关键的考虑因素，在很大程度上被私人部门分析师和其他关注银行资产负债表公允价值的人忽视了。但在规定的情景下，我们应该如何计算这些净收入，并确定这些收入在多大程度上能够抵御损失对银行资本的侵蚀？

我们的起点是银行在严重压力下提交的估算数据，它们对自己的收入前景持极其乐观的看法。事实上，我们对此有所警觉（并带有几声轻笑），在更不利的压力情景下，银行所估计的总拨备前净收入比任何历史时期的实际收入都要大。在内部，我们使用行业收益的统计数据来估计机构的各种收入流，为最终的估计提供了依据。

确定资本缓冲

重要的是，压力情景下的资本要求不仅要比现有资本要求有质的改善，而且要能够支撑机构在严重衰退期间继续经营和放贷。传统的、基于某一时间节点的资本计算方法忽略了重要的风险，对评估处于迅速恶化的环境中的银行几乎没有价值。此外，这些资本还包括大量"混合"债务和债务类证券，市场在考虑这些工具的吸损能力时会打折。本质上，没有人相信根据当前标准所报告的资本数据。

监管资本评估计划要求银行持有所谓的压力后资本，或纳入压力测试影响后的资本缓冲，要求至少相当于其风险加权资产的4%的一级普通股。这个新指标是专门为压力测试制定的，剔除了大多数非普通股本的资本构成，大大加强了资本要求的质量和数量。

更不利情景下的最终结果反映了极端情景下的损失，其中贷款损失约4 500亿美元，占压力测试估计的6 000亿美元总损失的3/4，相当于未偿贷款总额的9%以上，高于大萧条时期的贷款损失率。此外，对拨备前净收入的估计反映收入遭受了重大冲击。压力测试仔细研究了每家机构的所有投资组合，不同银行的贷款损失因贷款类型而有适当差异。例如，对企业的商业贷款余额的平均损失率为6.1%，其中最低的两家机构损失率不到2%，而有1/3的机构损失率超过20%。信用卡平均损失率为23%，从18%到40%不等。经过长时间的等待，观察者可以看出，压力测试确实反映了严重压力情景下的结果。最后，大多数专家都认为测试是可靠的。

第十一章

降低银行倒闭的影响

本章作者：詹姆斯·威根德。本章作者要感谢美国联邦存款保险公司的同事们孜孜不倦的奉献、开创性的精神和辛勤工作，正是他们的努力才使本章所讨论的计划成为现实。黛安娜·埃利斯、马修·卡巴克尔、迈克尔·库里明格和玛格丽特·麦康奈尔给本章提出了一些建议。埃利斯是联邦存款保险公司保险和研究部的主管。卡巴克尔是美国财政部长盖特纳的高级顾问。库里明格担任联邦存款保险公司主席贝尔的政策特别顾问。麦康奈尔于2007—2011年担任纽约联邦储备银行负责政策事务的副主任。

引言：突如其来的倒闭潮

2007 年秋天，位于美国佐治亚州阿尔法利塔的网通银行倒闭了，这家机构的市值约 22 亿美元。从两个方面看，这件事都可以被看作未来危机爆发的预兆：一方面，这是美国过去 14 年以来最大的银行倒闭事件[①]；另一方面，该银行是在抵押贷款违约浪潮中倒闭的第一家银行。现在关于网通银行的故事已经广为人知了。

自 1996 年成立以来，网通银行通过其互联网存款平台实现了快速增长。为了寻求有利可图的业务线，网通银行于 2001 年收购了一家位于佛罗里达州的名为"市场街抵押贷款"的零售抵押贷款机构，并于 2002 年收购了一家名为"资源银行抵押贷款集团"的批发抵押贷款银行，后者拥有遍布全国的代理行和经纪商网络。[②] 通过这些收购，网通银行开始依赖银行抵押贷款业务创收。当 2005 年抵押贷款二级市场开始收缩时，网通银行通过降低放贷标准来维持交易量，在申请人提供很少的证明文件或不提供的情况下就发放贷款，允许只偿付利息，而且呈现出贷款价值比（LTV）高、首付比例低等特征。

这些产品导致了贷款早期违约增多。[③] 网通银行前期向投资者出售了许多贷款，现在根据追索条款不得不回购这些违约贷款。回购造成的损失，再加上贷款业务量下降和其他糟糕的商业策略，最终导致了网通银行的倒闭。[④] 联邦存款保

[①] "Bank Failures and Assistance Data," Federal Deposit Insurance Corporation (FDIC) Research Statistics, accessed June 10, 2019, https://banks.data.fdic.gov/explore/failures/?aggReport=detail&displayFields=NAME%2CCERT%2CFIN%2CCITYST%2CFAILDATE%2CSAVR%2CRESTYPE%2CCOST%2CRESTYPE1%2CCHCLASS1%2CQBFDEP%2CQBFASSET&endFailYear=2007&sortField=QBFASSET&sortOrder=desc&startFailYear=1993#panel-filters.

[②] U.S. Department of the Treasury, Office of Inspector General (OIG), *Safety and Soundness: Material Loss Review of NetBank, FSB*, OIG-08-032, April 23, 2008.

[③] 早期违约指的是借款人在取得贷款的前 90~180 天内违约或拖欠债务，或在贷款的第一期付款中违约或拖欠还款。

[④] U.S. Department of the Treasury, Office of Inspector General (OIG), *Safety and Soundness*.

险公司的保险基金因其倒闭支付了 1.24 亿美元。①

　　在大约 8 550 家联邦存款保险公司的投保机构中，网通银行是 2007 年仅有的三家倒闭银行之一。截至当年年底，银行业权益资本总额为 1.35 万亿美元②，联邦存款保险公司的存款保险基金余额为 524 亿美元。③2007 年第二季度商业银行的净收入为有史以来第四高，虽然没有达到 2006 年创下的最高季度收入纪录。④

　　然而，好景不长。2007 年第四季度，银行业净收入从 288 亿美元暴跌至 6.46 亿美元——这是自 20 世纪 80 年代末至 90 年代初储贷危机以来的最低值。⑤贷款损失拨备在第四季度达到历史新高——313 亿美元，而且银行业有史以来第一次报告了净交易损失，总计 106 亿美元。截至 2008 年第二季度末，季度贷款损失拨备超过 500 亿美元。

　　尽管早在 2005 年和 2006 年住宅房地产价格、次级按揭贷款市场和银行抵押贷款业务就出现了疲软迹象，但被列入问题银行名单的银行数量直到 2007 年才有所增加，而问题银行名单是影响联邦存款保险公司调整存款保险基金或有损失准备金的因素之一。⑥此后问题机构数量激增，2008 年和 2009 年净增长超 600 家。问题银行资产总额于 2009 年达到峰值，而机构数量在 2010 年才达到峰值，这与大型银行和小型银行报告数据中体现的业绩规律一致，即大型银行的压力早于小型银行显现（见图 11.1）。⑦

---

①　FDIC Research Statistics, "Bank Failures and Assistance Data."

②　FDIC, Quarterly Banking Profile: Fourth Quarter 2007, table II-A, 5, https://www5.fdic.gov/qbp/2007dec/qbp.pdf.

③　FDIC, Quarterly Banking Profile: Fourth Quarter 2007.

④　FDIC, Quarterly Banking Profile: Second Quarter 2007, 1, https://www5.fdic.gov/qbp/2007jun/qbp.pdf; FDIC, Quarterly Banking Profile: Fourth Quarter 2006, 1, https://www5.fdic.gov/qbp/2006dec/qbp.pdf.

⑤　FDIC, Quarterly Banking Profile: First Quarter 2008, https://www5.fdic.gov/qbp/2008mar/qbp.pdf.

⑥　问题银行名单是包含所有 CAMELS 评级为 4 级或 5 级银行在内的机密名单。被广泛使用的 CAMELS 评级法通过资本充足率、资产质量、管理、盈利、流动性和对市场风险的敏感度等指标来评估银行整体财务状况，其中 1 级最好，5 级最差。

⑦　大型银行与小型银行压力显现的时间差是否取决于基础资产组合、会计确认或检查周期时间的差异（例如，大型银行设置专职检查人员与小型银行的定期检查制度），是一个值得进一步研究的有趣问题。有关大型银行与小型银行业绩表现的比较，参见 FDIC, Quarterly Banking Profile: Second Quarter 2008, https://www5.fdic.gov/qbp /2008jun/qbp.pdf。

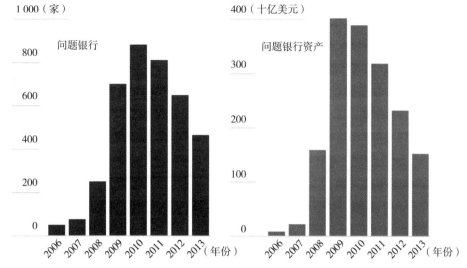

图 11.1　问题银行和问题银行资产

资料来源：FDIC, *Annual Reports*, 2006–2013。

倒闭银行的数量从 2008 年的 25 家跃升至 2009 年的 140 家，到 2010 年达到 157 家。2008 年，印地麦克银行和华盛顿互惠银行破产，这是危机中破产的两家最大的联邦存款保险公司投保机构。此时破产银行的总资产也达到了峰值（见图 11.2）。这些银行的流动性难以满足储户的取款需要，流动性不足问题导致这些银行走向破产，但其实它们在资产质量方面也存在很大问题。美国政府问责办公室发现，中小银行（规模小于 100 亿美元）倒闭的最主要原因包括：高度集中开展商业房地产贷款业务，特别是收购、开发和建设工程贷款；依赖经纪商存款和其他高风险资金来源；信贷审批和信贷管理实践不规范。[①]

最终，2008—2013 年倒闭的 489 家银行使联邦存款保险公司的存款保险基金损失了 725 亿美元，超过了危机爆发时存款保险基金的余额。这使联邦存款保险公司陷入了困境，不得不在危机中寻找补充存款保险基金的方法。

与此同时，众多银行的倒闭产生了总额超 6 800 亿美元的破产银行资产，由联邦存款保险公司负责管理和清算。这使联邦存款保险公司再次遇到一个棘手问

---

① U.S. Government Accountability Office (GAO), *Financial Institutions: Causes and Consequences of Recent Bank Failures*, GAO-13-71, Jan. 3, 2013.

题：如何在萧条的市场中避免资产集中抛售导致的回收价值降低和资产价值进一步下跌，进而损害营业中银行的资本？

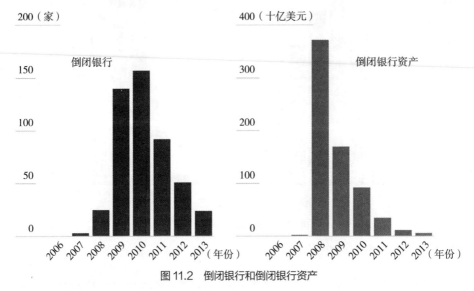

图 11.2　倒闭银行和倒闭银行资产

资料来源：FDIC, *Annual Reports*, 2006–2013。

联邦存款保险公司如何保持存款保险基金的偿付能力？这样做的重要性何在？如何处理资产出售而不使危机加剧？

本章介绍了联邦存款保险公司应对这些挑战所做出的关键决策和制订的计划。然而，联邦存款保险公司的决定和行动并非毫无争议，其中一些目前仍是焦点问题，我们也在本章进行了讨论。

目前，一些有助于危机应对的法律新规已经出台，其中包括改革联邦存款保险公司存款保险费率体系、授权对系统重要性金融机构进行有序清算以及订立"生前遗嘱"处置计划的要求。但联邦存款保险公司用来应对系统性风险的几项权力受到了美国国会的限制，最需要注意的是，立法机构不允许联邦存款保险公司向破产机构提供"在线修复"式救助，即使是存在系统性风险的机构，联邦存款保险公司也必须在获得美国国会授权后才能提供此类救助。

管理存款保险基金

设置存款保险基金有两大重要目的。首先，它是联邦存款保险公司履行存款保险赔付职能的资金来源。[①] 当一家银行倒闭时，联邦存款保险公司全额赔付存款人的受保资金，然后成为倒闭银行破产资产的代位受偿人。其次，存款保险基金在一个有序处置的过程中起到了提供运营资本的作用。存款保险基金要为接管倒闭银行、保护被接管银行的资产垫付必要资金。而且，自被接管资产形成之日，到通过资产清收或出售所得的收益足以覆盖被接管资产运营所需资金之时，存款保险基金需要为这段时间内被接管资产的有序处置提供所需资金。

处置一家银行所需的资金规模主要由以下因素决定：（1）在初始阶段，为履行存款保险义务所需支出的费用；（2）初始阶段的运营费用和接管资产后的运营费用；（3）联邦存款保险公司（作为代位权人）对资产行使求偿权时产生的损失；（4）倒闭银行的流动资产总额；（5）被接管资产向其债权人分配资金的时点。这些因素会影响存款保险基金的流动性及其"资本"余额，即通常所说的"存款保险基金余额"。[②]

2008年第一季度后，存款保险基金余额从528亿美元跌至年底的173亿美元，主要原因是针对未来银行破产的"或有损失准备金"大幅上升（从6亿美元上升至240亿美元）。此外，还有107亿美元用于处置印地麦克银行，这是联邦存款保险公司历史上由单家银行破产所带来的最大损失。[③] 与处置活动直接相关的是基金的流动性余额，流动性余额的下降幅度相对小一些，从第一季度末的551亿美元降至年底的337亿美元（见图11.3）。["资本"是指基金的总额，包括现金和国债，再加上联邦存款保险公司对被接管资产回收价值（应收款项）的

---

① 12 USC § 1823(c)(4)(A)(i).

② 当银行倒闭时，其资产损失和负债金额在很大程度上是确定的。尽管处置策略确实会对债权人和联邦存款保险公司的损失或资金回收产生影响，但联邦存款保险公司的流动性需求受处置方案的影响更大，因为这些方案涉及存款保险赔偿以及管理被接管资产。

③ FDIC, *Annual Report*, 2008; and FDIC, *Crisis and Response: An FDIC History,* 2008-2013 (Washington, D.C.: FDIC, 2017).

估值，减去为未来银行破产计提的损失准备（也就是或有损失准备金），再减去因处置而产生的任何负债。流动性余额则基本由现金和国债组成。][1]

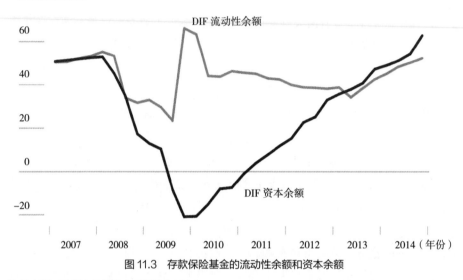

图 11.3　存款保险基金的流动性余额和资本余额

资料来源：联邦存款保险公司保险和研究部。

但是 2008 年或有损失准备金的大幅增长表明，如果这些准备金被真正动用，特别是如果联邦存款保险公司必须通过直接赔付来履行其存款保险义务，那么存款保险基金的流动性将耗尽。除面临潜在资金缺口外，联邦存款保险公司的保障责任也在扩大：存款保险的保障范围从 10 万美元提高到 25 万美元。这一举措的

---

[1]　为了说明处置活动如何影响存款保险基金流动性余额和资本余额，我们假设 6 月 1 日的流动性余额为 100 美元，同时为未来银行破产计提或有损失准备金 10 美元，因此资本余额为 90 美元。现在，假设在 6 月 30 日虚构的 Zed 银行破产，该银行有 40 美元的受保存款。继续假设联邦存款保险公司必须赔付 40 美元的受保存款（直接支付给受保存款人），预计联邦存款保险公司将因 Zed 银行的破产损失 6 美元（支出的 40 美元减去未来几年内预计将从 Zed 银行被接管资产中回收的 34 美元）。资本余额将保持在 90 美元，或有损失准备金将吸收 6 美元的损失，从 10 美元降至 4 美元。然而，流动性余额将减少 40 美元。随着时间的推移，Zed 银行被接管财产逐步分配，预计流动性余额将增加 34 美元。

初衷是稳定金融体系，随后成为永久性举措。[1]

存款保险面向银行业的收费

《联邦存款保险改革法案》（FDIRA）于 2006 年生效，该法案取消了针对联邦存款保险公司的一项长达 10 年的法律限制，允许联邦存款保险公司向绝大多数银行收取存款保险费用。[2] 那几年中，由于存款增长和保费收入较少，存款保险基金余额与预计受保存款规模的比率（储备率）从 1.33% 降至 1.21%。新通过的《联邦存款保险改革法案》规定，无论联邦存款保险公司的法定储备率是多少[3]，它都可以向所有银行——而非仅向问题银行——收取保费。这一规定使联邦存款保险公司可以根据银行给存款保险基金资金带来风险的高低对存款保险进行定价。新法案还允许联邦存款保险公司将存款保险基金余额提升至受保存款的 1.5%。

《联邦存款保险改革法案》的目标之一是减少存款保险保费收取的顺周期性，希望在经济形势较好时收取保费、积累存款保险基金资金，这样一来当经济不景气时，联邦存款保险公司就不用提高保费或征收临时特别保费了。然而，《联邦存款保险改革法案》颁布后没多久，次贷危机就爆发了，因此新法案也没能避免历史重演。与此前的情况类似，当存款保险基金余额开始下降时，联邦存款保险公司采取的应对措施是提高保费，这次是于 2008 年 10 月提高了 7 个基点。

---

① FDIC, "Emergency Economic Stabilization Act of 2008 Temporarily Increases Basic FDIC Insurance Coverage from \$100,000 to \$250,000 per Depositor," press release PR-93-2008, Oct. 7, 2008. 2008 年 10 月 14 日，联邦存款保险公司通过了交易账户担保计划，该计划为非生息交易账户提供无限存款保险保障。FDIC, "FDIC Announces Plan to Free Up Bank Liquidity," press release PR-100-2008, Oct. 14, 2008. 无限存款保险保障于 2012 年 12 月到期。12 CFR Part 330; 12 CFR Part 370. 然而，2010 年的《多德 – 弗兰克法案》永久性地将所有类型的存款账户的保障范围提高至 25 万美元。

② 在这项长达 10 年的限制下，如果存款保险基金的目标储备率（即存款保险基金余额与预估受保存款的目标比率）为 1.25% 或更高，那么联邦存款保险公司不能向资本充足且 CAMELS 评级为 1 级或 2 级的银行收取费用。1996—2006 年，超过 90% 的投保银行都免于被收取任何保费。《联邦存款保险改革法案》要求联邦存款保险公司在储备率达到 1.35% 时，将超额保费收入的一半返还给银行；在储备率达到 1.5% 时，返还所有超额收入。

③ 法定储备率是联邦存款保险公司需维持的储备率最低水平，一旦低于这一水平，联邦存款保险公司必须采取措施将储备率提升至法定水平。——译者注

收取保费和征收临时特别保费对存款保险基金有两个好处。首先，现金的流入改善了存款保险基金的流动性——可以为履行存款保险义务提供资金，并为银行处置提供流动资金。其次，存款保险基金的资本水平有所增加——弥补了实际处置活动中发生的损失或为未来损失计提准备金而导致的资本余额下降。存款保险基金投资账户收益和保费/特别保费是存款保险基金积累资本的仅有来源。

随着 2009 年破产银行数量增加，保费现金流入不足以避免基金"资本"破产[1]，也不足以满足预计流动性需求。为应对这一情况，2009 年 6 月，联邦存款保险公司批准了一项 55 亿美元的特别保费征收，并于 9 月底完成了征收。然而，这笔钱仍然不够，存款保险基金的资本余额在第三季度末出现了负值。随着破产银行数量的增加，联邦存款保险公司逐渐将关注重点从基金的资本余额转移到预计流动性需求上来。

联邦存款保险公司是否应在危机期间提高保费和征收特别保费，始终是一个争议话题。联邦存款保险公司担心公众对其在金融恐慌期间履行存款保险义务的能力失去信心，[2] 还担心公众会认为它最终需要政府救助——就像 1989 年联邦储蓄与贷款保险公司（FSLIC）的情况一样。几位银行业官员主张采取"重组信托公司式解决方案"。[3] 但联邦存款保险公司的管理层认为，存款保险基金仍由银行自己缴纳形成这一事实本身就是在释放信心，表明银行业有能力出资支持存款保险基金运作，也表明联邦存款保险公司无须向财政部寻求支持。[4]（详见附录 A "不同的问题，不同的应对方法：从储贷危机中吸取的教训"。）

---

[1] "资本"破产即资本余额跌至零。——译者注

[2] 当印地麦克银行于 2008 年 7 月破产时，尽管联邦存款保险公司被任命为该银行的接管方，并且储户第二天就可以支取他们的受保资金，但印地麦克银行的几家分行外仍排起了长队。民众的取款行为持续了两周。John F. Bovenzi, *Inside the FDIC: Thirty Years of Bank Failures, Bailouts, and Regulatory Battles* (Hoboken, NJ: John Wiley & Sons, 2015), 14–16.

[3] 重组信托公司成立于 1989 年，旨在处置联邦储蓄与贷款保险公司破产后的储蓄和贷款。重组信托公司的资金来源于联邦政府的拨款、对储蓄和贷款行业（包括联邦住房贷款银行）的收费以及联邦融资银行的借款。美国政府问责办公室估计，在化解储贷危机的 1 600 亿美元直接和间接费用中，纳税人承担了 83%。GAO, *Financial Audit: Resolution Trust Corporation's 1995 and 1994 Financial Statements*, AIMD-96-123, July 2, 1996.

[4] Sheila Bair, *Bull by the Horns: Fighting to Save Main Street from Wall Street and Wall Street from Itself* (New York: Free Press, 2012), 292–93.

但争议的另一方则认为提高保费和征收特别保费将给本就已经高度紧张的银行业带来更大的压力。在银行亏损增加、盈利承压、权益资本过于昂贵或难以筹集的情况下，征收额外费用或将增加破产银行数量，进而造成存款保险基金的进一步损失。[①]联邦存款保险公司还担心这些额外成本可能会阻碍银行的放贷行为，影响经济复苏。联邦存款保险公司有借款权限，可以通过借钱确保存款保险基金有充足的流动性。联邦存款保险公司还可以在危机后通过征收特别保费的方式，提高存款保险基金的资本水平。如果公众知道存款保险基金是由美国国家信用提供支持，还会有人关心其余额是多少吗？

联邦存款保险公司当时面临的困境与其在 20 世纪 80 年代末至 90 年代初的危机中所面临的困境是相同的：一种选择将强化顺周期性；另一种选择则会导致公众认为危机十分严重，以至于联邦存款保险公司都需要被救助。

一种新方法

在权衡两方观点利弊后，2009 年 11 月，联邦存款保险公司决定采取第三种折中方法：要求投保机构预付未来 3 年（12 个季度）的保费——这实质上是向行业借款。[②]

相较于早期的两个方案，第三种方案的优势更为明显。第一，联邦存款保险公司能够迅速改善存款保险基金流动性，增加用于银行处置的资金。但是与征收特别保费不同，该方案不要求银行在当期确认全部费用，而只需确认当季费用，剩余的预付保费在资产负债表中反映为资产增加。[③]对银行而言，保费支出的会计处理也像正常按季缴费一样。

第二，相较于联邦存款保险公司向财政部或联邦融资银行借钱，直接向银行预征保费对于整个行业而言成本更低。假设存款保险基金仍由银行自己缴费形成，只要联邦存款保险公司向财政部借款，为了支付这部分借款利息，银行在未来就要缴纳特别保费。银行在 12 个季度内使用资金的机会成本和联邦存款保险

---

① 2009 年征收的特别保费几乎拿走了银行当年的全部收益。

② 74 Fed. Reg. 59056 (Nov. 17, 2009).

③ 资产科目中预付费用的风险权重为零，因此银行的预付费用不会产生额外资本要求。

公司借款利息之间的差额即理论成本差额。[①] 截至 2009 年末，银行在美联储持有大量的现金和超额准备金。[②] 银行现金和存放在其他存款机构的资金余额（包括存放在美联储的准备金）占总资产的平均比率为 8.0%——高于 2003—2007 年平均水平 3 个百分点。[③] 这说明银行有充足流动性来预付保费，这样可以免于支付联邦存款保险公司借款的利息成本。

第三，存款保险基金仍由银行业提供资金。通过预收保费，存款保险基金获得了原本应在未来 3 年内流入的资金——这只不过是加快了收费节奏，以满足当前需求。这些资金足以满足联邦存款保险公司的需要，而且可以避免公众产生存款保险基金需要联邦政府救助的想法。

第四，从宏观经济角度出发，银行体系较高的现金和超额准备金余额意味着预付保费不会影响其放贷能力。由于 2009 年银行贷款量下滑，这一点也至关重要。

截至 2009 年 12 月 30 日，预收保费这一举措为存款保险基金带来了 457 亿美元收入，显著提高了基金的流动性。[④] 资金注入也使联邦存款保险公司的流动资产在危机期间从未低于 340 亿美元。

最小化直接赔付

尽管联邦存款保险公司总是可以通过向倒闭银行的储户签发支票来履行存款保险义务，但这种选择会给联邦存款保险公司和消费者带来并不理想的后果。[⑤]

---

① 例如，2009 年第四季度，银行在美联储的超额准备金利率为 25 个基点。联邦存款保险公司向财政部的 3 年期借款利率约为 1.5%，这两者之间相差了 125 个基点，这就代表了理论上的成本节约。利率数据来自 Board of Governors of the Federal Reserve System（U.S.），"Interest Rate on Excess Reserves（IOER）," FRED, Federal Reserve Bank of St. Louis, June 12, 2018, fred.stlouisfed.org/series/IOER; Board of Governors of the Federal Reserve System（U.S.），"Three-Year Treasury Constant Maturity Rate（DGS3）," FRED, Federal Reserve Bank of St. Louis, June 13, 2018, fred.stlouisfed.org/series/DGS3。

② 多方面因素导致银行现金持有量和超额准备金增加。但是，到 2009 年底，政府的流动性支持计划，特别是美联储的资产购买计划，是影响银行超额准备金余额的主要原因。

③ FDIC, *Crisis and Response*.

④ FDIC, *Annual Report*, 2009.

⑤ 直接偿付（清偿）方式不受法律规定的成本最小化限制（即在所有履行存款保险义务的可能方法中，选择对存款保险基金来说成本最低的处置方案）。

对于联邦存款保险公司而言，在银行倒闭后立即赔付受保存款会等额消耗存款保险基金的流动性。[①] 虽然在倒闭银行的资产被出售以及接管财产的债权得以回收后，联邦存款保险公司最终能够收回其损失的流动性，但这一过程通常要花费几年时间，这段时间内需要运营资金来弥补资金支出和资金回收之间的差距。最后，赔付可能会导致特定资产大量堆积或造成市场集中，这会拉低这些资产的价格——无论是由于市场预期联邦存款保险公司将清算资产的"悬置"效应[②]，还是由于大规模抛售行为。除了联邦存款保险公司损失外，这一行为还将对市场和正在经营的机构产生负面影响。

鉴于直接偿付方式的负面影响，联邦存款保险公司研究不使用这种方式处置倒闭银行，这必须克服两大挑战：一方面要确保联邦存款保险公司获得充足信息，能够将破产银行的牌照顺利出售给合格的潜在收购方；另一方面是遵循成本最小化的处置要求，即除了直接赔付，任何使用存款保险基金的方案都必须是成本最低的。只有在可能出现系统性风险时，联邦存款保险公司才会直接向一家正在经营中的银行提供救助，帮助这家机构免于处置。（详见附录 B "华盛顿互惠银行的处置：平衡相互竞争的政策目标"。）

危机期间，489 家破产银行中只有 26 家（约 5%）是通过直接赔付方式处置的。除华盛顿互惠银行外，以资产规模衡量，96% 的倒闭银行是通过收购与承接处置的。[③]

资产出售的时间和方式

在危机爆发前的几年时间内，联邦存款保险公司主要通过在法定授权和政策职责范围内，对破产银行及其资产组合的特征进行评估，来决定何时以及如何出售破产银行资产。这一时期，破产银行数量相对较少，且破产银行的地理位置、破产原

---

① 即受保存款为多少，联邦存款保险公司就需要支付多少美元。——译者注

② 一般用于股市，指的是由于股票期权行权或可转债转换等，有大量证券"悬置"在市场之上，待转换为普通股，一旦转换，股价会下跌。——译者注

③ 包括华盛顿互惠银行在内，98% 的破产银行的处置是通过收购与承接完成的。FDIC, Division of Resolutions and Receiverships, "Crisis Asset Reductions," https://www.fdic.gov/about/freedom/crisis-asset-reduction.pdf.

因、牌照／业务种类以及投资组合的特征都不同。每项处置和资产接管通常都是独立进行的。联邦存款保险公司几乎没有什么机会可以将不同被接管机构的相似资产（包括存款业务牌照）打包出售。资产要么通过贷款回收方式进行清算，要么就是在联邦存款保险公司作为存款保险方和接管方可以出售这些遗产时抓紧出售。

短时间内出现大量破产事件和大量破产银行资产，引发了人们对联邦存款保险公司处置手段的质疑，即它在金融稳定时期常用的处置手段在当下是否还有效。相较于 20 年前的储贷危机，眼下的这场危机不再是一系列的区域性衰退问题，而是覆盖范围更广、程度更为严峻的问题，波及了全国甚至全世界。[1]

联邦存款保险公司面临的挑战是，需要找到快速转移破产银行资产的方法，同时避免随着危机加重因流动性和信用风险导致的资产折价，更重要的是，防止给存款保险基金、银行业和经济带来新的风险。

此外，很重要的一点是，私人部门资本和流动性更为有限，公众对银行体系的信心更加不足，交易对手的生存能力和资产价值也比大萧条以来的任何时候都更具有不确定性。

许多银行由于缺乏资本或对自身问题资产组合管理不善，并不具备收购资格，因此符合条件的收购者的数量进一步减少。某些特定类型资产市场已经处于承压状态，如果短期内大量出售破产银行的此类资产，这些市场将更为低迷。[2]此外，这次危机还出现了流动性崩盘，这种现象在此前的危机中极少出现，流动性崩盘迫使处置加速。[3]

联邦存款保险公司需要制订计划，以应对银行的快速破产，确保形成具有收购竞争力的银行机构群体，并缓解高度的风险厌恶情绪和降低资产价值的不确定性。联邦存款保险公司通过监管协调、为破产银行引入私人资本和风险分担来实现以上目标。

---

[1]　FDIC, *History of the Eighties–Lessons for the Future: An Examination of the Banking Crisis of the 1980s and Early 1990s* (Washington, D.C.: FDIC, 1997).

[2]　储贷危机期间，在不景气的市场出售资产也是令人担忧的问题。1989 年《金融机构改革、恢复和执行法案》要求重组信托公司评估其房地产销售计划是否会影响某些陷入困境的市场。P.L. 101–73 § 501(b)(12)(D)(ii).

[3]　流动性崩盘，指的是机构在当前以及近期无力偿还债务或无法满足存款人的要求。流动性崩盘之前通常会发生重大资本减值。

监管协调：筹资、出售/合并，或由联邦存款保险公司处置

银行的流动性不足问题使联邦存款保险公司必须解决其在这一领域长期存在的尽职调查问题——作为存款保险的提供方，要了解其潜在负债和偿付义务的规模，以及作为资产接管方，要了解其在出售牌照和资产时能够向投标者提供什么信息。

联邦存款保险公司以往都会与向问题银行发放牌照的监管部门进行协调，并派遣调查人员进入营业中的机构，收集有序处置所需的必要信息。具体措施包括，为牌照竞标者编制投资信息报告以及为他们建立"指挥中心"。[1]20世纪80年代末至90年代初的危机之后，由于技术进步，使通过信息技术手段能够获得比现场审查更多的数据，联邦存款保险公司开始使用电子信息平台向潜在买方提供关于破产银行牌照和资产池的有关信息。[2]尽管直接赔付和所谓"轻资产收购与承接"[3]仅需要少量尽职调查，但仍有必要提前规划以确保储户能够快速获得受保资金，并确定未受保资金的可能持有人和金额，后者对于评估经济风险与公众信心风险尤为重要。

为解决破产银行的尽职调查问题，联邦存款保险公司要求联邦银行监管机构出台规定，命令那些监管指标低于最低监管要求（因此需采取早期纠正措施）的银行，要在财务顾问的协助下筹措资本或出售资产。[4]财务顾问将创建一个电子

---

[1] 学术研究和联邦存款保险公司/重组信托公司的经验表明，当投标人有充分的信息进行知情投标时，可以获得更好的定价结果。Sudhir Nanda, James E. Owens, and Ronald C. Rogers, "An Analysis of Resolution Trust Corporation Transactions: Auction Market Process and Pricing," *Real Estate Economics* 25, no. 2 (1997): 271–94; James A. Berkovec, John J. Mingo, and Xeuchun Zhang, "Premiums in Private versus Public Bank Branch Sales" (Federal Reserve Board's Finance and Economic Discussion Series Working Paper, 1997).

[2] 针对Y2K（千禧之年）的应急计划推动联邦存款保险公司使用电子信息平台向潜在买家提供破产银行牌照信息。电子信息平台是提供尽职调查信息的快捷高效渠道，然而，当时许多社区银行并不具备相关互联网接入条件。因此，21世纪初，联邦存款保险公司还得同时维护一个基于纸质文件的尽职调查系统。

[3] 买家在收购时只拿走倒闭银行的现金及现金等价物，因此几乎不需要做尽职调查，但事后联邦存款保险公司一般会通过各种方式将正常贷款转移给买家。——译者注

[4] 早期纠正措施是当银行的资本充足率下降到法定阈值以下时实施的一系列渐进式监管措施。资本不足的银行必须提交资本恢复计划。然而，该计划不要求银行筹集资本或出售资产，除非监管机构以此为前提批准该计划。银行监管部门可能要求资本严重不足的银行筹集资本或寻求收购。12 USC § 1831o.

信息平台，上面包含投资者或潜在买家开展尽职调查所需的信息，这些信息基本与联邦存款保险公司在处置中提供给买家的信息一致。

该方案实现了以下几个目标。首先，最关键的是迫使不配合的银行在联邦存款保险公司未直接干预和联邦政府未进行直接救助的情况下，主动筹集额外资本或直接出售其自身资产。银行股东和管理层通常会抵制股权稀释或出售资产，而当其改变想法时往往为时已晚。监管机构对资本不足的银行提出这种要求，增加了银行"在线修复"的可能性。对于银行而言，这种做法的好处在于，可以由其自己而非联邦存款保险公司决定未来的命运。许多银行筹资成功或者被买家收购，因而避免了联邦存款保险公司的介入处置。

其次，该方案推动建立了电子信息平台。对于联邦存款保险公司的任何要约，潜在投标者都可以在这一平台上找到他们所需的尽职调查信息。值得注意的是，这些信息不是通过派遣联邦存款保险公司员工进入银行现场收集的，因为这样可能会向银行内部员工传递一种自家银行要倒闭了的信号。

最后，如果银行在募资或出售方面取得了一定进展，但因流动性问题无法完成交易或破产，已完成尽职调查的潜在投资者可以进入联邦存款保险公司加速处置进程的投标名单。

吸引私人资本：扩大潜在收购方范围

另一个问题是，是否存在足够的潜在收购方来竞购存款业务牌照？[①] 如前所述，直接赔付只是最后的手段。而且竞争性拍卖可以实现牌照的公允市场价格，符合联邦存款保险公司成本最小化的处置要求。[②]

尽管合格的潜在收购方需满足多种标准，但资本充足率是最重要的。因经营亏损和资产重新定价而导致的资本损耗会使合格或意向买家的范围缩小。资本流入银行业，不仅是为了支持资本不足、陷入困境的银行，也是为了促成濒临破产

---

① 联邦存款保险公司通过"密封拍卖"出售存款业务牌照。

② 联邦存款保险公司希望推动 5~6 家潜在收购方进行尽职调查，并希望其中至少 3 家提交投标书。为了确保满足成本最小化的交易原则，联邦存款保险公司会将"收购与承接"方案下的回收金额与直接赔付下的回收金额进行比较，后者是假设随着时间的推移，联邦存款保险公司通过出售被接管的资产所能回收的金额。

和已经破产银行的收购交易。[1]

收购资金既可以流入为收购而新设的银行，也可以流入已经获得牌照的其他银行。然而，联邦存款保险公司在处置交易中既不会颁发新牌照，也不会将破产银行的牌照转给其他银行。联邦存款保险公司欢迎私募股权投资者投资破产银行，但要求投资者向货币监理署、储蓄机构监管局或州牌照发放机构申请银行牌照，或是建议投资者投资一家已获得牌照的银行，并以此银行为买方收购破产银行。

2008 年 11 月，货币监理署宣布，有意收购破产银行的投资者，可以提出"预牌照"申请。[2] 不久后，联邦存款保险公司宣布，允许潜在投资者在等待牌照申请获批时就参与破产银行投标。[3]2009 年上半年，储蓄机构监管局通过批准"预牌照"的方式促成了对印地麦克银行和联合银行两家破产银行的收购，这两笔收购为银行业注入了 22 亿美元的新资本。[4] 除引入新资本外，上述交易也是对存款保险基金成本最小的解决方案，仅印地麦克银行就节省了近 10 亿美元。[5]

随着私募股权投资者对收购破产银行的兴趣增加，联邦存款保险公司开始担心潜在投资者的管理水平、能力和收购动机。在收购案例中，新获牌照的机构的破产率要显著高于成熟银行。[6] 重要的是，私募股权投资者要求实现投资回报的时间相对较短，通常为 3~7 年，并且他们往往通过离岸实体设置投资工具，模糊了所有权结构。在破产银行废墟之上建立新银行的复杂性被低估，再加上经济复

---

① 参见本书第八章和第十章关于对陷入困境的银行提供资本支持的讨论。

② U.S. Department of the Treasury, Office of the Comptroller of the Currency (OCC), "OCC Conditionally Approves First National Bank Shelf Charter to ExpandPool of Qualified Bidders for Troubled Institutions," OCC news release NR 2008-137, Nov. 21, 2008. "预牌照"是一种附条件批准银行牌照的方式，一旦银行满足某些条件，监管机构可立即授予牌照。

③ FDIC, "FDIC Expands Bidder List for Troubled Institutions," press release PR-127-2008, Nov. 26, 2008.

④ FDIC, "Board Approves Letter of Intent to Sell IndyMac Federal," press release PR-1-2009, Jan. 2, 2009; FDIC, "BankUnited Acquires the Banking Operations of BankUnited, FSB, Coral Gables, Florida," press release PR-72-2009, May 21, 2009.

⑤ FDIC, "Bid Summary, IndyMac Federal Bank FSB," March 19, 2009, https://www.fdic.gov/bank/individual/failed/indymac-bid-summary.html.

⑥ Robert DeYoung, "De Novo Bank Exit," *Journal of Money*, Banking and Credit 35, no. 5 (2003): 711–28.

苏缓慢，这可能导致联邦存款保险公司不得不对同一家银行进行二次处置。为解决以上问题，联邦存款保险公司发布了一份政策声明，对资本及其来源相关要求、所有者结构、披露要求以及所有权权益的连续性进行了明确。[1]

危机期间，18 家私募股权投资集团收购了 750 亿美元的破产银行资产和 60 家破产银行的存款业务牌照，或者说私募股权投资者收购的资产占所有破产银行资产的 22%（不包括华盛顿互惠银行）。这些投资为银行业注入了 56 亿美元的资本。[2] 上述方案均是成本最小化的处置方案，降低了存款保险基金的成本。

风险分担：损失分担的提议

储贷危机的经验表明，联邦存款保险公司或重组信托公司保管资产的时间越长，资产整体的净回收率就越低，除非该类型资产的市场环境显著改善。[3] 多种因素造成了这一现象：运营效率不及商业公司；作为公共机构，商业决策也需考虑公共政策目标等。

联邦存款保险公司在储贷危机之前一般是通过贷款回收和定向资产出售的方式持有和清算资产的。如果现在还采取那种做法，就需要庞大的基础设施，而且会使联邦存款保险公司完全暴露于财务、运营、市场和公共关系／政治风险之中。但在金融危机期间，其他政策考虑更为重要——包括回收价值、对存款保险基金流动性的影响以及一些公共政策目标，例如避免资产抛售和房屋止赎，这些行为会进一步打击市场。联邦存款保险公司面临的另一个挑战是，要确保投标者有足够的时间和信息做出知情报价，特别是存款和资产要在处置时就出售的情况下。

与其他保险公司一样，联邦存款保险公司将承保的损失在缴纳保费的机构中分摊。联邦政府作为联邦存款保险公司的再保险人，能够在必要时将联邦存款保

---

[1] 其中一条关键要求是，核心一级资本充足率至少为 10%，未经联邦存款保险公司同意，3 年内不得出售所有权。FDIC, "Final Statement of Policy on Qualifications of Failed Bank Acquisitions," 74 Fed. Reg. 45440-9 (Sept. 2, 2009).

[2] FDIC, *Crisis and Response*, 199.

[3] FDIC, *Managing the Crisis: The FDIC and RTC Experience* (Washington, D.C.:FDIC, 1998), 47–48; and FDIC, Crisis and Response, 179–80.

险公司的损失在纳税人之间进行分摊。[①]这使联邦存款保险公司具有独特地位，能够有效承担银行破产导致的高额或灾难性损失风险。

此外，当银行破产时，联邦存款保险公司已经通过履行存款保险义务承担了与银行资产相关的大部分损失。[②]后续资产买方将承担在购买资产时未计入购买价格的其他损失。无论是由于缺少信息还是未来事件存在不确定性，风险厌恶型买家都会因为未知的风险对购买价格进行打折，从而导致接管机构回收的资金减少、联邦存款保险公司的损失增加。

这两个概念——联邦存款保险公司比破产银行的买方能更有效地承担高额或灾难性损失风险，以及买方将承担未计入破产银行价格的其他任何损失——构成了联邦存款保险公司损失分担计划的基础。该计划本质上是针对特定资产池信用损失的保险包。[③]如果被保险资产池的信用损失超过一定阈值，保险开始生效，接管机构与收购方分担一定比例的损失。[④]损失分担机制的持续时间足够长，在这段时间内被保险资产的固有损失就能够充分暴露，还能够避免因在承压的市场上出售大量资产而导致的损失和系统性风险。

损失分担提供的保险包会使那些难以与存款业务牌照一起出售的资产对买家更具有购买吸引力。[⑤]对于联邦存款保险公司而言，它可以凭借这个机制促成银行整体收购与承接，这种方式下破产银行几乎所有的资产和负债都会在处置时转

---

① 这种再保险角色曾被触发过一次，当时储蓄和贷款协会的再保险人——联邦储蓄与贷款保险公司——也资不抵债了。

② 作为破产银行受保存款的代位求偿人，联邦存款保险公司承担的损失取决于破产银行资产的损失金额、担保债权的金额，以及清偿顺序劣后或同等于存款人代位求偿权的债权金额。

③ FDIC, *Managing the Crisis*, 194–209. 其中介绍了更多早期损失分担交易的细节。

④ 例如，假设一家破产银行账面上有一笔金额为 1 000 美元的商业房地产贷款和 1 000 美元受保存款。收购方的投标条款为：100~200 美元的损失，接管机构要承担损失的 80%，200 美元以上的损失，接管机构要承担损失的 95%；而且要收取 50 美元的折价费。在关闭破产机构时，联邦存款保险公司就向收购方支付 50 美元。这笔商业贷款中先发生的 100 美元损失由收购方承担（尽管 50 美元的折价费抵销了一部分损失），接下来再发生的 100 美元损失，则由接管方分担 80%，收购方分担 20%，即接管方向收购方支付 80 美元。超过 200 美元的损失，接管方要承担 95%。

⑤ 损失分担补偿在收购方的资产负债表上体现为资产。如果收购方是低价购买的，那么购买价格与重估的资产账面价值之间的差额可以立即计为资本，或随着时间的推移以收益的形式体现。无论如何，低价购买的结果是为银行业增加了资本。如果资产被出售给非银行金融机构，情况就不同了。

移给收购方。[1]

在损失分担机制下，银行整体收购与承接案例共转移资产 3 120 亿美元，其中 2 170 亿美元的资产被放入损失分担资产池。[2] 商业房地产贷款——包括用于收购、开发和建设的贷款——构成了资产池中占比最大的资产类型，约有 980 亿美元（占比 45%），其次是单户住宅贷款，约有 742 亿美元（占比 35%）。资产池中的许多贷款在处置时已经违约。[3]

随着危机缓解和市场环境有所改善，再加上联邦存款保险公司也积累了更多经验，损失分担的门槛和结构也有所调整。例如，在 2008 年的交易中，一旦损失达到某一具体金额，接管机构将承担 80% 的损失。如果之后损失金额达到了更高的门槛值，接管机构将承担 95% 的额外损失，即灾难性损失保护。但到了 2010 年第三季度，联邦存款保险公司不再提供 95% 的损失保护，而且还在分担机制中加入了"调整"条款：针对那些中标时价格过低的交易，联邦存款保险公司要分享一部分处置收益。这样的分担机制具备了多层次的保障结构，可以激励收购方采取措施挽回损失。[4]

损失分担计划有利于联邦存款保险公司发挥作为存款保险方和接管方双重角色的作用。作为存款保险方，联邦存款保险公司或是直接向存款人赔付保险金额，或是向收购方支付资金，使其承接破产银行的受保存款。正如前文所述，用现金赔付会很快耗尽存款保险基金的流动性。作为接管方，联邦存款保险公司必须在清算中实现破产银行资产的净现值最大化和损失最小化，然后将收益分配给债权人。[5] 联邦存款保险公司向收购方支付非现金资产，让收购方承接破产银行的存款负债，这有利于联邦存款保险公司履行存款保险方的责任。而收购方购买被接管资产的融资成本很低——低成本存款和仅 10% 的股权，不良资产买家在

---

① 在银行整体的收购与承接中，几乎所有破产银行的资产和负债都从接管方转移到收购方，但也有例外情况，例如某些确定的所得税资产和董事及高管的问责索赔。

② FDIC, *Annual Report*, 2013, 76.

③ FDIC, *Crisis and Response*, 221.

④ 多层结构的特点是在分担机制的覆盖范围上构建"甜甜圈洞"。例如，第一档损失的 80% 由接管机构承担，第二档损失接管机构完全不承担，第三档损失的 80% 再次由接管机构承担。其理论基础是，市场将日趋稳定，资产定价也将更加确定，损失预计将能够控制在前两档的范围内。第三档则提供的是尾部风险保护。

⑤ 12 USC § 1821(d)(13)(E); 12 USC § 1823(d)(3)(D).

市场上很难找到这样好的条件，因此，最终被接管资产能够实现更高的售价和更好的回收率。[1]

在危机期间，联邦存款保险公司通过带有损失分担机制的银行整体收购与承接处置了 304 家银行（共计 3 121 亿美元资产）。这些交易占处置总量的 62%，占破产银行（不包括华盛顿互惠银行）资产的 82%。联邦存款保险公司的总成本估计为 568 亿美元，与通过直接赔付完成处置相比，估计节省了 420 亿美元。[2]

其他风险分担计划

剩余 18% 的破产银行资产未通过损失分担机制处置，其中有 129 亿美元（仅 3.4%）是通过银行整体收购解决的。直接赔付总计 159 亿美元，其他类型的收购与承接交易额为 384 亿美元。[3] 对于处置中留存的资产，联邦存款保险公司采用了另外两种风险分担计划来清算：股权合资和资产证券化。总体而言，破产银行 90% 以上的资产要么在处置时被承接，要么通过风险分担计划被出售（见图 11.4）。

股权合资是一种结构化交易，联邦存款保险公司创建有限责任公司并从接管方处收购资产。[4] 作为交易对价，接管方获得有限责任公司的全部股权和该公司发行的票据，并以转让的资产和股权为担保。[5] 之后联邦存款保险公司将向合格投资者出售管理层成员的权益——通常包括特别控制权和 40%~50% 的股权——

---

[1] 危机爆发之初，不良资产的买家希望得到的年化收益率为 25%~30%。购买资金由股权（通常至少占比 20%）和借款组成。银行作为资产买家，在交易中可以按照监管机构的要求，根据承接资产和存款所需的资本金额进行融资。与不良资产的买家相比，银行在收购中的杠杆率更高，权益资本价格更低。

[2] FDIC, *Crisis and Response*, 202. 直接赔付（清偿）的成本预估在处置时就完成，以便与其他路径相比较，从而满足最低成本要求，并且不会因为假设变量和实际变量之间的任何差异而进行修改。

[3] FDIC, *Crisis and Response*, 200. 华盛顿互惠银行因为其"异常大"的规模，没有计入这些数据，该银行在没有损失分担的情况下，以银行整体收购与承接的方式完成处置。

[4] 该计划是重组信托公司使用的股权合资计划的变体。关于这些早期计划的更多背景，参见 FDIC, *Managing the Crisis*, 433–70。

[5] 约 1/3 的结构化交易不包括融资。杠杆率因基础资产类型而有所不同。

以换取现金。然后管理团队将在多年内清收和出售资产。有限责任公司的收入首先用于偿付票据，而后根据股权占比分配给有限责任公司的股东。

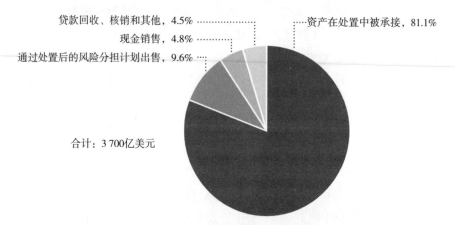

贷款回收、核销和其他，4.5%
现金销售，4.8%
通过处置后的风险分担计划出售，9.6%
资产在处置中被承接，81.1%

合计：3 700亿美元

图11.4　2008—2013年联邦存款保险公司破产银行资产的处置

注：由于资产规模较大，华盛顿互惠银行未包含在其中（其全部2 988亿美元资产在处置中被承接）。

资料来源：联邦存款保险公司处置和接管部。

该计划从许多方面来看都是损失分担计划的"相反面"：合伙人分享收购投资的收益，而不是分担破产银行的账面价值损失；资产被出售给不良资产买家，而不是留在银行业；联邦存款保险公司全权负责监督合作协议的履行情况，而不是与银行收购方的监管机构共享这一权力。值得注意的是，随着买方运用其专业的资产管理和贷款回收技能，以及市场企稳复苏，该计划使联邦存款保险公司作为接管方能够分享资产的增值部分，还避免了在市场环境不好的时候出售不良资产的后果。

联邦存款保险公司共向35家股权合资企业转让了262亿美元的破产银行资产，其中20家是为开发和建设贷款而设立的，8家是为其他商业房地产贷款而设立的，7家是为单户住宅贷款而设立的。通过这种方式出售的资产金额约占处置中未出售给其他银行资产的30%。近期测算表明，相较预计的回收收益，该计划将实现46亿美元的额外回收收益。[①]

---

① FDIC, *Crisis and Response*, 219.

经验教训

如前所述，金融危机期间，联邦存款保险公司处置了 489 家银行，资产规模超过 6 800 亿美元，存款保险基金的成本约为 725 亿美元。[①] 在决定处置方案时，处置机构和收购方主要考虑破产银行的资产质量、资本结构和资不抵债严重程度等因素。由于破产银行在上述方面均存在差异，因此难以对不同破产银行处置方案的成本效益进行比较。

联邦存款保险公司在危机期间实施了一系列计划来管理存款保险基金和处置倒闭银行，这些计划有助于及时赔付受保存款，并较好地实现了其预设目标：公众对受保存款的安全性仍很有信心，促进了金融稳定；银行业持续为存款保险基金提供资金，联邦存款保险公司无须向财政部借款；通过处置向银行业注入资本；处置的总体财务成本和客户损失远低于直接赔付下的损失；当一家银行倒闭时，处置过程迅捷，最小化对银行客户及社区的影响。

然而，这些计划都是针对本次危机的特定环境、情况和风险事件制订的，未必适用于未来的危机处置。例如，银行业预付存款保险费用的能力取决于其可用流动资金规模。如果下一次危机中存款保险基金需要借入资金，而银行业流动性严重不足，那么联邦存款保险公司可能不得不向财政部和联邦融资银行借钱，正如它在储贷危机中的做法一样。

让银行预付存款保险费用是一个创造性的解决方案，满足了联邦存款保险公司在 2009 年底的流动性需求。存款保险基金获取了充足的流动性，而银行也不必立即列支所有费用。但如果存款保险基金在危机前就有足够的资金，这个问题从一开始就可以避免。

经验 1：在金融稳定时期确保存款保险基金具有足够的规模，以避免在压力时期征收特别保费

《多德 – 弗兰克法案》取消了对存款保险基金的规模限制。联邦存款保险公

---

① FDIC, *Crisis and Response*, 182.

司无须再按照《联邦存款保险改革法案》的规定在目标储备率达到 1.5% 时归还所有超额保费，而是可以在下限为 1.35% 的前提下，灵活设定目标储备率。法律还赋予联邦存款保险公司更高的风险定价能力，并要求将存款保险基金的保费征收基准从国内存款调整为并表总资产均值减去有形权益的均值。[①]

为落实上述新规，联邦存款保险公司总结了过去 60 年的应对经验，包括最近两次银行业危机的教训，在此基础上确定存款保险基金的合理规模，避免危机期间出现存款保险基金余额跌至负值的情况。[②] 基于上述分析，联邦存款保险公司设定了 2.0% 的目标储备率[③]，还调整了存款保险基金的保费征收基准以符合新法案的要求，并修订了其对大型和小型银行的风险定价方法。[④]

在银行倒闭率上升、行业状况不佳的情况下，上述措施能够减少征收特别保费或提高费率的必要性。然而，为履行对被保险机构的义务及作为处置机构的职责，联邦存款保险公司需要持有一定的流动性。为此，联邦存款保险公司仍需要保留从财政部、联邦融资银行及其他地方获得短期借款的渠道。

经验 2：根据危机实际情况修订和完善处置策略

尽管有序地处置破产银行这一挑战在任何时期都会反复出现，但在制定特定处置方案时，应当考虑当时的经济环境和倒闭银行的特性。例如，允许私募股权投资陷入困境的银行并申请新的牌照，这有助于为银行业引进资本。当未来银行业因资本不足而出现并购受限时，私募资金可以作为潜在的资金来源。但是，私募股权资本较为昂贵，在银行业自身资本充足的情况下，引入私募股权资本并不划算。

事实证明，对于希望获得存款业务牌照的收购者而言，损失分担计划能够有效提高破产银行资产的吸引力。然而，该计划吸引力的大小取决于底层资产价值

[①] Dodd-Frank, § 331–34, https://www.govinfo.gov/content/pkg/PLAW-111publ203/html/PLAW-111publ203. htm.

[②] Lee K. Davison and Ashley M. Carreon, "Toward a Long-Term Strategy for Deposit Insurance Fund Management," FDIC Quarterly 4, no. 4 (2010).

[③] 75 Fed. Reg. 79286 (Dec. 20, 2010).

[④] 79 Fed. Reg. 70427 (Nov. 26, 2014).

的不确定性。当系统性资产重新定价导致底层资产价值变动时，应当及时调整或出台损失分担计划。虽然在市场稳定时期，该计划的各种合规要求所带来的行政负担使其并不具备吸引力，但当市场转向风险厌恶时，损失分担计划对存款保险基金、接管机构债权人和宏观经济的好处可能是巨大的。

经验 3：在下一轮危机来临前，准备一份调整立法的"愿望清单"

联邦存款保险公司在以前的危机中使用过"在线修复"，但在 2008 年危机中要采用此处置方式必须援引系统性风险特例条款。（2008 年在实施临时流动性担保计划和向花旗集团提供援助时曾援引这一例外条款，详见本书第九章和第十章。）自 1991 年以来，一系列法律调整限制了联邦存款保险公司运用"在线修复"的权限，特别是近期的《多德－弗兰克法案》取消了"系统性风险特例"[①]。目前，使用存款保险基金对银行开展"在线修复"需要美国国会授权。

政策制定者可能想要放松这一限制，以便更好地应对下一次危机。如果能够通过适当的机制安排应对道德风险、解决问责问题，"在线修复"将成为一种高效的处置方式。

一个典型案例是 20 世纪 80 年代初，互助储蓄银行的倒闭。倒闭的主要原因是利率限制取消后，银行的资产和存款负债之间出现了负利差，而非信贷质量恶化。联邦存款保险公司的处置方式是，通过向收购方提供资金来促进并购，联邦存款保险公司向收购方支付的资金是储蓄银行被收购的生息资产与平均资金成本之间的价差。[②]

从结果来看，"在线修复"对存款保险基金和银行存款客户而言成本要低于破产清算。

[①] 1989 年《金融机构改革、恢复和执行法案》、1991 年《联邦存款保险公司改进法案》、1993 年《重组信托公司完成法案》以及最近的《多德－弗兰克法案》，都削减了联邦存款保险公司提供"在线修复"的权限。

[②] 1981—1983 年，联邦存款保险公司通过"在线修复"解决了 14 家互助储蓄银行的问题。FDIC, *Managing the Crisis*, 159.

附录 A　不同的问题，不同的应对方法：
从储贷危机中吸取的教训

不同的问题，需要不同的应对方法。这一永恒真理有助于解释为什么美国政府在面对 20 世纪 80 年代末至 90 年代初的储贷危机和 2008 年的金融危机时采取了不同的应对方法。这些破坏性事件的根源在于不同的市场和行业力量，并在不同的经济环境中不断衍化。由于所处环境的差异以及从早期危机中吸取了教训，联邦存款保险公司在 2008 年采取了不同的方法处置破产银行和出售其资产。

1989 年初，由于持续多年的宽松监管环境，许多储贷机构已经资不抵债。因为缺乏处置资金，政府只能要求资不抵债的储贷机构进入由政府控制的托管状态。最终，从提议立法创建重组信托公司至立法通过这段时间，共有 262 家储贷机构由政府托管。重组信托公司是一家政府控股的公司，负责处置所有倒闭的储贷机构，并监督倒闭机构资产的处置。

政府托管期间，由于客户流失和不断变化的市场条件，储贷机构最为核心的存款业务牌照价值下降，导致在处置时直接赔付的比例较高。然而，如果任由储贷机构继续由其原所有者控制，会带来更大的损失风险。

对于未被托管的储贷机构，典型的处置方案是"轻资产收购与承接"，也就是只出售"轻资产"，主要是现金和现金等价物，这些资产与存款业务牌照一并转让给收购方。这种交易很常见，因为无论是重组信托公司还是潜在买家，都不需要做详尽的尽职调查。由于缺乏相关信息以及处置时间紧迫，在这种情况下要做详细的尽职调查是非常困难的。

剩余的资产——主要是贷款、房地产、不易流通的证券和对子公司的投资——将由重组信托公司接管，并逐步通过贷款回收、债务重组和 / 或出售的方式进行处置。贷款回收方面，主要通过为贷款和其他还在还款的信贷产品继续提供必要服务，直至贷款在几年内到期并被还清。对于不良贷款，主要通过协议债务重组的方式处置。一般来说，余下的其他资产通常是通过"密封拍卖"的方式出售。

这种方法导致重组信托公司持有的破产银行资产快速增长，增长速度远快于处置速度。对于重组信托公司来说，这一问题尤为严重。因为对于联邦存款保险公司而言，它能够在把存款业务牌照卖给潜在买家的同时，把优质贷款资产也一并卖给买家，因此在银行处置时，联邦存款保险公司能够转移走的破产银行资产规模会更大。但重组信托公司自身的资金来源是国会拨款，因此它在获得处置资产（退出托管状态）所需资金之前，就得先出售部分被托管资产，所以它在银行处置时能够一并卖给牌照买家的资产数量就会减少。

　　这一问题的一个积极影响是，促使重组信托公司创立了新的资产组合销售计划，包括一些将抵押贷款证券化的计划和其他重组信托公司与私人部门合作的计划。这些新计划吸引了私人部门资本，还更好地利用了私人部门管理不良资产的专业知识（见图 11.5）。

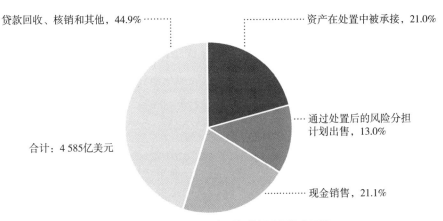

图 11.5　1989—1995 年重组信托公司资产压降

资料来源：Thrift Depositor Protection Board, *Annual Report*, 1995。

　　重组信托公司方法的缺点是需要维持庞大的运营基础设施。1992 年初，重组信托公司管理着超过 1 300 亿美元的破产储蓄机构资产。为了运营这些资产，重组信托公司在全美设立了 20 个办事处，拥有 8 600 多名直接雇员，每年的行政开支超过 35 亿美元。[1] 管理如此庞大的资产，使重组信托公司面临财务、运营和公共关系风险。即使以联邦存款保险公司和之前联邦储蓄与贷款保险公司的

---

[1]　Appendix table B of the "Report by the Chairperson of the Thrift Depositor Protection Oversight Board on Loss Funds Provided by the Congress for Use by the Resolution Trust Corporation" included in Thrift Depositor Protection Board, *Annual Report*, 1995, https://fraser.stlouisfed.org/files/docs/publications/rtc/ar_rtc_1995.pdf.

资源为依托，重组信托公司的基础设施也耗费了两年时间才建立起来，而关停过程则长达 14 年。

可以说，这种方法最显著的影响是，把破产银行的存款与该行其他资产分开出售所造成的价值损失。对于因承接受保存款，从联邦存款保险公司手中接过大笔现金的存款机构来说，它们必须迅速将这笔钱投出去，并获得正收益——否则就可能失去这些刚刚买来的客户关系。为了补偿再投资和存款流失的风险，买家愿意为存款业务牌照支付较低的溢价。

与之相反，资产买家必须找到购买破产银行资产所需的股权和融资来源。如果卖方不提供融资，则价格会相应打折，以反映杠杆结构和买方在现有市场条件下可以获得的融资，而后者在紧缩的信贷周期中可能会大幅受限。最后，牌照的相关品牌价值（客户对某一品牌产品的认可）会受损。

从上次危机中吸取的教训极大地影响了联邦存款保险公司在 2008 年危机中的应对反应。这次，联邦存款保险公司尽可能地在银行处置时就转移破产银行的大部分资产，从而最小化损失，并维护客户关系，降低对公众的影响，对联邦存款保险公司运营资金的需求也相应减少。重要的是，无缝衔接的处置方案增强了人们对存款保险和商业银行体系的信心。

由于下一次危机也会存在其特殊的情况，需要不同的应对方法，未来的决策者应研究前两次危机的情况，看看能否从中吸取有助于做出决策的其他经验教训。

附录 B　华盛顿互惠银行的处置：平衡相互竞争的政策目标

华盛顿互惠银行的案例是银行处置中政府不同政策目标之间相互竞争的显著例证。

出于对问责、市场纪律和长期金融稳定的考虑，美国国会禁止动用存款保险基金资源使破产银行的股东获益，要求存款保险基金的使用遵循成本最小化原则。然而，1991 年的《联邦存款保险公司改进法案》设有系统性风险例外条款，可突破这一规定。想要援引该例外条款，需要联邦存款保险公司和美联储委员会的绝大多数成员同意，并由财政部长与总统协商后授权。

该例外条款的首次潜在使用是对华盛顿互惠银行的处置。决策者面临两个问题：一是在什么情况下应该授权使用该例外条款，二是华盛顿互惠银行是否有资格在 2008 年 9 月适用例外条款。[1] 这些问题转而引发了如何平衡长期金融稳定目标与当下金融不稳定风险的问题。

2008 年 9 月，华盛顿互惠银行的存款挤兑开始加速，联邦存款保险公司考虑是否有理由援引系统性风险例外条款，这将允许联邦存款保险公司对其进行"在线修复"，避免华盛顿互惠银行的债权人在银行破产时蒙受损失。当时监管部门制定了已经触发例外条款的程序。市场指标表明了该银行的困境：其股票交易价格低于 2 美元，债务已被降级为垃圾级或接近垃圾级，并以大幅的折扣价格交易，信用违约互换定价表明市场预期其将出现违约，华尔街分析师公开质疑该银行很快会资不抵债。[2]

联邦存款保险公司审查了华盛顿互惠银行的账目、服务内容、存款基础和资本结构以及与金融体系的关联性，并得出结论：如果华盛顿互惠银行倒闭，鉴于存在大量未投保存款，对其存款打折将破坏金融稳定。

母公司出售华盛顿互惠银行的努力失败后，在出售华盛顿互惠银行的过程中，联邦存款保险公司间接征求了潜在收购者对削弱华盛顿互惠银行各层资本的影响的看法。在联邦存款保险公司的标准处置中，投标人只获得他们收购资产所担保的负债（受保存款或是银行所有存款），而在华盛顿互惠银行的案例中，联邦存款保险公司向投标人提供承担次级和高级无担保债务的投标选择权，使潜在收购方能够在存款保险基金的支持下承接华盛顿互惠银行各层资本中他们认为重要的部分。

当收购方出价时，需要承担华盛顿互惠银行的所有存款。债券和股权持有人将承担损失。存款保险基金没有承担处置成本，股市表现也说明华盛顿互惠银行的处置符合市场预期。

然而，故事结局并非如此。

在雷曼兄弟和华盛顿互惠银行倒闭后，不习惯因金融机构相关敞口而遭受损

---

[1] 系统性风险例外允许联邦存款保险公司在以下情况中为营业中的银行提供救助：如果遵循成本最小化原则和不使股东获益的限制，将对经济状况或金融稳定产生严重不利影响，而绕开上述限制将避免或减轻此类不利影响。

[2] Eric Dash and Geraldine Fabrikant, "Washington Mutual Stock Falls on Investor Fears," *New York Times*, Sept. 10, 2008, http://www.nytimes.com/2008/09/11/business/11bank.html.

失的信贷市场立即开始关注下一个可能倒闭的银行。由于账面资产与华盛顿互惠银行相似，美联银行立即承受了更大的融资压力，需要在短期内被收购或处置。

尽管华盛顿互惠银行的案例没有使用系统性风险例外条款，但与雷曼兄弟的处置案例结合来看，金融机构债权人在危机传染性加剧之际面临风险。认定华盛顿互惠银行具有系统性影响能否抑制信贷市场的风险蔓延？

我们永远不会知道答案。但是，鉴于 2008 年 9 月第三周资产普遍重新定价，其价值存在高度不确定性，系统性的支持显然是必需的。

第十二章

危机期间的住房政策计划

本章作者：迈克尔·巴尔、尼尔·卡什卡里、安德烈亚斯·莱纳特和菲利普·斯瓦格尔。本章作者对以下同事提供的评论和反馈表示感谢：本·伯南克、蒂莫西·盖特纳、亨利·保尔森、理查德·布朗、菲利斯·考德威尔、埃里克·达实、劳里·古德曼、梁内利、蒂姆·马萨德、帕斯卡尔·诺尔、吉姆·帕洛特、汤姆·雷德伯恩、塞思·惠乐和约翰·沃斯。作者还要感谢密歇根大学金融、法律和政策中心的安东尼·科扎特、安娜贝尔·茹阿尔和刘钟根，耶鲁金融稳定项目的本杰明·亨肯，美联储的亚力克斯·马丁，他们为本章提供了宝贵的研究支持。两届政府中有许多人对本章中提到的抵押贷款相关项目的推出和执行做出了贡献，他们的工作和敬业精神让这个国家和数百万个美国家庭的境遇得到了改善。

引　言

住房问题是金融危机的核心。抵押贷款违约导致一系列金融产品亏损，引发市场下滑，对应的房屋止赎浪潮给美国家庭带来了深远的影响。居民通过次级按揭贷款、次优级（ALT-A）贷款[①]等产品进行信贷扩张，房价和家庭部门债务竞相攀升，2006 年房价到达顶点后，局面变得不可持续。[②]随着房价开始企稳而后下跌，经济进入衰退期并引发大范围失业，房主更难借新还旧或履行还款义务。违约数量上升首先出现在次级按揭贷款市场，随后扩散至更大范围。[③]随着初始优惠利率到期，许多房主还面临月供金额上升等挑战。违约增多、房价下跌和新建住房数量下降形成了恶性循环，使住房相关资产遭受巨大损失，把资本水平本就不足的金融体系推向崩溃边缘。

危机期间出台的一系列政策措施稳定和改善了住房市场。根据 2008 年 7 月通过的《住房和经济复苏法案》，美国财政部向政府资助企业——房利美和房地美——提供了背书，在许多金融市场重度承压、除政府担保外的抵押贷款融资枯竭的情况下，保障了抵押贷款融资的可得性。通过问题资产救助计划的注资也稳住了一大批金融机构，包括一些在抵押贷款市场发挥关键作用的大型机构。美联储通过量化宽松购买抵押支持证券等措施放松货币政策，降低了利率水平、支撑了整体经济，从而救助了数百万房主和更广泛的住房市场。2008 年 1 月和 2009 年 2 月（以及此后）出台的财政刺激政策有助于支持消费者和企业的支出。对小布什政府和奥巴马政府危机应对政策的一个常见批评是，以牺牲个人房主为代价，过于关注对金融机构的救助。然而，帮助房主就必须首先稳定金融体系，确

---

① 次优级贷款指位于优质贷款和次级贷款之间的贷款。——译者注

② 金融机构专门向美国个人消费信用评分低于 620 的人群发放的贷款称为次级贷款。次优级贷款是不满足一般贷款发放标准的贷款，例如，缺少收入证明，或有每月还款金额并非按月摊销。

③ "S&P/Case-Shiller U.S. National Home Price Index," S&P Dow Jones Indices, McGraw Hill Financial, accessed Jan. 18, 2019, http://us.spindices.com/indices/real-estate/sp-case-shiller-us-national-home-price-index.

保抵押贷款市场持续运转。

本章重点关注避免房主失去房屋赎回权的政策。一些计划是小布什总统任期内实施的，如于 2008 年相继通过的《住房和经济复苏法案》和《紧急经济稳定法案》，这两项法案提供的授权和资金为后续实施许多住房相关计划提供了依据。但使用纳税人的资金避免止赎的措施主要始于 2009 年。奥巴马政府执政的前几周，就宣布了对房主的救助措施，主要是住房贷款可负担再融资计划和住房贷款可负担调整计划，并在后续几年对两项计划进行了持续优化。此外，奥巴马政府还尝试促成在问题资产救助计划之外对政府资助企业担保的抵押贷款进行调整，出台了新的联邦住房管理局再融资计划，并向州政府和地方政府住房金融局以及社区发展金融机构（CDFI）提供资金，以支持它们应对止赎危机。一些领域的措施，如联邦住房管理局再融资计划等，在小布什任期内也实施过。图 12.1 为主要政策时间线、抵押贷款利率水平和完成止赎程序的房屋数量。

尽管出台了上述计划及更广泛的措施来化解危机，但公众仍普遍认为联邦政府的住房政策是失败的，因为减少止赎的效果和速度不及预期。数以百万计的房屋被收回拍卖，危机造成美国人生活艰辛，这一经历对美国人的住房选择，以及美国家庭的住房信贷渠道都产生了长远影响。

我们理解批评者对抵押贷款调整的失望：应对措施没能解决住房危机，效果也不及预期。但即便如此，止赎应对措施的长远影响也超乎公众想象，它对上百万户家庭产生了积极影响，与其他所有住房政策共同促进了住房市场和宏观经济复苏。尽管住房贷款可负担调整计划通过政府补贴的形式来调整贷款合同，仅直接帮助了 1/3 的逾期还款人，但私人部门参照住房贷款可负担调整计划的模板也自发开展了贷款调整，在不占用纳税人资金的情况下帮助了许多其他购房人，还有其他政府资助企业、联邦住房管理局和其他政府发起的贷款调整计划也帮助了部分房主。[①] 通过实施这些计划，共促成了 820 万份抵押贷款合同调整、950 万份定向再融资，以及 530 万项其他抵押贷款救助行动。

---

① Sumit Agarwal, Gene Amromin, Itzhak Ben-David, Souphala Chomsisengphet, Tomasz Piskorski, and Amit Seru, "Policy Intervention in Debt Renegotiation: Evidence from the Home Affordable Modification Program," *Journal of Political Economy* 125, no. 3 (2017): 654–712.

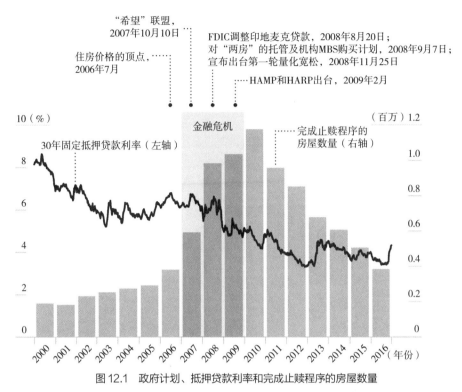

图12.1　政府计划、抵押贷款利率和完成止赎程序的房屋数量

资料来源：抵押贷款利率引自美联储经济数据中房地美的相关数据，完成止赎程序的房屋数量引自CoreLogic。

　　未来的决策者们可以吸取本次危机应对的经验教训，尤其是我们的应对思路如何随着危机的发展而演变。由于缺少切实的数据和分析框架，我们只能以我们认为最符合大多数人利益的角度做选择。事后看，如果推进更快、政策更大胆，效果可能会更好。同时，法律和操作层面的限制也对应对政策产生了影响，政治上的限制使我们难以获得新的授权来解决面临的问题。

判定问题和约束条件

　　图12.2总结了影响我们决策的一些关键变量：房价、个人破产申请数量、首次违约告知单（标志着止赎程序开始）数量以及抵押贷款逾期率。在止赎危机最严峻的2007—2010年，约有580万户家庭收到了首次违约告知单，而危机前

这一数据为 250 万户，意味着危机额外导致约 330 万户家庭进入止赎程序（见表 12.1）。这些止赎程序的启动最终迫使许多（虽然不是全部）家庭失去了自己的房子，对家庭和社区造成了伤害。

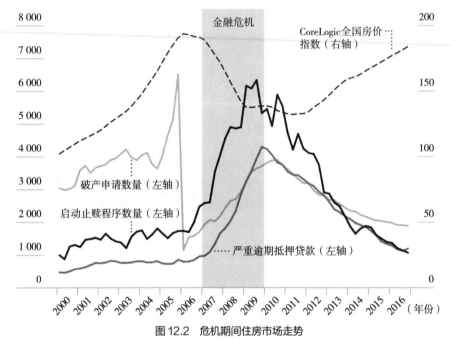

图 12.2　危机期间住房市场走势

注：破产申请数量和启动止赎程序数量单位为百，严重逾期抵押贷款数量单位为千。

资料来源：破产申请数据引自美国法院，启动止赎程序和严重逾期抵押贷款数据引自抵押贷款银行家协会国民逾期调查，CoreLogic 全国房价指数引自美国金融账户和美联储数据。

表 12.1　危机前和危机中的止赎情况

年份	启动止赎程序的房屋数量（百万）	收到首次违约告知单的家庭数量（百万）	差额：投资房代理数量（百万）
危机前（2003—2006 年）	2.7	2.5	0.2
危机（2007—2010 年）	7.8	5.8	2.0
差额：多出的止赎房屋数量	5.1	3.3	1.8

资料来源：启动止赎程序的房屋数量引自抵押贷款银行家协会国民逾期调查，收到首次违约告知单的家庭数量引自 Equifax 和纽约联邦储备银行。

多重因素共同推高危机期间房屋止赎数量，包括抵押贷款发放标准放松、抵押贷款证券化的严重问题、房地产泡沫的投机属性以及泡沫破灭后的房价暴跌和大量失业等。最明显的是，大量贷款发放时，既不要求首付比例（房产本身价值虚高），也不怎么关注借款人的还款能力。这样的发放标准逐渐蔓延至整个行业，但这种情况最盛行于那些最终通过所谓的私人抵押贷款通道（即除政府资助企业、联邦住房管理局和退役军人事务部以外的机构）进行证券化打包的贷款。如图 12.3 所示，从 20 世纪 90 年代后期到 2006 年，这些私人抵押贷款占未偿抵押贷款的比例逐渐上升。2008 年 9 月政府资助企业被托管时，这些靠证券化驱动的私人市场已经崩塌。

次贷领域的放款标准显然是行业最差的，其中又以次优级贷款为甚。尽管次级按揭贷款损失很大，但单靠次级按揭贷款也不足以造成大衰退这种强度的危机。[①] 当时的经济呈现家庭信贷过度扩张、金融机构高杠杆，以及在不稳定的融资结构中有大量易受挤兑影响的资产等特点，加上遭受不良抵押贷款损失的冲击，导致了如此深重和严峻的衰退。而且，不良抵押贷款的劣质程度和业内分布情况等信息的缺失，助推风险跨机构、跨行业传染。由于风险通过资产支持证券、衍生品和担保债务凭证在金融部门蔓延，整个金融体系的内在关联性水平很高。

做到实时诊断问题是很难的。现在我们习以为常的基础数据在当时是不可得的。因此，要对总损失、损失分布、房产负净值的比例和分布以及其他关键统计信息进行预估，且预估的不确定性比平常更高。此外，当时对于家庭采取"策略性违约"这种现象普遍到什么程度没有共识，采取"策略性违约"并不是因为家庭遇到现金流问题，无力再偿付月供，而主要是因为房产净值已经为负，或者为了获得某些救助计划的资格。当时大量证据同时支持了这两种观点。我们实在不知道家庭现金流和负净值问题哪个更重要。

信贷繁荣时期滋生的一些行业做法严重阻碍了两届政府的政策应对行动。

其一，普遍应用的证券化结构阻碍了贷款调整计划的实施。通过私人证券化渠道打包的抵押贷款，总额最高时达到抵押贷款余额的 1/4（见图 12.3）；最棘手的贷款类型（主要是次级按揭贷款和次优级贷款）被私人证券化的比例更高。

---

① 2010 年 9 月 2 日美联储主席伯南克在金融危机质询委员会上的声明，https://www.federalreserve.gov/newsevents/testimony/bernanke20100902a.pdf。

此类证券化过程中，底层资产被转移到一个特殊目的载体，由特殊目的载体发行证券产品，产品收益来自底层资产的现金流，包括固定月供、再融资收益、提前还款罚金等费用。这些证券产品的所有权高度分散，不同证券化产品的支付时点、优先顺序不同，导致调整底层贷款合同的动力也大不相同。而且，特殊目的载体的法律架构不允许对底层贷款进行大规模更改，许多架构甚至禁止或严格限制贷款调整。特殊目的载体被设计成完全"自动驾驶"状态，证券化机构、托管方或底层贷款机构不会对其进行主动管理。每个特殊目的载体由一个托管机构，通常是大银行进行监督。托管方作为管理人，承担额外的行政管理职能，但不包括安排或协调特殊目的载体所有者之间、特殊目的载体与政府之间的交易。

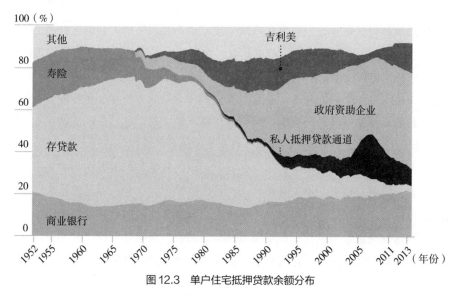

图 12.3　单户住宅抵押贷款余额分布

资料来源：Michael S. Barr, Howell E. Jackson, and Margaret E. Tahyar, *Financial Regulation: Law and Policy, Second Edition* (St. Paul, MN: Foundation Press, 2018), relying on original chart from Laurie Goodman, "A Realistic Assessment of Housing Finance Reform" (Washington, D.C.: Urban Institute, 2014)。

其二，必须获得拥有次级留置权 [①] 的资产持有人的同意，止赎备用方案（比如贷款调整计划）才能得以施行，这造成了操作层面的障碍和经典的"钉子户"

---

① 留置权指债权人因合法手段占有债务人的财物，在由此产生的债权未得到清偿前留置该项财物，并在超过一定期限仍未得到清偿时依法变卖留置财物，从价款中优先受偿的权利。——译者注

问题，也就是说，享有次级留置权的资产持有人能够阻挠贷款调整。杰拉尔迪等人通过研究发现，使用次级留置权这一证券化设计有助于次级借款人加杠杆，高峰时，近30%的次贷在发放时即含有次级留置权条款。[①] 由于信息报送不全，这类贷款的真实占比更高。原则上，一旦房价跌破净值，次级留置权的价值剩余很少；但尽管这样，调整贷款也必须获得持有次级留置权那一方的同意，相当于给了他们一票否决权。而且令人震惊的是，陷入财务困境的房主在对优先级债务逾期后，竟仍可能继续偿付次级债务，我们推测，原因可能在于偿付金额更小、更容易还上。如果次级债权人获得了还款，他们几乎没有动力合作。想要解决这一问题，需要在抵押贷款救助计划的设计和执行阶段花费时间和资源。

其三，许多抵押贷款服务机构没有能力或意愿调整贷款。实际上，如果最差的服务商能与最优秀的服务商一样有效运作，最终得到调整的贷款合同数量将上升70%。但即便是最优秀的贷款服务机构的表现都远远达不到预期。[②] 服务商们本没有预料到有开展大规模贷款合同调整的需要，因此没有建立相关的资源和系统来开展我们呼吁它们参与的计划（但这实际上是合同规定的义务）。贷款服务机构的问题广泛存在，对避免房屋止赎政策的落地造成巨大阻碍。我们知道服务机构的能力不足以应对止赎危机，但我们还是低估了其表现会有多差，甚至阻碍了几十万的购房人获得救助，使他们无法避免房子被没收的命运。后来，随着自动审批丑闻和一系列诉讼风波曝光，贷款服务机构的严重违规操作才被彻底揭露。

其四，行政部门之间、各州之间，以及和独立机构如联邦住房金融局（新设机构，在托管期间对政府资助企业进行了有效控制，后负责其监管）之间的政策协调非常艰难。没有一个机构有全部授权采取行动，好几个关键机构还独立于政府序列之外。

其五，合规和行政成本巨大，这些摩擦成本降低了施行计划的效率。美国国会、问题资产救助计划特别监察长办公室（SIGTARP，负责对项目进行监督审计）、财政部、联邦住房金融局等部门十分关注欺诈问题，以确保纳税人的资金得到合理使用，这些都是值得称赞的目标，但同时，这也造成了谨慎的心理和文

---

① Kristopher Gerardi, Andreas Lehnert, Shane M. Sherlund, and Paul Willen, "Making Sense of the Subprime Crisis," Brookings Papers on Economic Activity, 2008 (2), 69–159.

② Agarwal et al., "Policy Intervention in Debt Renegotiation."

书负担，使计划在危机时期难以更大规模地铺开。

最后，还需权衡是将有限的资金用于房主救助计划，还是用于整个金融稳定救助计划。

作为决策者，我们清楚宏观政策和微观政策的相互作用。政策影响是双向起效的。贷款调整和再融资计划有助于稳定金融市场、改善整体经济，而旨在改善经济和金融部门的政策则有助于稳定住房市场、帮助购房家庭。我们认识到，对贷款调整计划的政治阻力很大，许多人认为其对负责任的房主不公平，因为这些房主按时还款、没有搞信贷扩张。但我们认为，从经济政策角度来讲，降低止赎危机的负外部性是正确的选择。而且从道德上讲，这对于许多在抵押贷款流程中被利用、蒙骗，以至于深陷危机的房主来说也是公平的。即便这样，我们还是小心翼翼地确保将公共补贴用于房主，而不是投资者，我们主要关注那些在获得一定资金支持的情况下，有必要的财务能力保住房子的房主。我们承认，虽然受影响的家庭和社区需要帮助，但并不是每一个房屋被没收的情况都可以（或应该）避免。

房地产萧条初期，次级和次优级贷款被证券化的房主损失畸高，后来随着失业率的上升和大衰退效应，问题开始蔓延至整个住房市场。原则上，证券化可以复制传统银行借贷的激励机制，但实际上，激励错位、缺乏透明度、欺诈、评级机构乱象等造成了大面积的危害。另外，从图 12.2 中可以看到，2005 年立法规定收紧了破产法庭接收标准后，消费者申请破产数量骤然下降，这样一来，消费者处理债务的灵活性更少，还款压力剧增，逾期增加。[1] 此外，即便是申请到破产保护，房主也无法在破产的状态下调整其抵押贷款。这些限制了房主通过协商重组抵押贷款的权力。让美国国会修改法律存在巨大的政治约束，何况对于是否应该修改法律还存在激烈的争论。

尽管存在这些挑战，政策应对还是帮助了数百万房主，减轻了金融危机的严重性，促进了住房市场的稳定和宏观经济的恢复。我们选择降低月供还款金额，而不是对抵押贷款本金进行核销，这在可动用的纳税人资金规模有限的前提下，

---

[1] Michelle White, Wenli Li, and Ning Zhu, "Did Bankruptcy Reform Cause Mortgage Defaults to Rise?," American Economic Journal: Economic Policy 3 (2011): 123–47, http://econweb.ucsd.edu/~miwhite/AEJ_Policy_Li_White.pdf.

是成本更优的方案。[1] 当时，我们还想尝试减记本金，但起初我们担心资金消耗过快，后来又遭到联邦住房金融局的反对，它们不同意让政府资助企业参与减记本金。尽管从高效利用纳税人资金的角度，调整月供是正确的方式，但负净值问题的持续发酵可能影响消费，并拖累经济复苏。[2]

政策应对：设计和执行

小布什总统任期内，我们牵头组织私人部门（不涉及纳税人资金），开展了一项旨在帮助房主和贷款服务机构调整私人部门抵押贷款的措施，还改善了对联邦住房管理局担保贷款的再融资。2007 年，我们开通了全国热线，方便申请贷款调整，还推出了私人部门牵头的项目——"希望联盟"，帮助房主申请一些贷款调整，包括延后或限制利率重置[3] 等。2007 年秋天，我们与美国国会一道，推动两党通过一项税法，对于因参与债务重组、贷款本金减少而获益的房主，免除他们已偿债务部分的资本利得税。这项立法也利好所有后来解决负净值问题的政策计划。

2008 年夏天开始，随着房屋止赎数量持续增加，住房相关政策明显提速加码。[4] 其中最引人注目的政策是《住房和经济复苏法案》的实施，包括设立联邦

---

[1] 有如下人士支持此观点：Therese C. Sharlemann and Stephen H. Shore, "The Effect of Negative Equity on Mortgage Default: Evidence from HAMP's Principal Reduction Alternative," Review of Financial Studies 29, no. 10 (2016): 2850–83, https://academic.oup.com/rfs/article/29/10/2850/2223370; Janice Eberly and Arvind Krishnamurthy, "Efficient Credit Policies in a Housing Debt Crisis," Brookings Papers on Economic Activity, Fall 2014, https://www.brookings.edu/wp-content/uploads/2016/07/Fall2014BPEA_Eberly_Krishnamurthy.pdf; and Peter Ganong and Pascal Noel, "Liquidity vs. Wealth in House hold Debt Obligations: Evidence from Housing Policy in the Great Recession" (NBER Working Paper, 2018), http://www.nber.org/papers/w24964。

[2] Atif Mian and Amir Sufi, House of Debt: How They (and You) Caused the Great Recession, and How We Can Prevent It from Happening Again (Chicago: University of Chicago Press, 2014).

[3] 在初期较低的诱饵利率到期后，利率会重置为较高水平，房主因此面临巨大的月供差额。——译者注

[4] Ben S. Bernanke, "The Crisis and the Policy Response" (speech at the Stamp Lecture, London School of Economics, London, England, Jan. 13, 2009), https://www.federalreserve.gov/newsevents/speech/bernanke 20090113a.htm.

住房金融局（取代政府资助企业的前监管部门）、增加对房利美和房地美的监管授权、授予联邦住房金融局可托管或接管政府资助企业的权力。《住房和经济复苏法案》还授权财政部向房利美和房地美提供支持。[①] 为政府资助企业提供背书，对这些机构（其持有的证券化产品余额达5.4万亿美元）的稳定起到了关键作用，也对稳定危机期间抵押贷款融资的主要来源发挥了重要作用。当时政府的观点，用财政部长保尔森后来总结的话说就是，政府资助企业"是我们用来解决（住房市场）问题的引擎"。[②]

9月初，房利美和房地美被监管部门托管，财政部投入2 000亿美元确保政府资助企业在资本状况恶化的情况下持续运作。[③]（奥巴马政府后来将这一金额增加一倍，到2009年2月达到4 000亿美元，年底又略微上浮。到2012年底，财政部对房利美和房地美的担保金额达到4 455亿美元。）[④] 房利美和房地美对房地产市场和经济至关重要。必须让这些机构持续运作，以确保抵押贷款信贷流不中断，并作为重要的参与者参与抵押贷款调整计划。

《住房和经济复苏法案》还授权成立了一个名为"房主希望"的新项目，希望通过联邦住房管理局再融资、本金减记等措施帮助多达40万房主。但是，其实际影响力甚微，这主要是因为立法阶段的政策设计漏洞，不仅过度限制借款人资格，而且对贷款人来说，参与成本要高于其他调整计划或直接启动止赎。

2008年10月，雷曼兄弟倒闭和对美国国际集团进行救助后，美国国会通过了《紧急经济稳定法案》，授权分批部署高达7 000亿美元的资金，并授予"财政部长广泛、灵活的权力购买和担保抵押贷款及其他问题资产"。[⑤]《紧急经济稳定法案》授权实施问题资产救助计划，除用于维护金融稳定外，后续还用于实施

① Housing and Economic Recovery Act, 12 USC § 4501.

② 对前财政部长保尔森的采访, Financial Crisis Inquiry Commission, April 2, 2010, http://fcic-static. law.stanford.edu/cdn_media/fcic-docs/2010-04-02%20FCIC%20memo%20of%20staff%20interview %20with%20Henry%20Paulson,%20U.S.%20Treasury.pdf.

③ 保尔森关于财政部和联邦住房金融局采取行动保护金融市场与纳税人的演讲, Sept. 7, 2008, https:// www.treasury.gov/press-center/press-releases/Pages/hp1129.aspx.

④ Michael S. Barr, Howell E. Jackson, and Margaret E. Tahyar, *Financial Regulation: Law and Policy*, 2nd ed. (St. Paul, MN: Foundation Press, 2018), 1289.

⑤ Neel Kashkari, "Remarks before the Institute of International Bankers," Oct. 13, 2008, https://www. treasury.gov/press-center/press-releases/Pages/hp1199.aspx.

一系列抵押贷款和住房相关政策。小布什总统任期内，问题资产救助计划的重点是避免金融体系崩塌，因此，首批 3 500 亿美元资金由财政部用于向银行和其他金融机构注资（还用于向通用汽车和克莱斯勒提供过桥贷款）。美国国会中的民主党议员表示，他们希望用问题资产救助计划资助一项房主纾困计划。即将上任的奥巴马政府官员便开始研究这一议题，在换届期间与小布什政府的财政部官员、消费者和社区组织、智囊团、学术专家等就各种选项交换意见。

当时，对于财政部如何定价和购买个人抵押贷款或次级抵押支持证券没有现成的框架。而且，由于看到对金融机构注资的执行速度可能更快，小布什政府搁置了该计划的执行。小布什政府任期内，财政部官员研究过由财政部购买抵押支持证券来拉低借款利率（比如到 4%）这一选项，以支持住房市场和避免止赎。房利美和房地美托管加上美联储实施量化宽松政策，最终实现了这一目标，帮助了数百万房主，但对于危机初期许多房主的境遇来说，这一政策的发布还是太晚了。

奥巴马总统于 2009 年 1 月就职，决心解决不断恶化的住房危机和严重衰退。对房利美和房地美的首批资金支持很快消耗殆尽，2009 年 2 月，财政部对房利美和房地美的资金支持增加一倍，各增至 2 000 亿美元（即便这时我们仍不知道这些措施是否足够阻止机构崩塌）。当月，美国政府还宣布了两项新的计划，合并被称为"人人享有可负担住房计划"（MHA）。

第一个计划是住房贷款可负担再融资计划，鼓励对政府资助企业持有的抵押贷款进行再融资，对象包括负净值和高贷款价值比贷款，即贷款价值比为 80% ~ 125% 的贷款。大范围再融资将有助于凸显美联储降低贷款利率的政策优势。降低月供也有助于支持消费和整体经济——这就是扩张性的货币政策加上住房相关政策形成合力。许多房主一开始并没有能力进行再融资，因为他们已经处于负净值、贷款价值比过高或信用受损的情况，不符合政府资助企业再融资的条件，也就无法享受低利率优惠。如何通过住房贷款可负担再融资计划等措施解决这一问题，正是我们努力的方向，且最终获得了成效。

第二个计划是住房贷款可负担调整计划，利用政府补贴撬动抵押贷款机构，针对 2009 年前发放的、目前处于 60 天以上逾期或即将违约情况的贷款，进行更大规模的贷款调整。实施住房贷款可负担调整计划首先会有一个试行期（一般是 3 个月），由房主证明有能力按时还款、提交材料证明其符合资质，然后贷款服务机构就可以正式调整贷款合同。针对每份重组成功的贷款，我们会向贷款服务机构、贷款持有者和借款人提供预付款和后续款。这些后续的"你成功重组，我付钱"款项，主要是为了提供持续的激励，避免违约和止赎程序。我们要求，贷款应调整到将月供降至占借款人收入的最多31%（即债务收入比为31%）。我们最开始将住房贷款可负担调整计划范围限制在自住房，即不允许投资性房产获得政府补贴。我们开始协调对优先留置权和次级留置权贷款的调整，这一过程后来被证明难度很大且耗时，耽误了对次级留置权贷款调整的进度。为了帮助失业房主，失业保险也可以算入可支配收入，在宽限期内用于偿还调整后的贷款，后续还可以申请永久纳入住房贷款可负担调整计划。[①]

住房贷款可负担再融资计划和住房贷款可负担调整计划的目的是降低止赎率。但这两项政策也产生了更广泛的宏观经济利好，因为防止房屋被法拍有助于抬高房屋价值，而降低房贷支出能增加家庭用于其他消费的支出。在"你成功重组，我付钱"模式下，提供给借款人的款项是为了降低拖欠的本金金额（尽管只是小幅度降低），帮助借款人缓解资不抵债的程度。

2007年和2008年，美国财政部讨论了向抵押贷款机构提供资金激励以鼓励其调整贷款的想法，但没有执行。[②]联邦存款保险公司主席希拉·贝尔最开始是这一政策的支持者（但最终政策落地时变成了批评者）。她认为，贷款调整将对经济产生重要的正向溢出。联邦存款保险公司在2008年8月接管印地麦克银行后，对该银行的不良贷款也引入了贷款调整。[③]我们期望的是，大部分贷款方和投资者、贷款服务机构是支持这一政策的，因为从财务的角度看，调整贷款比进入止赎程序划算。政府不会强制要求服务机构调整贷款，而是利用纳税人的资金为调整提供有利的经济环境。但这一计划面临的挑战比我们预想的大得多。

因为不确定哪项政策效果更好，我们在住房贷款可负担再融资计划和住房贷

---

① Supplemental Directive 10-04, Home Affordable Unemployment Program, May 11, 2010.

② 有学者讨论了各类有助于减少止赎数量的方案。Phillip Swagel, "The Financial Crisis: An Inside View," Brookings Papers on Economic Activity, April 2009.

③ "FDIC Implements Loan Modification Program for Distressed IndyMac Mortgage Loans," press release, FDIC, Aug. 20, 2008, https://www.fdic.gov/news/news/press/2008/pr08067.html. Sheila C. Bair, "Fix Rates to Save Loans," *New York Times*, Oct. 19, 2007, https://www.nytimes.com/2007/10/19/opinion/19bair.html.

款可负担调整计划之外还推出了一系列其他政策，多管齐下防止止赎，支撑和重建社区（见表12.2）。例如，我们还通过联邦住房管理局扩展了贷款调整和其他有助于化解止赎危机的措施。我们依据《住房和经济复苏法案》发起了一项新动议，通过政府资助企业向州一级和地方住房金融局提供235亿美元的融资，帮助住房金融局修复资产负债表，在危机期间继续投放信贷。这一政策有效地维持了对低收入家庭的住房支持。我们用问题资产救助计划的资金创设了三个新项目：第一个用于向州和地方住房金融局拨款，支持"房灾"最严重地区的房主；第二个用于解决被遗弃房屋的问题；第三个用于支持社区开发性金融机构服务低收入房主。

表12.2　住房计划的演变

日期	事件
2007 年 10 月	建立"希望联盟"帮助陷入财务困境的房主
2007 年 12 月	《抵押贷款债务减免的税收豁免法案》通过，免除房主被减免本金部分的资本利得税
2008 年 7 月	《住房和经济复苏法案》通过，成立联邦住房金融局，并通过联邦住房管理局实施房主救助计划（再融资、本金减记）
2009 年 2 月	宣布住房贷款可负担再融资计划和住房贷款可负担调整计划自 3 月起开始执行
2009 年 7 月	提高贷款价值比上限，资不抵债程度较高的借款人得以通过住房贷款可负担再融资计划再融资
2009 年 8 月	次级留置权调整项目启动，对于符合贷款调整要求的抵押贷款合同，住房贷款可负担调整计划适用范围可扩展至含次级留置权的抵押贷款
2010 年 2 月	设立重灾区基金，向失业率和房屋止赎率最高的几个州的住房金融局提供救助
2010 年 3 月	修改住房贷款可负担调整计划鼓励本金减记，以解决负净值问题；失业房主获得 6 个月的延期还款宽限期；联邦住房管理局发放的抵押贷款可参与针对贷款机构的贷款调整刺激政策
2010 年 4 月	推出房贷可负担止赎替代方案，提供折价出售、将房屋所有权转让给贷款机构等措施
2010 年 9 月	推出州和地方住房金融局计划
2011 年 7 月	通过将住房贷款可负担再融资计划和住房贷款可负担调整计划的延期还款宽限期延长至 12 个月，向失业房主提供援助
2012 年 1 月	出台住房贷款可负担再融资计划 2.0，放松"陈述与保证"要求以扩大合格借款人范围、提高贷款服务机构参与率；出台 2 级住房贷款可负担调整计划，非政府资助企业发放贷款也可参与贷款调整

日期	事件
2015 年 7 月	简化住房贷款可负担调整计划，严重逾期借款人可在缺少困难证明或收入证明的情况下调整贷款
2016 年 4 月	针对严重逾期和资不抵债的借款人出台本金减记调整计划

住房贷款可负担再融资计划和住房贷款可负担调整计划有效期内的修改：简化行政流程，加大对贷款服务机构的刺激力度，允许灵活判定债务收入比，将部分投资性房产纳入进来

资料来源：Financial Stability Report, 4Q2017, https://www.treasury.gov/initiatives/financial-stability/reports/Documents/4Q17%20MHA%20Report%20Final.pdf; HUD press release, "Obama Administration Announces $1 Billion in Additional Help for Struggling Homeowners in 32 States and Puerto Rico," Oct. 2010, https://archives.hud.gov/news/2010/pr10-225.cfm; "Written Testimony of Chief of Homeownership Preservation Office Phyllis Caldwell Before the House Financial Ser vices Subcommittee on Housing and Community Opportunity," Nov. 2010, https://www.treasury.gov/press-center/press-releases/Pages/tg960.aspx; HUD press release, "Obama Administration Offers Additional Mortgage Relief to Unemployed Borrowers," July 2011, https://archives.hud.gov/news/2011/pr11-139.cfm。

接下来的几年里，我们持续对住房贷款可负担调整计划和住房贷款可负担再融资计划进行调整，以应对一些操作上的问题和贷款服务机构能力不足的问题，同时吸取我们解决借款人不信任问题的经验。在我们设计和执行抵押贷款和住房一揽子计划时，财政刺激和美联储的货币政策也支持了住房市场。理论上，量化宽松本可以成为危机时期规模最大的抵押贷款再融资计划，但由于贷款机构重新收紧了贷款政策，许多家庭尤其是负净值家庭无法再融资，或再融资的利率比申请新贷款更高。[1] 我们试图扭转这一形势，通过放松一些计划的申请资质，鼓励对抵押贷款的再融资，包括放宽住房贷款可负担再融资计划覆盖范围以使更多政府资助企业担保贷款获得再融资，设立一项新的联邦住房管理局"缩减版再融资"计划，根据该计划，私人部门对其发放或持有的负净值或高贷款价值比抵押贷款进行减记后，联邦住房管理局可对其进行再融资。但即便这样，考虑到周旋于贷款服务机构和再融资计划之间的难度，那些急需帮助的家庭在进行再融资和

---

[1] Karen Dynan, "Want a Stronger Economic Recovery? Encourage More Home Refinancing," Brookings, Feb. 20, 2013, https://www.brookings.edu/opinions/want-a-stronger-economic-recovery-encourage-more-home-refinancing/.

贷款调整时还是困难重重。

　　住房贷款可负担再融资计划和住房贷款可负担调整计划是最广为人知的两个应对政策，两个计划都凸显了我们面临的政策取舍。我们既希望项目的覆盖面广以改善住房市场，又希望能精准救助以避免浪费纳税人的资金。我们不清楚对借款人、债权人和贷款机构的政策刺激需要到什么程度才有效，我们也担心资金消耗太快，而得到救助的房主比预期少。（后来发现这个担心是多余的，因为预留的住房资金并没有全部支取，但当时很难掌握这个情况。）结果，我们一开始设计住房贷款可负担再融资计划和住房贷款可负担调整计划时，申请资质的范围设定较窄，直到后来遇到材料证明、法院审判和贷款机构摩擦等一系列困难后才意识到这一问题。我们想要实现的目标是，将月供降到一个可持续水平，比如31%的债务收入比之后，能够每月按时偿还这部分金额的家庭可以避免房屋被没收的命运，同时，不能提供收入证明的借款人将不能享受永久性的贷款调整。我们不希望债权人和贷款机构多占便宜，所以我们一开始将补贴金额设置过低，以至于不能吸引全员参与。我们也不希望将投资者、投机者、炒房者等纳入救助范围，因为在美国国会、问题资产救助计划特别监察长办公室和纳税人看来，即便房屋止赎风波的溢出效应将对整个社区造成破坏，这些人也不值得救助。分开看，这些考虑都有道理，但放在一起，它们约束了计划早期的效力。

　　2009—2010年，我们陆续对两个计划进行了几十处修改，以鼓励开展更多的贷款调整和再融资，但同时对合格借款人范围仍保留了最初较窄的设定。（2010年9月后，法律限制再对住房贷款可负担调整计划进行修改，但之后我们还是进行了几项调整。）2009年7月，我们提高了住房贷款可负担再融资计划的贷款价值比上限，负净值程度更高（贷款价值比超过125%）的借款人也可以再融资。8月和10月简化了住房贷款可负担调整计划的手续流程。2010年3月修改了住房贷款可负担调整计划的内容，鼓励本金减记以解决负净值问题，并对贷款服务机构和借款人出台额外刺激政策。[1]联邦住房管理局担保贷款也可以申请参与贷款调整计划。购房家庭中有失业情况的，可以申请6个月（后延长至12个月）

---

[1]　Department of the Treasury, "Written Testimony of Chief of Homeownership Preservation Office Phyllis Caldwell Before the House Financial Services Subcommittee on Housing and Community Opportunity," Nov. 2010, https://www.treasury.gov/press-center/press-releases/Pages/tg960.aspx.

的延期还款。在允许更加灵活地判定贷款收入比的前提下，我们仿照有优先留置权的贷款调整政策，允许对有次级留置权的贷款进行调整，还将一些投资用途的租赁住房纳入进来。这些措施大多是随着 2008 年后贷款服务机构逐渐有能力参与项目，按照循序渐进的步骤推出的。图 12.4 是这些迭代措施的脉络图，此外还显示了完成止赎程序的房屋数量，可以看到 2010 年后数量开始下降。

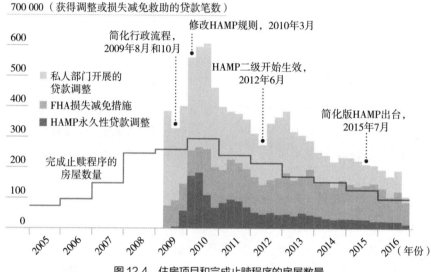

图 12.4　住房项目和完成止赎程序的房屋数量

注：私人部门贷款调整于 2016 年 11 月结束，其他项目于 2016 年结束。完成止赎程序的房屋数量取当年总数后平均分布在四个季度。

资料来源：FHA 损失减免引自美国住房和城市发展部（HUD），HAMP 调整引自美国财政部，私人部门调整引自"希望联盟"，止赎完成数量引自 CoreLogic。

贷款服务机构是借款人需要打通的关键环节。但可惜的是，对于那些简单的、从他们的视角看有利可图的项目，这些机构都执行得很勉强，而且都得到了政府的资金支持。危机期间的贷款调整比危机前典型的贷款调整要复杂得多，危机前一般限于允许少数几次延误还款。（危机期间）贷款服务机构需要逐笔调整贷款，包括调整预期月供金额、固定或浮动利率、分期还款进度，一些情况下还需要调整待还本金等。在危机爆发前几年违约率较低的背景下，贷款服务机构削减了其运营成本和能力，这意味着它们在危机期间没有数据和基本的计算工具评估潜在的待调整贷款。经济因素也有一定影响：危机期间提供服务的成本大幅增加，但盈利模式却基本保持不变。贷款服务机构在联系逾期还款人调整贷款合同方面经验不足，而且需要反复与违约借款人接洽，其能力也有限。相比之下，机构在没收逾期贷款房屋方面倒是经验丰富。这种简单的惯性，加上法律、金融和监管刺激、机构文化等因素，使这些机构的决策向着止赎方向倾斜，限制了住房贷款可负担再融资计划和住房贷款可负担调整计划的最初效果。

2011年10月，美国财政部宣布了住房贷款可负担再融资计划2.0，希望帮助更多的房主再融资以享受较低利率。[1] 这些政策调整旨在拓宽符合条件的借款人范围，提高贷款机构参与度。回头看，如果一开始就执行范围更宽的住房贷款可负担再融资计划2.0就好了，但当时很难未卜先知。住房贷款可负担再融资计划2.0更有效的一个关键是，放松了对再融资贷款的"陈述与保证"要求。直到住房贷款可负担再融资计划出台数年后，我们才意识到贷款银行因担心"回购风险"而不愿配合对政府资助企业担保贷款进行再融资，因为再融资贷款如果出现早期违约，银行就可能面临"回购风险"的法律敞口[2]。正是这一点阻碍了银行对另一家机构发放的贷款进行再融资，因为银行担心，如果贷款在发放时就存在缺陷，可能会使它们面临诉讼风险。在与财政部进行了深入讨论后，联邦住房金融局同政府资助企业一道，明确了回购风险安排。再融资项目的参与率明显上升。但是，即便我们在2009年初就推出住房贷款可负担再融资计划2.0，而不是在近3年后才推出，这项范围更广的计划的效果也还是要打折扣，因为当时贷款机构能力不足，房价也一直在下跌。图12.5显示了住房贷款可负担再融资计划2.0对提高再融资数量的效果。

我们在推出这些政策计划时，面临着充满矛盾立场的政治环境。一边是大力支持政府降低止赎风险，另一边是强烈反对救助"不负责任的"房主。我们希望通过降低止赎数量，在不花费过多资金用于"不值得被救助"的借款人、贷款机构或投资者的前提下，减轻经济衰退的冲击。[3] 奥巴马总统刚上任几个月，一些

---

[1] "FHFA, Fannie Mae and Freddie Mac Announce HARP Changes to Reach More Borrowers," Federal Housing Finance Agency, Oct. 24, 2011, https://www.fhfa.gov/Media/PublicAffairs/Pages/FHFA-Fannie-Mae-and-Freddie-Mac-Announce-HARP-Changesto-Reach-More-Borrowers.aspx.

[2] 指贷款如果在发放时就属于劣质贷款，比如出现早期违约迹象，那么投资者有权要求放贷银行回购该笔贷款。——译者注

[3] "Mortgage Tightrope," *Los Angeles Times*, Sept. 6, 2007, http://www.latimes.com/opinion/la-ed-mortgage6sep06-story.html.

民主党参议员就开始质疑政府是否该救助不负责任的房主。当印第安纳州民主党参议员埃文·贝赫在2009年的一次国会听证会中向美联储主席伯南克抛出这一问题时，伯南克用一个比喻回答道，一个人看见他邻居的房子着火了，他知道肯定是邻居又躺在床上吸烟了。伯南克解释说，尽管这个人很想让邻居自食其果，给他一个教训，但正确的选择是给当地消防站打电话，因为一个可能的后果是"整个社区都会被烧毁"。[①] 但是，许多美国人不同意这一逻辑。

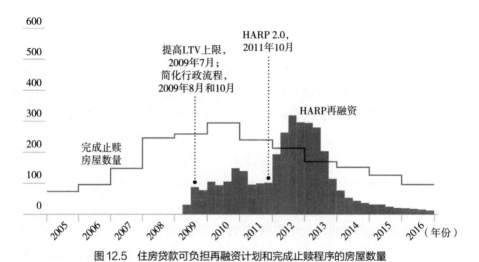

图12.5　住房贷款可负担再融资计划和完成止赎程序的房屋数量

注：完成止赎程序的房屋数量取当年总数后平均分布在四个季度。

资料来源：联邦住房金融局，CoreLogic。

备用选项

　　危机期间，除了已选措施外，我们还考虑了四个备用选项。第一个备用选项是立即扩大住房贷款可负担再融资计划和住房贷款可负担调整计划的申请人资质范围，将纳税人资金更多用于救助负净值人群。好处是可以加大对房主的支持，

---

①　Catherine Rampell and Jack Healy, "Fed Chairman Says Recession Will Extend through the Year," *New York Times*, Feb. 24, 2009, https://www.nytimes.com/2009/02/25/business/economy/25econ.html.

向危机最严重的社区提供快速救助。但大规模负净值计划的一个风险是，可能快速消耗可用资源，导致从救助人数上看，不如旨在降低还款金额的措施（因为从避免止赎目的看，本金减记比调低利率、降低月供的成本更高）。这一措施还可能增加道德风险并增加违约数量，使纳税人资金最终流入投资和投机人士的口袋。

扩大申请人范围可能会将"无（收入）证明"或"少证明"贷款纳入调整。刚开始，我们坚持提供贷款文件证明才能获得永久调整，这既是保护纳税人资金（对问题资产救助计划特别监察长办公室和国会批评的担忧凸显了这一必要性），也是避免因为没有提供贷款调整文件证明而惹上官司。这是一个沉重的抉择：成千上万的借款人因为缺少证明、贷款机构失职（如反复弄丢借款人提交的证明文件）、借款人不愿参与（对贷款机构的恐惧、不知情，或不愿意面对残酷现实等）等无法获得永久性的调整资格。财政部后来出台了一项简化的住房贷款可负担调整计划，无须预先提供证明文件。

第二个备用选项是批量再融资，由政府从银行和证券化信托机构处批量购买抵押贷款，对问题贷款合同进行调整后，再重新证券化并回售给银行和投资者。这一想法讨论得最广，财政部在 2007 年和 2008 年也考虑过这一选项。一些人将其形容为"自下而上"对金融体系的救助。[1] 彼时，经常有人将其比作大萧条时期政府的应对措施，当时的住宅业主贷款公司（HOLC）从银行购买违约贷款并进行贷款调整。[2] 截至 2008 年，许多住房问题专家认为，至少从理论上讲，批量再融资将是一个有效的政策选项。

实际上两届政府中都颇有这一选项的拥趸，但批量再融资面临数不清的实操、法律和政治挑战。第一个难点在于设计一个可行的定价机制（在失灵市场环境中建立一个有效的拍卖机制），使政府不花冤枉钱，尤其是还存在每笔贷款情况各不相同、逆向选择（卖方选择出售最劣质的贷款）和信息不对称（卖方比政府这个买方

---

① Swagel, "The Financial Crisis"; and Michael S. Barr, "Strengthening Our Economy: Foreclosure Prevention and Neighborhood Preservation," Testimony before the United States Senate Committee on Banking, Housing, and Urban Affairs, Jan. 31, 2008, https://www.americanprogress.org/issues/economy/news/2008/01/31/3858/strengthening-our-economy-foreclosure-prevention-and-neighborhood-preservation/.

② Alex J. Pollack, "A 1930s Loan Rescue Lesson," *Washington Post*, March 14, 2008, http://www.washingtonpost.com/wp-dyn/content/article/2008/03/13/AR2008031303174.html.

更了解贷款）等问题。第二个难点在于法律。证券化信托机构持有大部分抵押贷款，但一般来说它们没有权力将证券化贷款池子中的劣质贷款卖给政府。[①]2009年时我们修改了房地产抵押贷款投资通道法令下的一些规则，允许证券化信托机构出售贷款，但证券化信托和打包、还款协议等面临的底层问题仍未解决。第三个难点是操作上的。政府没有现成的机制去运营这样一个项目，需要从头搭建。虽然可以征用房利美和房地美——它们承担了住房贷款可负担再融资计划和住房贷款可负担调整计划的执行，但即便有政府资助企业作为平台，建立这样一个项目也需要花费大量时间。而且，将一些次级和次优级贷款（非政府资助企业发放）从私人部门转移到政府部门，这些贷款有可能进一步违约，使纳税人面临额外损失。

尽管如此，批量再融资或许是一个被错失的良机。因为这个想法的政治可行性要大于其余选项。举个例子，2008年秋天，共和党总统候选人、参议员约翰·麦凯恩提议（政府）购买3 000亿美元的次级按揭贷款并对其进行再融资。[②]2008年和2009年，公众对救助房主可能持反对态度，但麦凯恩的立场表明有机会促使两党摒弃那些"让不值得的借款人获得救助是对按时还款的负责任房主的不公"的抱怨，一致向前。

第三个备用选项是修改破产法，使法官有权力对危机期间房价下跌造成的抵押贷款无担保部分实施清偿。这一选项通常被称为"强制破产"，是一个可以用来鼓励贷款机构调整贷款合同的备用政策工具。因为这样一来，借款人就可以申请破产来减少还款，也在其他机制失效的情况下，给借款人提供了一个通过破产法院获得救助的额外渠道。强制破产需要国会立法，几次立法尝试都失败了，一些批评者将其归咎为奥巴马政府推动不积极。2009年4月，奥巴马政府表示支持"强制破产"立法，但同时将刺激就业列为更优先事项，参议院对"强制破产"的支持甚至没有达到简单多数，更别提获得60票才能避免被阻挠议事[③]，进

---

① Michael S. Barr and James A. Feldman, "Issue Brief: Overcoming Legal Barriers to the Bulk Sale of At-Risk Mortgages," Center for American Pro gress, April 2008, https://repository.law.umich.edu/cgi/viewcontent.cgi?referer=https://scholar.google.es/&httpsredir=1&article=1018&context=other.

② Edmund L. Andrews, Shan Car ter, Jonathan Ellis, Farhana Hossain, and Alan McLean, "On the Issues: Housing," *New York Times*, accessed Jan. 18, 2019, https://www.nytimes.com/elections/2008/president/issues/housing.html.

③ 指国会议员通过马拉松式演讲等方式阻挠正常的议事和投票流程，来阻止法案通过。美国宪法规定，必须有60票才能结束辩论。——译者注

而获得立法的投票机会了。[①]

尽管一些经济学家认为，政府在减轻家庭债务负担上应更有作为[②]，但专家们对"强制破产"的作用褒贬不一（本章作者们的意见也不一致）。[③]"强制破产"对抵押贷款规则的调整或具有追溯力，反对者担心这样一来可能进一步抑制房屋抵押品价值，导致房屋销售价格下跌，且债权人出于信贷损失风险上升考虑抬高借贷成本，导致抵押利率上升。而且，"强制破产"使抵押品价值存疑，从而可能影响除房贷以外的其他抵押贷款信贷状况。不过，政策制定者们倒是可以考虑选择在正常经济时期修改房贷适用的破产规则，避免临阵磨枪，也能多提供一个危机时期减轻贷款负担的渠道。

第四个备用选项是动用国家最高征用权，直接从证券化池子中收购抵押贷款。这一方法跟"强制破产"类似，都能以投资者强制受损为代价，减少借款人未偿本金。但其缺点也类似。银行业和房地产业界反对者表示，动用国家征用权将抬高整体借贷成本。一些城市动用了这一权力购买负净值贷款，并对其进行本金减记，允许房主借新还旧。但面临诉讼风险和监管障碍，无法大范围实施。[④]

除了这四个主要备选外，我们还考虑了许多其他政策选项，但大部分需要立法，而新的立法很难通过。例如，一些措施要求通过立法"对潜在风险较高的抵押贷款设置看涨期权，这样日后房地产价格再遭遇大跌时，政府更容易对贷款进行重组"。[⑤]还有一些措施建议暂停止赎、政府担保以及出台政策阻止利率重置。[⑥]

---

① S.896-Helping Families Save Their Homes Act of 2009, 111th Congress (2009–2010), https://www.congress.gov/bill/111th-congress/senate-bill/896.

② Mian and Sufi, *House of Debt*.

③ Lawrence Summers, "House of Debt," *Financial Times*, June 6, 2014.

④ Barr, Jackson, and Tahyar, *Financial Regulation*, 1253.

⑤ Barr, Jackson, and Tahyar, *Financial Regulation*, 1254. John Campbell, Andreas Fuster, David Lucca, Stijn Van Nieuwerburgh, and James Vickery, "Rethinking Mortgage Design," Liberty Street Economics, Federal Reserve Bank of New York, Aug. 24, 2015, https://libertystreeteconomics.newyorkfed.org/2015/08/rethinking-mortgage-design.html.

⑥ Swagel, "The Financial Crisis." John Geanakoplos and Susan Koniak, "Mortgage Justice Is Blind," *New York Times*, Oct. 29, 2008. 建议采取某种形式的国家最高征用权，由政府任命托管人，对证券化信托进行接管，以开展抵押贷款调整。

政策效果评估

尽管政府的政策应对存在不足，但一些关键指标和学术研究表明，这些政策帮助了上百万房主，改善了住房市场状况。我们从受助家庭数量、贷款调整质量和对社区的积极影响等方面评估政策效果。评估有效性的方法有很多，我们仅讨论其中的几种，结论汇总在表 12.3 中。

为了让读者对这些计划的规模和范围有所感知，我们先看单个计划效果，然后在表 12.3 中将其累加。例如，根据住房和城市发展部的住房评分卡（这一衡量尺度比表 12.3 中使用的要窄），"2009 年 4 月到 2016 年 11 月底，共完成近 1 110 万份抵押贷款调整和其他形式的救助安排"。[1] 我们在每个衡量维度的基础上，在表 12.3 中对其加总后得出，住房贷款可负担调整计划共达成超过 250 万份临时性贷款调整和 170 万份永久性贷款调整（其中有约 65 万份后来再次违约，或出于一些原因被取消资格），降低本金金额约 245 亿美元，为借款人节省还款支出约 550 亿美元。[2] 联邦住房管理局的损失减免项目又帮助了 340 万户家庭，包括到 2012 年对 45 万份贷款合同进行了调整。[3] 住房贷款可负担调整计划之外，房利美和房地美合计提供了 150 万份贷款调整，并从 2009 年 4 月到 2017 年内累计对 2 600 万份贷款进行了再融资，其中包括住房贷款可负担再融资计划项下对

---

[1] U.S. Department of Housing and Urban Development (HUD), "The Obama Administration's Efforts to Stabilize the Housing Market and Help American Homeowners," Dec. 2016 Scorecard.

[2] U.S. Department of the Treasury, *Making Home Affordable Program Performance Report*, through the Fourth Quarter of 2017, https://www.treasury.gov/initiatives/financial-stability/reports/Documents/4Q17%20MHA%20Report%20Final.pdf.Barr, Jackson, and Tahyar, *Financial Regulation*, 1251; Office of the Comptroller of the Currency, *OCC Mortgage Metrics Report*, Fourth Quarter 2017, https://www.occ.gov/publications/publications-by-type/other-publications-reports/mortgage-metrics/mortgage-metrics-q4-2017.pdf.

[3] 仅对截至 2012 年的数据进行了分拆，包含在截至 2017 年底的联邦住房管理局损失减免干预总数中。"Monthly Report to the FHA Commissioner," Department of Housing and Urban Development, April 2009 through Dec. 2012, accessed Jan. 18, 2019, https://www.hud.gov/program_offices/housing/rmra/oe/rpts/com/commenu.

340 万美元的高贷款价值比贷款进行再融资，以及住房贷款可负担再融资计划之外对 400 万美元贷款进行简化版再融资。[1] 政府资助企业还参与了其他应对止赎的措施，包括坏账代冲销、折价出售、将房屋所有权转让给贷款机构。[2] 财政部还依据《住房和经济复苏法案》授权，通过 153 亿美元的新发债计划和 82 亿美元的临时信贷和流动性计划，对州一级和地方住房金融局提供了支持。[3] 这些计划支持了州一级和地方联邦住房管理局的运转，仅新发债计划就支持联邦住房管理局在短短两年内对超过 10 万户单户住宅提供融资支持。[4]

住房贷款可负担调整计划之外，从 2007 年到 2017 年，政府资助企业和私人部门共对 660 万份贷款进行了调整，大多数同住房贷款可负担调整计划的债务收入比等要求保持一致（见表 12.3）。政府的政策应对改变了许多抵押贷款行业惯例（例如，建立了贷款救助的标准），改善了贷款调整的质量。[5] 这些变化仍保留到现在，成为政策应对的长期成果。

许多研究都将各类政策应对作为实验对象。阿加瓦尔等人估算认为，截至

[1] FHFA, *Refinance Report*, Oct. 2017, 3, https://www.fhfa.gov/AboutUs/Reports/ReportDocuments/Refi_Oct2017.pdf.

[2] FHFA, *Foreclosure Prevention Report*, Oct. 2017, 4, accessed Jan. 18, 2019, https://www.fhfa.gov/AboutUs/Reports/ReportDocuments/FPR_OCT2017.pdf.

[3] "Administration Completes Implementation of Initiative to Support State and Local Housing Finance Agencies," U.S. Treasury, Jan. 13, 2010, https://www.treasury.gov/press-center/press-releases/Pages/20101131429486865.aspx. National Association of Local Housing Finance Agencies, in collaboration with Freddie Mac, *Local Housing Finance Agency Participation in the Treasury/Government Sponsored Enterprises New Issue Bond Purchase Program (NIBP): A Tremendous Story of Success*, Nov. 2011,http://www.munibondsforamerica.org/cms/wp-content/uploads/2012/11/Final-Report-on-NIBP-12-1-11.pdf.

[4] Jordan Eizenga, "A House Amer i ca Bond for State Housing Finance Agencies," Center for American Progress, March 1, 2012, https://www.americanprogress.org/issues/economy/reports/2012/03/01/11176/a-house-america-bond-for-state-housing-finance-agencies/.

[5] Sumit Agarwal, Gene Amromin, Souphala Chomsisengphet, Tomasz Piskorski, Amit Seru, and Vincent Yao, "Mortgage Refinancing, Consumer Spending, and Competition: Evidence from the Home Affordable Refinancing Program" (Kreisman Working Papers Series in Housing Law and Policy, no. 27, 2015), https://chicagounbound.uchicago.edu/cgi/viewcontent.cgi?article=1044&context=housing_law_and_policy.

2012 年，住房贷款可负担调整计划促成了额外的 100 万份永久性贷款调整，将止赎数量减少了 60 万个。他们研究发现，住房贷款可负担调整计划在实施头两年内效果最好，对已逾期贷款效果最明显，并且未对私人部门产生"挤出"效应，即减少非政府资助的贷款调整数量。[①] 还有其他数篇研究估算，住房贷款可负担再融资计划使违约风险大致减半。[②]

表 12.3 表明，这些计划的累积效果是巨大的：共直接完成了超过 820 万份贷款调整、950 万份再融资和 530 万项其他避免止赎措施。

这些效果可以跟大萧条时期的住宅业主贷款公司做比较。当时，房贷一般期限短、期末待还金额大。住宅业主贷款公司成立于 1933 年，到 1936 年时已经对占有贷款房屋的 20%、价值共计 31 亿美元（相当于 2008 年的 490 亿美元）的约 100 万份贷款进行了调整或再融资。[③] 但住宅业主贷款公司存在严重问题：由于系统性估价过高和资产出售，导致了资金浪费。[④] 而且，在 20 世纪 30 年代的背景下，政策执行起来更容易：金融体系以银行为基础，贷款全部在银行资产负债表内，更容易执行贷款调整。具有讽刺意味的是，大萧条时期的计划，部分

[①]　Agarwal et al., "Policy Intervention in Debt Renegotiation," 658.

[②]　Kadiri Karamon, Douglas A. Mc Manus, and Jun Zhu, "Refinance and Mortgage Default: A Regression Discontinuity Analy sis of HARP's Impact on Default Rates," *Journal of Real Estate Finance and Economics* 55, no. 4 (2017): 457–75, https://papers.ssrn.com/sol3/papers.cfm?abstract_id=2793661. Gabriel Ehrlich and Jeffrey Perry, "Do Large-Scale Refinancing Programs Reduce Mortgage Defaults? Evidence from a Regression Discontinuity Design," *Journal of Real Estate Finance and Economics* 55, no. 2 (2015), https://papers.ssrn.com/sol3/papers.cfm?abstract_id =2678425; Joshua Abel and Andreas Fuster, "How Do Mortgage Refinances Affect Debt, Default, and Spending? Evidence from HARP," Federal Reserve Bank of New York Staff Reports #841, 2018, https://www.newyorkfed.org/research/staffreports/sr841.html.

[③]　Daniel Immergluck, "Private Risk, Public Risk: Public Policy, Market Development, and the Mortgage Crisis," Fordham Urban Law Journal 36, no. 3 (2009): 447–88. 关于住宅业主贷款公司贷款登记簿的美元记账项目，参见 Price V. Fishback et al., "The Influence of the Home Owner's Loan Corporation on Housing Markets during the 1930s" (NBER Working Paper, no. 15824, 2010), 7. Barr, Jackson, Tahyar, *Financial Regulation*。

[④]　C. Lowell Harriss, "History and Policies of the Home Owners' Loan Corporation," National Bureau of Economic Research 1–2, 1951, http://www.nber.org/chapters/c3205.pdf; and Fishback et al., "The Influence of the Home Owner's Loan Corporation," 7.

表 12.3 危机期间住房政策的累积影响

项目名称	到 2012 年	到 2017 年
HAMP 完成的永久性调整（扣除被取消资格的）[A]	851 135	1 087 104
HAMP 试点调整（全部）[B]	1 975 649	2 537 629
HAMP 永久性调整（全部）[C]	1 136 482	1 735 141
"希望联盟"自有调整[D]	4 079 023	5 176 329
政府资助企业标准化和简化调整[E]	859 184	1 490 580
联邦住房管理局调整[F]	450 194	450 194
HARP 完成的再融资[G]	2 165 021	3 484 025
联邦住房金融局简化再融资[H]	2 517 960	4 010 098
联邦住房管理局简化再融资[I]	—	2 013 000
联邦住房金融局住房拯救者贷款[J]	70 178	70 178
联邦住房金融局还款计划	665 796	904 843
联邦住房金融局延期计划	147 602	216 828
联邦住房金融局止赎替代[K]	455 313	697 463
联邦住房管理局损失减免干预[L]	1 145 806	2 979 806
重灾区基金——借款人救助[M]	94 056	347 417
州和地方联邦住房管理局基金计划——贷款笔数和受资助户数[N]	100 000 笔单户住宅抵押贷款，24 000 多户住宅单元	
调整总计[O]	6 239 536	8 204 207
特别再融资总计[P]	4 682 981	9 507 123
其他借款人救助计划总计[Q]	2 702 752	5 340 535

A. 资料来源：Making Home Affordable, Program Performance Report through Fourth Quarter 2017, published March 16, 2018, https://www.treasury.gov/initiatives/financial-stability/reports/Documents/4Q17%20 MHA%20Report%20Final.pdf；Making Home Affordable, Program Per for mance Report through Dec. 2012, published Feb. 8, 2013, https://www.treasury.gov/initiatives/financial-stability/reports/Documents/ December%202012%20MHA%20Report%20Final.pdf。

B. 表明住房贷款可负担调整计划的覆盖范围或意向范围，未剔除被取消资格的试点调整数量。资料来源：Making Home Affordable, Program performance reports。

C. 所有永久性调整减去取消资格的永久性调整是衡量住房贷款可负担调整计划成功与否的一个指标，不包含挤出效应的数量（阿加瓦尔等人对此有深入探讨，"Policy Intervention in Debt Renegotiation"）。资料来源：Making Home Affordable, Program per for mance reports。

D. "自有调整"由"希望联盟"报送，不包括住房贷款可负担调整计划调整和非住房贷款可负担调整计划政府资助企业调整。资料来源：HOPE NOW, December 2017 Full Report, accessed Jan. 18, 2019, http://www.hopenow.com/industry-data/HopeNow.FullReport.Updated (December).pdf。

E. 使用已启动的永久性调整，联邦住房金融局贷款调整总数减去通过政府资助企业开展的住房贷款可负担调整计划永久性调整数。资料来源：联邦住房金融局贷款调整数据来源于 FHFA, Foreclosure Prevention Report of Fourth Quarter 2017, published March 22, 2018, https://www.fhfa.gov/AboutUs/

Reports/ReportDocuments/4Q2017_FPR.pdf；FHFA，Foreclosure Prevention Report of Fourth Quarter 2012, published March 19, 2013, https://www.fhfa.gov/AboutUs/Reports/ReportDocuments/20124Q_FPR_N508.pdf。通过政府资助企业开展的住房贷款可负担调整计划永久性调整来源于人人享有可负担住房计划绩效报告。

F. 仅对截至 2012 年底的数据进行了分拆，包含在截至 2017 年底的联邦住房管理局损失减免干预总数中。资料来源：Monthly Reports to the FHA Commissioner, Department of Housing and Urban Development, April 2009 through Dec. 2012, accessed Jan. 18, 2018 (used April 1, 2009, forward to match HUD Housing Scorecard data), https://www.hud.gov/program_offices/housing/rmra/oe/rpts/com/commenu。

G. 联邦住房金融局数据未报告尝试进行再融资的次数，例如借款人启动住房贷款可负担再融资计划再融资程序的数量。因此，我们无法衡量住房贷款可负担再融资计划的覆盖范围，只能估算其成效。资料来源：FHFA, Refinance Report of Fourth Quarter 2017, published Feb. 14, 2018, https://www.fhfa.gov/AboutUs/Reports/ReportDocuments/4Q17-Refi-Report.pdf；FHFA, Refinance Report of December 2012, published March 13, 2013, https://www.fhfa.gov/AboutUs/Reports/ReportDocuments/201212_RefiReport_508.pdf。

H. 资料来源：FHFA refinance reports。

I. 缺少2012年和2017年的数据，分别使用2015年9月和2016年12月的数据。资料来源：HUD, Housing Scorecard of September 2015, accessed Jan. 18, 2019, https://archives.hud.gov/initiatives/housing_scorecard/scorecard2015_09_508c.pdf；HUD Housing Scorecard of December 2012, accessed Jan. 18, 2019, https://www.hud.gov/sites/documents/SCORECARD_2016_12_508C.PDF。

J. 住房拯救者贷款计划于 2010 年结束。该项目及后续联邦住房管理局措施数据来源于 FHFA，Foreclosure Prevention Reports。

K. 包括坏账代冲销、折价出售和将房屋所有权转让给贷款机构等。

L. 缺少 2017 年的数据，使用 2016 年 12 月的数据。损失减免干预措施包括延期、合同调整、部分索赔、预止赎出售、折价出售等。截至 2012 年的贷款调整数据从总数中提取；其余数据包含在其他借款人救助数据总数中，因为贷款调整数据缺少细分数据。资料来源：美国住房和城市发展部住房打分卡。

M. 资料来源：HFA，Quarterly Report of Fourth Quarter 2012, accessed Jan. 18, 2019, https://www.treasury.gov/initiatives/financial-stability/reports/Documents/HFA%20Quarterly%20Report.Q42012.pdf；and HFA, Final Report of Fourth Quarter 2017, accessed Jan. 18, 2019, https://www.treasury.gov/initiatives/financial-stability/reports/Documents/HFA%20Aggregate%20Q42017%20Report%20Final.pdf。

N. 该计划于 2012 年结束，缺少 2017 年的数据。资料来源：Jordan Eizenga, "A House America Bond for State Housing Finance Agencies," Center for American Pro gress, 2012, https://cdn.americanprogress.org/wp-content/uploads/issues/2012/02/pdf/house_america_bonds.pdf。

O. 住房贷款可负担调整计划永久性调整（扣除被取消资格的），"希望联盟""自有调整"和政府资助企业标准及简化调整的加总。

P. 住房贷款可负担再融资计划完成再融资数量、联邦住房金融局简化再融资和联邦住房管理局简化再融资数量的加总。

Q. 联邦住房金融局住房拯救者贷款计划，联邦住房金融局还款计划、延期计划和止赎替代方案，联邦住房管理局损失减免干预，重灾区基金和各州及地方联邦住房管理局计划抵押贷款笔数和受资助户数的加总。

目的是将风险从银行资产负债表转移出去，以降低系统性风险，最终正是这些计划壮大了房利美和房地美、联邦住房管理局和私人部门证券化市场，使抵押贷款所有权过于分散，成为大衰退时期的政策挑战。[①]

到 2017 年底，住房贷款可负担调整计划项下成功调整的贷款合同仅有 100 多万份，占有抵押贷款房屋的不到 4%。[②] 但从广义上说，我们在住房贷款可负担调整计划的基础上推出的计划覆盖很广，带动 820 万份贷款调整，占所有抵押贷款总量的 29%。我们的工作还促成了 950 万份再融资（占抵押贷款总量的 33%）以及 520 万项其他借款人救助和损失减免措施（占抵押贷款总量的 19%）。同住宅业主贷款公司的 20% 相比，这些政策的效果更胜一筹。

政策应对期间，贷款调整的质量也大幅提升，给借款人带来更多还款减免。如表 12.4 所示，在住房贷款可负担调整计划出台之前，2008 年政府资助企业54% 的贷款调整和业界 32% 的贷款调整实际上导致月供增加，这种情况是将未按时还款导致的欠款加到后续还款计划中造成的。相比之下，随着计划生效，贷款调整后月供减少的合同占比上升。危机结束后这些好处仍持续显现：到 2017年，绝大部分贷款调整降低了月供支出。

贷款调整质量提高的另一个重要指标是，贷款调整后违约（即再违约）的借款人数量减少了。截至 2012 年，根据住房贷款可负担调整计划调整贷款合同的借款人的再违约率显著低于 2009 年的水平。[③]

---

① David C. Wheelock, "The Federal Response to Home Mortgage Distress: Lessons from the Great Depression," Federal Reserve Bank of St. Louis, May/June 2008.

② Immergluck, "Private Risk, Public Risk." Charles Courtemanche and Kenneth Snowden, "Repairing a Mortgage Crisis: HOLC Lending and Its Impact on Local Housing Markets," *Journal of Economic History* 71, no. 2 (2011), https://www.cambridge.org/core/journals/journal-of-economic-history/article/div-classtitlerepairing-a-mortgage-crisis-holc-lending-and-its-impact-on-local-housing-marketsdiv/AAAEDA3641C19BB9090522C7461D087C. 住房贷款可负担调整计划针对 300 万～400 万户严重负债的家庭（Agarwal et al., "Policy Intervention in Debt Renegotiation"；住房贷款可负担调整计划帮助的借款人数比住宅业主贷款公司少，总贷款数据由美联储提供，使用消费者支出调查中的估算数据）。

③ U.S. Department of the Treasury, Making Home Affordable Program Per for mance Report, through the Third Quarter of 2017, 6, https://www.treasury.gov/initiatives/financial-stability/reports/Documents/3Q17%20MHA%20Report%20Final.pdf.

表 12.4　贷款调整质量指标

贷款调整质量衡量指标	2008 年平均	2012 年平均	2017 年平均
政府资助企业调整减少月供金额的比例 A	45	96	82
政府资助企业调整使月供金额减少 20% 或以上的比例	20	69	44
减少月供金额的行业调整比例 B	42	90	83
月供金额减少 10% 或以上的行业调整比例 C	29	77	65
政府资助企业调整增加月供金额的比例	54	4	6
增加月供金额的行业调整比例	32	6	15
本息减少 10% 或以上的"希望联盟"专有调整比例 D	—	75	53

A. 所有政府资助企业贷款调整数据均来源于：FHFA Foreclosure Prevention Report of First Quarter 2018, published June 21, 2018, https://www.fhfa.gov/AboutUs/Reports/ReportDocuments/FPR_1Q2018.pdf。

B. 所有行业贷款调整数据均来自货币监理署月度指标报告，该报告跟踪七大行的优先留置权抵押贷款数据，这部分贷款占全部未偿贷款余额的一大部分：Fourth Quarter 2008, published April 2009, https://www.occ.gov/publications/publications-by-type/other-publications-reports/mortgage-metrics/mortgage-metrics-q4-2008-pdf；Fourth Quarter 2012, published March 2013, https://www.occ.gov/publications/publications-by-type/other-publications-reports/mortgage-metrics/mortgage-metrics-q4-2012.pdf；First Quarter 2017, published July 2017, https://www.occ.gov/publications/publications-by-type/other-publications-reports/mortgage-metrics/mortgage-metrics-q1-2017.pdf；Second Quarter 2017, published Sept. 2018, https://www.occ.gov/publications/publications-by-type/other-publications-reports/mortgage-metrics/mortgage-metrics-q2-2017.pdf；Third Quarter 2017, published Dec. 2017, https://www.occ.gov/publications/publications-by-type/other-publications-reports/mortgage-metrics/mortgage-metrics-q3-2017.pdf；Fourth Quarter 2017, published March 2018, https://www.occ.gov/publications/publications-by-type/other-publications-reports/mortgage-metrics/mortgage-metrics-q4-2017.pdf。

C. 缺少 2008 年月供减免金额在 20% 以上的数据，为保证数据一致性使用各年份 10% 的数据。

D. 缺少 2008 年的数据。资料来源：HOPE NOW Dec. 2017 Full Report, accessed Jan. 18, 2019, http://www.hopenow.com/industry-data/HopeNow.FullReport.Updated (December).pdf；HOPE NOW Dec. 2012 Full Report, published Feb. 7, 2013, http://www.hopenow.com/press_release/files/HN-2012–Full-Data-FINAL.pdf。

　　贷款调整质量提高后，无论是否属于住房贷款可负担调整计划，政府资助企业和私人部门贷款的再违约率也开始下降。如表 12.5 所示，2008 年调整的贷款在修改后数月至数年的时间里再违约的比例超过 60%，但到 2013 年，同样的时间区间里再违约比例已经降到了 20% 以下。

表 12.5 调整后贷款的再违约率（按修改年份和投资者类型）

单位：%

修改后再违约时点（月）	2008 年		2010 年		2013 年	
	政府资助企业	私人部门	政府资助企业	私人部门	政府资助企业	私人部门
6	45	49	13	20	11	11
12	59	61	19	28	16	14
18	64	67	22	33	18	15
24	63	68	23	34	16	14
36	57	68	22	29	—	—

资料来源：缺少 2015 年第三季度后的数据；表格中所有指标数据来源于 Office of the Comptroller of the Currency, Mortgage Metrics Report, published Dec. 2015, https://www.occ.gov/publications/publications-by-type/other-publications-reports/mortgage-metrics/mortgage-metrics-q3-2015.pdf.

除贷款调整项目外，2009 年起的利率下降也帮助了许多借款人，其中选择可变利率的次级按揭贷款人的贷款利率下降最多。图 12.6 显示了不同贷款人群（不包括次级留置权贷款）的平均利率。2009 年开始，各种类型的贷款人支付的利率中位数都开始下降。止赎危机中的许多贷款都是可变利率贷款，例如可选型可变利率抵押贷款、2/28 贷款[①]。深灰色线显示的是发放给非优质贷款人的可变利率贷款的平均利率。如图 12.6 所示，危机到来前的几年，随着优惠利率到期，这些贷款利率攀升；但是到了 2009 年，随着无风险利率下降，贷款利率也随之下调。这对于那些困难贷款人来说是一个有力支撑。但低利率的好处分布得并不均匀。黑线显示 2009 年之前，借贷成本最高的贷款利率下降幅度并不大。因为负净值问题的广泛存在，许多抵押贷款机构开始收紧信贷标准，许多贷款人无法享受低利率贷款。最需要帮助的贷款人反而得到的帮助最少，这主要是因为证明材料不全或不实（没有实现数字化使这一问题雪上加霜），贷款机构能力不足。不过，低利率还是给许多人带来了有力帮助。

除了贷款调整和再违约率，住房市场的繁荣与萧条深刻影响了美国人的选择和机遇。20 世纪 90 年代和 21 世纪初，美国住房拥有率稳步上升，到 2005 年攀升至 69% 的历史新高，但危机期间这一数字跌至 20 世纪 60 年代后期水平。

---

① 2/28 贷款是一种 30 年期抵押贷款，前 2 年利率固定，后 28 年利率可变。

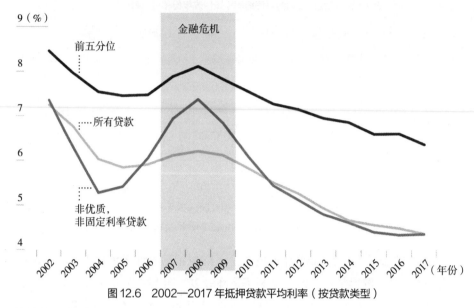

图 12.6　2002—2017 年抵押贷款平均利率（按贷款类型）

资料来源：Black Knight McDash data。

此后，住房拥有率虽然有所上升，但仍维持在 20 世纪 90 年代初 64% 的水平。受影响最深的是中低收入水平的家庭，显然他们的住房拥有率落后于典型的拥有率增长轨迹。金融危机中少数族裔家庭的境遇远不如白人家庭，恢复得也更慢。在危机到来之前，同样的风险等级下，少数族裔贷款人申请的贷款比白人更容易被标为次级按揭贷款。[1] 少数族裔家庭财富中有更大一部分以房屋净值的形式存在，其财富缩水程度也更深。[2] 对于那些已经处于困难经济条件下的中低收入社区来说，危机的打击是致命的。例如，在底特律，中低收入社区的房屋价值中位

---

[1] Henock Louis, "Minority Borrowers and the Subprime Foreclosure Crisis: Unintended Consequences of Regulations vs. Unfair Lending," Sept. 12, 2013, https://ssrn.com/abstract=2128313.

[2] Sarah Burd-Sharps and Rebecca Rasch, *Impact of the U.S. Housing Crisis on the Racial Wealth Gap across Generations*, Social Science Research Council, June 2015, https://www.aclu.org/files/field_document/ discrimlend_final.pdf. Rakesh Kochhar and Anthony Cilluffo, "How Wealth Inequality Has Changed in the U.S. Since the Great Recession, by Race, Ethnicity and Income," Pew Research Center FacTank, Nov. 1, 2017, http://www. pewresearch.org/fact-tank/2017/11/01/how-wealth-inequality-has-changed-in-the-u-s-since-the-great-recession-by-race-ethnicity-and-income/.

值下跌了 44 006 美元，负净值房屋的数量增加了 62 个百分点。[①] 尽管本章列举了政策的积极效果，但这些后果让我们意识到危机带来的创伤，提醒我们政策应对仍存在不足之处。

经验教训

我们的政策设计受危机中各种不确定性、资源有限性、政治因素和法律授权的影响，从更高层面上讲，其取决于我们对这一富有哲学意味的问题的回答：政府在稳定住房市场和救助个人房主方面应扮演何种角色？应在何时干预？

小布什政府时期实施的住房政策措施，可以说总是"滞后的"，部分原因在于，政府认为对住房市场进行干预将产生效率成本，既然住房市场调整不可避免，不如将资金用于支持整体经济。可以说，救助过度负债的房主总是充满政治阻力，将资金用于支持经济才是更公平透明的做法。实际上，2008 年 10 月问题资产救助计划实施之前，美国国会拨付用于应对止赎危机的资金规模不大；此前于 2008 年 7 月推出的"房主希望"项目存在法律限制，效果不佳，贷款方更愿意参与其他联邦住房管理局项目，因为这些项目为借款方提供的资金减免要少一些。初期的一些住房相关政策主要关注如何提高私人部门的应对能力，辅之联邦住房管理局再融资措施。小布什政府时期，最有力的住房政策是政府对房利美和房地美的托管及担保，确保房利美和房地美在危机期间继续发挥主要抵押贷款融资来源的作用。如果没有托管，抵押贷款市场将整体坍塌，住房价格跌幅将更大，止赎率将更高。

奥巴马政府刚上任，便致力于使用政府资源降低止赎率。我们迅速、大胆行动，启动了贷款修改和再融资项目。我们加大了对房利美和房地美的政府担保力度，创新州一级和地方联邦住房管理局救助措施，多次出台新举措拓宽和改善现有项目范围和质量。但 2009 年初的政策应对还不够充分。如果出台时间更早、力度更大，居民现状将更好，例如，如果一开始就实施范围较宽的住房贷款可负

[①] Michael S. Barr and Daniel Schaffa, "Nothing Left to Lose? Changes Experienced by Detroit Low-and Moderate-Income House holds during the Great Recession" (Washington Center for Equitable Growth Working Paper, 2016), https://papers.ssrn.com/sol3/papers.cfm?abstract_id=2836589.

担再融资计划 2.0，更多人就能获得再融资。

我们的经历为后续政策制定提供了若干经验教训。

经验 1：不要过分看重救助"不值得的"借款人时可能存在的浪费和道德风险

继续引述伯南克主席的比喻，消防员扑灭一场凶猛火灾时通常会浪费大量的水，这是可以接受的。审慎和减少浪费的想法可能导致结果不尽如人意，甚至使问题恶化。尽管事后看我们的做法比人们呼吁的大规模本金减记更节约成本，但鉴于不同政策在帮助家庭部门纾困时各有所长、难以取舍，因此从事前看，我们也可以采取更加激进的措施，直接减记本金。危机以来的研究也表明，相较于债务收入比目标，政策制定者也许更应关注减轻房主的偿债负担。[1]

出于对住房危机演变和正确政策应对的不确定、对金融市场脆弱性的巨大担忧，以及对直接救助房主的政治可行性的判断，两届政府均采取了过于温和的做法，事后看没有达到危机所需的力度。

经验 2：面对不确定性时，行动要有力

在危机早期，很难预判这是一场五级火灾，还是一场局部火灾。刚开始，各方未能就问题性质达成共识，许多人认为住房市场应进行必要调整，出台贷款调整政策只会延长调整时间。2007 年和 2008 年止赎应对措施出台后，吸引了成千上万名陷入困境的借款人，到 2008 年春天，我们认识到抵押贷款行业和部分地区出现了实质性问题。但当时不清楚这些问题是只对次贷市场或佛罗里达州等负债较高的地区不利，还是预示着整个经济面临灾难。我们过于小心翼翼的另一个原因是：过于关注模型路径和结果。面对史无前例的止赎浪潮，各类市场、抵押贷款服务机构和贷款机构的严重失灵令我们大吃一惊。鉴于危机的巨大不确定性，政策制定者应考虑采取强有力的手段，对冲不利的尾部风险。政策制定者应迅速行动降低利率，减少再融资障碍，通过贷款调整减轻偿债负担。未来政策制

---

[1]　Ganong and Noel, "Liquidity vs. Wealth in House hold Debt Obligations."

定者面临的挑战是，如果政策应对有力，或许会帮助那些不值得被救助的借款人，从而面临政治阻力。

经验3：在危机来临前筑牢监管框架

在危机爆发前，监管机构未能运用监管权力打击风险行为。联邦层面银行监管机构（包括现已解散的储蓄机构监管局）本具有足够的权力，限制被监管机构开展无（收入）证明贷款和零首付贷款等业务。然而，包括美联储在内的监管机构未能及时有力地行使权力。有观点辩称，金融体系更安全意味着金融活动减少、创新受到抑制等经济成本，但作为监管机构，必须确保消费者保护和稳健经营等银行业监管规则切实有效、落实到位。尽管危机以后针对上述许多问题引入新的立法，但目前有"开倒车"的风险。监管机构还应进一步确保所有危机应对相关部门权责清晰。

经验4：落实住房市场危机应对政策的阻力会超出决策者的预期

我们预料到政策落实在操作层面和其他方面将面临严重阻力，但仍低估了阻力的严重程度。通过住房贷款可负担调整计划和住房贷款可负担再融资计划等政策创新，解决了部分约束条件，但我们的应对本应更大胆。政府资助企业的积极参与是关键，因为它们具备操作经验、规模庞大且与贷款机构关系密切。的确，抵押贷款机构往好了说是瘫痪不动，往坏了说是积极抵制政策实施，鉴于此，我们本应该更认真考虑那些貌似不可行的政策选择。

未来的政策制定者在设计政策时，应尽可能了解阻力来源和原因。正常竞争态势很容易使私人部门丧失组织能力，或缺乏意愿做出影响深远、较剧烈的政策变化。我们的经验表明，住房市场表现尤为明显。为解决这一问题，政府可能被迫以溢价向贷款服务机构付费执行。这条路当初我们没选——但之后我们反复思考——就是创建一个"21世纪房主贷款公司"，解决贷款服务机构能力不足和意愿不足的问题，由这一新设机构负责催收和分发抵押贷款还款，同借款人沟通和谈判，必要时可以执行止赎。政策制定者在决定政府资助企业、联邦住房管理局和政府在住房金融体系中各自应扮演的角色时，可以考虑这一点。

经验 5：有力运用"胡萝卜加大棒"，引导抵押贷款机构和投资者解决问题

尽管我们出台了激励方案，但许多贷款机构最终未参与贷款调整或再融资（甚至在有利可图的前提下）。我们本应该加大"大棒"（针对机构的强制性措施）和"胡萝卜"（如资金激励）组合的力度。我们采取了强有力的措施，对银行进行注资，维护金融体系稳定，但住房计划的力度就要温和得多。一个"大棒"措施就是，事先进行破产改革，允许对抵押贷款进行司法重组。就这一领域可以开展进一步研究量化其利弊。

结　论

最终，我们以纳税人付出较小成本为代价帮助了数百万户家庭，并促进了整体经济复苏。但我们的政策应对仍显不足，数以百万计的家庭无家可归，其中许多本可以避免。反思过去，我们的行动过于"审慎"，本应在危机之初便果断采取更有力的行动。

第十三章

对通用汽车和克莱斯勒的救助与重组

本章作者：布赖恩·迪斯、史蒂文·沙弗兰和丹·杰斯特。两届政府的同事们对本章做出了诸多贡献，没有他们，这些救助计划不可能完成，本章作者在此致谢。感谢财政部金融稳定办公室投资部主任和高级政策顾问迈克尔·达，他对本章中与汽车金融公司相关的部分亦有贡献。

对通用汽车、克莱斯勒及其旗下汽车金融公司的救助与重组，涉及小布什政府向奥巴马政府过渡期间的一系列经济、政策和政治挑战。

此前，头部工业企业从未像本次危机时一样向联邦政府寻求如此大规模的现金救助，联邦政府也从未像本次危机时一样成为通用汽车这种工业巨头的大股东。

两届政府的终极目标一致，即降低自大萧条以来最严重的经济下行冲击的影响，在美国经济的危急关头拯救数十万个就业岗位。但为了实现这一目标，两届政府选取了不同的路径。

对于我们在小布什政府任职的同事，其目标是维持通用汽车和克莱斯勒活着，以便奥巴马政府的同事制定救助方案。在小布什执政的最后几个月，由于通用汽车和克莱斯勒从未准备过破产应急预案，因此我们没有足够的时间决定这两家工业巨头的长远命运。我们只想设计出过桥贷款的条件，以便继任者找到长久之计，无论这个计策最终是什么。我们努力确定贷款条件的严苛程度，以寻求一种平衡，既在现有框架内迅速解决问题，同时给继任者留出决策空间，而且不会导致危机加剧。

对于我们在奥巴马政府任职的同事，其任务是设计出一个能够使这些汽车制造商重新站稳脚跟的框架。这与拯救美国国际集团这样的金融机构不同，金融机构会给市场和经济带来即时的系统性风险。而对汽车制造商的救助，实际上是我们为减轻经济自由落体带来的严重后果而刺激经济加速恢复所采取的诸多努力的一部分。

可能出于上述原因，这次救助行动是危机期间遭受政治指摘最多的财务重组行动之一。我们要抵挡各个股东对一些细小决策的干涉，如要关闭哪家汽车经销店或哪个工厂等。我们还遭受了自由市场派和进步派观点的双面夹击。

但我们相信，不作为的风险高于有作为。尽管法律约束了我们对问题工业企业的救助程度，但通用汽车和克莱斯勒的无序破产给经济带来的巨大威胁迫使我们准备采取超常规干预措施。如果放任不管，这些企业将按照《美国破产法》第7章进行清算，届时管理人将会变卖所有剩余资产，偿付债权人并关闭企业。这些企业没有真正进行庭外重组的机会，甚至没有机会按照《美国破产法》第11章的常规程序重新开始。[①] 当时已经无法获得私人部门融资，也没有足够的时间完成第11章的正常重组。

即使通用汽车和克莱斯勒不倒闭，经济数据也令人震惊。据报道，2008年11月有53.3万个工作岗位流失[②]，第四季度国内生产总值预估值下降6.2%，后来修正为6.3%[③]。

我们考虑了其他方案。如前所述，"不行动"方案就是靠边站，任由通用汽车和克莱斯勒进入破产清算。但是，这些汽车公司背后是供应商网络，供应商网络又彼此相连，到2008年底，整个系统面临前所未有的压力。如果通用汽车按照《美国破产法》第7章进入不受控清算，将拖垮汽车供应链中的主要公司，也会将福特和其他状况较好的汽车制造商，如丰田和本田拖下水（这就是福特和其他汽车制造商支持我们对通用汽车和克莱斯勒进行干预的原因）。这些公司也已经向联邦政府申请几乎不附加任何条件的资金救助。

2008年12月19日，小布什政府在宣布救助计划时，直言不讳地警告："短期内，美国汽车制造商倒闭和解雇工人的直接成本将导致实际GDP增速降低一个百分点以上，约110万名工人将失去工作，包括汽车供应商和经销商的员工。"[④]

除了使汽车工业陷入瘫痪和工人失业之外，不受控制的破产也会给依赖这些工厂及其工人税收的城镇带来冲击。联邦政府届时将承担数以万计的工人和退休人员的养老金给付义务。

救助和重组行动分为两个阶段——小布什政府行动阶段和奥巴马政府行动阶段。

---

① 《美国破产法》第7章是清算程序，第11章是重整程序。——译者注

② Bureau of Labor Statistics monthly report, Nov. 2008.

③ U.S. Department of Commerce, Bureau of Economic Analy sis (BEA) final report for fourth quarter 2008, March 26, 2009.

④ "Fact Sheet: Financing Assistance to Facilitate the Restructuring of Auto Manufacturers to Attain Financial Viability," White House archives, Dec. 19, 2008.

搭起舞台

2008 年秋，美国三大汽车制造商中的两家——通用汽车和克莱斯勒都处在破产边缘。

由于信贷市场处于冻结状态，消费者无法获得利率合适的贷款去购买新车，经销商也融不到有竞争力的资金引进新车，汽车制造商现金流受到影响。雪上加霜的是，油价高企（2008 年夏季超过 140 美元一桶）致使大批高油耗的 SUV 和卡车滞留在经销商的库房里，而这两种车是汽车制造商的重要利润来源（见图 13.1）。

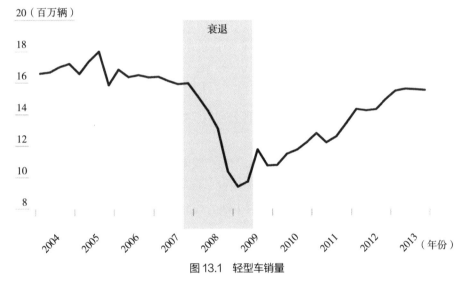

图 13.1　轻型车销量

注：以上为季度序列，经季节调整的年化销量（SAAR）。
资料来源：美国经济分析局根据美联储经济数据获取。

这种现象导致的结果是汽车销量暴跌。从月度销售情况来看，经季节调整的年化销量从 2006 年 7 月的超过 1 700 万辆，跌至 2009 年 2 月的 900 万辆。[①] 随

---

① BEA, "Light Weight Vehicle Sales: Autos and Light Trucks," Federal Reserve Bank of St. Louis, accessed May 31, 2019, https://fred.stlouisfed.org/series/ALTSALES.

着现金储备越来越少，通用汽车和克莱斯勒绞尽脑汁维持流动性。（福特汽车有先见之明，在2006年资金便宜时以低利率锁定了几十亿美元的长期债务，因此有更多的转圜余地。）

不利形势暴露了美国汽车制造商长期以来存在的结构性问题，其市场份额已经持续多年受到更加灵活的国外竞争者的侵蚀。国外制造商成本更低、长期债务更少，而且在很多消费者看来，它们制造的汽车质量更好。

通用汽车和丰田于1984年设立的合资企业最能够说明这种差别。该企业名叫新联合汽车制造公司（NUMMI），位于加州的弗里蒙特，制造的车辆虽然属于两种不同的汽车品牌和系列——庞蒂克共鸣和丰田矩阵，但本质是一样的。显而易见的差异是，丰田每辆车的利润远高于通用汽车。

通用汽车开始压缩产能，削减员工数量，暂停支付股利，并出售资产。由私募股权公司博龙资产管理公司拥有的克莱斯勒开始与包括通用汽车在内的许多车企接洽，试图寻求并购。但是，金融危机使它们采取的努力黯然失色。损益报表足以说明这个行业的困境。2008年第二季度，通用汽车损失155亿美元，其中现金流失36亿美元[1]；福特损失87亿美元，但仍有充足的流动性熬过下滑期[2]。然而，自从被博龙资产管理公司以74亿美元收购后，克莱斯勒就债务缠身。

下滑形势开始沿着供应链蔓延。由于生产线闲置，庞大的汽车零部件供应网络开始承压。当时，仅在美国国内，通用汽车每年都要从2 100家供应商那里购置310亿美元的零部件。[3] 根据美国劳工部的数据，2007年美国的汽车零部件供应商共提供60.77万个就业岗位。[4]

在游说国会议员和商务部的基础上，通用汽车开始向小布什政府寻求帮助。2008年10月13日，通用汽车的首席执行官里克·瓦戈纳率团登门拜访财政部

---

[1] Kevin Krolicki and David Bailey, "GM Posts \$15.5 Billion Loss as Sales Sputter," Reuters, July 31, 2008. 6.

[2] David Bailey and Kevin Krolicki, "Ford Posts \$8.7 Billion Second-Quarter Loss on Truck Slump," Reuters, July 24, 2008.

[3] Peter Valdes-Dapena, "GM Failure: The Shockwave," CNN Money, Nov. 25, 2008.

[4] Thomas H. Klier and James Rubenstein, "Detroit back from the Brink? Auto Industry Crisis and Restructuring, 2008–2011," Federal Reserve Bank of Chicago, 2012.

长保尔森。他的诉求是让通用汽车快速获得 100 亿美元的"救命钱"——其中 50 亿美元作为贷款，另外 50 亿美元作为循环授信。但他很快就碰了钉子。保尔森告诉瓦戈纳，他没有权限向通用汽车提供任何政府救助，尤其是国会刚刚通过的 3 500 亿美元问题资产救助计划的救助。同时，他对瓦戈纳选择在总统大选前登门的时机提出了疑问。保尔森认为，一旦市场信心丧失，金融机构几天内就会倒闭，但像通用汽车这样的工业企业能在倒闭前坚持更长时间，因此让瓦戈纳去找国会。

就在这次拜访中，商务部长卡洛斯·古铁雷斯提出，通用汽车或许可以依照现行破产程序进行有序转型。但是瓦戈纳拒绝考虑此类方案。事实上，通用汽车没有制定任何破产应急方案。后来，被奥巴马总统聘请来牵头汽车行业救助行动的投资银行家史蒂文·拉特纳指出，通用汽车的这一决策"大大增加了最终救助成本"[1]。瓦戈纳坚持认为，光是谈到破产就会吓跑消费者，他们会担心车辆质保无法兑现。瓦戈纳团队一无所获地离开了保尔森的办公室。按照保尔森的建议，他们转而寻求国会的帮助。

到了 2008 年 12 月，参议院和众议院都在考虑向汽车制造商提供过桥贷款的提议，贷款可以从鼓励开发节能型汽车的 250 亿美元计划中拨付。12 月 10 日，众议院以 237∶170 票通过了议案，向汽车行业提供 140 亿美元紧急贷款。[2] 但参议院的谈判因工会让步问题而受挫。尽管救助计划的支持者以 52∶35 赢得了多数票，但无法获得 60 票来结束议案辩论，并进行到下一步立法程序。[3] 这一方案于次日宣告流产。[4]

几乎在同一时间，国会一群民主党资深领袖就车企贷款的问题与美联储主席伯南克进行了接触。但是，伯南克认为美联储的精力最好放在应对金融恐慌

① Steven Rattner, *Overhaul: An Insider's Account of the Obama Administration's Emergency Rescue of the Auto Industry* (New York: Mari ner Books, 2010), 27.

② David M. Herszenhorn and David E. Sanger, "House Passes Auto Rescue Plan," *New York Times*, Dec. 10, 2018.

③ 该投票获得了两党共同支持，共有 10 名共和党人士、40 名民主党人士和 2 名独立党派人士投票支持。对于小布什政府的决策者来说，这些人士的支持是在后期考虑救助计划民意和在框架中加入部分法律条款的重要因素。

④ David M. Herszenhorn and David E. Sanger, "Senate Abandons Automaker Bailout Bid," *New York Times*, Dec. 11, 2018.

上，非常不乐意救助车企。事后他写道："我们很难成为庞大制造业重组的监管机构，我们在这个领域几乎没有专业知识。"[1]他赞同保尔森的观点，认为汽车工业面临威胁的演变速度要慢于金融机构所面临的威胁，后者需要迅速应对。他认为国会和政府有足够多的时间去讨论解决办法。[2]

到12月中旬，问题又被抛回给小布什政府。此时总统面临着在一个坏选项和一个更坏的选项中做出选择的境地——要么向这两家企业和旗下常年经营不善的金融公司发放救命钱，要么任由其破产。

第一期救助——小布什政府

尽管小布什总统最初反对救助汽车制造商，但2008年12月19日，距离任期结束还有31天时，他宣布联邦政府将向通用汽车和克莱斯勒提供救助。保尔森后来回忆道："对于小布什总统来说，救助汽车制造商就像是吞下了一粒苦药，尤其是作为他任期结束前的最后一个重大经济决策。他反感救助，也鄙视底特律，因为它生产不出民众愿意购买的汽车。"但是，小布什总统能看到不作为的后果，保尔森写道："对经济的后果将是毁灭性的。"[3]

小布什总统决定，在他的任期内不允许汽车制造商无计划破产。金融体系已经非常脆弱，无法支撑通用汽车这样体量的公司走常规破产程序。没有常规破产，没有联邦政府的钱，唯一的选择是按照《美国破产法》第7章被迫无序清算。这将是一场灾难，会对汽车行业造成重创。小布什总统决定，不能在他的任期内出现这种严重的后果。

为支持这种策略转变，我们需要重新审视动用问题资产救助计划资金的想法。这一决策取决于一个核心问题：按照问题资产救助计划的法律定义，车企是否有资格获取资金救助？这个问题的提出，标志着小布什政府的立场已经和第一次与通用汽车会谈时有了明显的转变，并引起了政治右翼的强烈反对。在参议院通过

[1] Ben S. Bernanke, *The Courage to Act: A Memoir of a Crisis and Its Aftermath* (New York: W. W. Norton, 2015), 377.

[2] Bernanke, *Courage to Act*, 377.

[3] Henry M. Paulson, Jr., *On the Brink: Inside the Race to Stop the Collapse of the Global Financial System* (New York: Business Plus, Hachette Book Group, 2010), 424.

立法手段解决问题的谈判破裂后，小布什政府从财政部法律顾问那里获得了意见，允许我们运用问题资产救助计划资金向通用汽车和克莱斯勒发放过桥贷款。

后来，奥巴马政府基于小布什政府的法律解释，也认同了这种判断。这一决策后来在奥巴马执政期间进一步遭到质疑。

在小布什任期的最后两个月，财政部设计了三个项目：

- 运用问题资产救助计划资金向通用汽车和克莱斯勒发放短期贷款，确保它们在几个月内现金流不中断。我们想要建立这样一个框架，也就是既能快速解决问题，同时还可以给继任者提供抓手，阻止危机继续恶化。我们努力为奥巴马政府争取足够多的时间找出他们认为合适的应对办法。
- 运用问题资产救助计划资金向通用汽车和克莱斯勒旗下的汽车金融公司提供支持。这与我们向国内大型银行和小型银行提供的支持类似。
- 与美联储联合制定并推出定期资产支持证券贷款工具，用以解决证券化市场的问题。危机前，资产证券化市场对于汽车行业的财务结构尤其重要。如果要让汽车行业重新站起来，必须重启资产证券化市场。

向通用汽车和克莱斯勒提供贷款

在华盛顿，总统权力交接期间，有一种说法叫作"每个时刻只有一位总统"，也就是说，新当选的总统不应该对即将离任的总统负责的事情做决策。尽管这一不成文的规定有其道理，但现实是，小布什政府在任期即将结束时，不会为汽车行业设计一个长期解决方案。而奥巴马政府，在大选结束后和开始执政前的 9 周时间内，尚无资格承担重要角色。

保尔森呼吁与劳伦斯·萨默斯以及奥巴马团队的其他人员开展深入合作，但没有成功。他提出，以小布什政府支持救助汽车行业（一改之前反对救助的立场）为条件，换取奥巴马政府支持由国会出台新一轮问题资产救助计划。这场对话于 2008 年 11 月 30 日在保尔森办公室举行的一次会议上达到高潮，那天是感恩节假期的星期天。萨默斯疑虑重重地听完了保尔森的计划，但最终拒绝了我们的提议。保尔森很失望，但他后来承认拒绝是正确的选择。

我们需要将这两家企业的命运交到下一任团队手里，由他们来决定政府如何应对这部分危机。我们不想一锤定音，也不想做出任何可能妨碍下一任团队灵活性的决策。我们希望就我们正在考虑的一些具体取舍与新任政府进行商议，但这将违背"每个时刻只有一位总统"的原则。因此，小布什政府的官员需要自行设定贷款条件，并希望不会对继任者造成伤害。

在设计给通用汽车和克莱斯勒的贷款条件时，我们对以下关键环节进行了内部讨论，并和借款人反复协商：

- 应提供多少贷款？如果金额太大，我们可能被指控为浪费纳税人的钱。如果金额太小，奥巴马政府上任第一天就会面临一场失控的危机。
- 贷款应于什么时候到期？对于无法还款的借款人，贷款到期日就如同顶在头上的一把枪。所有人都知道，这些短期贷款不可能有任何第三方资金代为偿还，因此贷款到期日就是奥巴马政府和车企必须找出对策的最后期限。期限太短，风险明显很大。但是期限过长，可能会给车企过多时间和自由，这并不一定有益。
- 应该要求什么条件？不设条件是一个强有力的选择，因为贷款仅作过桥之用，并非为了限制下一届政府的决策空间。但是如果这样做，就成了对借款人的恩赐，而他们此前没有采取任何措施来应对不可避免的重组的痛苦。

2008 年 12 月 19 日，与参议院的谈判破裂一周后，政府宣布了发放过桥贷款的决定，给予两家汽车制造商 174 亿美元的贷款，其中通用汽车 134 亿美元、克莱斯勒 40 亿美元。[1] 我们提出的核心条款是，要求通用汽车和克莱斯勒于 2009 年 2 月 17 日前向新一届政府提交重组计划，列出他们如何归还贷款，以及如何恢复生存能力。

重组计划中，每家公司要指出它们"如何实现并维持长期生存能力、国际竞争力和能耗效率"。我们的思路是，工人、管理层、债权人和股东等利益相关方，必须做出让步以获得资金支持，并将这些汽车制造商引向重生之路。

我们想为这两家企业提供大约两个月的时间去制订重组计划。我们设想的是，在这个过程中，他们将和主要的利益相关方进行实质性讨论。我们不想让下

---

[1] "Fact Sheet: Financing Assistance to Facilitate the Restructuring of Auto Manufacturers to Attain Financial Viability," White House Archives, Dec. 19, 2008.

届政府上任之初就面对这个问题，因此并未把时间限定得过短。我们想为奥巴马政府腾出时间组建团队，制定下一步的应对策略。与此同时，由于这些公司一直在损失，有必要制定一个相对严苛的时间期限。

为了提高重组计划成功的概率，我们要求总统指派的人于 2009 年 3 月 31 日前确认重组计划是否达到要求。如果重组计划不能达到要求，贷款将会到期，企业将被迫破产。我们制定了重组目标和各类清单形式的要求。

我们这项计划的目标是，将这些汽车制造商置于通过破产程序重组的路径上。正如保尔森在《峭壁边缘》中写的："我们知道，如果不给压力，想要所有利益相关方做出重大让步几乎是不可能的。"[①]

支持通用汽车金融服务公司和克莱斯勒金融公司

我们很早就意识到，要阻止汽车行业短期内崩溃并实现长期复苏，必须先稳定汽车金融行业。在美国，购车严重依赖融资。2008 年初，消费者购车资金中有约 3/4 来自贷款[②]，汽车经销商更是如此（被称为"经销商"贷款）。金融危机前，汽车行业大多依赖专门的金融公司来支持销售，这些公司在发放车贷方面有对口资源、基础设施和长期经验。

到 2008 年秋天，这些专门的金融公司面临严峻的融资和流动性问题。资产证券化市场是这些公司的主要融资来源，市场功能受损影响了通用汽车金融服务公司和克莱斯勒金融公司的业务能力。母公司的困境，如通用汽车和克莱斯勒的破产传闻等，更是加剧了投资者的恐慌。除此以外，通用汽车金融服务公司还开拓了汽车贷款之外的市场，但以失败收场。其主攻住宅的分支机构 ResCap 深陷房市泥潭，损失数十亿美元。

无担保债券市场等其他融资来源也不可得。最终，如果没有政府对汽车金融公司的救助，在消费者和经销商融资受限的情况下，汽车产量将放缓，母公司压力将加剧。

---

① Paulson, *On the Brink*, 428.

② Ralf R. Meisenzahl, "Auto Financing during and after the Great Recession," FEDS Notes, the Federal Reserve, June 22, 2017, https://www.federalreserve.gov/econres/notes/feds-notes/auto-financing-during-and-after-the-great-recession-20170622.htm.

比如，我们向通用汽车金融服务公司提供贷款时，该公司有约 265 亿美元的汽车批发贷款，其中 233 亿美元是贷给通用汽车的经销商的。如果财政部允许通用汽车金融服务公司破产，没有哪家竞争者可以单独或组团吞下全部贷款组合，一部分原因是资产组合的规模和资本要求，另一部分原因是多数大型全国性银行自身财务状况也面临严重威胁。

2008 年 12 月，通用汽车金融服务公司从问题资产救助计划资金中获得了 50 亿美元贷款。2009 年 1 月，克莱斯勒金融公司获得了 15 亿美元贷款。这一干预措施避免了两家公司的清算，否则将会给汽车市场带来毁灭性打击。在此期间，通用汽车金融服务公司还向美联储申请成为银行控股公司，并获批准，使该公司可以通过吸收银行存款来发放车贷。

这一时期，我们的贷款就是通用汽车和克莱斯勒维持生存的生命线，使它们能够支撑到奥巴马的任期。

设计定期资产支持证券贷款工具

除了救助汽车金融公司，我们还对汽车贷款证券化市场进行了干预，以缓解僵局。2008 年 9 月雷曼兄弟倒闭后，对以消费者汽车贷款和经销商贷款为底层资产的资产支持证券的需求几乎一夜蒸发。AutoNation（汽车零售商）首席执行官迈克·杰克逊曾指出消费者贷款下降的幅度之大：从 2007 年 12 月到 2008 年 12 月，通用汽车金融服务公司的新增消费者贷款从 1 527 笔暴跌到 9 笔，克莱斯勒金融公司的贷款从 823 笔下降到 22 笔。[①]

我们必须让这一关键市场恢复活力，并向市场发出信号。因此，在解决车企及其金融子公司的直接资金需求的同时，我们也努力解决这一市场层面的挑战（见图 13.2）。

小布什政府的财政团队开始与纽约联邦储备银行合作，创建一个名为"定期资产支持证券贷款工具"的计划。该工具由美联储和财政部共同出资创建，并最终在恢复资产支持证券市场方面发挥了重要作用。

---

① Presentation to Automotive Outlook Symposium, Federal Reserve Bank of Chicago-Detroit branch, June 5, 2009.

我们的思路是借助美联储的贷款权力，加大问题资产救助计划资金的火力。由财政部提供 200 亿美元的问题资产救助计划资金作为担保，美联储授权通过定期资产支持证券贷款工具提供高达 2 000 亿美元的贷款额度。

定期资产支持证券贷款工具的特别之处在于，其贷款是无追索权的，也就是说，在无法还款的情况下，如果抵押物价值不足以覆盖全部贷款成本，借款人的损失仅限于抵押物，美联储无法追索借款人的其他资产。

定期资产支持证券贷款工具于 2009 年 3 月生效，向资产抵押证券市场风险最小的部分提供了流动性，涵盖的资产从学生贷款到信用卡贷款再到小企业贷款。但恢复汽车购买者和经销商的信贷则是实施该项目的一个重要驱动力。

到 2010 年 6 月定期资产支持证券贷款工具退出时，其在恢复汽车信贷市场方面发挥了重要作用。定期资产支持证券贷款工具最终支持的各类贷款总额达到 710 亿美元[①]，并得到了全额偿付[②]。

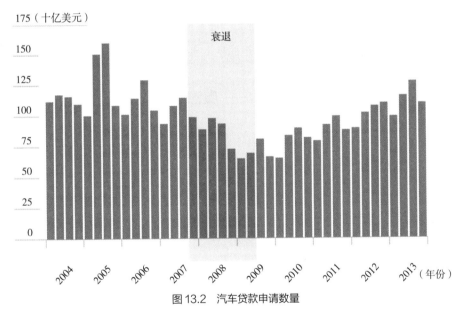

图 13.2　汽车贷款申请数量

资料来源：Chart based on data from New York Fed Consumer Credit Panel/Equifax, accessed Nov. 16, www. newyorkfed.org。

---

① The Federal Reserve, press release, Jan. 15, 2013.

② Federal Reserve Bank of New York, programs archive.

定期资产支持证券贷款工具获得成功的原因并不神秘，该工具在贷款条件急剧收紧时降低了贷款利率。正如纽约联邦储备银行的执行副总裁布赖恩·萨克在 2010 年 6 月的一次演讲中指出的，"几乎所有获得定期资产支持证券贷款工具支持的汽车贷款机构都认为，该工具帮助其以更低的利率向消费者发放了更多贷款"[①]。

总 结

最终，我们借助问题资产救助计划资金搭建了向奥巴马政府过渡的桥梁。从政治角度来看，这些资金的作用也非常重要。问题资产救助计划资金可用于汽车公司的法律决定是由小布什政府做出的，这在一定程度上保护了奥巴马政府免受批评（即行政部门在没有法律授权的情况下行动），也在一定程度上保障了两届政府执政的一致性。

现在，奥巴马政府获得了喘息时间，而且是几周，不是几天。虽然时间不多，但足以精心制订计划，将汽车制造商推上重生之路。

第二期救助——奥巴马政府

奥巴马政府的同事在 2009 年 1 月下旬刚赴任时就面临艰巨挑战，即要在几周时间内制定出针对每况愈下的汽车制造业的长期解决方案。换届期间，我们一直在研究和设计潜在方案。奥巴马上任后，我们必须将这些想法付诸实践。上届政府的经验和决策为我们提供了重要参考。鉴于六周前国会投票以失败告终，我们立即否决了回到国会寻求授权的思路。我们审查并赞同上届政府对问题资产救助计划资金可用于支持汽车公司的法律判断，这样一来，我们掌握的政策工具虽然有限，但却是有力的。因此，我们的精力集中于设计政策干预框架，主要包括下列核心问题：

[①] Brian P. Sack, remarks at the New York Association for Business Economics, June 9, 2010, Federal Reserve Bank of New York, speeches archive.

- 破产问题：这些公司基于破产法进行重组的道路是否可行？
- 克莱斯勒问题：是否有充分的理由利用宝贵的纳税人资源来支持通用汽车？更难的问题是，是否支持克莱斯勒？
- 政府所有权问题：作为一家大型工业公司的大股东，政府应该如何管理其股权？

破产问题

救助汽车制造商的核心问题是：这些公司基于破产法进行重组是否可行？

起初，我们判定，这些公司要想真正获得财务上的生存能力，就必须大量削减负债。通用汽车和克莱斯勒的债务负担非常沉重，以至于重组时如果不强迫债权人承担实际损失，将需要大量资金——这一资金数额不一定在问题资产救助计划的范围内，也无法证明是对纳税人资金的审慎使用。

出于这些原因，我们将分析重点放在破产重组上，公司将借助破产法的保护甩掉部分债务，并从根本上进行重组。但破产机制能否运作、如何运作都是难题——存在风险和未知。

其中一个风险是"冰块融化"问题。当一家公司破产时，人们可能因对该品牌失去信任而不再购买其产品。破产重组持续的时间越长，消费者的信任损失得越多，冰块融化得就越多。这对汽车制造商的影响尤其大，因为保修是消费者决策的核心部分。不仅汽车制造商感受到了这种风险，我们还面临着来自从立法者到劳工领袖等其他利益相关者的压力，他们要求避免在政策讨论中将重组称为破产，担心这会被解读为行业的丧钟。一些利益相关者在 2009 年冬天甚至恳求我们不要公开使用"B"开头的词[1]，因为担心这样做会导致社区和消费者恐慌，远离公司的产品，使问题变得更糟。

另一个与破产相关的风险是，债权人可能在法庭上抗争，使破产无限期地拖延下去。一家公司完成《美国破产法》第 11 章程序的平均期限是以月为单位的，而不是以周为单位，时间上我们耗不起。

我们仍然认为，如果可行，有序破产是最好的选择。在没有重大让步的情况下为重组融资，纳税人付出的成本太高。考虑到这些公司历来就是遇到难题就躲

---

① 因为破产的英文是"bankruptcy"。——译者注

避，它们再次逃避或拖延问题的风险也很高。

挑战在于确定破产将采取何种形式。我们需要一种方法来降低风险，以减少不确定性并快速走完整个流程。

加快破产程序通常有两种方法。一种是有预先打包方案的破产，即已经预先取得所有主要债权人同意，并向破产法官提交破产计划。

另一种是"363 出售"，以《美国破产法》的一节命名。在这种情况下，由一个实体首先通过"假马竞价"[①]提出对该破产企业的收购，任何其他机构都可参与竞标，一旦确定最高价格并批准出售，围绕重组条款的辩论和讨论就会减少。

我们选择了"363 出售"方式。我们当时面临着巨大的时间压力——在政府换届期间维持这些公司的正常运转需要纳税人付出巨大代价。史蒂文·拉特纳表示，维持克莱斯勒的正常运转每月要花费 5 亿~10 亿美元，维持通用汽车的正常运转每月要花费高达 20 亿美元。[②]破产程序拖得越久，冰块就融化得越多，公司越需要被清算。在这种情况下，纳税人的钱会被浪费得更多，债权人最终会一无所获，国民经济将遭到破坏，而这正是我们一开始担心的。

虽然有预先打包方案的破产也可以实现类似的推进速度，但在通用汽车的案例中，债权人和股东的数量太多，推动达成一致不现实。对于克莱斯勒，我们将保留这一选择，但"363 出售"使我们能够在债权人无法达成一致的情况下继续推进。

对通用汽车来说，直接买家是一家"新"通用汽车，由纳税人的钱提供背书。对克莱斯勒来说，菲亚特是"363 出售"中的控制买家，用美国财政部的钱为交易提供背书。这些安排无疑是有争议的。债权人对我们进行了激烈抨击，认为我们颠覆了《美国破产法》的正常顺位，并认为"363 出售"是"虚假"交易。他们在每一步中都提起诉讼——在克莱斯勒案件中诉讼至最高法院，但最终败诉。

审判该案件的多个法院认为，虽然这些重组的背景情况很特殊，但从破产的

---

① "假马竞价"指由破产企业选择一家有意向且有实力的投资者，设定最低竞买价格，这样其他竞买人就不能提出低于该价格的收购价。——译者注

② Rattner, *Overhaul*, 127.

角度来看，这些交易实际上颇为常规。

美国纽约南区破产法院的阿瑟·冈萨雷斯法官完全批准我们的动议，他出具的意见为克莱斯勒向菲亚特出售资产扫清了道路。

"尽管在过去两年中，为寻求对克莱斯勒的救助进行了高调的、大量的努力，但与菲亚特的交易是目前唯一可行的选择。"他在长达47页的意见中写道，"剩下的选择就是立即对公司进行清算。"[①]

事实上，本案依然有公开出售流程。每个债权人，甚至外部机构都有机会在这个过程中出价高于菲亚特或"新通用汽车"。克莱斯勒的出售价格为20亿美元，与2007年博龙74亿美元的收购价相差甚远，但几乎是克莱斯勒的预估清算价值11亿美元的两倍。但凡有任何一个债权人出价比20亿美元多1美元，该债权人就会成为买方并主导重组。同样，如果我们不为"假马竞价"提供资金，克莱斯勒就会进入清算程序，而债权人所得会少得多。

金融界有一句老话叫作破产的黄金法则：谁拥有黄金，谁制定规则。这正是"363破产"的情况。

这也意味着菲亚特和新通用汽车的管理团队有资格与我们的团队协商，决定承接与剥离哪些负债。我们遵循的原则是基于商业逻辑，即什么是重组后的公司运营所必需的。因此，像保修和对关键供应商的承诺这样的负债被完全承接。毕竟没有保修或方向盘的汽车是卖不出去的。其他负债则被剥离或进行重大重组。争议最大的是工会合同、医疗保险和养老金义务、产品责任索赔和经销商合同。

基于"363出售"达成的最终让步最初来源于田纳西州的共和党参议员鲍勃·科克在12月（那场最终失败的）国会谈判期间制定的蓝图。在该蓝图中，科克在工会工人的工资和工时规定以及医疗保险和养老金义务的削减方面做出了具有代表性的让步。虽然该蓝图在当时被民主党人拒绝，认为是对工人的过度惩罚，但它还是为奥巴马团队评估所有利益相关者之间所需的让步提供了一个指导性标准。最后，最终协议比科克所设想的折扣力度更大——无论是对工人的义务（工资、医疗保险和养老金），还是对其他主要债权人的债权，包括汽车经销商的债权。这反映了我们的评估结果，即这些公司的财务状况堪忧，必须进行深层次重

---

① Judge Arthur J. Gonzalez, U.S. Bankruptcy Court Southern District of New York, in Re Chrysler LLC et al., "Opinion Granting Debtors Motion," Case No. 09 B 50002 (AJG), 16–17.

组才能恢复生存能力。

我们的目标是，通过与通用汽车和菲亚特新管理团队合作，最终驱使他们恢复决策能力，带领新重组的公司向前发展。尽管联邦政府用纳税人的钱为这一过程提供背书是史无前例的，并且导致了不公平和政治偏袒的呼声，但债权人最终得到的比进入清算的要多得多。在"363 出售"中，债权人从决定不站出来竞价的那一刻起，就放弃了对重组的支配权。最终，工人工资、医疗保险和养老金削减幅度超出了共和党人数月前在国会提出却未获通过的方案中的幅度。但这一过程将成为历史，而对不公平的呼声将持续存在。

冈萨雷斯法官在对克莱斯勒的裁决中表示，对公平性的抱怨没有依据："债务人的资产按照公允价值出售，没有一分钱的债务人资产留给第一顺位债权人以外的人。"[①]

当一开始预估破产程序的最快推进速度时，我们认为一个月内完成是有可能的。但只是有可能，不是保证。曾经我们遇到过两个月甚至三四个月才完成的情况。

事实上，克莱斯勒破产用了 31 天，通用汽车用了 40 天，这不仅使它们成为历史上最大的两个工业破产案，也是速度最快的两个。这种速度节省了纳税人的资金，有助于保持冰块的低温。

救助克莱斯勒

从经济成本的角度看，奥巴马团队对救助通用汽车达成了共识，但对救助克莱斯勒却没有这样的广泛共识。

救助通用汽车是一个比较容易做出的决定，原因有两个。一方面，它规模更大，拥有更多员工，对整个汽车供应链的影响也更大。任其陷入无序破产带来的经济后果明显更为负面。

另一方面，尽管存在许多问题和管理缺陷，但通用汽车的有价值资产是后续构成一个新的重组公司的核心。值得称赞的是，过去几年通用汽车已经通过一系列决策，开始为公司进行全新的转型打基础。

---

① Gonzalez, "Opinion Granting Debtors Motion," 18.

我们提出了一个方案，在这个方案中，通用汽车将保留优质资产，同时舍弃坏资产。我们在内部将新公司称为"闪亮新通用汽车"，以雪佛兰、凯迪拉克、通用汽车金融服务公司和别克为核心。其余的，包括土星、庞蒂克、萨博和悍马等，将被纳入"老通用汽车"进行清算。我们相信，如果能向该公司注入足够的现金，剥离足够的负债，并建立一个有能力的管理团队和董事会，"闪亮新通用汽车"将具备生存能力。

克莱斯勒的前景却没有这么清晰。

作为美国汽车制造商中常年的异类，克莱斯勒已经被掏空了。虽然它有吉普这个强大的品牌，但新产品的开发因所有者频繁更换而受到影响。当遇到这次经济下滑，克莱斯勒还在挣扎着偿还因博龙的收购而产生的债务。再加上克莱斯勒甚至在销售其库存汽车时都困难重重，我们看到的是一个没有独立生存能力的汽车制造商。它需要一个合作伙伴。

事实上，在过去两年里，克莱斯勒基本上一直在挂牌出售，这强化了我们的判断。通用汽车考虑过它，我们在内部也考虑过作为重组的一部分通用汽车是否可以收购克莱斯勒。这将是一场由美国政府安排的联姻。这一想法听起来很疯狂，但当年销售率处于自由落体状态时，所有的方案都要摆到台面上。

还有一个问题是我们必须面对的，如果克莱斯勒找不到合作伙伴怎么办？如果克莱斯勒不得不清算呢？与通用汽车相比，克莱斯勒在经济、地域和就业方面的影响较小，因此，如果克莱斯勒清算，其本身的影响将小于通用汽车，或者通用汽车和克莱斯勒一起清算。但问题不止于此，这成为内部激烈争论的主题。

俗话说，经济学家们永远不会就同一个事实达成一致。在这场争论中，双方都有事实可依据，并且都致力于向奥巴马总统提供最有力的论据（虽然从未达成一致），供其决策。

2009 年 3 月 27 日，在白宫，奥巴马总统将在 3 天后宣布他对汽车业的救助和重组计划，他召集了他的汽车团队和政府高级官员开会。会议在椭圆形办公室开始，到晚上转移到罗斯福办公室继续。

我们这些赞成救助克莱斯勒的人提出了评估意见，即克莱斯勒已不具备生存能力，菲亚特是合适且有意愿的合作伙伴。我们指出，清算的影响不仅仅是克莱斯勒的工人下岗、供应商亏损，还会导致克莱斯勒所在的城市出现市政破产，因为克莱斯勒是当地创造就业的主力。如果克莱斯勒清算，还将涉及联邦

政府对剩余医疗保健义务的给付，这将由联邦政府通过医疗补助（Medicaid）[①]
和医疗保险（Medicare）[②] 承担。同时，还涉及将养老金义务转移到养老金福利
保障公司的问题。

我们认为，如果菲亚特对克莱斯勒的兼并顺利进行，那么克莱斯勒在未来 2～
4 年内作为一个蓬勃发展的实体继续生存的可能性是 80%，5 年后可能是 60%。

这并非一件轻而易举的事。更具不确定性的是，我们并非要求总统批准一项
经过充分协商的交易，相反，我们要求总统允许我们与菲亚特合作一个月，看看
能否真正达成可行的条款。

我们团队向总统提供的底线评估是，这是一个 51 票比 49 票的问题，勉强赞
成。基于此，我们请求总统批准他执政初期最重要的决定之一。

由克里斯蒂娜·罗默领导的经济顾问委员会（CEA）提出了最有力的反对救
助克莱斯勒的理由。该委员会的芝加哥大学经济学家奥斯坦·古尔斯比专门负责
提出反对救助克莱斯勒的理由。

2015 年，古尔斯比在《经济展望》杂志上阐述了他的论点。在文章中，他
承认对国内汽车制造商的复苏感到"高兴和有点惊讶[③]"。他认为，第一，没有足
够大的市场供通用汽车、福特和克莱斯勒三家全部存活，因此，对其中两个的救
助会降低所有三家公司的利润，并可能降低纳税人的投资回报。第二，有证据表
明克莱斯勒的客户会转而购买福特、通用汽车或外资工厂生产的国产汽车，因为
它们有类似的产品系列。第三，类似的情景已多次发生，戴姆勒和博龙先后收购
过克莱斯勒，而且是在克莱斯勒的强盛时期进行收购，但均未成功。[④]

在听取所有观点后，奥巴马总统做出决定。他告诉我们："我认为应该试一
试，这是值得的。"

他随后明确表示，他唯一的关注点是让克莱斯勒重新恢复生存能力。他强

---

① 医疗补助，俗称红蓝卡，是联邦政府针对 65 岁以上，或 65 岁以下但有特殊医疗需求的人群设
  立的保险项目。——译者注

② 医疗保险，俗称白卡，是州政府在联邦政府提供一定补助的前提下，用州内经费为低收入人群
  创建的医疗保险项目。——译者注

③ Austan D. Goolsbee and Alan B. Krueger, "A Retrospective Look at Rescuing and Restructuring
  General Motors and Chrysler," *Journal of Economic Perspectives* 29, no. 2 (Spring 2015): 3–24.

④ Goolsbee and Krueger, "Retrospective Look," 9–11.

调，不要让这项交易受到社会或经济政策目标的影响。他表示："我希望你既手腕强硬，又顾及商业逻辑。"

首席股东

做出支持通用汽车的决定比较容易。但是，机制上的问题更难解决。由于通用汽车背负了过多债务，政府持股是向该公司提供资金并助其成功的唯一途径。这带来一个严峻的现实——美国政府将成为一个标志性的美国企业的大股东。这给奥巴马政府提出了一个特别棘手的问题——我们将如何定位我们的新角色？我们称之为"美国政府作为股东"。批评者称之为"政府造车"。

我们面临的挑战是建立一个框架，使我们保持适当距离，不参与汽车公司的经营，但能让高级管理层对其决策负责，以保护我们投资的宝贵的纳税人资金。

首先，我们决定，必须更换管理层和董事会。通用汽车正在接受包括过桥贷款在内的 510 亿美元的纳税人注资。我们认为，若保留应对公司解体负责任的里克·瓦戈纳和管理层的职位，将无法证明纳税人投资金额的合理性。

奥巴马政府的财政部长盖特纳表示，罢免瓦戈纳的首席执行官职务并彻底改革董事会，与两届政府在整个金融危机中广泛采取的做法一致。也就是说，政府在一家陷入困境的公司中持有的股份越多，政府就越倾向于更换管理层。在美国国际集团、房利美和房地美、通用汽车等由政府大量注资进行救助的案例中，所有高级管理层均被撤换。

但与此相伴的是一个重要的推论。一旦我们找到了新的首席执行官，我们应谨慎避免利用我们的大股东地位来影响商业决策。我们也不打算利用我们的影响力达到其他政策意图。

我们知道我们拥有的权威和权力都是前所未有的。我们面临来自各方面的压力。有人呼吁以国产化为底线，要求通用汽车和克莱斯勒承诺不关闭某些地区工厂、帮助特定贫困社区、生产特定类型的汽车，或达到特定燃油效率目标。同时，我们还面临来自其他方面的批评，即联邦政府对通用汽车的控股地位以及对其高级管理层的全面撤换，相当于向社会主义悄然推进。

我们尽最大努力抵御外部压力。10 年后说这种话很容易，但我们相信在当时大多数情况下我们都抵挡住了压力。我们的信条是，如果关注的重点偏离财务上的生存能力，最终将使纳税人付出更多代价。例如，如果我们利用自身地位迫使汽车制造商增加国内生产，有可能使它们的竞争力减弱，最终这将使纳税人付出更大的代价。

无论是重组期间还是随后管理公司期间以及股权退出期间，我们将很大一部分精力放在不以大股东的身份干涉管理层决策上。这并不容易，尤其是在管理层更换期间和菲亚特加入之前，我们的团队必须直接参与初始重组。

我们确实考虑过其他办法，进一步疏远我们对控股股权的掌控，以免受到政治干预。我们甚至探讨过将股权交给第三方管理的可能性。我们没有选择这一替代选项。我们最终认为这不可行，也不符合我们管理纳税人资源的义务。

经验教训

对于通用汽车、克莱斯勒及其旗下汽车金融公司的救助和重组，两届政府在危机期间做出了独立但具有连续性的决策，其目标是一致的，即减轻这场自大萧条以来最严重的经济危机的影响。

重组后，各汽车制造商逐渐恢复盈利能力，经营状况甚至比金融危机发生之前更好。这一变化速度远超我们的预期。的确，在重组后的一段时间内，底特律汽车三巨头在美国市场的总份额实现了过去 20 多年来的首次增长。

整个汽车行业，包括通过支持车企而连带救助的供应商网络的恢复速度，也远超我们的预期。2009 年 6 月，在通用汽车向法院提交破产申请时，汽车及零部件制造领域的就业人数为 62.3 万人，而 4 年后这一数字增长至 82.5 万人（见图 13.3）。[1] 2009 年 2 月，经季节调整的年化销量跌至谷底为 902.3 万辆，到 2012 年 2 月便反弹至 1 460 万辆，正向 1 700 万辆的大关迈进。[2] 当然，复苏带来的经济效益不仅体现在这些绝对数字上，还反映在避免了无序破产清算可能带来的就业岗位消失的风险。

从财务角度看，政府退出汽车行业的速度也比预期的更快。2011 年 5 月，克莱斯勒偿还了问题资产救助计划下的剩余欠款。2013 年底，政府出售了其持有的通用汽车股权。

---

[1]　Motor vehicles and parts manufacturing employment, Bureau of Labor Statistics, U.S. Department of Labor.

[2]　BEA, "Light Weight Vehicle Sales."

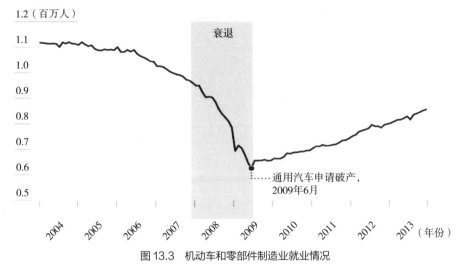

图 13.3　机动车和零部件制造业就业情况

资料来源：美国劳工统计局。

与对金融部门的救助措施不同，纳税人为救助汽车行业承担了成本。政府对通用汽车、克莱斯勒和联合汽车金融公司（前身为通用汽车金融服务公司）共投资约 800 亿美元，收回约 700 亿美元。其中，对通用汽车投资 510 亿美元，收回 390 亿美元；对克莱斯勒投资 125 亿美元，收回 112 亿美元；对联合汽车金融公司投资 172 亿美元，获得了 24 亿美元的收益，后者在一定程度上弥补了政府投资通用汽车、克莱斯勒产生的损失（见表 13.1）。[①]

表 13.1　问题资产救助计划对美国汽车行业救助情况一览

接收方 / 项目名称	拨款金额（亿美元）	净收益 / 损失（亿美元）
通用汽车	495	−105
通用汽车金融服务公司 / 联合汽车金融公司	172	24
克莱斯勒（含克莱斯勒金融公司）	120	−12
供应商及保修商	11	1
合计	797	−91

注：数据截至 2018 年 12 月 1 日。净收益 / 损失等于总支出减去返还的资金。由于四舍五入，各分项加总与合计额可能不符。

资料来源：2018 年 12 月 1 日更新的问题资产救助计划月度数据。

---

① U.S. Department of the Treasury, Office of Financial Stability, TARP programs, https://www.treasury.gov/initiatives/financial-stability/reports/Pages/TARP-Tracker.aspx#Auto.

总体上，我们认为这次救助完成了我们的使命，稳定了美国经济的支柱产业，挽救了成千上万个就业机会，并避免了在极度脆弱时期可能发生的经济混乱。从这个角度看，纳税人所承担的成本是合理的。综观政府在危机期间为保障经济和就业而采取的若干干预措施，这项投资是大衰退时期回报最高的投资之一。

汽车行业的快速复苏到底是因为我们的远见还是运气，或二者兼有，这一问题可能还会争论多年。最终，外人是评判我们功过是非的最佳裁判。不过，我们也从自己的角度提出以下反思。

经验 1：为经济下行期做好应对方案

后期车企及整个汽车行业受益于一轮超预期的周期性反弹。看到克莱斯勒的强劲表现后，再回头看我们的决策，很容易认为我们当时犹豫再三做出的决策显然是正确的。然而，更难回答的问题是，若反弹不及预期，重组又将如何发展？虽然我们无法给出确定的答案，但重要的是，我们在评估救助措施并制定决策时，应充分考虑危机后经济复苏可能会出现更糟糕的情景。重组的目标以及要求股东所做的让步，均是为了让企业能够在经季节调整年化销量处于 1 000 万 ~ 1 100 万辆的水平下仍具备竞争力。只有为更悲观的市场环境做好准备，企业才能够更好地利用上行期出现的机会。

经验 2：危机救助需放下党派之争

虽然小布什政府和奥巴马政府的执政目标不同，但即使在危机最严重时期，他们也能够在深思熟虑后做出政策选择，接力解决好这一问题。小布什政府愿意为下一届政府创造决策空间，而奥巴马政府也愿意在上一届政府的基础上继续开展工作，而不是全部推倒重来，因此我们的政策是可预测的。两届政府是政治上的竞争对手，更凸显了该项工作的挑战性和成就性。

经验 3："每个时刻只有一位总统"是一条重要原则，但却需为其付出代价

重组行动与总统换届的时间重合，意味着为了给即将上任的政府留出决策空

间，企业在这一段时间内必须努力维持生存。这段时间从 2008 年 12 月中旬一直持续至 2009 年 3 月中旬，导致政府的干预成本增加，这些成本是纳税人所承担的净损失中的主要部分。我们希望未来的政策制定者不会面临危机应对与总统换届时间重合的糟糕局面。但若无法避免，那么应认真考虑由一任总统做出决策的合法性与救助速度及成本间的关系。

经验 4：危机时期的政策工具并不完美

美国国会拒绝救助汽车行业，这迫使小布什政府考虑运用问题资产救助计划来避免通用汽车和克莱斯勒破产。最初我们拒绝了这一提议，希望避免通过此种方式来解决问题。然而，一旦做出决定，由于时间紧迫，奥巴马政府基本上没有考虑其他政策工具。在救助通用汽车和克莱斯勒方面，问题资产救助计划并不是完美机制，它引发了人们对重组合法性的质疑。但经过反复考虑，我们认为这是一项正确的决策。它在法律上说得通，法院支持这一决策，而且从实际情况来看，也没有其他更好的选择，因为剩下的就是破产清算。考虑到危机后的立法进展以及政治层面的讨论情况，未来的政策制定者可能会面临政策工具更少、更不好用的局面。技巧和运气有一定的作用，但政策制定者最终还是会受到其可供选择的政策工具的限制。

经验 5：政府成为"不情愿的股东"虽然困难，但却是重要目标

奥巴马政府团队努力践行着总统所强调的要强硬、要商业化的要求，以实现财务可持续性和保护纳税人利益。事后来看，鉴于汽车业的强劲反弹，有人认为我们的投资或许可以代表美国经济或美国工人实现更多目标。例如，应要求美国企业将生产留在国内，而不是转移到成本更低的其他国家或地区，这甚至在危机后仍是热议问题。但经过反思，我们认为心无旁骛地专注于财务可持续性原则，对于有效的、纳税人直接成本最小化的重组是至关重要的。

第十四章

实施问题资产救助计划：
问题资产救助计划的管理框架

◇◇◇

　　本章作者：蒂莫西·马萨德和尼尔·卡什卡里。本章作者感谢几位前同事在编写本章时提供的帮助，特别是洛伦佐·拉塞蒂，以及史蒂夫·亚当斯克、洛里·贝廷格、菲莉斯·考德威尔、汤姆·科尔曼、唐·哈蒙德、达留斯·金斯利、詹姆斯·兰布赖特、詹妮·梅因、唐·麦克莱伦、杜安·莫尔斯、马修·彭多、安东尼·塞尔瓦托雷、霍华德·施魏策尔、迈克尔·斯皮克、菲利普·斯瓦格尔和保罗·沃尔夫特奇。感谢本·伯南克、蒂莫西·盖特纳和亨利·保尔森的评论与反馈，以及巴里·阿德勒和本杰明·亨肯的编辑与研究帮助。感谢从 2008 年秋季到该项目结束时在金融稳定办公室工作的其他人，感谢他们努力工作和为美国服务。向赫伯特·阿利森表示感谢和致敬，他从 2009 年 6 月到 2010 年 9 月担任负责金融稳定的助理部长，阿利森先生于 2013 年去世。

引言：探索未知领域

2008 年 10 月初，美国国会通过问题资产救助计划[①]立法后，时间立刻变得宝贵起来。虽然我们还不确定资金的具体使用方式，但我们知道必须快速组建一个机构，负责智慧、高效地落实资金的各项用途，并符合最严格的透明度、公平和问责标准，且能够顺利度过两届政府换届期。

2008 年《紧急经济稳定法案》授权财政部长设立问题资产救助计划，并提供 7 000 亿美元资金，其中设立之初仅有一半资金到位。《紧急经济稳定法案》未明确规定资金具体用途，而是划定了大致用途，即"向财政部长提供其在恢复金融体系流动性和稳定性过程中所需的权限和工具"，同时还规定了行使该权限的边界和限制。《紧急经济稳定法案》还规定在财政部内部设立一个金融稳定办公室，负责管理问题资产救助计划，由财政部来确定问题资产救助计划的结构和内容。

美国财政部中没有一个现成的部门来接手这项工作。财政部可以行使一些辅助职能，但没有能力来实施这样一个涉及上千亿美元资金拨付的项目。

而且也没有好的先例可循。此前的重组信托公司模式可借鉴性不大。重组信托公司成立于 1989 年，目的是出售倒闭并被联邦存款保险公司接管的储贷机构的资产。而在 2008 年，我们的任务是阻止危机继续深化——目前危机已经引发恐慌，形势比储贷危机严重得多，甚至比大萧条更严重。[②]

在接下来的两年里，我们设计了问题资产救助计划项下各类投资计划以及缓

---

① 问题资产（Trouble Assets）救助计划，得名于 2008 年《紧急经济稳定法案》。《紧急经济稳定法案》条文中在提到问题资产救助计划时存在不一致的情况，有些地方称为问题资产（Troubled Asset，单数）救助计划，甚至在同一页上同时出现了单数和复数的情况。财政部在提及问题资产救助计划时也没有统一单复数。本文采用复数名称（此问题仅存在于英文原文，中文无论单复数均译为"问题资产"）。

② 我们也不认为国际上有先例可循。例如，瑞典虽然在 20 世纪 90 年代初经历过一场银行危机，但其金融体系比美国金融体系小得多，多样性也少得多。

解住房危机相关计划的管理框架和流程，并负责管理和实施这些计划。投资计划包括向金融机构注资、支持信贷市场以及重组汽车行业。当不再需要这些计划的时候，应有退出机制，因此我们还设计了退出计划。

毫无疑问，我们认为问题资产救助计划是成功的。公众可能会对各类金融危机应对政策和计划的优点，包括政府应对过度还是应对不足持有不同意见，但问题资产救助计划的创建、管理和退出本身就是一个出色的政策执行案例：

- 面对不断加速的危机，我们迅速搭建起一个管理机构，为各类未经实践检验的政策计划提供支持，并实现了两届政府的无缝衔接。最终，问题资产救助计划共提供 4 450 亿美元资金救助，其中 4 120 亿美元用于各类投资计划，330 亿美元用于住房政策。[①]7 000 亿美元资金授权中，超过 2 500 亿美元未被动用。

- 我们组建了一支涵盖金融、法律和其他相关领域的专家团体，在短短两年时间里处理了数千笔投资交易。截至 2013 年底，累计收回资金 4 330 亿美元，比投资本金多 210 亿美元。（另有 330 亿美元的住房救助资金无须偿还。投资计划的说明、拨款金额和回收金额见表 14.1。）[②]

- 我们做到了完全透明：任何人都可以查找到每一美元的使用时间和用途、是否收回并查看投资合同。我们编制了经审计的问题资产救助计划总财务报表，并分别编制了各个计划的详细报告。此外，除国会外，问题资产救助计划还接受四个机构的监督——这意味着监督问题资产救助计划运作的人员数量大多数时候比干活的人数还多。（服务问题资产救助计划的工作人员从 2008 年 10 月的 0 人逐步增加到 2010 年的 220 人，现在已经缩减到一小拨人。）

问题资产救助计划不是存在于真空中的，它成功的部分原因是一揽子危机应对措施的累积效果，还有一些运气成分。有些地方我们本可以做得更好，其中第一项就是本应更有效地传达我们为什么要做我们所做的事情——这是危机应对措施普遍存在的不足。许多美国民众认为，问题资产救助计划是对华尔街的救助，而非对普通民众的帮助。我们未能成功说明为什么金融部门的稳定对美国经

---

① 截至 2019 年 8 月 1 日，共拨付了 4 410 亿美元；抵押贷款条款调整项目下预计将再支付 40 亿美元。
② 收回的资金中包括财政部持有的美国国际集团额外股票收益，参见下文所述。

济健康至关重要，以及问题资产救助计划等干预措施如何能防止出现另外一场大萧条。

实施问题资产救助计划是非同寻常的经历。未来的危机与这次会有所不同，但同样地，也需要在高度不确定的情况下快速部署相应的人力和资源。

问题资产救助计划的实施可以分为三个阶段，不是按日期划分，而是根据所面临挑战的性质划分。第一个阶段是从立法通过到 2009 年 1 月底奥巴马政府就职后不久，这一阶段的迫切任务是建立组织架构，让问题资产救助计划运作起来。第二个阶段是从奥巴马政府执政初期一直持续到 2010 年 9 月，这一阶段我们不断扩展计划的范围和投资类型。第三个阶段是从 2010 年 10 月开始，这一阶段问题资产救助计划新增投资的权限到期，我们专注于退出现有投资和缩减行政团队的规模，同时继续实施住房计划。[①]

两位作者的任期没有重叠，也没有一起共事。[②] 但我们对外只有一个声音，因为我们讲述的是同一个了不起的团队的工作，团队中的许多人任期延续两届，而且因为问题资产救助计划的实施不涉及任何党派之争。在确有必要的情况下，我们也注明了我们在观点上的差别。但我们面临的挑战以及我们和团队所做的决策都是"同"大于"异"。

表 14.1　截至 2019 年 8 月 1 日问题资产救助计划收支情况

单位：十亿美元

问题资产救助计划投资项目	支出	收回
银行投资计划		
资本购买计划 [A]	204.9	226.8
定向投资计划 [B]	40.0	44.4
资产担保计划 [C]	0.0	4.1
社区发展资本倡议 [D]	0.2	0.2
监管资本评估计划 [E]	0.0	0.0

---

① 依照原立法，新增投资的权限应于 2010 年 9 月 30 日到期，但 2010 年 7 月通过的《多德－弗兰克法案》第 1302 条禁止将问题资产救助计划资金用于 2010 年 6 月 25 日之前未启动的计划或倡议。

② 蒂莫西·马萨德于 2009 年加入金融稳定办公室，担任首席法律顾问，当时赫伯特·阿利森接替尼尔·卡什卡里担任负责金融稳定的助理部长。阿利森任职到 2010 年 9 月，直到马萨德成为助理部长。

问题资产救助计划投资项目	支出	收回
小计：银行投资计划	245.1	275.5
信贷市场计划		
公私合营投资计划	18.6	22.5
定期资产支持证券贷款工具	0.1	0.8
小企业管理局 7（a）证券购买计划	0.4	0.4
小计：信贷市场计划	19.1	23.6
其他投资计划		
汽车行业融资计划	79.7	70.6
美国国际集团 [F]	67.8	72.9
小计：其他投资计划	147.5	143.4
问题资产救助计划住房计划 [G]		
人人享有可负担住房	20.5	—[H]
重灾区基金	9.3	—
支持联邦住房管理局再融资计划	0.0	—
小计：问题资产救助计划住房计划	28.1	—
问题资产救助计划总额 [I]	441.6	442.6
问题资产救助计划总额（无额外美国国际集团股份）	441.6	425.0

A. 资本购买计划项下，财政部共投资了 707 家银行。

B. 定向投资计划项下，财政部以总计 400 亿美元的价格从美国银行和花旗集团各购买了 200 亿美元的优先股。

C. 资产担保计划项下，问题资产救助计划额度用于支持美国银行和花旗集团这两个机构，最终该项目没有实际拨款，收回的金额代表担保费和其他费用。

D. 社区发展资本倡议项下，财政部投资了 84 家社区发展金融机构。一些接受资本购买计划注资的银行转型成社区发展资本倡议，共花费 3.63 亿美元，这部分未包括在上表所示的社区发展资本倡议支出中。此外，这些投资的收回也包括在资本购买计划总额中，而不是社区发展资本倡议中。社区发展资本倡议共收回约 5.5 亿美元。

E. 监管资本评估计划的成立是针对需要筹集资金以满足压力测试最低通过标准，但又无法获得市场化融资的银行。这笔资金实际未动用。

F. 收回的金额包括财政部从其在美国国际集团的额外股份中获得的收益，即美联储为财政部设立的信托账户，约 176 亿美元。

G. 问题资产救助计划项下的财政部住房计划预计最高可拨款 330 亿美元。

H. 所有问题资产救助计划项下的住房计划的拨款都不打算收回。

I. 由于四舍五入，各项加总与合计额可能不符。

资料来源：2019 年 1 月 8 日更新的问题资产救助计划月度数据。

问题资产救助计划的法律依据：正确把握权力范围和限制

问题资产救助计划是一项复杂的法律产物，最初被美国国会否决。但在道琼斯工业指数下跌超过 700 点（或者说 7%）后，问题资产救助计划在几天后的第二次投票中通过了。外界常常将问题资产救助计划视为一只供财政部随意支配的 7 000 亿美元基金，但事实并非如此。虽然我们的权力很大，但对能做什么、如何做都有具体限制。因此，理解授权问题资产救助计划架构的关键法律条款非常重要。

权力范围

《紧急经济稳定法案》授权美国财政部"购买……金融机构的问题资产"[1]，这引出三个关键点。

首先，授权很宽泛，加之危机演变及应对措施的不确定性，这意味着我们的组织架构从一开始就应具备高度专业性和灵活性。

其次，"问题资产"[2]一词的含义很宽泛，使财政部能够在《紧急经济稳定法案》生效后不久便做出重大决策，通过购买优先股向银行注资，即资本购买计划。选择注资而非购买抵押贷款相关资产的原因有两个。一方面是市场形势恶化速度过快，我们正全力以赴抢救金融体系，财政部无法足够快地实施一个资产购买计划。另一方面是注资使每一美元问题资产救助计划资金发挥的杠杆作用比购买抵押贷款相关资产更大，尤其是考虑到我们的目标是支持健康的机构，而不是拯救濒临倒闭的机构。我们没有足够的资金购买数万亿美元的抵押贷款相关资产。

---

① 参见《紧急经济稳定法案》第 101 条，财政部还在第 102 条中被授权担保问题资产，但该工具没有被广泛使用。

② "问题资产"的定义有两个部分。其中第一部分涉及 2008 年 3 月 14 日之前发行的抵押贷款相关证券和债务。第二部分是在立法过程的后期增加的，包括"财政部长与美联储主席协商后确定购买有助于促进金融市场稳定的任何金融工具"。这一确认结果须提交国会。

决定设立资本购买计划并从在问题资产救助计划初期到位的 3 500 亿美元中直接向资本购买计划拨付 2 500 亿美元，对问题资产救助计划的管理架构产生了深远影响。[①] 当时，美国有超过 8 000 家银行加入存款保险。我们不知道会有多少家申请补充资本，但我们假设且希望有数百家（如果不是数千家）申请。我们必须建立起一个组织架构，对这些注资申请进行快速评估、决策，然后拨款并监测数十亿美元资金的去向，同时避免可能的利益冲突（将降低问题资产救助计划可信度）或干预（将影响问题资产救助计划尽快发挥作用）。

决定向银行注资意味着必须有能力退出投资，因为并不是所有银行都能靠自己偿还债务，我们也不能强迫其偿还。我们持有的优先股没有交易市场，我们是唯一的持有者。当时没有市场价格，也不清楚买家会是谁。因此，必须有退出机制，既保障价格最大化，又确保公平透明。

权力范围的第三个关键点是，虽然"问题资产"的定义很宽泛，但法律要求必须是"金融机构"的资产。如果要购买"任何金融工具"（详见前文关于"问题资产"定义的第一部分所述的购买抵押贷款相关资产），财政部长和美联储主席就必须向国会做说明。这意味着我们必须创建一个程序，确定每个计划或计划修订方案的法律授权。

许多对计划或计划修订方案的建议是很好的，但不能满足上述要求。我们面临的挑战在于，问题资产救助计划的运作要能充分调用我们可调用的全部权限，尤其是在一开始无法预知后续将采取哪些行动时。

认股权证和担保条款

《紧急经济稳定法案》关于认股权证和担保的要求也对问题资产救助计划的设计和管理架构产生了重大影响。

《紧急经济稳定法案》规定，美国财政部在收购问题资产时，必须收到普通股或优先股（或者在有些情况下是"优先债务工具"）的认股权证。每个投资计划都必须包含认股权证条款，以保障纳税人获得投资的潜在收益。资本购买计划项下，对上市银行的注资附带认股权证条款是一件简单的事，但对许多非公开上

---

① 意味着美国财政部要向国会申请第二批 3 500 亿美元资金，而国会有能力限制其使用。

市银行（包括小型社区银行）和许多其他项目（例如公私合营投资计划）则要复杂得多。我们需要能解决这方面问题的员工，还需要创建适当的流程来出售权证，因为和资本购买计划中的优先股一样，权证也是不可交易证券。[①]

《紧急经济稳定法案》还规定，美国财政部可以为问题资产提供担保，代替购买。起初，一些人认为这一条款有助于增大问题资产救助计划资金的杠杆效果，会得到广泛应用，因此早期就根据这一条款出台了一个计划。[②]但是，法律要求问题资产救助计划的可用资金要减去担保负债金额，再加上担保要收取保费，而且对担保资产的估值较为困难，最终该条款的应用并不多。[③]

高管薪酬

接受注资的银行的高管薪酬问题，是问题资产救助计划遇到最具挑战性的问题之一。最初问题资产救助计划立法时对高管薪酬的限制很少，签订资本购买计划项目合同时也没有进一步限制。小布什政府团队认为，限制薪酬可能导致银行不参与该计划。如果没有银行的参与，金融体系可能会崩溃，对普通民众的危害极大，违背立法目的。而我们将防止金融体系崩溃视为首要任务，即便这意味着遭受广泛批评。

奥巴马政府上台后，接受纳税人救助的金融机构高管薪酬问题已经引起众怒。2009年2月，美国国会大幅增加原法律中对高管薪酬的限制。[④]2009年3月，美国国际集团向其金融产品部员工发放巨额奖金的消息传出后，愤怒情绪升级。

奥巴马政府必须设计一个最优方案来实施国会施加的新限制。2009年6月，财政部发布相关规定，任命肯尼思·范伯格为"特别负责人"，负责落实这些规定。范伯格以设计群体性侵权事件的赔偿方案而闻名，他设计了一个我们认为行之有效的流程。他的参与还极大地减少了财政部领导层和金融稳定办公室其他工

---

① 《紧急经济稳定法案》第113条（d）款。

② 这一权力被用于向花旗集团和美国银行提供额外援助，但在谈好条件并对外宣布后，美国银行又决定退出担保计划。

③ 《紧急经济稳定法案》第102条。

④ 更严格的薪酬限制包含在《美国复苏与再投资法案》中。

作人员在这个问题上花费的时间和精力。[①]

然而，正如我们所担心的，许多金融机构，特别是规模较小的金融机构，由于这些限制而拒绝接受问题资产救助计划资金。这些银行高管的薪酬远低于大银行，而且对于一些雇员较少的银行，这一限制覆盖的组织层级更低。这些限制也促使许多银行决定尽快偿还问题资产救助计划资金。

这些限制也影响了问题资产救助计划的设计。例如，奥巴马政府花了大量时间研究问题资产救助计划资金是否可以用来支持小企业贷款。我们没能想出一个可行的办法。一个主要原因是，潜在受资助对象不愿遵守薪酬限制。[②]

退出投资的相关条款

《紧急经济稳定法案》赋予了我们一定的自由裁量权，我们可以决定如何以及何时处置或收回投资。涉及资产出售的一般性条款要求财政部回报最大化。《美国复苏与再投资法案》增加了一项条款，允许银行在资本购买计划合同规定的时间之前还款。

影响问题资产救助计划管理的其他规定

《紧急经济稳定法案》影响了我们对管理架构的设计和实施。例如，《紧急经济稳定法案》赋予财政部长"直接雇用权"，这样我们能够加快招聘流程（因为不需要走标准的政府流程），并赋予财政部长决定问题资产救助计划行政费用预算的权限。《紧急经济稳定法案》要求编制独立的财务报表和成本审计，并对每项交易和其他事项编制详细报告。此外，如前文所述，《紧急经济稳定法案》授权四个监管机构监督我们的工作。

---

① 有关这些条例管理的更多信息，参见 Office of the Special Master for Executive Compensation, Final Report of Special Master Kenneth Feinberg, Sept. 10, 2010, https://www.treasury.gov/initiatives/financial-stability/exec_comp/Documents/Final Report of Kenneth Feinberg-FINAL.PDF。

② 美国国会后来通过另一项政策——小型企业贷款基金（SBLF）——为社区银行和社区发展贷款基金提供资金，以鼓励小企业贷款。该政策不包含高管薪酬限制，允许接受资本购买计划资金的小银行在某些条件下转为小型企业贷款基金项目。见图 14.3 和图 14.4。

这些规定要求我们必须从一开始就建立严格的财务会计和内控程序，以及全面的运行制度，以确保准确、及时地记录和汇报工作。

人员配备的增减

2008 年秋天的一项艰巨任务是为金融稳定办公室招募工作人员。许多工作人员后来将问题资产救助计划称为世界上最大的政府机构成立的最大的初创企业。我们必须在几个月内实现向新政府的过渡，两年后，我们又开始逐步关停这项业务。（金融稳定办公室人员编制水平和年度预算分别见图 14.1 和图 14.2。）

起步阶段——人员配备

2008 年 10 月 13 日，财政部长保尔森、美联储主席伯南克、纽约联邦储备银行行长盖特纳、联邦存款保险公司主席贝尔和货币监理署署长杜根会见了美国九大银行的首席执行官。第二天，财政部宣布资本购买计划，向这九家机构提供总计 1 250 亿美元的注资，并另外预留 1 250 亿美元，用于向其他希望申请并符合该计划标准的银行注资。

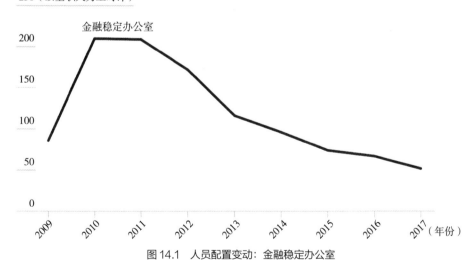

图 14.1　人员配置变动：金融稳定办公室

资料来源：总统预算附录。

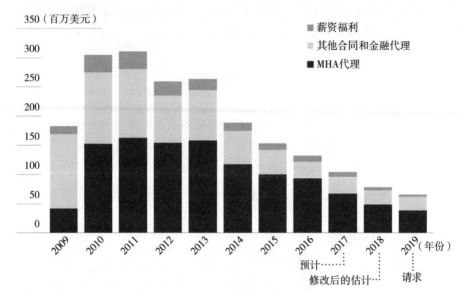

350（百万美元）

图例：
- 薪资福利
- 其他合同和金融代理
- MHA代理

图14.2　问题资产救助计划行政预算变动

注：数据按财政年度显示。

资料来源：金融稳定办公室季度行政活动报告。

现在面临的挑战是执行。

我们需要建立一个体系来审批银行的申请，制定投资管理合同，建立拨款和资金监控以及相关财务和操作控制的基础设施。而这一切本该"昨天"就完成。

我们还需要从私人部门和政府部门招募具备信贷和投资分析、投资管理、交易和监管等法律事务专业知识与经验的高素质人才。同时，还需要精通政府会计和财务控制要求的人才。由于问题资产救助计划曝光度很高，因此我们必须招募顶尖人才。

直接雇用权意味着我们不需要遵循联邦政府的选聘程序，比如竞争性评级和排名，这加快了招聘速度。[①] 但雇员仍须满足严格的利益冲突和财务披露规定，这让一些符合条件的候选人望而却步。财政部在约3个月内陆续雇用了近100人。2010年3月，员工数量达到220人的高峰。[②]

---

① 《紧急经济稳定法案》第101条（c）款。

② 这是该月数据，从当年的全职人力工时来看，该年员工为211人。

许多早期工作人员是从其他机构，如美联储、联邦存款保险公司、货币监理署、储蓄机构监管局、国税局和证券交易委员会"借调"而来的。各机构之间合作密切，选派最优秀的人才参与问题资产救助计划初创，这是项目成功的关键。如果没有机构间的合作，我们不可能这么快地配备好人手。

我们在招聘时强调了以下原则：

· 不涉及党派，无论是共和党还是民主党均可加入。
· 候选人必须具备积极主动工作的能力，在短时间内迅速找到解决方案。能够根据职责的变化灵活调整岗位，同时性格谦逊、不自大，能与不同年龄、职位或拥有不同经验背景的人密切合作。
· 为人正直，不允许有任何道德污点或可疑行为。
· 抗压能力强，能够在重压环境下从事繁重工作，接受严苛的公众监管和批评。

我们希望一开始就以这些原则为核心建立文化氛围，其中最重要的原则是不分党派、高度正直、为稳定金融体系这一共同目标而工作。

具体职责由各个"首席"牵头，他们向负责金融稳定的助理部长汇报。小布什政府一开始就决定，助理部长是唯一接受政治任命的职位，其他所有职位都是职业性质，以确立一种强调业绩的基调，以便向新政府过渡。奥巴马政府保留了这种做法。主要职位包括首席投资官、首席财务官和首席行政官等。

在运营的各个阶段，我们还借助了外包服务商的专业技能，不仅使我们一开始就能够快速获得所需技能，也使后期的退出更加容易。特别是在启动初期，聘请外部公司来建立会计系统、内控制度并为初期投资准备法律文件是至关重要的。有些公司因为我们严格的利益冲突要求而选择不与我们合作。[①]

小布什政府时期的第一阶段行动中，我们需要在极其漫长的工作时间、巨大的压力和结果不确定的情况下保持士气。我们需要在确保我们的工作人员精力不被耗尽的前提下，保持较高的工作水准和协作能力。我们经常召开全员大会，让

---

① 《紧急经济稳定法案》授权财政部长在"紧急和迫不得已"的情况下，放弃某些联邦政府的要求以加快签订合同。我们很少使用这种权力，因为我们觉得遵守标准的合同规则对透明度很重要。但有一项权力还是一件好事。在一些情况下，我们找到的符合条件的顾问已经与政府签订雇佣合同，这种情况有助于加快采购进程。

每个人都掌握进度，还从细微处入手，如邀请工作人员带孩子参加单位的万圣节活动等，尽可能营造人性化氛围。

启动初期，我们还必须让大家相信我们的工作不会因新政府交接而结束，并创造一种有晋升空间的氛围。这些目标强调了保持无党派文化的重要性。

第二阶段——转变与扩张

随着奥巴马政府上任，第二阶段的行动更注重连续性，而较少有人员变化。在 2009 年 5 月奥巴马总统提名的新人开始担任财政部长顾问之前，尼尔·卡什卡里一直担任临时助理部长。这段时间的人员变动较少，人事变动主要是出于个人原因。

第二阶段，特别是 2009 年这一年与第一阶段一样忙碌和疲惫。我们实施了新计划，包括通用汽车和克莱斯勒的破产重组、信贷市场计划［定期资产支持证券贷款工具、公私合营投资计划和小企业管理局 7（a）证券购买计划］和住房贷款可负担调整计划。人员招募和鼓舞士气仍是这一阶段的一大挑战。

在第二阶段，尤其是随着时间的推移，一个显著不同是对问题资产救助计划的质疑和审查力度加大。监督部门增加了人员配置和检查次数，并不断要求提供信息并进行调查。此外，美国国会的严格审查也在继续。工作人员反复提到这样一件趣事：根据一项民意调查，最不受美国人欢迎的词汇中，"问题资产救助计划"的得票率仅次于"关塔那摩监狱"。[1]

在此期间，我们对早期围绕资本购买计划搭建的组织架构进行了一些调整，以适应后续计划的多样性和业务复杂性。

第三阶段——逐步缩减规模

随着奥巴马政府进入第三阶段，我们进行新增投资或拨款的权限到期（除非事先获得批准），我们的重点开始转向减少投资规模、逐步压降业务。

我们较快地完成了人员编制的削减。一些员工认为自己的工作已基本完成而

---

[1] 我们未核实是否真的存在这样一项民意调查。

选择自动离职。对于签短期雇佣合同的员工，大多数我们也没有续签，而是把这部分工作交给其他人。许多借调员工也没有延期。我们还帮助一些员工介绍新工作。

由于金融稳定办公室的资金来自强制授权，我们不会遇到因发不出工资而被迫休假的情况，可以在2013年10月政府关门期间继续工作，这有助于提高士气和项目效率。

经验教训：人员配置

人员配置和人力资源方面的主要经验教训包括：

- 对于一项须立即落实、由政府和私人部门各类型专业人才开展协作的大型计划来说，拥有直接雇用权至关重要。
- 从其他部门借调员工有助于大幅提升计划实施速度、加强跨部门协作以及专业人才会聚。
- 外包服务商是另一个获得专业人才的渠道，但前提是有严格的标准避免利益冲突，而且保证费用合理。
- 雇用短期雇员（而非永久雇员）更有利于计划退出。
- 不受党派影响、以绩效为导向的文化是关键。

狠抓细节：问题资产救助计划实施

银行计划

所有问题资产救助计划项下面临的一个共同挑战就是实施，尤其是银行和住房计划，因为资助对象较多。资本购买计划是主要的银行救助计划，可能也是问题资产救助计划中最知名的计划。为了推出资本购买计划，我们需要建立一个能够覆盖数百名甚至数千名申请者的系统。

我们设置了同行审查，以防止某一监管机构为其监管对象游说。要想获得资金，银行首先要向其主要监管机构提出申请。如果该银行 CAMELS[①] 评级较高，且主要监管机构支持其申请，那么我们将出具一个"初审同意"的意见并直接发给投资委员会，由委员会决定是否建议助理财政部长批准该申请。

没有收到初审同意或有其他待定事项的申请将转交给资本购买计划委员会，委员会由所有银行监管机构的代表组成，由资本购买计划主任从中协调。由委员会决定向投资委员会推荐哪些申请，这一过程确保了标准一致性，不会因申请人主要监管机构不同而不同。

初审被拒的申请将发回相关的主要监管机构，后者将鼓励该行撤回申请。（我们不会对外公布这些被拒或撤回的申请，以避免对银行产生负面影响。）

由于小银行的结构化差异，申请和程序也需要进行微调，这又是对我们如何快速搞定资料和流程的一项挑战。[②]

我们在社区发展资本倡议（CDCI）中就使用了统一的程序，该倡议向 84 家社区发展金融机构注资。

资本援助计划仅针对 19 家接受压力测试的银行，作为其无法市场化筹集资金以满足压力测试最低资本要求情况下的后备选项。尽管压力测试显示有 10 家银行需要筹集资本，但除了一家银行，其他都能获得市场化融资。这一家就是联合汽车金融公司（前身为通用汽车旗下的金融服务公司），后通过问题资产救助计划的汽车工业融资计划（AIFP）得到了资金援助。因此，资本援助计划额度未被支取。尽管如此，有后备资金这一事实可能还是使市场更加支持压力测试。

经验教训：计划实施

我们的目标是建立一个问题资产救助计划资金发放流程，这一发放流程对于处于竞争关系的申请人来说应是公平的、快速的，又能经得起严格审查的。并不

---

① CAMELS 是一种广泛使用的评级系统，用于对银行的整体财务状况进行评级，评估资本充足率、资产质量、管理、盈利、流动性和对市场风险的敏感度。

② 例如，美国许多社区银行出于税收目的是私人持股的"S 公司"，其股份必须由有限数量的自然人持有才有资格享受某些税收优惠。因此，我们必须设计出一种替代方案，来取代普遍使用的带有认股权证结构的优先股。考虑到税收政策的不同，我们还调整了股息。对于那些由存款人而非股东持股的机构，政策流程也需相应调整。

是每个申请者都能获得资助，这意味着必须确保申请材料和审查程序的一致性。

我们努力确保决策过程不受政治影响，同时保持对国会的公开和透明。为此，国会的所有电话和信息都直接打给助理部长，确保负责审批的人员不受干扰。

美国银行机构类型多样，实施资本购买计划具有很大的复杂性。具备专业人才至关重要，我们需要能够创造性地调整计划的人才，使这样一个简单易懂的计划能够尽快适用于不同类型的机构。

宣布一项新计划本身就能对稳定金融体系产生重要影响。甚至在该计划实施前，就能起到稳定市场、提振信心的作用。资本购买计划、资本援助计划和其他计划（如公私合营投资计划）在实施中都产生了这一效果。

其他投资项目

虽然资本购买计划是使用问题资产救助计划资金最多的单一工具，但其实所有其他计划（包括公私合营投资计划和定期资产支持证券贷款工具等信贷市场计划、支持汽车业和美国国际集团的计划）的投资金额加总起来略高于资本购买计划。每个计划的实施都有各自的问题，不在本章的讨论范围内，但在经验教训一节中提到的原则同样适用。

住　房

我们没有资金直接购买足够大规模的问题抵押贷款，为此奥巴马政府推出了住房贷款可负担调整计划，该计划使用问题资产救助计划资金支持抵押贷款合同调整。① 住房贷款可负担调整计划的第一个障碍是《紧急经济稳定法案》提到帮助房主的重要性，但没有提供具体的救助权限。我们必须设计一个计划，从金融

---

① 人人享有可负担住房计划是奥巴马政府为解决住房危机而推出的一系列计划的合称。住房贷款可负担调整计划是人人享有可负担住房计划内最大的计划，也是问题资产救助计划资金流向住房市场的最大渠道。人人享有可负担住房计划的其他项目包括住房贷款可负担再融资计划，该计划由政府资助企业提供资金。"Relief for Responsible Homeowners: Treasury Announces Requirements for the MakingHome Affordable Program," press release, U.S. Department of the Treasury, March 4, 2009, https://www.treasury.gov/press-center/press-releases/Pages/200934145912322.aspx.

机构"购买""问题资产"。最终，我们通过与贷款服务机构签订合同、为这些机构调整贷款合同提供资金激励来实施该计划。[①]

操作上的挑战在于，危机发生之初和之后相当长的一段时间里，抵押贷款服务行业没有必要手段有效地实施该计划。整个行业的架构是基于正常抵押贷款的大批量、科技驱动的收款行为，缺少与数百万房主沟通以开展贷款重组的能力。

抵押贷款合同的调整需要逐一了解房主情况，但贷款服务机构缺乏系统、人员或知识直接与房主开展大规模接洽。此外，它们缺乏关于客户的基本信息，因为文件一开始就很有限（如"缺少证明"贷款），或丢失或在出售贷款时没有转移。私人部门的资产证券化服务机构还受到合同条款限制，这些条款要求它们实现回报最大化，没有针对大规模违约可能性的应对方案。

我们最初没有意识到这个问题有多严重，也没有意识到服务机构需要多长时间来重组业务，因此该计划的实施困难重重。但事后来看，只要该计划需要对借款人进行一对一的大范围资格审查，可能也未必存在更好的替代方案。

如果由财政部从头开始建设如此庞大的基础设施，可能需要更长时间。我们也不太可能引入第三方解决这一问题，因为这些服务机构对投资者负有法律责任。

回过头来看，一个关键问题是我们是否应该放宽对救助对象的筛选标准，从而增加符合贷款调整的救助对象人数。也就是说，我们可以取消预先提供文件证明的要求，以及不对自住房或购房人偿付调整贷款的能力进行筛选。这样做的话，可能会加剧公众对计划的反对，认为我们帮助了"不负责任"或"不值得救助"的人。这可能导致更高的再违约率和成本，但也有可能可以帮助更多人。（参见本书关于住房政策的第十二章。）

我们需要中间机构将资金转交给贷款服务机构，并负责监督实施。财政部没有这样的资源，也无力快速建立相关业务。因此，我们让房利美作为财务代理，负责与服务机构合作实施计划并管理款项。我们还让房地美的一个部门负责合规，确保服务机构遵守我们的标准，履行对房主和我们的责任。

我们定期执行合规性审查，并经常召集这些服务机构向其施压，要求其改进程序并解决问题。2011年春，我们开始基于合规检查结果，对外发布"服务机

---

① 财政部法律顾问认为，签订这些合同是从金融机构购买金融工具。

构评估"，即简化的打分表。这一评级体系得到公众关注，可能会敦促服务机构更快采取行动纠正问题。我们听闻，打分表甚至引起了一些机构董事会的注意。回过头看，我们或许应该更早推出这一措施。

我们还要求贷款服务机构确定具体联系人，这样一个有经验的项目经理能够指导房主走完整个申请流程。

随着时间的推移，我们放宽某些计划的标准，扩大符合资格的范围，并略微简化实施流程。例如，降低文件证明标准，放宽债务收入比限制，将非自住房申请人纳入进来。（形成对比的是，一些监管机构督促我们收紧标准。）然而，由于立法限制，我们做出改变的能力有限。根据《紧急经济稳定法案》的规定，2010 年 10 月 3 日之后不能实施新的计划。因此，在该日期之后的任何变化都必须经过评估，以确保不构成"新计划"，这一限制导致我们考虑的一些调整无法实施。

尽管存在这些问题，住房贷款可负担调整计划仍为 250 多万项临时和 170 万项永久抵押贷款调整提供了资金。同时，该计划改变了行业惯例并树立了新标准，促成私人部门也开展了数百万份抵押贷款合同调整。（参见本书关于住房政策的第十二章。）

其余的住房援助计划中，规模最大的是重灾区基金，但该基金实施起来较容易。我们向州一级住房局提供资金，允许住房局自己选择对危机严重社区的救助方式，但须经我们批准。[①] 实施的质量和进度各不相同，我们也对各州开展合规审查，并帮助不合格的州改进。

管理（和退出）世界上最大的投资组合之一

在加大计划投入力度后不久，一个新情况出现了：财政部负责的投资组合的规模超过了大多数主权财富和私募股权基金。财政部只是出于稳定金融体系的需要而持有这些投资，这一事实决定了我们如何管理和退出这些投资。

---

① 州一级住房局是金融机构，这些合同被认为是金融工具。

管理投资

引入第三方顾问

美国财政部几乎每个投资计划都聘请了第三方顾问协助管理。它们提供专业的知识和经验丰富的工作人员，对投资计划开展持续评估和监测，同时协助制定和执行处置策略。顾问的任务因投资计划而异。资本购买计划和社区发展资本倡议共涉及对近800家银行的投资，因此需要顾问同时跟踪和退出多个类似投资。对美国国际集团和汽车行业的投资规模较大且涉及复杂重组业务，顾问需要帮助评估重组战略和进展。为了避免动机冲突，我们尽量不聘请担任证券承销商或代理人的公司作为顾问。

是否将投资转移到独立实体？

出于管理和处置目的，我们考虑过是否将投资转移到一个独立实体，如由财政部设立并拥有的有限责任公司。这符合《紧急经济稳定法案》的规定，也获得了部分国会议员的认可。在财政部内部，一些人认为问题资产救助计划影响了财政部专注于其他优先事项。但我们的结论是，这种转移弊大于利。第一，转移不会免除财政部根据法律管理或出售这些投资的责任，我们相信如果第三方决策失误，财政部还是会被指责。而且财政部仍将受到监督审查。第二，转移可能会增加纳税人的成本，因为我们将向第三方支付更多费用，同时仍需保留大量员工来履行核心职责。因此，我们决定聘请第三方作为顾问，但保留决策权。

行使表决权

我们必须决定如何对持有的股权行使投票权。财政部的权力有限，因为大多数投资中购买的都是优先股而不是普通股，优先股只在有限情况下（比如未能支付股息）才有投票权。这是有意为之的——财政部一般不寻求投票权，因为我们的目的不是管理这些公司。然而，出于交易、重组或其他原因，财政部在某些情况下也持有普通股。

2009年春天，奥巴马政府制定了一项基于财政部"不情愿股东"身份的政策。财政部持股是金融危机所带来的不幸后果，财政部无意长期持有私人公司的所有权权益。财政部的首要目标是维护金融稳定和促进经济增长。因此，财政部不应该干预这些公司的管理。

相反，政府将在投资时加入预设条款，以确保通过金融救助维护金融稳定。这些条款包括变更董事会或管理层。表决权只能在下列四种情形行使：董事的选举和罢免、重大公司交易、证券发行、章程的修改。财政部一直遵循这项政策。即使在财政部投资金额较大且公司需要重组的案例中，财政部也遵守这一政策，只是与管理层的互动变得更多。同理，尽管国会和一些民众要求我们以非正式途径借助所有权来推进其他政策目标（如限制向海外转移生产线或生产更省油的汽车），但我们拒绝了这些要求。

寻找董事

我们不得不为美国国际集团、通用汽车和联合汽车金融等公司寻找新的董事会成员，因为我们持有这些公司带有表决权的股票。由于法律禁止财政部工作人员在企业的董事会任职，我们选择了不在财政系统内任职的人士作为提名人选。虽然我们能够招募到高素质的候选人，但在某些情况下，提名财政部雇员将有利于计划顺利实施和保障纳税人的回报。我们不会指示提名人选怎样投票或行动，也不会要求他们提供信息。

资本购买计划优先股赋予财政部在银行连续几个季度不分红的情况下指定两名董事的权利。在许多此类不分红的案例中，我们的方案是派财政部员工作为观察员参加董事会会议。这是一种在不派驻董事的情况下对公司进行监督和提出建议的方法，但同时我们保留了任命董事的权利。

拒绝干涉监管和政策事务

我们投资的许多公司曾寻求财政部的帮助，要求财政部解决涉及其他政府机构正在办理的事项，如接受独立监管机构的调查或获得审批。它们以为，对政府来说，财政部股东利益最大化比具体的监管问题更重要，因此期望我们代表它们进行干预。但是我们拒绝了，理由是政府部门必须各司其职。

重组

从一开始实施汽车行业投资时，我们就计划重组，此外对一些资本购买计划的投资进行了重组以逐步缩减投资组合。银行会要求我们帮助进行重组，或者我们通过监测投资进展提出重组建议。这一议题引发了一些政策问题，尤其在早期案例中，比如，我们的战略决策应基于手头的单个重组（仿照私人投资者的做法）并坚持争取收益最大化，还是基于我们恢复金融稳定、通过吸引市场化资本进入体系来退出对私人企业投资这一总目标？我们认为后者是正确原则，同时应在这一框架内实现回报最大化。在一些案例中，由第三方收购完成重组，这样我们能及时退出投资。

少数族裔所有权问题

我们与联邦存款保险公司和少数族裔代表开展合作，确保符合少数族裔存款机构（MDI）[①] 资格的资本购买计划资金接收机构，不会因后续无法偿还资金而失去少数族裔存款机构资格。[②] 我们至今没有听说这种失去少数族裔存款机构资格的例子。

资金使用

我们不会指示或限制银行如何使用问题资产救助计划资金，因为这些资金可以与所有其他资金混在一起。但我们会对银行贷款的变动趋势进行追踪。随着经济进一步走弱，贷款继续从导致危机发生的不可持续的高水平收缩。我们从 2009 年起发布每家参与资本购买计划的银行的贷款水平月报（按客户、商业和其他类别）。但其中一个监督部门坚持认为，我们还应该知道每家银行用"这些"特定资金做了什么。因此，我们制定了一份"资金使用"调查问卷，要求银行勾选一种或多种资金用途。

禁止交易

一种风险是财政部雇员可能会根据从管理投资时获得的内幕信息开展交易，这将极大地损害问题资产救助计划的形象。我们的员工被禁止投资财政部所投资

[①] 联邦政府认证的由少数族裔美国人拥有或主要控制的银行和金融机构。——译者注

[②] 1989 年《金融机构改革、复苏和执行法案》"要求财政部与银行监管机构协商，以确定保护和鼓励储蓄机构中少数族裔所有权的最佳方法"。参见 2002 年 4 月 22 日联邦存款保险公司经理迈克尔·扎莫尔斯基采用的关于少数族裔托管机构的政策声明，www.fdic.gov/news/news/financial/2002/fil0234.html。

的实体。但在诚信守则和定期财务披露等标准程序外，如何确保合规呢？我们在应对危机之余的空闲时间曾探索建立一个系统，对证券交易进行更复杂的监控和清算。但这太难了，无法在短时间内完成。我们的解决方案是，尽可能限制非公开信息的接触面，并严格执行现有政策（包括定期财务披露要求）。我们至今未发现任何违规行为。

退出投资

退出投资是一项大的挑战。一些机构很快偿还了问题资产救助计划资金，但大部分并没有。我们必须做出决定：是等机构偿还资金（时间难以预测），还是将投资出售给第三方。此外，如果投资形式是普通股，那么机构没有偿还义务，我们必须将股份卖给第三方（或由发行人回售）。因此，投资形式及被投资机构的具体情况会影响我们退出的时间和方式，以及我们能否100%收回问题资产救助计划资金。（我们在银行计划中的投资收回金额明显高于投资金额，在汽车行业计划中的收回金额少于投资金额。）

还款、重组和出售

资本购买计划合同最初有3年内禁止还款的限制（除非银行有能力进行符合条件的增发）。小布什政府的团队认为，在金融体系完全恢复后，银行才能开始偿还贷款。《美国复苏与再投资法案》推翻了这一规定，并要求财政部无论什么时间均接受还款。许多银行，尤其是大银行希望尽快还款，以解除对高管薪酬的限制。此外，接受问题资产救助计划的救助会带来负面影响，银行也不希望政府投资。

但银行需要监管机构批准才能偿还问题资产救助计划资金，其中几家大行则必须通过压力测试。我们与相关监管机构协商确定是否允许银行偿还资金。

以银行数量衡量，我们出售或重组的资本购买计划投资几乎与被偿还的投资一样多。（见图14.3和图14.4，含资本购买计划的退出方式及机构数量和金额。）

第三阶段的重点任务就是确定这些投资，包括对汽车行业、美国国际集团和花旗集团的大量股份的出售策略。法律要求财政部实现收益最大化，但未明确具体的价格、程序或时机。

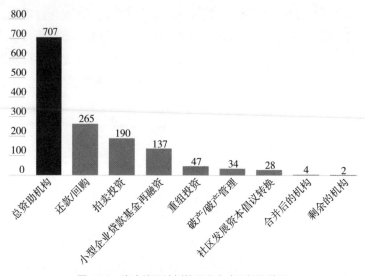

图 14.3 资本购买计划的退出方式及机构数量

注：截至 2019 年 7 月，共有 137 家机构从资本购买计划转为小型企业贷款基金，总额为 22.1 亿美元。此外，28 家机构将其证券从资本购买计划转为社区发展资本倡议，总额达 3.63 亿美元。

资料来源：国会月度报告。

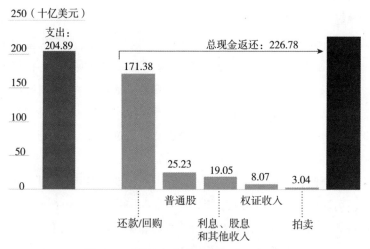

图 14.4 资本购买计划的退出方式及交易量

注：截至 2019 年 7 月，共有 137 家机构从资本购买计划转为小型企业贷款基金，总额为 22.1 亿美元。此外，28 家机构将其证券从资本购买计划转为社区发展资本倡议，总额达 3.63 亿美元。

资料来源：国会月度报告和交易报告。

一般退出原则

财政部公开宣布的目标是在遵守以下原则的前提下，尽快退出问题资产救助计划投资：

- 保护纳税人的利益，并在不同约束下实现投资回报最大化；
- 促进金融稳定，防止金融市场和经济崩溃；
- 增强市场信心，增加民间资本投资；
- 及时有序处置投资，将对市场和经济的影响降至最低。[①]

退出时机

对于每项投资，我们必须评估快速处置的好处是否大于太快退出可能带来的潜在价格折扣（或对金融稳定的不利影响）。对时机的选择也是基于我们对每个公司健康状况的分析，并不是像市场上的短线投资者那样择时操作。

在外部顾问的帮助下，我们针对基准情景和加速退出策略制定了时间表，并逐个评估这些情景下的回报。根据我们退出策略的结果以及金融市场和公司状况的变化，不断调整预估结果。

公开发行、拍卖和其他退出策略

我们根据投资特点，特别是流动性，制定了不同的出售策略。在每个案例中，我们追求市场导向和 / 或竞争性定价，确保过程公平合理，并避免被迫出售。我们的方法包括公开发行、非公开发行、按照市价"零星出售"、协议回购和拍卖。如前所述，一些重组涉及第三方收购。

如果一项投资存在公开市场，我们通常会选择在这个市场上出售。例如，我们六次公开发行美国国际集团普通股，第一次是"重新 IPO（首次公开募股）"，因为美国国际集团没有公开交易。其中两次发行包括发行人以相同的价格同时回购，我们认为这对整体成功至关重要。我们第五次发行的美国国际集团股票是当时规模最大的股票发行（210 亿美元）。美国国际集团的退出很复杂，因为该公

---

① OFS, Agency Financial Report, 2009, 47, https://www.treasury.gov/initiatives/financial-stability/reports/Documents/OFS%20AFR%2009.pdf.

司正进行重组，也因为我们协助美联储退出对美国国际集团的额外投资，即所谓的 Maiden Lane Ⅱ 和 Maiden Lane Ⅲ 投资（参见下文专栏"爆破时刻？"）。

由于通用汽车破产，该公司股票已停止公开交易。我们进行了通用汽车股票的 IPO，这是当时规模最大的 IPO。我们还协商由通用汽车回购部分股份。克莱斯勒偿还了债务，并协议回购了我们的剩余头寸。联合汽车金融公司涉及私募和公开发行。在通用汽车和花旗集团的案例中，我们建立"零星出售"计划，随着时间的推移，以市场价格向公开市场出售越来越多的股票。在所有这些交易中，与市场标准相比，我们通过谈判获得了非常低的承销费用。

为了处置银行认股权证和其他可分割的认股权证，我们制定了一个程序，根据这个程序，公司在偿还问题资产救助计划资金时可以选择回购这些认股权证。我们还制定了定价标准，确保在各发行人之间保持一致。

爆破时刻？

尽管退出对美国国际集团的投资困难重重，但我们没有预料到 2010 年 10 月 22 日美国国际集团发行股票出售其亚洲子公司友邦保险时会发生什么。香港承销商联系我们，要求获得股份证书，但这些证书已经抵押给了财政部。他们希望我们周五晚上就把证书邮寄到中国香港，以便在下周早些时候交割。但这些证书存放在纽约梅隆银行的金库中，该银行已经关门休周末。金库设置了自动定时装置，周一早上才会重新开放。

财政部的一名律师说："我们必须把金库门炸开。"其他人认为这太疯狂了。但是我们怎样才能按时把证书送到香港呢？

在与金库制造商多次讨论和协商后，纽约梅隆银行同意炸毁金库大门，前提是财政部要支付维修或更换金库的费用。这让财政部的律师们迟疑了一下。尽管证书所涉及的交易额高达 180 亿美元，但没有人愿意签署一项可能带来数万美元不确定支出的东西。他们知道我们很节俭。

他们找到了金融稳定办公室投资运营总监托尼·萨尔瓦托雷，认为他可能愿意承担责任。托尼当时在新泽西州的一家医院里，因为他的岳父刚刚心脏病发作。他干脆地拒绝了："太贵了。告诉香港那边的人，他们只能选择根据电子文件复印件交割，我们会在晚些时候交付证书。"随后他挂掉了电话，继续照顾岳父。

财政部的法律顾问怀疑这是否奏效，但还是尽职尽责地遵照雇主的指示，经过多次电话商议，香港承销商最终同意。"我们不断向他们强调，'我们是美国财政部，你必须相信我们'。"

最终，这笔交易按时完成，180 亿美元股权顺利转移，几天后证书送达。

如果发行人无法回购资本购买计划优先股，或回购优先股但不回购权证，我们将建立拍卖平台，供第三方竞标购买这些证券。由于银行认股权证可行权成为普通股，因此我们与银行监管机构合作，确保这一过程遵守监管对银行所有权的限制。

避免过早透露退出

在我们准备出售之前，我们没有向市场宣布任何出售特定投资的时间表或计划（除了阐明前面提到的一般退出原则）。通过这种方式，我们最大化降低市场参与者"抢跑"或与我们反向交易的风险。这使我们能够确保不同退出方式的灵活性。然而，一些监管机构向我们施压，要求我们提前宣布退出时间表和计划。

与监管机构的协调

每当我们计划出售一项银行投资时，我们都会通知银行监管机构的人。然而，他们没有与我们分享机密的监管信息，或提供退出建议，例如何时出售或如何对问题投资进行重组。虽然信息共享可能对我们的决策有用，但监管信息保密原则更为重要。

独特的证券法挑战

我们履行了特别程序以确保在处置上遵守证券相关法律。关注点不仅在于要约和出售应根据《证券法案》进行登记，还在于是否符合出售股东不得拥有重大非公开信息的要求。尽管财政部可能享受例外（包括基于主权豁免这一理由），但我们尽最大努力确保财政部遵守该标准。

在每次出售前，我们都履行特定程序，以确保金融稳定办公室官员或该链条上更高级别的官员（包括部长在内）不会提前获知重大非公开信息。但我们认为在这个范围之外，将货币监理署或国税局也包括在内是不合适的，也没有必要。这两个机构都是财政部的独立机构。类似地，我们还担心监督我们的四个机构中的一个——问题资产救助计划特别监察长办公室，它也是财政部的一部分且与问题资产救助计划的关系更密切——是否会获知重大非公开信息。但问题资产救助计划特别监察长办公室不愿透露有关其调查的机密信息，因此我们只能自行判断该机构是否在对某公司进行严肃调查。

透明度和问责制：财务控制和报告

我们想要维持很高的透明度和问责标准，这确实对我们业务的各个方面都产生了影响。实现这一目标的关键是建立和维持强大的会计与财务报告系统。此外，我们要在网站上及时、准确地提供有关问题资产救助计划的报告，发布详细信息。

考虑到问题资产救助计划的规模、财政部在如何使用资金方面的自由裁量权以及公众对该计划的争议，建立一个内控严格的问题资产救助计划运作机制至关重要。准确的财务报表和可信的成本估计，以及防止挪用或滥用资金的相关流程，对建立和维持公众信心至关重要。

我们聘请了一家会计公司负责建立和记录每个计划的内部控制，直接根据计划文件编制会计记录和相关报告。我们聘请一家独立的会计公司作为内部审计师，在交易登记后立即审查交易。虽然我们使用财政部总账系统进行顶层报告，但我们也创建了内部系统（交易处理和会计分账本，其中包含交易的所有重要条款）。这使我们能够将数据直接传输到本章讨论的成本模型，这是关键。

《紧急经济稳定法案》要求为问题资产救助计划编制独立财务报表，并由政府问责办公室审计。我们的目标是审计师对财务报表出具无保留的审计意见且无重大缺陷，包括第一年的报表也是如此。结果这个目标每年都能实现。

问题资产救助计划的财政成本估算是公众争论的焦点。例如，国会预算办公室（CBO）在2009年1月估计补贴成本为649亿美元，约占最初2 470亿美元投资的26%。许多人认为财政部会损失更多。[1]《紧急经济稳定法案》要求问题

---

[1] Congressional Budget Office, *The Troubled Assets Relief Program*: *Report on Transactions through December* 31, 2008, Jan.16, 2009, www.cbo.gov/sites/default/files/111th-congress-2009-2010/reports/01-16-tarp.pdf.

资产救助计划的成本按照 1990 年《联邦信贷改革法案》（FCRA）计算，但使用能反映市场风险的调整后的贴现率。此外，在如何将《联邦信贷改革法案》的要求应用于问题资产救助计划复杂的贷款和股权投资交易方面，既没有先例和任何适用的政府指引，也没有足够的时间寻求联邦会计准则咨询委员会的裁决。我们必须根据《联邦信贷改革法案》的概念和贴现率要求建立成本模型，这一模型需能经受住政府问责办公室、行政管理和预算局（OMB）以及其他机构的严格审查。

鉴于在这一领域缺乏专业知识或先例，我们组建了一支团队，由来自公共部门（了解《联邦信贷改革法案》）和私人部门的人员组成，他们了解如何将复杂的交易协议转化为预算（成本）模型和会计记录。我们开发并完善了这些模型。

向国会和公众报告

除根据《联邦信贷改革法案》编制经审计的财务报表和成本核算外，《紧急经济稳定法案》还要求财政部向国会提供几份报告。这些报告包括两天内进行资产购买、出售和其他交易的通知，关于所有计划和运营费用的详细月度报告，以及包含定价信息等内容的分批次资金使用报告。[①]

此外，我们还仿照大型公司的做法，编制与政府报告不同的公开年报。除经审计的财务报表外，该报告还包含详细的会计和成本报告数据，以及管理层的讨论与分析。该报告因清晰呈现复杂信息而获得了政府嘉奖。[②]

我们提供大量超出《紧急经济稳定法案》要求的额外报告与信息。我们的网站包含所有项目文件表格、所有已执行项目合同和相关文件，以及同第三方（如律师事务所和会计师事务所）签订的所有服务合同及其重要条款清单。该网站还包含问题资产救助计划每日更新，列出每个计划的拨款和收回金额，任何人

---

① 《紧急经济稳定法案》要求财政部每使用 500 亿美元的问题资产救助计划资金，就要向国会提交关于这部分资金的详细报告。——译者注

② 美国政府会计师协会连续 4 年授予金融稳定办公室"责任报告优秀证书"。U.S. Department of the Treasury, Agency Financial Report, Office of Financial Stability—Troubled Asset Relief Program, Fiscal Year 2013, vii, https://www.treasury.gov/initiatives/financial-stability/reports/Documents/AFR_FY2013_TARP-12-11-13_Final.pdf.

都能确切地看到每笔投资给了谁，以及这些资金的偿还或归还情况。我们创建了一个交互式"问题资产救助计划跟踪器"来显示每个计划的拨款和回款，还包括计划的概述和计划细节的链接。我们发布计划年度回顾报告，广泛披露相关细节，此外还制作关于处置认股权证的补充报告。截至 2018 年 7 月 1 日，网站发布的报告超过 3 400 份。

对于住房计划，我们在网站上发布了所有与计划相关的文件（包括一份冗长的人人享有可负担住房手册，其中列出了所有相关要求和指南）以及几份定期报告。其中包括前面描述的季度住房合规打分表、关于住房贷款可负担调整计划指标的月度报告、按地区划分的住房贷款可负担调整计划服务机构业务月度报告以及"危机最严重地区计划"报告。我们还以匿名的方式提供住房贷款可负担调整计划在贷款层面的数据文件。

尽管我们发布了很多关于拨款、回款和成本估算的信息，但公众仍对基本事实存在误解。向公众解释问题资产救助计划的财政成本及其对经济的价值是非常艰巨的任务，可以说我们从未取得成功。

许多人将问题资产救助计划简单地视为对华尔街的救助。事实上，该计划在稳定金融体系的同时，也救助了普通民众，但这样的解释并没有引起共鸣。许多人认为授权的全部 7 000 亿美元资金已经花掉并且再也没有收回来。（许多媒体报道一开始就提到"7 000 亿美元救助计划"。）事实是，预期总支出大致为 4 450 亿美元，我们收回了 4 330 亿美元，因此纳税人的净成本仅为 120 亿美元，而且这些支出中还包括一开始就无须偿还的 330 亿美元住房救助。[①] 当然，这些财政成本数字背后是稳定金融体系和经济的不可估量价值（见图 14.5）。

---

① 虽然获得正回报并不一定是衡量成功的标准，我们在这里讨论这个问题主要是因为人们对这件事有太多困惑。4 330 亿美元的总收回金额包括偿还本金、利息、股息、认股权证销售收益以及财政部从其持有的美国国际集团额外股份中获得的 175.5 亿美元收益。由于这些美国国际集团股份来自美联储为这家公司提供初始贷款而创建的信托，不是来自问题资产救助计划拨款，因此这项收益不体现在问题资产救助计划的官方成本估算中。国会预算办公室的最新估计是，如果不算收益，净成本为 320 亿美元，或者说约等于用在住房救助计划上的全部金额。尽管拨付新资金的权力已于 2010 年 10 月 3 日到期，但国会于 2015 年 12 月授权从未动用的问题资产救助计划资金中为重灾区基金额外拨付 20 亿美元，这笔资金也已包含在上述总额中。

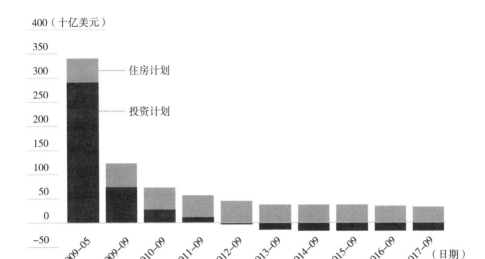

图 14.5　问题资产救助计划生命周期历史成本估算

注：包括财政部增持美国国际集团股份的收益。数字以净现值为基础。负成本反映了整个生命周期的估计收入。

资料来源：金融稳定办公室年度机构财务报告。

经验教训：沟通

我们没有在金融稳定办公室内部设立沟通部门，而是依靠财政部的公共事务部门传达信息。白宫也对问题资产救助计划的对外沟通有意见。回想起来，或许当时应该投入更多资源用于对外沟通，尽管我们不能确定这样是否就一定会改变公众对问题资产救助计划的基本看法。

过度监督？

问题资产救助计划受到了广泛监督。

如前文所述，《紧急经济稳定法案》规定由四个实体进行监督：国会监督小组（COP）、问题资产救助计划特别监察长办公室、政府问责办公室和金融稳定监督理事会（FinSOB）。① 此外，国会的许多委员会具有广泛的监督作用，包括参议院银行委员会、众议院金融服务委员会、众议院监督和改革委员会以及许多更低一级的分委会。

我们坚信，对问题资产救助计划的监督是非常重要的，有助于实施问责和实现透明度，同时也让我们保持警醒。但是，我们受到四个机构的监督，而这些机构职责重叠，层层重复监督对工作人员提出严苛要求。有时，这些监督使计划实施变得更加困难。

根据《紧急经济稳定法案》设立的金融稳定监督理事会由参与危机应对的五名高级官员组成，包括财政部长和美联储主席。该机构每月与金融稳定办公室的领导层会面，审查该计划的进展情况，并就计划相关设计和实施提供建议。该机构没有自己的工作人员。

国会监督小组和问题资产救助计划特别监察长办公室是《紧急经济稳定法案》专门为问题资产救助计划创建的，两个机构都有大量员工和业务线。《紧急经济稳定法案》要求国会监督小组每月编写一份报告。问题资产救助计划特别监察长办公室每季度编制报告，还要撰写额外的审计报告和其他报告。国会监督小组、问题资产救助计划特别监察长办公室和政府问责办公室共发布了超过170份关于问题资产救助计划的报告（包括审计报告）。

这三个机构均以稳健的方式独立运作，一般不协调工作。它们经常就同一主题撰写报告，并提出不同且相互矛盾的建议。我们经常不同意这些建议。②

我们的工作人员会花费大量时间回应监督机构和国会提出的大量且重复的文件质询和谈话要求。有时候还会发生争执。问题资产救助计划特别监察长办公室一度在面谈时阻止金融稳定办公室的员工携带律师。我们认为这是对员工的恐

---

① 保尔森财长在《峭壁边缘》一书中（第307~308页）回忆道，在就立法问题进行沟通时，国会议员都认为监督机构太多，但没有人赞成减少监督机构。为了让立法通过，他不情愿地接受了所有监督机构。

② 例如，住房计划因没有覆盖更多人而饱受批评，某监督机构提出的建议之一是，让我们要求所有申请人提供公证签名和指纹，这样必然会吓退一些申请人，降低管理效率。在退出投资方面，一些监督机构让我们在达成协议或安排出售之前承诺并披露具体策略，我们认为这只会降低工作的灵活性和杠杆作用，从而可能减少纳税人的回报。我们认为，通过披露我们的总体计划，然后在交易达成一致或执行后进行具体披露，可以达到适当促进公众透明度的目的。

吓，这种恐吓毫无建设性。

有时，监督问题资产救助计划的人要多于干活的人。事实上，从 2012 年开始，仅问题资产救助计划特别监察长办公室这一家机构就拥有比金融稳定办公室更多的全职员工（见图 14.6）。即使是现在，问题资产救助计划特别监察长办公室也有 100 多名员工，而金融稳定办公室只有不到 30 名员工。

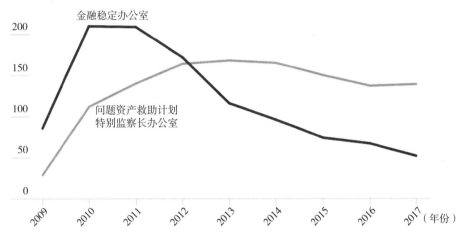

图 14.6　人员配置变动：金融稳定办公室和问题资产救助计划特别监察长办公室

资料来源：总统预算附录。

结　论

问题资产救助计划奏效了。问题资产救助计划的实施是高效的，且抛弃了党派之争。它的财政成本很低，它的价值——通过救助防止另一场大萧条——则是巨大的。

虽然创建问题资产救助计划的背景是我们不希望看到的，但我们可以毫无保留地宣布问题资产救助计划的管理是成功的。当然，我们也注意到，其过程存在一些错误和失败。但在大萧条以来最严重的金融危机期间，一群人聚集在一起，从头开始创建了一个规模巨大、极其复杂的计划，能够在两届政府间无缝衔接，且足够灵活以适应快速变化的经济环境。这个计划是临时的，旨在保护纳税人，初衷是稳定金融体系，后来还要收回纳税人的钱。这些人成功了——不负公职人员的使命。

我们再次感谢与我们共事的公共部门和私人部门的优秀团队。他们面对困难挺身而出，为计划的实施夜以继日地工作，很荣幸能与他们共事。虽然我们都不想再经历一次，但我们为参与过这个全国性的危机应对计划而感到感激和自豪。

第十五章

金融危机时期的货币政策

◇◇◇

本章作者：唐纳德·科恩和布赖恩·萨克。本章作者要感谢本·伯南克、蒂莫西·盖特纳、戴维·韦塞尔、梁内利、戴维·威尔科克斯、戴维·斯托克顿和鲍勃·泰特洛的评论，以及安基特·米塔尔的研究支持。

引　言

美联储的货币政策对政府应对金融危机至关重要。与其他决策者一样，美联储官员被要求在常规政策用尽、需要对经济提供更多支持时，提出新的、未尝试过的方法。由于没有可比照的先例，决策者在巨大的不确定性下工作，这些不确定性涉及金融条件的演变、这些金融条件对经济的影响以及政策工具启用后的效果。战争迷雾笼罩着美联储的货币政策决策机构——联邦公开市场委员会，就像这一时期的其他决策者面临的情况一样。

考虑到金融体系受到严重破坏，单靠货币政策宽松已无法阻止衰退，也无法在衰退发生后催生快速的经济反弹。投资者转向高流动性和安全性资产，导致资产价格大幅下跌，许多放贷机构面临巨大压力，金融市场功能崩溃，导致对家庭、企业、州和地方政府部门的信贷资源愈加稀缺与昂贵，直至2008年秋季完全枯竭。信贷条件收紧和经济产出恶化的自我强化机制出现了。

如本书其他章节所述，要想阻断这种自我强化机制，需要采取广泛行动。美联储和其他联邦政府部门对债务提供担保，充当最后贷款人，重建金融体系资本，并在私人需求崩溃时提供财政刺激。这些努力都十分重要，可以恢复对金融机构的信心、重启市场并让信贷再次流动起来。话虽如此，货币政策发挥的作用至关重要，因为它是对金融条件影响最广泛、最明显的政策行动之一。全球的金融市场、企业和家庭都期待着美联储做出应对，而美联储也一再承诺将使用所有可用的工具来促进经济复苏和保持价格稳定。

联邦公开市场委员会对当前局势做出了有力且富有创造性的回应，减轻了金融危机对家庭财富、银行和其他中介机构的安全和稳健性造成的部分不利后果。此外，货币政策行动拉低了利率、抬高了资产价格，这对在金融体系企稳后催生一波支出反弹至关重要。

没有一位决策者经历过类似于2007年那场如此汹涌而来的危机，这让人们很难预测即将发生的混乱的严重程度，也很难预测其对支出和就业造成的损害程度。更为严峻的是，美联储官员有时受制于他们制定的政策创新的预期成本，尽管事后看来，这些成本并没有当时许多人担心的那么高。总的来说，如果未来官员们又处于一种与这一时期极其相似的情况，当时制定货币政策的经验可以提供一些重要的经验教训。

货币政策决策受危机驱动

我们首先讲述金融危机时期的货币政策决策，重点关注决策者可以实时获得的信息。将这段历史分为两个时期可以帮助理解。第一个时期是 2007 年 8 月至 2008 年 8 月，当时的主要挑战是确定危机对经济的负面影响程度，以及为应对危机应将联邦基金利率（一种隔夜利率，是美联储的传统政策工具）调整到什么水平。第二个时期始于 2008 年 9 月，当时市场混乱和经济衰退加剧，名义联邦基金利率几乎降至零，因此政策受到所谓零利率下限的约束，联邦公开市场委员会必须创设新工具才能刺激经济活动。

2007 年 8 月至 2008 年 8 月

2007 年春和初夏，金融市场开始感受到金融危机即将到来的寒意。房价在下跌，与次级按揭贷款相关的证券价格在暴跌。这些证券的市场变得缺乏流动性，估值困难，导致难以判断证券持有方的信用情况。尽管如此，整体经济表现还算不错。失业率略低于美联储工作人员和其他许多人认为的长期可持续水平，总体通胀率和核心通胀率均略高于 2%。

2007 年 8 月，法国巴黎银行暂停了三只持有美国次级按揭贷款证券的投资基金的赎回，金融动荡加剧。这一消息加剧了人们本就怀有的对具有类似敞口的银行和非银行金融机构健康状况的担忧。为银行提供无担保融资的贷款人开始要求更高的风险溢价，特别是对于延期几天的贷款。次级按揭贷款相关资产持有人的其他资金来源——例如这些资产支持的商业票据——开始枯竭。

从夏末到秋季，信贷状况进一步恶化，因为放贷方目睹了风险的不断升级，承担风险的意愿越来越低。对抵押贷款市场的影响尤其严重，银行也在收紧一系列信贷产品的授信条款，投资级和投资级以下公司债券的利差大幅扩大。

这一时期，美联储的主要关注点是向金融部门提供流动性，以应对融资市场受损的影响。考虑到对短期美元流动性的需求十分强烈，特别是十分依赖美元融资的外国银行需求强烈，向银行提供准备金的公开市场操作必须变得更加积极和慷慨，以将联邦基金利率维持在联邦公开市场委员会的目标水平。为了补充市场融资来源，美联储采取措施，通过美国和外国央行贴现窗口，直接向国内外银行增加美元流动性，详情见本书其他章节。

尽管如此，这些操作显然并不能完全抵消日益加剧的信贷紧缩，而信贷紧缩在某些时点会开始限制支出。联邦公开市场委员会成员和美联储委员会成员都在纠结他们的增长预测应该向下修正多少。模型提供的指导有限，因为它们通常只包括基本的金融行业。此外，历史上有金融危机阻碍增长的例子（1990—1991 年的信贷危机），但也有金融市场大幅调整对美国支出几乎没有影响的情况（1998—1999 年亚洲金融危机和对冲基金长期资本管理公司的倒闭）。

2007 年下半年，有关总支出和就业的新数据几乎没有减弱的迹象。由于能源和食品价格上涨以及高就业水平，通胀上行风险持续存在，经济继续接近其潜在增长水平。尽管如此，联邦公开市场委员会越来越担心信贷紧缩对支出路径的影响，并将联邦基金目标利率在 8 月至年底之间下调了 1 个百分点至 4.25%。联邦公开市场委员会认为这一应对足以使经济保持正轨，将失业率维持在低位，通胀率稳定在 2% 左右。美联储的工作人员也认同这一看法。然而，到了 12 月，市场价格已经反映出参与者预期货币政策还要更加宽松，大大超过了绿皮书[①] 的预测，反映出对市场动荡及其影响的评估更为悲观。

2008 年初，美联储官员清楚地意识到，金融市场变得越发混乱，并对经济产生了更为决定性的影响。许多银行和其他中介机构在融资市场中面临着更大的阻力，并削减了借贷和做市业务。家庭和企业部门的信贷不仅成本上升，而且越来越难以获得。房价继续快速下跌，股票价格下跌，信用利差扩大。住房建设业务进一步收缩，信贷紧缩和财富减少对支出的影响变得更加广泛，生产和就业开始下降。到了 3 月，美联储工作人员的预测已经转变为"类似衰退"的情景，在这种情景中，支出预测被下调，以反映衰退时期的一些典型负面变化。

联邦公开市场委员会的讨论越来越多地集中在金融市场和实体经济之间的负

---

① 绿皮书是美联储工作人员在每次政策会议之前为联邦公开市场委员会准备的文件。它包括工作人员对经济的预测和对影响经济前景的各种问题的分析。

反馈循环上，美联储工作人员对各种房价情景下的抵押贷款损失以及这些损失反过来对经济的影响进行了估计。但事实证明，预测金融压力的演变及其对经济的影响是困难的；由于没有可比的经验来指导他们，这些预测未能充分估计到2008年市场运行和信贷流动出现的严重中断。3月中旬，金融困境进一步加深，贝尔斯登的倒闭表明，即使是有抵押品的融资来源也很脆弱，这加剧了一大批中介机构的去杠杆压力。证券市场收益利差跃升，股票价格进一步大幅下跌。

联邦公开市场委员会对不断恶化的形势做出了回应，首先在既定的会议日期之前，也就是1月中旬将联邦基金目标利率下调75个基点，接着在当月底的会议上再次下调50个基点。贝尔斯登倒闭后，联邦基金目标利率在3月进一步下调75个基点，4月又下调25个基点。在2008年的前4个月，联邦基金目标利率一共下调了225个基点至2%。这些利率下调被视为足以防止就业大幅恶化，但不足以使经济处于充分就业状态。4月，工作人员基于目标利率将在6月进一步下调25个基点，然后维持较低水平至2009年底的假设，预测2008年底和2009年底的失业率分别为5.75%和5.5%。联邦公开市场委员会成员对失业率的预测与美联储工作人员的预测大致相同。

通胀走势和通胀预期无疑影响了决策，导致没有采取更激进的措施来降低失业率。2007年下半年和2008年上半年，石油和其他大宗商品价格大幅上涨，2008年7月整体通胀超过4%。核心通胀指标也受大宗商品和美元走弱的影响，在2008年上半年保持在2%以上。因此，一些通胀预期指标偏高，加剧了联邦公开市场委员会对实现价格稳定目标的担忧。尽管大宗商品价格从2008年7月开始大幅下跌，但通胀和通胀预期仍然是联邦公开市场委员会整个夏天关注的焦点。

此外，2008年上半年的经济活动明显强于当年早些时候的预期。从8月绿皮书发布时可用的数据来看，不仅没有出现衰退，而且2008年上半年的增长率预计为1.8%，许多支出类别都出现了预期外的增长。经济预计将在下半年继续扩张，尽管增长速度达不到1%。事实上，在2008年8月的杰克逊霍尔会议上，时任以色列银行行长斯坦利·费希尔沉思道："金融危机的严重性与迄今为止对实体经济的影响之间的脱节是惊人的。"

在这种环境下，联邦公开市场委员会在6月和8月的会议上将其政策利率保持在2%，并在公告中列举了通胀的上行风险和增长的下行风险。

当联邦公开市场委员会努力将联邦基金利率保持在适当路径上时，纽约联邦储备银行公开市场交易部门（以下简称交易部门）在落实决策方面面临挑战。由于创设了多种新的流动性工具，通过从这些新设工具借款，大量准备金流入了金融体系内，导致将联邦基金利率维持在联邦公开市场委员会的目标上十分困难。这些流动性工具旨在解决各种融资市场中的问题，但也在隔夜融资市场中创造了一定程度的流动性，可能会妨碍交易部门对联邦基金利率的控制。

当时，美联储不被允许向这些超额准备金支付利息，而银行削减准备金和投资于生息资产的努力，将使联邦基金利率大大低于联邦公开市场委员会的目标。[①] 为了将基金利率保持在目标水平，交易部门试图通过出售资产来吸收额外的准备金，2008 年前八个半月出售了 2 750 亿美元的美国国债。但美联储的国债供应有限，这可能会限制交易部门收回多余准备金的能力。[②] 面对这样的限制，威廉·达德利（时任交易部门负责人）在 8 月的会议上宣布，已与财政部达成协议，发行特别国债，并将收益存入美联储账户以吸收准备金（补充融资计划），美联储正试图获得国会批准，以加快恢复其支付准备金利息的能力，从而有助于设定联邦基金利率下限。这些措施将在 9 月中旬雷曼兄弟倒闭后启动。

在金融市场中，围绕贝尔斯登的行动——对该公司的处置、私人部门筹集的资金、向经纪交易商提供的流动性以及货币政策宽松——似乎稳定了局势，甚至在春季引发了一点复苏迹象。但是到了夏天，包括大型商业银行和储蓄机构、投资银行以及房利美和房地美在内的许多中介机构的潜在弱点，再次导致融资压力上升和股票价格大幅下跌，这反过来又导致家庭和企业的信贷变得成本更高、更难获得。我们现在知道，经过多次数据修正，当时经济已经处在衰退中。2008 年 9 月一系列事件的舞台已经设好了。

2008 年 9 月至 2010 年 6 月

雷曼兄弟倒闭于 2008 年 9 月 15 日，也就是联邦公开市场委员会会议召开的前

---

① 另一个挑战是，即使是以日内为基准衡量，准备金需求也存在波动性。在欧洲银行的强烈需求下，基金利率通常在上午稳定在目标水平，但随后在下午急剧下跌，反映出交易部门提供了额外的准备金，以应对前期的紧张情况，因此一天之中需要注入准备金的数量存在相当大的不确定性。

② 此外，还需要一定数量的美国国债来维持美国国债借贷工具的运行，该机制旨在通过将美国国债兑换为经纪交易商资产负债表上流动性较低的资产来支持市场运作。

一天。9 月 16 日周二上午，当联邦公开市场委员会开会时，美联储官员的注意力完全集中在雷曼兄弟倒闭和另一家重要机构——美国国际集团可能倒闭后金融市场的紧张局势如何扩散上。这些都是对金融体系的直接严重威胁，而对经济和货币政策的影响暂时处于次要地位。事实上，由于高级官员忙于应对新出现的危机，会议开始得很晚，时间也缩短了。纽约联邦储备银行行长蒂莫西·盖特纳（兼任联邦公开市场委员会副主席）留在纽约。会议上，美联储主席本·伯南克强调了经济前景的潜在弱点和市场动荡带来的巨大不确定性。然而，联邦公开市场委员会认为，当时它没有足够的信息来调整政策，因此将基金利率维持在 2% 不变。

9 月下半月至 10 月，联邦公开市场委员会和美联储工作人员的注意力都聚焦在各类金融市场的严峻压力上，由此导致的企业和家庭支出的急剧减少很快变得显而易见。金融恐慌是全球性的，世界各地主要金融机构的生存能力受到质疑。所有这些机构都努力通过囤积流动性和减少贷款来保护自己，从而将全球经济推向深度衰退。美国就业率开始自由落体；到年底，美国经济正在以每月超过 60 万的速度裁撤工作岗位，而且还没有结束的迹象。

与金融危机的早期阶段一样，遏制恐慌和对经济的破坏涉及广泛的政策创新。10 月初，联邦公开市场委员会在一次全球主要央行的协同行动中，将目标利率下调了 50 个基点。这一行动对实现全球范围内的货币宽松至关重要，被寄希望于通过展现几个核心央行间的通力合作来提振信心，详见本书第十七章的讨论。

但这还不足以抵消笼罩在经济体系之上的恐惧并显著地遏制产出和就业的急剧下滑。3 周后，在 10 月的会议上，联邦公开市场委员会再次将联邦基金目标利率下调 50 个基点至 1%。尽管如此，我们许多人都意识到，需要采取更多的货币政策行动来应对日益加深的衰退。尽管放松了政策，但家庭和企业仍在经受信贷成本的急剧增多和财富的急剧减少，每个大区联储的商界联络人都对此表示出极大的担忧。联邦公开市场委员会成员对 2009 年第四季度失业率的预测大多略高于 7%，2010 年底仅稍微改善至略低于 7%。不管对照哪种估算标准，这都远远没有达到充分就业。

蓝皮书[①] 中的一项最佳控制推演——模拟测算，旨在提出可以将与联邦公开

---

① 蓝皮书是一份由美联储工作人员撰写并与绿皮书一起分发给联邦公开市场委员会的文件，侧重于政策问题和供联邦公开市场委员会选择的替代政策选项。绿皮书和蓝皮书从 2010 年 6 月的联邦公开市场委员会会议开始，被合并为一份文件，名为蓝绿书。

市场委员会就业和通胀目标的偏离程度最小化的政策——表明如果不受零利率下限的约束,联邦基金利率应降至 -3%。一些联邦公开市场委员会成员对在许多政策传导渠道堵塞的情况下再出台政策宽松措施的有效性表示怀疑,但主席和其他人认为,即使信贷成本仍在上升,实际利率和利率预期的下降仍有助于降低信贷成本和稳定资产价格。

会议结束时,主席指示工作人员,将 2003 年货币政策接近零利率下限的分析文章进行更新,当时政策利率降到了 1%。这项工作将评估目标利率进一步下调至接近零的成本和收益,并评估联邦基金利率处于最低水平时还可以使用哪些政策工具。

与此同时,雷曼兄弟倒闭后,银行、非银行金融机构和其他国家的中央银行对美联储流动性工具的使用量急剧增加,超出了交易部门回收准备金的能力,联邦基金利率开始明显低于委员会的目标,即使有了补充融资计划提供的额外工具来冲销准备金,情况依旧如此。国会已经加快了恢复美联储向准备金付息的能力的速度,这一授权于 10 月初开始生效。但准备金利息并未如预期般成为联邦基金交易的利率下限。超额准备金利率最初设定为较联邦公开市场委员会基金目标利率低 75 个基点,利差分两步缩小,直到 11 月初达到与目标利率相等。尽管如此,银行的资产负债表压力使它们不愿意在市场的低利率和美联储提供的高利率之间进行套利,在 9 月中旬至 12 月联邦公开市场委员会会议期间,每日有效基金利率持续低于委员会的目标 50 个基点甚至更多。

尽管财政部对房利美和房地美提供了显性担保,但这一时期的市场失灵仍扩大到了有政府背景的机构和这些机构担保的抵押支持证券。这些机构证券的较高利率导致抵押贷款利率上升,阻碍了稳定住宅房地产市场的努力。为了解决这些问题,11 月 25 日美联储宣布将以系统公开市场账户购买证券(最高 1 000 亿美元的机构直接债务和最高 5 000 亿美元的机构担保抵押支持证券)。该公告导致 30 年期抵押贷款利率下降超过 50 个基点。

在召开 12 月的会议时,联邦公开市场委员会发现自己面临着严峻的形势:尽管美联储提供了各式各样的工具,国会也授权问题资产救助计划提供了额外的资金,但经济仍进一步陷入衰退,就业和生产都急剧下降,金融市场仍然处于重压之下。此外,联邦公开市场委员会政策工具所依赖的一些设定环境在闭会期间以 10 月会议上没有预料到的方式发生了变化:美联储的证券组合正在扩大,联邦基金利率接近于零，远低于委员会 1% 的目标。

会上讨论的内容广泛，争论十分激烈。联邦公开市场委员会收到了工作人员提交的 21 份备忘录，内容涉及将政策利率调整至接近零下限、能够采取哪些额外措施等方面。会议在许多方面达成共识：联邦公开市场委员会需要在降低基金利率方面更加激进；与市场的沟通应突出对未来基金利率目标走向的指引；应认真考虑设定明确的通胀目标；还应考虑购买更多抵押支持证券和机构债券，并将购买范围扩大到长期国债。

资产购买是一种新的政策工具，效果具有不确定性，导致了关于使用这种工具的大量争论。一个重要的分歧点是美联储资产负债表的资产和负债端的相对重要性。包括美联储主席在内的许多人认为，资产购买计划的刺激效应主要源自购买证券压低抵押贷款利率和其他长期利率（以及贷款工具降低融资成本）。主席在会议上指出："在这种情况下，系统中的超额准备金数量不是政策目标，而是提供这些不同类型可用信贷的决策的副产品。"[①]

然而，在评判政策时，一些成员将注意力集中在资产负债表的负债端——银行准备金或基础货币（在美联储存放的银行存款加上现金）。他们强调了扩大这些措施以防止通货紧缩心理蔓延的重要性。例如，里士满联邦储备银行行长杰弗里·拉克尔在会议上表示，"归根结底，货币政策是关于控制基础货币或银行准备金的……非标准工具和信贷市场工具的重要之处在于它们对基础货币的影响"。虽然委员会中的大部分人赞同伯南克的观点，但政策辩论中也存在另一派观点。这一派的观点也在资产购买的公开讨论中发挥了作用，包括使用"QE"（量化宽松）这个标签，而不使用"LSAP"（表示大规模资产购买，这个说法供内部使用）或主席更喜欢的"信贷宽松"一词。

至于政策立场，联邦公开市场委员会将联邦基金利率的目标区间降至 0~25 个基点，实际上是接受了市场已经达到的水平。我们对抵押支持证券和机构债务购买计划表示支持。同时，我们声明准备"在条件允许的情况下"扩大资产购买，以及正在"评估购买长期国债的潜在收益"，暗示正认真考虑采取额外的宽松措施。此外，我们还在声明中提到，这种接近零的利率水平会"持续一段时

① "Meeting of the Federal Open Market Committee on December 15–16, 2008," transcript, 26, https://www.federalreserve.gov/monetarypolicy/files/FOMC20081216meeting.pdf.

间"，以抵消市场认为政策会很快收紧的预期，因为一般衰退导致货币政策宽松后会很快迎来紧缩。①

到 2009 年 3 月联邦公开市场委员会会议召开时，奥巴马政府已经上台，其支持银行体系和提供财政刺激的计划越来越清晰。然而，美国经济的下滑幅度明显比联邦公开市场委员会会议上预测的严重衰退还要大。此外，尽管政府声明系统重要性金融机构不会倒闭并对其注资，但全球投资者仍对许多大型金融机构的生存能力表示严重担忧。为了努力求生，银行继续收紧发放给家庭和企业的信贷。证券和证券化市场仍然严重受损。

实体经济和金融市场之间的负反馈循环得到了生动的展示。绿皮书对 GDP 增长预测进行了大幅下调，上调了预期失业率，下调了通胀率预测。预计 2010 年失业率将达到 9.5% 的峰值，核心通胀率将降至 0.5%。复苏将非常缓慢，失业率预计缓慢下降，到 2013 年降至 5.6%，通胀率预计保持在 1% 以下。考虑到这些变化，联邦公开市场委员会的新一轮最佳控制推演建议，如果不受零利率下限制约，联邦基金利率应降至 –6.5% 以促进及时复苏。迫切需要更多的货币宽松。在短期利率为零的情况下，我们只剩下两种工具——资产购买和前瞻指引。我们在 3 月的会议上同时部署了这两种工具。

在资产购买方面，联邦公开市场委员会扩大了资产购买范围，并大幅加快了购买步伐，承诺年底前再购买 1.15 万亿美元上限的资产——包括 7 500 亿美元的抵押支持证券、1 000 亿美元的机构债务和 3 000 亿美元的美国国债。美联储工作人员预测、会议讨论情况以及大区联储的报告都非常令人沮丧，我们很快达成共识，货币政策要比会前传阅的文件列出的政策选项中最宽松的选项（选项 A）更宽松，一反联邦公开市场委员会常态。与此同时，我们加强了前瞻指引，指出接近零利率水平将"持续相当一段时间"。在联邦公开市场委员会和市场参与者之间的例行沟通中，"相当一段时间"被暗示和解读为比"一段时间"更长。

这是 2010 年秋季之前采取的最后一轮实质性货币政策行动，届时令人失望的经济增长将导致联邦公开市场委员会进行另一轮资产购买。从 2009 年春到 2010 年春，经济和金融市场数据表明，经济复苏路径基本符合预期：GDP 增长

---

① 参见 2008 年 12 月 16 日联邦公开市场委员会的声明，https://www.federalreserve.gov/newsevents/pressreleases/monetary20081216b.htm。

恢复，失业率趋于稳定并有下降的迹象；核心通胀率虽然没有降到像人们担心的那样低，但仍然相当低；金融条件停止紧缩并开始好转。

但这一结果很难令人满意：在这一时期的预测中，联邦公开市场委员会预计未来几年都达不到就业和价格稳定的目标。工作人员估计，想达到在 3 月的推演中提出的 -6.5% 的基金利率水平产生的经济效应，要额外购买约 2 万亿美元资产，这远大于目前 1.15 万亿美元的购买规模。然而，在前景进一步恶化之前，我们没有采取进一步措施。

决定不采取更大的政策行动反映了一种观点，即哪怕考虑到那些不令人满意的经济结果，购买额外资产的收益和成本似乎大致平衡。收益被认为具有高度不确定性，一些联邦公开市场委员会成员预计，一旦市场流动性恢复，对长期利率的影响有限。在成本方面，委员会多名成员继续对政策退出、购买抵押支持证券对资金分配的影响、购买美国国债被视为"债务货币化"从而导致通胀预期失控等问题表示担忧。[①]

现行政策已经是极限政策，虽然大多数人认为由于形势严峻，这些政策显然是必需的，但一些成员和外部观察者还是感到不安。事实上，在此期间每次联邦公开市场委员会会议都有很长一部分时间专门讨论如何退出异常宽松的政策。为吸收超额准备金，美联储通过较大范围的交易对手方开展定期存款和逆回购交易，并讨论了政策退出的步骤。进行这一讨论并不是因为我们正在考虑近期实施政策紧缩。相反，它旨在让委员会和公众更加坦然地接受我们已经采取的措施，以及必要情况下采取的额外宽松政策。

危机时期遇到的政策挑战

如前文所述，联邦公开市场委员会很难预测金融危机的严重程度及其对经济

---

① 联邦公开市场委员会中广泛存在对于危机应对中产生的货币政策和财政政策边界模糊问题的担忧，以至于主席与财政部就各自扮演的角色达成了一份公开的备忘录。备忘录强调了美联储执行货币政策的独立性的重要意义。备忘录指出，美联储将避免信贷风险和干预信贷分配——政府对信贷分配的影响是"财政当局的职责"。备忘录强调，购买证券和其他维护金融稳定的行动不得干扰联邦公开市场委员会实现其货币稳定法定目标的能力——财政部将与美联储合作，确保美联储有工具吸收准备金，并在适当的时候退出货币宽松。本书第三章也讨论了这个问题。

的影响，因此在如何设定合适的联邦基金利率水平、使用资产购买作为替代政策工具以及央行沟通在预期管理中的作用等问题上开展了大量工作。

预测金融危机影响的困难

在正常时期，联邦公开市场委员会的主要职责是基于经济状况的前景，将联邦基金利率调整到适当水平，以实现充分就业和价格稳定。制定有效的政策，需要对经济状况的可能演变进行评估，这一过程中美联储工作人员的预测发挥了关键作用。不幸的是，在危机发生后的大部分时间里，经济预测大大低估了金融危机的强度及其对经济负面影响的严重程度。以历史标准衡量，美联储工作人员、联邦公开市场委员会成员以及业内几乎所有经济预测者对产出和就业的预测误差都是巨大的。

这个结果在图 15.1 中清晰可见。图 15.1 显示了失业率的实际路径与美联储工作人员在不同时间点预测结果的比较。2007 年 12 月，尽管金融紧张局势已持续了数月并促成了定期拍卖工具和外国央行的货币互换等机制的出台，但美联储工作人员预测失业率只会小幅上升至 4.9%。2008 年 3 月，金融压力使贝尔斯登濒临破产，美联储启动了定期证券借贷工具，此时发布的绿皮书中，美联储工作人员预测只会发生一场温和而短暂的衰退。预计 2009 年底的失业率略高于 5.5%——比实际水平低 4.5 个百分点。

这种幅度的预测误差是罕见的。事实上，如今联邦公开市场委员会会议纪要中会公布一个指标，衡量过去几十年经济预测的不确定性程度。根据这一指标，该时期内失业率预测误差的标准差仅略超过 1 个百分点，这意味着 2008 年 3 月的预测误差大致为 4 标准差。

不仅是基线预测过于乐观，而且即使当金融危机展现出了巨大的破坏性，美联储工作人员也无法想象破坏性如此之大。2008 年 8 月的绿皮书提出了一种替代模拟方案，以捕捉"严重的金融压力"，即金融条件严重恶化、许多机构出现偿付能力问题。这期绿皮书发布时，对房利美、房地美和其他大型金融机构的担忧不断上升，因此设定有可能出现更大压力的情景并非不切实际。尽管如此，工作人员估计失业率将仅达到 6.7%，只比"典型衰退"情景高 0.2 个百分点。

为什么经济预测偏差如此巨大？原因之一是，预测者无法想象金融市场的压力会有多大，因为做预测的人中没有人经历过当时那种像海啸一样席卷金融体系的灾难。另一个原因是，即使我们知道这些后续发展，也很难对其经济后果进行校准，部分是由于它们超出了我们模型的考虑范围。事实上，尽管我们的经济模型中包括几个描述整体金融条件的关键变量，但它们没有包含足够的金融部门细节来刻画这段时期信贷中介和市场运行中断的许多关键特征。此外，这些模型假设金融资产价格的调整是小幅的、连续的，并在此基础上线性推导，但实际上当时经济形势剧变、市场失灵导致价格呈非线性调整。

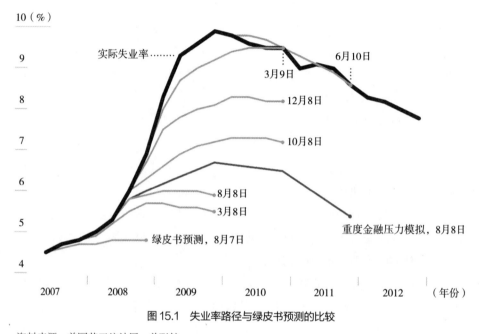

图 15.1　失业率路径与绿皮书预测的比较

资料来源：美国劳工统计局，美联储。

以下推演凸显了对金融市场发展的影响进行校准是十分困难的。[①] 我们从 2006 年 12 月工作人员的主力宏观经济模型（FRB/US 模型）中提取预测结果，对该结果进行了调整，使其与当时的绿皮书预测结果保持一致，计算了如果金融部门在今后几年发生了我们现在已经预先知道的冲击，FRB/US 模型中的预测将

---

① 我们感谢美联储工作人员鲍勃·泰特洛为我们开展了这次演练。他在 FRB/US 模型方面的专业知识对实施这项分析至关重要。

如何变化。[1] 模型中的许多金融变量，如信用利差和股票价格，都朝着抑制经济增长的方向大幅变化。本次推演捕捉了这些金融变量的变化在多大程度上可以解释前述的预测失误。这些金融部门冲击无法解释的部分可以说是衡量金融危机影响有多大程度"超出了模型"的指标。[2]

图 15.2 的结果表明，模型中的金融变量会对经济产生明显的削弱效应，失业率上升超过两个百分点。但这一模拟仍远远不能反映失业率上升的幅度和速度。也就是说，2006 年 FRB/US 模型中的主要金融变量以及可度量的经济状况敏感度不能捕捉到一些金融业的发展情况，而大部分的经济疲软正是在这些情况的影响下出现的。

这项工作虽然只关注了 FRB/US 模型，但代表了联邦公开市场委员会成员和美联储工作人员在评估这一时期的经济路径时面临的挑战。美联储工作人员的确意识到了经济模型的这些缺陷，并对其模型进行了大规模调整，以解释金融压力带来的额外约束。例如，在 2008 年 9 月的绿皮书中，工作人员加入了一个专栏，引入了新的金融压力指标，通过计算偏离模型方程的程度，判断金融动荡对经济预测的影响。这些调整足以使 2008 年的 GDP 增长下降 1.5 个百分点——这是一个巨大的影响。但这些调整对 GDP 增长的影响是短暂的，因为 2009 年的 GDP 增长预测只降低了 0.2 个百分点。

根据当时掌握的信息，决策者在评估金融市场发生了什么及其对经济的影响时，面临着重大挑战。此外，他们必须依赖长期低估金融混乱程度及其后果的经济预测，在相当大的不确定性中进行决策。

---

① 更具体地说，我们假设七个财务变量在 2003—2006 年的历史数据服从正态分布，计算其残差，并将其与这些变量的实际残差进行比较。然后，我们将这些冲击应用于 2006 年 12 月的绿皮书扩展预测，以计算预测结果将如何随着已知这些实际发生的残差而变化。变量包括 5 年期国债溢价、10 年期国债溢价、BAA 级公司债相对于美国国债的利差、抵押贷款利差、耐用消费品贷款利差、股权溢价和非股权财富资本收益剩余。

② 根据 FRB/US 模型，除了金融市场冲击之外，当然还有其他冲击导致了大衰退，包括负面"需求"冲击和生产力下降。这些冲击是本身对经济产生干扰，还是从根本上看是由未纳入模型的金融因子引起的，尚存在争论。

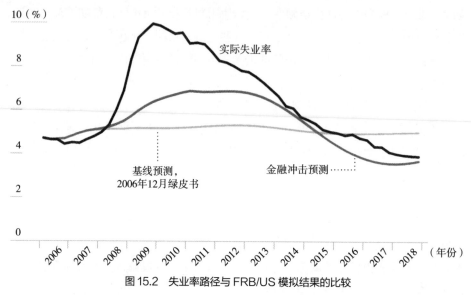

图15.2 失业率路径与 FRB/US 模拟结果的比较

资料来源：美国劳工统计局，美联储。

校准联邦基金利率的合意反应

为应对经济前景恶化，联邦公开市场委员会大幅放松货币政策，到 2008 年中期，联邦基金利率共下调了 325 个基点。跟历史表现对比，联邦公开市场委员会的行动是强有力的，这有助于缓解金融危机的负面影响。宽松政策不足以阻止经济急剧下滑，但如果没有激进的宽松政策，情况会更糟。

美联储工作人员评估得出了跟上经济前景恶化步伐所需的联邦基金利率，2008 年 9 月前，这一利率降幅基本与评估水平保持一致。这一趋势可以从美联储工作人员计算的政策基准看出——与绿皮书一致的短期均衡实际联邦基金利率（r*）。这一指标代表一种实际基金利率水平，如果利率维持在这一水平上，考虑工作人员预测中涵盖的所有信息，产出缺口预计将在 3 年内弥合。

图 15.3 显示了蓝皮书中实时报告的 r* 指标，以及在替代模型下计算的一系列类似度量指标。截至 2008 年 9 月，实际联邦基金利率的真实路径大致与 r* 指标保持一致。

一个重要的问题是，为什么联邦公开市场委员会在这段时间没有采取更激进的宽松政策？事实上，联邦公开市场委员会的一些成员和美联储工作人员认为，在政策利率受零下限约束的情况下，美联储应该比正常情况下更激进地放松政策，以实现更大的宽松效果，减少被零利率下限卡住而导致经济增长前景不及预期的可能。[1] 在那种情况下，负面的意外可能比正面的意外更具破坏性，决策者可能希望通过比正常情况下更宽松的方式来上个"保险"，以避免这种结果。因此，人们可能预计联邦基金利率的下调速度会比跟上经济前景恶化所需的速度更快。然而，根据 r* 指标，联邦公开市场委员会似乎没有采取这种做法。[2]

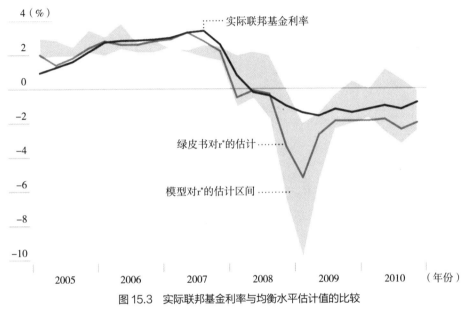

图 15.3　实际联邦基金利率与均衡水平估计值的比较

注：均衡实际联邦基金利率（r*）定义为，若利率保持在该水平，根据各种经济模型，经济产出预计将在 12 个季度内恢复到其潜在水平。所示的估计值取自当时出版的蓝皮书 / 蓝绿书。
资料来源：美联储。

　　回顾过去，两个因素导致没能采取更激进的政策反应。一是经济前景恶化得太快，以至于联邦公开市场委员会可能已经觉得自己在采取相当激进的行动。事

---

[1]　赖夫施耐德和威廉斯（2000）等人提出了这一论点。

[2]　一些决策者实时注意到了这一点。例如 2008 年 1 月，伯南克主席指出，政策设定"很少或根本没有考虑到风险管理的因素"，并且根据基线经济前景，可以通过超过必要程度的宽松政策来上保险。

实上，正常时期的做法一般比较谨慎并有路径依赖，而要想跟上当时前景恶化的步伐，就需要采取比正常时期更为极端的行动。二是联邦公开市场委员会在2008年9月之前的大部分时间里一直担心通胀会上升。

另一个重要的考量是联邦公开市场委员会可以将联邦基金利率降到多低。当时，联邦公开市场委员会的目标区间止步于0~25个基点，对此一些联邦公开市场委员会成员提出疑问，该议题的讨论一直持续到2010年。正如2010年8月的一份工作人员备忘录所述，反对将隔夜利率调整为负值的理由是，这样做可能会阻碍货币市场的运行（包括对货币市场基金造成压力），并引发各种操作层面的挑战。然而，自那时起，几家主要央行已将利率降至适度负值区间，因此未来联邦公开市场委员会也有可能重新审视这一问题。

总的来说，显然更激进的政策宽松并不会阻止深度衰退，因为金融压力的负面影响过大并快速蔓延，不能通过较低的利率路径完全抵消。但我们也认为，如果2008年一开始就根据防范下行风险的需要实施额外政策宽松，将在一定程度上降低失业率的峰值水平。

评估资产购买的收益和成本

雷曼兄弟破产后，随着金融条件急剧恶化、市场运行受阻，将联邦基金利率校准到适当水平这件事变得毫无意义。显然，联邦基金利率应该降至最低水平，这一目标于2008年12月达到。当时，政策讨论的重点转向寻找其他工具和措施来创造更宽松的金融条件并支持经济。其中包括美联储启动首次资产购买，该计划最终规模达1.75万亿美元，市场参与者现在称之为"第一轮量化宽松"（QE1）。[①]

联邦公开市场委员会使用的大规模资产购买措施无异于创造了一种新的政策工具。尽管日本央行此前曾使用过资产购买这种措施，但联邦公开市场委员会通过资产购买支持经济的渠道是首次出现。

鉴于这种首创性，联邦公开市场委员会购买资产前进行了大量辩论。关键问

---

① QE1实际购买证券的规模为1.725万亿美元。在接下来的6年里，美联储的资产负债表通过各种额外的资产购买计划大幅扩张，包括2010年11月启动的第二轮资产购买计划、2011年9月启动的期限延长计划（MEP），以及2012年9月和12月推出的第三轮资产购买计划（分别针对抵押支持证券和国债）。当所有计划结束时，美联储持有证券的规模比金融危机前高出3.5万亿美元。

题可以分为两类：效果的不确定性和关于成本的担忧。收益和成本都必须经过一定时间的检验才能知晓。

就收益而言，重要的是要认识到资产购买可以发挥两种不同的作用。一是帮助恢复市场运行，二是影响利率和资产价格，即使在运行状况良好的市场中也能发挥这种作用。这两种作用均旨在使金融条件更有利于经济活动。

QE1 的第一部分主要旨在恢复有政府背景的住房融资机构和这些机构担保抵押支持证券市场的运行，最终也取得了成功。当时，这些市场的利差变得异常巨大，尽管政府对政府资助企业进行了托管，但许多投资者仍在减持这些资产。[①] 随着 QE1 的推出，利差在 2009 年上半年显著收窄，市场运行和流动性状况明显改善，抵押贷款利率有所下降。

这一结果符合我们的意图。伯南克主席发表了几次演讲，提出资产购买计划是旨在实现"信贷宽松"一揽子政策的一部分。例如，2009 年 10 月，他表示资产购买是一揽子政策（包括当时推出的众多流动性工具）的一部分，旨在"解决特定信贷市场的失灵"，并表示"政策支持的有效性是通过市场运行指标来衡量的，如利差、波动性和市场流动性等"。仅从抵押支持证券市场运行的狭义视角来看，QE1 取得了成功。

然而，QE1 对市场运行的积极影响在 2009 年中期基本上已经释放，当时交易部门实施 QE1 的进度还不到一半。把 QE1 简单描述成解决市场运行问题、与后续资产购买计划完全不同是不准确的。联邦公开市场委员会考虑到了更广泛的政策传导渠道，特别是在 3 月扩大了该计划范围，纳入了美国国债。如图 15.4 所示，通过将期限风险排除在市场之外，大规模购买证券旨在降低期限溢价或投资者持有长期资产所需的额外回报。长期利率降低将导致其他资产价格上涨，因为投资者会调整其投资组合，替换已购买的债券，并在不同资产类别之间进行套利。[②]

---

① 在 11 月宣布资产购买计划之前，交易部门已经启动了一项购买机构贴现票据的计划，以支持该市场。然而，QE1 一经宣布就为机构债务和机构支持的抵押支持证券市场带来了更有力的支持。

② 资产购买也有可能通过其为政策利率路径提供信号发挥部分作用。若干因素似乎会降低这一信号效应的重要性，包括联邦公开市场委员会在大部分资产购买计划中都提供了明确的政策利率指引，以及联邦公开市场委员会反复声称持有大量资产不会阻碍其在必要时采取紧缩政策。然而，联邦公开市场委员会与市场沟通，意图在 2013 年缩减购买计划，短期和中期市场利率对此的反应表明，部分信号效应可能很重要。

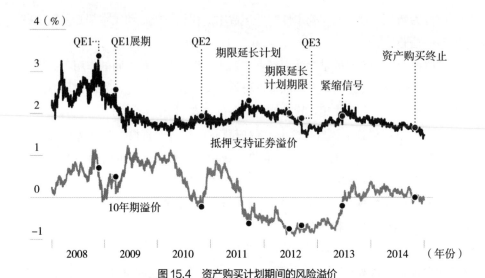

图 15.4　资产购买计划期间的风险溢价

注：期限溢价是指投资者期望从购买 10 年期国债中获得的超额收益，而不是滚动投资短期国债的收益。图中所示的估计值来自金－赖特模型。图中所示的紧缩信号是指 2013 年 6 月联邦公开市场委员会会议后的主席新闻发布会。

资料来源：彭博财经，美联储（金－赖特模型）。

　　在做出资产购买决策时，鉴于我们几乎没有历史经验，这一政策效果的大小存在着巨大的不确定性。工作人员向联邦公开市场委员会提供了反复多轮的分析，关于类似工具的经验少得可怜，但这项分析工作也不得不利用这些经验。[①]

　　现在来看，资产购买的经验，文献中的共识似乎是，资产购买计划可以显著压低长期利率，并对其他资产类别产生正向溢出效应［参见加尼翁（2016）和库特纳（2018）的有用总结］。[②] 这些研究发现，QE1 的效果最大，但除此之外，在运行良好的市场中启动后续几轮量化宽松也降低了长期利率。要在运行良好的市场，特别是流动性很强的市场中实现这些效果，资产购买规模需要很大。

　　另一个主要考虑因素是与资产负债表扩张相关的潜在成本。正如联邦公开市场委员会必须了解随着时间的推移资产购买所产生的有益影响一样，它也必须了解其不良反应。

---

① 现在看来，美联储工作人员在 QE1 刚开始时一定程度上高估了资产购买的效果。

② 正如格林劳等人（2018）和加尼翁（2018）所强调的，研究文献对这些效果的大小还存在争论。

一些观点在公开辩论中声势很大，但在内部政策讨论中一下子就略过了。工作人员和大多数联邦公开市场委员会成员使用的经济框架基本不认可这样一种观点，即基础货币大幅扩张本身会导致严重的通货膨胀和美元疲软。[①] 结果是，美联储大幅扩表的情况下，不合期望的低通胀率仍持续了数年。然而，其他一些担忧就不能轻易忽视了，包括如果美联储的购买行为主导了交易会让市场运行产生的潜在后果，以及美联储最终退出时可能面临的复杂局面。

总的来说，资产购买计划的实践经验表明，其潜在成本比联邦公开市场委员会担心的更有限。即使美联储持有较大的份额，国债和抵押支持证券市场仍然运行良好，特别是交易部门在实施资产购买时提供了足够的透明度，并采取了其他操作性措施来缓解特定证券出现短缺的问题。通胀和通胀预期仍然很低（相对于联邦公开市场委员会的目标而言往往太低），并未因资产负债表扩张而飙升、脱离锚定区间。关于政策退出策略的一些最重要的担忧已基本平息。特别是，交易部门已经证明，在拥有超额准备金利率、逆回购和大量交易对手方的情况下，即使在准备金充裕的环境中，也能充分控制联邦基金利率。这一利率掌控能力表明，如果未来需继续维持目前的框架，危机期间备受关注的准备金冲销问题基本可以忽略。

总的来说，对资产负债表扩张成本的担忧并没有阻止我们实施支持经济复苏所需的大规模资产购买计划，但它们带来的不安感可能会影响计划的规模和设计。既然我们有证据表明这些成本是有限的，如有需要，决策者在设计和实施未来的计划时可以采纳这一证据。当然，危机期间累积的资产目前尚未完全出表，因此我们可能会继续了解与这一政策工具相关的风险。[②]

通过央行沟通塑造政策预期

联邦公开市场委员会应对金融危机的最后一个方面是使用政策指引。2008年12月，联邦公开市场委员会首次使用了政策指引这一手段，称其预测联邦基

---

① 有趣的是，这一观点是政客、媒体和一些学术派经济学家对美联储实施的资产购买计划的负面看法的焦点。

② 人们对于量化宽松的另一个担忧是其可能会扭曲资产价格，从而在政策退出时造成金融稳定问题。然而，目前尚不清楚这种担忧是仅适用于量化宽松，还是也适用于导致短期利率"长期低迷"结果的常规宽松政策，因为担心这种风险的人通常将"追求高收益"看作这种扭曲的主要渠道。

金利率"将在一段时间内处于极低水平"。2009年3月，联邦公开市场委员会发布的声明强化了上述说辞，称其预测联邦基金利率"将在相当一段时间内保持极低水平"。在随后的几年中，联邦公开市场委员会在向市场和公众提供指引方面进行了多项创新，包括2011年8月引入基于日历的指引，2012年1月和2012年9月对基于日历的指引进行修订，2012年12月引入基于经济的指引。2012年初，联邦公开市场委员会还开始在其《经济预测摘要》中纳入委员会成员提出的"合意"货币政策假设路径。[①]

指引的总体目的是使金融市场预期的联邦基金利率路径趋于平坦，旨在降低长期利率，并使总体金融条件更有利于经济增长。在这方面，指引旨在与资产购买计划同向发力，但它通过改变对短期利率的预期而不是通过改变期限溢价来实现这些效果。

联邦公开市场委员会明确表示，并没有采取"无条件承诺"的策略，即制定下一步货币政策时无视经济运行环境。我们认为这种方法是不可行的，因为很难束缚未来决策者的手，而且如果经济发展未能遵循联邦公开市场委员会的预期，承诺的利率路径可能会变成不适当的。尽管如此，联邦公开市场委员会还是认为，利用政策指引来传达其预期，并提高偏离该路径的门槛是有益的。

这种沟通的有效性取决于所传达的信息。表明更宽松的政策路径也可以被解读为传达了经济前景更悲观的信息，那就可能适得其反。反之，如果这被解读为比市场参与者预期的更积极的政策措施，则也可以为经济提供重要支持。[②]

当我们首次使用"相当一段时间"的指引时，市场对结束零利率下限时的经济状况有着惊人的鹰派观点。这可以从图15.5中最上端的一个点看出。当时市场参与者预计，当失业率仍高于其均衡水平5个百分点、通胀率略低于1%时，美联储就会脱离零利率下限。这种观点最有可能的解释是，这种政策立场并不寻常，因此市场参与者认为，即使在经济条件仍然具有挑战性的情况下，联邦公开市场委员会也会放弃这一立场。

描述央行行为的一个典型的政策反应函数涉及两个变量之间的权衡，即如果

---

① 《经济预测摘要》包括联邦公开市场委员会对未来几年和更长期内关键经济变量的预测。这些预测每季度发布一次。

② 对该问题的延伸讨论，参见伍德福德（2012）。

通胀水平维持在低位，央行通常愿意等待失业率降至接近充分就业水平。这种权衡在图15.5中由向上倾斜的线表示，这条线是为了反映美联储《货币政策报告》（2018）中的"平衡方法规则"而绘制的。沿着直线移动表示给定反应函数下的权衡。这条线向下移动表示一种不同的、更宽松的反应函数。

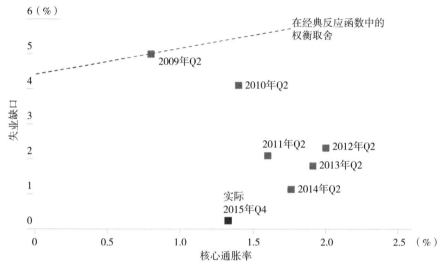

图 15.5　首次联邦基金利率上升时市场对经济状况的预期

注：虚线显示了两个经济变量的一组结果，在典型的货币政策反应函数下，两个变量的这组结果将使加息时间保持不变。可以为图中的每个点都画一条具有此斜率的线，线的移动表示市场认为的反应函数的变化。

资料来源：彭博财经，费城联邦储备银行，作者计算。

　　图中各点的演变表明，市场认为反应函数正在持续明显地向更宽松的方向移动——联邦公开市场委员会更有力地使用政策指引来鼓励这一过程。如果只是表明了对经济状况的悲观情绪，那么这种移动就会是简单地沿着一个给定的反应函数运动，而实际情况并非如此。相反，市场认为反应函数本身正在以有意义的方式发生变化。[①] 正如伯南克（2017）所认为的，政策指引确实涉及一定程度上的

---

① 2011 年下降幅度最大，可能反映了初次使用基于日历的指引。引入基于经济阈值的指引并没有引起任何显著的市场反应，部分原因是联邦公开市场委员会谨慎沟通，认为其应与之前基于日历的指引一致。

承诺，这一观点可以支持上述这种认知上的变化。

事实上，从零利率下限加息是在符合相对鸽派的反应函数的经济状况下发生的。因此，沟通有助于将市场认知的反应函数朝着最终实现的方向移动。这一结果意味着，在这段时间，央行的沟通努力使市场在帮助联邦公开市场委员会实现其目标时更加高效（使其朝着最终实现的结果移动），对经济的支持也更加有力（使其向下移动）。

我们对使用这一工具的主要担忧是，市场参与者可能将我们的声明误读为无条件的承诺。这一担忧在很大程度上通过所使用的措辞得以解决，使用的措辞明确表示，政策声明受经济路径制约。尽管有些人担心，点明制约条件可能会削弱指引效果，但其好处仍然是相当大的。

另一个广泛讨论的问题是指引的适当形式。以经济变量而不是日历日期为条件[1]被认为是一种良好的做法，因为它可以使政策信息与政策制定方式更加一致。然而，要以简单易懂的方式交流复杂的反应函数并非一件易事。

总体而言，联邦公开市场委员会认为，政策指引是一项有力的政策工具，通过影响预期政策路径起作用，且对使用这种工具比较得心应手，因为本来影响短期利率预期也是正常时期货币决策过程的一部分。因此，整个危机期间，我们对政策指引的运用还是富有成效的。

危机时期货币政策的经验教训

金融危机期间，货币政策的核心是创新和积极行动。我们迅速下调了联邦基金利率，使其降至历史低点。我们创设了全新的货币政策工具，启动了大规模资产购买计划。此外，我们比以往任何时候都更广泛地使用窗口指导。这段时间联邦公开市场委员会显然是在"未知的水域"探索，从中吸取了很多经验教训，有助于在未来的金融压力时期制定合理的货币政策。

---

[1] 以经济变量为条件是指当某些被选定的经济变量达到预设阈值时，即采取行动。以日历日期为条件是指于事前确定的时期采取行动。——译者注

经验 1：充分认识到金融压力较大时期，金融领域的变化情况会对经济产生重大且高度不确定的影响

央行需要充分掌握各类型金融市场和金融机构的信息与专业知识，以评估金融领域的变化情况及其对实体经济的影响。这一点在任何时候都成立，且在金融压力时期尤为重要，因为此时出险领域可能出其不意，造成的经济后果更为严重。

政策制定者必须意识到，金融领域和实体经济之间可能形成负反馈循环。应在经济模型中纳入各种类型的金融影响因素，但也应该认识到模型无法覆盖所有类型的金融压力。

因此，在金融压力出现时，政策制定者必须随时准备放弃这些模型，并对已有的预测进行大幅调整，或者至少应考虑严重的下行风险。

经验 2：金融环境恶化时应大幅下调联邦基金利率

当出现严重金融压力时，央行可能需要迅速有力地调整政策利率，以跟上市场变化。

风险管理原则表明，政策制定者有时需要更加大胆。零利率下限是实现就业和物价稳定目标的一个较大阻碍，在金融压力时期，经济出现严重负面情形的可能性更大。在这种情况下，更大幅度、更快地降息能够为经济提供信贷支持。

在危机前将通胀预期锚定在合理水平至关重要。这样在采取积极的政策措施时，既不必担心造成持续通胀压力，也有利于降低名义利率继而传导至实际利率。

经验 3：当下调政策利率无法充分应对经济问题时，可使用资产购买以实现额外的宽松效果，而且无须过于担心相关风险

购买长期资产似乎可以降低长期利率以支持经济复苏。当资产购买可以用于恢复金融市场的功能时，效果更为显著。在运行良好的金融市场中，资产购买也会产生有益影响。

在市场运行良好的情况下，购买资产的规模需要足够大才能产生明显的效果。

资产购买是通过影响所购买资产的价格发挥作用的。高能货币（也称基础货币）供应量本身似乎对通胀或通胀预期没有明显影响。

实施大规模资产购买的成本没有人们之前担心的那么高。现在我们相信，即使资产负债表规模仍然庞大，美联储也有能力以可控的方式提高政策利率。

由于有能力控制政策利率，政策制定者未来可以灵活地设计资产购买计划，以最有效地影响金融市场和实体经济。政策制定者不应该有过多顾虑。

经验 4：对利率做前瞻引导，表明当前政策不同于历史或市场预期

通过沟通交流引导市场预期是央行实践中的惯例。政策利率的预期路径是货币政策传导的重要组成部分，这早已体现在央行的政策思路和模型中。

当进一步调整政策利率的空间受到零利率下限的约束时，就政策路径进行充分沟通尤为关键。

由于金融压力时期存在相当大的不确定性，人们可能会对央行的政策意图产生严重误解。政策指引可以有效地引导市场预期与央行的政策意图保持一致。

如有可能，沟通交流应侧重于政策反应函数，即基于经济环境确定货币政策。但经验表明，基于执行日期的政策指引也可能相当有效，尤其是在市场预期与政策制定者的意图大相径庭的情况下。

毫无疑问，下次金融危机与此次相比，将在成因、严重性、影响和政策应对等多个重要维度上有所不同。但是，我们仍从本次危机的货币政策执行中学到了很多东西，这些经验教训将成为应对下次金融压力时的重要指南。

第十六章

次贷危机期间的财政应对措施：
已采取的、未采取的和下一次应采取的措施

　　本章作者：贾森·弗曼。本章作者感谢加布里埃尔·乔多罗－赖克、蒂莫西·盖特纳、梁内利、中村惠美、亨利·保尔森、克里斯蒂娜·罗默、杰伊·香博、约恩·斯泰因松、劳伦斯·萨默斯以及哈佛大学宏观经济政策研讨会的与会嘉宾，与他们的对话和他们的观点令本章作者受益良多。汤姆·雷德本提出了许多优秀的编辑建议。罗尼尔·德赛和威尔逊·鲍威尔三世提供了杰出的研究帮助。德博拉·麦克莱伦敦促本章作者完成写作。财政应对措施是由两届政府、几十个机构和国会中的许多人共同设计和实施的。

引　言

美国政府为次贷危机所采取的财政应对措施始于 2008 年 2 月 13 日，小布什总统签署了 2008 年《经济刺激法案》。该法案在 2012 年底奥巴马总统实施的薪资减税计划到期时结束。其间，美国国会至少通过了 18 项法案，其中包括 5 年内总计超过 1.5 万亿美元的存在自由裁量空间的财政刺激，其中约一半规模的财政刺激来自奥巴马总统于 2009 年 2 月 17 日签署生效的《美国复苏与再投资法案》。[①] 财政刺激措施包括减税（占比 54%）、个人转移支付（占比 19%）、州（地方）财政费用减免（占比 11%）和公共投资（占比 16%）——几乎所有公共投资均来自《美国复苏与再投资法案》。从推出到结束的 5 年时间内，财政刺激措施的规模平均占 GDP 的 2%，有效提振了经济活动，使 2010 年第三季度美国经济水平至多提高了 3.4%，此后效果逐步递减。再考虑自动稳定机制发挥的作用，逆周期的财政应对措施总规模平均能达到 GDP 的 3.4%，这是美国历史上针对经济衰退所出台的最大规模的财政应对措施。

财政刺激措施是应对金融危机的整体宏观经济措施的组成部分。如果没有这些措施，经济衰退会更严重，持续时间也会更长——由于经济可能出现恶性循环、产出持续下降，实际情况可能比传统模型预估的情形更加严重。财政刺激措施与货币金融政策协同作用，使这次美国经济的复苏速度要快于历史上的其他复苏先例，而且在次贷危机后的经济表现也优于其他国家（经济顾问委员会，2017）。

由于大规模的经济衰退，2007—2010 年，不同收入阶层的家庭的税前收入和转移支付前收入大幅下降。此前美国已建立自动稳定机制，此次危机中政府扩大了其覆盖范围，这些机制大大缓冲了收入下降带来的冲击：如果将居民实际收入（税后和接受转移支付后的收入）从低到高分为五组，收入最低的两组人群的实际收入其实上升了；第三组和第四组人群的收入基本与之前持平。除最高收入

---

① 此处的总数不包括替代性最低税（AMT）、问题资产救助计划和对政府资助企业的支持。

组，其他四组人群的收入差距在缩小，其中一半的差距缩小得益于财政刺激措施。

尽管如此，财政应对措施也存在重大缺陷，这主要是因为在 2009 年初，我们未能在出台更多刺激措施这一问题上争取到国会的政治支持，后来也未能就采取规模更大、更偏重于公共投资的额外刺激措施获得支持。

多数刺激措施都是基于良好的宏观经济模型设计的，随后在 2008—2012 年的实践中得到进一步验证。然而，人们对各类应对措施效果的了解程度，远不如宏观经济预测者公布的预测情况那样令人信服。目前我们掌握的知识依然有限，政策制定者在出台下一轮财政刺激措施时，可能仍然需要摸着石头过河。但财政刺激措施的重要性在这次危机中得到了更有力的证明。[①]

刺激措施的三个阶段

财政刺激措施共经历了三个阶段：（1）2008 年初的一系列措施，这一阶段的措施是"及时的、有针对性的和临时的"；（2）2009 年初《美国复苏与再投资法案》出台后的应对措施，这些措施是"快速的、大规模的和持续的"；（3）随后几年出台的一系列法律，回头来看，这些法律可以被描述为"随机应变的、范围较大的和低调的"。

2008 年刺激措施：及时的、有针对性的和临时的

2007 年，美国经济快速衰退，失业率从 3 月的 4.4% 上升至 12 月的 5.0%。从此前的经验来看，失业率如此大幅度攀升，预示着经济衰退即将出现，届时工作岗位可能进一步减少。2007 年 9—12 月，美联储将联邦基金目标利率从 5.25% 下调至 4.25%，但由于货币政策效果的滞后性，人们预计这一政策在 2008 年末之前很难对经济产生实质性的刺激作用。此外，美联储采取了一系列其他措施，包括扩大贴现窗口和推出定期拍卖工具等，但这些措施的效果和出台时机均存

---

① 本章重点关注财政应对措施的宏观经济分析，以及它在多大程度上阻止了更严重的经济衰退并促进经济更快复苏。本章简单讨论了其他目标，如保护脆弱群体以及改善基础设施、医疗保健、宽带服务和提升能源效率。这些都是非常重要的话题，但在很大程度上超出了本书的范围。参见格伦沃尔德（2012）对《美国复苏与再投资法案》及其长期结构性影响的描述。

在不确定性。许多政策制定者担心在货币刺激措施生效前，经济情况可能变得更糟。

2007 年 12 月 5 日，马丁·费尔德斯坦成为（也许是）第一个提出应考虑采取财政刺激措施的有影响力的经济学家。费尔德斯坦指出，"当前美国经济非常疲软，可能会进一步衰退。当前的经济形势要求政府降低利率，并根据 2008 年的经济发展状况实施减税措施"。2007 年 12 月 19 日，劳伦斯·萨默斯公开要求实施财政刺激措施，并表示这种刺激应是及时的、有针对性的和临时的。

此时，小布什总统已经要求财政部长亨利·保尔森和白宫经济团队评估财政刺激计划的必要性。2008 年 1 月，保尔森和白宫经济团队向小布什总统报告称，确实需要立即采取刺激计划，刺激计划在设计上应争取两党的广泛支持并尽快实施。小布什总统想要的经济刺激计划是快速把钱发放到消费者手中，以提振经济。2008 年 1 月 18 日，保尔森公布了刺激计划的主要内容，并指出，"我们的经济增长慢于预期，这意味着我们需要迅速采取行动，制订出一套临时的刺激计划，该计划应足够简单，以便能够迅速落实，并且计划应是有效的，能够促进经济增长、创造就业，规模还要足够大，这样才能真正产生影响"（Paulson，2008）。在国会民主党议员的大力推动下，刺激计划在短短几周内就获得通过，具体形式是一次性个税退税。第一批电子退税于 2008 年 4 月完成，第一批支票于同年 5 月寄出（Internal Revenue Service，2008）。

尽管当时美国的经济状况看起来就跟一场典型的衰退差不多，但政府出于以下两个原因采取了财政刺激措施：一是与货币政策相比，财政政策可以更快地提振经济，在降息发挥效果之前填补缺口；二是考虑到货币刺激措施的效果不确定，最好使用多种政策工具实现更加多元化的政策应对（Elmendorf and Furman，2008）。

《美国复苏与再投资法案》：快速的、大规模的和持续的

尽管政府出台了财政刺激措施并继续降息，但美国的经济和金融危机仍在持续发酵，特别是在雷曼兄弟宣布破产后的那个秋天，情况进一步恶化，2008 年内失业率从 5.0% 上升至 7.3%。到 2009 年 1 月初，数据显示，美国在此前 3 个月中平均每个月就失去 51 万个工作岗位，这一数字随后被修订为每月 64.7 万个。

经济持续衰退，刺激计划的目标规模随之扩大。在竞选总统期间，奥巴马最

早在 2008 年 1 月就提出了财政刺激计划，同年 4 月又提出了另一项刺激计划，并在 2008 年 3 次（6 月、8 月和 10 月）扩大了他所提出的刺激计划的规模。推出财政刺激计划的动机在于以下两点：一是人们担心美联储已经穷尽了其所有常规货币政策选项，2008 年 12 月美联储已将目标利率降至 0；二是担心因为金融危机和危机导致的金融体系崩溃，所有依靠金融部门向实体经济传导的政策工具的效果都会大打折扣。

根据奥巴马在竞选期间提出的刺激计划建议，包括雅各布·卢、丹尼尔·塔鲁洛、贾森·弗曼和奥斯登·古尔斯比在内的经济过渡团队于 2008 年 11 月 12 日会见了尚未就职的奥巴马总统，并向他递交了 3 000 亿美元刺激计划草案。制订这份刺激计划主要基于如下考虑：

- 市场普遍认为美国经济在 2009 年及之后会衰退。失业加剧，居民消费恶化，蓝筹股公司/《华尔街日报》调查预测 2009 年第一季度 GDP 将出现负增长，其他分析机构则认为 2009 年全年经济都将出现负增长，金融业引发的经济衰退持续时间往往较长——高盛预测失业率峰值将在 8% 以上，并在 2009 年和 2010 年的多数时间保持高位。
- 缺少其他政策选择：鉴于信贷市场严重收缩、消费低迷、贸易伙伴国同样进入经济衰退期以及美元走强，尚不清楚如何刺激经济重启。
- 当前情况下合适的政策工具：因为货币政策工具已穷尽，财政刺激成为唯一选择，而且如果财政政策超调了[1]，货币政策还有应对空间——经济衰退的风险远远大于人们对通胀和挤兑的担忧（尽管当经济复苏时，人们对通胀的担忧会增加）。

会上，大家还讨论了是否需要为刺激计划买单的问题[2]。从经济学角度看，没必要为刺激计划买单，而且从政治角度看，这样可以更加迅速、简单地通过救助计划。但也有人持相反观点，担忧美国政府债务攀升可能会对金融市场产生影响。最终，奥巴马还是决定只出台财政刺激计划，但明确表示该计划被纳入美国

---

[1] 财政刺激力度过大，经济过热。——译者注
[2] 此处应理解为是否需要通过征收"富人税"等手段增加政府收入，以支持刺激措施下增加的支出。——译者注

政府的长期预算，而长期预算会确保政府债务可持续。

在当时，即便是 3 000 亿美元的、无须当即买单的刺激计划也被认为规模很大，是在挑战国会所能接受的极限。任何刺激措施都需要蓝狗联盟[①]的支持。但有大概 50 名众议院民主党议员对赤字和债务问题十分担忧，他们明确表示不会投票支持再出台一个无须买单的刺激计划。众议院民主党领袖曾考虑出台 1 500 亿美元的刺激计划，一些人也说可以考虑至多 3 000 亿美元的计划。一些知名经济学家也主张应采取类似规模的刺激措施：2008 年 11 月 19 日，美国经济与政策研究中心组织数百名经济学家，包括乔治·阿克尔洛夫、迪恩·贝克、詹姆斯·加尔布雷思、劳伦斯·米舍尔和约瑟夫·斯蒂格利茨，签署联名信，呼吁采取 3 000 亿~4 000 亿美元的刺激计划，并建议"快速使用"这些资金（Akerlof et al.，2008）。

为创造更大的政治空间，让国会能够通过较高金额的刺激计划，过渡团队联系了几位签署联名信的经济学家，鼓励他们公开提出实施大规模刺激计划的诉求。有一位经济学家原本推荐实施 5 000 亿美元的刺激计划，但在过渡团队的建议下，当年秋天，他向众议院民主党党团呼吁实施 1 万亿美元的刺激计划。

经济数据和预测继续恶化。知名经济研究和预测公司——宏观经济咨询公司（Macroeconomic Advisers）——在 2008 年 12 月 8 日对其预测做出了史上最大的负面修正。事态继续发展，再加上奥巴马经济团队迎来了新成员（主张实施更大规模刺激计划的克里斯蒂娜·罗默和萨默斯），经济团队进一步上调了刺激计划的规模，在提交给奥巴马的备忘录中表示，"我们认为，相比不实施刺激措施，在两年内出台 6 000 亿美元的刺激计划将创造 250 万个就业机会。但这远远无法弥补已经损失的就业岗位，两年后的失业率仍将达到 8%。经济团队认为应扩大刺激计划的规模…… 备忘录提出了四个备选计划，规模从 5 500 亿美元到 8 900 亿美元，差距主要在于是否包括州一级的财政救济和税收计划"（Summers，2008）。

规模最大的备选计划估计能弥合一半的产出缺口，产出缺口预计约为 GDP 的 7%。经济团队没有设计能够完全弥合产出缺口的刺激计划，理由包括：财政刺激不是唯一的政策工具；担心规模过大的财政刺激计划可能会让市场感到惊慌，还会推高利率；扩大刺激规模总是可能的，但缩减已出台的刺激计划是不可能的。

---

① 蓝狗联盟是保守派民主党团体。——译者注

在 12 月 16 日与过渡团队的一次会议上，奥巴马在备选计划中选择了在过渡团队判断政治可行的范围内规模最大的那个财政刺激计划。奥巴马认为，政治约束自一开始就会存在，在国会开始真正担忧市场信心问题之前就会起作用。按照这个思路，刺激计划规模定在 8 000 亿美元，奥巴马让其政治和经济团队来研究实现这一刺激规模的具体方法。

过渡团队认为，提出一个如此巨大且明确的预算数字可能会引起国会的抵触，从而影响计划通过。此外，团队认为，鉴于经济过渡团队资源有限而且希望国会能够为刺激措施背书，此时向国会提交一个完整、直白的计划可能导致刺激计划难产。团队采取了另一种策略。奥巴马在公共场合继续推销财政刺激的概念，但强调的是就业目标而非资金成本目标。2008 年 11 月 22 日提出的就业目标是 250 万个就业岗位，到了 12 月 20 日，这一目标被修改为"至少"300 万个。经济团队分析，实现这一就业目标等同于至少 8 500 亿美元的刺激计划。此外，2009 年 1 月 8 日，奥巴马（2009a）在演讲中列举了刺激计划所想要实现的一系列具体的目标："这不仅仅是另一项公共计划。这项计划反映了当下美国社会存在的矛盾和对未来的希望——虽然在全美各地有大量工作需要完成，但数百万美国人仍找不到工作。这就是为什么我们将重点投资于能源、教育、医疗卫生和基础设施领域，这对于我们在 21 世纪保持强大的国力和竞争力至关重要。"

在奥巴马不断进行公开演讲的同时，幕后工作也一直在进行，团队要在就职典礼前起草好刺激计划法案——12 月 16 日会后，团队立即与国会议员和国会工作人员开展具体、详细的讨论。最初，过渡团队私下向国会提出了一个较小的数字，团队担心较大的数字会引起负面反应，特别是蓝狗联盟会反对。团队期望随着立法的推进，逐步扩大刺激计划的规模。这种预期是合理的，众议院于 2009 年 1 月 28 日通过了 8 200 亿美元的 10 年期刺激计划。2009 年 2 月 10 日，参议院通过的法案金额更大一些，为 8 380 亿美元，但实际刺激措施的规模要小于众议院法案，因为参议院对替代性最低税减免给予展期。该展期并不会扩大刺激计划的规模，因为它只是对过去做法的延续，也可以放在其他任何立法中。最终达成共识的法案[1]并未达到政府预期的那样大的规模。由于参议院三位共和党议员

---

[1] 众议院和参议院通过不同版本的法案后，国会要组建临时"会议委员会"，协调两者之间的差异，最终形成所谓"会议协议"（conference agreement）。——译者注

坚持要降低刺激计划的规模，最终规模确定为 7 870 亿美元，小于此前众议院和参议院各自通过的数字。如果考虑到刺激计划还包括前面提到的替代性最低税减免延期，那么实际有效的金额会更少。2009 年 2 月 17 日，奥巴马签署了《美国复苏与再投资法案》。

《美国复苏与再投资法案》的指导思想不是"及时的、有针对性的和临时的"，而是"快速的、大规模的和持续的"。过渡团队根据下述标准对法案的一系列条款进行了评估：一是资金使用速度；二是预计的乘数；三是有多大可能变为永久法律（由于人们担心长期赤字，这会是一个减分项）；四是除了当下对经济的刺激作用外，这些措施对各类公共事业将带来怎样的"变革性"影响。过渡团队的目标是设计一个既包含短期刺激措施，又包含长期变革计划的政策组合。

起初，刺激计划只包含针对少部分领域的"变革性"条款，这些领域包括医疗卫生、能源、教育和基础设施。这些领域都是从总统竞选时提出的施政建议中选出来的，从性质上看具有长期性和结构性，但又能够切分出一部分（有些领域的可行性差一些）塞入刺激计划中，用《美国复苏与再投资法案》的拨款作为"首付"。在某些情况下，制定这些变革性条款并不是考虑到其对宏观经济的影响，而是听取了即将上任的白宫幕僚长拉姆·伊曼纽尔的建议，也就是你"永远不希望浪费掉一场严重的经济危机"。例如，竞选时提出的医疗信息技术支出计划和能源投资计划均被纳入了《美国复苏与再投资法案》——而更全面的医保覆盖计划与总量控制和交易计划[①]则留待以后再制订。根据过渡团队和国会所提出的进一步意见，有更多内容被纳入了刺激计划，包括为宽带设施落后的地区提供补贴和提供资金修建高速铁路。

奥巴马（2009b）在签署《美国复苏与再投资法案》时表示："该法案的通过并不意味着我们能够解决经济上面临的所有问题，也不是我们为重启经济复苏所需要做的全部工作。但它标志着结束衰退的开始——我们要开始为那些失去工作后艰难挣扎的美国人创造就业机会，为那些担心无力支付下个月账单的家庭提供救助，为我们的经济复苏奠定更加坚实的基础，从而为实现长期经济增长和繁荣铺平道路。"

[①]　总量控制和交易计划，指政府设定温室气体排放总量上限，企业以排放配额为标的进行交易。——译者注

《纽约时报》的一篇报道（Stolberg，2009）的标题为《签署刺激计划，奥巴马不排除将出台更多刺激措施》——事实证明，第三阶段的情况正是如此。

后复苏时期的立法：随机应变的、范围较大的和低调的

失业率持续上升，在 2009 年 5 月达到 9.4%（当时《美国复苏与再投资法案》的大部分措施的效果还未显现），远远高于 2009 年初的预测数据。过渡团队使用的许多外部和内部预测模型均没有充分考虑到金融部门在加剧经济衰退方面的作用。政府于 2009 年 12 月和 2010 年 9 月提出希望出台更多刺激计划，2011 年 9 月还提出了规模为 4 470 亿美元的《美国就业法案》。这些新提出的刺激计划都延续了《美国复苏与再投资法案》的做法，包含减税、对个人和州的救助计划以及公共投资等措施的一揽子措施。然而，国会已经失去了对经济刺激进行额外立法的兴趣，在 2009 年 2 月之后就再也没有颁布过此类法案——尽管众议院在 2009 年 12 月通过了针对基础设施的刺激法案，但该法案未被参议院采纳。

尽管如此，许多政府提出的建议或国会希望达成的内容还是都被塞进其他法案中通过了，例如国防拨款相关法案或联邦航空管理局的重新授权。对奥巴马政府而言，出台进一步刺激措施的最好时机就是 2010 年底，那时候 2001 年和 2003 年通过的减税措施刚好到期。奥巴马长期以来一直呼吁废除减税措施中只惠及高收入家庭的条款。但共和党人在中期选举中大获全胜，在国会中处于优势地位。奥巴马当然还可以继续要求废除针对富人的减税措施，但那样的话他就会失去谈判筹码，无法在法案中增加他想要的东西。奥巴马要求副总统约瑟夫·拜登与国会谈判，协商出一个包含尽可能多的财政刺激措施的法案。具体来看，以同意将针对高收入家庭的减税措施延长两年为交换，要求共和党：同意继续对有子女的低收入家庭减税，用力度更大但针对性较弱的工资税减免（每年约合 1 120 亿美元）代替此前实施的"劳有所得"退税计划（每年约合 580 亿美元），将针对企业投资的红利折旧[①]提高至 100%。

这一阶段的刺激措施是随机应变的。政府一般是希望出台尽可能多的财政支

---

① 红利折旧属于加速折旧的一种，100% 的红利折旧意味着企业可以在第一年就将资产价值的 100% 记为当年费用。——译者注

持措施，包括增加公共投资和减税。国会想要的则是更小的刺激规模，但与基础设施投资或其他投资相比，更支持减税，而且相较于出台新的措施，更倾向于延长现有的措施。

以上博弈的结果是出台了额外的刺激措施：到 2012 年底之前，在《美国复苏与再投资法案》外增加了 6 570 亿美元，使财政刺激措施规模占 2010 年 GDP 的比例上升，占 2011 年 GDP 的比例几乎维持不变，并且避免了这一比例在 2012 年急剧下降。但这笔资金仍然远远低于奥巴马要求的规模，且支出的构成也并非政府所愿（其中公共投资几乎为零）。这些额外条款分散在至少 13 项立法中，其中大部分没有明确标记为刺激措施，相比出台一揽子明确的刺激措施，这样零敲碎打的方式无法设定明确的市场预期和增强信心。

财政刺激措施的规模和构成

总的来看，截至 2012 年（自然年）底，可自由裁量的财政刺激方案的总规模为 1.537 万亿美元。[①] 近一半的财政刺激措施来自《美国复苏与再投资法案》。截至 2012 年（自然年）底，该法案为美国经济注入了 7 120 亿美元。[②] 剩余金额来自至少 17 项其他立法，包括 2008 年的退税措施、鼓励购买汽车的"旧车换现金"计划、雇用长期失业者的税收抵免、对房主的税收抵免、工资税减免以及其他措施（见表 16.1）。

如图 16.1 所示，2008—2012 年，可自由裁量的财政刺激措施平均占 GDP 的 2%，2010 年是峰值，占 GDP 的 2.7%。再加上自动稳定机制的作用，包括扩大失业保险和针对低收入人群的救济项目以及减免税收等——这些措施平均会再增加 GDP 的 1.4%，使 2010 年的刺激措施达到 GDP 的 4.6%，5 年内的平均水平提高到 3.4%。

财政刺激措施中，占比最高的一类是个人税收减免，如图 16.2 所示，减税总额占财政刺激的 54%（绝大多数减税措施理论上等同于增加支出）。另有

---

① 如果将直至 2019 财年的预算影响都算在内，总规模为 1.456 万亿美元，因为一些像红利折旧的规定，导致后续年份财政收入有所增加。

② 此处的金额与此前确定的 7 870 亿美元不同，因为这是后来国会预算办公室对金额进行了重新估计，并减去了替代性最低税等项目的金额。

30% 的财政刺激用于提供救济，直接或间接（通过州政府）向个人发放；其余 16% 用于公共投资。附录中列出了占比相对较大或较重要的项目，以及它们在 2008—2012 年的支出规模。

表 16.1　2007—2009 年经济衰退期间和衰退期后对经济复苏提供的财政支持

刺激措施的阶段	立法名称	立法时间	截至 2012 年的刺激规模（十亿美元）
《美国复苏与再投资法案》出台前的法案	《经济刺激法案》（HR 5140）	2008 年 2 月 13 日	138
	《补充拨款法案》（HR 2642）	2008 年 6 月 30 日	13
	《住房和经济复苏法案》（HR 3221）	2008 年 7 月 30 日	11
	《失业补偿延期法案》（HR 6867）	2008 年 11 月 21 日	6
《美国复苏与再投资法案》出台	《美国复苏与再投资法案》	2009 年 2 月 17 日	712
《美国复苏与再投资法案》出台后的法案	《补充拨款法案》（HR 2346）	2009 年 6 月 24 日	3
	《工人、房主和商业援助法案》（HR 3548 ）	2009 年 11 月 6 日	35
	《国防部拨款法案》（HR 3326）	2009 年 12 月 19 日	18
	《临时延期法案》（HR 4691）	2010 年 3 月 2 日	9
	《恢复就业雇用激励法案》（HR 2847）	2010 年 3 月 18 日	13
	《继续延期法案》（HR 4851）	2010 年 4 月 15 日	16
	《失业补偿延期法案》（HR 4213）	2010 年 7 月 22 日	33
	《联邦航空管理局航空运输现代化与安全改进法案》（HR 1586）	2010 年 8 月 10 日	26

刺激措施的阶段	立法名称	立法时间	截至 2012 年的刺激规模（十亿美元）
《美国复苏与再投资法案》出台后的法案	《小企业就业法案》（HR 5297）	2010 年 9 月 27 日	68
	《减税、失业保险再授权和就业法案》（HR 4853）	2010 年 12 月 17 日	309
	《鼓励雇用退伍军人法案》（HR 674）	2011 年 11 月 21 日	0
	《临时工资减税延期法案》（HR 3765）	2011 年 12 月 23 日	28
	《中产阶级减税和就业法案》（HR 3630）	2012 年 2 月 22 日	98
资金总额			1 537

注：金额基于自然年，且由于四舍五入，各项加总未必等于总数。

资料来源：国会预算办公室，经济顾问委员会（2014），作者计算。

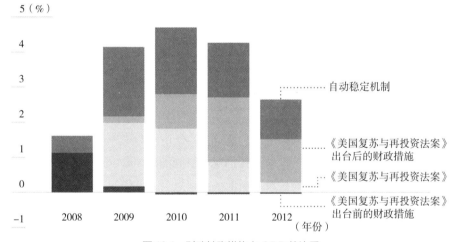

图 16.1 财政扩张措施占 GDP 的比重

注：所有数据为自然年数据。数据不包括替代性最低税减免、问题资产救助计划、政府资助企业购买债务 / 股权，或《美国复苏与再投资法案》出台前的刺激条款。

资料来源：美国经济分析局，国会预算办公室，经济顾问委员会（2014），作者计算。

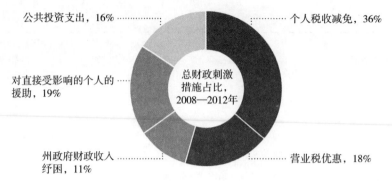

公共投资支出，16% ....

个人税收减免，36%

对直接受影响的个人的 ....
援助，19%

总财政刺激
措施占比，
2008—2012年

州政府财政收入 ....
纾困，11%

营业税优惠，18%

图16.2 《美国复苏与再投资法案》出台前后的财政刺激措施（按其职能领域划分）

注：由于四舍五入，分项百分比加总可能不等于100。数据是自然年数据。数据不包括替代性最低税减免、问题资产救助计划、政府资助企业购买债务/股权，或《美国复苏与再投资法案》出台前的刺激条款。资料来源：经济顾问委员会（2014），国会预算办公室，作者计算。

财政刺激措施影响的证据

评估财政刺激措施的基本原则是要与其政策目标相匹配：将GDP提高至没有刺激政策时的水平之上，进而防止严重的经济衰退并加快经济增长。此外，虽然我们希望独立评估单项刺激措施的有效性，但事实证明，这几乎无法实现，而且评估结果也不一定具有可比性。尽管如此，我们还是观察到一些普遍现象。

对宏观经济影响的事前预测

财政刺激是广泛危机应对措施的一部分。广泛的应对措施还包括货币政策和影响金融、住房及汽车行业的政策。评估应对措施的整体影响并不简单，甚至很难做到，因为我们不确定没有政策应对的基线情景会是怎样的。评估单项措施的有效性就更是如此了。例如，我们观察到，在刺激措施出台之后，失业率仍然很高，只能说明刺激措施是必要的。相反，我们还会观察到，经济复苏可能只是经济自我平衡的一部分，而非宏观经济政策的结果。孤立地评估财政政策影响会产生很多其他问题，因为财政、货币和金融政策会相互影响。

基于时间序列的计量方法试图通过分离"内生"财政政策（针对经济现状制定的政策）和"外生"财政政策（出于与经济现状无关的原因制定的政策）来评

估财政刺激政策的影响。这种方法难以评估《美国复苏与再投资法案》以及在它之后出台的财政刺激措施，因为它们是单个数据点。[①]更重要的是，这里的财政刺激显然是内生的，因为这些措施是用于应对经济大幅衰退的。

因此，大多数对《美国复苏与再投资法案》和其他财政措施宏观经济影响的评估都是事前估计。具体而言，研究人员一般参考次贷危机前的研究，来预测特定财政政策对经济的影响。通常研究者会为不同类型的财政措施分配一组乘数（不同时间段对应不同的乘数）。这些乘数通常是根据历史经验估算出来的，这种估算肯定是不完美的，而且可能会随着时间的推移而改变，或者在金融危机背景下有所不同。经济顾问委员会使用的乘数变化范围很大：用于公共投资支出、收入和支持支出的乘数均为 1.5，经济顾问委员会预计这些支出会刺激更多的经济活动，因为第一轮刺激措施就是直接的支出措施，直接就体现在经济活动中；用于营业税激励的乘数为 0.1，这反映出营业税激励主要是企业节约的税费，大部分会成为增加的留存收益。表 16.2 列出了经济顾问委员会使用的各种乘数，基本处于国会预算办公室提供的乘数预测区间的中间位置。

表 16.2　不同类型的财政支持措施的预计产出乘数

	经济顾问委员会	国会预算办公室	
		低	高
公共投资支出	1.5	0.5	2.5
州政府和地方政府的财政纾困	1.1	0.4	1.8
收入和支持支出	1.5	0.4	2.1
向退休职工一次性发放的补贴	0.4	0.2	1.0
个人税收减免	0.8	0.3	1.5
营业税激励	0.1	0.0	0.4

资料来源：经济顾问委员会（2014）。

表 16.3 基于这些乘数估算了《美国复苏与再投资法案》的宏观经济影响，结果显示法案使 2010 年的 GDP 额外增长 0.7%~4.1%，当时几乎所有预测都认为立法带来的积极影响将在 2010 年达到峰值。布林德和赞迪（2015）使用了类似的方法来估算更大范围的财政扩张的影响。

---

① 要用时间序列分析法，至少应在一段时间内有一定的趋势。——译者注

表 16.3　《美国复苏与再投资法案》对 GDP 影响的估算

	百分比（%）				
	2009 年	2010 年	2011 年	2012 年	2013 年
经济顾问委员会：模型法	+1.1	+2.4	+1.8	+0.8	+0.3
国会预算办公室：低	+0.4	+0.7	+0.4	+0.1	+0.1
国会预算办公室：高	+1.7	+4.1	+2.3	+0.8	+0.3
高盛	+0.9	+2.3	+1.3	—	—
IHS 环球通视	+0.8	+2.2	+1.6	+0.6	—
詹姆斯·格拉斯曼，摩根大通	+1.4	+3.4	+1.7	0.0	—
宏观经济咨询公司	+0.7	+2.0	+2.1	+1.1	—
马克·赞迪，穆迪	+1.1	+2.6	+1.7	+0.4	—

资料来源：经济顾问委员会（2014）。

如图 16.3 所示，同样的方法也可以用于估算从 2008 年开始的全部财政刺激措施对 GDP 的影响。[①] 结果显示，2008 年和 2009 年的第四季度同比增长很快，而 2010 年和 2011 年的这一增速则基本不变，2012 年增速随着刺激措施的效果消退而放缓。这相当于在刺激措施达到最高点时增加了约 300 万个工作岗位，或者说在刺激措施生效的 5 年间累计创造了约 1 000 万个工作岗位。

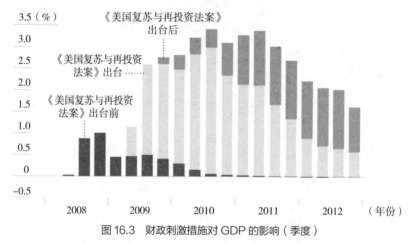

图 16.3　财政刺激措施对 GDP 的影响（季度）

资料来源：美国经济分析局，国会预算办公室，经济顾问委员会（2009，2014），作者计算。

---

① 该分析将表 16.2 中的乘数与经济顾问委员会（2009）中的滞后结构相结合。滞后是财政刺激对产出的影响保持在更高水平的原因，即使在财政刺激本身开始撤回之后也是如此。

危机后的跨部门影响

通常来看，评估单项刺激措施对 GDP 的影响是困难的，因为许多措施在同时发挥作用。尽管如此，研究人员也试图运用不同的变量来评估某些具体措施的影响。但由于评估方法不同，存在各种干扰因素，而且很多评估没有考虑国家层面的财政乘数，所以评估结果之间缺乏可比性。

一些论文利用财政刺激措施中那些随机且跨州的变量来评估特定刺激措施对一个州的宏观经济的影响。例如，乔多罗 – 赖克等人（2012）通过分析医疗补助计划的联邦政府配套资金中与危机前医疗支出有关的部分（而非受危机影响的结果），研究较高的联邦政府补助水平对一个州的宏观经济的影响。该研究发现州一级的财政乘数约为 2。康利和杜波尔（2013）采用类似的方法研究高速公路支出乘数，得出的乘数要小得多。杜波尔和麦克罗里（2018）、杜波尔和梅卡里（2016）以及威尔逊（2012）基于公式赠款①对《美国复苏与再投资法案》中刺激措施的支出乘数进行了测算，发现乘数介于前述两个支出乘数（医疗补助和高速公路）的数值之间。得到不同的乘数可能是因为建模方法的差异，因此不具有可比性。乔多罗 – 赖克（2019）运用了更为一致的方法评估上述三种刺激措施，发现乘数在 1.53~2.29 之间，从统计角度看，在 5% 的显著性水平下，这三种措施的支出乘数没有显著差异。这些研究表明，联邦政府增加向州政府的转移支付，无论是通过提高医疗补助计划下的配套资金比例，还是通过其他由州财政支出的投资项目，对于提振一个州的宏观经济发展都是有效的。

费雷和萨塞尔多特（2011）研究了州和县一级的各种联邦刺激拨款支出（不包括减税和个人层面的转移支付），得到的乘数较小，为 0.5~1.0。这一结论背后其实包含着差异性很大的估算结果：教育和警察支出的乘数为 –3.3~–0.7，但对低收入群体提供支持的乘数就要高得多，为 2~2.3，基础设施和其他拨款的乘数也比较高，约为 1.8。迪布等人（2018）也研究了县一级的刺激支出，与费雷和萨塞尔多特（2011）的研究结论相比，迪布等人认为财政刺激措施的影响力更大。

将州一级的财政乘数转化为国家层面的财政乘数并非易事，转化过程中

---

① 公式赠款是一种联邦政府向州政府发放的转移支付，具体金额由联邦政府根据公式测算得出。——译者注

涉及诸多因素，尤其是一个州对另一个州的溢出效应和其他一般均衡效应（Nakamura and Steinsson，2014；Farhi and Werning，2016）。然而，乔多罗-赖克（2019）认为，在许多情况下，研究政策相关乘数的假设前提是无利率应对措施和赤字融资。在这些假设下，州一级的横截面乘数大概就是相关凯恩斯主义国家乘数的下限。他总结认为，他自己的研究结果和其他研究表明，"一个无货币政策应对、无赤字融资的国家财政乘数约为1.7或以上。在近期一篇基于时间序列的研究报告（Ramey，2011）中，1.7位于其所得到的乘数区间的上限。因此，关于横截面乘数的研究表明，国家乘数可能高于我们一般所预期的水平"。

研究者同样关注财政刺激方案的其他条款，尽管多数评估并未根据刺激措施通过的具体时点去调整事先假定的参数。[①] 有一项研究表明，红利折旧的政策效果远远高于其最初预期。经济顾问委员会预测认为营业税相关条款的乘数为0.1，这与国会预算办公室估算的乘数区间的下限接近。然而，兹维克和马洪（2017）基于实际数据的研究表明，临时扩大设备折旧对投资的影响较大，特别是对于小型公司和财务紧张的公司。这一发现与政策制定者最初设计这些条款时的部分想法是一致的，即该类措施类似于提供无息贷款，有助于改善企业最初几年的现金流，但对政府而言以现值计算的成本很低。例如，最初的红利折旧在前两个财年内提供了500亿美元的税收减免，因为红利折旧允许企业将设备折旧费用提前，都计算在前几期的费用中，但大部分金额在未来几年补回来了[②]，最终10年间这一措施的成本只有70亿美元。如果500亿美元的税收减免中只有10%被用于再投资[③]，那么对于整个红利折旧措施而言，我们能得

---

① 帕克等人（2013）研究了2008年的退税和劳有所得计划，关注其对消费的影响，萨姆、夏皮罗和斯莱姆罗德（2012）依据消费者调查问卷开展了研究。帕克的研究对消费的影响要大于萨姆等人得出的结论。"旧车换现金计划"的影响存在争议，米安和苏菲（2012）以及胡克斯特拉、普勒和韦斯特（2017）认为其影响较小，甚至是负面的，而格林等人（2018）认为其影响较大。研究者的争议对这一计划的事前评估影响不大，因为"旧车换现金计划"仅占1.5万亿美元刺激计划中的30亿美元。其他对某一特定项目进行研究的学者包括伯杰、特纳和兹维克（2018），他们发现对首次购房者信贷的影响较大；还有乔多罗-赖克、科格利阿内塞和卡拉巴尼斯（2019），他们发现失业保险延期对劳动力市场的影响效果较小。

② 已折旧完的设备未来几年内无法再产生折旧费用，也就无法扣除利润，企业相应的应税金额会上升。——译者注

③ 相当于70亿美元的支出撬动50亿美元的投资。——译者注

到接近 1 的乘数。[①]

　　总的来说，这些研究对于如何设计财政刺激措施并不具有太大的参考价值。但它们确实表明，经济顾问委员会、国会预算办公室和其他机构采用的财政乘数可能偏低，特别是营业税激励和某些州一级的财政救济等项目。《美国复苏与再投资法案》和其他刺激措施的实际影响可能也大于此前的测算。

评估财政刺激措施的其他目标：保护最弱势的群体

　　除了提振宏观经济外，《美国复苏与再投资法案》和其他财政刺激措施，用政策设计者的话来说，也是为"保护最弱势的群体"。这一群体包括更易受经济衰退影响、长期贫困的群体，以及因失业而陷入困境的群体。政府共向个人提供了 2 890 亿美元的直接援助，受援群体包括失业人员和正在接受补充营养援助计划（SNAP）资助的群体。此外，8 360 亿美元减税方案和 1 670 亿美元的州和地方财政救济措施也更多向这些家庭倾斜。

　　劳动力市场对这些弱势群体的打击更大。2007 年第四季度到 2010 年第四季度，美国总体失业率上升了 4.7 个百分点，但如图 16.4 所示，受教育程度较低的人、非洲裔美国人和西班牙裔美国人的失业率上升幅度超过总体水平。

　　税收和转移支付，包括危机前自动生效的措施以及《美国复苏与再投资法案》和其他立法通过的新举措，在保护这些弱势家庭方面收效明显。总体看，2007—2010 年，如果没有这些计划，贫困率可能上升 4.8 个百分点。有了这些措施，贫困率最多上升了 0.4 个百分点，而且实际升幅可能更小。因为这些数据是根据调查问卷估算的，而问卷并未包含所有的公共计划，因此真实情况可能要更好（Furman，2017）。[②]

---

① 净营业损失的扩大也是基于类似的逻辑，但多布里奇（2016）发现，大部分额外支出都被企业保留，而非花费，当然并不排除在未来几年可能有额外投资。

② 这些估算结果来自弗曼（2017）于 2016 年 11 月对怀默等人（2013）的研究结果进行的更新。估算使用了当前人口调查的数据，即人们自己报告的其获取的公共福利，如补充营养援助计划。普遍的观点认为（e.g., Meyer, Mok, and Sullivan 2009），这些数字大大低估了这些计划的实际效用，因此高估了这些计划规模扩大后贫困率的上升幅度。

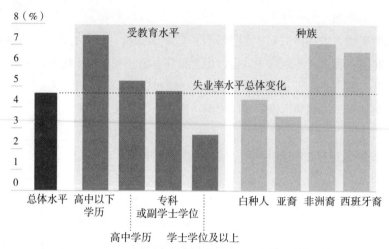

图16.4 2007 年第四季度至 2010 年第四季度失业率变动

资料来源：美国劳工统计局，Haver Analytics（经济和金融数据库），作者计算。

　　图 16.5 更全面地展示了 2007—2010 年次贷危机对居民收入的影响，该图基于国会预算办公室（2018）非老年人户主的家庭的数据。[①] 按照实际工资五分位数分组，市场收入降幅最大的是中等偏下收入组和低收入组（由于失业最严重），以及高收入组（由于资本收入大幅下降，尽管其中部分收入下降是由于资本利得税的时机问题）。考虑到税收和转移支付后，即使面临大规模的经济衰退情况，低收入组的家庭收入也会大幅增长。中等偏下收入组的收入也有小幅增长，对于中等收入组和中等偏上收入组，税收和转移支付吸收了大部分损失。对于高收入组的家庭，在税收和转移支付之前与之后的损失基本相同。换句话说，从财政角度看，中低收入家庭——而非高收入家庭——得到了救助。[②] 值得注意的是，税收和转移

---

① 这是国会预算办公室分类下的"有孩子的家庭"（包括少量以老年人为户主的家庭）和"没有孩子的非老年人家庭"（包括少量有中老年人的家庭）这两个类别的结合。国会预算办公室整体数据，即包括所有以老年人为户主的家庭的数据，得出的结论与该结果相似。

② 所有的估算结果都只显示了收入的变化，但没有反映财富的变化（如房屋产权或股市的损失）。对收入前 20% 的群体的估算取决于实现资本利得收入和缴纳资本增值税，但市场和税后收入会减少的结论在任何情况下都成立。综合收入数据的另一个主要来源——基于皮凯蒂、赛斯和楚克曼（2016）的方法建立的世界不平等数据库——得出了不同结论，部分原因是它排除了资本利得收入，但包含了资产增值税。

支付之前和之后出现的收入差异，约有一半是因为已有的自动稳定机制，另一半是因为新刺激措施，如扩大失业保险受益范围和劳有所得计划相关税收优惠。[①]

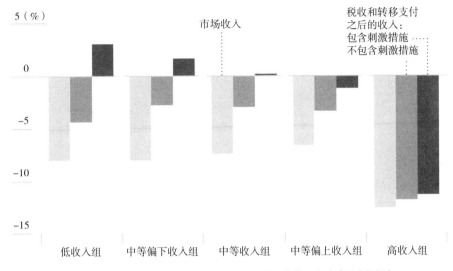

图 16.5 2007—2010 年非老年人户主家庭平均收入变动（五分位组）

注：按税后和转移支付后的家庭收入划分的五分位组。
资料来源：美国劳工统计局，美国国会研究处，国会预算办公室，美国税收政策中心，作者计算。

评估财政刺激措施的其他目标：公共投资

如表 16.4 所示，《美国复苏与再投资法案》包括约 3 000 亿美元的公共投资，其政策目标不仅是增加短期 GDP，还包括通过更多的基础设施投资或提高能源效率来促进长期增长。《美国复苏与再投资法案》出台之前和之后的财政刺激措施几乎都是针对个人和州的税收减免与救济。本章不评价这些目标。

---

① 估算结果不包括，基于劳有所得计划、个人所得税抵免政策、子女税收抵免和美国机会税抵免额等措施加总后的实际分配情况制定的刺激措施，并结合使用平均分配来配置立法带来的失业保险、补充营养援助计划和《统一综合预算协调法案》补贴的总支出增加。

表 16.4 《美国复苏与再投资法案》下的长期增长投资，按类别划分

类别	项目	2009—2019 年的预计支出（十亿美元）
资本	建筑和交通基础设施	30.0
	环境清洁和保护	28.0
	修建建筑物	23.9
	公共安全和国防	8.9
	发展经济	14.6
	备忘录：营业税激励	11.7
劳工	佩尔助学金	17.3
	特殊教育	12.2
	帮助贫困儿童	13.0
	其他人力资本	10.3
技术	科技研究	18.3
	清洁能源	78.5
	卫生和健康信息技术	32.0
	宽带	6.9
其他投资		6.7
总公共投资		300.6

注：总公共投资不包含营业税激励。

资料来源：经济顾问委员会（2014）。

　　《美国复苏与再投资法案》的目标之一是，尽快将资金投向所谓的"现成项目"。众所周知，一些项目，如高速铁路和电子病历，需要一些时间来实现效益，但高速公路项目的设计就是前期要有大量支出。事实上，高速公路项目的资金支出比最初的预测还要快：到 2011 年 80% 的资金已经用完，远远超过此前设想的 55%（见图 16.6）。

未采取的措施

　　奥巴马政府提出的刺激措施的数量要远多于国会最终批准的数量。此外，奥巴马政府还制定了一些备用方案。有些方案在政府内部就被否决了，有些则未能在国会通过。下面将介绍其中三个备选方案，包括设计思路以及对未来财政刺激的启发。

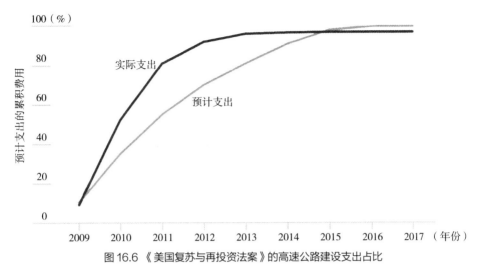

图 16.6 《美国复苏与再投资法案》的高速公路建设支出占比

资料来源：国会预算办公室，美国行政管理和预算局，作者计算。

新就业税收抵免

竞选期间，奥巴马提议，如果雇主在 2009 年和 2010 年每创造一个新的工作岗位，就为其提供 3 000 美元的税收抵免（Obama-Biden Campaign，2008）。过渡团队进一步完善了这一想法，奥巴马于 2008 年签署了这份文件，拟将其作为《美国复苏与再投资法案》的一部分。但国会拒绝了这一方案，因为在企业大幅削减工作岗位的大背景下，立法者对于这项措施的有效性持怀疑态度。

奥巴马在 2010 年 1 月调整了该议案，建议为每一个新创造的工作岗位提供 5 000 美元的税收抵免，同时为提高总薪资规模的公司提供奖励，税收抵免和奖励的上限均为每家公司 50 万美元（White House，2010）。税收抵免按季度支付，适用于工资税，这样即使有税收损失的公司也有资格申请税收抵免。这一提议最终演变为国会 2010 年 3 月通过的《雇佣激励恢复就业法案》（HIRE）。不过最终的法案与政府最初的建议差异很大，法案是对雇用长期失业者的企业提供税收抵免，而不是针对新增工作岗位。

就业税收抵免政策的理论逻辑是，它与其他税收减免一样具有凯恩斯主义的经济刺激效果，同时在提高就业方面有额外效用，能提高每单位 GDP 的就业规模。针对 1977—1978 年就业税收抵免的学术研究也对此提供了理论支持，这些研究表明，该政策能有效地促进招聘（Perloff and Wachter，979；Bishop，1981）。2009 年末，经济顾问委员会和财政部估计，就业税收抵免意味着每增加一个就业岗位将花费约 20 000 美元。约 90% 的补贴将被用于无论如何都会被创造出来的工作岗位，但另外 10% 将用于创造新的工作岗位。即使这一比例很不平衡，但创造每个工作岗位的成本会大大低于经济顾问委员会（2014）关于《美国复苏与再投资法案》整体的就业成本预测，即每年创造每个工作岗位的成本约为 125 000 美元。

州免税日

2008 年末，过渡团队考虑将州免税日作为刺激超前消费的策略，鼓励家庭充分利用暂时调低的物价。具体而言，团队建议设立一只约 2 500 亿美元的基金，供各州实施销售税减免。没有销售税的州可以将这笔钱用于所得税减免。这一建议最终并未提交国会。

支持该建议的主要依据是通过跨期替代，可以为消费者的当期购买设置负利率，从而使提前消费变得更具吸引力。该方案将在通过凯恩斯主义税收减免提振需求的基础上，起到额外的刺激作用。联邦政府的角色很简单，就是批准各州的计划，并根据特定的计算公式向各州拨款。各州此前在免税日方面的经验表明，这一方案对管理者来说是相对简单的。对该方案的担忧包括：它可能会抑制免税日前的消费，或提前拉动消费会损害未来的需求。现在回想，考虑到经济下行期是如此漫长，搁置这一提议从经济学角度看是明智的选择。但无论如何，这一方案也有一些优势，政策制定者在未来应对短期急剧经济衰退时可以考虑该方案。

让借记卡到期

在过渡时期最后一个得到大量支持的想法是，通过借记卡提供退税。借记卡可以设置"用留废退"机制，未使用余额会在 2009 年底自动过期。这一政策的目的是，使退税成为比获得支票或减少扣缴税款更优的选择，同时能确保人们迅速花掉这笔钱，实现比传统税收抵免更高的短期乘数。财政部工作人员做了大量的工作，认为可以为所有美国人提供此类借记卡。联邦政府基本不需要支出任何交易成本，因为发卡机构将竞标，以赚取交易费和浮动利息。然而，政策制定者最终认为在短期内设计和启动如此大规模的、面向消费者的方案风险太大了。但考虑到该方案相较于传统减税的潜在优势，政策制定者可以就这一方案做进一步探索或制订一些配套应急计划。

经验教训

2008—2012 年金融危机期间的财政刺激经验和相关经济研究，为未来的财政刺激政策提供了以下六个经验。

经验 1：利率水平处于下限时，自由裁量的财政刺激可能更为有效

2008 年之前，经济学家普遍对自由裁量的财政刺激持怀疑态度，认为其在问题识别、立法响应、立法实施和实际经济效果等环节都存在时滞。总体而言，人们认为货币政策在上述方面表现更好，可以作为经济低迷时期最优甚至唯一的防线。

2008—2012 年的经验表明，对财政刺激的担忧被夸大了。根据美国国家经济研究局商业周期测定委员会的分析，政策制定者在衰退开始后不久（2008 年 1 月）就提出了财政应对措施，并在一个月后通过了最初立法。随着 2008 年底形势日趋严峻，《美国复苏与再投资法案》在奥巴马总统宣誓就职后的一个月内就通过了。许多政策条款得以快速实施，在首个刺激方案获得通过的两个月后，第一批电子退税于 2008 年 4 月完成。同样，《美国复苏与再投资法案》中的减税条款也在几个月内得以落实。此外，有证据表明，相较于货币政策，财政措施对经济的影响更为迅速。

展望未来，财政政策可能成为管理总需求更重要的工具。此次大衰退后的有关研究建立了关于财政政策的"新观点"，对旧凯恩斯主义的流动性陷阱框架有了许多新认识（参见弗曼在 2016 年的总结）。特别是"新观点"认为，如果中性利率下降，货币政策制定者将更频繁地面临触及利率下限的局面，从而限制了传统货币政策的选择，强化了财政政策的重要性。

当利率水平较低时，财政政策可能更为有效。如果利率处于有效下限位置，

就没必要担忧利率上涨所带来的挤出效应：此时即使存在超额需求，利率也不会上升。相反，财政政策可以通过"加速器机制"提高经济增长率进而实现投资增长，或通过提高预期通胀降低实际利率，从而实现"挤入"效应（Hall，2009；Christiano et al.，2011；Woodford，2011）。

对于利率处于下限的过度萧条的经济体而言，关于财政空间的担忧可能被夸大，原因在于财政扩张推动 GDP 的增长可能超过其所带来的债务增长，进而会降低债务与 GDP 的比率。该观点已经得到多方证实，例如，美联储主要宏观经济模型、FRB/US 模型（DeLong et al.，2014），经济合作与发展组织（2016）的NiGEM 模型（大型全球宏观模型）和 FM 模型（因子分解机模型），国际货币基金组织的模型（Gaspar et al.，2016），德隆和萨默斯（2012）的模拟，以及奥尔巴克和戈罗德尼琴科（2017）基于过去财政刺激的回归研究等。但也存在一些顾虑，克里斯蒂娜·罗默和戴维·罗默（2017）研究发现，金融危机中，负债率较高的国家的财政政策反应较小且宏观经济表现更差。（但尚无法判断该结果是说明高负债国家刺激经济的空间很小，还是这些国家出现了不敢出台大规模刺激措施的政治失误。）

经验 2：因为政策制定者可能会过早退出，应强化财政刺激措施的自动触发和其他自动响应机制

过渡团队原本认为如果初始刺激措施规模过小或经济状况进一步恶化，会比较容易说服国会通过更多的财政刺激方案。在当时这一观点具有合理性。2001年发生相对温和的经济衰退后，美国国会在 2001 年、2002 年、2003 年通过了财政刺激法案，并在衰退结束近 3 年后的 2004 年再次通过财政刺激法案。因此，在此次全国性的经济紧急状况面前，尤其在 2010 年中期选举前，有理由认为很容易争取到额外的财政刺激计划。

上述判断在部分程度上是准确的，随后国会至少通过了 13 个包含额外财政刺激措施的法案。但刺激措施规模远小于联邦政府的要求，而且总体上，刺激措施在经济恢复合理水平之前就退出了。即使失业率远高于刺激前的水平，国会也一再拒绝通过更多的刺激方案。以延长失业保险的条款为例，该条款在失业率为5.6%、长期失业率为 1.0% 和平均失业持续时间为 17 周的情况下得以通过，但

在上述指标分别为 6.7%、2.5% 和 37 周时宣布退出。

额外的刺激方案难以通过主要有以下三个原因。第一，自相矛盾的是，宏观经济状况差于预期反而导致国会不愿出台更多财政刺激措施。尽管难以预料的经济恶化主要发生在 2009 年初期至中期，即在《美国复苏与再投资法案》大部分内容生效之前，但批评人士认为这说明法案并未发挥作用，再出台刺激政策的效果会适得其反。第二，出于对赤字的担忧。2009 年赤字几乎达到 GDP 的 10%，导致债务占 GDP 的比重最终增加了一倍多。第三，党派政治因素。具体而言，国会的共和党议员不愿与民主党政府合作，不愿意通过更多的财政措施。

展望未来，克服政治失效的方法之一是将刺激方案与经济状况挂钩。例如，《美国复苏与再投资法案》中可以包括一项年度税收抵免政策，在失业率高于 7% 时生效。未来，这种触发机制可以提供更一致、更可预测、更大规模的财政支持。[①]

更好的方法是，永久性地扩大经济自动稳定器的规模。总体而言，美国自动稳定器的规模小于其他多数发达经济体，主要是因为这与政府规模高度相关，美国政府规模占 GDP 的比例相对较小。

自动稳定器可以是应对需求下降的扩张性措施，如失业保险和补充营养援助计划。事实上，《平价医疗法案》中的医疗保险税收抵免和医疗补助也能在未来几年发挥自动稳定器的作用。自动稳定器也可以取决于国家或州的经济数据，比如在失业率高企或攀升的州，由联邦出资延长失业保险福利或提高医疗补助。

经验 3：州和地方政府的财政救济可以发挥重要作用，以确保州和地方政府不会削弱联邦财政刺激政策效果

次贷危机后，随着联邦政府扩大财政支持，各州和地方政府不断削减支出，这抵消了部分财政刺激措施的效果。这有些反常。我根据假设情景做了计算，结果显示，若州和地方的财政支出遵循此前 6 次经济复苏中所采取的顺周期模式，在其他因素不变的情况下，在此次大衰退低谷后的 5 年内，每年的 GDP 增速将

---

① 基于政治背景的重要提示：如果在保持国会设定的 8 000 亿美元限额的前提下，在《美国复苏与再投资法案》中纳入这些应急措施，那么应急措施的规模会更小。原因在于，国会预算办公室和国会税务联合委员会对立法的可能性进行评分，即使触发机制在 2015 年仍然有效只有一定的可能性，也会考虑其成本，导致其他条款收缩规模，以满足 8 000 亿美元的上限要求。

比实际情况高 0.6 个百分点。[1]

州和地方政府支出规模缩减可能是本次衰退的特有现象，原因可能是房价下跌对财产税收产生了严重且滞后的影响。但造成这种反常现象的原因尚不完全清楚。2001 年的情况也比此前的历史经验更糟糕，这引发了人们对未来的担忧，即担心州和地方政府可能会再次与联邦政府的努力背道而驰，或未能给联邦政府的政策提供足够的支持。此外，由于州政府不会考虑本地财政刺激政策对其他州的影响，所以即使是最优的地方政策，在经济衰退中的支持力度也不够（Dupor and McCrory，2018）。

这凸显了在未来经济衰退及后衰退时期，支持州和地方政府财政扩大支出规模的重要性。一种方式是以立法形式确立自由裁量的财政救济，包括一般性财政救济，以及定向的、可替代的财政救济。另一种可能更好的方式是让州政府的财政救济成为一种自动稳定器，在全国和（或）州失业率上升时自动触发。

经验 4：在进行大规模、快速的财政支出时应维护纳税人的信心

《美国复苏与再投资法案》实现了前所未有的透明度和问责措施，包括成立独立的复苏问责和透明度委员会，定期和及时报告所有合同与其他信息，并在网站公示相关信息。因此，仅有少部分合同被认为存在欺诈问题，即使是经常批评政府的加利福尼亚州共和党国会议员达雷尔·伊萨也承认，新的信息披露标准是"复苏问责和透明度委员会成功的关键，帮助委员会发现和防范了刺激支出中存在的欺诈、浪费和滥用问题"（House Oversight Committee，2011）。

经验 5：减税应能发挥更大作用，尤其是针对低收入家庭和刺激投资的减税举措

关于减税措施效果的证据来自多个方面：在研究《美国复苏与再投资法案》效果的过程中发现了一些具体证据，针对更长期内政策效果的经济研究也发现，

---

[1] 此前共有 7 次经济复苏，此处仅采用 6 次的平均结果，不包括 1980 年的衰退，因为它与 1981—1982 年的衰退重叠。

减税所带来的乘数效应要超出预期。克里斯蒂娜·罗默和戴维·罗默（2010）研究税收的外部冲击后发现，如果减税带来的当期影响为 GDP 规模的 1%，那么 10 个季度后这种影响能达到 GDP 的 3%，这体现了传统凯恩斯主义下扩大需求所带来的影响，或从供给角度看，通过增加人们的工作动力来促进供给。巴罗和雷德利克（2011）、默滕斯和拉文（2013）、默滕斯和蒙蒂埃尔·奥莱亚（2017）得出了类似结论。齐达尔（2017）也发现了减税的显著效果，但同时指出减税乘数存在显著的人口差异性，低收入家庭的减税乘数明显高于高收入家庭。

危机后的大部分文献是将减税或直接支出作为独立的政策来计算财政乘数的（Ramey，2011；Ramey and Zubairy，2018）。尽管这些研究发现税收乘数高于支出乘数，但由于计量方法存在差异，结果无法直接比较。然而，近期部分基于可比方法的研究（Carlino and Inman，2016；Andrés et al.，2016；Ramey，2019）发现，税收乘数高于支出乘数，在某些情况下甚至相差巨大。

前文提到过的兹维克和马洪（2017）在研究后发现，相比给政府带来的成本，允许加速折旧所带来的积极影响更大。但是这一影响可能仅适用于金融危机期间，因为此时允许加速折旧会显著改善现金流，同时由于危机期间联邦拆借利率较低，这一减税政策给政府带来的成本的现值很低。

上述结论主要基于对一般性税收的分析，不同于总需求不足情况下的临时性减税，一般性税收在多数情况下是不变的，所以上述结论可能并不具有普适性。此外，与其他宏观经济学证据类似，一般性减税效果的证据并不是确定不变的，在某些情况下，会超出凯恩斯乘数理论或供给侧经济理论的预期。最后，支出乘数和税收乘数在过去都有可能被低估了。

总之，证据表明，相较于 2009 年和 2010 年计算的数值，将税收乘数向上修正是合理的，尤其是针对低收入家庭和企业的减税政策。

经验 6：政策目标应是在给定 GDP 增速的前提下增加就业，而不仅仅是促进 GDP 增长

次贷危机给劳动力市场造成了严重影响，除失业率实际上升外，长期失业率一直维持在历史高位，被迫从事兼职工作的人数激增，劳动参与率也大幅下降。类似的劳动力市场失调在 2001 年衰退后也曾发生，但当时的衰退程度较轻。

在很多方面，美国劳动力市场的状况比其他发达经济体更差。例如，德国实际GDP下降幅度高于美国，但其失业率却持续下降，而同期美国的失业率增长超过一倍（见图16.7）。出现差异的原因在于，在德国的工作小时数大幅下降，而工作小时数远大于就业岗位数，这就将就业下降的冲击分散到了更多人身上。

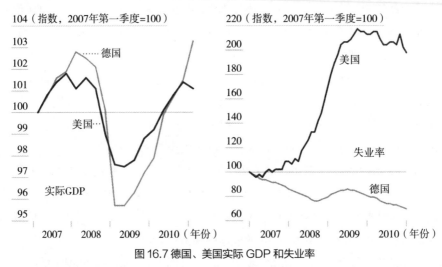

图 16.7 德国、美国实际 GDP 和失业率

资料来源：实际 GDP 数据来自美国经济分析局、德意志联邦银行、Haver Analytics、作者计算，失业率数据来自经济合作与发展组织（2018）、统一失业率指标、作者计算。

尽管德国的政策应对和制度安排与美国截然不同，但其经验表明，在一定的GDP水平上是可以增加就业的，而不是仅仅关注GDP的最大化。一种方法是此前论述过的新的就业税收减免。美国经济顾问委员会测算，每支出约2万美元，会增加一个全年的就业岗位，这对就业的影响远大于一般刺激计划。另一种方法可能是，鼓励更多的州采用德国那种短期补偿方案，为被解雇的人和非自愿减少工作时间的人提供失业保险。

附 录

下面列出了每类财政刺激措施下规模较大或知名度较高的计划，以及这些计划在2008—2012年的费用。

个税退税

劳有所得退税计划（1 120 亿美元）。个人退税金额通常为 400 美元，已婚伴侣为 800 美元，退税金额随着收入的提高而减少。该计划最初作为《美国复苏与再投资法案》的一部分通过，并持续至 2009 年和 2010 年。

工资税减免（2 070 亿美元）。社保工资税减少了 2 个百分点，减税成本由社会保障基金支出。最初于 2011 年通过，持续至 2012 年。

中低收入且有孩子的家庭的税收减免（410 亿美元）。对于拥有 3 个或更多孩子的已婚伴侣和家庭，《美国复苏与再投资法案》扩大了他们所能享受到的中低收入税收减免，并提高了育儿税收抵扣中的可退还部分。这些措施随后成为永久规定。

营业税激励

红利折旧与费用支出（1 800 亿美元）。政府最初允许企业将设备投资成本的 50% 前置折旧，并在 2010 年 9 月 9 日将这一比例扩大至 100%，这一措施持续至 2011 年底。

企业债务退出（430 亿美元）。允许某些企业回购特定类别的债务，这些企业可以在自 2014 年起的未来 5 年内支付取消该笔债务收入后所需的税金。

清洁能源和能源效率相关税额抵扣（120 亿美元）。《美国复苏与再投资法案》包括对部分清洁能源的税额抵扣，其中包括延长及扩大能源税税额抵扣。

对直接受影响的个人提供援助

扩大失业保险（2 400 亿美元）。对于失业率较高的州，美国联邦政府为长达 99 周的失业提供全额资助，最初还包括临时增加的福利。《美国复苏与再投资法案》和随后出台的法律还包括失业保险改革。

增加补充营养援助计划福利（380 亿美元）。《美国复苏与再投资法案》临时增加了补充营养援助计划福利，该措施在随后出台的两项法律中被部分取消，并在 2013 年 11 月被完全撤销。

贫困家庭临时援助应急基金（50亿美元）。临时增加了各州出于公共就业和雇佣补贴等目的可使用的贫困家庭临时援助资金。

州财政补贴

增加联邦医疗援助百分比（1 000亿美元）。联邦政府提高了各州医疗补助计划的配套资金，该措施最初作为《美国复苏与再投资法案》的一部分通过，于2010年夏天延期。

州教育补助（630亿美元）。联邦政府为各州和地方政府提供补助，以避免教师裁员。包括"力争上游"（Race to the Top）计划，让各州通过开展改革来竞争拨款。

公共投资支出

增加公路和铁路项目的投资（280亿美元）。主要是为传统的地面交通项目提供"公式拨款"。

交通投资促进经济复苏项目拨款（30亿美元）。州政府和地方政府可以竞争该笔拨款，用于交通投资。

高速铁路（20亿美元）。《美国复苏与再投资法案》措施，允许政府拨款以支持州内高速铁路和城市间轨道交通项目的建设。

健康信息技术（150亿美元）。包括医疗服务提供方提供补贴资金，鼓励它们采用并有效利用电子化医疗档案，惩罚那些领取了补贴但未有效利用该技术的服务提供方。

第十七章

经济与金融政策的国际合作

$\diamond\diamond\diamond$

本章作者：克莱·劳瑞、内森·希茨和埃德温·杜鲁门。本章作者感谢本·伯南克、杰米·佛朗哥、蒂莫西·盖特纳、本杰明·亨肯、黄子轩、乔治·伊拉内克、凯伦·约翰逊、迈克尔·莱希、梁内利、约翰·利普斯基、德博拉·麦克莱伦、戴维·麦考密克、帕特里夏·莫瑟、亨利·保尔森、汤姆·雷德本、塔拉·赖斯、阿里尔·史密斯、马克·索贝尔、戴维·塔姆、特雷西·杜鲁门、史蒂夫·特瓦德克和戴维·韦塞尔对这个项目提供的意见和帮助。他们均不对本章中的观点负责。本章中描述的许多行动和提议都来自美国官员，但我们在制定应对危机的措施时并不孤单。如果没有我们世界各地同行的合作和支持，我们的建议鲜能取得成果。无法计算这些人在危机期间投入了多少精力。从国内讲，我们在财政部和美联储的同事兢兢业业，在设计和实施这些提案以及解决其他迫切需求方面做出了巨大贡献，对这项全球工作的成功至关重要。

全球金融危机的发展一波三折，2007 年 8 月 9 日首次明显蔓延到美国以外的地区。当天，大型银行法国巴黎银行由于无法对其持有的部分美国次级抵押支持证券进行估值，暂停了旗下三只投资基金的赎回。尽管此事令市场感到震惊，但美国和外国政策制定者并未意识到这是发生危机的信号，随后爆发的将是一场自 20 世纪 30 年代大萧条以来规模最大的危机事件。由此引发的经济衰退将波及世界的每一个角落，造成至今仍挥之不去的后果。本章概述了美国政策制定者与世界各地的同行一道采取的行动，这些行动旨在制定和协调危机应对措施，减轻危机带来的严重影响。

背　景

危机爆发前的几年被称为"大缓和"，但这段时期的全球繁荣掩盖了许多过度行为，并为未来埋下了隐患。发达经济体的低投资收益率，加上美国糟糕的住房融资政策，促使全球投资者在信贷繁荣时期追逐回报，对风险误判并错误定价。资本流动规模远超货物贸易规模，将风险传播至远超出其原始来源的地方。在宽松的金融监管政策下，金融机构的资本和流动性不足，大多数发达国家的金融风险开始上升。

在这种背景下，2007 年 8 月全球金融体系对美元的依赖程度远超我们的认识。欧洲银行对美元的依赖尤其高。2002—2007 年，欧洲银行对美国的跨境美元债权增加了 140%，达到 2.1 万亿美元。美国银行对欧洲金融机构的债权则增加了 230%，达到 1.5 万亿美元。[①] 此外，欧洲银行在美国还有大量美元业务。

最初，国际社会对这场危机的主流描述是：它起源于美国，绝大部分负面影响也会留在美国。但危机远远蔓延至美国以外的地方，这不仅是因为美国经济的

---

① Stefan Avdjiev, Robert M. McCauley, and Hyun Song Shin, "Breaking Free of the Triple Coincidence in International Finance" (BIS Working Papers, no. 524, Oct. 2015).

相对重要性或许多全球金融机构对美国金融体系有直接敞口，还在于全球经济的许多其他部分也存在严重的脆弱性。

在危机初期，人们认为相比其他经济体，美国面临更大的房地产泡沫破灭的风险，这导致自 2006 年底至 2008 年中期包括新兴市场经济体的货币在内的其他主要货币对美元均出现了升值。但到了 2008 年中期，随着人们认清现实，全球对美元资金的争夺导致大多数货币对美元贬值，这种趋势一直持续到 2009 年 3 月（见表 17.1）。[①]

表 17.1　货币价值和国际储备的百分比变化

时间段	货币 [A]					储备 [C]	
			新兴市场				
	全部	主要国家	全部 [B]	剔除中国	中国	新兴市场（剔除中国）	中国
2006 年 12 月 至 2008 年 7 月	11.9	14.3	9.5	8.4	14.4	51.8	73.1
2008 年 7 月 至 2009 年 3 月	−15.1	−15.7	−14.5	−17.5	−0.0	−12.0	30.1
2009 年 3 月 至 2009 年 12 月	11.1	14.6	8.1	9.8	0.1	12.8	23.5
整个时间段： 2006 年 12 月 至 2009 年 12 月	5.5	10.5	1.2	−1.7	14.6	50.7	127.1

A. 币值变动是指截至 2018 年 8 月，美联储针对外国货币（7 种主要货币和 19 种新兴市场经济体货币）计算的以外币计价的美元汇率和指数的变动情况。
B. 针对全部新兴市场货币的指数是"其他重要贸易伙伴"。
C. 储备是总额，不包括黄金。
资料来源：美联储；国际货币基金组织，《国际金融统计》。

全球金融市场与美国房地产市场的关联性很明显地体现在市场对欧洲银行状况的担忧上，这从 2007 年下半年和 2008 年上半年欧洲银行 5 年期信用违约互换利差大幅上升就可以看出来。美国银行的 5 年期信用违约互换也呈上升趋势（见图 17.1）。这种对欧洲银行的担忧，加上欧洲各国国内失衡导致的金融脆弱性，

---

① 唯一的例外是人民币，从 2008 年 7 月开始的两年内，人民币实际上钉住了美元。

影响了欧洲银行继续为其美元计价资产提供资金的能力。[①] 其他发达经济体的股票指数与美国股市在 2007 年晚些时候集体下跌（见图 17.2）。[②]

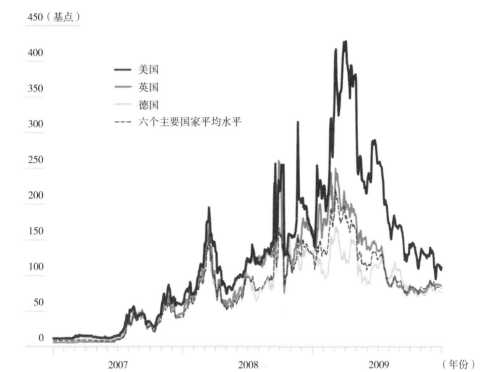

图 17.1 主要银行的 5 年期信用违约互换利差

注：图为各国银行信用违约互换的均值。美国：摩根大通和花旗集团；德国：德意志银行；英国：巴克莱银行；六国平均：美国、德国和英国的上述银行，以及日本（三井住友银行和三菱东京日联银行）、意大利（圣保罗银行和联合信贷银行）和法国（法国巴黎银行和法国兴业银行）的银行。信用违约互换利差以基点表示，但以当地货币定价。

资料来源：彭博财经，埃信华迈。

---

① 被纳入卡门·莱因哈特数据库（2011）的 23 个发达国家中，有 14 个在 2007—2010 年经历过银行危机。"Dates for Banking Crises, Currency Crashes, Sovereign Domestic or External Default (or Restructuring), Inflation Crises, and Stock Market Crashes (Varieties)," http://www.carmenreinhart.com/data/browse-by-topic/topics/7/.

② 新兴市场经济体的指数直到 2008 年中期才开始下降。

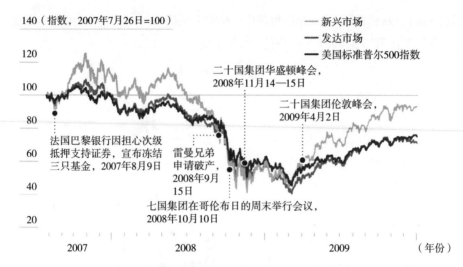

图17.2　美国、新兴市场和发达经济体的部分股票指数

注：新兴市场：iShares MSCI 新兴市场交易所交易基金；发达经济体：先锋领航发达市场交易所交易基金（美国）；美国：标准普尔 500 指数。股指起始日选取的是 2007 年 7 月 26 日，因为一个或多个系列的数据在此日期之前无法下载。

资料来源：彭博财经。

　　发达经济体经济活动的减弱和跨境融资收缩导致国际贸易急剧萎缩，使危机蔓延到新兴市场和发展中经济体，特别是东欧。"在 2008 年下半年和 2009 年上半年，世界贸易组织（WTO）公布数据的 104 个国家的进口和出口均出现下降。"国际经济学家理查德·鲍德温表示，"欧盟 27 国和其他 10 个国家的进出口大幅下降，这些国家的进出口贸易总额加起来占世界贸易的 3/4；从 2008 年第二季度到 2009 年第二季度，这些国家的贸易量均下降了 20% 以上；许多国家下降了 30% 或更多"。[1]

　　预测分析人士最初并未认识到这些事情给全球经济带来的全部潜在影响。2008 年 4 月，国际货币基金组织对 2009 年全球经济增长的官方预测为 3.8%，与对 2008 年的预测持平。到 2008 年 11 月，国际货币基金组织对 2009 年的增速预测还是 2.2%。直到 2009 年 3 月，国际货币基金组织才调整预测，认为全球经

---

[1]　Richard Baldwin, "Introduction," in *The Great Trade Collapse: Causes, Consequences and Prospects, ed. Richard Baldwin* (VoxEU e-book, Nov. 2009).

济将出现小幅下滑。到了 2009 年 4 月，危机气氛已经开始缓解，国际货币基金组织才大幅下调对当年（2009 年）增速的预测至 −1.3%（见图 17.3）。

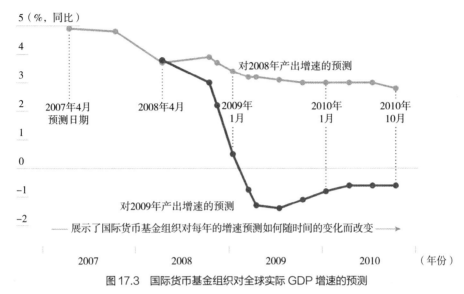

图 17.3　国际货币基金组织对全球实际 GDP 增速的预测

注：2009 年 3 月的数据是《全球经济政策和展望》中预测区间的中点，这是国际货币基金组织为当月二十国集团（G20）财政部长和央行行长会议准备的文件。

资料来源：国际货币基金组织，《世界经济展望》更新内容，日期如上。

21 世纪初期的全球危机是一个经典案例，凸显了有效国际政策协调的必要性。一个国家单独采取的政策行动的积极影响可以外溢到其他国家，但每个国家都可以通过协调一致的行动对其他所有经济体产生正外部性。部分得益于始于小布什政府并在奥巴马总统就职后一直延续的国际政策应对措施，2009 年全球经济活动最终仅下降了 0.6%，大大低于 4 月预期的收缩 1.3%。

主要举措

从一开始，我们就认识到金融危机是一个全球性事件，需要全球性应对。美国在国际方面所面临的挑战是与其他国家合作制定政策，以遏制全球金融危机的蔓延和可能出现的经济衰退，并防止对美国产生严重的反馈影响。尽管所有国家都面临类似的问题，例如市场流动性不足、金融机构脆弱和经济疲软等，但各国之间的经济和金融关联性使这些问题对决策者来说尤其具有挑战性，因为解决这些问题需要全球合作。美国战略的一个核心要素是外交——政策沟通、政策制定和政策合作——以支持一个更有效、更全面的全球危机应对方案，重建投资者和公众的信心。

外　交

外交是美国所有重要国际倡议的关键组成部分。主要包括以下内容：

1.　鼓励共同的、支持性的宏观经济政策；
2.　避免"以邻为壑"的贸易、货币和金融干预措施；
3.　利用国际机构提供的金融资源支持新兴经济体。

与此同时，我们追求更长远的目标，例如制订计划来补充这些国际机构的金融资源，并就新的金融监管架构达成全球共识。美国财政部利用并扩大了现有的渠道来促进合作，美联储也利用与其他央行的多种联络渠道，为银行体系压力较大的国家提供美元资金。

开放的国际沟通对于各国就危机诊断达成共识至关重要，而关于危机诊断的共识是建立互信和国际合作的基础。我们利用现有的跨国渠道进行沟通，包括七国集团[①]、二十国集团[②]财政部长和央行行长会议，以及国际货币基金组织国际货币与金融委员会（IMFC）[③]和国际清算银行（BIS）会议。财政部每周（经常是每天）与七国集团副手通话。我们也开始举行二十国集团电话会议。通过与我们的合作伙伴坦诚沟通、分享我们对高度关联的金融体系的看法，我们希望能够与各国建立信任，进而采取联合行动，或至少不要采取互相冲突的措施。

我们不仅与其他发达经济体，也与新兴市场经济体建立了双边沟通渠道。例

[①]　七国集团成员包括加拿大、法国、德国、意大利、日本、英国和美国。

[②]　二十国集团是七国集团加阿根廷、澳大利亚、巴西、中国、印度、印度尼西亚、墨西哥、俄罗斯、沙特阿拉伯、南非、韩国、土耳其和欧盟。

[③]　国际货币与金融委员会由 24 个选区组成，代表国际货币基金组织的 189 个成员（截至本书写作之日）。

如，美国财政部长亨利·保尔森通过战略经济对话与中国建立了沟通渠道。这些沟通帮助我们建立了信任，使中国愿意支持我们对房利美和房地美的金融救助框架（见本书第六章，关于政府资助企业）[1]，而且在储备主基金"跌破净值"后，也没有参与对货币市场基金的挤兑（见本书第七章，关于政府对货币市场基金的担保）。

与其他国家的外交举措也在关键时刻得到了回报。例如，日本央行和韩国央行持有大量房利美和房地美证券。它们没有参与抛售这些债务工具，而是对财政部和美联储的保证做出了积极回应，即美国在 2008 年夏天所采取的救助行动将为其持有证券的损失设置下限。同样，美国财政部长保尔森和日本财务大臣中川昭一之间的一系列沟通说服了日本政府不要反对三菱日联金融集团向摩根士丹利注资，后者当时是美国第二大投资银行。

在 2008 年 10 月 10 日的七国集团会议上，决策者用异常简短、直白并包含行动导向的声明强调了他们共同的决心。几乎七国集团的所有声明都是经过大量谈判协商而成的，往往长达几页，读起来更像是一个议题清单。10 月 10 日声明的目的是向公众发出信号，即世界上最大的经济体已联合起来支持金融体系，拒绝以邻为壑，并同意用实际行动落实承诺（见本章附录 A）。在第二天的会议上，国际货币与金融委员会在公报中对七国集团的行动计划做了逐字背书。10 月 13 日星期一，美国当局履行了承诺。美国财政部长保尔森和美联储主席伯南克召集美国主要银行的负责人，要求他们接受注资（见本书第八章，关于银行体系的资本重组），联邦公开市场委员会取消了与主要央行的流动性互换的额度上限。

小布什总统同意了财政部关于召开二十国集团领导人峰会的提议，以动员国际社会支持更有力的危机应对。很明显，当前危机显然已超出技术问题的范畴，需要各国元首领导经济和金融领域的专家加以应对。随着危机在全球蔓延，元首们的支持将使集体行动具有合法性。

当时，唯一一个处理国际经济问题的大国领导人定期会议是一年一度的八国集团峰会（七国集团加上俄罗斯）。二十国集团——之前只在财政部长和央行行长级别举行会议——现在被提升到了领导人级别，成为协调国际经济政策的平

---

[1] Henry M. Paulson, Jr., *On the Brink: Inside the Race to Stop the Collapse of the Global Financial System* (New York: Business Plus, Hachette Book Group, 2010), 161.

台。首届领导人峰会于 2008 年 11 月 14 日和 15 日在华盛顿举行。在筹备会议的三周多时间里，我们得到了包括中国在内的几个国家的保证，即它们将在华盛顿会议中发挥建设性作用。[①] 第二届峰会于 2009 年 4 月 1 日和 2 日在伦敦举行。这两个会议开启了国际合作的新篇章——承认七国集团不再主导所有的国际经济和金融政策，并扩大了国际经济和金融领域的决策圈。

为外国银行提供美元融资

随着 2007 年夏天金融危机的爆发，美元融资市场情况恶化，金融机构的融资成本大幅上升。8 月，3 个月期 Libor-OIS 利差骤然上升，并保持高位（见图 17.4）。[②] 金融机构通过外汇掉期获得美元的渠道也收紧了。这些压力导致美国金融市场上出现了对美元的争夺。

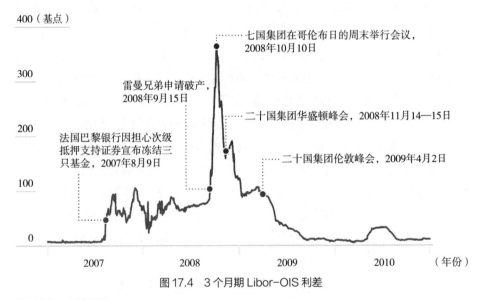

图 17.4　3 个月期 Libor-OIS 利差

资料来源：彭博财经。

---

① 　例如，在峰会之前，中国宣布了一项大规模刺激计划。

② 　Libor-OIS 利差——反映的是银行业短期批发借款成本——是衡量银行体系信心的重要指标。Libor 是银行在特定期限内交易存款的利率。OIS 利率是指政策利率，如联邦基金利率，在指定的时间段内复利计算。

对美元融资争夺加剧的一个结果就是，联邦基金市场的波动性上升——该市场主要是交易金融机构存放在美联储的准备金（见本书第二章和第十五章，分别关于最后贷款人计划和货币政策）。每个交易日，借不到美元的欧洲机构在开盘时都会涌入联邦基金市场。联邦基金利率开盘后即飙升，在下午欧洲交易日结束后又大幅下降。此外，外国银行的美元融资困境又促使它们出售以美元计价的抵押贷款和其他资产，加剧了资产市场压力。一部分外国机构可以获得美联储的贴现窗口，但许多外国机构没有资格使用贴现窗口，或持有的抵押品主要在其母国。

为了解决过度波动问题，联邦公开市场委员会于 2007 年 12 月 6 日与欧洲央行签署了 200 亿美元的货币互换协议，为其提供美元流动性。与此同时，美联储还开启了定期拍卖工具。在定期拍卖工具下，美联储向符合条件的借款人拍卖固定金额的贴现窗口贷款。12 月 11 日，美联储与瑞士国家银行建立了 40 亿美元的货币互换。[①] 到 2008 年 9 月 15 日雷曼兄弟申请破产时，这两项互换协议的额度分别提升至 550 亿美元和 120 亿美元。这些互换是美联储和外国央行之间以市场汇率进行的美元和外币的交换。外国央行再根据自己的贷款条件将美元出借给本国银行。（关于流动性互换协议结构的细节见本章附录 B。）

根据互换安排的条款，外国央行将美元拍卖的所有收益都返还给美联储，拍卖价格通常比 OIS 利率高出 100 个基点。这种结构反映出欧洲央行在危机早期的偏好，即只作为美联储的"代理人"向本地银行传导美元流动性，是在帮助美联储应对美元融资压力。欧洲央行最初试图传达的信息是，它只是协助美联储努力应对以美国为中心和以美元为中心的压力，而不是作为美联储的全面合作伙伴来对抗全球性危机。[②]

雷曼兄弟破产后，全球美元融资市场的压力明显增大。为了应对当时的局面，联邦公开市场委员会迅速扩大了其流动性互换网络：

---

① 货币互换是在联邦公开市场委员会的一名成员反对的情况下通过的，因为他认为两个央行有足够的以美元计价的外汇储备来满足各自国内银行的需求。与货币互换一同列入备选政策选项的还有以跨境抵押品为抵押提供贷款。参见 2007 年 12 月 6 日和 11 日联邦公开市场委员会的会议记录。这些行动由美联储、英格兰银行和瑞士国家银行于 2007 年 12 月 12 日联合宣布。此外，加拿大银行和英格兰银行分别宣布了提供流动性的措施，日本银行和瑞典央行也发布了支持声明。

② 美联储和欧洲央行对危机的看法的早期分歧在 2008 年 7 月进一步显现，当时欧洲央行出于对通胀的公开担忧而提高了政策利率。这一行动从本质上表明欧洲央行相信危机是可控的。

- 9 月 18 日，增加了加拿大银行、英格兰银行和日本银行作为交易对手方。
- 9 月 24 日，增加了澳大利亚、丹麦、挪威和瑞典的央行。
- 9 月 29 日，互换的提款额度大幅增加，总额达到 6 200 亿美元。
- 最重要的是，在 10 月 10 日七国集团会议之后，10 月 13—14 日，美联储宣布取消与英格兰银行、日本银行、欧洲央行和瑞士国家银行的互换上限，允许这些央行根据国内银行的需求提供尽可能多的美元。[1]
- 10 月 28 日，新西兰加入互换网络，成为参与互换的第十个发达经济体。

互换网络大幅扩容的原因是，雷曼兄弟破产后出现了一系列的金融压力，美元 Libor–OIS 利差进一步增大上行压力（见图 17.4），金融机构美元资金拆出量大幅下降。

在大幅扩大互换的决定之后，互换下的提款大幅增加（见图 17.5），从 2008 年 9 月中旬的 620 亿美元增加到 10 月底的 5 000 亿美元。

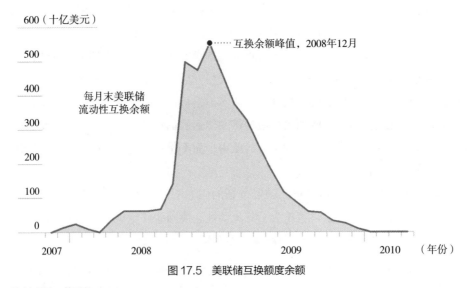

图 17.5　美联储互换额度余额

资料来源：美联储。

---

[1] 2008 年 10 月初，美国国会授权美联储对超额准备金支付利息。这使美联储可以进一步扩大资产负债表，同时将联邦基金利率维持在目标区间。

随着金融危机的升级，传染效应席卷了许多新兴市场经济体，其中一些主要国家一直保持着较好的宏观经济治理。例如，在雷曼兄弟破产后，巴西、墨西哥和韩国主权债务的 5 年期信用违约互换的息差大幅上升（见图 17.6）。这种传染性促使美联储 10 月 29 日决定与巴西、墨西哥、新加坡和韩国的央行分别建立 300 亿美元的互换安排，除规模外，条件与发达国家央行的互换相同。[①]之所以选择这四个经济体，是因为它们的规模相对较大，它们的金融体系与其他候选经济体相比更深地融入了全球金融体系，而且它们的经济基本面相对强劲。与那些面临更大经济挑战的其他新兴经济体相比，互换对于这些国家更能发挥作用。

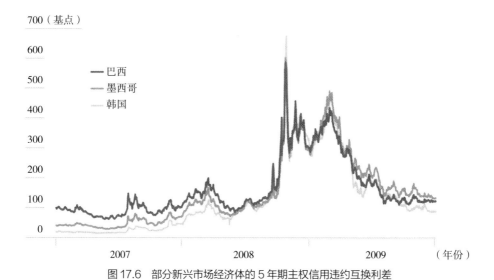

图 17.6　部分新兴市场经济体的 5 年期主权信用违约互换利差

资料来源：彭博财经，埃信华迈。

建立这些额外互换安排有双重原因。首先，与发达国家签订互换的动机一样，这些国家的金融市场也出现了失灵。其次，对许多发达经济体来说，此次危机在很大程度上反映了它们自身未能充分管理其金融体系中的风险，但这些新兴市场国家基本上是无辜的旁观者。

当时的纽约联邦储备银行行长蒂莫西·盖特纳说出了另一个考虑："（美元）

---

① 联邦公开市场委员会会议记录，2008 年 10 月 28—29 日，10。

作为世界储备货币所带来的特权也意味着一些责任。"[1]

这一观点是整个互换计划的核心依据。金融危机导致全球美元融资市场出现了前所未有的停滞。只有美联储，作为世界主要储备货币的发行者，才能提供足够的美元来帮助缓解日益加剧的融资压力。

美联储还必须考虑与国际货币基金组织的关系。国际货币基金组织是全球主要的危机应对机构，主要是向新兴市场经济体成员提供贷款项目。美联储本可以告诉这四个国家的央行去找国际货币基金组织，尽管国际货币基金组织当时并没有短期贷款工具。在提出互换计划时，美联储的工作人员指出："满足这些大国的潜在流动性需求将大幅消耗国际货币基金组织的可用资源，导致可用资源紧张。"因此，通过"将国际货币基金组织从满足那些大国的潜在流动性需求中解放出来……（使国际货币基金组织）能够专注于为其他国家提供帮助"[2]。美联储所做的努力与国际货币基金组织所做的工作互为补充，国际货币基金组织在同一天也建立了短期贷款工具。[3] 这一工具从未被使用过。

作为考虑的一部分，美联储将提议建立额外流动性互换的计划告知了美国财政部和国务院。财政部长保尔森和国务卿赖斯支持这项提议。[4]

尽管联邦公开市场委员会认为这些论点总体上具有说服力（与新兴市场经济体的互换获得一致通过），但有人担心该计划下，美联储将成为"其他国家政策稳健性、银行流动性要求及其系统重要性问题的裁决者"。[5] 基于这个原因，联邦公开市场委员会在其书面意见中明确表示，新增的新兴市场互换安排的门槛很高。尽管还有其他潜在的央行合作伙伴也提出了请求，但该计划并没有因此扩大。[6]

---

[1] 联邦公开市场委员会会议记录，2008 年 10 月 28—29 日，21。

[2] 如本章所述，二十国集团领导人于 2009 年 4 月同意大幅增加国际货币基金组织的可用资源。但当时美联储对这四个国家承诺的 1 200 亿美元的短期流动性援助，使国际货币基金组织的可用资源大幅增加，国际货币基金组织能向更多成员提供贷款，因为当时国际货币基金组织只有 2 500 亿美元的可贷款资源。

[3] 联邦公开市场委员会会议记录，2008 年 10 月 28—29 日，10、11 和 37。

[4] 联邦公开市场委员会会议记录，2008 年 10 月 28—29 日，16。

[5] 唐纳德·科恩在达拉斯联邦储备银行会议上发表的讲话，2014 年 9 月 18 日，随后由布鲁金斯学会发布（www.brookings.edu/on-the-record/the-feds-role-in-international-crises/）。

[6] 冰岛的申请被否决了。会议上提到的其他潜在申请国家是智利、印度和南非，提到的其他一些国家的名字被编辑了。参见联邦公开市场委员会会议记录，2008 年 10 月 28—29 日，33、17、29、30 和 32。

最后，只有与韩国的互换使用频率较高。2009 年第一季度，提款达到了约 160 亿美元。2009 年 4 月，墨西哥进行了一笔 32 亿美元的预防性提款。

总的来说，提款金额在 2008 年 12 月中达到顶峰，超过 5 800 亿美元。欧洲央行提款约 3 100 亿美元（超过欧元地区央行持有的全部外汇规模——约 2 000 亿美元），日本银行约 1 250 亿美元，英格兰银行 500 亿美元，瑞士国家银行为 160 亿美元。同时，外国银行从贴现窗口借款 3 340 亿美元，从定期拍卖工具借款 2 080 亿美元，并通过利用《联邦储备法》第 13 条（3）款紧急贷款权限建立的实体获得融资（见本书第三章）。2009 年上半年，提款金额急剧下降，反映出全球金融环境开始改善。互换安排于 2010 年 2 月 1 日结束，但后来又对欧洲和亚洲的主要央行重新开放。[1]

美联储的政策制定者被迫做出艰难的判断，因为他们试图在明确的国内使命、历史先例的约束，以及他们作为全球主要储备货币发行人对全球金融体系稳定的承诺之间取得平衡。这些考虑之间的高度关联性证明了，如果美联储不采取行动，国外的衰退将对美国经济产生负面影响。

除了大量提供美元流动性外，互换还为央行提供了一个强大的、可见的协作和协调机制。各国央行的对外沟通都经过了充分协调。我们努力使用相同的语言来描述所有央行所面临的问题和正在采取的政策行动。此外，这些措施通常是同时宣布的。这种沟通方式，强调了央行的合作决心，是互换安排能够发挥作用、缓解全球市场压力的第二个重要渠道。观察人士——包括国内外决策者、分析人士和学者——的总体评价是，互换安排是非常有效的。[2]

---

[1] 互换计划被恢复以应对欧元区债务危机。这些安排在 2013 年成为永久安排。

[2] William Allen and Richhild Moessner, "Central Bank Cooperation and International Liquidity in the Financial Crisis of 2008–9" (BIS Working Papers, no. 310, May 2010); Joshua Aizenman and Gurnain Pasricha, "Selective Swap Arrangements and the Global Financial Crisis: Analy sis and Interpretation" (NBER Working Paper, no. 14821, March 2009); Joshua Aizenman, Yothin Jinjarek, and Donghyun Park, "Evaluating Asian Swap Arrangements" (Asian Development Bank Institute Working Paper Series, no. 297, July 2011); Naohiko Baba and Frank Packer, "From Turmoil to Crisis: Dislocations in the FX Swap Market before and after the Failure of Lehman Brothers" (BIS Working Papers, no. 285, July 2009); Naohiko Baba and Ilhyock Shim, "Dislocations in the Won-Dollar Swap Markets during the Crisis of 2007–09" (BIS Working Papers, no. 344, April 2011); and Linda Goldberg, Craig Kennedy, and Jason Miu, "Central Bank Dollar Swap Lines and Overseas Dollar Funding Costs" (NBER Working Paper Series, no. 15763, Feb. 2010).

该计划是要求美联储充当国际最后贷款人的一个例子。尽管该行动引发了争议，但美联储认为其行为符合美国的自身利益。美联储希望满足其法定的、以国内为中心的、关于就业和通胀的使命，同时为美国金融市场的稳定做出贡献。

宏观经济政策的协调

随着全球危机在金融层面加剧，经济后果变得更加严重，美国官员游走于主要经济体之间，希望动员各国出台强有力的宏观经济政策应对。各国货币政策和财政政策应对在出台时点、强度和持续时间上都有所不同，部分原因是每个经济体的情况不同，还因为各国国内和各国之间对何为适度应对的看法不同。

货币政策

对于法国巴黎银行 2007 年 8 月 9 日发表的声明，欧洲央行的回应是注入大规模的流动性。但直到第二年 7 月，它才改变了其 4.0% 的政策利率——当时将该利率上调了 25 个基点（见图 17.7）。

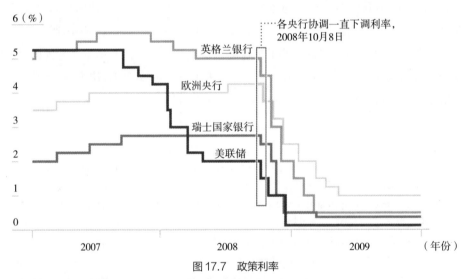

图 17.7 政策利率

注：美联储，联邦基金利率目标区间的中点；欧洲央行，主要再融资操作利率；英格兰银行，官方银行利率；瑞士国家银行，瑞士国家银行目标区间的中点。

资料来源：国际清算银行。

联邦公开市场委员会采取了更激进的措施。8月10日，它宣布将在必要时提供准备金，但当时没有调整 5.25% 的联邦基金目标利率。[①] 然而，不久之后，也就是 8 月 17 日，美联储暗示未来政策有所放松，并将贴现率与联邦基金目标利率之间的利差从 100 个基点降至 50 个基点。2007 年 9 月 18 日，联邦公开市场委员会将目标利率下调至 4.75%。到 2008 年 10 月初，降至 2.0%。

当时其他国家认为危机主要是美国的问题，因此危机爆发的第一年其他主要央行的政策利率几乎没有变化。英格兰银行在 2007 年 7 月将其政策利率上调至 5.75%，随后在 12 月将其降至 5.50%。到 2008 年 4 月，该利率已经下降到 5.0%，但仍相对较高。瑞士国家银行在 2007 年 9 月将瑞士法郎 3 个月 Libor 的目标利率上调至 3.25%，直到 2008 年 10 月才调降利率。此外如前所述，欧洲央行在 2008 年 7 月将其再融资利率提高至 4.25%。

全球货币政策合作的分水岭时刻出现在 2008 年 10 月 8 日，当时联邦公开市场委员会与欧洲央行、英格兰银行、瑞士国家银行、加拿大银行和瑞典央行合作，采取一致行动降低政策利率。[②] 从美联储的角度来看，一个关键动机是要把欧洲央行从角落里拽出来，欧洲央行在 7 月加息的行为把自己逼入了角落。协调与合作的信号和降息本身一样重要。[③]

在七国集团会议和 11 月二十国集团领导人华盛顿峰会后不久，所有主要央行都采取了更积极的措施来放松货币政策。

财政政策

相比之下，财政政策更缺乏共识和协调。小布什政府在 2008 年初单独行动，出台了一项温和的财政刺激措施，主要是一次性可退还的个税退税（详见本书第十六章，关于财政应对措施）。华盛顿二十国集团宣言支持采取适当的财政和货币措施，但最初只有中国响应，采取了大规模的财政刺激措施（围绕国家指导的银行贷款展开）。国际货币基金组织总裁多米尼克·斯特劳斯－卡恩在华盛顿宣

---

① 在 2007 年 9 月 18 日的联邦公开市场委员会会议上，一些与会者批评纽约联邦储备银行的交易部门，认为交易部门不应允许平均利率低于 5.25%。

② 除了瑞士国家银行降息 25 个基点外，大多数降息幅度是 50 个基点。这种规模的政策利率的下调是不寻常的。中国人民银行在同一天降息，但这并非与其他央行协调一致后的行动。

③ 联邦公开市场委员会电话会议记录，2008 年 10 月 7 日，14~15。

言的基础之上，进一步提出应实施全球财政刺激计划，规模为全球 GDP 的 2%，相当于 1.3 万亿美元。①

奥巴马政府与新一届国会合作，通过了一项大规模的财政刺激计划，该计划于 2009 年初开始生效。美国实施财政扩张的底层逻辑是立得住的。当信贷大幅扩张、金融体系的引擎发生故障之后，货币政策的效果会减弱。此时财政政策对于防止需求大幅下滑是至关重要的。联合行动的逻辑也是令人信服的。如果所有主要国家共同行动，一个国家的刺激措施外溢至另一个国家的效果就会得到强化。然而，国际货币基金组织的提议遇到了技术和政策上的问题。

在伦敦，二十国集团领导人通过了一项 5 万亿美元的、协调一致的财政刺激计划，该计划旨在将 2010 年的产出提高 4%，但事实上各方的行动力度未达到承诺水平。国际货币基金组织的工作人员估计，2009 年二十国集团成员整体财政扩张规模仅为 2.7 万亿美元，但这个数字比斯特劳斯 – 卡恩最初提议的数字要大得多。国际货币基金组织预测刺激计划将在 2010 年退出，这一预测是正确的。②

尽管全球财政刺激措施的规模比宣传的要小，而且退出也为时过早，但中国和其他新兴市场国家的政策行动帮助填补了发达经济体留下的部分缺口。许多新兴市场国家以及较小的发展中国家仍有很大的政策空间，可以采取逆周期政策。

尽管存在种种困难，但我们的核心结论是：我们在华盛顿和伦敦达成一致并后续实施的财政和货币政策应对，从涉及的国家范围及政策广度来看，都居于国际经济合作史的前列。③

为国际金融机构提供的资金支持

到 2008 年夏末和秋初，发达国家金融体系的危机显然已对新兴市场和发展中经济体的经济造成了损害。2008 年 4 月，国际货币基金组织对 2009 年全球经

---

① 对 2008 年美元计价全球 GDP 总量的估计是基于国际货币基金组织 2019 年 4 月更新的《世界经济展望》数据库。

② "IMF Update on Fiscal Stimulus and Financial Sector Measures," International Monetary Fund, April 26, 2009, https://www.imf.org/external/np/fad/2009/042609.htm.

③ 在大多数分析人士看来，之前（存在争议）的高点是 1978 年的波恩经济峰会。

济增长的预测为 3.8%——发达国家为 1.3%，新兴市场和发展中经济体为 6.6%
（见图 17.3 和图 17.8）。到了 2008 年 10 月，国际货币基金组织预测，新兴市场
和发展中经济体将被深度卷入经济及金融旋涡。经济危机一开始主要影响中东欧
和拉丁美洲国家，但最终所有地区的国家都受到了影响。

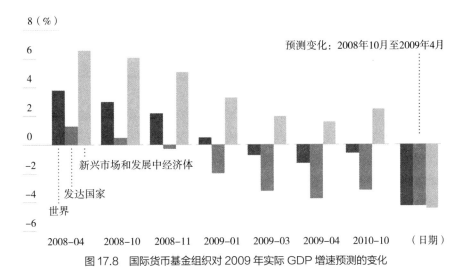

图 17.8　国际货币基金组织对 2009 年实际 GDP 增速预测的变化

注：2009 年 3 月的数据是《全球经济政策和展望》中预测区间的中点，这是国际货币基金组织为当
月二十国集团财政部长和央行行长会议准备的文件。预测数据反映了实际 GDP 同比增长。

资料来源：国际货币基金组织，《世界经济展望》更新内容，日期如上。

　　新兴市场和发展中经济体也经历了货币贬值，推高了它们偿还美元债务的成
本，而且同时它们的外汇储备也在下降（见表 17.1）。许多新兴市场和发展中经济
体的经常账户与金融账户都出现了问题。2008 年，中东欧、拉丁美洲和撒哈拉以
南非洲经济体的经常账户状况合计恶化了 820 亿美元，约占其 GDP 的 1%。流入所
有新兴和发展中经济体的证券投资组合下降超过 4 000 亿美元，仅为 130 亿美元。[①]
　　国际货币基金组织和多边开发银行是应对成员外部融资问题的主要国际机
构。[②] 在华盛顿峰会上，二十国集团承诺确保这些机构有足够的资源发挥其传统

<hr />

① IMF, Oct. 2018 update of the *World Economic Outlook Database*; and IMF, "Sovereigns, Funding, and
　 Systemic Liquidity: Statistical Appendix," *Global Financial Stability Report*, Oct. 2010, 16.

② 多边开发银行是指世界银行集团、非洲开发银行、亚洲开发银行、美洲开发银行和欧洲复兴开
　 发银行。

作用。

　　2008年秋天，国际货币基金组织开始批准一些贷款项目，以支持受全球金融危机影响的国家。从2008年9月到2009年2月，国际货币基金组织的贷款承诺增加了500亿美元。这是国际货币基金组织历史上在如此短的时间内实施的最大规模的资金干预，甚至比1997年亚洲金融危机期间还要大（见图17.9）。各成员也求助于多边开发银行。2005—2007年，它们每年新增的非优惠贷款平均为350亿美元，而2008年则增加了22%，达到430亿美元。[①]到2009年初，风险在于对国际机构所提供的金融援助的需求将超过这些援助的供给。

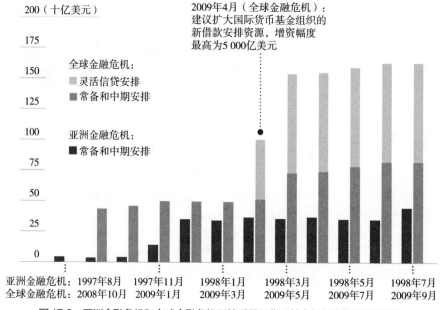

图17.9　亚洲金融危机和全球金融危机开始后国际货币基金组织贷款承诺的增加

注：亚洲金融危机时期，国际货币基金组织新增贷款的开始日期为1997年7月，全球金融危机为2008年9月。对于亚洲金融危机，特别提款权（SDR）按每SDR兑1.358620美元（1997年7月31日利率）进行转换；对于全球金融危机，按每SDR兑1.557220美元（2008年9月30日利率）进行转换。

资料来源：国际货币基金组织，作者计算。

---

① Rebecca M. Nelson, "Multilateral Development Banks: Overview and Issues for Congress," Congressional Research Service, July 6, 2018.

新借款安排

2008 年 9 月，国际货币基金组织的有效贷款能力约为 2 500 亿美元。二十国集团华盛顿峰会承诺将加强国际货币基金组织的资源，为落实承诺，即将上任的奥巴马政府考虑了三个选项：

1. 向国际货币基金组织提供临时双边贷款；
2. 增加国际货币基金组织份额；[1]
3. 扩大新借款安排（NAB）。[2]

我们拒绝了第一个"锡杯"方案，因为这需要国会的批准，不仅难以获批、耗时很长，而且无法用于下一次危机应对。我们想要一些更多边和更持久的东西。

我们也拒绝了第二个方案，因为谈判将需要数月，甚至数年时间。这一方案不仅需要国会的批准，而且需要国际货币基金组织绝大多数成员接受其自身份额的增加[3]，之后资金才能到位。

美国的政策制定者选择了第三种方案：扩大新借款安排，新借款安排本质上是国际货币基金组织的永久储备。[4]按照"压倒性力量"原则[5]，美国财政部长盖特纳和财政部工作人员提议将新借款安排增加 5 000 亿美元，而且美国愿意先承诺至多提供总数的 20%。当时，有 26 个国际货币基金组织成员参与新借款安排，承诺出资金额约 500 亿美元。我们预计，新借款安排的出资方还将增加中国、印

---

[1] 国际货币基金组织用于贷款的资金主要来自各成员缴纳的份额，份额主要是根据成员的经济规模确定的。

[2] 新借款安排是美国在 20 世纪 90 年代中期墨西哥金融危机后提出的一项建议，旨在增加国际货币基金组织的资金来源。

[3] 国际货币基金组织成员实缴资金与份额挂钩，份额增加意味着各成员需要向国际货币基金组织补充缴纳可自由兑换货币。——译者注

[4] 对新借款安排的出资承诺必须每 5 年更新一次。根据当时的美国法律，财政部长可以在通知国会后更新美国的参与承诺。

[5] 美国前国务卿鲍威尔提出的军事领域的原则，即除非美国有压倒性的力量，否则不应对外出兵。——译者注

度、巴西、墨西哥和俄罗斯等国。①

二十国集团领导人在伦敦峰会上通过了美国的提议。他们还祝愿国际货币基金组织管理层在筹集 2 500 亿美元双边资金方面取得成功，这些资金将被纳入扩大后的新借款安排②。

承诺向国际货币基金组织提供额外资金有助于缓解其资金压力。因此，到2009 年 8 月，国际货币基金组织能够将其贷款承诺增加到创纪录的 1 640 亿美元，同时保留了未来发放更多贷款的空间（见图 17.9）。

特别提款权

特别提款权是国际货币基金组织工具箱中几乎被遗忘的工具。③2009 年 3 月5 日，英国《金融时报》发表了由杜鲁门撰写的一篇专栏文章，建议二十国集团领导人伦敦峰会支持 2 500 亿美元的特别提款权分配。④他认为，特别提款权的分配将提振信心，发出各方正开展务实国际合作的信号，并可以迅速得到落实。特别提款权分配将向最贫穷的国家提供 170 亿美元的潜在低成本援助，并向其他新兴市场和发展中经济体提供 800 亿美元的资金。这样这些国家之后就不用（出于预防性目的）建立更大规模的国际储备了。外汇储备不足的发达国家也可以将特别提款权借给其他国家。但美国对该提案的支持至关重要。⑤

---

① 最后，增加了 14 名新的参与者。

② 我们还同意在 2011 年 1 月之前加速完成国际货币基金组织第十四次审查份额总检查。我们践行了这一承诺。不幸的是，美国直到 2015 年 12 月才采取必要的步骤来落实该协议。国际货币基金组织第十三次份额总检查已在 2008 年 1 月完成，当时包括美国在内的成员一致认为国际货币基金组织拥有足够的资源。事实证明我们错了。

③ 特别提款权创设于 1969 年。它被视为对国际储备的补充，对持有者而言，特别提款权是资产，对用其分配的特别提款权获取外汇的国家而言，特别提款权是负债。特别提款权在 1970—1972年和 1979—1981 年进行了两次分配。

④ Edwin M. Truman, "How the Fund Can Help Save the World Economy," Peterson Institute for International Economics, op-ed in *Financial Times*, March 9, 2009. 英国《金融时报》后来对这篇文章表示支持。

⑤ 特别提款权分配需要国际货币基金组织成员 85% 的多数通过，美国拥有 16% 的投票权。只要对美国的特别提款权的分配不超过美国在国际货币基金组织的份额，美国就可以在没有国会授权的情况下支持特别提款权的分配。正是因为这一规定，这篇文章才提议了 2 500 亿美元这一规模。

美国政府、其他发达国家和国际货币基金组织对这一提议持反对意见，他们认为，特别提款权分配将为各国提供无条件融资（助长道德风险）；由于分配是根据各国份额占比进行的，因此大国会分到更多，最需要特别提款权的国家反而不会分到多少；不是为了满足国际社会要求增加国际储备的长期需求（这是进行特别提款权分配的官方标准）；会加剧通货膨胀的风险。

相比之下，许多智库专家和大多数新兴市场和发展中经济体的代表都支持特别提款权的分配。后者在领导人峰会前的会议上还重申了这个想法。英国当局刚开始没有表态，但对该提议的新意和增资规模感兴趣。

在伦敦峰会前不久，美国财政部长盖特纳致信二十国集团的同僚，概述了美国在伦敦峰会各项议程上的立场，包括美国对特别提款权提议的支持。[①]英国随后成功地游说其他欧洲领导人也支持这一提议。特别提款权分配于 2009 年 8 月 28 日生效，比伦敦峰会达成的大多数其他协议都早。

21 个国家在翌年使用了其分配的特别提款权。后来的分析发现，几乎没有证据表明有国家可能因获得特别提款权分配而推迟必要的经济改革。[②]在这种情况下，道德风险就不再是问题了。少数接受特别提款权的国家可能延迟实施国际货币基金组织推荐的政策调整，但这些延迟所带来的影响在一些国家对全球经济的扭曲影响面前相形见绌，这些国家积累了大量外汇储备作为应对不利事件的自我保险，并通过随意使用这些外汇储备以延迟政策调整。

多边开发银行

在危机期间，世界银行和其他多边开发银行面临着大量的资金需求，它们通过扩张其资产负债表向有需要的新兴市场和低收入发展中国家提供发展融资。它们在 2008 年就已经开始采取应对行动，二十国集团伦敦峰会通过了一项 1 000 亿美元的进一步扩张方案。随后，2009—2011 年，多边开发银行的非优惠贷款

---

① 回想起来，埃德温·杜鲁门倾向于认为，当时财政部长盖特纳提及他的建议只为了让他高兴一下。盖特纳在他关于金融危机的回忆录《压力测试：对金融危机的反思》中没有提到特别提款权的分配。

② IMF, "Considerations on the Role of the SDR," April 11, 2018, 22, https://www.imf.org/en/Publications/Policy-Papers/Issues/2018/04/11/pp030618consideration-of-the-role-the-sdr.

相比 2005—2007 年的平均水平总共增加了 1 260 亿美元。[①]

可以理解的是，多边开发银行的负责人借此机会要求各方承诺增加其机构的资本。美国参与这些增资计划需要国会的批准。在正式向多边开发银行提供更多资源之前，美国财政部花了一些时间来分析这些请求，并与国会合作研究这些计划。

美国政府在伦敦峰会前夕表达出较为谨慎的态度。3 月 29 日，美国财政部长盖特纳出席了美洲开发银行年会，并对美洲开发银行行长路易斯·阿尔贝托·莫雷诺的增资请求表示了积极但有条件的支持。盖特纳承诺，美国将开始对增资计划的必要性进行正式审查，但也提出了五条审查原则，美国将根据这五条原则对美洲开发银行和其他多边开发银行的运作进行审查。[②] 当时，唯一符合这些标准的机构是亚洲开发银行，该银行一直与小布什政府合作以满足类似的条件。在伦敦，美国支持向该机构增资 200%。

贸易保护主义与融资

全球经济衰退对国际贸易产生了毁灭性的影响。2008 年 4 月—2009 年 1 月，全球贸易量下降了近 20%，之后才开始缓慢复苏。[③] 全球供应链的急剧收缩导

---

① 数据由国会研究服务部的丽贝卡·纳尔逊提供给作者。

② Timothy F. Geithner, "Prepared Statement by Treasury Secretary Tim Geithner at the Inter-American Development Bank's Annual Meeting of the Boards of Governors," March 29, 2009. "第一，我们需要重新审视国际金融机构在更正常的经济状况下和在危机中的相对角色……（我们）需要更明确的分工……第二……我们将评估每个机构是否有能力在当前的资源限制下灵活运用其资产负债表，以及是否有能力有效利用公共和私人融资……第三，我们期望有一个对良好治理的承诺。这包括努力打击欺诈和腐败，并加强该机构的风险管理能力和程序，以确保股东提供的资源得到合理投资……第四，我们将考察这些机构是否有能力适应成员的需求变化，是否有能力在增加永久资本的情况下展示出创新和取得成果的能力，是否有能力继续为其成员面临的政策挑战提供有价值的帮助，以及是否有能力履行持续的改革承诺……最后，对于那些有优惠和赠款窗口的机构，我们希望看到更多对最贫穷国家的关注。"

③ Barry Eichengreen and Kevin O'Rourke, "A Tale of Two Depressions: What Do the New Data Tell Us?," Vox, March 8, 2010, https://voxeu.org/article/tale-two-depressions-what-do-new-data-tell-us-february-2010-update.

致了贸易的崩溃，贸易下降的速度大大超过了大萧条早期的衰退速度。[1] 全球贸易的萎缩将衰退从发达国家传导至新兴市场国家，特别是低收入国家。2008年，新兴市场和发展中经济体的进出口增长仍为正值，但远低于前4年的平均增速。与2008年相比，2009年所有地区的贸易量都出现了下降。撒哈拉以南非洲地区2004—2007年整体经常账户保持盈余，[2] 但这些盈余在2008年就完全消失了，到2009年变成了占GDP约2.4%的赤字。采取行动支持国际贸易迫在眉睫。

随着人们开始回忆起1929年大萧条的惨痛经历，在2008年11月5—6日于秘鲁特鲁希略举行的亚太经济合作组织财政部长会议上，各方开始聚焦保护主义的风险。会议结束时，亚太经济合作组织发表的声明——反映了许多非二十国集团成员的观点——明确表达了这些关切。11月9日，在巴西圣保罗二十国集团财政部长和央行行长会议之后，这一观点得到了与会各方的呼应。6天后，二十国集团领导人公开承诺，在一年内不对投资或贸易设置新的壁垒。[3] 在伦敦，这一承诺被重申并延长至2010年底。

与20世纪30年代不同，这一次，任何实质性的保护主义倾向都被遏制了。当然也有国家采取了贸易保护措施（几乎每次经济低迷时期各国都会采取保护措施），但实际采取的措施比历史经验预测的要少。学者们将这一表现归因于二十国集团的反保护主义承诺，以及世界贸易组织、世界银行和一些研究机构（例如全球贸易预警组织）的密切监督。[4]

尽管如此，2009年初由于经济活动下降，贸易的萎缩幅度明显超出了人们

---

[1] Miguel Almunia, Agustín Bénétrix, Barry Eichengreen, Kevin H. O'Rourke, and Gisela Rua, "From Great Depression to Great Credit Crisis: Similarities, Differences and Lessons," *Economic Policy* 25, no. 62 (April 1, 2010): 219–65.

[2] IMF, *World Economic Outlook Database*, Oct. 2018.

[3] 二十国集团的声明还包括改革应该基于对自由市场原则的承诺。

[4] 关于这一积极的观点，参见 Chad P. Bown and Meredith A. Crowley, "Import Protection, Business Cycles, and Exchange Rates: Evidence from the Great Recession," *Journal of International Economics* 90 (2013): 50–64。关于不合规行为的早期报告，参见 Simon J. Evenett, "Broken Promises: A G-20 Summit Report by Global Trade Alert," Vox, Nov. 2009, https://voxeu.org/epubs/cepr-reports/broken-promises-g20-summit-report-global-trade-alert。

的预期。[①] 普遍的解释是贸易融资已经枯竭。在伦敦峰会之前，美国试图采取更多措施来动员国际金融机构和国家层面的出口信贷机构提供更多资金。结果是，二十国集团承诺确保在未来两年内通过各种官方机制、国际机构和监管救助渠道提供至少 2 500 亿美元的贸易融资支持。

贸易金融专家组在伦敦峰会前后都召开了会议，讨论如何落实。这主要涉及一项协议，即出口信贷机构应该改变其不支持短期贸易信贷的政策，应转向使用直接融资，因为银行正在节约其自身的流动性，不愿意提供传统的贸易担保。

随后的分析表明，贸易融资在全球贸易的下降中只起到了很小的作用。[②] 尽管如此，提供 2 500 亿美元贸易融资的承诺以及抵制保护主义的承诺，确实发出了一个强有力的信号。2 500 亿美元的承诺加上新借款安排的增加（5 000 亿美元）、特别提款权分配（2 500 亿美元）以及新增的多边开发银行贷款（1 000 亿美元），形成了伦敦峰会上抓人眼球的 1.1 万亿美元的国际融资承诺（见本章附录 A 摘录的二十国集团领导人声明）。

国际金融监管改革

在危机爆发初期，美国财政部和美联储发起了一项加强对金融机构和市场进行监管的国际努力。2007 年 9 月，美国财政部负责国际事务的副部长戴维·麦考密克和美联储副主席唐纳德·科恩给七国集团的同僚们写了一封信，提议委托金融稳定论坛（FSF）研究导致金融市场震荡的压力来源。[③]

2007 年 9 月 12 日，《金融时报》发表了一篇由麦考密克和美国财政部负责国内金融事务的副部长罗伯特·斯蒂尔撰写的专栏文章，概述了小布什政府对当前市场波动的看法。政府要求金融稳定论坛研究四个问题：金融机构的流动性、市场和信用风险实践，金融衍生工具的会计和估值流程，受监管金融实体或有

---

① JaeBin Ahn, Mary Amiti, and David E. Weinstein, "Trade Finance and the Great Trade Collapse," *American Economic Review: Papers and Proceedings* 101, no. 3 (2011): 298–302.

② Irena Asmundson, Thomas Dorsey, Armine Khachatryan, Ioana Niculcea, and Mika Saito, "Trade and Trade Finance in the 2008–09 Financial Crisis" (IMF Working Paper WP/11/16, Jan. 2011).

③ 金融稳定论坛是由七国集团的财政部长和央行行长在 1999 年亚洲金融危机后创建的，旨在协调在国际金融标准和相关问题上的合作。

债权的监管原则，以及信用评级机构在评估结构性金融产品中的作用。[1]2007年10月19日，七国集团财政部长和央行行长批准了金融稳定论坛的工作计划。

金融稳定论坛设立了"市场和制度韧性"工作组，定期向七国集团和国际货币与金融委员会汇报进展，并于2008年4月发布了一份包含67项行动和建议的最终报告。该报告为二十国集团华盛顿峰会通过的一系列金融市场改革、监管和标准制定原则提供了落实框架。美国官员基于该报告起草了一份声明，提出了在六大领域要采取的47项即期行动（于2009年3月31日前完成）和中期行动，这六大领域包括：透明度和问责制、健全的监管、金融市场诚信问题、国际合作、风险管理和国际金融机构改革。最后一项包括承诺扩大金融稳定论坛和其他标准制定组织的成员范围，这一承诺已经得到圣保罗二十国集团财政部长和央行行长会议的支持。

就在华盛顿峰会前，我们还调停了国际货币基金组织和金融稳定论坛在金融体系问题上的地盘之争。美国的观点是，国际金融部门的政策和标准应该是金融稳定论坛的责任，国际货币基金组织可以作为金融稳定论坛的成员发挥作用。原因是：第一，（监管）规则是由各国监管当局制定的，而监管当局是金融稳定论坛成员；第二，监管当局的专家参与各种标准制定机构并开展工作，而这些机构都是金融稳定论坛的成员。在我们的鼓励下，国际货币基金组织总裁多米尼克·斯特劳斯-卡恩和金融稳定论坛主席兼意大利银行行长马里奥·德拉吉于2008年11月13日致信二十国集团财政部长和央行行长，介绍了他们所达成的共识。[2]

因此，在奥巴马政府接手时，国际金融监管改革的工作已在顺利进行中。那时，全球金融危机已发展为全球经济衰退。新政府的一些人认为，应对当前的经济形势应该是伦敦峰会的主要焦点。然而，奥巴马总统决定，尽早推进美国和全球金融监管改革也应受到同等重视，与扩大危机融资和协调宏观经济政策同样重要。为表明美国在这一方面的承诺，美国财政部长盖特纳在3月26日，即伦敦

---

① David McCormick and Robert Steel, "A Framework to End the Market Volatility," op-ed in *Financial Times*, Sept. 12, 2007, https://www.ft.com/content/1eb92ef4-615c-11dc-bf25-0000779fd2ac.

② Dominique Strauss-Kahn and Mario Draghi, "Joint Letter of the FSF Chairman and the IMF Managing Director to the G20 Ministers and Governors," Nov. 13, 2008, http://www.fsb.org/2008/11/r081113/.

峰会前一周，公开介绍了美国政府全面监管改革的框架。[①]

随着各方开始就一套新的全球标准展开谈判，一个关键问题是多少新成员（国家）应加入金融稳定论坛。[②] 尽管不是所有二十国集团国家都需要加入扩大后的金融稳定论坛，但美国认为最好将它们都包括在内，并增加了西班牙和欧盟委员会。此外，美国提议扩大金融稳定论坛的授权，并将其重组为金融稳定委员会，由马里奥·德拉吉继续担任主席，这获得了二十国集团领导人的同意。

金融稳定论坛及其下设各个小组的工作——自 2007 年秋开始——对于应对短期危机管理挑战几乎没有什么直接影响。但美国认为，要在人们对危机的记忆消失之前启动改革进程。这些早期行动加速了金融监管改革进程，包括就修订后的《巴塞尔协议 III》资本标准以及一系列全面的其他金融改革达成一致。这些共识打下了坚实的基础，在此之上，最大的几个经济体大幅提高了对其主要金融机构资本水平的要求。相比之前谈判关于资本水平的国际协议所消耗的时间，对这些协议的协商只花了很短的时间。[③]

结　果

总体而言，我们协调一致的国际行动是成功的：发达工业化国家和发展中国家的金融压力有所缓解，市场状况也稳定下来。经济热度于 2009 年春夏重现。发达市场和新兴市场经济体的股票价格于 2009 年 3 月初触底反弹（见图 17.2）。正如本书第十八章所总结的，在 2009 年 6 月前的 6 个季度内，美国实际人均 GDP 下降了 5.25%，在不到 6 年的时间里恢复到了之前的峰值。卡门·莱因哈

[①] "Treasury Outlines Framework for Regulatory Reform: Provides New Rules of the Road, Focuses First on Containing Systemic Risk," press release, U.S. Department of the Treasury, March 26, 2009, https://www. treasury.gov/press-center/press-releases/pages/tg72.aspx. 这个时机多少有些争议。保罗·沃尔克告诉埃德温·杜鲁门，在与奥巴马总统的会晤中，他建议等一等再宣布我们的计划，直到我们进一步了解此次危机及其所揭示的监管薄弱环节，但没人支持他的观点。后来，其他顾问告诉沃尔克，其实他们也同意他的观点。于是沃尔克抱怨道："他们为什么不在会议上发言呢？"

[②] 金融稳定论坛确实包括了一些非七国集团金融中心的金融监管机构，如中国香港、荷兰、新加坡和瑞士的监管机构。

[③] 最后一个技术"t"直到 2017 年 12 月 7 日才被突破。"Governors and Heads of Supervision Finalise Basel III Reforms," BIS, Dec. 7, 2017, https://www.bis.org/press/p171207.htm.

特和肯尼思·罗格夫发现，在1857—2013年的系统性银行业危机中，美国经济的表现远好于其他发达经济体。那些历史危机中，人均实际产出从峰值到低谷平均下降9.6%，持续时间平均为2.9年。[1]但各经济体改善的程度和速度不同，这反映了这些经济体的政策选择和金融危机造成损失规模的差异。（欧洲后来面临的经济和金融危机超出了本书的范围。）

对2009年全球经济表现的预测，在伦敦峰会召开几个月后就开始有所改观。7月，国际货币基金组织对2009年经济增长的预测较2008年第四季度略有上调，到10月则大幅上调。[2]在2009年4月28—29日会议前发布的绿皮书中，美联储对2009年外国实际增速（第四季度比第四季度）的预测略低于上次联邦公开市场委员会会议前的预测，此后预测逐步提高（见图17.10）。

图 17.10　绿皮书对外国实际 GDP 增速预测

资料来源：Board of Governors of the Federal Reserve System, *Current Economic and Financial Conditions: Part 1 Summary and Outlook*。

---

[1]　Carmen Reinhart and Kenneth Rogoff, "Recovery from Financial Crises: Evidence from 100 Episodes," *American Economic Association* 104, no. 5 (May 2014): 50–55.

[2]　图 17.3 显示了年同比预测，因为我们没有国际货币基金组织对所有危机年份的第四季度比第四季度预测数据。

2009 年 3 月初，主要货币和除人民币外的新兴市场货币兑美元的汇率均已触底。到了年底，主要经济体的货币已较 2006 年 12 月的平均水平升值了 10.5%，而新兴市场货币的汇率则基本没有变化。受益于特别提款权分配，新兴市场国家的外汇储备在 2009 年 3 月后大幅增加（见表 17.1）。

截至 2009 年底，主要国际银行 5 年期信用违约互换利差的平均水平已经低于其 2009 年 3 月初峰值的 50%，多数银行的利差都低于伦敦峰会时的水平。美国银行的改善最为显著，这无疑得益于美国压力测试的结果（见本书第十章）。但它们年末的平均利差水平与德意志银行和四家英国银行的平均水平相当（见图 17.1）。

与美联储建立互换安排的三个新兴市场国家——巴西、墨西哥和韩国——主权债务信用违约互换利差也从 2008 年 10 月的峰值持续下降。墨西哥主权信用违约互换利差收窄最为明显，因为墨西哥在伦敦峰会之前从国际货币基金组织处申请到了灵活信贷安排，这对其主权债务产生了有利影响。[1]尽管如此，到了年底，这三个国家主权信用违约互换利差仍高于 2007 年 8 月底的水平（见图 17.6）。

新兴市场经济体的资本流入也有所复苏。2008 年，这些国家外部债券的发行规模（780 亿美元）只有 2007 年的一半，2009 年第二季度发行规模开始回升。2009 年的债券发行总额与 2007 年基本持平（1 440 亿美元）。流入投资新兴市场债券和股票的共同基金的资金在 2008 年为负值，但到 2009 年底却达到创纪录的水平。[2]毫无疑问，全球经济和金融状况的改善以及发达经济体的低利率都是这一复苏背后的原因。

我们的结论是，在华盛顿和伦敦达成的全面国际协议为全球经济和金融复苏做出了重要贡献。这些协议是建立在此前政策协调的基础上的，政策协调自法国巴黎银行停止赎回基金后就开始了，并在雷曼兄弟破产后大大深化。

经验教训

由于世界经济和金融体系的高度一体化，2007—2009 年危机蔓延至全球各

---

[1] 国际货币基金组织于 2008 年 10 月底引入了短期流动性工具，灵活信贷安排是在这种短期工具的基础上发展出来的，灵活信贷安排所要求的条件更少、更具吸引力。

[2] IMF, "Meeting New Challenges to Stability and Building a Safer System," *Global Financial Stability Report*, April 2010, 206.

国。各国就危机应对政策进行国际协调，这对于减少经济损失至关重要。单独行动无法扭转局势。危机体现在很多方面，各国的目标也各不相同。美国政策制定者所面临的挑战是开展更多的合作行动，更好地认识形势的复杂性，并满足主要伙伴国的不同子目标。

在金融危机期间需要采取可靠的行动。最安全、最有效的做法是让强大的经济和金融工具尽早发挥作用。以2007—2008年的货币互换工具为例，美联储在2008年10月取消了与主要央行之间互换的规模上限。又如，二十国集团伦敦峰会上，二十国集团领导人承诺提供超过1万亿美元的额外国际金融资源。

经验1：成功的经济和金融政策的国际合作要依靠系统性、包容性的互动来建立信任

信任很难建立和维持。建立信任是一个长期过程，各国需要在关系稳定时期通过外交、沟通和非正式交流等手段建立互信。尽管参与七国集团和二十国集团看起来有些浪费时间并充满官僚主义，但由此产生的联系、建立的流程有助于在危机中做出有效和快速的反应。建立信任的关键是共享信息、听取他国意见，并将这些内容反映到集体思想和行动中。尽管七国集团之间存在意见分歧，但在危机最严重的时刻（2008年10月10日），七国集团发表的声明展现了其合力救助世界经济和支持系统重要性金融机构的决心。该声明用简短的字句传递了清晰的信号。

经验2：美国政府部门之间需要通力合作

危机横跨美国两届政府。在两届政府的治理下，美联储和美国财政部都进行了深度协调，推动实现了美国的国际议程，极大地维护了我们的利益。在小布什和奥巴马时期，我们定期向国务院报告，国务院也帮助我们将信息传递至全世界。白宫的领导和协调十分关键。在危急时刻，我们协调一致的危机应对措施至关重要。

经验 3：国际金融机构应该有足够的资源来应对经济和金融危机，美国应准备好发挥领导作用，确保上述目标能够实现

与过去一样，国际货币基金组织成员在 2008—2009 年向国际金融机构提供了额外资源，使国际货币基金组织可以履行贷款人的角色，多边开发银行也可以安全地扩张其资产负债表。但这一过程具有很强的不确定性。如果美国积极参与，国际货币基金组织等国际机构可以成为推广美国政策的强大助力，但如果美国领导人不参与国际金融机构的治理，任由这些机构自行发展，它们未来可能会损害美国的利益。

经验 4：非常时期需要美国主导，甚至是非常规干预

尽管有时不太情愿，但世界仍会仰仗美国在应对全球经济和 / 或金融危机中发挥领导作用。而且美元是国际货币，也意味着美国面临独特的挑战和义务。应对危机的非常规举措可能包括建立新机制或扩大合作范围。如在全球金融危机中，通过美联储货币互换向新兴市场经济体提供直接融资支持，将二十国集团机制升级至领导人峰会，支持接管房利美和房地美，以及允许国际货币基金组织进行特别提款权分配，这一工具一般很少动用。同时，美国官员在必要时应向政府高层提出非常规的外交要求，以避免重大损失。

经验 5：就危机诊断达成共识只是解决危机的第一步，成功的国际政策协调还需要就适当的政策应对达成一致意见

从 2007 年 8 月到 2008 年第四季度，主要经济体的央行花了几个月的时间才就危机的严重性和共同采取行动的必要性达成共识。耗时良久的原因很多，包括对通胀风险、非常规货币政策工具运用等方面存在分歧。因此，美国政策制定者无法说服其他国家的官员采取同步的货币政策，直到雷曼兄弟倒闭才迫使各国采取一致行动。

财政政策更难达成共识。奥巴马政府与欧洲盟友经常在技术和理念层面产生分歧，这些分歧导致联合刺激政策难产，也导致各方在政策退出策略上存在分

歧。尽管协调一致的财政应对措施持续时间较短，但在遏制危机方面仍发挥了重要作用。

经验 6：危机管理还需展望未来，提高危机防范能力

在全球金融危机中，有人对美国金融监管提出了批评，我们对此进行了回应，很早就建议当时的金融稳定论坛，也就是现在的金融稳定委员会，分析监管失败的原因并提出改革建议。这一举措不仅为危机过后更快进行改革奠定了基础，还有助于其他国家在应对危机时借鉴相关经验。

经验 7：各国将继续要求美联储提供流动性支持，美联储应做好准备应对这一需求

鉴于美联储的职能主要面向国内，一些批评者认为美联储在金融危机期间越界了，未来不应重蹈覆辙。但这种说法有误。在国际社会建立更高效和更有效的全球金融安全网之前，其他国家在危机期间仍希望美联储发挥领导力，并提供资金援助。回应这些诉求有助于美联储更好地服务于美国短期和长期的经济与金融利益。中央银行家和美国的其他金融政客应鼓励美联储在未来继续扮演这种角色，甚至应该比 2007—2008 年更迅速地采取行动，发挥更大的作用。

附录 A：国际会议声明选段

七国集团财政部长和央行行长行动计划

2008 年 10 月 10 日，华盛顿特区

今天七国集团一致认为目前的局势需要采取紧急和例外行动。[①] 我们承诺继续携手合作，稳定金融市场，恢复信贷流动，以支持全球经济增长。我们同意：

---

① G7 Information Centre, http://www.g7.utoronto.ca/finance/fm081010.htm.

1. 采取果断行动，利用所有可用的工具来支持具有系统重要性的金融机构，防止其倒闭。

2. 采取一切必要措施，重启信贷和货币市场，确保银行和其他金融机构能够获得流动性和资金。

3. 确保我们的银行和其他主要金融中介机构在需要时可以从公共和私人部门渠道筹集足够的资金，以重建信心，并且使这些机构能够继续向家庭和企业放贷。

4. 确保我们各自国家的存款保险和保障制度是稳健的、连续的，让零售储户对银行存款的安全性有信心。

5. 酌情采取行动，重新启动抵押贷款和其他证券化资产的二级市场。估值的准确、资产的透明披露和持续落实高质量的会计标准是必要的。

　　采取行动应保护纳税人，避免对其他国家造成潜在的破坏性影响。我们将在必要和适当的时候使用宏观经济政策工具。我们强烈支持国际货币基金组织在帮助受这次动荡影响的国家方面发挥关键的作用。我们将加快全面落实金融稳定论坛的建议，并承诺推进金融体系改革。我们会进一步加强合作，与其他各方一道，努力落实本计划。

摘自二十国集团领导人声明

　　2009 年 4 月 2 日，伦敦

　　我们今天达成协议，将国际货币基金组织的可用资源增加两倍至 7 500 亿美元，支持新的 2 500 亿美元特别提款权分配，支持多边开发银行至少 1 000 亿美元的新增贷款，确保提供 2 500 亿美元的贸易融资支持，并使用国际货币基金组织出售黄金获得的额外资源为最贫穷国家提供优惠融资，从而构成了一项额外的 1.1 万亿美元的支持计划，以支持世界范围内信贷、增长和就业的复苏。[①] 再加上我们在各自的国家所采取的措施，这是一项规模空前的全球复苏计划。

---

① 　G20 Information Centre, http://www.g20.utoronto.ca/2009/2009communique0402.pdf.

附录 B：美联储对抗危机的互换安排是如何构建的？

互换安排在央行领域有着悠久的历史。它们之前被用来为外汇市场的干预提供资金，并在困难时期为其他国家提供过桥融资。我们在金融危机期间获得的重要启示是，这些互换安排——如果得到充分扩大——可以提供缓解全球市场美元融资压力所需的流动性。

根据危机期间实施的互换安排，美联储与外国央行以当时的市场汇率互换美元和外汇。双方签订协议，约定在未来某个时点，一般是 1~90 天，以相同的汇率做反向交易。反过来，外国央行通过各种机制，以金融机构提供各类抵押品（包括美元计价和外国货币计价的工具）为条件，再把这些美元流动性贷出去。

这种结构对美联储有很多好处。首先，这些交易对美联储资产负债表的风险基本上为零。美联储与外国央行进行短期交易，这是最安全的交易对手。没有外汇风险，因为反向交易的汇率是预先确定的。而且这笔交易实际上是有担保的，因为美联储通过互换获得了对方的外汇。其次，美联储在互换交易中的对手方是外国央行，而不是最终获得美元的机构。这种结构可以将美联储的信贷风险敞口降至最低，但更重要的是，它还尊重了外国央行在其司法管辖区内的专业性。

互换安排的另一个显著特征是，外国央行向美联储支付利息，通常比隔夜指数掉期利率高出 100 个基点。从 2007 年 12 月首次建立互换安排开始，惯例就是外国央行将其贷出美元的所有收益返还给美联储。美联储不会为其在互换中获得的外汇支付利息。事实上，美联储同意将互换中获得的外汇留在对方央行：如果美联储拿走了外汇资金并在市场上使用，这可能导致外国央行进行冲销操作，或出现其他货币管理问题，而将外汇留在对方央行可以避免这些问题。

最后，与新兴市场经济体签订的互换协议加入了额外的治理机制，以确保美元资金被用于缓解美元流动性压力，保护美联储的资产负债表。互换协议下的所有提款都需要获得联邦公开市场委员会外汇小组（成员包括美联储主席）的批准。

第十八章

关于金融危机应对成效的证据

◇◇◇

本章作者：梁内利、玛格丽特·麦康奈尔和菲利普·斯瓦格尔。

引言：评估成效

2007—2009 年，美国政府面临着对金融体系稳健运行和经济整体健康的巨大威胁。为应对这些威胁，美国政府采取了一系列措施——许多措施都是史无前例的，因此其效果也未经检验——以支持经济活动和就业，维持金融体系为实体经济提供必要服务的能力。

本章总结了美国政府为应对危机所采取的政策措施，并对这些政策的成效进行评估。虽然下一次金融危机的起因和表现大概率与美国在这次危机中所经历的情况不同，但金融危机之间存在共同点。本次评估旨在为决策者在未来金融危机中的行动提供参考。

鉴于危机期间采取的政策措施十分广泛，实施政策的监管机构及其目标各有不同，因此本章用一个简化的框架来分析危机应对成效。我们将政策行动分为两大类。一是宏观政策，包括旨在刺激经济活动和消费的政策措施。二是系统性政策，包括旨在维持金融体系运转的政策措施。该框架将危机划分为三个阶段，每个阶段对应的危机严重程度都在升级，政策制定者所面临的挑战也在升级。

危机的复杂性，以及危机所涉及的经济和金融环境如此之广，使人们在危机后进行复盘时，很难确定单一政策措施与观测到的效果之间的明确因果关系。此外，由于我们现在对于政策效果的认识都是事后判断，这使我们对政策行动和政策效果的评估容易受到"事后诸葛偏差"的影响，即倾向于低估政策制定者在当时所面临的不确定性，以及高估事件的可预测程度。这也使我们的评估容易受到"结果偏差"的影响，也就是倾向于将带来良好结果的政策视为好的或合适的政策，而将带来不好结果的政策视为不好的或不合适的政策。

尽管评估过程存在重大挑战，但我们的评估结果仍然表明，政府采取的措施避免了可能出现的第二次大萧条。相比基于历次银行业危机的预期情况，美国经济衰退持续的时间更短，衰退的幅度没有那么大，恢复的速度也更快。

尽管如此，经济衰退仍然带来了严重后果，对美国经济和社会产生了持久影响。失业率上升至 10%，数百万人失去了其房屋，家庭净资产急剧减少。经济复苏前景暗淡，潜在产出增长率可能下降，加剧了周期性衰退所带来的不利影响。许多非常规政策行动都是在金融市场和机构已经出现危机，或马上就要经历挤兑、风险蔓延和恐慌情绪时才采取的，这可能是导致危机产生如此严重的经济后果的原因之一。直到 2008 年 10 月 3 日《紧急经济稳定法案》颁布之后，政策制定者才有能力采取许多系统性行动。最终结果证明，这些行动对于重塑投资者对美国金融机构资本充足性的信心至关重要。

然而，采取行动的时机也受到其他因素的影响，包括政策制定者对当时形势变化的理解，对道德风险、政治反对声音甚至其行动可能造成恐慌情绪的担忧。这已超出本章评估的范围，我们不评判从当时的情况来看采取行动的时机是否合适。至于采取其他行动是否会产生更好的结果，我们也无法判断。尽管如此，我们认为，政策制定者直到 2008 年秋天之前都难以采取重要的系统性行动，这可能导致我们无法实现本可以通过后来实施的非常规政策来实现的更好结果。

搭起舞台：美国经济的衰退与复苏

全球金融危机造成美国出现重大经济衰退，衰退从 2007 年 12 月持续到 2009 年 6 月，而且给金融体系的运行带来了重大且不断变化的威胁。虽然 2008 年上半年的经济衰退较为温和，特别是 2008 年第二季度的实际 GDP 增速为正，但 2008 年秋天经济出现滑坡（见图 18.1）。实际 GDP 从最高值下跌 4% 至最低值，失业率则急剧上升了一倍多，从 2007 年 5 月的 4.4% 上升至 2009 年 10 月的 10.0%。多数发达经济体在此期间也出现了经济衰退，其中一些经济体的状况比美国更严重，如英国的实际 GDP 下降超过了 6%。

美国的实际 GDP 在 13 个季度后恢复至衰退前的峰值。危机发生 10 年后，美国的实际 GDP 比危机前的峰值高出 15%，略高于一些其他发达经济体，如德国、英国和法国。虽然美国的人均 GDP 在危机发生 6 年后才开始恢复，但其表现仍好于除德国以外的其他发达经济体。

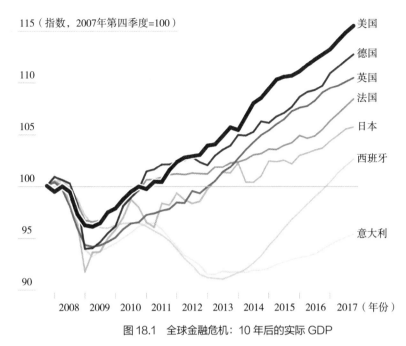

115（指数，2007年第四季度=100）

美国
德国
英国
法国
日本
西班牙
意大利

2008 2009 2010 2011 2012 2013 2014 2015 2016 2017（年份）

图18.1　全球金融危机：10年后的实际GDP

资料来源：经济合作与发展组织。

　　即便如此，危机造成的衰退仍比第二次世界大战后美国所经历的任何衰退都要严重，持续时间也更长（见图18.2）。人均GDP、失业率和银行信贷增速都比1990年储贷危机后衰退期的情况更差，而这两个时期的经济表现都比第二次世界大战后其他没有出现重大金融部门动荡的衰退期更差。图18.2展示了在1929年大萧条期间的情况——GDP持续大幅下降，失业率在4年内急剧上升。这让我们回想起大萧条所带来的灾难性后果，也提醒我们这次危机本来可能演变成什么样子。当然，比较不同时期的经济衰退和复苏情况并没有控制不同的变量，如金融部门的初始情况、危机前潜在产出的增长轨迹等，这些差异都可能导致结果不同。

　　评估危机后经济复苏的重要挑战之一在于，美国的潜在产出增速在危机发生时似乎已经有所放缓。关于增速放缓的原因，研究者尚未形成共识，但这一现象可能反映出危机前已经存在的问题，也就是，在经历了1995—2003年的高增速后，产出增长率从2004年开始急剧下降，而且过去几十年中劳动参与率也呈下降趋势。约翰·费纳尔德等人（2017）将这两个因素考虑在内后得出的结论是，潜在产出在危机前就增长乏力。他们所做出的调整意味着，人均 GDP 在 2016 年回到了危机前的潜在水平，而危机以来令人失望的经济表现并未反映出危机期间和危机后所采取的政策的影响。其他人认为，金融危机或其后的政策可能导致潜

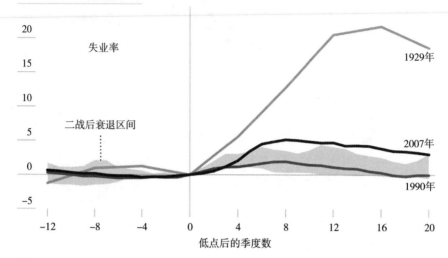

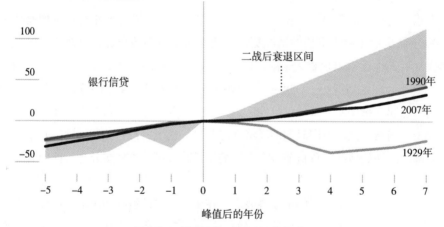

图 18.2　美国经济：失业率和银行信贷

注：衰退前低点（峰值）是指上一个商业周期的低点（峰值），二战后衰退区间是指二战之后、2007 年之前衰退的严重程度的区间。

资料来源：Haver Analytics，Ahamed（2009），联邦存款保险公司，美联储经济数据。

在产出下降，主要是由于投资减少。例如，危机发生后，具有高投资回报的创业公司数量减少（Siemer，2014）。资本形成的减少可能导致生产率增速下降，因为资本存量的分配发生了改变，从高回报企业流向其他企业（Khan and Thomas，2013），这表明金融危机及其应对措施是产出增速下降的原因。[1]

尽管如此，对历史上银行业危机的研究表明，尽管金融部门问题较为严重，美国经济的表现却仍然好于预期。卡门·莱因哈特和肯尼思·罗格夫（2014）研究了1857—2013年的100次系统性银行危机，其中63次发生在发达经济体，37次发生在新兴市场经济体。结果显示，发达经济体实际人均产出从峰值到低谷的平均跌幅为9.6%，持续时间为2.9年，人均GDP恢复到衰退前峰值的平均时间为7.3年（见图18.3）。而美国在各个维度上的表现都优于这些经济体：实际人均GDP在6个季度内下降了5.25%，并在不到6年的时间里恢复到了此前的峰值。

奥斯卡·约尔达、莫里茨·舒拉里克和艾伦·泰勒（2013），以及克里斯蒂娜·罗默和戴维·罗默（2017）在评估经济复苏时，将金融压力的严重程度作为控制变量，结果发现美国经济的表现好于模型的预测结果。约尔达、舒拉里克和泰勒（2013）选取了1870年以来14个发达经济体中的154次衰退（其中35次是金融衰退）作为样本，基于商业周期峰值前的超额信贷量，对危机后的经济复苏进行研究。结果发现，美国实际人均GDP的条件增长路径在2007年底达到峰值，并在5年后超过预期恢复水平2%。

克里斯蒂娜·罗默和戴维·罗默（2017）根据经济合作与发展组织的分析提出了金融危机指数，重点关注1967—2012年24个经合组织国家的信贷供应中断（而不是金融机构面临的压力）。与其他国家相比，美国的金融危机指数在2008年下半年达到所有国家样本中的最高水平，但随后迅速下降，在2011年上半年降至零点。他们将美国金融危机迅速缓解的原因归结于美国当局为应对金融体系受到的冲击而采取的大规模的、全面的宏观政策和系统性政策。基于过去的经济

---

[1] 跨国研究结果展现出这样一种现象，即经济衰退，特别是和银行危机相关的经济衰退，可能导致潜在产出路径向下移动（Cerra and Saxena，2008，2017）。布兰查德、切鲁蒂和萨默斯（2015）。研究了扩张时期的潜在产出增速，对照的是趋势水平，趋势水平去除了商业周期峰值前两年的数据并根据较高的信贷增速进行了调整。他们发现，83%的金融衰退都与持续的负产出缺口有关，其中1/3的产出缺口越来越大。

增长和危机指数，他们还使用了局部投射法对实际GDP的增速进行了预测。结果显示，美国在两年内的表现符合预期，在4年内的表现明显高于预期。[1]相反，即使考虑到2011年希腊债务问题对金融压力的影响，研究发现对于冰岛、意大利、希腊、葡萄牙和西班牙，预测误差为负且较大。意大利、葡萄牙和西班牙的预测误差在 −10% ~ −5% 之间，希腊的误差为 −30%，这意味着这些国家的经济复苏并未达到基于历史数据估计的预期结果。

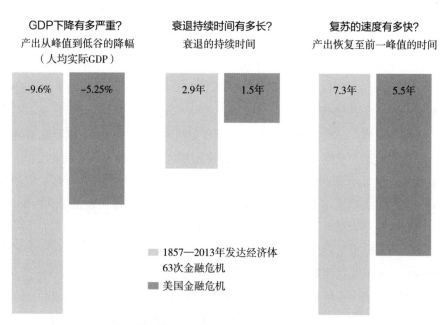

图 18.3 美国金融危机与其他金融危机的比较

资料来源：Reinhart and Rogoff（2014），FRED。

因此，我们的评估结果显示，尽管宏观经济成本的绝对值非常高，但相较于历史数据和同时期的基准水平，美国经济整体表现良好。一些研究还考虑了金融部门是否陷入困境、超额信贷量或者金融危机的规模和持续时间等因素，其结果

---

[1] 研究表明，金融危机的加剧对实际 GDP 增速的损害是巨大的，即使假设美国 2007—2010 年受到的冲击缩减一半（整个样本期内的平均冲击规模），也足以导致 GDP 增速较大概上一个 3.5 年的峰值下降约 6%。

表明，美国经济复苏情况与预期相符，甚至好于预期。虽然这并不能掩盖金融危机导致数以百万计的美国人陷入困境的事实，但我们相信，美国经济整体表现要好于人们根据此前历次危机经验所做出的预期，这意味着美国的应对措施确实起到了作用。

一个关于政策效果证据的简单框架

我们的框架将危机应对措施分为"宏观"政策或"系统性"政策。尽管这两类政策的最终目标都是使实际经济增长尽可能接近潜在增长水平，但其直接目标有所不同。此外，宏观或系统性政策的预期效果也可能会随着环境的变化和对未来条件变化的担忧而发生改变。

区分不同类型的政策行动

宏观政策——包括逆周期货币政策和财政政策——旨在支持经济活动与支出。因此，刺激性宏观政策的直接目标是增加经济活动的数量，从而最大限度地减少产出和就业缺口。财政政策通过增加政府支出或减税，促进私人消费或投资。货币政策通过降低信贷成本以及对财富、资产负债表和净出口渠道的潜在影响，刺激总支出。

而系统性政策的直接目标是，确保金融体系运转有序 —— 金融体系有能力向实体经济提供信贷、支付结算和风险转移服务。系统性政策本身并不是为了产生新的经济活动或支出，而是旨在恢复金融体系正常运作，从而使其能够提供金融中介服务，保证经济以潜在增长水平增长。美国政府在危机期间采取了一系列系统性政策——美联储以抵押品为条件提供流动性支持，向金融机构注入资本，提供债务担保，处置破产金融机构以及支持抵押贷款合同修改等。[①]

系统性政策和宏观政策往往相辅相成，而非互相替代。系统性政策旨在减轻

---

① 抵押贷款合同修改有时被视为结构性政策（Andritzky，2014），但我们仍将其归为系统性政策，因为这项政策可以减少家庭的偿债负担，让美国家庭更加直接地受益于宏观政策所带来的低利率或高房价。

对金融部门的"供给"冲击——金融部门是储蓄和投资、信贷和经济增长之间的重要中介——这种冲击会影响经济增长和就业。最近的研究发现，除了资产价格以及信贷投放等传统效应以外，金融体系运作与实体经济活动之间存在着密切联系。本·伯南克（2018）指出，融资市场和资产证券化市场中投资者的恐慌情绪将影响信贷供应，进而导致 GDP、就业和其他经济指标大幅下降。马克·格特勒和西蒙·吉尔克里斯特（2018）的研究表明，家庭资产负债表是就业出现区域性差异的重要因素，但银行业危机是就业市场整体萎缩的关键原因。金融混乱也会影响特定市场，例如，资产支持商业票据市场的压力导致非银行汽车贷款机构（这些机构为大部分汽车购置提供金融服务）获得的融资减少，这就导致依赖非银行金融机构获得贷款的地区汽车销量下滑（Benmelech et al.，2017）。

由于这两类政策的直接目标不同，我们使用不同的效果衡量方法。对于宏观政策，我们主要关注实际 GDP、失业率、银行对家庭和企业部门的信贷增长。对于系统性政策，我们主要关注 Libor–OIS 利差、大型金融机构的信用违约互换利差以及抵押贷款利差。Libor–OIS 衡量了银行业机构的短期融资成本，反映了信用风险和流动性风险，并且通常是银行出现资不抵债的早期预警指标；信用违约互换利差反映了债权人面临的风险，以及市场对金融机构在更长时期内资不抵债风险的看法；机构抵押支持证券和国债之间的利差反映了抵押贷款市场的压力。①

捕捉市场条件和市场担忧的实时变化

从政策制定者的角度来看，2007 年的形势似乎并不严重。尽管从一开始这场危机就有可能发展成与大萧条类似的严重危机，但发生这种情况的可能性似乎很小，直到 2008 年的夏末秋初，人们才意识到金融体系正处于"深渊的边缘"。换句话说，当房价开始下跌、许多抵押贷款经纪商破产后，金融危机的迹象在2007 年开始显现，那时就出现了明确的信号，房地产市场调整即将发生，市场担心这种调整将对更广泛的经济增长带来负面影响。但人们仍然认为发生严重金融危机的可能性并不大。

美联储工作人员所做预测的变化足以说明问题。图 18.4 展示了 2007 年 8 月

---

① 机构抵押支持证券是由房利美和房地美发行和担保的抵押支持证券。

工作人员提交给联邦公开市场委员会的实际 GDP 预测以及到 2010 年 6 月之前的后续预测。Libor–OIS 利差扩大说明融资市场承担着巨大的压力，这促使美联储在 2007 年 8 月鼓励银行使用贴现窗口，并在之后一周内降低了贴现率，但对实际 GDP 的预测没有反映任何压力迹象，预测显示 GDP 仍将温和增长。事实上，2008 年 3 月美联储工作人员的预测显示，美国经济将只是陷入轻微的衰退。2008 年 9 月第二周，即在雷曼兄弟倒闭及其后续事件发生之前，美国国会预算办公室发布的预测也没有显示经济衰退。在恐慌蔓延之后，2008 年 10 月起，美联储工作人员的预测才开始显示美国将出现更为显著但仍较为温和的衰退，直到 2008 年晚些时候经济活动崩盘之后，预测才改为美国经济将出现异常严重的衰退。

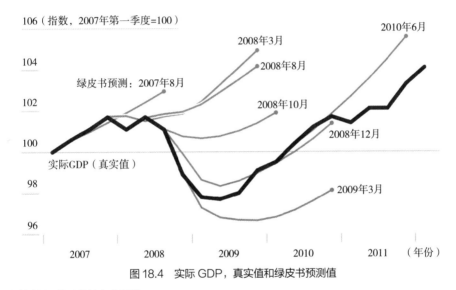

图 18.4　实际 GDP，真实值和绿皮书预测值

资料来源：美联储绿皮书预测。

　　类似地，在投资者大规模抛售资产支持商业票据和抵押品为抵押贷款证券的回购协议后，Libor–OIS 利差从 2007 年 6 月的不到 10 个基点大幅上升至 2007 年 9 月的接近 100 个基点（Covitz et al., 2013；Gorton and Metrick, 2012）。但我们认为，很少有政策制定者能想到 Libor–OIS 利差会飙升至 350 个基点以上，也很难想到一年后商业票据等关键融资市场会停摆。大型金融机构信用违约互换利差也在上升，但最初的压力主要集中于投资银行（贝尔斯登、雷曼兄弟、美林）和房地产风险敞口相对较大的存款类金融机构（美国国家金融服务公司和

华盛顿互惠银行），这表明压力仍然主要与房地产有关。即便是国际货币基金组织，它在 2008 年 4 月估算的金融部门损失仅为 9 450 亿美元，但在一年之后，2009 年 4 月，国际货币基金组织估算的总损失就高达 2.7 万亿美元。国际货币基金组织在其 2008 年关于美国的第四条款磋商报告中还强调，美国应鼓励金融机构筹集私人资本、增强风险披露，而且美国当局应尽量减少对公共资源的使用，避免破坏市场纪律。

为评估宏观和系统政策的实施效果，我们将危机分为三个阶段：第一阶段，2007 年 8 月至 2008 年 3 月；第二阶段，2008 年 3 月至 9 月中旬；第三阶段，2008 年 9 月中旬至 2009 年 12 月。

图 18.5 显示了三个阶段下政府就系统性措施所开展的工作，以及月度实际 GDP 增速和就业增速。政府的应对措施从 2007 年秋季开始增加，在第三阶段市场

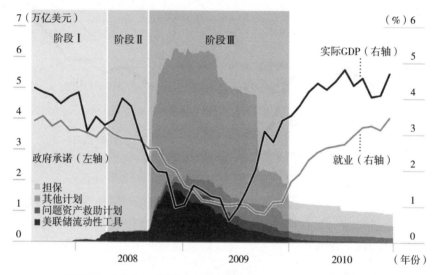

图 18.5　政府在系统性措施方面开展的工作，以及 GDP 和就业增长

注：美联储流动性工具包括贴现窗口、定期拍卖工具、一级交易商信贷工具、资产支持商业票据货币市场共同基金流动性工具、商业票据融资工具、定期资产支持证券贷款工具、定期证券借贷工具和货币互换。问题资产救助计划包括对银行、汽车公司、美国国际集团、信贷市场和住房的支持。担保包括财政部的货币市场基金担保和联邦存款保险公司的临时流动性担保计划。其他计划包括：美联储向少女巷有限责任公司提供贷款，资产担保计划，财政部购买抵押支持证券和高级优先股购买协议。

资料来源：美国政府敞口数据来自国会监督小组、圣路易斯联邦储备银行提供的"问题资产救助计划和相关计划中的担保和或有支付"、联邦存款保险公司、联邦住房金融局和美国财政部，就业数据来自美国劳工统计局，实际 GDP 数据来自 Haver Analytics 下的宏观经济智库。

出现恐慌情绪后大幅升级，并在 2009 年中后期，随着金融市场运作逐步恢复而大幅减少。此外，我们还将关键系统性政策的实施日期与每日 Libor–OIS 利差、信用违约互换利差和机构抵押支持证券利差相对应，如图 18.5、图 18.6、图 18.7 所示。尽管某些政策具有明显的"公告效应"，但由于各政策之间彼此影响，很难区分某一特定政策的效果，特别是在政策制定者表现出将"不惜一切代价"防止金融体系和经济崩溃的态度之后。

第一阶段，2007 年 8 月至 2008 年 3 月：具有挑战性但总体可控

概　述

第一阶段，美国金融市场出现了由房地产行业调整导致的经济疲软，这种疲软随着风险事件频繁发生、金融市场压力不断上升而加剧和蔓延。由于许多抵押贷款机构倒闭，一些抵押贷款风险敞口很大的大型金融机构出现困难。这一阶段的政策行动符合下述观点：金融部门的问题将导致经济疲软，但不会引发系统性危机。

宏观政策措施包括传统的财政政策和货币政策，以在经济增长放缓时支持经济增长、提供信贷。系统性政策措施包括，延长贴现窗口贷款期限，从只提供隔夜融资拓展至提供更长期限的融资，并通过拍卖机制为银行提供流动性，减少与使用贴现窗口相关的污名效应。理想的政策效果是金融体系恢复运作，支持金融中介活动，即缓解金融市场压力导致的信贷减少，并解决日益严重的房地产市场问题。

细　节

宏观政策包括货币和财政领域的措施。联邦公开市场委员会将利率从 2007 年 9 月 18 日之前的 5.25% 降至 2008 年 1 月 30 日的 3%。2008 年 1 月的行动不仅动作幅度大，而且速度快：美联储于 2008 年 1 月 22 日在联邦公开市场委员会定期会议之外将联邦基金利率下调了 75 个基点，随后于 1 月 30 日再次下调 50 个基点。

财政刺激措施是通过 2008 年 2 月颁布的《经济刺激法案》出台的。措施包括在 2008 年中期（主要是 5 月至 8 月）向美国家庭提供约 1 000 亿美元的退税

支票，以及一些投资激励。当时的政策讨论要求财政刺激措施应是"及时的、有针对性的和临时的"，也就是说，重点仅在于支持短期经济活动。这一想法与2007年底和2008年初普遍流行的看法是一致的，当时人们认为经济增长放缓只是暂时的。退税措施主要针对低收入家庭，这些家庭被认为具有相对较高的边际消费倾向。2008年的刺激措施部分抵消了能源价格上涨和住房部门调整带来的不利影响。研究表明，刺激措施对消费和GDP带来了积极影响（Parker et al.，2013；Broda and Parker，2014），尽管瓦莱丽·拉梅（2018）认为积极影响被夸大了。

在系统性政策方面，美联储通过新的方式有效地延长了贴现窗口的流动性。2007年8月，美联储将贴现率从高于联邦基金利率100个基点削减至50个基点，以鼓励更多机构使用贴现窗口；2007年12月，美联储推出了定期拍卖工具。定期拍卖工具旨在通过拍卖机制为存款机构提供更长期限的融资，从中标到收到资金之间间隔的时间更长，这将有助于规避使用贴现窗口带来的污名效应（见图18.6）。詹姆斯·麦安德鲁斯、阿萨尼·萨卡尔和王震宇（2017）等人研究发现，定期拍卖工具能够缓解银行同业拆借市场的流动性压力，定期拍卖工具出台后，Libor–OIS利差在统计上显著下降。

从2007年12月开始，美联储与欧洲中央银行和瑞士国家银行等中央银行建立了货币互换机制。美联储于2008年3月和当年秋天再次扩大了互换规模。通过这些渠道，美联储在有抵押的基础上向对手方央行提供美元流动性。这一机制使这些央行能够向其辖区内的银行提供美元贷款。马场直彦和弗兰克·帕克（2009）等人研究发现，互换改善了外汇市场的紧张局面，此前向欧洲银行提供贷款的利率与美国国债收益率之间的利差不断扩大。市场压力反映出人们对欧洲银行安全性的质疑，这使美国金融机构不太愿意向欧洲银行放贷。

定期拍卖工具和货币互换旨在定向缓解特定金融市场的压力。两者都成功地降低了目标机构的利差，Libor–OIS利差也相应下降。这将通过改善低利率向经济的传导渠道，对货币政策产生积极影响。

2007年下半年，大型金融公司宣布的资产减记已高达1 000亿美元，其中约一半来自非银行金融机构（例如美林等证券公司），另一半来自商业银行（例如花旗集团和专注于抵押贷款的银行）。虽然一些机构在2007年底和2008年初筹集了大量新资本，但投资银行和花旗集团的信用违约互换利差显著上升，远高于其他受抵押贷款问题影响较小的大型商业银行。

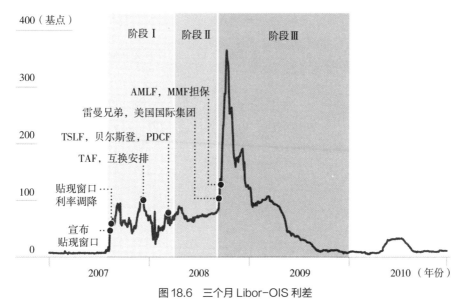

图 18.6　三个月 Libor-OIS 利差

注：显示的事件如下，2007 年 8 月 10 日宣布贴现窗口；2007 年 8 月 17 日贴现窗口利率调降；2007 年 12 月 12 日宣布定期拍卖工具和央行流动性互换安排；2008 年 3 月 11 日宣布定期证券借贷工具；2008 年 3 月 14 日为贝尔斯登纾困；2008 年 3 月 16 日宣布一级交易商信贷工具；2008 年 9 月 15 日雷曼兄弟倒闭；2008 年 9 月 16 日救助美国国际集团；2008 年 9 月 19 日宣布资产支持商业票据货币市场共同基金流动性工具，以及财政部为货币市场基金提供担保。

资料来源：纽约联邦储备银行，基于彭博财经数据。

　　此外，来自财政部、银行监管机构和其他机构（包括住房和城市发展部）的官员与商业银行和抵押贷款服务商合作，通过"希望联盟"鼓励修改抵押贷款合同。危机初期，美国政府开展的一项主要工作是说服贷款人暂时冻结 180 万次级按揭贷款借款人的利率重置。根据贷款合同，这些借款人在一开始的两年或三年内将享受低利率，之后贷款利率将通过利率重置上调。

　　第一阶段的政策措施提供了流动性和适度的宏观支持，但金融条件正在恶化，经济增速正在放缓。金融机构没有筹集到足够的资本让投资者放心，投资者无法相信它们有能力吸收与房地产有关的损失。

第二阶段，2008 年 3 月至 9 月中旬：更广泛的不确定性，更深层次的担忧

概　述

我们将 2008 年 3 月界定为第二阶段的开始，是因为美联储在 2008 年 3 月中旬贝尔斯登倒闭前后开始使用紧急权限。在这一阶段，公众对于房地产市场和经济持续恶化的担忧不断增加，抵押贷款相关资产损失的规模和概率越发具有不确定性，影响着更多美国和欧洲金融机构。在此阶段，市场参与者和政策制定者都意识到市场中可能出现负反馈循环，即较弱的金融体系和较慢的经济增长可能会相互影响，导致信贷供给收缩，严重损害经济增长。在这一阶段，美国政府实施的政策包括：美联储自大萧条以来首次根据《联邦储备法》第 13 条（3）款行使紧急权力，以及采取行动防止房利美和房地美等关键金融机构倒闭而破坏稳定。

细　节

我们在事后知道，经济在 2008 年初就已经陷入衰退，但第一季度的下滑幅度较小，第二季度经济增速为正，所以当时关于经济增长的信号是喜忧参半的。这一时期的宏观政策包括：在贝尔斯登倒闭后立即采取宽松货币政策，调降联邦基金利率 75 个基点，随后在 4 月底再次调降 25 个基点。此后至 10 月，联邦基金利率一直保持不变，因为一些政策制定者对油价上涨后通胀上行的前景表示担忧。2008 年 1 月颁布的财政刺激措施稳步实施，退税自年中开始返还。如前所述，当时的大多数预测显示 2008 年晚些时候只会出现温和的经济衰退。

相比之下，系统性政策明显升级。在贝尔斯登倒闭的一周内，美联储利用其紧急权限为投资银行增设了新的流动性工具，并提供资金以促成对贝尔斯登的收购，防止其倒闭破坏金融稳定。为应对融资市场的持续压力，美联储推出了定期证券借贷工具，允许一级交易商将非流动性资产换成美国国债，帮助它们获得流动性。几天后美联储推出了一级交易商信贷工具，美联储以三方回购市场上接受的抵押品向一级交易商提供贷款。这种贷款使中央银行能够为可能面临与贝尔斯登的压力类似的机构提供流动性支持，这些机构面临压力是因为投资者认为它们有着类似贝尔斯登的融资模式和资产敞口。

大型金融机构的信用违约互换利差显著下降（见图 18.7），因为市场参与者普遍认为一级交易商信贷工具可以缓解融资压力，即使对于实力较弱的投资银行

也是如此。迈克尔·弗莱明、沃伦·赫隆和弗兰克·基恩（2010）发现，一级交易商信贷工具有效缓解了金融市场的压力，显著缩小了使用国债为抵押品的回购协议和使用流动性较差的抵押品（如抵押支持证券）的回购协议之间的利差。一级交易商信贷工具的另一个效果是，作为准入条件，美联储要求借款人提供关于其财务状况的信息。美联储之前无法定期获得此类信息，因为美联储不是这些投资银行（属于银行控股公司的投资银行除外）的监管机构。

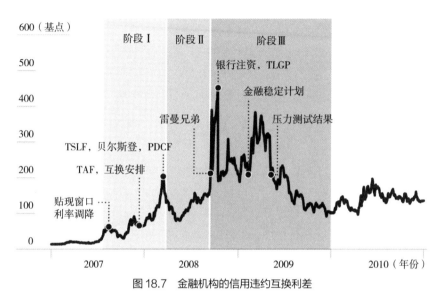

图18.7　金融机构的信用违约互换利差

注：显示的信用违约互换利差是美国银行、花旗集团、高盛、摩根大通、摩根士丹利和富国银行利差的加权平均值。信用违约互换利差基于 5 年期优先级债券。显示的事件如下，2007 年 8 月 17 日贴现窗口利率调降，2007 年 12 月 12 日宣布定期拍卖工具和央行流动性互换安排，2008 年 3 月 11 日宣布定期证券借贷工具，2008 年 3 月 14 日为贝尔斯登纾困，2008 年 3 月 16 日宣布一级交易商信贷工具，2008 年 9 月 15 日雷曼兄弟倒闭，2008 年 10 月 14 日宣布银行注资计划和联邦存款保险公司临时流动性担保计划，2009 年 2 月 10 日出台金融稳定计划，2009 年 5 月 7 日监管资本评估计划结果公布。

资料来源：纽约联邦储备银行，基于彭博财经数据。

　　9 月初，联邦住房金融局利用美国国会在 2008 年《住房和经济复苏法案》中的授权，令房利美和房地美进入托管状态。最初当这两家政府资助企业被托管时，财政部承诺提供 2 000 亿美元的纳税人资金，后来这一承诺增加到 4 000 亿美元。机构抵押支持证券与国债之间的利差急剧下降（见图 18.8）。政府对这两家政府资助企业采取行动，是因为政府希望确保在抵押贷款市场部分领域严重承压的情况下，信用良好的借款人仍能获得抵押贷款融资（美联储在当年晚些时候购买了抵押支持证券，压降了抵押贷款利率）。

尽管在第二阶段采取的政策行动有效地缓解了某些领域的严重压力，但大环境持续恶化。由于投资者担忧投资银行、商业银行和拥有巨额抵押贷款风险敞口的大型银行控股公司资本不足，信用违约互换利差不断走高。GDP和就业转为负增长。经济的持续衰退意味着金融机构的预期亏损也在不断增加。

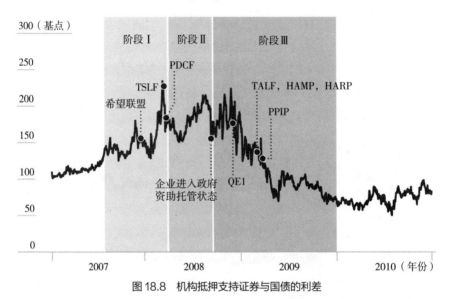

图 18.8　机构抵押支持证券与国债的利差

注：利差显示的是房利美30年期当期息票抵押支持证券和10年期国债的利差。显示的事件如下：2007年10月10日宣布希望联盟计划，2008年3月11日宣布定期证券借贷工具，2008年3月16日宣布一级交易商信贷工具，2008年9月7日救助政府资助企业，2008年11月25日宣布量化宽松，2009年3月3日宣布定期资产支持证券贷款工具，2009年3月4日宣布住房贷款可负担调整计划和住房贷款可负担再融资计划，2009年3月23日宣布公私合营投资计划。

资料来源：纽约联邦储备银行，基于彭博财经数据。

第三阶段，2008年9月中旬至2009年12月：恐慌

概　述

2008年9月15日，雷曼兄弟破产，标志着危机进入第三阶段，其特点是恐

慌情绪蔓延至整个金融市场，人们对各类金融机构资本的充足率都失去了信心，经济活动急剧收缩。人们对于金融体系崩溃导致进一步衰退的担忧加剧。尽管恐慌大范围蔓延和对金融机构失去信心的威胁在危机早期阶段就已存在，但这些威胁只有在雷曼兄弟破产后才成为现实，推动美国政府于10月3日在《紧急经济稳定法案》下创设了问题资产救助计划。问题资产救助计划为政策制定者的工具箱增加了关键的系统性要素——购买金融机构资产的能力。问题资产救助计划不仅提供了一种机制来直接缓解市场对金融机构资本充足率的担忧，还为联邦存款保险公司的债务担保权限提供了强有力的补充。这些工具的使用和第三阶段实施的一系列系统性措施旨在缓解市场大规模抛售资产的情况，防止或最大限度地阻止批发和零售资金挤兑的蔓延，并恢复投资者和债权人对金融机构资本充足率的信心。

这一阶段采取的宏观行动包括美联储启动第一轮量化宽松，为两大汽车公司提供援助，以及颁布《美国复苏与再投资法案》。

细　节

尽管雷曼兄弟被普遍认为是投资银行中实力最弱的一家，而且自2008年3月贝尔斯登破产以来，市场参与者已大幅减少对该公司的风险敞口，但其破产申请引发了一系列事件，所带来的负面影响远超政策制定者的预期。事后，政府部门和监管机构加大协调力度，共同出台了许多新的应对措施。

- 美联储大幅扩大了其流动性工具，提供了更多贷款资金，包括向新类型的机构提供流动性，如美国国际集团等保险公司；通过货币互换向新的中央银行交易对手方提供流动性，并向新的市场注入流动性。这些市场包括商业票据市场，相关工具包括资产支持商业票据货币市场共同基金流动性工具和商业票据融资工具，以及后来的资产支持证券市场，包括定期资产支持证券贷款工具。
- 财政部在货币市场基金临时担保计划下使用外汇稳定基金为货币市场共同基金提供担保。
- 联邦存款保险公司通过临时流动性担保计划为某些新发行的银行债务和无息交易账户提供担保，该计划是联邦存款保险公司在问题资产救助计划资本补充工具出台后推出的。

- 虽然一些实力较弱的金融机构要么自己筹集私人部门资本（高盛和摩根士丹利），要么被看起来更强大的公司收购（美国银行收购美林），财政部还是向 48 个州的 707 家金融机构注资 2 050 亿美元，行动的开端是 2008 年 10 月 13 日（哥伦布日）财政部向 9 家最大的金融机构注资。

随着金融市场恐慌情绪的蔓延，经济急剧衰退——华尔街的问题开始影响到普通美国民众，第四季度实际 GDP 年化下降 8.4%。经济和房地产市场的疲软进一步加大金融体系损失规模和范围的不确定性，在雷曼兄弟破产引发的货币市场和商业票据市场最初的恐慌平息之后，压力指标仍处于较高水平。

政府必须采取更多应对措施。雷曼兄弟破产后，政府出台了担保计划，防止花旗集团破产，冲击金融稳定。财政部（使用问题资产救助计划）、联邦存款保险公司（使用其系统性风险豁免权）和美联储共同为花旗的部分问题资产提供担保，这部分资产被剥离至独立的子公司。美联储于 2008 年 11 月宣布将购买机构债券和机构抵押支持证券（QE1），并于 12 月将联邦基金利率降至零。机构抵押支持证券的收益率在 QE1 阶段大幅下降，与国债收益率的利差收窄并持续下降，这为抵押贷款市场和房价提供了支撑。

这些措施有助于稳定金融体系，但经济依旧疲软，2009 年第一季度实际 GDP 年化下降 4.4%，第二季度仍小幅下降。金融市场压力在 2 月和 3 月再次加剧，主要是市场参与者越来越担心新政府于 2009 年 2 月 10 日宣布的金融稳定计划不够明确，该计划的核心内容是对美国主要金融机构进行前所未有的压力测试。

这一时期的压力既源于市场对金融机构状况的普遍不确定性，也源于对官方行为的揣测——政府可能寻求将一些大型银行国有化。2009 年 5 月，美联储发布了压力测试结果，通过让市场参与者了解压力测试情景下最大的一些银行控股公司的预期损失，化解了部分不确定性。压力测试的可信性在促使私人部门恢复向金融部门提供资本方面发挥了重要作用。这既要归功于压力测试后的严格要求，即要求企业通过筹集资本而不是缩减资产的方式来填补压力测试揭示的资本缺口，也要归功于测试结果前所未有的透明度。定期资产支持证券贷款工具和公私合营投资计划通过私人部门资本和政府资本相结合的方式，重启了证券化市场，提振了资产价格。经济衰退于 2009 年 6 月结束；2009 年第三季度，GDP 增速（月度同比）转为正增长。

第三阶段的扩张性财政政策包括2008年底对两家大型汽车公司的援助，以及2009年2月17日颁布的《美国复苏与再投资法案》。截至2012年底，《美国复苏与再投资法案》为美国经济提供了7 120亿美元的新增净支出，可自由支配的财政刺激措施在2010年达到峰值，占GDP的2.7%。然而，此后财政刺激措施逐步退出，从2011年开始就反过来拖累GDP增长了。拉梅（2018）研究发现，虽然此前许多研究夸大了财政乘数，但财政刺激在支持产出方面是有效的。一般观点认为，在货币政策接近零利率下限时，财政政策将尤其有效。但拉梅（2018）认为，危机后关于这一观点的研究证据都是不确定的，不是结论性的。

由于这一阶段所采取的措施数量众多，而且措施之间联系紧密，因此要确定第三阶段某一政策措施的影响尤其具有挑战性。尽管如此，研究人员还是通过被纳入流动性工具的证券以及未被纳入流动性工具的证券之间的价差或发行量的差别，来评估一些应对措施的效果。

例如，布尔库·杜伊甘–邦普等人（2013）发现，符合资产支持商业票据货币市场共同基金流动性工具条件（此处符合条件的证券指的是可被用作资产支持商业票据货币市场共同基金流动性工具抵押品的证券，即金融机构可以凭借这些证券从美联储处获得贷款）的资产支持商业票据，比不符合条件的类似证券具有更低的利差；相比其他货币市场基金，持有更多符合条件证券的货币市场基金的资金流出量更低。托比亚斯·阿德里安、卡琳·金布罗和迪娜·马尔基奥尼（2011）研究发现，与不符合条件的票据相比，符合条件的商业票据和资产支持商业票据的利差急剧下降，新发行的商业票据的到期期限显著增长，不再仅限于隔夜票据，使市场更加稳定。马场直彦、罗伯特·麦考利和斯里钱德尔·拉马斯瓦米（2009）指出，中央银行的货币互换可以取代之前由货币市场基金向非美国银行提供的大量美元资金。威廉·艾伦和理基希尔德·默斯纳（2010）的研究表明，外汇风险指标，如抛补利差和交叉货币互换基差大幅收窄。约书亚·艾森曼和古尔奈恩·帕西查（2010）的研究指出，与美联储建立货币互换的新兴市场国家的信用违约互换利差下降了，而且下降幅度大于其他新兴市场国家的信用违约互换利差，这或许表明宣布建立货币互换提振了所有新兴市场的信心。

资产支持商业票据货币市场共同基金流动性工具、商业票据融资工具、对货币市场基金的担保以及货币互换安排，这些机制合力发挥作用，通过稳定货币市场基金的资产规模、降低非金融企业发行商业票据的成本以及非美国银行获得美元融资的成本，减轻了货币市场所面临的巨大压力。此外，托比亚斯·阿德里安、克里斯托弗·布尔克和詹姆斯·麦安德鲁斯（2009）的研究表明，当雷曼兄弟破产后，交易对手方开始对回购和风险较低的抵押品设置更高的折价率，此时一级交易商信贷工具有效缓解了一级交易商所面临的资金压力。马尔科·德尔·内格罗等人（2017）认为，危机第三阶段推出的一系列用流动性好的票据交换流动性较差票据的流动性工具（定期拍卖工具、定期证券借贷工具、一级交易商信贷工具以及货币互换）在支持 GDP 增长方面发挥了关键作用。他们预测，如果没有这些超常规的流动性工具，GDP 的降幅将比危机期间的实际降幅要高30% 左右，通货膨胀的降幅甚至更大。

定期资产支持证券贷款工具对资产支持证券市场产生了积极影响：在雷曼兄弟破产后的几个月里，资产支持证券市场的发行量从接近于零的水平开始反弹。亚当·阿什克拉夫特、艾伦·马尔茨和佐尔坦·波扎尔（2012）的研究表明，定期资产支持证券贷款工具通过改善市场流动性，压降了资产支持证券的利差，其中包括某些符合定期资产支持证券贷款工具条件的商业按揭支持证券（Ashcraft et al.，2011）。肖恩·坎贝尔等人（2011）的研究表明，与该计划支持的证券相比，定期资产支持证券贷款工具对资产支持证券的影响更为明显，这表明定期资产支持证券贷款工具总体上改善了投资者对证券化的信心。

哥伦布日向 9 家最大的金融机构注资，并为银行债务提供担保的行动，大幅压降了 Libor–OIS 利差和信用违约互换利差。彼得罗·韦罗内西和路易吉·津加莱斯（2010）研究发现，问题资产救助计划注资和联邦存款保险公司债务担保对经济产生了积极的净影响。在评估保险的事前成本及对银行的影响时，他们发现这些措施共计带来了 840 亿 ~ 1 070 亿美元的收益，计算如下：银行价值增加1 310 亿美元，减去纳税人的事前成本 250 亿 ~ 470 亿美元，这些事前成本反映了政府提供担保的风险。

2009 年 5 月压力测试结果的公布对经济指标也产生了类似的影响，使 2009年 2 月开始再次上行的 Libor–OIS 利差和信用违约互换利差走低。一些研究关注宣布测试结果所带来的影响，结果显示，压力测试向投资者提供了信息，在考虑到市场预期的资本缺口之后，存在资本缺口的银行的股票展现出更多负的异常回报（Morgan et al.，2014）。到 2009 年底，这些机构（通用汽车金融服务公司除外）

已经筹集到了压力测试所要求的资本，主要是通过向私人部门投资者发行新的普通股。压力测试后，大型银行控股公司在 2009 年共筹集了 1 200 亿美元的新股本，将其风险加权比率提高了超过 3%。

除了在 2008 年 10 月向大型银行注资外，政府还通过资本购买计划向其他存款机构提供资金，鼓励它们发放贷款。707 家机构参与了该计划，政府共注资 2 050 亿美元。查尔斯·卡洛米里什和乌罗吉·卡恩（2015）发现，尽管在审批过程中出现的政治干预情况导致该计划有了"污点"，但该计划仍是有效的。艾伦·伯杰和拉卢卡·罗曼（2017）以及李磊（2013）将获取问题资产救助计划资金较多的银行所在的地区，与获取资金相对较少甚至没有任何银行获取资金的地区进行了比较，他们发现问题资产救助计划资金导致银行信贷增加，强化了银行资产负债表，创造了更多就业机会，减少了企业和个人破产的情况。他们发现，平均来看，银行将获得的问题资产救助计划资金的 1/3 用于发放新的贷款。

其他研究表明，虽然美国的银行信贷增长在 2010 年末实现正增长后仍然疲软，但与其他的金融危机时期相比，恢复速度已相对较快。在市场上出现恐慌情绪后，注资和对债务提供担保等积极应对措施能够促进信贷增长，而信贷增长又带来了 GDP 的快速增长。阿卜杜勒·阿比阿德、乔瓦尼·德尔阿里奇亚和李斌（2011）对"无信贷"复苏展开研究。他们将"无信贷"复苏定义为在经济衰退结束后的前 3 年内，银行实际信贷增长仍为负值。他们选取的样本为 1970—2004 年48 个国家发生的 388 次经济复苏，研究发现，其中 1/5 的复苏为"无信贷"复苏，这些复苏更乏力，平均产出年增长率为 4.5%，而对于信贷增速为正的复苏，平均经济增速则为 6.3%。他们发现，大多数"无信贷"复苏与银行部门受冲击有关，这与经济增速较低是因为信贷供给不足而非信贷需求不足的观点一致。这一证据表明，迅速为银行体系注资以恢复信贷供给，对经济复苏至关重要。

帮助房主的行动很早就开始了，初始规模不大，但随着危机蔓延，救助措施逐步升级。随着经济疲软和房价持续下跌，问题从次级按揭贷款借款人蔓延到其他借款人，导致抵押贷款逾期率上升。本书第十二章讨论了一系列关于住房市场的措施，其目的是稳定和改善住房市场状况，减少房屋止赎，同时减轻金融市场压力，支持整体经济。相关措施从 2009 年开始吸引各方关注，预计要花掉问题资产救助计划 330 亿美元，用于减少房屋止赎和支持住房市场相关倡议。

从 2009 年起实施的各种措施使 820 万笔抵押贷款合同得以调整，950 万笔贷款获得再融资，并支持了530万起其他抵押贷款相关援助行动。尽管数以百万计的家庭仍然面临房屋被收回的困境，但住房市场各类支持计划对房地产市场和宏观经济的复苏还是做出了贡献。研究表明，这些计划是有效的。素密·阿加瓦尔等人（2017）估计，到2012年，住房贷款可负担调整计划将会使100万笔贷款合同获得永久调整，并使房屋止赎减少60万笔。其他研究估计，通过住房贷款可负担再融资计划进行再融资，使房贷违约概率降低了大约一半（Karamon et al.，2017）。此外，一系列更广泛的政策——包括将联邦基金利率降至接近零、购买机构抵押支持证券以及令房利美和房地美进入托管状态——也为降低违约率和房屋止赎做出了重要贡献。美联储购买机构抵押支持证券也为房利美和房地美提供了大量再融资资金，降低了其利息支出（Di Maggio et al.，2016）。

上述关于贷款调整措施效果的研究并不能说明更激进的计划是否会更有效。但修改抵押贷款的相关政策，以及降低抵押贷款利率和支持抵押贷款市场的一系列措施，比人们通常认为的更有效。它们共同推动了房地产市场和宏观经济的复苏。

从总体结果来看，艾伦·布林德和马克·赞迪（2010）估算了政府应对金融市场恐慌和衰退的相关措施的经济影响。他们指出，这些政策可能帮助我们避免了第二次大萧条。他们使用了大型宏观模型来模拟政府应对措施的影响，结果显示，应对措施对实际GDP、就业和通胀的影响是巨大的。他们在文章中表示，如果没有这些政策，2010年全年实际GDP从峰值到低谷的跌幅将约为11.5%，而实际降幅仅为4%，两者相差巨大。他们将主要的积极影响归因于金融政策，包括从货币政策到问题资产救助计划的一系列措施，但他们发现财政政策也同样重要，两种政策相辅相成。

雷曼兄弟倒闭后，美联储采取了一系列激进措施——从流动性措施升级到大范围债务担保并向金融机构注资——阻止了恐慌情绪不断蔓延。剩余两家投资银行的信用违约互换利差尽管仍处于高位，但在接受注资后大幅回落。美联储2008年11月宣布将购买机构抵押支持证券和机构债券，此举大幅压降了机构抵押支持证券利差和信用违约互换利差。2009年2月宣布的其他措施，如通过开展压力测试提高金融机构健康状况透明度以及重新启动证券化市场，均对后续的经济复苏起到了作用。2009年下半年，GDP实现正增长，标志着危机的结束。2009年底就业情况转好。虽然房价直到2012年初仍在持续下跌，但关于金融部门压力的相关指标已得到明显改善。银行信贷收缩放缓，并于 2010 年中期恢复了正增长。只有两家投资银行作为独立机构存活，它们已发展成为银行控股公司。银行业再次开始筹集私人部门资本，形式主要是普通股。

最后，有几个衡量标准并不在本章提到的框架之内，但对理解金融危机期间政府所采取的措施带来的影响还是很重要的。第一个衡量标准是问题资产救助计划下的系统性措施给纳税人带来的成本。我们不认为政府在问题资产救助计划中是否获得盈利是衡量系统性措施是否成功的合理标准，我们相信，更好的衡量标准应是金融体系是否因此恢复，以及经济是否因此复苏。虽然一些声音持相反意见，但我们还是要指出，危机期间，政府使用问题资产救助计划资金投资金融机构获得了正回报，政府在对金融机构和信贷市场的各计划中共承诺了 2 696 亿美元资金，获得 295 亿美元的盈利。

第二个衡量标准是道德风险——我们所采取的非常规系统性措施是否影响了金融机构风险承担行为，以及它们对未来公共救助的预期。我们在考虑道德风险这一问题时，只关注银行或其投资者是否表现得好像银行会再次获得救助一样。从这个角度来看，我们认为情况并非如此。

危机后的监管制度要更为严格，包括更严格的资本和流动性要求、生前遗嘱，以及在破产不可行的情况下对金融机构的新的处置权限。现在，银行控股公司还需要发行一种债务工具，以便在破产或处置时能够吸收损失。这一机制的目的是，确保股东和无担保的债权持有人——而非纳税人——在公司破产时承担损失。此外，在评估危机后的监管制度时，包括考虑到美联储作为最后贷款人的权限更加受限，信用评级机构不再因隐含的"大而不能倒"逻辑而认定银行发行的债券更加安全。

当然，还有一些研究认为，现在大型银行的信用违约互换利差和市场贝塔系数高于危机前水平，这表明相比危机前，银行当前的风险更高且更容易受到冲击（Sarin and Summers，2016）。但是鉴于危机爆发前几年投资者对风险可能存在低估，其他研究认为简单地比较信用违约互换利差和市场贝塔系数很难说明投资者的实际风险承担行为发生了变化。将风险与风险承担行为进行区分是未来研究的方向（Atkeson et al.，2018）。

第三个衡量标准是危机期间采取的措施在多大程度上影响了公众对政府部门的信任。金融危机以来的研究表明，当出现危机后，对当局的不信任和不满会在一定程度上增加，这是不可避免的。在美国内部，经济衰退更为严重的州和地区的政治极端化现象有所增加（Mian et al., 2014）。基于 19 世纪 70 年代末以来 20 个发达经济体 800 多次大选的情况看，金融危机（而非正常的经济衰退）之后，政治不确定性会上升，极端主义政党会获得更多选票（Funke et al., 2016）。

危机期间采取的措施所导致的公众情绪似乎与上述发现一致。"我的救助金在哪里"的口号简洁地表达了 2008 年末许多人的情绪。看到政府向因为放贷和证券化而深深卷入危机的银行提供支持，他们感到很不满意。危机发生后几年内进行的民意调查显示，民众对危机中政府采取的许多应对措施都表达了普遍的负面情绪。这些负面情绪很可能在长期范围内侵蚀人们对政府的信任，使政府的公信力下降。[1]

整体来看，可能是由于政策执行的方式，系统性政策行动更容易受到质疑，认为这些措施是为了支持特定的机构或集团，而不是为了支持经济活动和提高就业，更不要说是帮助普通人了。我们在危机期间确实推出了直接针对房主的救助计划，问题资产救助计划中有 330 亿美元的资金用于避免止赎和支持住房相关倡议，但接受救助的家庭数量直到 2012 年和 2013 年才达到峰值，而此时稳定大型银行的相关措施已经出台了很多年，这种时间上的滞后也带来了不公平感。许多没有拖欠抵押贷款的人也感到不满，他们不希望看到纳税人的钱被用于止赎救济，也就是救助那些购买了自己本无法负担的大房子的人。

经验教训

美国政府在危机期间采取的政策行动有利于预防可能出现的第二次大萧条。对政府所采取的单项政策措施的研究表明，许多政策措施之所以有效，是因为它们促使风险利差、信贷、产出和就业等关键指标朝着预期的方向发展。然而，尽管经济效益总体好于基于以往金融危机所产生的预期，但这些措施并不能防止严重衰退和经济复苏疲软。

随着危机升级，美国监管部门的应对措施也从一系列相对传统的宏观和系统

---

[1] Pew Research Center for the People and the Press, *Mixed Views of Regulation, Support for Keystone Pipeline: Auto Bailout Now Backed, Stimulus Divisive*, Feb. 23, 2012, https://www.pewresearch.org/wp-content/uploads/sites/4/4legacy-pdf/2.

性政策升级为更加有力的非常规措施组合。在系统性政策方面，政府所采取的一系列措施对打破市场恐慌、恢复金融体系功能至关重要。这些措施包括向私人部门金融机构注入政府资本，为私人部门金融机构债务提供政府担保，并在政府资本的支持下对大型银行机构进行压力测试。但许多非常规行动在金融体系受到严重影响以及问题资产救助计划出台之后才得以实施，而此时市场已经奠定了更深层、更持久的经济衰退的基础。

从决策者在当时的理解和受到的限制来看，我们并非认为采取非常规行动的时机不合适，或者其他政策不会带来更好的结果。相反，我们考虑了以下情形：假如在第三阶段的恐慌情绪出现之前采取同样的政策行动，经济表现可能会优于这一时期的实际情况。当然，这不仅是一种假设，还是难以实现的、与现实相悖的情况，因为政策制定者在恐慌情绪蔓延和《紧急经济稳定法案》出台后才获得采取重要行动的法律授权，比如对银行注资。[①] 此外，一些其他因素也影响着当时监管机构做出决策，包括不确定性，以及对道德风险、信息传递和政治影响等潜在后果的担忧。但这一假设突出了一个重点：当情况恶化到明显需要采取特别行动时，由于压力时期金融部门的运作能力受到影响，几乎不可避免地会导致经济增长有所损失。

在回顾本次危机时，我们总结了八点经验教训供未来的政策应对者参考，以帮助减少金融危机对经济增长和就业造成的损害。

经验 1：强有力的监管结构是减少危机给实体经济带来的损失的必要条件

美国的监管结构较为薄弱，难以应对金融体系中的风险。在危机爆发前，金融体系中的风险已经在商业银行之外迅速蔓延。可行的破产或清算程序允许大型复杂的金融机构有序破产，从而最大限度地减少对经济的损害。但当时的金融体系缺少这样的破产清算程序。监管结构需要跟上金融体系的变化，并增强其抵御

---

① 例如，在 2008 年 10 月 3 日《紧急经济稳定法案》颁布之前，没有对金融机构进行注资的法律授权。当时，如果银行满足最低监管资本要求和其他标准，监管机构不能强制银行公司接受资本。此外，没有法律来解决非银行金融机构破产之外的问题，例如通过债转股或以其他方式迫使债权人承担损失。这项权力在 2010 年才在《多德－弗兰克法案》中提出。有关危机期间政策制定的法律和其他规定的讨论，请参阅斯瓦格尔（2009，2015）。

更大范围冲击的能力。

经验2：强有力的监管结构无法代替强大的危机管理能力

美国和许多司法管辖区都在实施更加严格的监管制度。然而，无论监管结构设计得多么完善，都无法阻止金融危机再次发生。通过反思总结过去危机应对措施的经验教训，各国政府在面对下一次危机时能够做出更加有效的应对。

经验3：（至少）为可能发生的事情做好准备

未来危机的起因和表现形式可能与这次危机不同，但监管部门应为任何金融危机中可能出现的一些情况做好准备。其中包括金融市场流动性突然持续减少；即便金融机构遵守监管标准，市场也对金融机构资本充足性失去信心；金融实体突然破产进而严重扰乱信贷和经济增长。监管部门应该针对这些常见的情况做好应对的准备。

经验4：准备好应对各种意外情形

认识到实时信息具有局限性，以及在危机下风险识别所具有的模糊性和不可预测性。监管机构应培养快速创新、实验和学习的能力。

经验5：做好在金融危机事前、事中和事后的沟通

持续与公众就金融体系在经济中扮演的角色，以及危机中政策行动的指导原则不断沟通。就经济表现或金融体系运作而言，沟通本身无法带来具体影响，但它可以帮助公众加深对危机中采取的政策措施的理解。

经验6：总会有反对早期干预的力量存在

应接受会有各种力量推动在市场状况足够严峻前不采取行动，包括不确定

性、对意外后果的合理担忧，以及法律授权的不足。换言之，许多我们事后判断为执行太晚的行动，会被当时的许多决策者视为正是时候。

经验 7：过迟的干预措施限制了取得良好结果的可能性

我们需要认识到，一旦情况变得足够极端，即便是有利的决策和执行良好的行动可能也无法带来好的结果，特别是在宏观领域。因为极端情况本身已经为深层的经济衰退奠定了基础。应对金融危机的决策讲究时效性，即便是良好的决策，在正常时期也可能被视为会带来软弱或不好的结果。

经验 8：过迟的干预措施可能会适得其反，增加出现意外后果的可能性

我们要认识到，一旦形势严重恶化，政策选择的范围就会缩小。后期干预措施可能会采取更极端的行动，大幅偏离公众的预期。这些措施也可能会使公众产生更为强烈的不公平感。

致　谢

我们撰写本书的想法很简单：我们欠未来的危机应对者一份指导手册，一份我们自己在应对危机时从未得到过的手册。我们中没有任何人愿意深入回顾美国历史上如此痛苦的一段时光，所以我们并不确定能否说服别人加入我们，一道回顾2007—2009年我们为应对全球金融危机所做出的抉择。我们衷心地感谢本书各章的作者，感谢他们在危机期间为拯救和复苏美国经济所做出的不懈努力，也感谢他们愿意在本书中回溯那段艰难岁月。

此外，我们要特别感谢所有在危机期间为美国经济社会做出贡献的人，特别是那些在美联储委员会和各联邦储备银行、联邦存款保险公司、财政部和白宫工作的人。我们还要感谢小布什总统和奥巴马总统的卓越领导，以及为应对危机而共同努力的两党国会议员们。

我们这个项目（编写本书）始于2018年3月耶鲁大学管理学院的耶鲁大学金融稳定项目（YPFS）召开的一场会议，后来发展到2018年9月在美国布鲁金斯学会哈钦斯财政与货币政策中心举办了一场研讨会，最终成为你们手中正拿着的这本书。这一切都少不了布鲁金斯学会哈钦斯财政与货币政策中心（由戴维·韦塞尔主任牵头）以及YPFS（由项目主管安德鲁·梅特里克牵头）的支持。韦塞尔和梅特里克与我们合作设计了这个项目，并在这一过程中向我们提供了大力支持。在耶鲁大学和布鲁金斯学会举行的两场研讨会给了本书的作者们检验自己想法的机会，他们还能借此机会与其他作者、学者、编辑和公众进行沟通交流。

我们还要感谢梁内利对本项目的杰出领导。除了参与撰写两个章节以及在耶鲁大学和布鲁金斯学会的研讨会上发表演讲外，她还是我们沉着冷静的学者型团队领袖，是本书内容和质量的把关人。她帮助确定了本书撰写的目标，编辑了大量草稿，为两次研讨会中的演讲提供了指导，在此过程中充分发挥了她自身丰富的专业知识和技能。她的贡献极大地提高了本书的质量，使其更具权威性。

项目经理德博拉·麦克莱伦协调本项目各类工作的进展，以确保复杂的项目如期向前推进。对于一支由 30 多位作者和 3 位忙碌的负责人组成的志愿团队，麦克莱伦负责督促团队及时交稿，并且不断对稿件进行修订；她与梁内利合作，在本书的编辑过程中把好第一道关，确保交付的稿件能够达到我们的标准；她还负责协调研究小组的工作；同时还领导着图表小组，确保制作完成了大约 150 张关于金融危机的图表。这在组织和管理方面是了不起的成就。

由安德鲁·梅特里克带领的 YPFS 团队发挥了关键作用——我们怎么感谢他们都不为过。我们感谢梅特里克、阿什利·坎伯利奇、基拉·鲍姆和凯蒂·亨斯伯格，感谢他们主持了 2018 年 3 月的会议，并在本项目中承担了大量行政工作。我们感谢由克里斯蒂安·麦克纳马拉、李琼和罗莎琳德·威金斯领导的 YPFS 新白芝浩项目团队，感谢他们提供的研究支持。研究助理朱莉娅·阿诺斯、亚历克·布赫霍尔茨、莉莉·恩比斯、本·亨肯、艾丹·劳森、曼努埃尔·利昂·霍约斯、松本瑞树、亚历山大·奈、卡莱布·尼高、肯尼·萨巴斯、克莱尔·西蒙、阿里尔·史密斯、丹尼尔·汤普森和戴维·塔姆在时间紧迫的情况下完成了大量研究和事实查证工作。我们要特别感谢布赫霍尔茨和塔姆，他们负责对事实查证工作进行协调。我们还要感谢格雷格·费尔德伯格对本书内容提出了宝贵的专业建议。

我们要感谢布鲁金斯学会哈钦斯财政与货币政策中心主任戴维·韦塞尔，他提出了许多本项目应关注的问题，并阅读了本书草稿。我们还要感谢韦塞尔和布鲁金斯学会哈钦斯财政与货币政策中心于 2018 年 9 月 11—12 日在华盛顿举办了周年纪念研讨会，会上本书的作者们做了公开演讲，安德鲁·罗斯·索金还对我们进行了采访。我们要感谢斯特凡妮·森库拉、安娜·道森、德莱尼·帕里什和凯文·蒂博多在组织研讨会方面所做的工作，以及感谢来自布鲁金斯学会的研究人员塞奇·贝尔茨、陈浩文、杰弗里·程、薇薇安·李和迈克尔·吴，他们为本项目提供了研究支持并帮助处理数据。

我们要感谢金三角战略公司的创始人和负责人埃里克·达什，他帮助我们对这本书的内容进行了组织。达什、巴里·阿德勒、鲍勃·戈茨和汤姆·雷德本提供了出色的编辑指导和支持。达什还牵头负责了图表编制工作。

本书的图表是团队辛勤劳动的成果。我们要感谢塞斯·菲斯特提供的数据可视化技术，还要感谢 YPFS 的本·亨肯和艾丹·劳森，他们愿意不辞辛苦地挖掘相关数据，并确保数据的准确性。图表小组花费了大量时间编制本项目的图表，其中许多图表最初是为了《图说金融危机》(*Chartting the Financial Crisis*)项目而制作的，关于该项目详见 http://ypfs.som.yale.edu/sites/default/files/Charting%20The%20Financial%20Crisis.pdf。各章作者，以及来自 YPFS 的丹尼尔·汤普森和耶鲁大学的蔡斯·罗斯，也为图表编制提供了数据。

我们希望对以下学者和机构表示感谢，感谢他们向我们提供了编制图表所需的数据，并帮助我们获得了数据使用许可：彭博财经有限责任公司（杰夫·利维和乔什·施泰纳）、核心逻辑股份有限公司（艾莉森·奥斯汀）、联邦存款保险公司（黛安·埃利斯）、纽约联邦储备银行（托尼·贝尔和弗朗西斯·马奥尼）、圣路易斯联邦储备银行、美国联邦储备委员会（亚历克斯·马丁）、Haver Analytics（雷安·夏洛克）、埃信华迈（丹尼尔·叶尔金）、iMoneyNet（凯文·格里斯特）、乔治·吉拉内克、安娜贝尔·茹阿尔、维韦克·曼朱纳特、威尔逊·鲍威尔三世、洛伦佐·拉塞蒂、美国证券业和金融市场协会（研究部）、厄尼·泰代斯基、美国住房和城市发展部（卡罗琳·林奇）、沃顿商学院研究数据平台。

我们还由衷地感谢金三角战略公司团队的各位成员，包括负责印刷、事实查证和文字编辑工作的莫妮卡·博耶，负责文字编辑工作的英格丽·阿卡尔迪和梅利莎·沃尔格穆特，负责数据可视化的埃米莉·辛西博、比尔·马什和德布拉·凯泽。

迈克尔·格伦沃尔德在编辑方面给我们提供了非常宝贵的指导。我们要感谢玛丽·金、凯瑟琳·科尔萨克、米西·莱卡、安德鲁·森本、丽贝卡·尼尔和克莱尔·巴肯·帕克，感谢他们提供的非常专业的后勤和行政支持，以及在公关和宣传方面的帮助。

最后，我们要感谢威廉斯和康奈利律师事务所的罗伯特·巴尼特和迈克尔·奥康纳，耶鲁大学出版社的塞思·迪奇克和他的团队，以及梅洛迪·内格龙和韦斯特切斯特出版社，感谢他们为本书顺利出版所做的辛勤工作。

本·伯南克、蒂莫西·盖特纳和亨利·保尔森

2019 年春天

译后记

　　《极速应对》是本·伯南克、蒂莫西·盖特纳、亨利·保尔森和梁内利等人于 2019 年组织编写的一本书。

　　作者指出："我们撰写本书的想法很简单：我们欠未来的危机应对者一份指导手册，一份我们自己在应对危机时从未得到过的手册。我们中没有任何人愿意深入回顾美国历史上如此痛苦的一段时光，所以我们并不确定能否说服别人加入我们，一道回顾 2007—2009 年我们为应对全球金融危机所做出的抉择。我们衷心地感谢本书各章的作者，感谢他们在危机期间为拯救和复苏美国经济所做出的不懈努力，也感谢他们愿意在本书中回溯那段艰难岁月。"

　　各章的作者基本亲身参与了当时的危机应对。他们以一线作战时的一手信息为基础，全面复盘了危机演变历程、当时的应对措施以及这些政策措施背后的考量，总结了应对中的经验教训，提出了反思建议。很多改善或继承也体现在 2023 年 3—5 月对美国硅谷银行、签名银行、第一共和银行，甚至瑞士信贷银行的风险应对和处置中，每家出险银行从爆发风险到解决问题仅用了不到一周时间，两个月内就平息了一场可能冲击欧美甚至冲击全球的银行危机（主要是对几家全球系统重要性银行以及部分美国区域银行的冲击）。

　　对比 2008 年，2023 年美国之所以能够快速扑灭"火情"，总结来看：（1）防范经济体系和金融体系的系统性风险是最重要的目标；（2）充足的处置资源安排是有足够力度处置金融风险、稳定市场信心的关键；（3）法律授权充分，风险处置过程中的报告路径和决策拍板机制清晰明确；（4）金融风险处置中各部门分工明确、有效协同；（5）处置不用纳税人掏钱，打扫干净资产负债表，吸引市场参与，存款保险基金不是公共资金，是来之于市场，用之于市场；（6）美联储及时出手，紧急推出银行定期融资计划，稳定市场信心；（7）及时完善监管，亡羊补牢。这与本书所总结的很多 2008 年的相关经验与建议是一致的。

本书对于我们防范化解金融风险、维护金融稳定具有一定的参考价值。当然，必须与我国的具体国情、具体实践相结合，与我国市场和微观主体的风险性质、风险特点相结合。

新冠疫情轮班期间，我们组织年轻同事系统复盘了近十几年来多个国内外风险处置案例，同时翻译了本书。具体各章的译者如下：第一章和第十二章，陈伟；第二章，楼丹；第三章，阮鹏飞；第四章，季诗朋；第五章，王蕊同；第六章和第七章，胡小璠；第八章，赵冰喆；第九章和第十五章，刘通；第十章，雷梦菲；第十一章，范熙程；第十三章和第十七章，苗萌萌；第十四章，沈昶烨；第十六章、第十八章和致谢，潘璐。

在各位译者交叉校对的基础上，由赵冰喆、胡小璠、刘通、沈昶烨、阮鹏飞等对全书进行了再次校译。

孙天琦、杨柳、孟辉和李敏波对全书进行了审校。

由于译者水平有限，本书不可避免地会有错误和疏漏，请各位读者批评指正。

孙天琦
2023 年 10 月

第二章

Armentier, Olivier, Eric Ghysels, Asani Sarkar, and Jeffrey Shrader. 2015. "Discount Window Stigma during the 2007–2008 Financial Crisis." *Journal of Financial Economics* 118: 317–35.

Armentier, Olivier, Sandra Krieger, and James McAndrews. 2008. "The Federal Reserve's Term Auction Facility." *Current Issues in Economics and Finance* 14: 1–10.

Ashcraft, Adam B., Morton L. Bech, and W. Scott Frame. 2010. "The Federal Home Loan Bank System: The Lender of Next-to-Last Resort?" *Journal of Money, Credit and Banking* 42: 551–83.

Baba, Naohiko, Robert N. Ash, and Srichander Ramaswamy. 2009. "US Dollar Money Market Funds and Non-US Banks." *BIS Quarterly Review,* March, 65–81.

Bagehot, Walter. 1873. *Lombard Street.* London: Scribner's and Sons.

Berger, Allen N., Lamont K. Black, Christa H. S. Bouwman, and Jennifer Dlugosz. 2016. "The Federal Reserve's Discount Window and TAF Programs: 'Pushing on a String?'" Mimeo, University of South Carolina.

Bernanke, Ben S. 2009. "Federal Reserve Policies to Ease Credit and Their Implications for the Fed's Balance Sheet." Speech at the National Press Club Luncheon, Washington, D.C., February 18, 2009.

Bernanke, Ben S. 2015. *The Courage to Act: A Memoir of a Crisis and Its Aftermath.* New York: W. W. Norton.

BNP Paribas. 2007. "BNP Paribas Investment Partners Temporarily Suspends the Calculation of the Net Asset Value of the Following Funds: Parvest Dynamic ABS, BNP Paribas ABS EURIBOR and BNP Paribas ABS EONIA." Press release, August 9, 2007. https://group. bnpparibas/en/press -release/bnp-paribasinvestment- partners-temporaly-suspends-calculation- net-asset-funds-parvest dynamic-abs-bnp-paribas-abs-euribor-bnp-paribas-abs-eonia.

Board of Governors. 2007a. H.4.1 statistical release, August 30, 2007.

Board of Governors. 2007b. "Federal Reserve Board Discount Rate Action." Press release, August 17, 2007.

Board of Governors. 2007c. "Federal Reserve Announces Results of Auction of $20 Billion in 28-Day Credit Held on December 17, 2007." Press release, December 19, 2007.

Board of Governors. 2008a. "Board of Governors Announces Two Initiatives to Address Heightened Liquidity Pressures in Term Funding Markets." Press release, March 7, 2008. Board of Governors. 2008b. "Board of Governors Announces Two Initiatives Designed to Bolster Market Liquidity and Promote Orderly Market Functioning." Press release,March 16, 2008.

Board of Governors. 2010. "Federal Reserve Approves Modifications to the Terms of Its Discount Window Lending Programs." Press release, February 18, 2010.

Brickler, Lucinda, Adam Copeland, and Antoine Martin. 2011. "Everything You Wanted to Know about the Tri-Party Repo Market, but Didn't Know to Ask," blog post, *Liberty Street Economics,* April 11, 2011. https://libertystreeteconomics.newyorkfed.org/2011/04/everything- you-wanted-to-know-about-the-tri-party-repo-market-but-didnt-know-to-ask.html.

Carlson, Mark, and Jonathan D. Rose. 2017. "Stigma and the Discount Window." Federal Reserve FEDS Notes, December 19, 2017.

Covitz, Daniel, Nellie Liang, and Gustavo A. Suarez. 2013. "The Evolution of a Financial Crisis: Collapse of the Asset-Backed Commercial Paper Market." *Journal of Finance* 68: 815– 48.

ECB (European Central Bank). 2007. *Monthly Bulletin,* September 2007.

Federal Reserve. 2018. "The Federal Reserve Discount Window." https://www.frbdiscount window.org/en/Pages/General-Information/The-Discount-Window.aspx.

Federal Reserve Bank of New York. 2000. *Domestic Open Market Operations during 1999: A*

Report Prepared for the FOMC by the Markets Group of the Federal Reserve Bank of New York. New York: Federal Reserve Bank of New York, March.

Federal Reserve Bank of New York. 2008. *Domestic Open Market Operations during 2007: A Report Prepared for the FOMC by the Markets Group of the Federal Reserve Bank of New York.* New York: Federal Reserve Bank of New York, March.

Federal Reserve Bank of New York. 2009. *Domestic Open Market Operations during 2008: A Report Prepared for the FOMC by the Markets Group of the Federal Reserve Bank of New York.* New York: Federal Reserve Bank of New York, January.

Federal Reserve Bank of New York. 2018. "Statement Regarding Agency Mortgage-Backed Securities Small Value Exercise," May 15, 2018.

Federal Reserve Bank of New York. 2019. "Historical Transaction Data." Accessed May 28, 2019. https://www.newyorkfed.org/markets/omo_transaction_data.

Federal Reserve System Study Group on Alternative Instruments for System Operations. 2002. *Alternative Instruments for Open Market and Discount Window Operations.* Washington, D.C.: Board of Governors of the Federal Reserve System.

FOMC (Federal Open Market Committee). 2007a. Transcript of the FOMC conference call on August 10, 2007.

FOMC (Federal Open Market Committee). 2007b. "FOMC Statement: The Federal Reserve Is Providing Liquidity to Facilitate the Orderly Functioning of Financial Markets," August 10, 2007.

FOMC (Federal Open Market Committee). 2007c. Transcript of the FOMC conference call on August 16, 2007.

FOMC (Federal Open Market Committee). 2007d. "FOMC Statement," August 17, 2007. FOMC (Federal Open Market Committee). 2007e. Transcript of the FOMC meeting onSeptember 18, 2007.

FOMC (Federal Open Market Committee). 2007f. Transcript of the FOMC conference call on December 6, 2007.

FOMC (Federal Open Market Committee). 2007g. Transcript of the FOMC meeting on December 11, 2007.

FOMC (Federal Open Market Committee). 2008. Transcript of the FOMC conference call on March 10, 2008.

FOMC (Federal Open Market Committee). 2014. "Policy Normalization." https://www.federalreserve.gov/monetarypolicy/policy-normalization.htm.

JPMorgan Chase. 2007. "JPMorgan Chase, Bank of America and Wachovia Encourage Use of Fed Discount Window." Press release, August 22, 2007. https://jpmorganchaseco.gcs-web.com/news-releases/news-release-details/jpmorgan-chase-bank-america-and-wachovia-encourage-use-fed.

Kohn, Donald L. 2009. "Money Markets and Financial Stability." Speech at the Federal Reserve Bank of New York and Columbia Business School Conference on the Role of Money Markets, New York, May 29, 2009.

Kos, Dino. 2001. "Treasury and Federal Reserve Foreign Exchange Operations." *Federal Reserve Bulletin* 87: 757–62.

Madigan, Brian F. 2009. "Bagehot's Dictum in Practice: Formulating and Implementing Policies to Combat Financial Crisis." Remarks at the Federal Reserve Bank of Kansas City's Annual Economic Symposium, Jackson Hole, Wyoming, August 21, 2009.

Madigan, Brian F., and William R. Nelson. 2002. "Proposed Revision to the Federal Reserve's Discount Window Lending Programs." *Federal Reserve Bulletin* 88 (July): 313–19. McAndrews, James, Asani Sarkar, and Zhenyu Wang. 2017. "The Effect of the Term Auction Facility on the London Interbank Offered Rate." Federal Reserve Bank of New York Staff Report No. 335.

McCauley, Robert N., Patrick McGuire, and Vladyslav Sushko. 2015. "Global Dollar Credit: Links to US Monetary Policy and Leverage." *Economic Policy* 30, no. 82 (April 1): 187–229.

Taylor, John B., and John C. Williams. 2009. "A Black Swan in the Money Market." *American Economic Journal: Macroeconomics* 1: 58–83.

Tucker, Paul. 2014. "The Lender of Last Resort and Modern Central Banking: Principles and Reconstruction." *BIS Papers* 79: 10–42.

第三章

Adrian, Tobias, Christopher R. Burke, and James J. McAndrews. 2009. "The Federal

Reserve's Primary Dealer Credit Facility." *Current Issues in Economics and Finance: Federal Reserve Bank of New York* 15, no. 4 (August).

Adrian, Tobias, Karin Kimbrough, and Dina Marchioni. 2011. "The Federal Reserve's Commercial Paper Funding Facility." *Federal Reserve Bank of New York Staff Reports,* no. 423 (January).

Agarwal, Sumkit, Jacqueline Barrett, Crystal Cun, and Mariacristina De Nardi. 2010. "The Asset-Backed Securities Markets, the Crisis and TALF." *Federal Reserve Bank of Chicago Economics Perspectives,* no. 4Q (December).

Ashcraft, Adam, Nicolae Gârleanu, and Lasse Heje Pedersen. 2010. "Two Monetary Policy Tools: Interest Rates and Haircuts." NBER Working Paper, no. 16337, September.

Ashcraft, Adam, Allan Malz, and Zoltan Pozsar. 2012. "The Federal Reserve's Term AssetBacked Securities Loan Facility." *Federal Reserve Bank of New York Economic Policy Review* (November).

Bernanke, Ben S. 2009. "The Federal Reserve's Balance Sheet." Speech, Federal Reserve Bank of Richmond 2009 Credit Markets Symposium, Charlotte, North Carolina, April 3, 2009. https://www.federalreserve.gov/newsevents/speech/bernanke20090403a.htm.

Bernanke, Ben S. 2015. *The Courage to Act: A Memoir of a Crisis and Its Aftermath.* New York: W. W. Norton.

Boyson, Nicole M., Jean Helwege, and Jan Jindra. 2014. "Thawing Frozen Capital Markets and Backdoor Bailouts: Evidence from the Fed's Liquidity Programs." SSRN (September).

Campbell, Sean, Daniel Covitz, William Nelson, and Karen Pence. 2011. "Securitization Markets and Central Banking: An Evaluation of the Term Asset Backed Securities Loan Facility." *Journal of Monetary Economics* 58 (5): 518–31.

Duygan-Bump, Burcu, Patrick Parkinson, Eric Rosengren, Gustavo A. Suarez, and Paul Willen. 2013. "How Effective Were the Federal Reserve Emergency Liquidity Facilities? Evidence from the Asset-Backed Commercial Paper Money Market Mutual Fund Liquidity Facility." *Journal of Finance* 68, no. 2 (April): 715–37.

Fleming, Michael J., Warren B. Hrung, and Frank M. Keane. 2010. "Repo Market Effects of the Term Securities Lending Facility." *American Economic Review* 100, no. 2 (May): 591–96.

Hrung, Warren B., and Jason S. Seligman. 2011. "Responses to the Financial Crisis, Treasury Debt, and the Impact on Short-Term Money Markets." *Federal Reserve Bank of New York Staff Reports,* no. 481 (January).

Office of Inspector General. 2010. *The Federal Reserve's Section 13(3) Lending Facilities to Support Overall Market Liquidity: Function, Status, and Risk Management.* Washington, D.C.: Board of Governors of the Federal Reserve System.

Taibbi, Matt. 2011. "The Real Housewives of Wall Street." *Rolling Stone,* April 12, 2011. https://www.rollingstone.com/politics/politics-news/the-real-housewives-of-wall-street-246430/.

U.S. Government Accountability Office. 2011. *Performance and Accountability Report: Fiscal Year 2011.* Washington, D.C.: U.S. Government Accountability Office.

Wiggins, Rosalind, and Andrew Metrick. 2016. "The Federal Reserve's Financial Crisis Response B: Lending & Credit Programs for Primary Dealers." SSRN (February).

Wu, Tao. 2008. "On the Effectiveness of the Federal Reserve's New Liquidity Facilities." Federal Reserve Bank of Dallas Working Papers, no. 0808, April.

第十五章

Bernanke, B. S. 2017. "Monetary Policy in a New Era." Paper presented at Rethinking Macroeconomic Policy conference held at the Peterson Institute for International Economics, Washington, D.C., October 2, 2017.

Board of Governors of the Federal Reserve System. 2018. *Monetary Policy Report to the Congress*, July 13, 2018.

Gagnon, J. E. 2016. "Quantitative Easing: An Underappreciated Success." Policy Briefs PB16–4, Peterson Institute for International Economics.

Gagnon, J. E. 2018. "QE Skeptics Overstate Their Case." Realtime Economic Issues Watch, Peterson Institute for International Economics.

Greenlaw, D., J. D. Hamilton, E. Harris, and K. D. West. 2018. "A Skeptical View of the Impact of the Fed's Balance Sheet." U.S. Monetary Policy Forum 2018 Paper, University of Chicago Booth School of Business.

Kuttner, K. N. 2018. "Outside the Box: Unconventional Monetary Policy in the Great Recession and Beyond." Department of Economics Working Papers 2018–04, Department of Economics, Williams College.

Reifschneider, D., and J. C. Williams. 2000. "Three Lessons for Monetary Policy in a Low-Inflation Era." *Journal of Money, Credit and Banking* 32 (4): 936–66.

Woodford, M. 2012. "Methods of Policy Accommodation at the Interest-Rate Lower Bound." Economic Policy Symposium, Federal Reserve Bank of Kansas City.

第十六章

Akerlof, George, et al. 2008. "Economists' Letter to Congress." November 19, 2008. cepr. net/documents/publications/Economists_letter_2008_11_19.pdf.

Andrés, Javier, José E. Boscá, and Javier Ferri. 2016. "Instruments, Rules, and Household Debt: The Effects of Fiscal Policy." *Oxford Economic Papers* 68 (2): 419–43.

Auerbach, Alan J., and Yuriy Gorodnichenko. 2017. "Fiscal Stimulus and Fiscal Sustainability." NBER Working Paper, no. 23789, National Bureau of Economic Research, Cambridge, MA, September 2017.

Barro, Robert J., and Charles J. Redlick. 2011. "Macroeconomic Effects from Government Purchases and Taxes." *Quarterly Journal of Economics* 126 (1): 51–102.

Berger, David, Nicholas Turner, and Eric Zwick. 2019. "Stimulating Housing Markets." Working paper, January 2019. http://www.ericzwick.com/fthb/stim.pdf.

Bishop, John H. 1981. "Employment in Construction and Distribution Industries: The Impact of the New Jobs Tax Credit." In *Studies in Labor Markets*, edited by Sherwin Rosen, 209–49. Chicago: University of Chicago Press.

Blinder, Alan S., and Mark Zandi. 2015. "The Financial Crisis: Lessons for the Next One." Policy Futures Paper, Center on Budget and Policy Priorities, Washington, D.C., October 2015.

Carlino, Gerald, and Robert P. Inman. 2016. "Fiscal Stimulus in Economic Unions: What Role for States?" *Tax Policy and the Economy* 30 (1): 1–50.

Chodorow-Reich, Gabriel. 2019. "Geographic Cross-Sectional Fiscal Multipliers: What Have We Learned?" *American Economic Journal: Policy* 11 (2): 1–34.

Chodorow-Reich, Gabriel, John Coglianese, and Loukas Karabarbounis. 2019. "The Macro Effects of Unemployment Benefit Extensions: A Measurement Error Approach." *Quarterly Journal of Economics* 134 (1): 227–79.

Chodorow-Reich, Gabriel, Laura Feiveson, Zachary Liscow, and William Gui Woolston. 2012. "Does State Fiscal Relief during Recessions Increase Employment? Evidence from the American Recovery and Reinvestment Act." *American Economic Journal: Policy* 4 (3): 118–45.

Christiano, Lawrence, Martin Eichenbaum, and Sergio Rebelo. 2011. "When Is the Government Spending Multiplier Large?" *Journal of Political Economy* 119 (1): 78–121.

Congressional Budget Office (CBO). 2018. "The Distribution of Household Income, 2015." CBO Report No. 54646, November 2018.

Conley, Timothy G., and Bill Dupor. 2013. "The American Recovery and Reinvestment Act: Solely a Government Jobs Program?" *Journal of Monetary Economics* 60 (5): 535–49.

Council of Economic Advisers (CEA). 2009. *Estimates of Job Creation from the American Recovery and Reinvestment Act of 2009*. Report, May 2009.

Council of Economic Advisers (CEA). 2014. "Chapter 3: The Economic Impact of the American Recovery and Reinvestment Act Five Years Later." In *2014 Economic Report of the President*. Washington, D.C.: U.S. Government Printing Office.

Council of Economic Advisers (CEA). 2017. *2017 Economic Report of the President*. Washington, D.C.: U.S. Government Printing Office.

DeLong, J. Bradford, and Lawrence H. Summers. 2012. "Fiscal Policy in a Depressed Economy." *Brookings Papers on Economic Activity* 43 (1): 233–97.

DeLong, Brad, Larry Summers, and Laurence Ball. 2014. *Fiscal Policy and Full Employment*. Washington, D.C.: Center on Budget and Policy Priorities.

Dobridge, Christine. 2016. *Fiscal Stimulus and Firms: A Tale of Two Recessions*. Finance and Economics Discussion Series 2016-013. Washington, D.C.: Board of Governors of the Federal Reserve System.

Dube, Arindrajit, Thomas Hegland, Ethan Kaplan, and Ben Zipperer. 2018. "Excess Capacity and Heterogeneity in the Fiscal Multiplier: Evidence from the Recovery Act." Working paper, November 2018. http://econweb.umd.edu/~kaplan/stimulus_effects.pdf.

Dupor, Bill, and Peter B. McCrory. 2018. "A Cup Runneth Over: Fiscal Policy Spillovers from the 2009 Recovery Act." *Economic Journal* 128 (611): 1476–508.

Dupor, Bill, and M. Saif Mehkari. 2016. "The 2009 Recovery Act: Stimulus at the Extensive and Intensive Labor Margins." *European Economic Review* 85: 208–28.

Elmendorf, Douglas W., and Jason Furman. 2008. *If, When, How: A Primer on Fiscal Stimulus*. Washington, D.C.: Brookings Institution.

Farhi, Emmanuel, and Ivan Werning. 2016. "Chapter 31—Fiscal Multipliers: Liquidity Traps and Currency Unions." *Handbook of Macroeconomics* 2: 2417–92.

Feldstein, Martin. 2007. "How to Avert Recession." *Wall Street Journal,* December 5, 2007. https://www.wsj.com/articles/SB119682440917514075.

Feyrer, James, and Bruce Sacerdote. 2011. "Did the Stimulus Stimulate? Real Time Estimates of the Effects of the American Recovery and Reinvestment Act." NBER Working Paper, no. 16759, National Bureau of Economic Research, Cambridge, MA, December 2011.

Furman, Jason. 2016. "The New View of Fiscal Policy and Its Application." Remarks at Global Implications of Europe's Redesign Conference, New York, October 5, 2016.

Furman, Jason. 2017. "Reducing Poverty: The Progress We Have Made and the Path Forward." Remarks at the Center on Budget and Policy Priorities, Washington, D.C., January 17, 2017. https://obamawhitehouse.archives.gov/sites/default/files/page/files/20170117_furman_center_on_budget_poverty_cea.pdf.

Gaspar, Vitor, Maurice Obstfeld, and Ratna Sahay. 2016. "Macroeconomic Management When Policy Space Is Constrained: A Comprehensive, Consistent, and Coordinated Approach to Economic Policy." IMF Staff Discussion Note, September 2016.

Green, Daniel, Brian T. Melzer, Jonathan A. Parker, and Arcenis Rojas. 2018. "Accelerator or Brake? Cash for Clunkers, Household Liquidity, and Aggregate Demand." NBER Working Paper, no. 22878, National Bureau of Economic Research, Cambridge, MA, May 2018.

Grunwald, Michael. 2012. *The New New Deal: The Hidden Story of Change in the Obama Era.* New York: Simon & Schuster.

Hall, Robert E. 2009. "By How Much Does GDP Rise If the Government Buys More Output?" *Brookings Papers on Economic Activity* 40 (2): 183–249.

Hoekstra, Mark, Steven L. Puller, and Jeremy West. 2017. "Cash for Corollas: When Stimulus Reduces Spending." *American Economic Journal: Applied Economics* 9 (3): 1–35.

House Oversight Committee. 2011. "Issa Introduces Sweeping Open Government, Spending Transparency Reforms." Press release, June 13, 2011.

Internal Revenue Service. 2008. "Economic Stimulus Payments on the Way; Some People Will See Direct Deposit Payments Today." News release, April 28, 2008. https://www.irs.gov/newsroom/economic-stimulus-payments-on-the-way-some-people-will-see-direct-deposit-payments-today.

Mertens, Karel, and José L. Montiel Olea. 2017. "Marginal Tax Rates and Income: New Time Series Evidence." NBER Working Paper, no. 19171, National Bureau of Economic Research, Cambridge, MA, September 2017.

Mertens, Karel, and Morten O. Ravn. 2013. "The Dynamic Effects of Personal and Corporate Income Tax Changes in the United States." *American Economic Review* 103 (4): 1212–47.

Meyer, Bruce D., Wallace K. C. Mok, and James X. Sullivan. 2009. "The Under-Reporting of Transfers in Household Surveys: Its Nature and Consequences." NBER Working Paper, no. 15181, National Bureau of Economic Research, Cambridge, MA, July 2009.

Mian, Atif, and Amir Sufi. 2012. "The Effects of Fiscal Stimulus: Evidence from the 2009 Cash for Clunkers Program." *Quarterly Journal of Economics* 127 (3): 1107–42.

Nakamura, Emi, and Jón Steinsson. 2014. "Fiscal Stimulus in a Monetary Union: Evidence from US Regions." *American Economic Review* 104 (3): 753–92.

Obama, Barack. 2009a. "Address at George Mason University in Fairfax, Virginia." The American Presidency Project, January 8, 2009. https://www.presidency.ucsb.edu/node/286515.

Obama, Barack. 2009b. "Transcript: Obama Remarks at Stimulus Signing." Brian Montopoli, CBS News, February 17, 2009. https://www.cbsnews.com/news/transcript-obama-remarks-at-stimulus-signing.

Obama-Biden Campaign. 2008. "Barack Obama and Joe Biden: A Rescue Plan for the Middle Class." https://www.scribd.com/document/6523359/Barack-Obama-and-Joe-Biden-s-Rescue-Plan-for-the-Middle-Class.

Organisation for Economic Co-operation and Development (OECD). 2016. "Chapter 2: Using the Fiscal Levers to Escape the Low-Growth Trap." In *OECD Economic Outlook 2016,* no. 2. Paris: OECD Publishing.

Parker, Jonathan A., Nicholas S. Souleles, David S. Johnson, and Robert McClelland. 2013. "Consumer Spending and the Economic Stimulus Payments of 2008." *American Economic Review* 103 (6): 2530–53.

Paulson, Henry M. 2008. "Press Briefing by Treasury Secretary Henry Paulson and Chairman of the Council of Economic Advisors Ed Lazear." January 18, 2008. https:// georgewbush-whitehouse.archives.gov/news/releases/2008/01/20080118-6.html.

Perloff, Jeffrey M., and Michael L. Wachter. 1979. "The New Jobs Tax Credit: An Evaluation of the 1977–78 Wage Subsidy Program." *American Economic Review* 69 (2): 173–79.

Piketty, Thomas, Emmanuel Saez, and Gabriel Zucman. 2016. "Distributional National Accounts: Methods and Estimates for the United States Data Appendix." WID.world Working Paper Series No. 2016/4, December 2016. https://wid.world/document/t-piketty-e-saez-g-zucman-data-appendix-to-distributional-national-accounts-methods-and-estimates-for-the-united-states-2016.

Ramey, Valerie A. 2011. "Can Government Purchases Stimulate the Economy?" *Journal of Economic Literature* 49 (3): 673–85.

Ramey, Valerie A. 2019. "Ten Years after the Financial Crisis: What Have We Learned from the Renaissance in Fiscal Research?" *Journal of Economic Perspectives* 33 (2): 89–114.

Ramey, Valerie A., and Sarah Zubairy. 2018. "Government Spending Multipliers in Good Times and in Bad: Evidence from U.S. Historical Data." *Journal of Political Economy* 126 (2): 850–901.

Romer, Christina D., and David H. Romer. 2010. "The Macroeconomic Effects of Tax Changes: Estimates Based on a New Measure of Fiscal Shocks." *American Economic Review* 100 (3): 763–801.

Romer, Christina D., and David H. Romer. 2017. "Why Some Times Are Different: Macro-economic Policy and the Aftermath of Financial Crises." NBER Working Paper, no. 23931, National Bureau of Economic Research, Cambridge, MA, October 2017.

Sahm, Claudia R., Matthew D. Shapiro, and Joel Slemrod. 2012. "Check in the Mail or More in the Paycheck: Does the Effectiveness of Fiscal Stimulus Depend on How It Is Delivered?" *American Economic Journal: Economic Policy* 4 (3): 216–50.

Stolberg, Sheryl Gay. 2009. "Signing Stimulus, Obama Doesn't Rule Out More." *New York Times,* February 17, 2009. https://www.nytimes.com/2009/02/18/us/politics/18web-stim.html.

Summers, Lawrence H. 2007. "Risks of Recession, Prospects for Policy." Remarks at the Brookings Institution, "State of the U.S. Economy," Washington, D.C., December 19, 2007. https://www.brookings.edu/wp-content/uploads/2012/04/20071219_summers.pdf.

Summers, Lawrence H. 2008. "Economic Policy Work, Executive Summary." Memo, December 15, 2008. https://delong.typepad.com/20091215-obama-economic-policy-memo.pdf.

White House. 2010. "Small Business Jobs and Wages Tax Cut." Fact Sheet. https://obamawhitehouse.archives.gov/sites/default/files/rss_viewer/fact_sheet_small_business_jobs_wages_tax_cut.pdf.

Wilson, Daniel J. 2012. "Fiscal Spending Jobs Multipliers: Evidence from the 2009 American Recovery and Reinvestment Act." *American Economic Journal: Economic Policy* 4 (3): 251–82.

Wimer, Christopher, Liana Fox, Irv Garfinkel, Neeraj Kaushal, and Jane Waldfogel. 2013. "Trends in Poverty with an Anchored Supplemental Poverty Measure." Working Paper 13–01, Columbia Population Research Center, New York.

Woodford, Michael. 2011. "Simple Analytics of the Government Expenditure Multiplier." *American Economic Journal: Macroeconomics* 3 (1): 1–35.

Zidar, Owen M. 2017. "Tax Cuts for Whom? Heterogeneous Effects of Income Tax Changes on Growth and Employment." NBER Working Paper, no. 21035, National Bureau of Economic Research, Cambridge, MA, February 2017.

Zwick, Eric, and James Mahon. 2017. "Tax Policy and Heterogeneous Investment Behavior." *American Economic Review* 107 (1): 217–48.

第十八章

Abiad, Abdul, Giovanni Dell'Ariccia, and Bin Li. 2011. "Creditless Recoveries." IMF Working Paper WP/11/58.

Adrian, Tobias, Christopher R. Burke, and James J. McAndrews. 2009. "The Federal Reserve's Primary Dealer Credit Facility." *Current Issues in Economics and Finance* 15 (August).

Adrian, Tobias, Karin Kimbrough, and Dina Marchioni. 2011. "The Federal Reserve's Commercial Paper Funding Facility." *Federal Reserve Bank of New York Economic Policy Review*: 25–39.

Agarwal, Sumit, Gene Amromin, Itzhak Ben-David, Souphala Chomsisengphet, Tomasz Piskorski, and Amit Seru. 2017. "Policy Intervention in Debt Renegotiation: Evidence from the Home Affordable Modification Program." *Journal of Political Economy* 125 (3): 654–712.

Ahamed, Liaquat. 2009. *Lords of Finance: The Bankers Who Broke the World.* New York: Penguin Press.

Aizenman, Joshua, and Gurnain Pasricha. 2010. "Selective Swap Arrangements and the Global Financial Crisis: Analysis and Interpretation." *International Review of Economics and Finance* 19 (3): 353–65.

Allen, William, and Richhild Moessner. 2010. "Central Bank Cooperation and International Liquidity in the Financial Crisis of 2008–09." BIS Working Papers, no. 310.

Andritzky, Jochen. 2014. "Resolving Residential Mortgage Distress: Time to Modify?" IMF Working Paper WP/14/226, December.

Ashcraft, Adam, Nicolae Gârleanu, and Lasse Heje Pedersen. 2011. "Two Monetary Tools: Interest Rates and Haircuts." *NBER Macroeconomics Annual* 25 (1): 143–80.

Ashcraft, Adam B., Allan M. Malz, and Zoltan Pozsar. 2012. "The Federal Reserve's Term Asset-Backed Securities Loan Facility." *Economic Policy Review* 18 (3): 29–66.

Atkeson, Andrew G., Adrien d'Avernas, Andrea L. Eisfeldt, and Pierre-Olivier Weill. 2018. "Government Guarantees and the Valuation of American Banks." *NBER Macroeconomics Annual* 33.

Baba, Naohiko, Robert N. McCauley, and Srichander Ramaswamy. 2009. "U.S. Dollar Money Market Funds and Non-U.S. Banks." *BIS Quarterly Review* (March): 65–81.

Baba, Naohiko, and Frank Packer. 2009. "From Turmoil to Crisis: Dislocations in the FX Swap Market before and after the Failure of Lehman Brothers." *Journal of International Money and Finance* 28 (8): 1350–74.

Benmelech, Efraim, Ralf Meisenzahl, and Rodney Ramcharan. 2017. "The Real Effects of Liquidity during the Financial Crisis: Evidence from Automobiles." *Quarterly Journal of Economics* 132 (1): 317–65.

Berger, Allen N., and Raluca Roman. 2017. "Did Saving Wall Street Really Save Main Street? The Real Effects of TARP on Local Economic Conditions." *Journal of Financial and Quantitative Analysis* 52 (5): 1827–67.

Bernanke, Ben S. 2018. "The Real Effects of Disrupted Credit: Evidence from the Global Financial Crisis." *Brookings Papers on Economic Activity,* September.

Blanchard, Olivier, Eugenio Cerutti, and Larry Summers. 2015. "Inflation and Activity— Two Explorations and Their Monetary Policy Implications." IMF Working Paper, 15/230.

Blinder, Alan, and Mark Zandi. 2010. "How the Great Recession Was Brought to an End." Moody's Corporation.

Broda, Christian, and Jonathan A. Parker. 2014. "The Economic Stimulus Payments of 2008 and the Aggregate Demand for Consumption." *Journal of Monetary Economics* 68: S20–S36.

Calomiris, Charles W., and Urooj Khan. 2015. "An Assessment of TARP Assistance to Financial Institutions." *Journal of Economic Perspectives* 29 (2): 53–80.

Campbell, Sean, Daniel Covitz, William Nelson, and Karen Pence. 2011. "Securitization Markets and Central Banking: An Evaluation of the Term Asset Backed Securities Loan Facility." *Journal of Monetary Economics* 58 (5): 518–31.

Cerra, Valerie, and Sweta Saxena. 2008. "Growth Dynamics: The Myth of Economic Recovery." *American Economic Review* 98 (1): 439–57.

Cerra, Valerie, and Sweta Saxena. 2017. "Booms, Crises, and Recoveries: A New Paradigm of the Business Cycle and Its Policy Implications." IMF Working Paper, 17/250, November.

Covitz, Daniel, Nellie Liang, and Gustavo Suarez. 2013. "The Evolution of a Financial Crisis: Collapse of the Asset-Backed Commercial Paper Market." *Journal of Finance* 68 (3): 815–48.

Del Negro, Marco, Gauti Eggertsson, Andrea Ferrero, and Nobuhiro Kiyotaki. 2017. "The Great Escape? A Quantitative Evaluation of the Fed's Liquidity Facilities." *American Economic Review* 107 (3): 824–57.

Di Maggio, Marco, Amir Kermani, and Christopher Palmer. 2016. "How Quantitative Easing

极速应对

Works: Evidence on the Refinancing Channel," MIT Sloan Working Paper, December.

Duygan-Bump, Burcu, Patrick Parkinson, Eric Rosengren, Gustavo A. Suarez, and Paul Willen. 2013. "How Effective Were the Federal Reserve Emergency Liquidity Facilities? Evidence from the Asset-Backed Commercial Paper Money Market Mutual Fund Liquidity Facility." *Journal of Finance* 68 (2): 715–37.

Fernald, John, Robert Hall, James Stock, and Mark Watson. 2017. "The Disappointing Recovery of Output after 2009." Brookings Papers on Economic Activity, Spring.

Fleming, Michael J., Warren B. Hrung, and Frank M. Keane. 2010. "Repo Market Effects of the Term Securities Lending Facility." *American Economic Review* 100 (2): 591–96.

Funke, Manuel, Moritz Schularick, and Christoph Trebesch. 2016. "Going to Extremes: Politics after Financial Crises, 1870–2014." *European Economic Review* 88: 227–60.

Gertler, Mark, and Simon Gilchrist. 2018. "What Happened: Financial Factors in the Great Recession." *Journal of Economic Perspectives* 32 (3): 3–30.

Gorton, Gary, and Andrew Metrick. 2012. "Securitized Banking and the Run on Repo." *Journal of Financial Economics* 104 (3): 425–51.

Jorda, Oscar, Moritz Schularick, and Alan Taylor. 2013. "When Credit Bites Back." *Journal of Money, Credit and Banking* 45 (2): 3–28.

Karamon, Kadiri, Douglas McManus, and Jun Zhu. 2017. "Refinance and Mortgage Default: A Regression Discontinuity Analysis of HARP's Impact on Default Rates." *Journal of Real Estate Finance and Economics* 55 (4): 457–75.

Khan, Aubhik, and Julia Thomas. 2013. "Credit Shocks and Aggregate Fluctuations in an Economy with Production Heterogeneity." *Journal of Political Economy* 121 (6): 1055–107.

Li, Lei. 2013. "TARP Funds Distribution and Bank Loan Supply." *Journal of Banking & Finance* 37 (12): 4777–92.

McAndrews, James, Asani Sarkar, and Zhenyu Wang. 2017. "The Effect of the Term Auction Facility on the London Interbank Offered Rate." *Journal of Banking & Finance* 83: 135–52. https://doi.org/10.1016/j.jbankfin.2016.12.011.

Mian, Atif, Amir Sufi, and Francesco Trebbi. 2014. "Resolving Debt Overhang: Political Constraints in the Aftermath of Financial Crises." *American Economic Journal: Mac-roeconomics* 6

(2): 1–28.

Morgan, Donald P., Stavros Peristiani, and Vanessa Savino. 2014. "The Information Value of the Stress Test." *Journal of Money, Credit and Banking* 46 (7): 1479–500.

Parker, Jonathan A., Nicholas S. Souleles, David S. Johnson, and Robert McClelland. 2013. "Consumer Spending and the Economic Stimulus Payments of 2008." *American Economic Review* 103 (6): 2530–53.

Ramey, Valerie A. 2018. "Ten Years after the Financial Crisis: What Have We Learned from the Renaissance in Fiscal Research?" Prepared for the NBER Conference, "Global Financial Crisis @10," July 3, 2018.

Reinhart, Carmen M., and Kenneth S. Rogoff. 2014. "Recovery from Financial Crises: Evidence from 100 Episodes." *American Economic Review* 104 (5): 50–55.

Romer, Christina, and David Romer. 2017. "New Evidence on the Aftermath of Financial Crises in Advanced Countries." *American Economic Review* 107 (10): 3072–118.

Sarin, Natasha, and Lawrence Summers. 2016. "Have Big Banks Gotten Safer?" *Brookings Papers on Economic Activity,* September.

Siemer, Michael. 2014. "Firm Entry and Employment Dynamics in the Great Recession." FEDS 2014-56, Federal Reserve Board, Washington, D.C.

Swagel, Phillip. 2009. "The Financial Crisis: An Inside View." *Brookings Papers on Economic Activity,* Spring.

Swagel, Phillip. 2015. "Legal, Political, and Institutional Constraints on the Financial Crisis Policy Response." *Journal of Economic Perspectives* 29 (2): 107–22.

Veronesi, Pietro, and Luigi Zingales. 2010. "Paulson's Gift." *Journal of Financial Economics* 97 (3): 339–68.

13（3）/Section	《联邦储备法》第13条（3）款
ABCP	资产支持商业票据
ABS	资产支持证券
AGP	资产担保计划
AIFP	汽车工业融资计划
AIG	美国国际集团
ALT-A	次优级，衡量落在优质和次级按揭贷款之间的风险
AMLF	资产支持商业票据货币市场共同基金流动性工具
AMT	替代性最低税
ARRA	《美国复苏与再投资法案》
BEA	美国商务部经济分析局
BHC	银行控股公司
BIS	国际清算银行
BNY	纽约梅隆银行
BoA	美国银行
BoC	加拿大银行（加拿大中央银行）
BoE	英格兰银行（英国中央银行）
BoJ	日本银行（日本中央银行）
CAMELS	资本充足率、资产质量、管理、盈利、流动性和对市场风险的敏感度
CAP	资本援助计划
CBO	国会预算办公室
CDCI	社区发展资本倡议
CDFI	社区发展金融机构
CDOs	担保债务凭证
CDS	信用违约互换
CEA	经济顾问委员会
CMBS	商业按揭支持证券
CP	商业票据

CPFF	商业票据融资工具
CPP	资本购买计划
CY	日历年
DFA	《多德–弗兰克华尔街改革和消费者保护法案》或《多德–弗兰克法案》
DGP	债务担保计划
DIF	存款保险基金（归属联邦存款保险公司）
DTI	债务收入比
ECB	欧洲中央银行
EESA	《紧急经济稳定法案》
ESF	外汇稳定基金
Fannie Mae	房利美（联邦国民抵押贷款协会）
FCIC	金融危机调查委员会
FDIC	联邦存款保险公司
FDICIA	《联邦存款保险公司改进法案》
FHA	联邦住房管理局
FHFA	联邦住房金融局
FHLB	联邦住房贷款银行
FinSOB	金融稳定监督理事会（根据 2008 年《紧急经济稳定法案》设立的美国机构）
FMAP	联邦医疗援助百分比
FOMC	联邦公开市场委员会
FRA	《联邦储备法》
FRB/US	美联储关于美国经济的一般均衡模型
FRBNY	纽约联邦储备银行
FRED	联邦储备经济数据，圣路易斯联邦储备银行
Freddie Mac	房地美（联邦住房贷款抵押公司）
FSB	金融稳定理事会（二十国集团设立的国际机构）
FSF	金融稳定论坛
FSOC	金融稳定监管委员会
FSP	金融稳定计划
FX	外汇
GAO	美国政府问责办公室
GDP	国内生产总值
GE	通用电气
GECC	通用电气金融服务公司
GFC	全球金融危机
GM	通用汽车公司
GMAC	通用汽车金融服务公司（现联合汽车金融公司）
Group of Seven（G7）	七国集团（加拿大、法国、德国、意大利、日本、美国和英国）

Group of Twenty（G20）	二十国集团（G7 成员加上阿根廷、澳大利亚、巴西、中国、印度、印度尼西亚、墨西哥、俄罗斯、沙特阿拉伯、南非、韩国、土耳其和欧盟）
GSE	政府资助企业（例如房利美和房地美）
HAMP	住房贷款可负担调整计划
HARP	住房贷款可负担再融资计划
HERA	《住房和经济复苏法案》
HFA	住房金融局
HIRE	《雇佣激励恢复就业法案》
HOLC	住宅业主贷款公司
HOPE NOW	希望联盟，由贷款人、咨询顾问、投资者和其他抵押贷款市场参与者组成的联盟，旨在帮助借款人避免丧失抵押品赎回权
HUD	美国住房和城市发展部
IDB	美洲开发银行
IFIs	国际金融机构
IMF	国际货币基金组织
IPC	个人、合伙企业或公司
IPO	首次公开募股
IRS	美国国税局
JPMC	摩根大通
Libor	伦敦同业拆出利息率
LLC	有限责任公司
LLP	遗留贷款计划
LTV	贷款价值比
MBS	抵押支持证券
MHA	人人享有可负担住房（计划）
MLEC	超级流动性增强渠道
MMF	货币市场基金
MMIFF	货币市场投资者融资工具
NAB	新借款安排
NAV	资产净值
NBER	国家经济研究局
NUMMI	新联合汽车制造公司
OCC	货币监理署
OECD	经济合作与发展组织
OFHEO	联邦住房企业监督办公室
OFS	金融稳定办公室
OIG	监察长办公室
OIS	隔夜指数掉期

OMB	行政管理和预算局
OMOs	公开市场操作
OTC	场外
OTS	储蓄机构监管局
PDCF	一级交易商信贷工具
PPIP	公私合营投资计划
PSPA	优先股购买协议
QE	量化宽松
repo	回购协议
RMBS	住房抵押贷款支持证券
RTC	重组信托公司
S&L	储贷
S&P 500	标准普尔 500 指数
SAAR	经季节调整的年化销量
SBA	小企业管理局
SBA 7a	小企业管理局 7（a）证券购买计划
SCAP	监管资本评估计划
SDR	特别提款权
SEC	美国证券交易委员会
SFP	补充融资计划
SIGTARP	问题资产救助计划特别监察长办公室
SIPC	证券投资者保护协会
SIV	结构性投资工具
SNAP	补充营养援助计划
SNB	瑞士国家银行（瑞士中央银行）
SPSPA	高级优先股购买协议
SPV	特殊目的载体
TAF	定期拍卖工具
TAGP	交易账户担保计划
TALF	定期资产支持证券贷款工具
TARP	问题资产救助计划
TIP	定向投资计划
TLAC	总损失吸收能力
TLGP	临时流动性担保计划
TSLF	定期证券借贷工具
WaMu	华盛顿互惠银行
WTO	世界贸易组织
ZLB	零利率下限